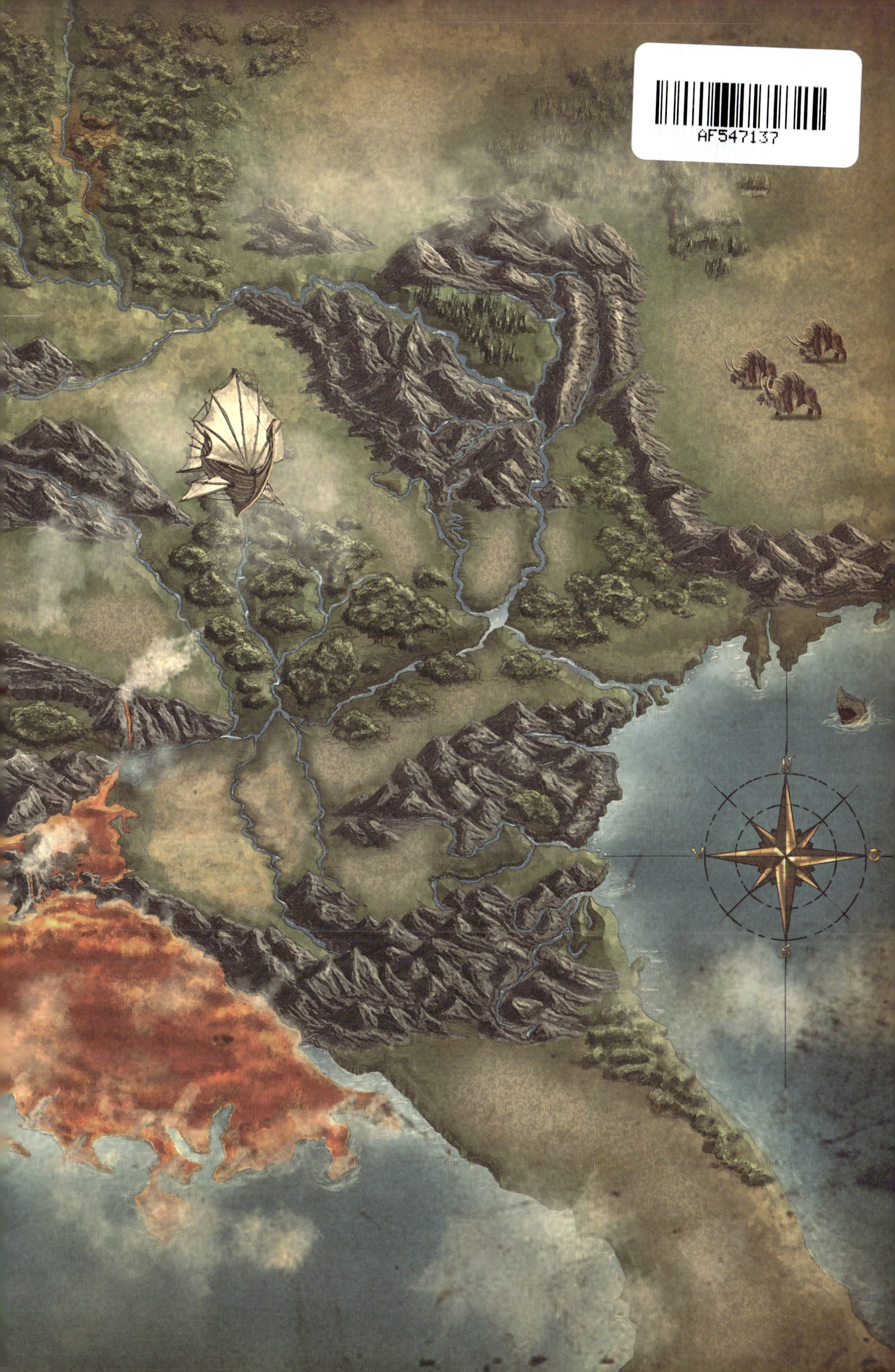

EARTHDAWN

TANZ MIT DER SCHLANGE

FASA

ULISSES SPIELE

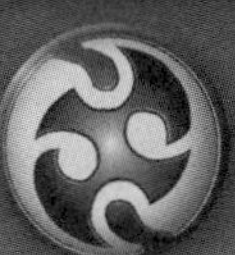

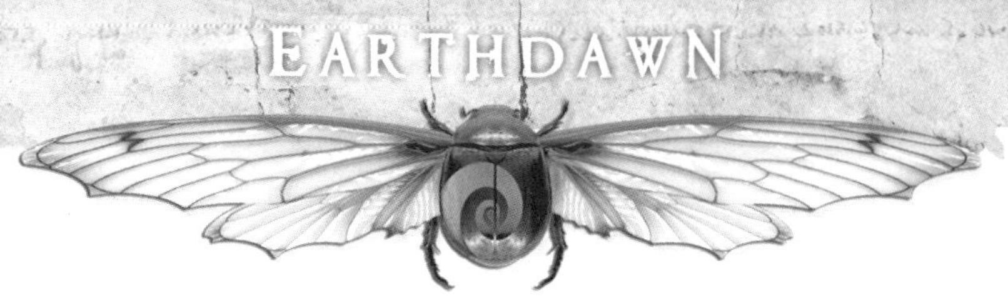

IMPRESSUM

TANZ DER SCHLANGE

REDAKTION
Lars Heitmann-Ohnesorge, Thomas Michalski

AUTOREN
David Bendfeld, Matthias Buyken, Sascha Schneider

ART DIRECTION
Maik Schmidt

ILLUSTRATIONEN
Janet Allusio, Steffen Brand, Karl Burles, David Bezzina, John Dollar, Travis Hanson, Elisabeth Landmann, Jeremy McHugh, Jim Nelson, Andreas Langner, Jeff Laubenstein, Maik Schmidt

GESTALTUNG DES LAYOUTS
Marina Fahrenbach

LAYOUT
Michael Mingers

LEKTORAT
Lukas Baudach

KORREKTORAT
Tim Rewitz

WWW.ULISSES-SPIELE.DE
feedback@ulisses-spiele.de

ULISSES SPIELE

Inhalt

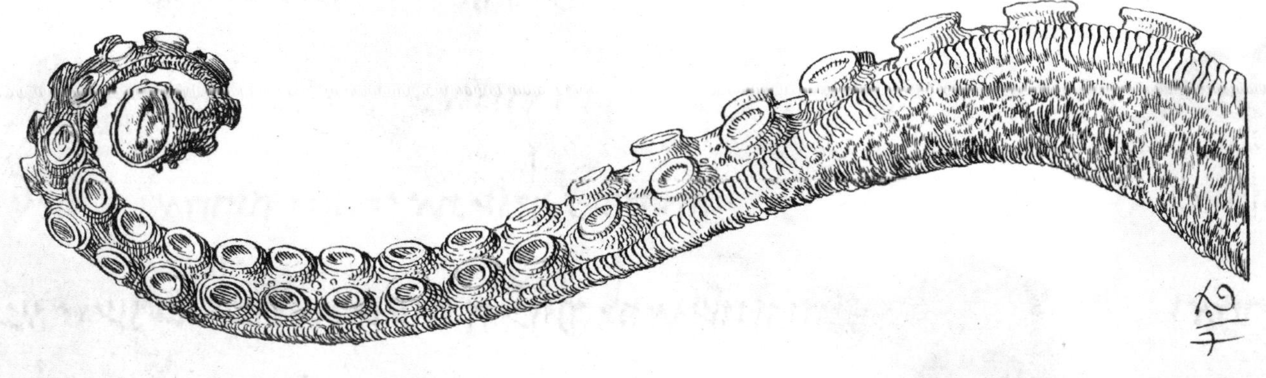

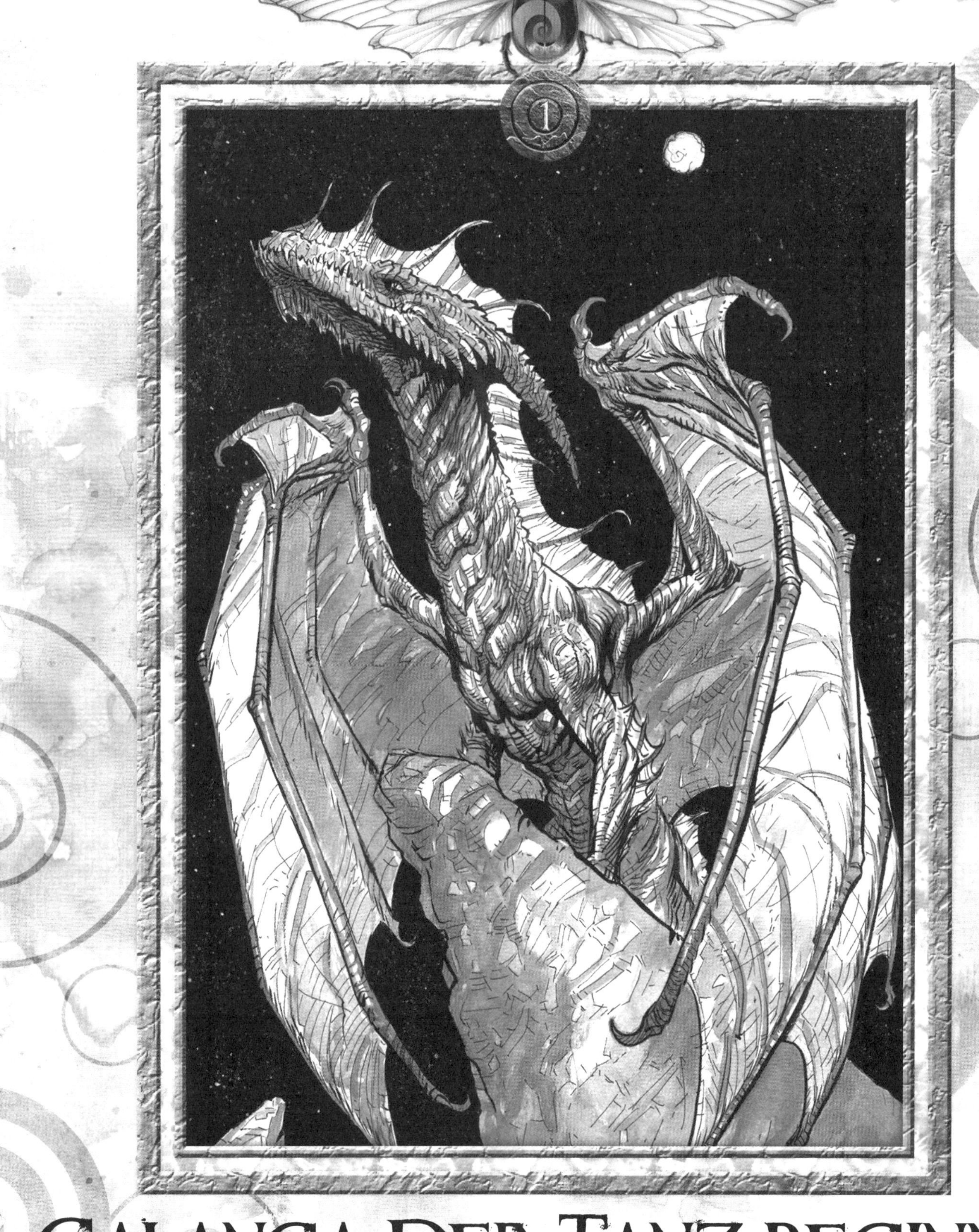

Galanga, der Tanz beginnt

„Recht und Ordnung, dass ich nicht lache. Das ist Barbarei und ihr wisst das."

– Ferlung Berstrang Uslar, Zwergenhändler aus Throal

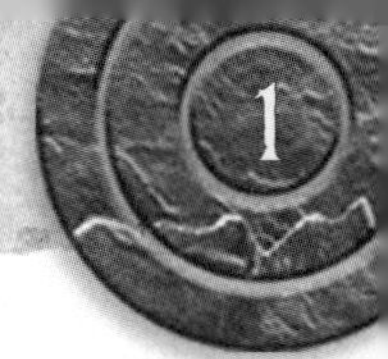

Vor Tausenden von Jahren existierte ein längst vergangenes Zeitalter der Magie und der großen Abenteuer – das Zeitalter von **Earthdawn**. In dieser Zeit wurden mit Hilfe von Magie wunderbare Taten vollbracht, aber auch bei der Bewältigung alltäglicher Aufgaben wurden magische Hilfsmittel eingesetzt. Andererseits ermöglichte der starke Fluss der Magie Dämonen den Zugang zu dieser Welt: Wesen aus der Tiefe des Astralraums, die alles Leben auf ihrem Weg verschlangen.

Vier Jahrhunderte lang versteckten sich die Völker der Erde vor den Dämonen, die ihr Land verwüsteten. Diese Zeit wurde als „die Plage" bekannt. Jetzt haben die Völker der Provinz Barsaive ihre versiegelten Kaers und Zitadellen verlassen, um ihre Welt von den verbliebenen Dämonen und dem Theranischen Imperium zurückzuerobern. In allen Gegenden Barsaives ziehen mutige Namensgeber aus, um die Welt zu erforschen, magische Schätze zu suchen und die Dämonen zu vernichten, die immer noch existieren. Zauberer spinnen die magischen Energien des Universums zu mächtigen Zaubersprüchen und Adepten benutzen die Magie, um ihre angeborenen Talente zu verstärken. Mit Magie, Können und Kühnheit versuchen die Namensgeber Barsaives, die Welt von den Wunden zu heilen, welche die Plage hinterlassen hat, und ihre eigenen Legenden in der Geschichte ihres Landes zu begründen.

Die Kampagne

Die Kampagne „Tanz mit der Schlange" gliedert sich in drei Abenteuerteile auf. Im ersten Teil reisen die Charaktere an den Galanga, einen kleinen Arm des großen Schlangenflusses, der vom Servosdschungel umgeben ist. Dort werden die Charaktere in die Konflikte zwischen vier kleinen Flusshäusern der T'skrang verwickelt. Im zweiten Teil der Kampagne begeben sich die Charaktere auf eine mystische Reise quer durch den Servosdschungel, bei der sie auf alte Geheimnisse und Orte der Macht treffen. Dabei sind ihnen die Gegner immer dicht auf den Fersen. Im dritten Teil der Kampagne treffen die Charaktere auf die geheimnisvollen Henghyoke und erfahren mehr über den schlafenden Flussgeist Shivoam.

Spielleiterinformationen

Teil 1 „Galanga, der Tanz beginnt" ist linear angelegt (railroading), d.h. die Kapitel folgen einer bestimmten Reihenfolge. Der zweite Teil der Kampagne „Das große Spiel" wird dasselbe Szenario für ein nichtlineares Abenteuer (sandboxing) benutzen, welches die Geschichte weiterführt. Im dritten Teil „Shivoams Traum" verlaufen Teile linear während andere variable auf das große Finale hinsteuern. Es steht dem Spielleiter selbstverständlich frei, jeden Teil der Kampagne an seine Spielgruppe anzupassen. Obwohl die Kapitel teilweise aufeinander aufbauen, muss sich der Spielleiter nicht an den Wortlaut des Abenteuers halten, um das Spiel erfolgreich durchführen zu können. Allerdings sollte der Spielleiter den Inhalt dieses Buches genau studieren, um die Kampagne zu leiten und sowohl der Spielleiter als auch die Spieler sollten das Earthdawn *Spielerhandbuch* kennen.

Das Ablegen einer Probe

Immer wenn die Charaktere eine Aktion durchführen wollen, wie z.B. einen Angriff auszuführen, einen Zauberspruch zu sprechen oder eine Wache zu überzeugen, muss der betreffende Spieler eine Probe ablegen. Um eine Probe abzulegen, würfelt der Spieler oder Spielleiter den Aktionswürfel, welcher der Stufenzahl der benutzten Fähigkeit entspricht (siehe *Spielerhandbuch*, S. 18). Ein Probenergebnis kann auf unterschiedliche Weise verwendet werden. In dem meisten Fällen wird es mit dem Mindestwurf verglichen. Der Mindestwurf spiegelt wider, wie schwer oder leicht eine Aufgabe für einen Charakter ist. Wenn das Ergebnis der Probe gleich oder höher dem Mindestwurf ist, gelingt die Probe. Der Mindestwurf wird gewöhnlich in der Beschreibung der Fähigkeit angegeben oder vom Spielleiter vorgegeben, der diese Information dem Text entnehmen kann.

Die Vergabe von Legendenpunkten

Tanz mit der Schlange ist für Charaktere des 4. Kreises ausgelegt. Daraus ergeben sich durchschnittlich folgende Legendenpunkte (siehe *Spielleiterhandbuch*, S. 79):

- **Prämie für das Beenden eines Kapitels:** 1400-3000 LP
- **Prämie für das Abschließen eines Teiles:** 1500 LP

Jeder Kampagnenteil ist so angelegt, dass man ungefähr sechs Spielsitzungen braucht, um den ganzen Teil durchzuspielen. Je nachdem wie viel Zeit einer Gruppe pro Spielsitzung zur Verfügung steht, kann das natürlich auch länger oder kürzer dauern.

Als Richtlinie sind für einen Teil 15.000 Legendenpunkte zu vergeben. Die Summe der Legendenpunkte entsteht aus den Legendenpunkten für die bestandenen Kapitel und der Prämie für das Abschließen des Kampagnenteils. Einige Kapitel beinhalten Optionale Begegnungen, die je 750 Legendenpunkte zusätzlich einbringen können, sollten diese gewählt werden.

Diese Legendenprämien sollen als Richtlinie dienen. Es steht natürlich jedem Spielleiter frei, je nach Verlauf des Spieles mehr oder weniger Legendenpunkte zu vergeben. Die Gesamtzahl sollte jedoch nicht allzu weit von den vorgeschlagenen Punkten abweichen.

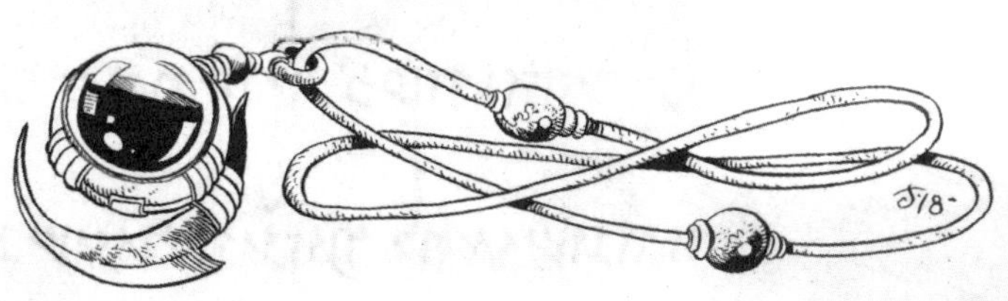

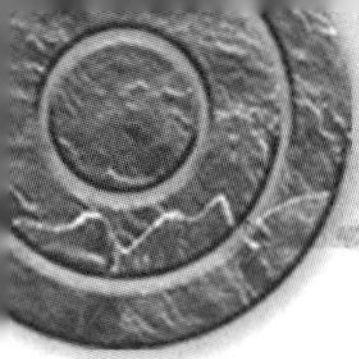

ÜBERBLICK ÜBER DIE GALANGA-REGION

GEOGRAPHIE DES GALANGA

Der lange, sich windende Schlangenfluss durchfließt ganz Barsaive – von den Scolbergen im Norden bis hin zu den Nebelsümpfen im Süden. Zahllose Seitenarme speisen die Schlange und bilden ein unüberschaubares und kaum erforschtes riesiges Netzwerk aus Wasserstraßen, welches von Reisenden und Händlern seit Anbeginn der Zeit benutzt wird. Eine dieser Wasserstraßen ist der Galanga.

Der Galanga befindet sich im Südlauf des Schlangenflusses und durchfließt den Servosdschungel. Er mündet in den Servos, und der wiederum der Nähe der Festung des Hauses K'tenshin in den Schlangenfluss. Seine Quellen befinden sich tief im dichten Urwald, und nur wenige Reisende sind jemals dorthin gelangt. Unterhalb der Greifenfälle ist er dann auch von größeren Schiffen befahrbar.

Der Galanga verfügt über zwei Hauptarme und unzählige Nebenarme. Viele dieser Arme münden auf verschlungenen Wegen wieder an der einen oder anderen Stelle in den Galanga. Wenige Meilen hinter dem Niall Nentilor teilt sich der Fluss in zwei größere Arme: Der eine Arm fließt langsam und träge weiter und mündet nach einiger Zeit in das Lungameer. Der andere Arm fließt weiter bis nach Nad'karanji, der Festung des Nialls Daikara. Kurz hinter Nad'karanji treffen die beiden Arme wieder aufeinander, und von dort fließt der Servos weiter, um schlussendlich in den Schlangenfluss zu münden.

DAS LUNGAMEER

Das Lungameer ist kein Meer im eigentlichen Sinne. Es handelt sich um ein flaches Becken im Servosdschungel, das durch die stetige Wasserzufuhr des Galanga zu einem riesigen Feuchtgebiet geworden ist. Der Boden ist dort nicht sumpfig, sondern relativ standfest, so dass man das Lungameer wahlweise durchwandern oder durchschwimmen kann. Unzählige dünne Wasserstraßen durchziehen das Lungabecken, und die dort ansässigen T'skrang nutzen die flachen Wasserstraßen, um sich mit kleinen Kanus durch das Gebiet zu bewegen. Viele feste, aber sehr flache Inseln befinden sich im Lungameer. Nur wenige Bäume ragen aus dem Wasser, von denen die größten auf ihren Wurzeln wie auf Stelzen über den Wasserflächen zu schweben scheinen. Die Wasserstraßen sind gesäumt von insektenverseuchten Schilfwäldern, die sich träge im Wind bewegen. Viele der Schilfwälder befinden sich auf schwimmenden Inseln, die langsam umher driften und dem Lungameer immer wieder ein anderes Aussehen verleihen. In der Mitte des Beckens gibt es eine Stelle, an der das Wasser tiefer ist und an der sich T'skrang angesiedelt haben, die mit ihren Flussbooten eine schwimmende Stadt bilden. Ein See im Meer. Nur den T'skrang des Nialls Nensora sind alle Wasserwege bekannt, um von der Mitte des Beckens mit großen Booten zurück auf den Hauptarm des Galanga zu gelangen.

DER SERVOSDSCHUNGEL

Wer in das Herz des Servosdschungel reisen möchte, muss seine Reise nach Norden auf dem Servos beginnen, um von dort auf den Galanga zu gelangen. Die Ufer des Galanga und seiner Nebenarme sind mit zahlreichen Dörfern primitiver Stämme der T'skrang übersät, die sich dort nach der Plage wieder angesiedelt haben.

Der Galanga windet sich durch den Servosdschungel, der nach dem Blutwald die zweitgrößte bewaldete Region in Barsaive ist. Das Wort „servos“ bedeutet „isoliert“, und der Dschungel ist in der Tat eine abgelegene Region in der Wildnis.

In dieser Region wird die Strömung des Galanga zu einem langsamen Kriechen. Sandbänke und Schlammflächen säumen die Nebenarme. Sie sind eine gefährliche Falle für unglückselige Reisende, und die Flussbänke werden zu unwegsamen Dschungelsümpfen, die sich meilenweit unter dem Baumdach erstrecken, bevor sie schließlich zu trockenem Boden werden. Hunderte von kleinen Strömen und Flüssen, von denen einige nur mit dem Kanu befahren werden können, sprießen vom Galanga aus kreuz und quer durch den Wald. In diesen Sümpfen und entlang des Dschungelflusses liegen viele längst vergessene Flussdörfer der T'skrang, die während der Plage verlassen wurden. Einige Gerüchte besagen, dass auch die gefürchteten Henghyoke in diesem Morast lauern. Tief im Dschungel gibt es immer noch verlassene Jademinen und alte verfallene Tempel, die seit der Plage von keinem Reisenden besucht worden sind. Der Traum vom schnellen Reichtum zieht immer wieder Abenteurer und Glücksritter aus ganz Barsaive an. Aber nur wenige Namensgeber sind jemals in den Dschungel gewandert und mit Taschen voll Gold zurückgekehrt. Die meisten Glücksritter kehrten nie mehr zurück.

DIE DSCHUNGELSTÄMME

Die Ureinwohner des Dschungels um den Galanga sind kleinere Stämme der T'skrang. Diese Namensgeber leben in Dörfern, die sie entlang der Nebenarme des Flusses und auch tief im Urwald gebaut haben. Sie sind Jäger und Sammler und ernähren sich von Wild, Fisch, Früchten, Wildknollen und Nüssen. Die meisten von ihnen haben nie Landwirtschaft oder Viehzucht erlernt. Ihre Unterkünfte bestehen aus Hütten mit Stroh- und Lehmdächern, welche teils auf Stelzen bis ins Wasser reichen. Teilweise befinden sich die Behausungen dieser T'skrang auch unter Wasser. Sie verwenden Kanus, um auf den Wasserläufen des Dschungels zu reisen.

Die Beziehungen zwischen den Stämmen der T'skrang untereinander und zu Fremden haben sich verschlechtert, seitdem Sklavenjäger im Servosdschungel ihren Geschäften nachgehen. Um zu verhindern, dass sie selbst versklavt werden, stellen viele Dörfer Führer für die Sklavenjäger des K'tenshin Aropagoi und des Nialls Daikara. Diese führen ihre Auftraggeber häufig zu verfeindeten T'skrangdörfern. Die T'skrang des Dschungels betrachten diese Handlungen als offene Kriegserklärung und stellen immer wieder gemeinsam mit Nachbardörfern Kriegerverbände auf, mit denen sie die Dörfer der – in ihren Augen – Verräter angreifen. Die T'skrang des Dschungels sind den zivilisierteren Stämmen zwar zahlenmäßig überlegen, doch durch ihren Kontakt mit den K'tenshin und den Daikara verfügen die anderen Stämme über bessere Waffen und Kampftaktiken. Diese Konflikte entwickeln sich häufig zu Fehden, die meistens erst enden, wenn alle Krieger eines Dorfes tot sind oder versklavt wurden.

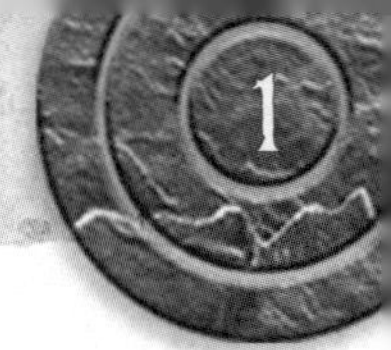

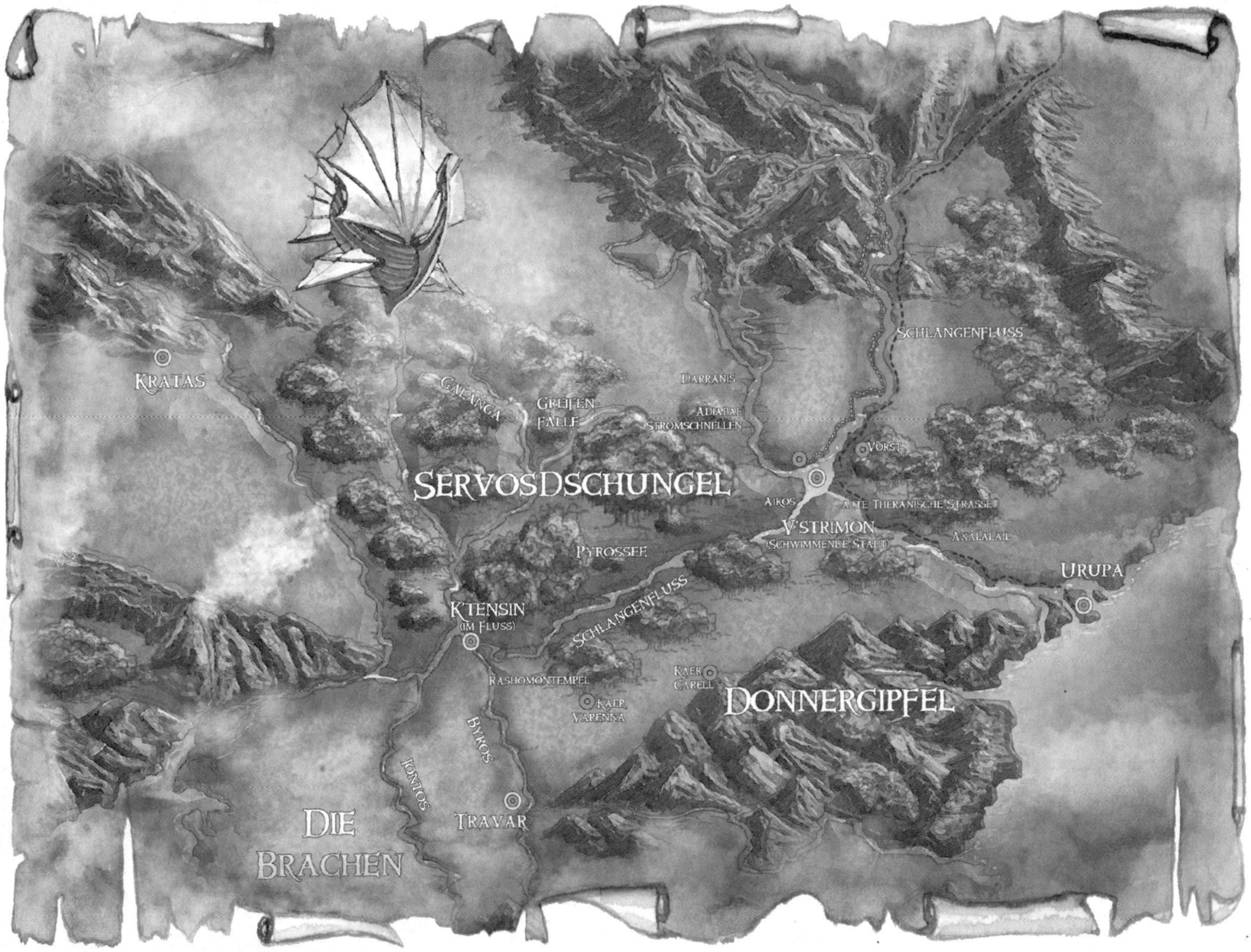

Die Bewohner des Dschungels folgen den Disziplinen des Bootsmannes, Kriegers, Elementaristen und Kundschafters. Die Zauberwirker sind überwiegend Elementaristenadepten und geben ihr Wissen nur selten an mehr als ein oder zwei Mitglieder ihres Stammes weiter. Diese Dorfschamanen stehen in der Hierarchie des Stammes und im Ansehen bei den anderen Stammesmitgliedern direkt unter der Ältesten (Lahala). Sie stehen nicht selten in Kontakt zu mächtigen Lehrgeistern, die sie anrufen können, um sich oder anderen Stammesmitgliedern bei der Suche nach Wissen zu helfen.

Viele Bewohner des Dschungels verehren Naturgeister, die in den Mangroven, den Bäumen oder den Flussläufen selbst zu finden sind.

Die Schamanen der Schlange

Die Passionen sind am Galanga ebenso sehr geachtet wie im übrigen Barsaive. Dennoch werden von den Eingeborenen viele Naturgeister verehrt, mit Opfergaben beschenkt und angebetet. Die alten Wege der fünf Elemente sind unter den T'skrang ebenfalls nicht in Vergessenheit geraten: Eine Gruppe von Schamanen verehrt den Fluss Galanga und seine Flussgeister, die für die einzelnen Elemente stehen. Die Schamanen dieser alten Wege tragen gelben Lehm aus dem Fluss auf ihrer Haut. Sie wirken als Heiler und Berater für die Bewohner der Region und genießen ein hohes Ansehen.

Die Schamanen selber sind nicht unbedingt Adepten. Häufig verfügen sie nur über mindere magische Gegenstände, um hilfreiche Taten für die Bevölkerung zu vollbringen.

Geister und Elementare

In den Nebenflüssen des Galanga und in den Pflanzen des Servos wohnen unzählige Geister, Elementare und andere Wesen. Die Bewohner der Region leben mit diesen Wesen im Einklang. Die Schlange und damit auch der Galanga beherbergt nach den Überlieferungen der T'skrang einen uralten Flussgeist: Shivoam, der Drachengeist des Schlangenflusses. Der Legende nach liegt er seit langer Zeit in einem tiefen Schlaf. Ein T'skrang in Not mag ihn aber um Hilfe anflehen – und wer weiß, vielleicht ist selbst der Traum eines solch uralten Wesens mächtig genug, um die Wirklichkeit zu verändern?

Die Nialls am Galanga

Am Galanga gibt es vier bedeutendere Nialls: Nentilor, Nensora, Daikara und Maha'krodha. Jedes dieser Nialls beherrscht einen größeren Abschnitt des Flusses: Das Niall Daikara herrscht über den südlichen Teil, das Niall Nensora über das Lungameer. Die T'skrang des Nialls Nentilor herrschen am Mittellauf und das Niall Maha'krodha oberhalb tief im Servosdschungel um die Greifenfälle.

NIALL DAIKARA

Für 142 Zyklen und den langen Schlaf habe ich dem Fundament gedient. Ich bin müde geworden. Das Fundament bleibt unter meiner Herrschaft stark und beständig. Zum ersten Mal seit vielen Jahren fühle ich das Alter. Es fällt mir immer schwerer den Fragen meiner Kinder zu antworten. Die Magie schwindet. Die Vorgängerinnen rufen mich. Die Zeit des Übergangs steht bevor. Ich füge mein Wissen der Bibliothek der Vorgängerinnen hinzu. Kalidasa soll zur nächsten Lahala werden. Es ist soweit. Die Zeit für das K'soto ensherenk steht bevor.

– geheime Aufzeichnungen der Lahala Daikara,
throalischer Kalender 1061

Das Niall Daikara befindet sich in Nad'karanji, einer Flussfestung, die aus drei Türmen besteht. Die T'skrang des Nialls Daikara bleiben gerne unter sich. Alle Namensgeber, die keine T'skrang sind, gelten als Außenseiter und werden nach Sonnenuntergang in Nad'karanji nicht gerne gesehen. Allen Informationen, die man von Außenseitern erhält, steht man skeptisch gegenüber.

Fremde Händler sind gezwungen ihre Handelsniederlassungen außerhalb der Türme von Nad'karanji zu errichten. Der Begriff „Fremde" wird sehr weit gefasst und meint auch T'skrang aus anderen Abschnitten des Schlangenflusses.

Das Niall Daikara ist in den Augen der Galangabewohner ein mächtiges und starkes Niall. Daikara betreibt Sklavenjagd und nutzt auch Sklaven auf seinen Plantagen und als Diener in Nad'karanji. Die Flussfestung befindet sich nicht weit von der Stelle, an der die beiden Hauptarme des Galanga wieder zusammenfließen. Viele der Daikara sind Händler und nutzen die gute Position ihres Nialls als Ausgangspunkt für den Handel mit ganz Barsaive. Das Aropagoi K'tenshin duldet und besteuert die Handelstätigkeit der Daikara. Mehrfach im Jahr kommt ein großes Flussschiff der K'tenshin nach Nad'karanji, um Handel zu treiben, das Niall Daikara zu kontrollieren und den Zoll zu erheben.

In den Türmen gilt das Wort der Lahala Daikara, wie es bei den T'skrang üblich ist. Die Krieger der Daikara sorgen dafür, dass das Wort der Lahala auch bei Fremden Gewicht hat. Streitigkeiten werden ohne Verhandlung häufig von den Soldaten der Daikara direkt entschieden, nur komplizierte Probleme werden an die Lahala gemeldet und ihre Urteile werden schnell gefällt und schnell durchgesetzt.

Der T'skrang mit den Gewürzen war zwei Tage zu spät dran. Das erste Transportschiff war längst weg und die Übernachtung musste ich auch extra bezahlen. Ich hab dem Jungen dann erklärt, wie das in Throal geregelt wird. 10% kostet da jeder Tag Verspätung. Ich hab ihm den Wortlaut genau aus den Handelsregeln zitiert. Aber der wollte nicht zahlen. Endlich kommt nach Stunden dann so ein Offizieller, um die Sache zu regeln, und gibt der Echse recht. Da bin ich zum ersten Mal so richtig sauer geworden. Ich hab gerufen, ich will die Lahala sprechen, und das kann man mit einem Bürger von Throal nicht machen. Anstatt die Lahala zu holen, haben die mich ins Wasser geworfen. Da war ein Stück Holz in dem gelben Wasser, daran hab ich mich festgehalten, sonst gäbe es mich nicht mehr. Ich trieb ans Ufer und bin dann zurück gelaufen. Die Waren hab ich zum überhöhten Preis abgenommen, aber das war das letzte Mal, dass ich mit den Daikara Geschäfte gemacht hab.

– Ferlung Berstrang Uslar, Zwergenhändler aus Throal

Die größeren Handelsboote und das eher selten vor Ort befindliche Schaustellerboot, können an jedem der drei Türme des Hauses anlegen. Insgesamt leben etwas mehr als 200 T'skrang in den drei großen Türmen Nad'karanjis.

Die Daikara haben keine Skrupel, eingeborene T'skrang als Sklaven an das Haus der K'tenshin zu verkaufen oder selbst auf ihren Plantagen einzusetzen. Das Niall hat ein Abkommen mit dem Aropagoi K'tenshin, welches ihnen den Schutz durch die K'tenshin gegen Piratenangriffe und weitreichende Handelsrechte gewährt. Durch dieses Abkommen und die Sklavenverkäufe haben die Daikara einen bedeutenden Reichtum erworben.

Die drei größten Handelsboote des Nialls sind die Ballista, die Javelin und die Kinjal. Alle drei sind mit großen Feuermaschinen ausgestattet, wobei die Kinjal das schnellste Schiff der Flotte und eines der schnellsten Schiffe auf dem Galanga ist.

Die Handelsrouten des Hauses erstrecken sich kaum über den Galanga hinaus. Einen großen Teil der Waren verkaufen die Händler des Nialls Daikara direkt an das Aropagoi K'tenshin. In einigen Fällen fahren die Daikara bis Travar oder Märkteburg. Es wird hauptsächlich mit Sklaven, Hölzern und Nahrungsmitteln gehandelt. Oft befördert das Niall Daikara Waren für das Niall Nentilor und das Niall Nensora.

DIE GESCHICHTE DES NIALLS NENTILOR

VOR DER PLAGE

Schon lange vor der Plage lebten Gruppen von T'skrang an den Ufern des Galanga und fuhren mit ihren Booten von den Greifenfällen bis zur Mündung in den Servos, um Handel zu treiben. Der Ort, an dem sich heute das Niall Nentilor befindet, entstand 300 Jahre vor Beginn der Plage als kleine unabhängige Befestigung, in der eine kleine Gruppe von T'skranghändler begann neben dem Handel auch Ackerbau zu betreiben und erste Plantagen anzulegen. Der Ort wurde zuerst ‚Nentoa' genannt. Die T'skrangbevölkerung, die sich um die Befestigung herum niederließ, wuchs langsam, und 70 Jahre später war sie auf 77 Einwohner, bestehend aus 73 T'skrang, drei Zwergen und einem Obsidianer angewachsen. Nentoa bestand nun aus zwei Teilen, von denen einer die Lagerhäuser, den Schrein der Passionen und die Verwaltungsgebäude der Plantage beherbergten. Der andere Teil bestand aus der Unterwasserkuppel, welche Wohnräume, Gesellschaftsräume, Waffenkammern und die Bibliothek enthielt. Zu dieser Zeit formierte sich das Niall Nentilor. Die Unterwasserkuppel war bereits sechs Jahre lang der Sitz der ersten Lahala Nentilor, bevor das Niall offiziell vom Aropagoi K'tenshin anerkannt wurde. Das Niall Nentilor begann kurz darauf mit dem Bau der zweiten und dritten Kuppel. Rückschläge durch Piratenangriffe, Probleme mit wilden T'skrang und der Tod zweier Lahalas in kurzer Folge verhinderten die Fertigstellung der beiden Kuppeln für ungefähr 13 Jahre. In dieser Zeit musste die Lahala Nentilor ihren Wohnsitz über ein Jahr lang aus Sicherheitsgründen in die Türme von Nad'karanji verlegen.

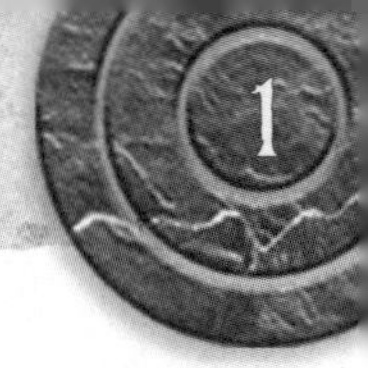

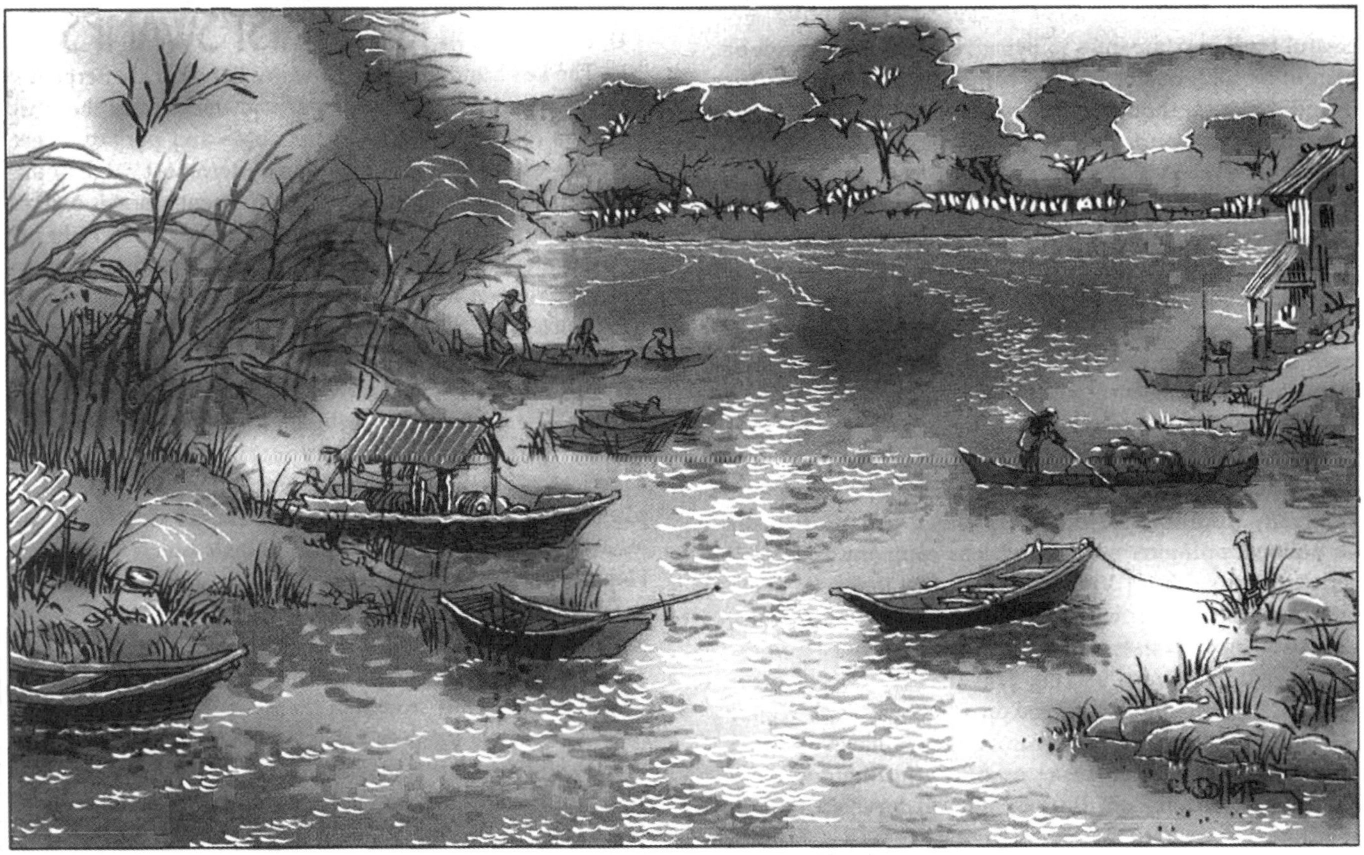

DIE PLAGE

20 Jahre vor dem Schließen der Tore von Throal gab es eine lange Phase immer aggressiver werdender Piratenüberfälle auf allen Teilen des Schlangenflusses. Das Aropagoi K'tenshin befand sich zu diesem Zeitpunkt bereits in den Vorbereitungen für den langen Schlaf. Auch am Galanga wurden die Überfälle immer brutaler. Die Lahala Nensora entging einem dieser Angriffe nur knapp, indem sie für mehrere Tage in den Kuppeln der Nentilor Schutz suchte. Schon lange hatten gute Handelsbeziehungen zwischen dem Niall Nensora und Niall Nentilor bestanden. Der Angriff der Piraten wurde von Mitgliedern beider Nialls gemeinsam abgewehrt. Die Überfälle, bei denen die Kapitänin des Bootes der Lahala Nensora, Ta'desilva, ums Leben kam, waren durch das Ausbleiben der Hilfe der alten Schutzmacht der K'tenshin verursacht worden. Im Anschluss daran sandte die Lahala Nentilor Bootsmänner ihres Nialls ins Lungameer, die von der Kriegerin La'nnur angeführt wurden, um den Nensora zu helfen und die dortigen Angriffe der Piraten niederzuschlagen. Obwohl sich die Verteidigung des Lungameers mit ungefähr 90 T'skrang beider Nialls und mehreren großen Booten über drei Monate hinzog, konnte kein vollständiger Sieg errungen werden. Der gemeinsame Kampf hatte die beiden Nialls aber enger zusammengebracht. Die beiden Lahalas kamen überein, den langen Schlaf gemeinsam in den Kuppeln des Nialls Nentilor zu verbringen. 19 Jahre vor dem Schließen der Tore von Throal begaben sich die Mitglieder beider Nialls in die Unterwasserkuppeln der Nentilor und begannen den großen Schlaf, der bis zum Ende der Plage dauern sollte.

– Aus den Aufzeichnungen über die Nentilor.
Lahala Nensora. Schriftrolle im Bibliotheksschiff

NIALL NENSORA

Nach der Plage trennte sich das Niall Nensora wieder von den Nentilor, verließ die gemeinsame Siedlung und folgte eigenen Wegen. Anstelle fester Dörfer konstruierten die Nensora eine Vielzahl kleinerer Wohnschiffe, mit denen sie bis heute den Galanga befahren. Häufig stoßen einzelne Schiffe und Sippen auf beiden Seiten des Galanga bis tief in den Servos vor, jagen oder sammeln Pelze und Häute oder schlagen wertvolle Edelhölzer. Vor allem aber betreiben sie regen Handel mit den primitiven T'skrang des Servosdschungels. Dennoch sind die Bande unter den einzelnen Booten eng und man nutzt jede Gelegenheit sich zu treffen. Dadurch bilden sich manchmal regelrechte schwimmende Dörfer auf dem Galanga oder einem seiner breiteren Nebenarme, die für einige Tage zusammenbleiben, bevor jedes wieder seiner Wege zieht.

Die größte Versammlung von Nensora ist traditionell die Zusammenkunft im Lungameer. Wie man mit einem großen Flussschiff oder Wohnschiff zu diesem Ort gelangt, ist ein von den Mitgliedern des Nialls Nensora gut gehütetes Geheimnis.

Anders als unter den T'skrang an der Schlange üblich, gibt es keine gemeinsame Brutstätte des Nialls Nensora. Jedes Schiff zieht seine Jungen selber oder im Verbund mit ein bis zwei Schiffen auf. Ihre Ausbildung erhalten die jungen T'skrang jedoch traditionell nicht auf ihrem Geburtsschiff, sondern sie wechseln dazu von einem Wohnschiff zum anderen, bis sie sich irgendwann fest einem Mannschaftsbund anschließen.

Es gibt viele talentierte Künstler unter den Nensora, deren Skulpturen und andere Kunstwerke unter Händlern und Sammlern bis nach Throal und Urupa sehr begehrt sind. In der Regel verkaufen sie ihre Waren an ihre Nachbarn oder an fahrende Händler, die dann den Transport auf dem Rest der Schlange übernehmen. Über ein eigenes großes Flussboot verfügen die Nensora nicht. Konflikten gehen sie aus dem Weg, in dem sie sich mit ihren Wohnschiffen tief in den Servosdschungel zurückziehen oder sich im Lungameer verbergen.

Auf einem Wohnschiff aufgewachsene T'skrang betrachten sich ähnlich wie andere Namensgeber aus Barsaive als eine Art Familie (der Mannschaftsbund). Das Niall wird durch eine Lahala angeführt, die sich auf einer Riesenschildkröte (Kurmapati) durch das Lungameer bewegt.

Da es keine feste Stadt gibt, treffen sich die vielen Boote des Nialls mehrfach im Jahr und bilden eine Versammlung aus Wohnbooten, um Geschichten auszutauschen und die Bande der Gemeinschaft zu stärken und um Feste zu feiern.

Ich traf diesen stinkenden besoffenen Ork im Shivoam in Nad'karanji, der ganz ordentlich die Trommel schlagen konnte. Ich glaube sein Name war Babba oder Bubba oder so was. Wir tranken ganz ordentlich in der Nacht und er erzählte mir von diesem Windling im Lungameer, der ganz traumhaft die Saiten zum Klingen bringen konnte, während er sang. Am nächsten Tag hab ich mich gleich aufgemacht, um mir den Kerl anzusehen. Ich war gelinde gesagt überrascht, als ich ankam. Gleich auf dem ersten Boot, was ich im Lungameer erreichte, wurde Zuckerschnaps destilliert und bezahlen musste man auch nicht. Die Stimmung war vom ersten Moment an gut und ich gab gerade die vierte oder fünfte Geschichte für die Mannschaft zum Besten, wie ich 40 Kadavermenschen auf einen Streich niedergestreckt habe, da tauchten die Drei auf, als ob sie es gerochen hätten. Es ging gleich los. Cara hier. Cara da. Als Windlingsfrau bin ich so etwas gewohnt. Binthrel war der Anführer, den hab' ich gleich zu Anfang umgeboxt, um mal direkt eine Sache klar zu stellen: Ich bin nicht leicht zu haben. Ter'lispling hat mir gut gefallen, der zog die Flöte raus und hat aufgespielt, und singen konnte er dann auch noch. Da die Drei im Rückstand waren, hab' ich die Becher mit dem Zuckerzeug vollgemacht. Als der Pegel stieg, ging gleich der Streit los, wer mir den Dschungel als Erster zeigen darf. Slipsplisnir wollte dann irgendwie unter dem Boot durch tauchen und die T'skrang haben ihn zum Glück wieder raus gefischt. Als es dunkel wurde, lagen alle drei unterm Tisch und haben geschnarcht. Ich habe dann allen noch meinen Namen auf den unteren Rücken tätowiert und bin danach alleine den Dschungel anschauen gegangen.

– Meine Reise durch Barsaive, von Cara,
Windmeisterin des fünften Kreises

Niall Maha'krodha

Von den vier Nialls am Galanga ist das Niall der Maha'krodha das rückständigste. Die Wege bestehen lediglich aus festgetretenem Lehm und verwandeln sich in Schlamm, sobald es regnet. (Musste meine Stiefel mehrfach vom Schlamm befreien, lästig.) Die Hütten sind aus Holz und können keiner Belagerung standhalten (Da ist selbst ein Behelfslager der throalischen Armee besser befestigt). In der Nacht schwirren Insekten durch Löcher in den Wänden und rauben mir den Schlaf. Die gekauften Schutzamulette zeigen kaum Wirkung – auf der Rückreise werde ich mein Gold von diesem Händler zurückfordern. Gut die Hälfte der Bevölkerung besteht aus Sklaven. Mir fällt es schwer die Anzahl der Bewohner zu schätzen, da ein T'skrang dem anderen gleicht. Es werden wohl an die 50 sein (ich schreibe 53, so klingt es genauer). Eine Lahala habe ich nicht angetroffen (ich vermute, sie brüten gerade eine neue aus). Ein Elementarist namens Zan'dakaar zeigte Interesse an meinen Aufzeichnungen der Gegend. Er war sehr hilfreich und ein belesener Gesprächspartner. Z. stellte mir ein paar T'skrang zum Geleit für meine Wanderungen (im Dschungel kann man leicht die Orientierung verlieren). Warnungen vor gefährlichen Tieren und Orten sind hilfreich, daher wenig Aufregungen bei Erkundung der Umgebung (starke Knieschmerzen am dritten Tag, musste einen Tag pausieren). Zusammenfassend muss ich sagen, sind die Maha'krodha ein rückständiges und primitives Volk (diese erbärmliche Sklaverei einmal völlig außer Acht gelassen).

– Bericht Nummer 317 des Magiers Oramun aus dem Hause
Thrax an das Auge von Throal, 1503 TH
(ausgewertet und katalogisiert)

Das Niall Maha'krodha liegt unterhalb der Greifenfälle und ist damit am weitesten von der Mündung des Galanga in den Servos entfernt. Für die Außenwelt bestehen die Maha'krodha lediglich aus drei größeren Siedlungen mit etwa 150 T'skrang. Tatsächlich verfügt das Niall jedoch über mehr Mitglieder: 300 weitere T'skrang leben weitab des Hauptarms in verborgenen Dörfern und einer geheimen Flussfestung. In den letzten Jahrzehnten ist die Einwohnerzahl immer weiter gewachsen. Eine große Menge von Sklaven übernimmt viele der alltäglichen Arbeiten.

Der Elementarist Zan'dakaar kam vor über 25 Jahren an den Galanga, um dort Naturgeister und Elementare zu untersuchen. Zu diesem Zeitpunkt bestand das Niall Maha'krodha nur aus ein paar Hütten und Plantagen. Zan'dakaar erkannte frühzeitig den Neid der Lahala auf den Reichtum und die Macht der anderen Nialls am Galanga. Die Lahala wiederum war beeindruckt von dem Wissen und der Zielstrebigkeit des jungen T'skrang. Mit Hilfe der absoluten Befehlsgewalt der Lahala Maha'krodha begann Zan'dakaar insgeheim langsam die Kontrolle über das Niall zu übernehmen. Nach und nach konnte der junge T'skrang das Niall nach seinen Vorstellungen umformen. Geschickt getarnte Überfälle nach Art der Henghyoke vergrößerten dank zahlreicher geraubter Eier die Bevölkerung.

Im Laufe der folgenden Jahre gelang es Zan'dakaar eine kleine Flussfeste und drei Schiffe zu bauen. Die Maha'krodha besitzen nun zwei größere Schiffe, die sowohl für den Handel als auch für den Kampf geeignet sind. Ein weiteres Schiff ist alleine für den Kampf gebaut worden, wird aber noch versteckt gehalten. Und auf der Werft ihrer geheimen Flussfeste arbeiten die Maha'krodha an einem neuartigen Kriegsschiff, welches die Eroberung der drei anderen Nialls am Galanga ermöglichen soll.

Nach außen hin betreibt das Niall weiterhin Handel mit verschiedenen Kräutern und Gewürzen, die unter anderem heilende Wirkung haben. Außerdem baut man Edelsteine ab, die sich oberhalb der Greifenfälle finden lassen.

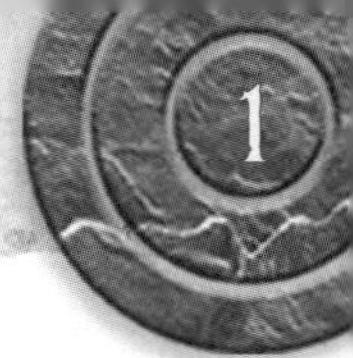

DIE TRI'STARR

Die Tri'starr ist das geheime Projekt des Nialls Maha'krodha. Es handelt sich dabei um ein Kriegsschiff, dessen Antrieb und Bewaffnung auf dem Schlangenfluss seinesgleichen sucht. Die Tri'starr verfügt über eine neuartige Antriebsart. Das Schiff wird durch eine von Zan'dakaar geschaffene Kristallsphäre angetrieben. Eine 2,5 Schritt durchmessende, mit winzigen Teilen aus Orichalkum verstärkte Kugel enthält eine (instabile) Verbindung zur Ebene des Wassers, durch die permanent Eisäther in die Sphäre strömt und dort eingefangen wird. Nach und nach baut sich so ein gewaltiger Druck auf. Um diese elementaren Kräfte zu bändigen, wird immer wieder die Kontrolle eines Elementaristen benötigt. Wenn der Druck den kritischen Wert überschreitet, wird er durch ein Röhrensystem geleitet und treibt die Antriebseinheit des Schiffes an. So kann das schwere und gepanzerte Schiff bewegt werden. Die durch den Antrieb austretende Kälte umgibt das Schiff mit einer permanenten Nebelwolke.

Im Kampf lässt sich ein Teil der Kraft der Sphäre auf zwei bewegliche Eiskanonen umleiten, die ähnlich funktionieren wie Feuerkanonen. Solange das in kleinen Dosen geschieht, verliert das Schiff nicht seine Manövrierfähigkeit.

Am Bug des Schiffes befindet sich eine große Eiskanone, die Tri'bithss. Eine Vorrichtung im Inneren des Schiffes kann auf einen Schlag einen großen Teil der Schiffsenergie auf diese Waffe umleiten. Der Eisäther durchfließt dann die gewaltige Kanone und tritt als eine Masse aus Kristallsplittern und Eisäther aus – mit verheerender Wirkung! Die Kanone kann nur abgefeuert werden, wenn sich genügend Druck in der Kammer aufgestaut hat. Daher ist die Schussfrequenz nur gering. Ungefähr einmal alle vier Minuten lässt sich die Waffe abfeuern. Die Ausrichtung der Waffe nach links und rechts erfolgt nur durch das Ruder, die Kanone selber lässt sich aber nach oben oder unten bewegen. Die Feuerkraft der Tri'bithss ist deutlich höher als die einer normalen Feuerkanone. Auf kurze Entfernung erhöht sich die Einschlagsenergie der Waffe. Wird ein weiter entferntes Ziel anvisiert, erreicht die Waffe eine deutlich höhere Reichweite als eine normale Feuerkanone.

Die letzte Waffe der Tri'starr besteht darin, einen großen Teil der Energie des Schiffes durch die Bordwände nach außen zu leiten. Durch diese Vorrichtung wird ein großer Teil der Umgebung des Schiffs gefroren und ermöglicht es den Kämpfern, über den Galanga zu stürmen. Nach der Auslösung dieser Gefrierungswaffe ist die Tri'starr für einige Zeit manövrierunfähig.

DAS HAUS HENGHYOKE

In der jüngsten Vergangenheit haben sich die Mannschaften des mysteriösen Haus Henghyoke, dem Haus des Flussotters, einen Ruf als die blutdurstigsten und habgierigsten Piraten in ganz Barsaive verschafft. Die Grausamkeit der Flusspiraten des Henghyoke Aropagoi ist berüchtigt und übertrifft selbst die theranischer Sklavenjäger. Ihre Flussboote haben überall auf der Schlange und ihrer Nebenflüsse Siedlungen geplündert und Schiffe überfallen. In der Regel nähern sich die Räuber aus dem Hause Henghyoke ihren Opfern wie Diebe in der Nacht. Gefangene, die sie bei ihren Überfällen machen, kehren niemals zurück, und die Überfallkommandos verschwinden, ohne auch nur eine einzige Spur zu hinterlassen.

Jeder der Piraten trägt eine Platinkette um seinen Hals, auf der eine mächtige Verzauberung liegt. Die Halsketten hindern die Henghyoke am Sprechen. Wird die Halskette mit Gewalt entfernt, verfällt der Pirat in eine Form des Wahnsinns und ist nicht mehr ansprechbar. Warum die Henghyoke die Halsbänder tragen, ist nicht bekannt. Bisher ist es noch niemandem gelungen durch Folter oder Zauber einen Henghyoke dazu zu bewegen, Informationen preiszugeben. Daher gibt es kaum Informationen über das Haus Henghyoke. Seinen Namen hat es ebenfalls nicht selber gewählt, sondern bekam ihn von den wenigen, die einen der Überfälle überlebt haben. „Henghyoke" lautet der Name der großen Otter, welche die Piraten bei vielen ihrer Angriffe als Reittiere nutzen.

Der Mangel an Informationen hat viele Theorien über die Organisation und den Ursprung des Aropagoi Henghyoke aufkommen lassen. Einige vermuten, dass die Shivalahala Henghyoke eine mächtige Illusionistin ist, die ihr Aropagoi vor den Blicken der Namensgeber verborgen hält. Spekuliert wird, dass die Festung der Piraten sich tatsächlich in der Mitte des Flusses befindet, durch den Zauber der Shivalahala vor den Augen der Welt verborgen, und Boote an ihr vorbeifahren, ohne sie zu bemerken. Andere wiederum sagen, dass sei kompletter Unsinn.

FREIBEUTEREI UND PIRATERIE AUF DEM GALANGA & DIE TRADITION DES BAKSHEVAS

Ein Freibeuterangriff läuft auf dem Galanga nach einem Muster der Ehre ab. Normalerweise halten Freibeuter ohne direkte Gewaltanwendung die vorbeifahrenden Schiffe an und verlangen mit der traditionellen Formel des Bakshevas einen Tribut: „Shivoam v'nokamai daureis". Übersetzt heißt dies in etwa „Der Geist des Flusses verlangt eine Gabe". Es folgt eine Verhandlung über die Höhe des „Zolls", der üblicherweise zwischen fünfzig und zweihundert Silberstücken liegt. Falls man sich nicht auf die Höhe des Zolls einigen kann oder falls die Besatzung sich einfach weigert den Zoll zu bezahlen, ziehen sich die Freibeuter in eine gewisse Entfernung zurück und beide Schiffe bereiten sich auf den Kampf vor. Normalerweise sind die Taktiken beider Kapitäne darauf ausgerichtet, ihre Flussboote und ihre Besatzung zu schützen. T'skrang, die in dem Durcheinander verletzt wurden, legen ihre Waffen nieder, ziehen sich aus dem Kampf zurück, und ihre Gegner lassen sie beim Entern des Schiffes links liegen. Jedes Mal, wenn eine Seite die Oberhand zu gewinnen scheint, bietet sie dem Gegner zahlreiche Möglichkeiten, sich zu ergeben. Dies geschieht noch, lange bevor eine der beiden Seiten schwere Schäden erlitten hat. Und beinahe alle T'skrangbesatzungen betrachten es als die größte Schande, einem bloßen Passagier Schaden zuzufügen.

Sobald eine der beiden Seiten aufgibt, legt der Sieger einen Preis für die Freiheit des Verlierers fest. Üblicherweise ist dieser Preis doppelt so hoch wie der ursprüngliche Zoll – ganz gleich, wie viel Schaden während des Kampfes verursacht wurde.

Piraten, die sich nicht an die Tradition des Bakshevas halten, werden von allen Häusern auf dem Schlangenfluss gejagt. Ein echtes Piratenboot verzichtet daher auf keinen einzigen Heller und ist auch bereit, eine ganze Besatzung samt Passagieren zu töten, um an die Reichtümer eines Schiffes zu kommen. Die Henghyoke halten sich ebenfalls nicht an das Bakshevas.

GALANGA, DER TANZ BEGINNT

„Als mich der Fährmann aus dem Wasser zog, sah er mich mit einem betont ausdruckslosen Blick an und schüttelte dann langsam den Kopf. Dämliche Echse, ich musste eben dringend auf die andere Flussseite, und die Überfahrt war zu teuer. Wer hätte denn ahnen können, dass ich bei dem Versuch, rüber zu schwimmen, beinahe ersoff?! Diese merkwürdige Redensart der T'skrang kam mir wieder in den Sinn: Wer die Schlange nicht kennt, sollte nicht mit ihr tanzen!“

– aus den Erzählungen von Tandil,
einem geizigen Zwerg aus Throal

Den ganzen verdammten Tag lang ist das Schiff in unerträglicher Langsamkeit durch die schwüle Hitze des Dschungels den Galanga hinaufgefahren. Die Schildkröten, die das Schiff den gemächlich fließenden Strom hinaufziehen, mühen sich redlich, aber man hat das Gefühl, alles sei zum Stehen gekommen.

Immer noch besser, als am Ufer durch den Dreck und die Mangroven zu kriechen. Die Passagiere sind zu träge zum Reden, und ich brüte trübsinnig vor mich hin. Die Insekten stehlen unser Blut und der Juckreiz macht mich fast wahnsinnig. In dieser schwülen Hitze ist jede Bewegung qualvoll. Die Anderen liegen träge in den Ecken des Schiffs und verlieren den Kampf gegen die Hitze und die Moskitos.

Die Nacht bringt kaum Linderung. Als die Sonne endlich hinter den unzähligen Bäumen, die das Wasser säumen, versunken ist, werden von den T'skrang speckige, bunte Lampions entzündet. Einer der Eingeborenen beginnt, auf einer Trommel einen hypnotischen Rhythmus zu schlagen und Bambusschnapps der weniger guten Sorte macht die Runde. Die Bootsleute springen über das Schiff. Sie gleiten an den Seilen entlang, schwingen sich weit über Bord und tänzeln entlang der Decksbalken.

Ich habe wenig Lust zu tanzen, setze mich an die Reling und lasse die Beine ins Wasser hängen. Der Schein der Lampen dringt nicht weit über den Fluss. In Gedanken versunken blicke ich auf das gelblich braune Wasser, das am Schiff vorbei strömt, als mir ein Blinken auf der Wasseroberfläche auffällt. Flussaufwärts treibt etwas im Wasser, das den Schein der Lampen reflektiert.

Ein länglicher Gegenstand, wie ein alter verfaulter Baum. Ich greife mir eine Stange, um das Ding aus dem Wasser zu fischen. Als das Ding sich dreht, sehe ich in die blicklosen Augen eines toten T'skrang. Ich harke die Stange in den Kadaver und hieve ihn ins Boot. Die Augen blickten starr und tot ins Leere, aber der Rest sieht aus als würde das Ding nur schlafen. Ich berührte das bleiche Gesicht und weiche zurück. Die Haut ist kalt wie Eis.

Ein Schrei ertönt und die Musik verstummt. Weitere Schatten treiben auf das Boot zu und stoßen dumpf an die Schiffswand, rutschen daran entlang und werden vom Fluss weggespült. Kein Namensgeber nimmt sich ihrer an, sie treiben nur träge vorbei. Ein kalter Nebel steigt aus dem gelben Flusswasser auf und hüllt das Boot ein. Meine Kehle ist wie zugeschnürt, ich kann kaum atmen. Was geschieht hier? Mögen die Passionen uns beistehen!

– aus den Berichten des Scholaren Dongal Tracknor

HANDLUNGSÜBERBLICK

Die Kampagne „Tanz mit der Schlange“ führt die Charaktere an einen Nebenlauf des Servos, den Galanga. Genauer gesagt: an dessen Oberlauf, einen eher abgelegenen und ruhigen Teil der Schlange. Am bis zu den Greifenfällen schiffbaren Oberlauf des Galanga gibt es vier kleinere Nialls: Nentilor, Nensora, Daikara und Maha'krodha. Jedes dieser Nialls beherrscht einen Abschnitt des Flusses.

Die T'skrang des Nialls Maha'krodha haben im Geheimen ein überlegenes Kriegsschiff gebaut und planen, einen Niall nach dem anderen auf dem Galanga anzugreifen und zu unterwerfen. Als die Charaktere in die Galanga-Region reisen, beginnen die Maha'krodha gerade mit einigen Kaperfahrten, um die Fähigkeiten des neuen Kriegsschiffes zu testen. Dabei wird auch das Schiff der Charaktere angegriffen und schwer beschädigt.

Die Charaktere fliehen durch den Urwald und erreichen nach vielen Mühen das Niall Nentilor. Alles deutet darauf hin, dass dieses Niall das nächste Ziel des unbekannten Kriegsschiffes sein wird. Die Charaktere beraten sich mit den T'skrang des Nialls und entscheiden sich, den verbleibenden Nialls am Galanga von der Gefahr zu berichten. Dann fliehen sie in Richtung des Lungameers, um die dort lebenden T'skrang des Nialls Nensora rechtzeitig vor der drohenden Gefahr zu warnen.

Nach mehreren Begegnungen mit Bewohnern des riesigen Schilfmeers erreichen die Charaktere den Sammelplatz der Wohnboote des Nialls. Dabei sind ihnen die Gegner dicht auf den Fersen. Es kommt zu kleineren Kämpfen und die Charaktere haben die Gelegenheit, mehr über die Maha'krodha zu erfahren. Die Nensora verstreuen sich in alle Richtungen und machen es den Maha'krodha so zunächst unmöglich, ihren Angriff erfolgreich durchzuführen.

Die Charaktere begeben sich nach Nad'karanji, der Hauptniederlassung der Daikara. Dort weiß man bereits von den Aktivitäten der Maha'krodha und bereitet sich auf einen Kampf vor. Nach einem Attentat auf die Lahala Daikara werden alle Fremden aus Nad'karanji verbannt. Die Daikara schicken ihre Schiffe aus, um gegen die Maha'krodha zu kämpfen und deren neues Schiff zu versenken. Die Schlacht endet mit einer Niederlage der Daikara.

Die Charaktere und Vertreter aller Nialls beraten, was nun zu tun ist. Da sich die drei Nialls auf keine gemeinsame Stra-

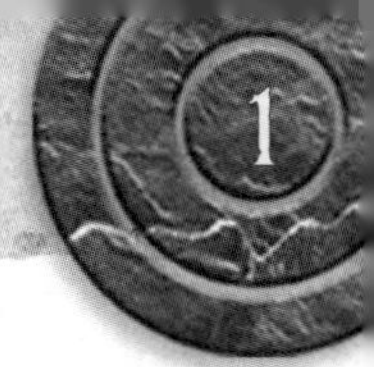

tegie einigen können, beschließen die Nentilor, aus Nad'karanji zu fliehen. Die Nensora bitten die Charaktere, ihnen bei einem gewagten Plan zu helfen und die Daikara bereiten sich auf die Verteidigung Nad'karanjis vor. Die Maha'krodha greifen Nad'karanji an und nehmen die Stadt ein. In einer Nacht- und Nebelaktion gelingt es jedoch, dass nach dem Kampf schlecht bewachte feindliche Kriegsschiff zu versenken.

Nad'karanji ist allerdings immer noch in der Hand der Maha'krodha. Auch die neue Lahala Daikara wird dort gefangen gehalten. Bei einem Kriegsrat können die Charaktere einen losen Bund zwischen den Nialls bilden. Alle Parteien stimmen überein, dass Nad'karanji der Schlüssel zur Macht am Galanga ist und zurückerobert werden muss. Vorher muss aber die Lahala Daikara befreit werden. Danach verbünden sich die drei Nialls und erobern Nad'karanji gemeinsam zurück. Die geschlagenen Maha'krodha fliehen unter großen Verlusten zurück den Galanga hinauf.

„Wenn ich gewusst hätte, wie es endet, wäre ich nie und nimmer auf diese Reise gegangen."

– Bertram Gazlak, bei seiner Rückkehr nach Travar

Mögliche Abenteuereinstiege

Im ersten Teil der Kampagne „Tanz mit der Schlange" fahren die Charaktere auf dem Galanga, einem Fluss im Servosdschungel. Dabei werden sie mit brutalen Überfällen auf T'skrang-Siedlungen und Schiffen entlang des Galanga konfrontiert. Die Handlung des Abenteuers ist so angelegt, dass die Charaktere auch ohne direkten Auftrag ein eigenes Interesse an den Vorgängen entwickeln. Die folgenden Szenarien bieten mögliche Einstiege in das Abenteuer.

Variante 1 Der Auftrag

Ein Händler aus Travar betätigt sich als Mäzen. Im Niall Nentilor lebt der Musiker S'e Slassh, der die S'ri Trillate, ein zwölfseitiges Musikinstrument, virtuos spielen kann und Lieder für das Instrument komponiert. Es handelt sich dabei um ein Saiteninstrument, das nur von T'skrang gespielt werden kann, da man den Schwanz zum Anschlagen der Seiten zwingend benötigt. Die Charaktere sollen ein wertvolles Instrument unbeschadet zum Niall Nentilor schaffen und dort dem Künstler übergeben. Die S'ri Trillate wird in einem großen Kasten (40 x 30 x 160 cm) transportiert, der einen geringen magischen Schutz gegen die meisten weltlichen Einflüsse (Wasser, Feuer) besitzt.

Variante 2 Suche nach Informationen

Einem der Charaktere fehlt noch eine Schlüsselinformation zu einem magischen Gegenstand in seinem Besitz. Zufällig kann in Nad'karanji am Galanga der berühmte T'skrang-Waffenschmied Phei'stiss zu genau diesem Gegenstand eine wichtige Information liefern. Die Charaktere müssen also dorthin reisen, um den Waffenschmied zu treffen. Oder aber bei der Information geht es um einen alten Flussschiffer oder Piraten, der auf dem Galanga eine wichtige Schlacht erlebte. Vielleicht ist es also der Schiffsname oder der Ort der Schlacht, der gesucht wird.

Variante 3 Der Jadekünstler

Unter den Nensora leben viele Künstler. Einer dieser Künstler ist ein T'skrang namens Che'wan. Er hat die besondere Begabung, wahre Wunderwerke aus Stücken feinster Jade zu schleifen. Gerüchte über diese beeindruckenden Kunstwerke sind seit einiger Zeit weit über die Schlange hinaus in Barsaive bekannt geworden. Sammler und Kunstliebhaber aus den großen Städten zahlen hohe Summen für seine Stücke. So könnten die Charaktere einen Auftrag aus Travar erhalten, für ein Handelshaus eines der seltenen Werke zu besorgen. Gerüchten zufolge sollen die Jade und die daraus gefertigten Schmuckstücke magische Kräfte besitzen. Daher wäre auch der Auftrag eines Zauberkundigen eine Möglichkeit, etwas über diese Stücke in Erfahrung zu bringen

Alles, was die Charaktere wissen, ist, dass diese Werke von einem T'skrang am Galanga geschaffen werden. Auf ihrem Weg durch die Kampagne werden sie diesen Künstler im Niall Nensora finden. Unter Umständen ist Che'wan erst nach dem erfolgreichen Ende der Kampagne gewillt, eines seiner Werke zu verkaufen.

Variante 4 Handelsverträge

Das Königreich Throal unterhält einen Außenposten oberhalb der Greifenfälle und streckt seine Fühler immer wieder auch bis in die entlegenere Region des Galanga aus. Eine Händlerfraktion des Königreiches ist daran interessiert, diesen Handel auszubauen. Händler in Travar sind ebenfalls an den Waren und Möglichkeiten des Galanga interessiert. Um sich einen Überblick über die Region zu verschaffen, werden die Charaktere angeheuert, einen Unterhändler zum Galanga zu begleiten. Sie sollen den Händler Bertram Gazlak sicher in Nad'karanji abliefern und dabei unterstützen, erste Kontakte zu knüpfen.

Welchen Auftrag auch immer die Charaktere zu Beginn haben, sie beginnen ihre Reise mit dem Schiff.

Die Fahrt auf dem Fluss bietet den Charakteren die Möglichkeit, Informationen über die Region durch Mitreisende zu erhalten, und so eine ungefähre Vorstellung der Verhältnisse am Galanga zu bekommen. Da das Schiff sich auf dem Weg nach Nad'karanji befindet, sind auch einige Händler und Glücksritter an Bord. Die Charaktere können eine Beschreibung von Nad'karanji und des Nialls Daikara erhalten. Ein Glücksritter kann über sein Vorhaben berichten, im Dschungel nach Jade zu suchen, oder die Charaktere reden mit den Einheimischen über die Gegend.

Das Schiff, auf dem die Charaktere reisen, heißt Chelonida und wird von vier Riesenschildkröten gemächlich den Fluss Galanga hinaufgezogen. Von Travar bis zur Mündung des Galanga reisen die Charaktere auf einem normalen Flussschiff.

REISE AUF DER CHELONIDA

„Natürlich habe ich gewonnen, wer hat etwas Anderes erwartet?“

– Pocco, Glücksspieler aus dem Niall Nensora

Glücksamulett (100 Silberstücke)

Das Amulett ist aus grüner Jade und hat die Form einer in sich verschlungenen Schlange. W3 mal (verdeckter Wurf des Spielleiters) am Tag kann mit diesem Amulett ein Würfelwurf (nur Misserfolge, aber kein Patzer) wiederholt werden. Wenn der Käufer das Amulett gekauft hat, leuchtet es kurz gelb auf. Zu diesem Zeitpunkt bekommt der Charakter 3 Punkte Blutmagieschaden. Danach kann er die Magie des Amuletts erneuern. Dalei versucht sofort, den Kauf rückgängig zu machen. So, als ob er vorher gar nicht an die Magie geglaubt hätte, durch die Aktivierung aber der Meinung ist, zu wenig Silber bekommen zu haben. Das Amulett funktioniert nur am Schlangenfluss und seinen Nebenarmen.

Insektenabwehramulett (50 Silberstücke)

Für einen Überanstrengungspunkt kann der Träger das Amulett aktivieren. Eine Stunde lang werden dann alle Insekten durch das Amulett vertrieben. (Funktioniert nicht bei zwergischen Charakteren.) Normale Insekten meiden den Träger nach der Aktivierung. Übergroße Insekten treffen den Charakter nur, wenn sie einen zusätzlichen Erfolg bei einem Angriff gegen die Körperliche Verteidigung erzielen. Das Amulett verursacht 2 Punkte Blutmagieschaden.

Dämonenabwehramulett (100 Silberstücke)

Der Charakter kann das Amulett beliebig oft für zwei permanente Schadenspunkte aktivieren. Das Amulett gewährt dem Träger dann fünf Kampfrunden lang einen +3 Bonus auf seine Körperliche und Mystische Verteidigung gegen Dämonenkonstrukte. Jeder permanente Schaden, der so entstanden ist, kann erst geheilt werden, wenn das Amulett selber zerstört wird.

Amulett der Ahnen (100 Silberstücke)

Eine kleine Scheibe an einem Lederband. Sie sieht aus wie das Yin-Yang Zeichen in hellgelb und dunkelgelb. Hilft angeblich gegen böse Geister, hat aber keinen Effekt. Das Amulett verursacht 1 Punkt Blutmagieschaden.

ÜBERBLICK

Um ihren Auftrag zu erfüllen, haben sich die Charaktere an Bord eines Flussschiffes begeben, der Chelonida. Auf der Chelonida reisen sie den Galanga hinauf Richtung Nad‘karanji, der Flussfestung des Niall Daikara. Das Schiff wird von den Antagonisten des Abenteuers, den Maha‘krodha, überfallen und die Charaktere müssen durch den Dschungel fliehen.

ATMOSPHÄRE

Die Charaktere sind vermutlich mit den Begebenheiten am Galanga wenig vertraut. Vielleicht kennen sie nicht einmal die Lebensweise der T´skrang. Auf der Chelonida können sie einige Einheimische kennenlernen und viele Informationen über die Region und die Namensgeber erhalten. Das Leben auf der Chelonida verläuft gemächlich. Durch den Angriff der Maha‘krodha ändert sich die Atmosphäre drastisch. Auf der darauffolgenden Flucht durch den Dschungel lernen die Charaktere die Tücken dieser Region und die Gefahren des Urwalds kennen.

SCHLÜSSELINFORMATIONEN

Die Charaktere erfahren in diesem Abenteuer die Namen der Nialls am Galanga und bekommen eine Einführung in die Region. Es kommt zum ersten Kontakt mit den Gegnern, den Maha‘krodha, aber noch ohne ihre Identität aufzudecken.

DIE CHELONIDA

Das Schiff, auf dem die Charaktere reisen, ist die Chelonida und wird von vier Riesenschildkröten gemächlich den Fluss hinaufgezogen. Auf dem Schiff befinden sich viele andere Namensgeber, mit denen die Charaktere Begegnungen haben können.

MITREISENDE

DALEI, HÄNDLER

Der Händler Dalei versucht, verschiedene Dinge zu verkaufen. Die Charaktere können bei ihm verschiedene Blutamulette erwerben. Siehe Box links.

AVERES, DER KAPITÄN (NIALL DAIKARA)

Averes hält sich meist in der ersten Etage der Chelonida auf und kümmert sich um alle Belange des Schiffes. Der Kapitän ist nur äußerst widerwillig dazu bereit, sich mit den Charakteren zu unterhalten.

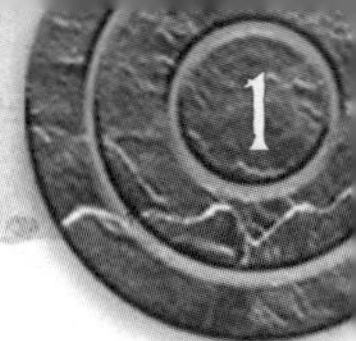

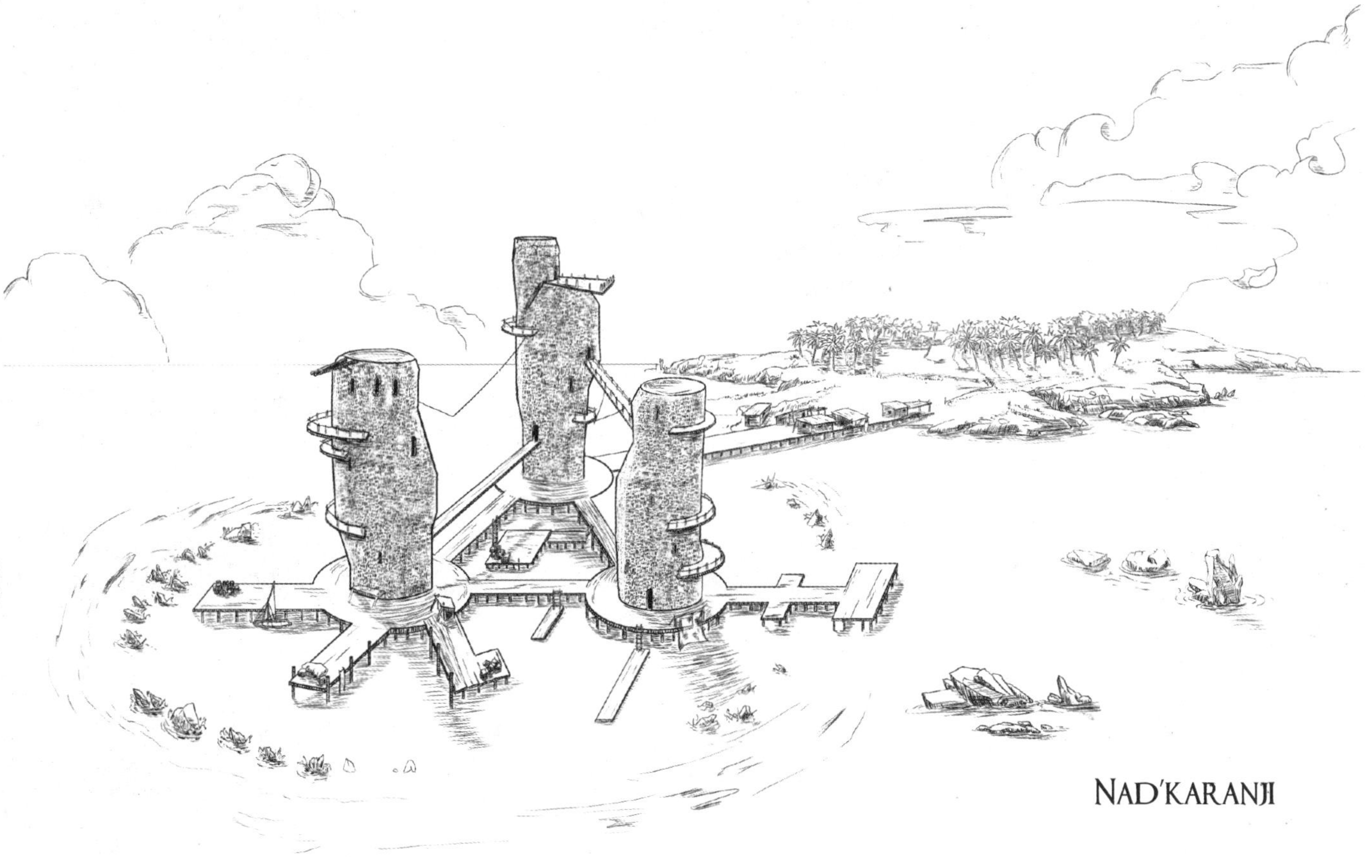

NAD'KARANJI

KRAUT, DER NAVIGATOR

Kraut, der Navigator der Chelonida, steht vorne an der Reling und raucht. Der Ork sieht beunruhigt aus. Er ist gerne bereit, mit den Charakteren zu reden. Kraut spricht Throalisch, T'skrang und Orkisch und berichtet den Charakteren von dem unguten Gefühl, das er im Moment hat. Der Ork steht offenbar unter starkem Drogeneinfluss: Die Augen sind gerötet und die Sprechweise ist langsam. Der Ork erzählt einige wirre Geschichten: Der Fluss verhält sich heute seltsam, das Grün der Bäume wirkt irgendwie falsch und die Insekten summen in einem schrillen, falschen Ton. Der Navigator hört sich aber ebenso gerne Geschichten der Charaktere aus Barsaive an.

W'ARSP, DER SCHWERTMEISTER

Der T'skrang Schwertmeister W'arsp fragt die Charaktere und andere Reisende nach einem von ihm gesuchten Schwertmeister Es'skriba, der sich im Niall Nensora aufhalten soll. Falls ein Charakter gegen W'arsp antreten will, bietet dieser ihm die Gelegenheit dazu. Durch seine arrogante und selbstgerechte Art könnte sich leicht eine Gelegenheit dazu ergeben. Die Charaktere können W'arsp im Niall Nensora wieder treffen.

DAS GLÜCKSSPIEL

Der T'skrang Pocco aus dem Niall Nensora und drei weitere T'skrang aus dem Niall Nentilor sitzen zusammen und spielen ein Würfelspiel. Pocco nimmt die drei Bauern aus und lacht sich dabei kaputt. Für einen Charakter ist es mittels einer Wahrnehmungsprobe oder durch den Einsatz einer entsprechenden Fähigkeit möglich zu entdecken, dass Pocco betrügt. Mit dem Talent Empathische Wahrnehmung und zwei Erfolgen gegen die Soziale Verteidigung von Pocco (Wert 7) oder einer Aufmerksamkeits-Probe gegen den Wert 21 kann ein Charakter den Betrug bemerken, ohne selber mitzuspielen.

Wenn einer der Charaktere den Schwindel öffentlich macht, kommt es zu folgender Szene: Ein T'skrang aus dem Niall Daikara verlangt die Bestrafung des Falschspielers. Der Kapitän wird als Richter gerufen, der aufgrund der Aussage des Charakters den Falschspieler direkt verurteilt. Pocco wird eine Ecke aus seinem Kamm geschlagen, bevor man ihn über Bord wirft. Nachdem die Dinge ins Rollen gebracht worden sind, lässt sich das Verfahren nicht mehr aufhalten. Was die T'skrang hier veranstalten, ist geltendes Recht im Niall Daikara.

Sollte ein Charakter Pocco erpressen und eine Gegenleistung verlangen, wird Pocco ohne große Gegenwehr darauf eingehen.

DIE GESCHICHTE ÜBER DIE HENGHYOKE

Der Charakter mit dem höchsten Ergebnis in einer Wahrnehmungsprobe bemerkt in der Dämmerung den Schemen eines anderen Bootes, welches in einiger Entfernung rasch vorbeizieht. Kein anderer der Reisenden hat etwas bemerkt. Falls er davon berichtet, erzählt einer der NSCs (Wahl des Spielleiters) die Informationen, die allgemein über die Henghyoke bekannt sind (siehe S. 11).

Das löst Unruhe unter den Reisenden aus und die Mannschaft macht sich für einen Kampf bereit. Auch andere T'skrang berichten blutige Geschichten über Angriffe der Piraten. Hier sollte nicht mit Geschichten über die Rücksichtslosigkeit und Unbarmherzigkeit der Henghyoke gespart werden. Wer von den Henghyoke entführt wird, kommt nicht lebend zurück, darüber sind sich alle auf dem Boot einig. Da nach einiger Zeit aber dennoch nichts passiert ist, wird die Kampfbereitschaft wieder aufgehoben und in Frage gestellt, ob der besagte Held überhaupt ein Henghyoke-Schiff gesehen hat. Die Henghyoke greifen immer schnell und unbarmherzig an. Ihre Schiffe vorher zu entdecken, halten die anderen Reisenden für unwahrscheinlich. Der Navigator Kraut sieht in dem Geisterboot in seiner momentan schlechten Stimmung ein böses Omen.

Nad'karanji

Die Chelonida hält in Nad'karanji, und die Charaktere haben einige Zeit Aufenthalt, um die Stadt kennenzulernen. Nach fünf Stunden fährt die Chelonida weiter (siehe Nad'karanji, S.65).

Leichen im Fluss

Das Schiff wird, nicht unweit von Niall Nentilor – wie in jeder Nacht – am Ufer festgemacht. Viele bunte Lampions erleuchten die Chelonida. Es wird gegessen und gesungen, und es werden Geschichten erzählt.

Einer der Charaktere bemerkt flussaufwärts ein Blitzen im Wasser. Die Lichter des Schiffes spiegeln sich auf einer Brosche, die um den Hals einer Leiche hängt, die den Galanga hinab dem Schiff entgegen treibt. Die Nacht ist aber zunächst noch zu dunkel, um etwas Genaues zu erkennen. Es werden einige Bemühungen unternommen, um die Leiche zu bergen: Ein paar Bootsmänner lassen ein kleines Kanu zu Wasser oder die Charaktere nehmen sich der Aufgabe an.

Als die Leiche endlich an Bord gebracht wird, bemerken die Anwesenden, dass die Leiche gefroren ist. Sie dampft in der heißen, schwülen Luft des Dschungels.

Der Zauber ‚Augenblick des Todes' hat die Wirkschwierigkeit 6 und offenbart Folgendes:

Der T'skrang schwimmt hektisch im Wasser, um vor etwas zu fliehen. Plötzlich gefriert das Wasser um ihn herum und er schwimmt völlig verwirrt unter das Eis. Es gelingt ihm nicht mehr einen Weg an die Oberfläche zu finden und er erstickt, während das Eis ihn langsam einschließt.

Eine Halbmagieprobe (Wert 9) durch einen Geisterbeschwörer liefert ein extrem verzerrtes Bilder derselben Ereignisse.

Falls einer der Charaktere den Kadaver mit einer Arzt-Probe gegen 5 näher untersucht, stellt er fest, dass der ganze Körper bis in die Mitte hin gefroren ist. Die Anwesenden äußern Vermutungen, wie es zu dieser seltsamen Verletzung kommen konnte (Drachenatem, Magie).

Plötzlich ist von einem der Reisenden ein weiterer Schrei zu hören, der die Aufmerksamkeit wieder auf das Wasser lenkt. Weitere gefrorene T'skrang-Leichen treiben den Galanga hinunter.

Während die Mannschaft versucht, auch die anderen Leichen zu bergen, kommt es zu einer offenen Beratung zwischen dem Kapitän und den Reisenden, was nun unternommen werden soll. Der Kapitän entscheidet, die Schildkröten am nächsten Morgen wenden zu lassen, um zurück nach Nad'karanji zu fahren und den Vorfall dort zu melden.

Der Angriffsplan der Maha'krodha

Die Truppen der Maha'krodha greifen in kleinen Gruppen an. Jeder Trupp hat einen Anführer, der den Kampf koordiniert und Kommandos gibt. Die T'skrang haben den Kampf in der Gruppe erlernt und bedrängen einen Charakter bereits, wenn sie zu dritt gegen ihn kämpfen (Spielerhandbuch S. 230). Einige der Kämpfer sind Krieger- oder Schwertmeisteradepten und benutzen die entsprechenden Talente. (Kampfwerte der Kämpfer der Maha'krodha, siehe Seite 182)

Die Maha'krodha kämpfen mit ihren jeweiligen Waffen. In der ersten Welle werden mit Bögen aus dem Nebel heraus spezielle langstielige Pfeile auf die Chelonida geschossen, um die Gegner zu schwächen. Die Maha'krodha beabsichtigen, die Besatzung und die Reisenden gefangen zu nehmen und zu versklaven. Ein Kämpfer aus jedem Trupp hat ein Netz, das er über die Gegner werfen kann, um sie gefangen zu nehmen.

Der Gezeichnete

Einer der beteiligten Angreifer sticht heraus: Eine lange Narbe zieht sich über die rechte Wange, einen Teil seiner Schnauze und sein linkes Auge. Seine Säbel geben ein sirrendes Geräusch von sich, wenn er kämpft; er nutzt erkennbar Magie im Kampf, seine Rüstung leuchtet im Dunkeln. „Der Gezeichnete" ist der stärkste Angreifer der an diesem Kampf beteiligten Maha'krodha. Jeder Charakter, der sich ihm entgegenstellt, muss sich auf einen erbitterten Zweikampf bereitmachen. Vadhana ist in Wirklichkeit weiblich und eine legendäre Schwertmeisterin der Maha'krodha. Dieser Umstand kann aber nur von T'skrang oder von jemandem mit entsprechender Wissensfertigkeit erkannt werden. Wenn die Charaktere im weiteren Verlauf der Geschichte mit anderen T'skrang über „den Gezeichneten" reden, werden sie Vadhana anhand der Beschreibung womöglich nicht wiedererkennen, da die Charaktere von einem Schwertmeister reden und nicht von einer Schwertmeisterin. Tel'dain hat Vadhana im Kampf nicht gesehen, und deswegen fällt ihm der Fehler nicht auf. Wenn einer der Charaktere ein T'skrang ist, kann er mit einer Wahrnehmungsprobe gegen den Wert 15 das richtige Geschlecht von Vadhana erkennen. Mit diesem Wissen können die Maha'krodha in Kapitel 2 deutlich früher als Gegner identifiziert werden, falls die Charaktere von der Begegnung mit Vadhana berichten.

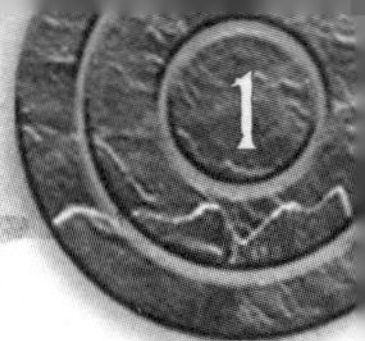

DER KAMPF UM DIE CHELONIDA

Die Kämpfer des Niall Maha'krodha fahren mit der Tri'starr (siehe S. 11) den Galanga hinauf, um nacheinander Nentilor, Nensora und Daikara zu erobern. Eines der ersten Opfer des neuen Schiffes soll die Chelonida sein. Die Tri'starr nähert sich nachts in ihren Nebel gehüllt, um die Chelonida zu kapern und der Flotte der Maha'krodha hinzuzufügen.

Die Maha'krodha planen, das Flusswasser um die Chelonida gefrieren zu lassen und sie zu erobern. Sollte das nicht gelingen, sieht ihr Plan vor, das Schiff zu versenken und keine Überlebenden zurückzulassen.

OPTIONALE REGEL – KAMPF AUF DEM EIS

Beim Kampf auf dem Eis erleidet jeder Charakter einen Malus von -3 auf seine Proben und zieht drei Punkte von seiner Körperlichen Verteidigung ab. Wenn ein Charakter bei einem Angriff auf dem Eis ein Ergebnis von 5 oder weniger erzielt, ist er ausgerutscht und gilt als niedergeschlagen. Die Kämpfer der Maha'krodha sind den Kampf auf dem Eis gewohnt und erhalten keine Abzüge. Bei einem Ergebnis von 5 oder weniger rutschen aber auch sie aus.

NÄCHTLICHE SCHLACHT

Wenn die Charaktere Wachen aufgestellt haben, bemerken sie den aufziehenden Nebel und können das Gefrieren des Wassers beobachten (und die Besatzung warnen).

Zunächst werden drei Pfeilsalven auf die Chelonida abgeschossen, bevor der eigentliche Angriff erfolgt. Charaktere, die nicht in Deckung gegangen sind, können ebenfalls getroffen werden.

Averes, der Kapitän der Chelonida, schreit in den Nebel, dass er bereit ist über das Bakshevas zu verhandeln. Die Gegner reagieren nicht darauf und kämpfen weiter. Averes wird gleich zu Anfang des Kampfes durch den Gezeichneten getötet. Daraufhin kämpft seine Mannschaft bis zum Tod.

Im Laufe des Kampfes überzieht sich auch die untere Ebene des Schiffes mit Eis und macht die Schiffsplanken rutschig. Ab diesem Zeitpunkt gelten auch auf der unteren Schiffsebene die Regeln für einen Kampf auf Eis.

Aufmerksame Charaktere können während des Kampfes mehrfach beobachten, wie Mitreisende ihre Waffen von sich werfen und ihre Hände als Zeichen der Kapitulation heben.

Gefangene Reisende werden gefesselt und über das Eis verschleppt. Sollten die Charaktere mehrere Angreifer töten, ziehen sich die Gegner zurück. Wenn die Charaktere die erste Welle gegen die Angreifer abwehren, ohne zu fliehen, werden die Maha'krodha versuchen die Chelonida zu zerstören. Um zu fliehen, muss das Eis entfernt und die Riesenschildkröten angetrieben werden. Kraut kann die Schildkröten dazu bewegen, los zu schwimmen. Aber niemand auf dem Schiff außer den Charakteren kann das Eis entfernen.

Mit geeigneten Zaubern (wie „Feuerspeer") ist es möglich, die Chelonida aus dem Eis befreien. Sobald das Schiff frei ist, können die Riesenschildkröten es langsam vom Kampfschauplatz wegbewegen.

Falls die Krieger der Maha'krodha den Kampf gewinnen, übernehmen sie das Schiff und versklaven alle überlebenden T'skrang. Gefangene Namensgeber anderer Rassen werden in den Galanga geworfen.

DIE VERNICHTUNG DER CHELONIDA

Falls die Maha'krodha das Schiff nicht erobern können:
Ein warmes Gewitter zieht auf, es beginnt zu regnen. Sollten die Charaktere die Chelonida nicht frei bekommen, wird sie von den Maha'krodha versenkt. Die Maha'krodha feuern die Eiskanone der Tri'starr ab. Bereits der erste Treffer sorgt dafür, dass die Chelonida sich nicht mehr über dem Wasser halten kann. Jeder Charakter, der keine Geschicklichkeitsprobe gegen den Wert 8 besteht, wird zu Boden geschleudert und erleidet Stufe 8 (2W6) Schadenspunkte.

Die Kämpfer der Maha'krodha versuchen nun, die restlichen Überlebenden gefangen zu nehmen oder andernfalls zu töten. Die Charaktere können versuchen, mit den restlichen Überlebenden über das Eis in den Dschungel zu fliehen.

Sollten die Charaktere diesen Angriff wiederum abwehren können, brechen die Maha'krodha den Kampf ab und verschwinden. Sollte es im Kampfverlauf nötig sein, können die Angreifer die Eisfläche jederzeit verschwinden lassen, und alle sich auf dem Eis befindenden Personen fallen in den Galanga, was Proben auf die Fertigkeit Schwimmen (Mindestwurf 9, Mittlere Strömung) und nach Wahl des Spielleiters eine Begegnung mit im Wasser lebenden Krokodilen nach sich ziehen kann.

Falls das Schiff zu stark beschädigt worden ist, bleibt nur der Weg durch den Dschungel, da die Chelonida nicht vor Ort repariert werden kann. Hat das Schiff den Kampf überstanden, geht es im Niall Nentilor weiter. (S. 20)

DER LANGE WEG DURCH DEN DSCHUNGEL

Der Dschungel wird für die Charaktere ein gefährlicher Ort sein, sofern sie nicht selbst an einem solchen Ort aufgewachsen und mit den Gefahren vertraut sind. Insekten, fremdartige Tiere, primitive T'skrang-Stämme und ein anstrengendes Klima machen jeden Schritt zu einem Wagnis. An jedem Abend sind Zähigkeitsproben (Mindestwert 8) fällig, um zu testen, wie die Charaktere mit dem Klima und den Insekten zurechtkommen. Misslingt die Probe, verliert der Charakter für den nächsten Tag eine seiner Erholungsproben. Sollte er gar einen Patzer würfeln, verliert er alle Erholungsproben für den darauffolgenden Tag.

Die Reise durch den Dschungel zum Niall Nentilor dauert mehrere Tage.

In der Nacht treffen die Charaktere im Dschungel auf Kraut und Tel'dain. Der Ork konnte sich ans Ufer retten, wurde aber schwer verletzt. Kraut wird vom T'skrang-Matrosen Tel'dain begleitet, der sich ein wenig im Dschungel auskennt und sich ebenfalls zur Gruppe durchschlagen konnte. Tel'dain spricht nur T'skrang. Die anderen Reisenden sind in den Dschungel geflohen und nicht wieder aufgetaucht.

Falls die Charaktere sich mit den beiden beraten, äußern diese Zweifel daran, dass die Angreifer aus dem Haus Henghyoke stammen. Einige der Krieger haben Befehle gerufen, und jeder am Schlangenfluss kennt die Legende über die magischen Ketten und die Unfähigkeit der Henghyoke zu sprechen. Kraut vermutet, dass Piraten aus dem Schlangenfluss den Galanga hinauf gefahren sind, um Sklaven zu jagen. Tel'dain findet, dass die Krieger nach Art der Maha'krodha gekleidet waren. Beide sind ratlos, was es mit dem Eis und der Eiswaffe auf sich hat. Kraut schlägt vor, sich gemeinsam zu Niall Nentilor durchzuschlagen, da dies der kürzere Weg ist.

Blutige Statuen

Die Gruppe findet einige seltsame Statuen, die mit frischem Blut übergossen worden sind. Man kann sehen, dass schon sehr viel altes Blut auf den Statuen eingetrocknet ist. Tel'dain berichtet der Gruppe, dass hier „eingeborene" T'skrang leben, die von Sklavenhändlern gejagt werden. Die Statuen stellen seiner Meinung nach obskure Gottheiten dar, die von diesen Eingeborenen angebetet werden: Mutterbäume, Natur- und Ahnengeister.

Die Opferstätte

Im Dschungel werden schwach ausgetretene Pfade sichtbar. Die Pfade zu benutzen, wäre sehr viel leichter, als weiterhin den direkten Weg zu nehmen. Wenn die Charaktere ihnen folgen, erreichen sie eine auf einem großen Felsen gelegene Stelle im Dschungel. Ein kleiner Weg schlängelt sich immer höher hinauf – und oben angekommen ist der Himmel zu sehen, und die Charaktere können von oben auf den Dschungel schauen. Viele schwarze Pfähle sind in den Boden gerammt und auf ihnen wurden Namensgeber gepfählt. Rund um die Kultstätte befindet sich die Asche von mehreren großen Feuern. In den Feuerstätten kann man Knochen erkennen, die von Namensgebern stammen. Es bleibt dem Spielleiter überlassen, ob die Charaktere an diesem Ort in einen Hinterhalt geraten oder ob die Charaktere einigen Spuren folgen, um überlebende Mitreisende zu retten.

Begegnung mit den Eingeborenen T'skrang

Eingeborene T'skrang

GES:	6	Initiative:	9
STR:	7	Körperliche Verteidigung:	10
ZÄH:	5	Mystische Verteidigung:	4
WAH:	9	Soziale Verteidigung:	7
WIL:	5	Physische Rüstung:	0
CHA:	4	Mystische Rüstung:	0
Bewusstlosigkeit:	22	Erholungsproben:	2
Todesschwelle:	27	Niederschlag:	16
Wundschwelle:	8		
Bewegung:	12		

Aktionen: 2; Waffenloser Angriff (2x): 8 (Klauen 10), Blasrohr 10 (7+Gift)

Kräfte:

Gift (7): Falls der Eingeborene T'skrang bei seinem Ziel mit seinem Blasrohr Schaden verursacht, muss das Opfer den Auswirkungen eines lähmenden Giftes (Spielleiterhandbuch s. Gift, S. 112) widerstehen. Das Gift hat Stufe 7 [Verzögerung: 1 Runde, Intervall: 5/1 Runden, Wirkungsdauer: 10 Runden].

Drei verwilderte T'skrang nähern sich den Charakteren. Sie laufen auf allen Vieren, haben angefeilte, spitze Zähne wie Raubtiere, und ihr Verhalten erinnert mehr an Wildtiere als an Namensgeber. Sie stoßen gutturale Laute zur Verständigung aus. Die Charaktere können versuchen, mit den Eingeborenen zu kommunizieren. Die soziale Verteidigung der Eingeborenen für Proben beträgt 7.

Wenn die Charaktere sich dominant oder aggressiv verhalten, werden die Eingeborenen sie in Ruhe lassen. Falls sie aber freundlich zu den Eingeborenen sind, kommt es zum Angriff. Die Verwendung der Talente Beeindrucken und Verängstigen vertreibt die Eingeborenen. Das Talent Gewinnendes Lächeln wirkt auf sie nicht.

Falls ein Angriff erfolgt, kämpfen die Eingeborenen mit Klauen und Zähnen. Insgesamt zehn Eingeborene haben die Gruppe eingekreist. Soweit das möglich ist, versuchen jeweils zwei oder drei Gegner sich auf einen der Charaktere zu stürzen und ihn zu Boden zu reißen. Der Mindestwurf für Niederschlagsproben ist gegen diese Gegner um vier Punkte erschwert.

Wenn der erste Angriff misslingt, ändern die Eingeborenen ihre Taktik. Sie versuchen, hinter Bäumen außer Sicht zu bleiben und die Charaktere mit Blasrohren zu schwächen (siehe oben, „Kräfte" des eingeborenen T'skrang). Sollten fünf oder mehr Eingeborene T'skrang verwundet werden, fliehen diese. Umgekehrt verfolgen die Eingeborenen die Charaktere ungefähr eine halbe Stunde lang, brechen dann die Verfolgung jedoch ab.

Die verlassene Jademine

Auf einer abrupt beginnenden Lichtung (es ist nicht zu erkennen, warum die Bäume nicht weiter gewachsen sind) öffnet sich ein 30 Schritt Durchmesser großes Loch im Boden. Der Boden dieser Grube liegt ca. 20 Schritt tief, entlang der Wände kann man eine spiralförmige Rampe nach unten erkennen. Entlang dieses Weges befinden sich in den Hang geschlagene Schächte. Am Rand der Grube befinden sich alte, verlassene und teilweise verrottete Gebäude einfacher Bauweise.

Niemand ist zu sehen und verroste Werkzeuge liegen noch so da, als hätten die Arbeiter ursprünglich wiederkommen wollen. Es ist aber schnell zu erkennen, dass die Häuser schon seit langer Zeit leer stehen. Um die Grube herum befinden sich die Abraumhalden der Jademine.

In der Mitte der Grube wurden Teile eines alten Bauwerkes freigelegt: eine Art Steinsockel, der von aufgerichteten Steinen umringt ist. Die Verzierungen des Sockels zeigen einige runenartige Symbole. Zusätzlich sind weitere Runen aus dunklem, getrockneten Blut zu erkennen. Auch eine Seitenfläche des Steins ist voll von getrocknetem Blut.

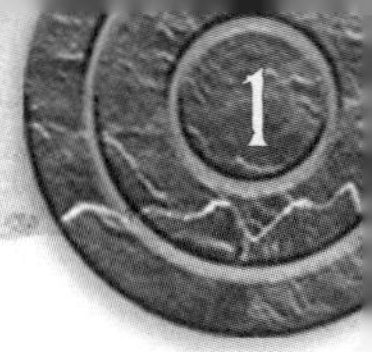

Ein Charakter mit der Fähigkeit der Astralsicht oder ein magiekundiger Charakter mit Halbmagie kann bei einer gelungen Probe gegen den Wert 18 herausfinden, dass hier ein magisches Ritual stattgefunden hat, bei dem mehrere Geister des Dschungels beschworen wurden.

Von der Jademine aus können die Charaktere einem gut erkennbaren Pfad folgen, der sie bald auf eine bewaldete Felskante führt, die parallel zum Galanga verläuft. Im weiteren Verlauf geht der Weg an der Felskante entlang und dann ein steiles Stück hinunter zu einer natürlichen Bucht.

Die Begegnung mit den Sklavenjägern

Vor den Charakteren – in der Tiefe des Waldes – hören diese Schreie. Nach einer kurzen Pause tauchen zwei T'skrang vor den Charakteren auf, die anhand ihrer Tätowierungen, der primitiven Kleidung und ihrem Schmuck aus Materialien des Dschungels, als T'skrang aus einem der zivilisierten Dschungeldörfer identifiziert werden können. Sie erschrecken und versuchen, vor der Gruppe zu fliehen. Auf Kommunikationsversuche reagieren sie nicht.

Vom Rand der nahen Felskante können die Charaktere Folgendes beobachten: In einer natürlichen Bucht liegt ein kleines Schiff des Nialls Daikara. Mehrere Käfige sind an Deck zu sehen, eine Gruppe von T'skrang hält sich in der Nähe des Bootes auf und arbeitet am Bau weiterer Käfige. Den Strand hinauf kann man einige T'skrang entdecken, die gefangen genommen wurden. Die Gefangenen wimmern leise vor sich hin oder winden sich in ihren Fesseln. Ein toter T'skrang liegt in einer Blutlache in der Nähe des Wassers. Drei T'skrang des Nialls Daikara jagen nicht weit entfernt durch den Dschungel, um noch zwei weitere Eingeborene zu fangen und auf das Schiff zu bringen.

Die Sklavenjäger haben eine offizielle Genehmigung des Nialls K'tenshin zur Sklavenjagd bei sich. Sollten die Charaktere die Sklavenjäger bekämpfen, handelt es sich nach der Rechtsprechung am Galanga um Mord. Jeder Charakter mit der Wissensfertigkeit Handel oder Rassenkunde (T'skrang) kennt mit einer Wissensprobe (*Spielerhandbuch*, S. 118) gegen den Wert 7 und zwei Erfolgen diesen Sachverhalt. Wissensproben ohne Kenntnis von Handel oder Rassenkunde (T'skrang) haben den Mindestwert 12.

Tel'dain kann den Charakteren die Situation erklären und vorschlagen, dass man mit den Sklavenhändlern über eine Passage zum Niall Nentilor verhandeln soll. Er ist bemüht die Charaktere von irgendwelchen Bluttaten abzubringen. Kraut ist ein Gegner der Sklaverei und wird auf Nachfrage vorschlagen, die Sklaven zu befreien und die Boote zu stehlen.

Die Charaktere können mit den Sklavenhändlern über eine Passage verhandeln, das würde sie 20 Silber pro Person kosten. Oder sie überwältigen die Sklavenhändler, lassen die Sklaven frei und stehlen die Boote. Die überraschten Sklavenjäger sind keine Adepten und ergeben sich, falls sie durch die Charaktere angegriffen werden.

Wichtige Charaktere

DALEI, T'SKRANG (DAIKARA), HÄNDLER

Ein T'skrang mit bläulicher Hautfarbe, der viele Amulette und viel Schmuck trägt. Er handelt mit magischen Amuletten und kleinen, wertvollen Schmuckstücken. Dabei ist er sehr redselig.

Darstellung: neugierig, effektiv, gesellig, wettbewerbsorientiert, emotional, ehrlich
Motivation: Ware abkaufen. Gewinn machen.
Ressourcen: Blutamulette

AVERES, T'SKRANG (DAIKARA), KAPITÄN DER CHELONIDA

Averes ist ein alter T'skrang, der die Chelonida seit Jahren auf vielen Routen über den Galanga fährt. Er pflegt keinen Kontakt zu den Passagieren und hält sich am liebsten in der Gemeinschaft von anderen Bootsmännern auf. Er verlässt sein Schiff nur sehr selten.

Darstellung: vorsichtig, effektiv, reserviert, unkooperativ, selbstsicher
Motivation: Die Chelonida steuern. Die Mannschaft der Chelonida unter Kontrolle halten. Die Sicherheit von Schiff und Mannschaft gewährleisten.
Ressourcen: Befehlshaber der Mannschaft der Chelonida.

KRAUT, ORK, NAVIGATOR DER CHELONIDA

Kraut hat es vor ungefähr zehn Jahren in die Galanga-Region verschlagen. Er ist früher durch ganz Barsaive gewandert und hat auf verschiedenste Arten sein Silber verdient. Am Galanga hat er es eine Zeit lang als Jadesucher versucht, dann hat er anderen Glücksrittern bei Expeditionen in den Dschungel geholfen und als er nach einem Schlangenbiss Probleme mit seinem linken Bein bekam, hat er als Bootsmann auf der Chelonida angeheuert. Nach ungefähr fünf Jahren hatte er sich zum Navigator hochgearbeitet. Da Kraut Zeit seines Lebens viele Rauschmittel konsumiert hat, fällt es ihm leicht, Naturgeister wahrzunehmen.

Darstellung: vorsichtig, nachlässig, redselig, freundlich, emotional, verpeilt
Motivation: Überleben. Berauscht sein. Gespräche mit Namensgebern.
Ressourcen: Wissen über den Dschungel. Wissen über die Galanga-Region.

TEL'DAIN, T'SKRANG (DAIKARA), BOOTSMANN DER CHELONIDA

Tel'dain ist ein einfacher Bootsmann, der seit vielen Jahren auf der Chelonida seinen Dienst tut. Seine Hautfarbe ist dunkelgrün. Tel'dain ist Fremden gegenüber aufgeschlossen und unterhält sich auf seinen Reisen gerne mit den Mitreisenden, vorausgesetzt sie sprechen die Sprache der T'skrang. Tel'dain ist ein Gegner des Sklavenhandels und findet ihn abstoßend.

Darstellung: neugierig, unbekümmert, gesellig, freundlich
Motivation: Überleben, Niall Daikara beschützen.
Ressourcen: Wissen über den Dschungel. Wissen über Niall Daikara.

W'ARSP, T'SKRANG (K'TENSHIN), WANDERNDER SCHWERTMEISTER

W'arsp hat an der Kriegsakademie des Nialls K'tenshin seine Ausbildung erhalten. Seit ungefähr zwei Jahren wandert er durch Barsaive, um sich mit anderen Schwertmeistern zu messen und seine Technik zu vervollkommnen. Er ist zum Galanga gereist, um sich mit dem legendären Schwertmeister Es'skriba zu duellieren.

Darstellung: vorsichtig, effektiv, selbstgerecht, wettbewerbsorientiert, selbstsicher
Motivation: Perfektionierung der Kampfkunst. Zweikämpfe austragen. Berühmt werden.
Ressourcen: Wissen über das Aropagoi K'tenshin. Kampferprobter Schwertmeister.

W'arsp (Schwertmeister Kreis 5)

GES:	7	Initiative:	6
STR:	6	Körperliche Verteidigung:	11
ZÄH:	6	Mystische Verteidigung:	9
WAH:	6	Soziale Verteidigung:	10
WIL:	6	Physische Rüstung:	5
CHA:	7	Mystische Rüstung:	4
Bewusstlosigkeit:	61	Erholungsproben:	3
Todesschwelle:	72	Karmapunkte:	20
Wundschwelle:	9	Niederschlag:	6
Bewegung:	12		

Aktionen: 1; Säbel (x2): 12 (11)

Kampftalente Hieb Ausweichen (5): 12, Manövrieren (4): 11, Verspotten (4): 13, Nahkampfwaffen (5): 12, Riposte (6): 13, Akrobatische Verteidigung (4): 11, Standhaftigkeit (5): 11, Kampfsinn (6): 12, Tigersprung (5), Schwachstelle Erkennen (6): 12, Zweitwaffe (5): 12, darf Karma für Schadensproben mit einer Nahkampfwaffe ausgeben.

POCCO, T'SKRANG (NENSORA), GLÜCKSSPIELER

Pocco reist seit einiger Zeit auf verschiedenen Schiffen über den Schlangenfluss und lebt davon, in den langen Stunden an Bord Glücksspiele anzubieten. Wenn er an Spielen teilnimmt, betrügt er ab und zu, wenn sich die Gelegenheit anbietet. Bisher ist er dabei nicht erwischt worden.

Darstellung: vorsichtig, effektiv, gesellig, unkooperativ, selbstsicher, unehrlich
Motivation: Geld vermehren. Risiko minimieren. Nicht erwischt werden.
Ressourcen: Falschspiel. Charmant. Gute Menschenkenntnis.

NIALL NENTILOR

„Nicht alle Dinge, die Shivoam genommen hat, behält er für immer. Manchmal, wenn die Zeit gekommen ist, werden sie wieder an das Ufer gespült. An einem anderen und fernen Ort, an dem niemand es erwartet."

– Jo'ran, T'skrang Bootsmann

SCHLÜSSELINFORMATION

Die Charaktere werden immer wieder im Abenteuer mit Mahendo zusammentreffen. Hier lernen die Charaktere ihn zum ersten Mal kennen. Die Maha'krodha werden als Gegner offenbart.

ÜBERBLICK

Die Charaktere erreichen das Niall Nentilor und berichten der Lahala Nentilor von dem Überfall auf die Chelonida. Mehrere Hinweise deuten darauf hin, dass der nächste Angriff der Gegner hier erfolgen wird. Nach einer ausführlichen Beratung entscheidet die Lahala, was mit ihrem Volk passieren soll. Die Charaktere werden gebeten, das Niall Nensora zu warnen. Auf ihrer Flucht lernen die Charaktere den Troll Mahendo kennen, der ein kleines Flussschiff, die Harmattan, steuert und die Charaktere mitnimmt zu den Nensora. Die Reise endet mit der Havarie der Harmattan am Rande des Lungameers. Die Maha'krodha greifen nacheinander kleine Siedlungen in der Nähe des Nialls Nentilor an. Am Ende des Kapitels werden die Nentilor von den Maha'krodha angegriffen.

DER STAND DER DINGE

Falls Kraut und Tel'dain überlebt haben, werden sie versuchen, das Niall Daikara so schnell wie möglich zu warnen. Der Ork wird von Tel'dain nach einer kurzen medizinischen Versorgung in eines der kleineren Kanus und auf den Weg nach Daikara gebracht. Tel'dain ist der Meinung, dass seine beste Chance darin besteht, nach Daikara zu flüchten. Die beiden bitten die Charaktere, den Nentilor zu berichten, was vorgefallen ist.

Die T'skrang des Nialls Nentilor haben bereits mehrere Berichte über Angriffe auf kleine Dörfer und einen seltsamen Nebel erhalten. Die Nachrichten der Charaktere sind also nicht gänzlich neu für sie. Die Lahala des Nialls möchte den Bericht der Charaktere dennoch persönlich entgegennehmen.

ATMOSPHÄRE

Die Stimmung ist bedrohlich. Die Gegner sind den Charakteren dicht auf den Fersen und das Niall Nentilor ist nicht auf einen bewaffneten Konflikt vorbereitet. Es ist unklar, was die Gegner bezwecken und das mysteriöse Schiff im Nebel gibt Rätsel auf. Die Charaktere werden von den Nentilor zwar herzlich aufgenommen, Hilfe kann man ihnen aber kaum bieten.

ÜBERSICHT NIALL NENTILOR

Wie die meisten der T'skrang in Barsaive zogen sich auch die Namensgeber des Niall Nentilor in eine der Flussfestungen zurück, um dort die Zeit der Plage zu überstehen. Zusammen mit dem benachbarten Niall Nensora begaben sie sich in den Schutz der magisch verstärken Kuppeln unterhalb der Wasseroberfläche des Galanga und warteten gemeinsam die Zeit der Plage ab.

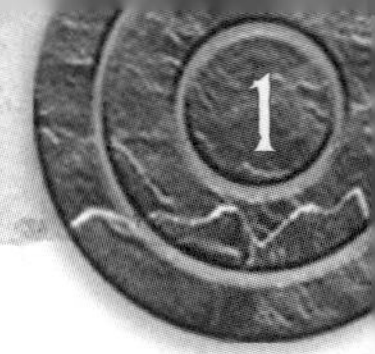

Nach der Plage haben die beiden Gruppen die Türme verlassen und die Geschicke der Nialls neu geordnet. Während die Nensora sich über den Galanga und seine Seitenarme verteilten, entschieden die Nentilor, den Schutz der Kuppeln weiterhin zu nutzen und verblieben so in dem Arm des Galanga, an dem sie schon die Plage überstanden hatten. Nicht weit entfernt vom Galanga selbst leben nun ungefähr 150 T'skrang um das zentrale Bauwerk herum. Ein Großteil der Kuppeln steht jedoch heutzutage leer, und einige sind nicht mehr bewohnbar oder durch fehlende Wartung geflutet. Ebenso sind die ehemaligen Anbauflächen und die meisten Verteidigungsmaßnahmen außer Betrieb.

Rund um die Türme und Kuppeln werden am Flussufer verschiedene Plantagen betrieben, auf welchen das Niall Lebensmittel, Baumwolle und andere landwirtschaftliche Produkte anbaut. Zudem haben sich einige T'skrang in kleineren Dörfern und Siedlungen in der Umgebung niedergelassen und dort ebenfalls Plantagen errichtet. Auch hier werden vor allem Waren für den eigenen Bedarf angebaut. Die Handwerker der Nentilor beherrschen nur grundlegende Handwerkskünste. Komplexere Werkzeuge werden von den anderen Nialls gegen Nahrung eingetauscht.

Die Nentilor pflegen einen Schrein, der allen zwölf Passionen gewidmet ist. Die drei wahnsinnigen Passionen sind im Moment mit schwarzen Tüchern abgedeckt.

Das Niall unterhält zwei kleinere Transport- und Handelsschiffe. Der größte Teil des Handels findet mit den benachbarten Nialls Daikara, Maha'krodha und Nensora statt. Das Niall K'tenshin und einzelne Händler werden ebenfalls beliefert.

Das Niall im Spiel

Das Niall Nentilor gilt am Galanga als nicht besonders mächtig. Die Bevölkerung besteht zu großen Teilen aus Bauern und hat es in den letzten Jahren auf friedliche Weise geschafft, sich auszubreiten. Die Bevölkerung wächst und viele Plantagen befinden sich an den Ufern des Galanga. Für eine größere kriegerische Auseinandersetzung ist das Niall Nentilor nicht gerüstet.

Das Verhalten der Maha'krodha

Irgendwann im Laufe der Kampagne wird den Charakteren klarwerden, dass die Maha'krodha hinter den Angriffen auf die anderen Nialls stecken. Der genaue Zeitpunkt hängt von verschiedenen Faktoren ab. Solange die T'skrang der anderen Nialls noch nicht herausgefunden haben, wer für die Angriffe verantwortlich ist, können sich Mitglieder des Nialls Maha'krodha unbehelligt unter ihnen aufhalten und beobachten was passiert. Sobald die Machenschaften der Maha'krodha aufgedeckt sind, ziehen sich die Mitglieder des Nialls zurück und schließen sich ihren Kämpfern an.

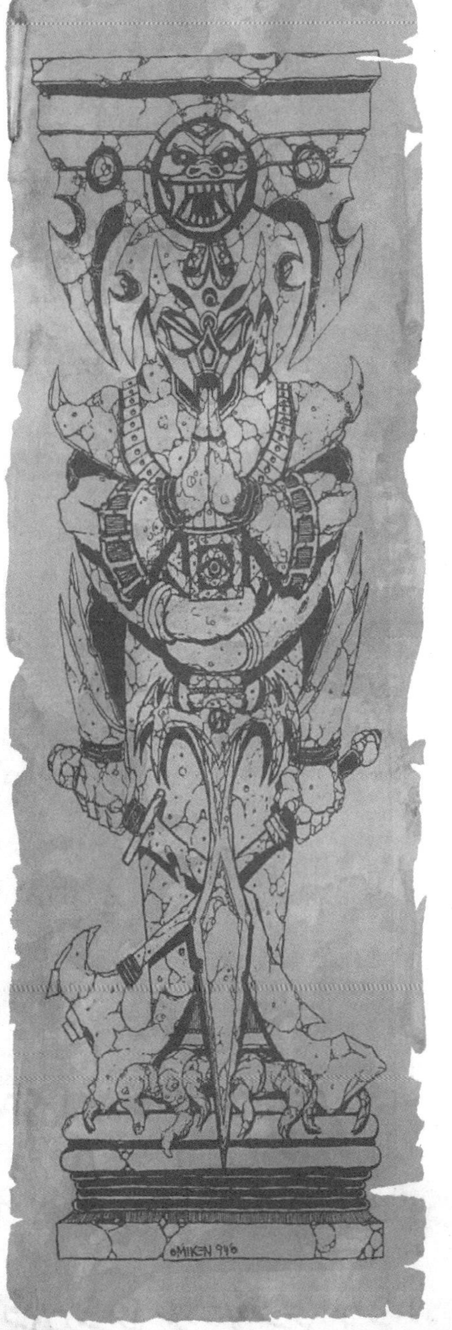

Die Beratung mit der Lahala Nentilor

Sekarin, eine Beraterin der Lahala Nentilor, erwartet die Charaktere am Landesteg und führt sie zur Unterwasserkuppel der Lahala, um vom Überfall auf die Chelonida berichten zu lassen. Da einige der Wohnräume unter der Wasseroberfläche des Galanga liegen und die Lahala diese gerade aufgesucht hat, müssen die Charaktere durch die gelben Wasser des Galanga tauchen, um die mit Luft gefüllten, aber zum großen Teil beschädigten Kuppeln zu erreichen. (Fertigkeit Schwimmen siehe *Spielerhandbuch*, S. 116. Die Wasserbedingungen im Galanga entsprechen einer schwachen Strömung (7)). Die T'skrang von Nentilor helfen ihnen dabei.

Die Kuppel lässt sich unter Wasser über eine Leiter von unten betreten, die in einem unten offenen Becken im Zugangsraum der Kuppel endet.

Alle Unterwasserkuppeln sind durch Tunnel miteinander verbunden und werden durch Felsnadeln, die oben aus dem Galanga herausragen, mit frischer Luft versorgt. Da zurzeit nur eine der Kuppeln dicht ist, sind die Verbindungen zwischen den Kuppeln allerdings verschlossen worden.

Lahala Nentilor erwartet die Charaktere in einem Raum der erhaltenen Kuppel. Die Elementaristin arbeitet an der Reparatur der Außenwände, und die Charaktere erreichen einen Raum, in welchem Netze, Tische usw. in einem wilden Durcheinander verteilt sind. Auf dem Weg dorthin sieht man, dass die verschiedenen Räume und Ebenen durch Holz erneuert wurden. Seile und Leitern erleichtern die Bewegung durch die Kuppel. Die alte, vom Flusswasser zerstörte Inneneinrichtung wurde schon vor einigen Monaten entfernt und nur ein leichter Geruch nach verfaultem Holz erinnert stellenweise noch daran.

Einige Schlafkörbe baumeln von der Decke und zeugen davon, dass ein Teil der Kuppel inzwischen bewohnt wird. Die Luft ist ansonsten angenehm frisch.

Lahala Nentilor beendet gerade einen Zauber bzw. das magische Verweben von Elementen, als die Charaktere eintreten. Sie werden im Gegensatz zu ihrer ersten

Begegnung mit den T'skrang des Galanga in Nad'karanji (siehe S. 16) hier sehr freundlich empfangen. Sowohl die Lahala als auch ihre Beraterin sind sehr interessiert an ihren Erlebnissen.

Das Gespräch in der Kuppel gibt den Charakteren einen Eindruck vom Zustand der Unterwasserbehausungen und des Nialls. In dem Gespräch können die Charaktere von den Geschehnissen berichten und die Lahala hört sich alles in Ruhe an. Lahala Nentilor bedankt sich bei den Charakteren für ihre Tapferkeit und ihre Taten. Wenn die Charaktere Fragen haben, wird die Lahala diese nach bestem Wissen beantworten. Es gibt mehrere Berichte von Überfällen auf kleine Dörfer. Falls die Charaktere nicht selber darauf kommen, äußert die Lahala die Vermutung, dass das Niall Nentilor ebenfalls bald angegriffen werden wird.

Beratung in grosser Runde

Nach dieser kurzen Information im kleinen Kreis werden die Gespräche an Land in der Beratungshütte mit weiteren T'skrang weitergeführt.

Ein trockener Gang führt von der Kuppel aus unter dem Flussbett des Galanga zu einem Ausgang an Land. Falls die Charaktere fragen, warum man sie nicht durch diesen Gang in die Kuppel geführt hat, lächelt man sie verschmitzt an und lässt die Frage unbeantwortet.

An diesem Gespräch nehmen Mitglieder der Nialls Nensora, Daikara und Maha'krodha teil. Die Lahala nimmt auf einem Thron aus Bambusholz platz, während die anderen T'skrang und die Charaktere auf dem Boden um ein Feuer herum hocken. Es werden Berichte und Gerüchte von ähnlichen Angriffen auf kleinere Schiffe und Siedlungen in der Nähe des Flusses ausgetauscht.

BEOBACHTUNGEN:

- Vom Ufer aus konnte man ein großes Schiff im Nebel sehen.
- Der Nebel trat sehr plötzlich auf.
- Die Angreifer waren gute Kämpfer.
- Die Angreifer haben versucht, möglichst viele Gefangene zu nehmen.

Besonders erschreckend finden die Anwesenden die Kombination aus Missachtung des Bakshevas (siehe Ortsbeschreibung Galanga, S. 11) und der sehr aggressiven Vorgehensweise. Vermutungen über die Zugehörigkeit zu einem bestimmten Niall werden geäußert: Haus Ishkarat, Haus K'tenshin (verkleidet), Haus Henghyoke oder eine neue Gruppe Flusspiraten, die hauptsächlich auf Sklaven aus ist.

Als nächstes wird über den seltsamen Nebel diskutiert. Bisher hatte leider kein Zauberkundiger die Möglichkeit, ihn zu untersuchen. Sollte einer der Charaktere dies getan haben, kann er seine Beobachtungen nun schildern.

Die vielen Kämpfer deuten darauf hin, dass die Angreifer auf einem großen oder mehreren kleinen Schiffen über den Galanga reisen und man fragt sich, wie das unbemerkt passieren konnte.

Die Lahala Nentilor lässt sich eine Karte des Galanga bringen, und die erfolgten Angriffe werden zeitlich geordnet eingezeichnet. Sie geht nach und nach die letzten sieben Tage durch und lässt jeden Betroffenen die Stelle markieren, an der die Angriffe erfolgt sind – angefangen mit den Charakteren und ihrem Schiff. Nachdem alle Stellen markiert wurden, ist für alle leicht zu sehen, dass sich das fremde Schiff auf Nentilor zu bewegt und der unbekannte Gegner das Niall bald erreichen wird.

Flucht oder Kampf?

Niall Daikara

Die anwesenden T'skrang des Hauses Daikara raten der Lahala Nentilor mit ihrem Niall zur Flussfestung Daikara aufzubrechen und sich dort zu verstecken, bis das Niall Daikara die Gegner geschlagen hat. In den Augen der Daikara ist Nad'karanji absolut sicher vor Angriffen durch Flusspiraten.

Niall Nensora

Die T'skrang des Nialls Nensora raten den Bewohnern von Nentilor, sich in den Nebenarmen des Galanga zu verstecken. Von dort können sie in kleinen Trupps den Gegner angreifen oder abwarten, ob sie nach dem Angriff auf ihre Länder zurückkehren können. Diesen Vorschlag unterstützen sowohl Fincha (siehe Seite 28) als auch Sekarin. Fincha schlägt vor, die Vorräte zu verstecken und mit der Bevölkerung in den Dschungel zu fliehen, bis die Bedrohung verschwunden ist.

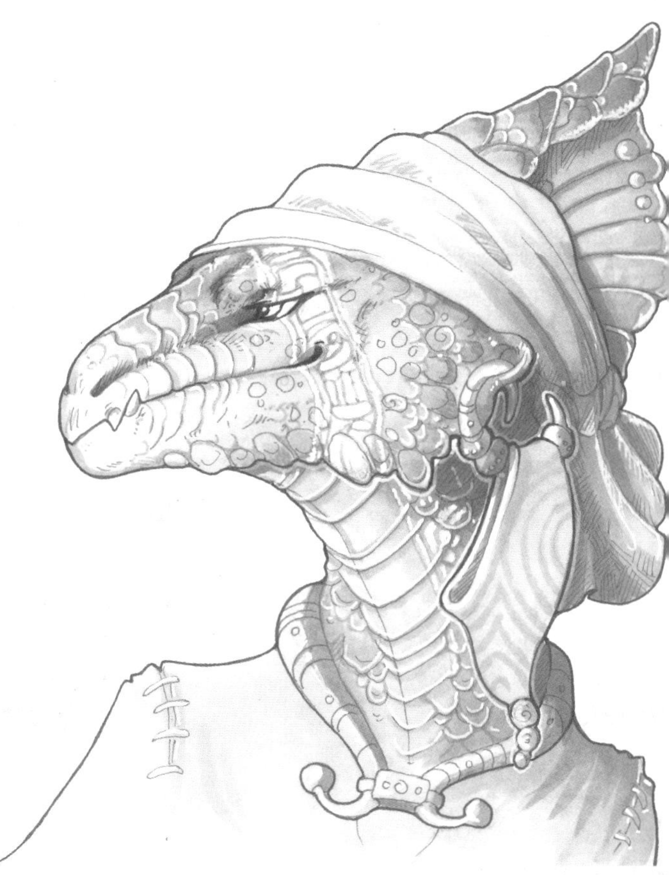

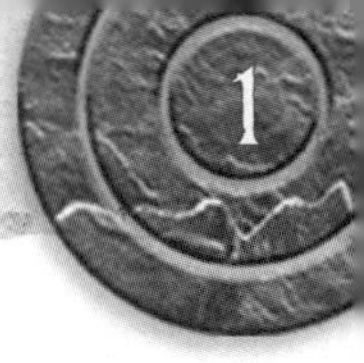

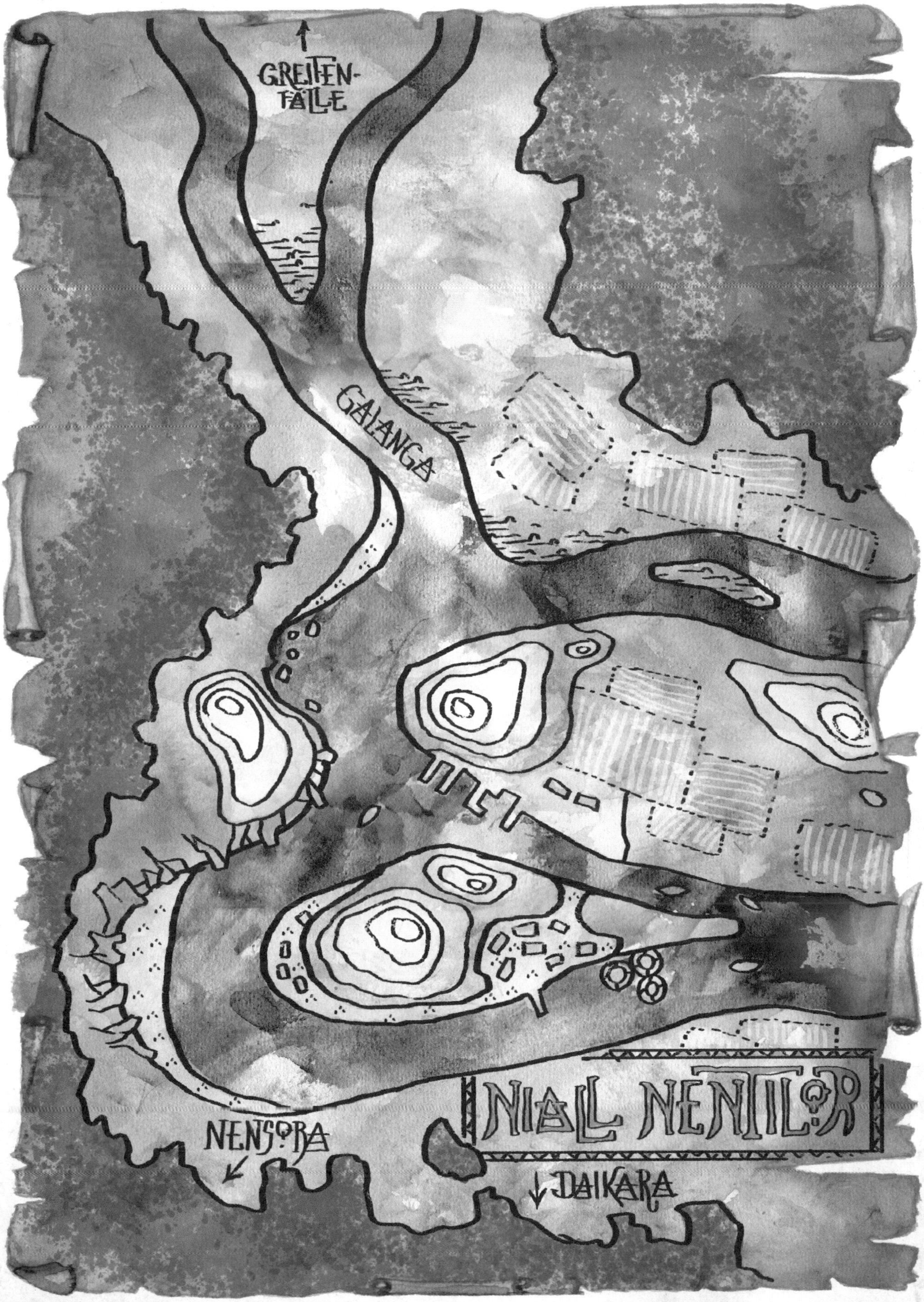

GREIFEN-FÄLLE

GALANGA

NIALL NENTILOR

NENSORA

DAIKARA

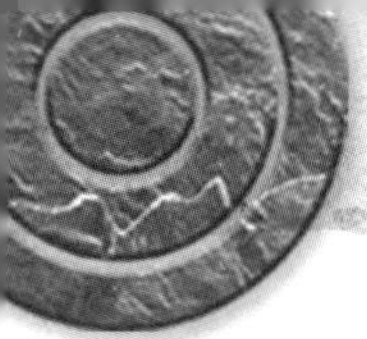

Na'Luun und Mitglieder des Nialls Maha'krodha

Na'Luun (siehe S. 28) rät der Lahala den Kampf zu suchen und die Flussfestung und die Plantagen selber zu verteidigen. Da das Niall Nentilor fast ausschließlich aus Bauern und Händlern besteht, bietet sich die Möglichkeit des Kampfes nicht direkt an. Na'Luun schlägt vor, die Siedlungen an Land durch die von ihm ausgebildete Gruppe von Bauern zu verteidigen (es handelt sich dabei immerhin um eine Gruppe von 30 Namensgebern) und die Kuppeln zu verlassen. Die Mitglieder des Nialls Maha'krodha unterstützen den Vorschlag von Na'Luun.

Die Charaktere und die Entscheidung der Lahala

Die Lahala Nentilor wendet sich auch an die Charaktere und hört sich an, was diese tun würden. Am Ende wird sie sich für den Vorschlag von Na'Luun entscheiden. Die Lahala Nentilor geht davon aus, dass das Niall Maha'krodha nur wenige Kämpfer aufbringen kann. Ein einziges großes Kriegsschiff kann aus diesem Grund den Kampf nicht für die Maha'krodha entscheiden. Die zahlenmäßige Überlegenheit der Nentilor sollte also den Kampf für das Niall Nentilor entscheiden. Als Anführerin ihres Nialls gibt sie aber keine Erklärungen zu ihren Entscheidungen ab.

Sekarin und Na'Luun (die in der Besprechung unterschiedliche Meinungen vertreten haben) versuchen beide, die Charaktere zum Bleiben zu bewegen. Argumente können einerseits die Vorbereitung des Kampfes oder andererseits die Unterstützung bei der Flucht sein, falls der Kampf nicht gut verlaufen sollte.

Kampfvorbereitungen

In dieser Handlungsvariante kämpfen die Charaktere zusammen mit den Dorfbewohnern gegen die Maha'krodha. Der Kampf geht verloren, und die Charaktere müssen einen Rückzug improvisieren.

Da die Bewohner von Nentilor nicht wissen, wann und ob der Angriff erfolgen wird, bereiten sich alle fieberhaft auf das Ereignis vor. Die Berichte über die Kampffähigkeiten der Charaktere haben die Lahala und auch Na'Luun beeindruckt. Falls einer der Charaktere Na'Luun seine Hilfe bei der Schlachtplanung anbietet, geht Na'Luun gerne darauf ein. Na'Luun begibt sich dann mit ihm auf eine Anhöhe neben dem Galanga, von der aus man das Gelände des Niall gut überblicken kann und versucht mit dem Charakter zusammen, einen Schlachtplan zu entwickeln.

Die Karte kann für das Gespräch mit Na'Luun als Grundlage dienen.

Sekarin versteckt in der Zwischenzeit die beiden Handelsboote des Nialls. Sie wird versuchen, sich nach Nensora oder Daikara durchzuschlagen und sich dort wieder mit ihrem Volk treffen. Die beiden Adepten Indra und He'kahe (siehe Seite 28) unterstützen sie bei der Aufgabe.

Der Angriff durch die Maha'krodha erfolgt noch in dieser Nacht.

Eierdiebstahl

Zu Beginn der Nacht wird das Niall vom Haus Henghyoke überfallen und es werden Eier aus den Brutstätten in der Unterwasserkuppel gestohlen. Dieser Angriff steht nicht mit dem Überfall der Maha'krodha in Verbindung. Falls das Niall begonnen hat, sich auf den Kampf vorzubereiten, kann der Angriff möglicherweise vereitelt werden.

Ein Charakter, der in der Nacht Wache hält, kann bemerken, dass ein kleiner Trupp aus Henghyoke und ausgebildeten Ottern sich schwimmend vom Galanga her der Unterwasserkuppel nähert und versucht, an die Eier der Nentilor zu kommen. Je nachdem wie schnell die Angreifer bemerkt werden, befinden sie sich noch auf dem Vormarsch oder sind schon auf dem Rückzug mit den Eiern im Gepäck.

Falls Alarm geschlagen wird, kommt es zum Kampf mit den Henghyoke. Das Ziel der Piraten ist es, die Eier in ihr Boot zu bringen. Sobald die Eier gesichert sind, versuchen die Gegner zu fliehen. Sollte ein Diebstahl der Eier nicht möglich sein, ziehen sich die Henghyoke kampflos zurück.

Schlachtverlauf (Angriff im Morgengrauen)

Auf der Seite der Maha'krodha kämpfen Krieger, Schwertmeister und zwei Elementaristen. (Kampfwerte der Kämpfer der Maha'krodha, siehe Seite 182)

Die Nebelwolke mit dem Schiff kommt flussaufwärts den Galanga entlang. Wenn das Schiff nah genug am Ufer ist, wird der Fluss vereist, und die Maha'krodha beginnen mit dem Angriff auf das Niall Nentilor.

Das Schiff feuert mit seiner Hauptwaffe auf die Felsnadeln über der Unterwasserkuppel und richtet dort einen nicht auf den ersten Blick feststellbaren Schaden an. Die Wasserfontäne am Rand der Kuppel ist gute fünf Schritt hoch und lässt nichts Gutes erahnen.

Die beiden Elementaristen haben für den Angriff zwei Elementargeister (siehe *Spielleiterhandbuch* S. 246) beschworen. Die Elementare unterstützen die Maha'krodha bei ihrem Angriff.

2 WASSERGEISTER

Die beiden für eine Stunde beschworenen Wasserelementare verändern immer wieder ihr Aussehen. Sie wechseln ihre Gestalt zwischen Nebel und einer fliegenden Wasserblase aus gelblichem Wasser hin und her.

Wassergeist

Geisterstufe 4

GES:	7	Initiative:	9
STR:	4	Körperliche Verteidigung:	11
ZÄH:	4	Mystische Verteidigung:	11
WAH:	5	Soziale Verteidigung:	10
WIL:	5	Physische Rüstung:	4
CHA:	5	Mystische Rüstung:	7
Bewusstlosigkeit:	–	Erholungsproben:	2

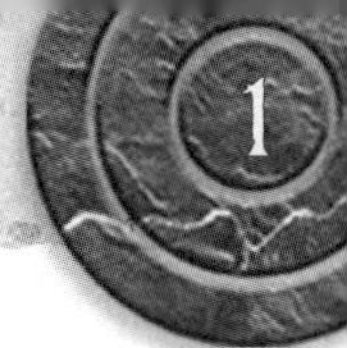

Todesschwelle: 24 Niederschlag: Immun
Wundschwelle: 6
Bewegung: 14
Aktionen: 2; Waffenlos: 11 (6)
Kräfte:
Spruchzauberei (9), Speer (8), Zauber: Speer des Elements Wasser (ohne weitere Fäden: Wirkungsstufe +2, Reichweite Erhöhen +10)
Sonderregeln:
Verwundbarkeit gegen Luft: Angriffe mit dem Merkmal Luft ignorieren jeglichen Schutz durch Rüstung.
Verhalten im Kampf:
Zum Angriff verwenden die beschworenen Wasserelementare ihre Elementarkraft ‚Speer', um Namensgeber direkt zu bekämpfen. Der Speer ist modifiziert. Bei jedem Treffer muss das Ziel des Speeres eine Niederschlagsprobe gegen den verursachten Schaden ablegen. Der Zauber: ‚Speer des Elements Wasser' wird benutzt, um Kämpfer der Maha'krodha schnell im Kampf zu heilen.

Na'Luuns Maßnahmen können den Angriff behindern. Die Schlacht kann aber aufgrund der Übermacht der Angreifer nicht gewonnen werden.

Sobald klar wird, dass der Kampf verloren ist, trennt sich Na'Luun von den Charakteren und versucht, die Lahala zu retten. Falls die Lahala bereits vorher in Sicherheit gebracht worden ist, macht er mit den Charakteren einen Sammelpunkt nördlich im Dschungel am Galanga aus und versucht, möglichst viele T'skrang seines Volkes in den Dschungel zu bringen und ihnen damit die Flucht zu ermöglichen. Das ganze Niall beginnt mit einer chaotischen Flucht in den Dschungel.

Im Kampf können die Charaktere von Fincha erfahren, dass sich die T'skrang des Nialls Maha'krodha den Gegnern angeschlossen haben.

Dadurch wird ein vielleicht bereits vorhandener Verdacht bestätigt. Der Feind bekommt ein Gesicht und die Bestürzung Finchas über diese Erkenntnis ist ihrem angsterfüllten Gesicht abzulesen.

Auf der Flucht werden die Charaktere durch einige Kämpfer der Maha'krodha (Werte siehe S. 182) verfolgt. Als sich die Charaktere dem Sammelplatz nähern, den Na'Luun vorgeschlagen hat, hören sie bereits die Stimmen der feindlichen Krieger. Na'Luun kommt ihnen entgegen und führt sie in den Urwald neben dem Galanga.

Die Flucht von Niall Nentilor

Die Aufgabe ist schwierig, da das Niall aus sehr vielen Namensgebern mit verschiedensten Aufgaben besteht. Plantagenarbeiter versuchen möglichst viel Nahrung mitzunehmen. Handwerker tragen ihr wichtigstes Werkzeug bei sich und Alten und Kranken muss geholfen werden.

Irgendwie müssen die Lahala und ihre Helfer in Kontakt mit ihrem Niall bleiben.

Die T'skrang sind in viele kleine Gruppen aufgeteilt und flüchten in den Dschungel.

Sobald der Kampf gewonnen ist, senden die Maha'krodha mehrere Trupps aus, um die Fliehenden zu verfolgen und zu fangen. Einer der Trupps folgt zielstrebig der Spur der Charaktere durch den Dschungel.

Ein Beobachten der weiteren Situation ist für die Charaktere schwierig, da ihnen die Angreifer dicht auf den Fersen sind. Sollte es zum Kampf kommen, versuchen die Angreifer lautstark, Verstärkung herbeizurufen. Die Angreifer werden durch einen Elementaristen des fünften Kreises verstärkt, der seine Zauber und einen beschworenen Elementargeist gegen die Charaktere einsetzt (siehe oben).

Aus dem Dschungel hört man von verschiedenen Stellen Rufe, an denen die Angreifer auf Flüchtende getroffen sind und sie gefangen nehmen oder in Kämpfe verwickeln.

Flucht auf Trollisch

Kurz nach Sonnenaufgang erschallt ein Hornstoß aus Richtung des Galanga. Na'Luun reagiert mit Erstaunen und Freude auf den tiefen Ton vom Fluss und rennt sofort auf das Geräusch zu. Von Na'Luun können die Charaktere erfahren, dass es sich um den freien Händler Mahendo (siehe S. 28) handelt. Der Troll lässt immer frühzeitig sein Horn erklingen, um dem Niall Nentilor sein Kommen anzukündigen. In Kürze wird der Händler den Hafen von Nentilor anlaufen.

Just in diesem Augenblick erreichen wieder einige Angreifer die Charaktere. Wenn die Charaktere den Troll warnen wollen, sollten sie jetzt rasch handeln.

Falls den Charakteren dies gelingt und sie das Ufer des Galanga schnell genug erreichen, können sie den Troll auf sich aufmerksam machen und sein Schiff, die Harmattan, für ihre eigene Rettung nutzen.

Sobald der Troll die Charaktere am Ufer bemerkt, steuert er auf sie zu, um sie aufzunehmen. Ein kurzer Wortwechsel kann Mahendo schnell davon überzeugen, sich für eine Flucht vor den Angreifern zu entscheiden. Na'Luun wendet sich im letzten Moment vom Schiff ab und ruft den Charakteren zu: *„Ich werde mich allein im Dschungel vor den Angreifern verbergen. Ich bitte euch meine Brüder im Niall Nensora zu warnen. Ich werde dafür sorgen, dass die Maha'krodha ihre Taten bereuen werden. Außerdem wird sie das von euch ablenken.“* Das Schiff bewegt sich schon auf die Mitte des Flusses zu, als der Krieger vor den Augen der Charaktere in den Dschungel verschwindet.

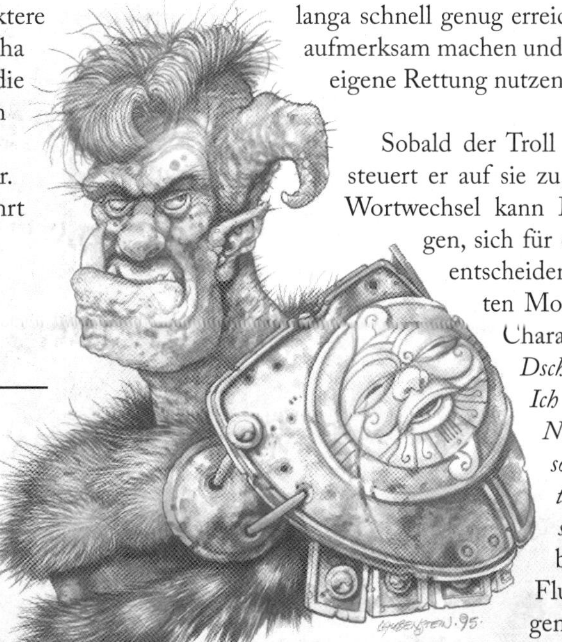

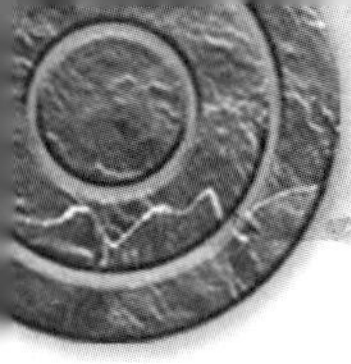

Optional - Gefangennahme.

Falls die Charaktere das Angebot des Trolls nicht annehmen wollen, werden sie von den Maha'krodha wieder durch den Dschungel gejagt. Wenn die Charaktere ihre Gefangennahme verhindern können, können sie beobachten, wie das Niall Nentilor besetzt wird und ein großer Teil der Bevölkerung gefangen genommen und in Pferche aus Bambusholz gesperrt wird. Sollten die Charaktere selber gefangen genommen werden, sperrt man sie ebenfalls in einen Pferch aus Bambusstäben. Die Charaktere können dort aus den Gesprächen der Maha'krodha erfahren, dass das Niall Nensora das nächste Angriffsziel sein wird. Bei einer Flucht hilft Na'Luun den Charakteren. Er wird die Charaktere bitten, die Nensora zu warnen, und kann ihnen den Weg zum Lungameer erklären.

Ein Troll, ein T'skrang und die Harmattan

Die einzigen beiden Personen auf dem Schiff sind der Troll Mahendo und der T'skrang Jo'ran (siehe S. 28), der eine kleine Feuermaschine wartet. Der T'skrang hat eine silberne Kette um den Hals hängen und verständigt sich über Gesten. Mahendo kann übersetzen was Jo'ran sagt. Die Kette zeigt keinen Otter, sondern eine kleine, zu einem „S" geringelte Schlange. Falls die Charaktere den Troll auf den stummen T'skrang ansprechen, teilt er ihnen mit, dass der T'skrang Jo'ran heißt, ein guter Reisegefährte ist und die Stille bevorzugt.

An Bord der Harmattan

Die Harmattan ist nicht sehr groß, nicht mehr als der Rumpf eines großen Ruderboots, mit einer kleinen Feuermaschine in der Mitte und einer engen Kajüte am Ende. Das Boot hat einen kleinen Mast, an dem ein Segel angebracht werden kann. Das Boot sieht recht betagt aus: Die Planken sind schwarz getüncht und es sind Wollreste, ölige Leinen und weitere Bretter zur Stabilisierung auf die Schiffswände genagelt.

Drei Einbäume kommen um die Flussbiegung, jeweils 7 Kämpfer der Maha'krodha tauchen ihre Paddel in den Galanga und nehmen sogleich die Verfolgung der Harmattan auf. Mit der Geschwindigkeit der Einbäume kann die Harmattan nicht mithalten. Die Gegner kommen stetig näher. Sobald die Maha'krodha in Schussreichweite kommen, beginnen sie damit, Pfeile auf die Harmattan abzufeuern. Die Einbäume sind offensichtlich schneller und manövrierfähiger als das größere Schiff. Die Maha'krodha können somit den Abstand der Schiffe bestimmen und nutzen diesen Vorteil aus.

Während Mahendo einem Pfeil ausweicht, bestätigt er den Charakteren zähneknirschend, dass sein Schiff auf dem Hauptarm des Galanga den Einbäumen nicht entkommen kann. Er teilt den Charakteren mit, dass er auf einen Nebenarm wechseln wird, dessen Befahren zu schwierig für die T'skrang des Niall Maha'krodha sein sollte. Mahendo meint damit den Iguaca, einen Wasserfall, der sich auf diesem Nebenarm des Galanga befindet. Wenn ein Charakter genauer nachfragt, behauptet Mahendo, dass sein Schiff die sich dort befindenden Stromschnellen überstehen wird, die Einbäume der Maha'krodha aber nicht.

Verschiedene Nebenarme des Galanga fließen durch das Lungameer. Sie verlaufen durch das Nensora-Gebiet, eine große Senplatte mit vielen Schilfinseln (siehe Ortsbeschreibung Lungameer, S. 6). Mahendo zeigt grimmig seine zahlreichen gelben Zähne und verdeutlicht damit seine Meinung, dass auf diesem Arm eine Flucht vor den Verfolgern glücken kann.

Hintergrund

Der Weg führt nicht nur durch Weißwasser, Stromschnellen und felsige Passagen, sondern hat am Ende auch einen kleinen Wasserfall zu bieten, den Iguaca. Erst auf eine direkte Nachfrage oder

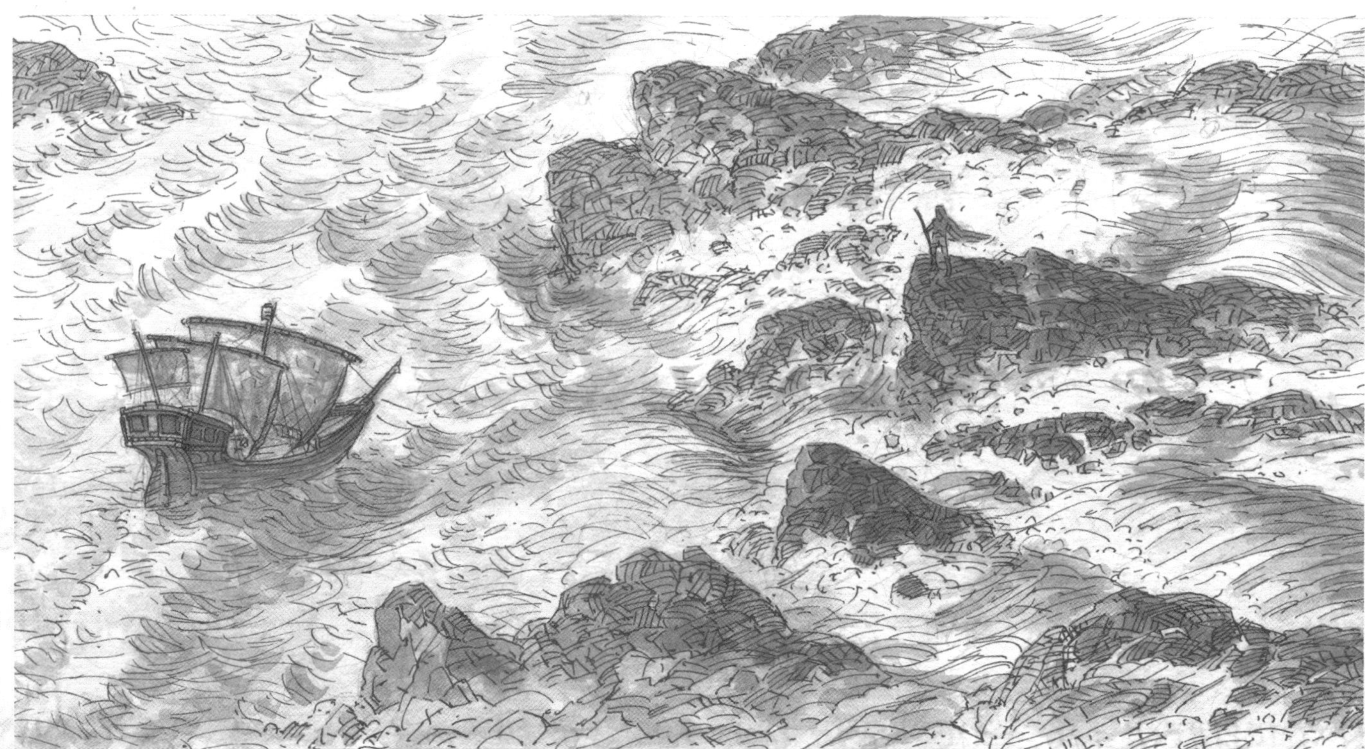

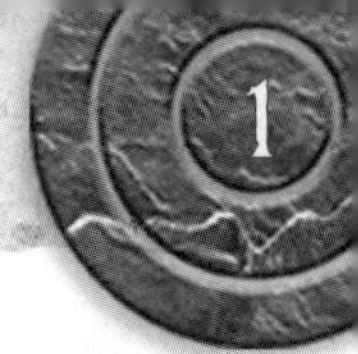

wenn offensichtlich wird, dass das Boot auf einen Wasserfall zufährt, wird Mahendo das freimütig zugeben.

Im Laufe der Fahrt haben die Charaktere Zeit, kurz mit Mahendo über die Vorfälle zu sprechen. Mahendo verfügt über die allgemeinen Informationen zu den Maha'krodha. Der schwarzhaarige Troll ist der Meinung, dass so ein groß angelegter Angriff der Maha'krodha alle Nialls am Galanga bedrohen wird. Er empfiehlt den Charakteren, auf jeden Fall die T'skrang des Nialls Nensora zu warnen. Diese Warnung könnte viele Namensgeber retten, da die Nensora vermutlich nicht auf einen Angriff vorbereitet sein werden. Auf dem jetzt gewählten Weg werden die Charaktere die Nensora vor den Maha'krodha erreichen.

Die Stromschnellen

Die Harmattan bewegt sich immer schneller auf die Stromschnellen zu, die in den Wasserfall Iguaca münden. Die Feuermaschine ächzt und krächzt. Immer mehr aufschäumendes Wasser läuft in das Schiff und lässt es immer tiefer im Fluss liegen. Der Troll brüllt die Charaktere an, auf dem Schiff zu bleiben und mit Stangen die Harmattan von den Felsen im Fluss fern zu halten.

Die Charaktere können beobachten, wie die Maha'krodha ihre Einbäume stoppen und nicht in die Stromschnellen hineinfahren. Dieser Erfolg wird aber bald durch die immer gefährlicher werdende Fahrt getrübt.

So sehr sich die Charaktere auch anstrengen, das Schiff wird immer wieder heftig gegen Felsen geschleudert und muss starke Zusammenstöße hinnehmen, welche die Besatzung zu Boden schleudern. Die Schläge auf die Außenwände erzeugen sichtbare Schäden und durch Risse in der Bordwand läuft Wasser in das Schiff. Die Harmattan dreht sich mehrfach von vorne nach hinten und ist kaum noch zu steuern.

Die Charaktere müssen gemeinsam sechs Proben auf Boote Steuern (9) bestehen. Jede misslungene Probe (weniger als 75% Erfolg bei den Charakteren, siehe *Spielerhandbuch*, S. 114) sorgt dafür, dass die Harmattan gegen einen großen Felsen stößt und die Besatzung zu Boden geworfen wird, was jedes Mal für 2W6 Schadenspunkte bei den Charakteren sorgt (erfolgreiche Geschicklichkeitsproben gegen den Mindestwert 6 halbieren den Schaden, Geschicklichkeitsproben mit zwei Erfolgen verhindern den Schaden komplett, Physische Rüstung schützt). Jede erfolgreiche Probe auf Boote Steuern vermindert den Schaden auf 1W6.

Wenn einer der Charaktere patzt, wird er von dem Troll angespornt. Bei einem zusätzlichen Erfolg wird er gelobt. Kommt es wiederholt zu Patzern, kann die Situation durch weitere Komplikationen (Mann über Bord, gebrochene Ruder) noch verschärft werden.

Der Iguaca

Beim ungefähr 8 Schritt tiefen Sturz den Iguaca hinunter überschlägt sich die Harmattan und stürzt in das Becken unterhalb des Wasserfalls. Jeder Charakter, der auf dem Boot bleibt, muss eine letzte Probe auf Geschicklichkeit ablegen (2W6 Schaden, halbierter Schaden bei Geschicklichkeitsprobe gegen den Mindestwert 11, kein Schaden bei zwei Erfolgen). Für Charaktere, die vorher von Bord springen, vermindert sich der Schaden auf 1W6 und die Schwierigkeit der Probe auf 6.

Die Harmattan wird unterhalb des Iguaca an Land gespült und liegt dort halb auf der Seite. Mahendo und Jo'ran sind beide an Bord geblieben, aber wirken bis auf kleine Schnittwunden nahezu unverletzt. Im Schiffsboden befindet sich ein breiter Riss und die Bordwände haben ebenfalls drei breite Risse.

Die Charaktere können an dieser Stelle erfahren, dass Jo'ran nicht stumm ist. Er flucht mehrere Minuten, während er die Feuermaschine und das Schiff untersucht. Er teilt Mahendo dann lautstark mit, dass die Feuermaschine durch das Wasser des Galanga gelöscht worden sei und es einige Zeit dauern wird, sie wieder anzuwerfen. Zu den sonstigen Schäden am Boot sagt er mürrisch: „Das muss ich mir erst genauer angucken". „Falls das überhaupt zu reparieren ist, wird es einige Tage dauern."

Wenn er von den Charakteren darauf angesprochen wird, warum er vorher nicht geredet hat, sagt er nur lapidar: „Ich rede nicht gerne, Mahendo redet nicht gerne, wir passen gut zusammen."

Eine Weiterfahrt mit der Harmattan ist nicht möglich. Die Charaktere sitzen also fürs Erste auf dem Trockenen oder besser: im größten Feuchtgebiet des Servosdschungels, dem Lungameer.

Wichtige Charaktere

Lahala Nentilor, T'skrang

Die Lahala Nentilor ist eine Elementaristin des 5. Kreises und eine Questorin der Passion Jaspree (Rang 4). Mit ihren Talenten und Fähigkeiten widmet sie sich dem Nahrungsanbau und dem Neuaufbau der alten Türme und Kuppeln. Bisher konnte sich die Lahala Nentilor immer darauf verlassen, dass die Daikara einen ausreichenden Schutz für ihr Niall gebildet haben. Die Lahala Nentilor bespricht sich bei wichtigen Entscheidungen in den meisten Fällen mit Sekarin und Fincha. Die Lahala Nentilor unterhält sehr gute Beziehungen zur Lahala Nensora.

Darstellung: neugierig, organisiert, kooperativ, ruhig, ehrlich
Motivation: Aufbau der Kuppeln des Niall Nentilor, Schutz ihres Volkes
Ressourcen: uneingeschränkte Befehlsgewalt über alle Mitglieder des Nialls Nentilor, Freundschaft zur Lahala Nensora, Ahnenwissen der Nentilor

Sekarin, T'skrang (Nentilor), Beraterin der Lahala

Eine T'skrang mit grünlicher Hauptfarbe. Sekarin redet sehr leise und denkt lange nach, bevor sie Entscheidungen trifft. Sekarin kümmert sich für das Niall Nentilor um Handelsverträge und überwacht die Produktion der Nahrungsmittel. Sie trägt gerne prächtige Kleidung und Jadeschmuck.

Darstellung: vorsichtig, effektiv, zurückhaltend, wettbewerbsorientiert, ruhig, ehrlich
Motivation: Gewinne des Nialls erhöhen. Lahala Nentilor unterstützen.
Ressourcen: Übersicht über alle Güter des Nialls Nentilor.

FINCHA, T'SKRANG (NENTILOR), BOOTSFRAU (5), BERATERIN DER LAHALA

Finchas Hautfarbe ist ein sehr dunkles Grün, das aus der Entfernung fast schwarz aussieht. Sie trägt ebenfalls sehr dunkle Kleidung. Fincha ist eine Bootsfrau des 5. Kreises, ihr unterstehen die beiden Handelsboote des Nialls und ab und an steht sie auch selbst auf der Brücke und übernimmt eine Fahrt für ihre Lahala. Entscheidungen trifft sie aus dem Bauch heraus, ohne lange darüber nachzudenken.

Darstellung: erfinderisch, unbekümmert, gesellig, emotional, ehrlich
Motivation: Fortbestand des Nialls sichern, Handelsboote beschützen.
Ressourcen: Befehlsgewalt über die Handelsboote. Treu ergebene Mannschaftsbünde.

NA'LUUN, T'SKRANG (NENTILOR)

Na'Luuns Hautfarbe ist eine Mischung aus grün und blau; er ist ein Krieger des 6. Kreises und für den Schutz bzw. die Verteidigung des Nialls und der Siedlungen gegen Piratenangriffe und Eingeborene verantwortlich. Er bildet einige der jüngeren T'skrang zu Kriegern aus, die ihn bei seinen Aufgaben unterstützen. Na'Luun möchte gerne mit seinem Niall den Maha'krodha im Kampf entgegentreten. Er vertraut aber völlig auf die Entscheidungen seiner Lahala und führt ihre Befehle genau aus. Kampfstarke Charaktere sind für Na'Luun besonders interessant und er wird gerne mit ihnen reden.

Darstellung: neugierig, einfach gestrickt, unbekümmert, kooperativ, emotional, ehrlich
Motivation: An Kämpfen teilnehmen. Ehre für gewonnene Kämpfe erlangen.
Ressourcen: Einige Krieger niedriger Kreise. Keine Entscheidungsgewalt.

HE'KAHE UND INDRA, T'SKRANG (NENTILOR), BOOTSMANN

Die beiden größeren Boote des Nialls Nentilor werden durch die Bootsfrau Indra und den Bootsmann He'kahe gesteuert, die jeweils den 4. Kreis ihrer Disziplin erreicht haben und sich auf dem Galanga und seinen Nebenarmen sehr gut auskennen.

Darstellung: neugierig, nachlässig, gesellig, kooperativ, emotional
Motivation: Boote fahren. Von Freunden umgeben sein. Nicht zu viel arbeiten müssen.
Ressourcen: Befehlsgewalt über die Mannschaft eines großen Flussschiffes mit Feuermaschine.

MAHENDO, ELEMENTARWESEN, HÄNDLER, KAPITÄN DER HARMATTAN

Ein Troll mit tiefschwarzem, zotteligem Fell. Er trägt eine alte zerschlissene Leinenhose und ein weißes, weites Leinenhemd. Seine Stimme ist wie das Poltern von altem Felsgestein. Er ist ein „Namensgeber" weniger Worte, wenn er spricht, beginnt er seine Sätze gerne mit einem Verb. Der Kapitän der Harmattan verlässt den Galanga nicht freiwillig, um an Land zu gehen.

Mahendo ist kein Namensgeber, und die Harmattan ist kein normales Flussschiff. Der Troll ist in Wirklichkeit ein entfernter Teil des schlafenden Flussgeistes Shivoam. In dieser Rolle kann Mahendo unerwartet an jeder Stelle auf dem Galanga auftauchen und Reisende von einem Ort zum anderen bringen. Im Gegensatz zu einem realen Namensgeber fehlen Mahendo die natürlichen Motivationen. Er hat kein Interesse an seiner Vergangenheit, seiner Zukunft oder zu ergründen, was er wirklich ist. Er redet nicht über länger zurückliegende Ereignisse. Mahendo wird nicht durch den schlafenden Flussgeist Shivoam gesteuert, seine Handlungen werden aber immer im Sinne des großen Flussgeistes ausgeführt. Sein Interesse ist es, den Fluss zu befahren und Reisende oder Güter zu transportieren.

Mahendo nimmt weder an Kämpfen teil, noch versucht er, Namensgeber zu beeinflussen.

Eine Probe auf Astralsicht (Mindestwert 17) kann offenbaren, dass Mahendo ein Wasserelementar ist und kein Troll. Solange Mahendo sich auf dem Galanga befindet, ist die Probe um weitere fünf Punkte erschwert.

Wie jeder benannte Elementar kann Mahendo beschworen werden. Dazu ist es mindestens notwendig, seinen wahren Namen zu kennen (Haritadara) oder einen Strukturgegenstand von ihm zu besitzen. Die Probe auf Beschwören hat den Mindestwert 17.

Darstellung: konservativ, unbekümmert, reserviert, mitfühlend, ruhig
Motivation: Auf dem Galanga fahren. Reisende bewegen. Nie lange an einer Stelle bleiben.
Ressourcen: Ein kleines Feuerschiff. Kann an jedem Teil des Galanga auftauchen.

JO'RAN, T'SKRANG

Jo'rans Hautfarbe ist ein bräunliches Gelb. Er trägt genau wie Mahendo eine weiße Leinenhose und ein weißes Leinenhemd. Jo'ran ist der einzige Matrose auf der Harmattan. Er bedient die Feuermaschine und kümmert sich darum, dass die Maschine läuft. Jo'ran spricht nicht gerne. Er trägt eine silberne Kette mit einem zu einem „S" geringelten Schlange. Jo'ran sympathisiert genau wie Mahendo mit den T'skrang des Nialls Nensora und wird versuchen, ihnen zu helfen.

Jo'ran entstammt einem kleinen Dorf am Tylonfluss. Er hat lange auf einem kleinen Handelsschiff der K'tenshin gearbeitet und die Feuermaschine dort gewartet. Der Trubel und das Schiffsleben auf dem Handelsschiff hat ihm nie besonders gefallen. Als sein altes Schiff bei einem Piratenangriff versenkt wird, fischt ihn Mahendo aus dem Wasser. Auf Mahendos Frage, wo er hingebracht werden möchte, hat Jo'ran nicht geantwortet. Mahendo hat nicht wieder gefragt und Jo'ran ist geblieben.

Jo'ran führt jetzt das Leben eines zufriedenen Einsiedlers, da Mahendo von sich aus wenig redet und zu den meisten Vorgängen keine Meinung hat. Er ist es gewöhnt, dass Mahendo scheinbar ziellos den Galanga befährt und doch immer wieder unerwartete Begegnungen hat. Jo'ran geht davon aus, dass Mahendo den alten Wegen folgt, und respektiert dieses Verhalten. Er ahnt, dass Mahendo kein Namensgeber ist und fühlt sich geehrt, mit ihm zu reisen.

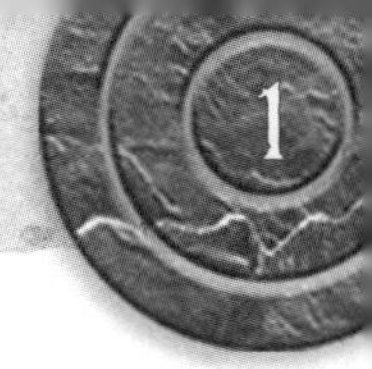

Bei ihren Reisen haben Mahendo und Jo'ran häufiger T'skrang des Nialls Nensora befördert. Jo'ran mag ihre Art zu leben. Von den Nialls am Galanga sind sie ihm am sympathischsten.

Wenn man ihn darauf anspricht, erinnert sich Jo'ran, dass Mahendo seit ungefähr zwei Jahren keine T'skrang des Nialls Maha'krodha mehr befördert hat. Woran das liegt kann er nicht sagen.

Darstellung: konservativ, effektiv, zurückhaltend, mitfühlend, ruhig
Motivation: Mahendo unterstützen. Die Feuermaschine warten. Den Galanga bereisen. Einsiedlertum. Niall Nensora unterstützen.
Ressourcen: Große Erfahrung mit Feuermaschinen. Kenntnisse über Elemente.

Niall Nensora

„Das ist kein Meer; ich kenne Meere: Das ist ein Labyrinth und die Inseln bewegen sich. Kein Namensgeber kann sich hier zurechtfinden!"

– Hausvor Neumani, Zwergenhändler aus Travar

Überblick

Die Charaktere befahren das Lungameer, bis sie endlich das Niall Nensora erreichen. Auf dem langen Weg durch das Schilfmeer lernen sie die Flora und Fauna und durch Zufall auch die Lahala Nensora kennen. Angekommen beim Niall kommt es zu vielen Gesprächen mit den Nensora. Die Charaktere werden ausgesandt, um zu erkunden, wie nah die Gegner sind und ob es wirklich zu einem Angriff kommen wird. Es kommt zu kleineren Kämpfen und die Charaktere empfehlen auch den Nensora vor den Gegnern zu fliehen.

Atmosphäre

Eine ganze Zeit wandern die Charaktere alleine durch das Lungameer und sind von den aktuellen Ereignissen abgeschnitten. Mit dem Erreichen des Nialls Nensora nehmen die Geschehnisse wieder Fahrt auf. Die Nensora sind gerne bereit sich die Ratschläge der Charaktere anzuhören und insgesamt positiv gegenüber den Charakteren eingestellt. Neue Bekanntschaften können geschlossen werden und die Atmosphäre ist eher freundlich. Man hat die Gelegenheit selbst zu reagieren und nicht nur vor den Gegnern zu fliehen.

Schlüsselinformationen

Es kommt zu Bekanntschaften mit der Lahala Nensora und einigen weiteren wichtigen Namensgebern im Niall Nensora. Die Charaktere lernen eine Hüterin, Messalah, kennen, die im weiteren Verlauf der Geschichte noch eine Rolle spielen wird. Messalah besitzt ein Artefakt, mit dem man die Inseln im Lungameer bewegen kann. Der Name der Gegner wird spätestens in diesem Kapitel aufgedeckt. Die Maha'krodha sind inzwischen auf die Charaktere aufmerksam geworden und haben einen Steckbrief in Umlauf gebracht.

Der Weg zum Niall Nensora

Unter dem Wasserfall beginnt das Lungameer (siehe S. 6). Der Teil des Meeres, in dem die Charaktere im Moment sind, besteht zum größten Teil aus hüfttiefem Wasser. Große Bereiche sind mit Schilf bewachsen, die Sichtweite ist durch die hohe Vegetation durchgängig gering. Es gibt sowohl feste als auch schwimmende Inseln, ebenso mehrere Fahrrinnen (welche wie Flüsse im Pflanzenmeer wirken), die auch von größeren Schiffen befahren werden können. Die Harmattan kann also gegebenenfalls – sollte sie Schäden erlitten haben – wieder fahrtüchtig gemacht werden und von dort weiterfahren. Die Fahrrinne, in welcher der Galanga träge vor sich hin fließt, stellt aber nicht den direkten Weg zum Niall Nensora dar, da der Hauptarm des Galanga um das Lungameer herum fließt.

Die Charaktere können versuchen, möglichst schnell das Zentrum des Lungameers zu erreichen, um die T'skrang des Niall Nensora vor der drohenden Gefahr zu warnen.

Mahendo kann den Charakteren die ungefähre Himmelsrichtung nennen, in der sich die schwimmende Stadt der Nensora befindet.

„Ich war bereits sechs Tage durch den Urwald gelaufen, als ich das Lungameer erreichte. Das Jahr war gut gelaufen. Ich hatte mehr Jade gefunden, als ich tragen konnte. Einen Teil der bunten und wertvollen Steine hatte der Fluss angespült, den Rest hatte ich ausgegraben. Inzwischen waren meine Werkzeuge stumpf geworden und zerbrochen. Es wurde Zeit, einen Schmied aufzusuchen. Ein alter, zahnloser T'skrang der Nensora nahm mich das letzte Stück mit auf seinem Einbaum. Ich gab ihm eins der kleineren Stücke dafür. Ich fragte am Rande der schwimmenden Stadt zuerst nach dem Gasthaus und dann nach dem Schmied. Ein Gasthaus gibt es nicht, sagte man mir. Der Schmied werde in den nächsten Tagen wieder zurück erwartet mit seiner Schmiede. Einige T'skrang luden mich auf ihr Wohnboot ein. Sie gaben mir Essen und erzählten mir Geschichten in der Nacht und ließen mich auf ihrem Boot schlafen. Eine Bezahlung lehnten sie ab. Ich half ihnen, ihre Netze zu flicken am nächsten Tag. Der Schmied kam nach zwei Tagen mit seiner schwimmenden Schmiede. Er reparierte meine Werkzeuge, und er verstand sein Handwerk. Ich bezahlte ihn mit Jade."

– Gremlog, orkischer Jadesucher

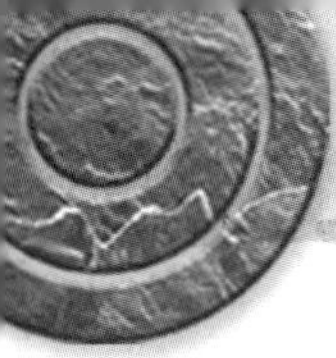

Erlebnisse im Lungameer

Es gibt einige mögliche Zufallsbegegnungen mit der Fauna des Lungameers. Es gibt riesige Anakondas, die sich unter Wasser bewegen können, oder die große Echsenart der Banlauren, die als Reittier benutzt werden kann.

Optional - Die Lungahag

Am nordöstlichen Rand des Lungameers lebt die Schamanin Lungahag. Ihr Heim befindet sich auf einer relativ großen schwimmenden Insel, die sich auf dem Rücken einer Kurmapati befindet (die Schildkröte bewegt sich nach dem Willen Lungahags und kann überall im Lungameer auftauchen).

Die sehr alte T'skrang verfügt über große magische Fähigkeiten und erfüllt der Legende nach Wünsche. Um so eine Gunst erfüllt zu bekommen, muss man angeblich drei Bedingungen erfüllen: Man muss erstens vollkommen verzweifelt sein, zweitens die Lungahag überhaupt finden, und drittens muss man für ihre Gunst eine Gegenleistung erbringen. In vielen Geschichten bezahlen die Opfer oft mehr, als sie eigentlich wollten. Trotzdem suchen immer wieder junge T'skrang nach der Schamanin, um den einen oder anderen Wunsch vorzubringen.

Die Magie der Schamanin vollbringt niemals eine weltverändernde Tat, sondern häufig eine Veränderung des Wünschenden selbst oder eine Veränderung eines zu Verwünschenden. Manchmal erhält man auch ein Gegenstand zur Bewältigung einer bestimmten Aufgabe.

Der Preis, den die Schamanin verlangt, bezieht sich immer auf die wünschende Person und ist meistens ungewöhnlich. Beispiele sind die Farbe der Haare, das Lachen für ein Jahr, oder der Orientierungssinn. Die Schamanin sagt dann: „Gib mir für ein Jahr und einen Tag, dein/e ...“. Stimmt der Bittsteller zu, passiert erst einmal gar nichts. Irgendwann im folgenden Jahr wird ihn aber die geforderte Eigenschaft zeitweilig verlassen.

Optional können die Charaktere auf die Lungahag treffen und später erfahren, dass sie einer Legende begegnet sind.

Nachts taucht eine umnebelte Insel vor den Charakteren auf. Ein einsames Licht ist im Dunkeln zu sehen, seltsame Geräusche sind zu hören. Die Schamanin wohnt nicht in einem Haus, sondern sitzt einfach an einem Feuer und brät dort einen unappetitlichen und angebrannt aussehenden Vogel.

Als Bezahlung kann der Spielleiter einem Charakter für eine gewisse Zeit ein Talent oder eine Fertigkeit nehmen.

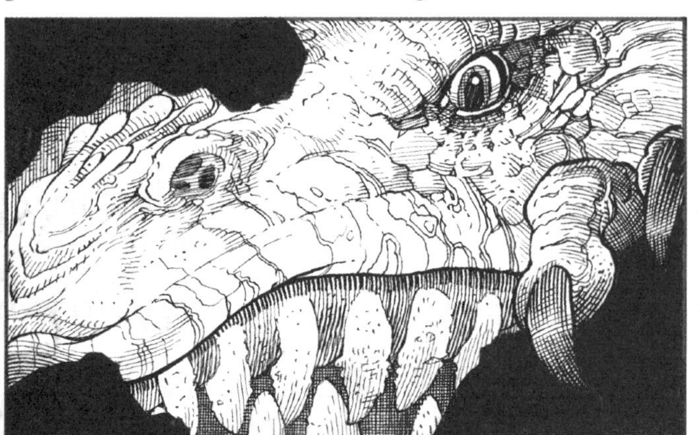

Kurmapati (Riesenschildkröte)

Die Kurmapati des Lungameers gehören zur Gattung der Riesenschildkröten. Ihre Panzer sind kuppelförmig und sie können bis zu 15 Schritt lang werden. Es wird vermutet, dass Kurmapati mehrere 1000 Jahre alt werden können. Die Kurmapati halten sich die meiste Zeit des Tages in seichtem Gewässer auf, sodass ein Teil ihres Panzers oben aus dem Wasser ragt. Sie können sich aber auch längere Zeit an Land aufhalten und gleichfalls mehrere Stunden unter Wasser überleben.

Die Tiermeister Adepten der T'skrang des Nialls Nensora haben vor vielen Jahren einige Kurmapati gezähmt und das Niall benutzt sie seitdem als Transportmittel und Unterkunft. Auf den gezähmten Kurmapati sind Häuser errichtet worden, die mit Hilfe von Elementarmagie an den Panzern befestigt wurden. Die Behausungen sind gebaut, um sowohl über als auch unter Wasser ihre Funktion zu erfüllen. Die Besitzer dieser besonderen Riesenschildkröten haben einen magischen Faden an ihre Kurmapati gewoben, um ihr mentale Befehle geben zu können. Damit lassen sich die Riesenkröten rufen und durch das Lungameer steuern. Da eine Kurmapati den größten Teil des Tages mit Fressen beschäftigt ist, bleibt die Reichweite der beweglichen Behausungen aber gering.

Am Grünen See befinden sich zurzeit vier Kurmapati. Bhuvana, die älteste bekannte Kurmapati, ist die Behausung der alten Messalah. Ihr alter Panzer ist gänzlich bewachsen und sie ist, wenn sie schläft, kaum von einer kleinen Insel im Schilfmeer zu unterscheiden. Die Lahala Nensora besitzt die männliche Kurmapati Kula, eine mit wenigen 100 Jahren verhältnismäßig junge Kurmapati, die den größten Teil eines Tages aktiv ist und eine beachtliche Geschwindigkeit erreichen kann, wenn es darauf ankommt. Kula ist bekannt dafür, gerne längere Zeit unter Wasser zu verbringen. In der Behausung der Lahala Nensora befinden sich aus diesem Grund verhältnismäßig wenig lose Gegenstände. Der Kundschafter Erntar (siehe Seite 39) hat erst vor wenigen Jahren seine eigene Kurmapati gezähmt und ihr den Namen Chin'lechelys gegeben. Chin'lechelys ist bereits recht alt, und Erntar hat auf ihrem stark bewachsenen Panzer Teile von alten Fundamenten gefunden. Daraus hat er geschlossen, dass Chin'lechelys schon früher einmal als Wohnschildkröte gedient haben muss. Bisher ist Erntar noch nicht dazu gekommen, ein eigenes Haus auf dem Panzer zu errichten. Er begnügt sich damit, von Zeit zu Zeit auf dem Rücken seiner Kurmapati zu schlafen und zusammen und mit ihr das Lungameer zu erkunden. Bisher ist es ihm auch noch nicht gelungen, das Geschlecht seiner Kurmapati zu bestimmen. Die vierte Kurmapati im Niall Nensora ist Kutir. An Kutir ist bisher kein Faden gewoben worden. Sie hält sich die meiste Zeit in der Nähe von Kula auf. Die Nensora vermuten, dass Kutir um die Gunst von Kula wirbt. Da diese Werbung schon seit mehreren Jahren andauert und Kula bisher nicht auf die Werbung eingegangen ist, hat man kurzerhand auch auf Kutir ein paar Gebäude errichtet, die als Lagerraum und Gemeinschaftsraum genutzt werden. Da Kutir niemanden gehört, treffen sich auf ihrem Rücken gerne junge und alte T'skrang, um einen Plausch zu halten oder gemeinsam zu essen und zu trinken.

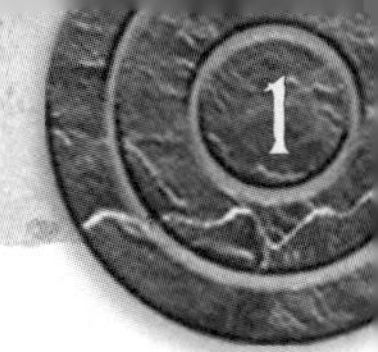

BEISPIELE:

Orientierungssinn: Für eine Woche kann der Charakter kein Ziel mehr finden. Egal, wo er sich hinbegeben will, er kommt nicht an. Er benötigt die ständige Hilfe von anderen Namensgebern, um sich von einem zum anderen Ort zu bewegen.

Talent Nahkampf: Der Charakter kann für eine Woche das Talent Nahkampf nicht mehr benutzen. Wenn er die Fertigkeit Nahkampf nicht beherrscht, kann er nur noch auf andere Talente ausweichen oder muss auf Kämpfe in der Zeit verzichten.

Sprache: Die Lungahag kann auch die Stimme für sieben Tage fordern. Der Charakter kann dann eine Woche nicht sprechen. Laute, die nicht zur Sprache gehören, wie zum Beispiel Husten oder Grunzen, sind weiter möglich.

Die Wanderung durch ein Meer

Es dauert ungefähr drei Tage, um vom Rand des Lungameers ins Zentrum zu gelangen. Währenddessen können die Charaktere die Gegend näher kennen lernen: Sandbänke oder tiefe Stellen, die wie Flüsse durch die Inselwelt verlaufen und durchschwommen werden müssen, können Probleme bereiten. Gegen Abend muss eine feste Stelle zum Schlafen gefunden werden.

Ein Angriff von Krokodilen oder Anakondas, die im flachen Wasser eine tödliche Gefahr darstellen, ist jederzeit möglich

(1-6) Krokodile (siehe *Spielleiterhandbuch*, S. 191)
Herausforderung: Novize (Dritter Kreis)

GES:	6	Initiative:	6
STR:	7	Körperliche Verteidigung:	11
ZÄH:	7	Mystische Verteidigung:	8
WAH:	4	Soziale Verteidigung:	8
WIL:	8	Physische Rüstung:	7
CHA:	3	Mystische Rüstung:	3
Bewusstlosigkeit:	36	Niederschlag:	11
Todesschwelle:	43	Erholungsproben:	2
Wundschwelle:	10		
Bewegung:	8 (schwimmend 8)		

Aktionen: 1; Biss: 11 (16)
Kräfte:
Aufmerksamkeit (8): Wie die Fertigkeit, *Spielerhandbuch*, S. 77.
Heimlicher Schritt (12): Wie die Fertigkeit, *Spielerhandbuch*, S. 88.
Hinterhalt (5)
Semiaquatisch: Das Krokodil kann seinen Atem 30 Minuten lang anhalten, bevor es ertrinkt.
Spezialmanöver:
Greif- und Bissangriff (Krokodil)
Loseisen (Gegner, Nahkampf)
Todesrolle (Krokodil): Das Krokodil kann zwei zusätzliche Erfolge aus einer Angriffsprobe ausgeben, um einen Greif- und Bissangriff durchzuführen, wodurch es sich und seinen Gegner dazu zwingt, eine vergleichende Stärkeprobe abzulegen. Gewinnt das Krokodil, zieht es seinen Gegner in einer Rolle unter Wasser, wo es ihn gegen den Grund schmettert und Stufe 7 Schaden verursacht (gegen diesen Schaden schützt keine Rüstung). Dieser Schaden wird zusätzlich zum automatisch verursachten Bissschaden des Krokodils verursacht.
Beute: Haut im Wert von 5W10 Silberstücken

(1-2) Anakondas (siehe Trollschlange, *Spielleiterhandbuch*, S. 206)
Herausforderung: Geselle (Fünfter Kreis)

GES:	6	Initiative:	6
STR:	10	Körperliche Verteidigung:	13
ZÄH:	10	Mystische Verteidigung:	9
WAH:	5	Soziale Verteidigung:	11
WIL:	6	Physische Rüstung:	8
CHA:	4	Mystische Rüstung:	4
Bewusstlosigkeit:	55	Niederschlag:	Immun
Todesschwelle:	65	Erholungsproben:	3
Wundschwelle:	15		
Bewegung:	6		

Aktionen: 1; Biss: 16 (19)
Kräfte:
Einschnüren (15): Umklammerte Gegner erleiden, solange sie umklammert bleiben, Stufe 15 Schaden pro Runde.
Heimlicher Schritt (8): Wie die Fertigkeit, *Spielerhandbuch*, S. 88.
Klettern (8): Wie die Fertigkeit, *Spielerhandbuch*, S. 89.
Verstärkter Sinn [Geruchssinn] (4)
Verstärkter Sinn [Geschmackssinn] (4)
Verstärkter Sinn [Sicht]: Wärmesicht
Spezialmanöver:
Greif- und Bissangriff (Ankonda, Biss)
Loseisen (Gegner, Nahkampf)

Die Banlauren

Eine außergewöhnliche Spezies im Lungameer sind die Banlauren. Banlauren sind eine Art vierbeinige Echse, die mit schlängelnden Bewegungen schnell durch das Meer gleitet. Die Echse kann im Wasser eine hohe Geschwindigkeit erreichen oder auf ihren vier Füßen flink über den festen Untergrund einer Insel traben. Im Gegensatz zu einem Flussschiff können diese Tiere immer den direkten Weg nehmen und sind auf kurze Distanzen (bis sie ermüden) wesentlich schneller als ein Flussschiff. Die Tiere sind Pflanzenfresser, also nicht sehr gefährlich. Es ist aber nicht einfach eines zu fangen.

Die Größe von Banlauren variiert stark zwischen 1,5 und 7 Schritt. Die hier angegebenen Werte sind Durchschnittswerte und können nach oben oder unten variieren.

Banlauren sind als Tiergefährten geeignet.

Banlaur
Herausforderung: Novize (Vierter Kreis)

GES:	6	Initiative:	7
STR:	6	Körperliche Verteidigung:	9
ZÄH:	6	Mystische Verteidigung:	7
WAH:	5	Soziale Verteidigung:	7 (12 in der Gruppe)
WIL:	6	Physische Rüstung:	6
CHA:	4	Mystische Rüstung:	2
Bewusstlosigkeit:	64	Niederschlag:	16
Todesschwelle:	70	Erholungsproben:	4
Wundschwelle:	10		
Bewegung:	24 (an Land und im Wasser)		

Aktionen: 1; Biss: 9(12)
Kräfte:
Semiaquatisch: Der Banlaur kann seinen Atem 30 Minuten lang anhalten, bevor es ertrinkt.

Falls einer der Charaktere die Tiere näher betrachtet, kann er bemerken, dass einer der Banlauren ein Zaumzeug angelegt hat. Dieses Zaumzeug ist zwar defekt und zerrissen, lässt aber den naheliegenden Rückschluss zu, dass diese Tiere zähmbar sein müssen. An dieser Stelle kann ein Charakter versuchen, den Banlauren mit dem Zaumzeug zu fangen und unter seine Kontrolle zu bringen.

Um zu verhindern, dass die Banlauren fliehen, kann ein Charakter das Talent Tiere Bändigen gegen die Mystische Verteidigung der Banlauren einsetzen. Um das Vertrauen eines wilden Banlauren zu erlangen, sind drei erfolgreiche Proben mit dem Talent Tierfreundschaft gegen die Soziale Verteidigung von 7 notwendig. Pro Tag kann genau eine solche Probe abgelegt werden. Der Banlaur mit dem Zaumzeug kann bereits nach einer erfolgreichen Tierfreundschaft Probe (7) geritten oder alternativ dazu auch mit der Fertigkeit Tierbeherrschung gezähmt werden. So lange er sich in der Gruppe der Banlauren befindet, ist der Mindestwert für die Probe eine 12. Wenn das Tier alleine ist, sinkt der Mindestwert der Probe auf 7.

Nachdem die Charaktere drei Tage gewandert sind, werden sie auf ein einzelnes Kanu der Nensora treffen.

Die einsame Lahala Nensora / Eshora

In der Ferne können die Charaktere einen Einbaum beobachten, der von einem bunt geschuppten T'skrang mittleren Alters gesteuert wird. In Wirklichkeit handelt es sich bei dem T'skrang um die weibliche Lahala Nensora (siehe S. 39). Der Einsiedler behauptet ein Fischer zu sein, nennt sich Eshora, und erklärt sich bereit, die Charaktere in seinem Boot zu einem Treffpunkt zu bringen, an dem häufig die Wohnboote der Nensora vorbei ziehen und von dem sie jemand mitnehmen kann. Die Lahala klärt die Charaktere nicht darüber auf, dass sie weiblich ist und lacht jedes Mal, falls die Worte der Charaktere sich auf ihr falsches Geschlecht beziehen.

Die Nensora haben die größten Künstler am Galanga hervorgebracht. Wie auch in anderen Teilen Barsaives gehen die Nensora davon aus, dass ein Namensgeber, der durch Dämonen korrumpiert wurde, nicht in der Lage sind, etwas Schönes oder Herzliches zu erschaffen. Aus diesem Grund ist es üblich, von Neuankömmlingen eine Demonstration ihres Kunsthandwerkes zu verlangen (siehe *Spielerhandbuch*, S. 43).

Bevor es zu einem längeren Gespräch kommt, zieht Eshora ein kleines Stück Jade aus einem Beutel und bearbeitet es mehrere Minuten gewissenhaft mit einem scharfen Messer. Es entsteht eine kleine grüne Schildkröte. Eine Öffnung sieht vor, dass die kleine Statue an einem Band getragen werden kann. Sie übergibt das Schmuckstück an den Charakter mit dem niedrigsten Rang in Charisma.

Eshora erwartet daraufhin die Demonstration eines Kunsthandwerkes durch einen der Charaktere. Sie beobachtet dabei sehr genau wie präzise und detailliert der Charakter dabei vorgeht. Wenn dabei ein Gegenstand entsteht, der an sie übergeben wird, freut es sie umso mehr und sie bedankt sich mehrfach dafür.

Sollte keiner der Charaktere eine Probe seines Kunsthandwerkes durchführen, verlässt Eshora die Charaktere ohne eine weitere Erklärung. Beim nächsten Zusammentreffen wird sie dann von jedem der Charaktere einen ausführlichen Beweis seines Kunsthandwerkes verlangen.

Die Lahala Nensora hat noch nicht von den Angriffen durch das Niall Maha'krodha erfahren und nutzt die Gelegenheit, von den Charakteren Näheres zu erfahren. Ihr zweites Ziel ist es, die Absichten der Charaktere möglichst genau zu erkunden.

Zuerst versucht Eshora/Lahala Nensora, so viel über die Angriffe auf die Chelonida und auf das Niall Nentilor zu erfahren wie möglich. Dazu stellt sie gezielte Fragen nach der Truppenstärke und der Art der Angriffe. Danach versucht die Lahala das Gespräch auf die Sklaverei zu richten, um zu erfahren, wie die Charaktere dazu stehen. Als Letztes versucht sie herauszufinden, wie die Charaktere zu den anderen drei Nialls am Galanga stehen. Für Eshora/die Lahala rücken die Charaktere in ein positives Licht, wenn sie davon berichten, mit den T'skrang der Nentilor zusammen gearbeitet zu haben und wenn sie sich deutlich gegen die Sklaverei aussprechen.

Falls die Lahala daraufhin von den guten Absichten der Charaktere überzeugt ist, bringt sie diese zu dem markanten großen Baumstamm, der im Lungameer im Wasser liegt und an mehreren Stellen an die Oberfläche ragt. Falls die Lahala nicht von den guten Absichten der Charaktere überzeugt ist, sabotiert sie das Boot und verschwindet heimlich im Schilf. Bei einer späteren Begegnung wird sie den Charakteren aber eine zweite Chance geben.

Der alte Baumstamm

Der alte Baumstamm wird als Knotenpunkt für Nachrichten und Handel genutzt. Die Charaktere müssen einige Zeit warten bis ein Boot der Nensora den Stamm anläuft. In der Zwischenzeit nutzt die Lahala Nensora wiederum die Zeit, um weiter mit den Charakteren zu sprechen. Bis zum Sonnenuntergang sitzen die Charaktere und die Lahala auf dem Baum und haben Zeit sich auszutauschen. Die Lahala kann viele der Fragen der Charaktere über die Nensora beantworten und hört sich gerne Geschichten über die Abenteuer der Charaktere an. Das erste Wohnboot kommt kurz nach Sonnenuntergang und ist einverstanden, die

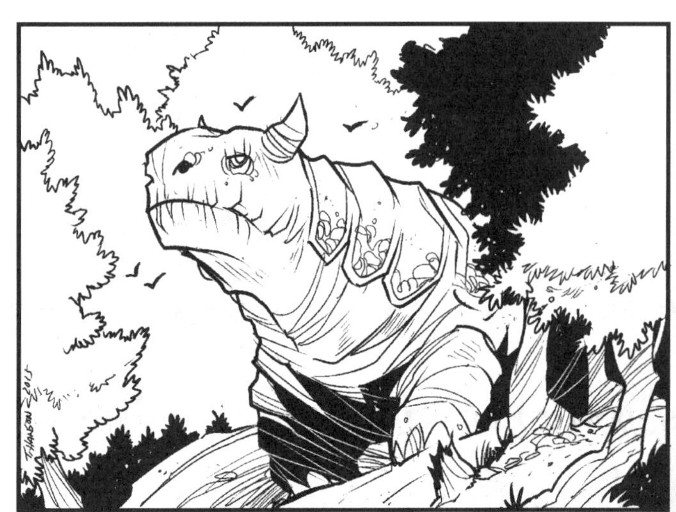

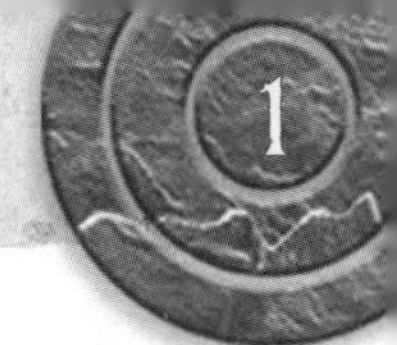

Charaktere zum Zentrum des Lungameers zu bringen. Die Lahala Nensora verlässt die Charaktere ohne Erklärung kurz bevor das Schiff in Sicht kommt.

Die T'skrang auf dem Wohnboot sind für ein paar Silberstücke gerne bereit, die Charaktere zum Niall Nensora zu bringen. Von den T'skrang auf dem Wohnboot können die Charaktere erfahren, dass die halbjährliche Zusammenkunft des Niall Nensora kurz bevor steht.

Der Grüne See

Mit dem Wohnboot oder zu Fuß erreichen die Charaktere irgendwann den Grünen See. Diese große Wasserfläche im Lungameer hat eine größere Wassertiefe als die meisten anderen Stellen im Meer. Der See hat seinen Namen daher, weil das Wasser hier nicht gelb, sondern blau gefärbt ist und eine grüne Schicht von Algen auf der Wasseroberfläche treibt. Ein paar Wohnboote der Nensora sind in der Regel zu jeder Zeit des Jahres hier zu finden. Im Moment ist die Anzahl der Wohnboote größer, da in wenigen Tagen eine große Zusammenkunft des Nialls Nensora auf dem Grünen See stattfinden wird und immer mehr der schwimmenden Wohnboote auf geheimen Wasserwegen durch das Lungameer ankommen, um an der Zusammenkunft teilzunehmen.

Bei den Nensora gibt es keine Gasthäuser oder Tavernen. Stattdessen werden Fremde von einem der Mannschaftsbünde (T'slahyin) aufgenommen, welche die Wohnboote betreiben. Es wird erwartet, dass man bei kleinen Arbeiten hilft, dafür bekommt man einen Schlafplatz und die Unterkunft kostenlos. Spezialisierte Handwerker findet man selten. Zumindest ein Mannschaftsbund hat sich aber eine Schmiede auf sein Wohnboot gebaut und kann kleinere Schmiedearbeiten verrichten. Mehrere Wohnboote haben kleine Destillen und können mit ihnen und den Feuermaschinen Zuckerrohrschnaps herstellen.

Berühmt unter den Nensora sind die Künstler, die Musikinstrumente herstellen. Sie fertigen in monatelanger Handarbeit Flöten, Trommeln und Saiteninstrumente, die in ganz Barsaive begehrt sind.

Im Moment befinden sich auch T'skrang der Maha'krodha im Niall Nensora. Da die Charaktere die Zugehörigkeit eines T'skrang zu einem Niall nicht erkennen können, müssen sie sehr vorsichtig sein, wem sie ihre Geschichte zuerst anvertrauen. Sollten die wenigen Spione der Maha'krodha im Niall Nensora erfahren, dass die Charaktere von den Überfällen auf die Siedlungen am Galanga und auf das Niall Nentilor wissen, verlassen sie umgehend diesen Ort. Das ist automatisch der Fall, wenn die Charaktere irgendeinem beliebigen T'skrang ihre Geschichte erzählen, bevor sie mit Isaar (siehe S. 39) oder Messalah (siehe S. 39) gesprochen haben. Halten die Charaktere sich bedeckt und erzählen ihre Geschichte zuerst Isaar oder Messalah, haben sie die Möglichkeit, einen der Spione der Maha'krodha (mit Namen Upacharaka) zu fangen. Upacharaka wird auf Fragen der Charaktere ähnlich antworten wie die gefangenen Maha'krodha im Abschnitt *Die gekaperte Sonne* (siehe S. 37). Zusätzlich dazu wird der Spion bestätigen, dass die Nensora schon bald angegriffen werden sollen.

Zu dem Zeitpunkt, als die Charaktere den Grünen See erreichen, steht der Tag der Zusammenkunft erst noch bevor. Ein mögliches Ziel der Charaktere könnte es sein, das Vertrauen der Nensora zu erlangen und zu verhindern, dass die Zusammenkunft des Niall Nensora durchgeführt wird, um kein Ziel für einen Angriff zu bieten. Dazu müssen die anwesenden Familien überzeugt werden, das Treffen abzublasen. Die Charaktere könnten vermuten, dass die Maha'krodha hier als nächstes zuschlagen werden. Oder die Charaktere versuchen, zusammen mit den Nensora, mehr über die Gegner zu erfahren. Vielleicht haben die Charaktere aber inzwischen andere Ziele entwickelt. Wenn die Charaktere nach den Anführern des Nialls fragen, werden sie von den Mitgliedern des Niall Nensora an Erntar (siehe S. 115), Isaar, die Lahala Nensora oder Messalah verwiesen.

Die Rechtsprechung im Niall Nensora

Da die T'skrang des Niall Nensora eine besondere Auffassung von Recht haben, versuchen sie im Laufe des Tages bei den Charakteren herauszufinden, wie sie bestimmte Situationen beurteilen

Die T'skrang des Niall Nensora sind der Meinung, dass es ein pauschal gültiges Recht nicht gibt. Vielmehr wird ein Streitfall immer mit mehreren T'skrang diskutiert und dann gemeinsam festgelegt, was die richtige Entscheidung ist. Die Charaktere bekommen ein paar einfache Geschichten erzählt, um dann gefragt

Rechtsfragen im Niall Nensora

Ein T'skrang nimmt an einem Bootsrennen teil. Das Boot des Führenden geht unter, er droht zu ertrinken. Der T'skrang hilft dem Führenden und verliert das Rennen an den vorher Drittplatzierten. Soll man retten oder soll man siegen (vielleicht wäre der Gekenterte gar nicht ertrunken)?

Ein T'skrang findet beim Angeln mit seinem Freund auf einer Insel einen Beutel Silber. Teilt er ihn mit seinem Freund oder behält er das Silber für sich?

Ein mächtiger Stamm der Eingeborenen T'skrang im Dschungel hat einen schwachen Stamm als Nachbarn, der bald von einem dritten Stamm angegriffen werden könnte. Soll dieser Stamm vielleicht besser vorher angreifen und den schwachen Stamm dem seinen hinzufügen oder abwarten, bis die Schwachen angegriffen wurden und dann den Sieger bekämpfen?

Ein Fremder kommt zum Niall Nensora und sieht einen sehr wertvollen Gegenstand als Schmuck um den Hals eines T'skrang. Er will ihn gerne kaufen. Zahlt er den Preis, den der Gegenstand im fernen Throal wert wäre? Oder zahlt er den Preis, den der Gegenstand im Lungameer wert wäre?

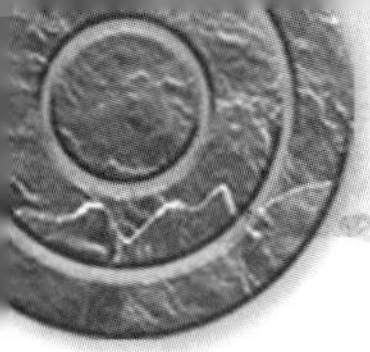

Optional Kampfkunst Samara

SCHULE DES BEWEGTEN HERZENS
W'arsp und Es'skriba beherrschen beide die Kampfkunst Samara. Bei dieser Art des Kampfes kommt es selten zu mehr als einem oder zwei Schlägen. Samaraduelle können gänzlich ohne körperlichen Kontakt ausgefochten werden.

Samaraduelle sind durch den Samara-Ritus von der Abfolge her genau festgelegt. Es ist nicht erlaubt während eines Samaraduells zu reden.

In jeder Runde des Duells benutzen die Schwertmeister dasselbe Talent. Beide Kontrahenten merken sich die Anzahl ihrer gesammelten Erfolge. Ein Samaraduell besteht mindestens aus sechs Runden.

Runde 1: Beeindrucken (Die Schwertmeister präsentieren sich) Pro Erfolg erhält der Schwertmeister +2 auf alle weiteren Proben des Duells. In allen folgenden Runde zählt jeder in der Runde erlangte Erfolg nur als +2 Bonus für die nächste Runde.

Runde 2: Gewinnendes Lächeln (Die Schwertmeister begrüßen sich)

Runde 3: Kampfsinn (Die Schwertmeister bringen sich in die erste Kampfposition) Unabhängig von der Initiative wird das Talent von beiden Schwertmeistern benutzt.

Runde 4: Manövrieren (Die Schwertmeister verbessern ihre Kampfposition)

Runde 5: Schwachstelle erkennen (Die Schwertmeister erkennen die Schwächen des Gegners)

Runde 6: Verspotten (Die Schwertmeister zeigen ihre Überlegenheit) Das Talent Verspotten wird hier ohne Sprache und nur durch die Körperhaltung ausgeführt.

In den folgenden Runden bestimmt der Schwertmeister mit der höheren Initiative, welches Talent verglichen wird (Kampfsinn, Manövrieren, Verspotten oder Schwachstelle erkennen). Das Duell kann durch einen der beiden Duellanten jederzeit beendet werden, indem er aufgibt, den Sieg erklärt oder zuschlägt.

Der Schlag wird mit dem Talent Nahkampfwaffen ausgeführt und mit dem Talent Riposte pariert. Für diese letzte Aktion des Duells bekommt der Schwertmeister, der im Laufe des Duells mehr Erfolge erzielen konnte, für jeden dieser überzähligen Erfolge +2 auf sein Talent.

Ein Duell gilt als gewonnen, wenn der Sieger insgesamt zehn oder mehr Erfolge mehr erlangen konnte als sein Gegner oder seinem Gegner bei dem letzten Schlagabtausch verletzen konnte.

Ein Samaraduell kann von jedem Namensgeber bestritten werden, der die benötigten Talente beherrscht. Die beiden Duellanten können sich darauf verständigen ein Talent zu streichen. Das bezeichnet man als Abweichung vom Samara-Ritus, aber es gilt nicht als unehrenhaft.

zu werden, was ihrer Meinung nach richtig und was falsch war. Dabei sind diese Geschichten kein Test, sondern nur eine Möglichkeit herauszufinden, wie die Charaktere denken. Isaar (siehe S. 39) ist die T'skrang, die den Charakteren diese Fragen stellen könnte. Falls ein Charakter sein Talent Erster Eindruck benutzen möchte, dann liegt der Mindestwurf für Isaar bei 9.

Wenn die Charaktere sich zu den Geschichten nicht äußern, lassen die Nensora es darauf beruhen. Isaar wird die anderen Nensora bei der ersten Besprechung (siehe: „Das Treffen mit der Lahala") darauf hinweisen, dass die Charaktere die inneren Vorgänge eines Nialls als Fremde nicht richtig verstehen können. Isaar wird dann vorschlagen, die Charaktere trotzdem anzuhören, ihre Vorschläge aber nach dem Treffen ohne die Charaktere auf die übliche Art zu besprechen.

Optional - Der unwillige Schwertmeister

Es'skriba (siehe S 40) ist ein herausragender und legendärer Schwertmeister, der seit Jahren keinen Kampf mehr verloren hat. Er lispelt stark und er ist begründeterweise arrogant, aber gleichzeitig ist er über die Jahre hinweg müde geworden, immer wieder gegen junge Herausforderer antreten zu müssen.

W'arsp, ein Schwertmeister, den die Charaktere auf der Chelonida kennen gelernt haben (siehe S. 20), sucht seit vielen Wochen nach Es'skriba. W'arsp kommt am selben Tag mit einem der Wohnboote am Grünen See an wie die Charaktere und sucht dort nach dem legendären Meister. Es'skriba ist in Nensora, um genau diesem Problem aus dem Weg zu gehen. Er will nicht mehr gegen junge Schwertmeister antreten. Weder W'arsp noch Es'skriba legen Wert darauf, den Nensora oder den Charakteren zu helfen. Es'skriba willigt ein, gegen den anderen Schwertmeister zu kämpfen, nachdem der ihn lange genug bedrängt hat. Er stellt aber die Bedingung, dass sich W'arsp selber einen Finger abschneiden muss, wenn er verlieren sollte. W'arsp überlegt einige Zeit ob er das Angebot annehmen soll. Wenn die Charaktere bereits mit W'arsp zu tun hatten, fragt er den besten Kämpfer aus der Gruppe um Rat.

Es'skriba ist bereit, unter den gleichen Bedingungen gegen jeden Charakter anzutreten.

Sollte ein Schwertmeister unter den Charakteren sein, kann er W'arsp ebenfalls jeder Zeit zu einem Duell herausfordern. Wenn ein Charakter vor der Begegnung mit Es'skriba den T'skrang W'arsp besiegen sollte, wird sich dieser nicht mehr auf einen Kampf mit dem alten Schwertmeister einlassen. Besiegt ein Held W'arsp im Kampf, bittet der Schwermeister den Charakter darum, eine Zeit mit ihm zusammen zu reisen. W'arsp sieht dann ein, dass seine Kampfkunst noch nicht weit genug ist, um gegen Es'skriba anzutreten. Falls der Charakter zustimmt, wird W'arsp die Gruppe einige Tage begleiten und versuchen, in der Zeit so viel wie möglich von dem Charakter zu lernen. Nach einigen Tagen wird er um ein weiteres Duell bitten, bis er eins für sich entscheiden kann. Sollten die Charaktere darüber hinaus ein Interesse an W'arsp zeigen, wird der Schwertmeister sich auch länger bei den Charakteren aufhalten und ihnen bei ihren Vorhaben helfen.

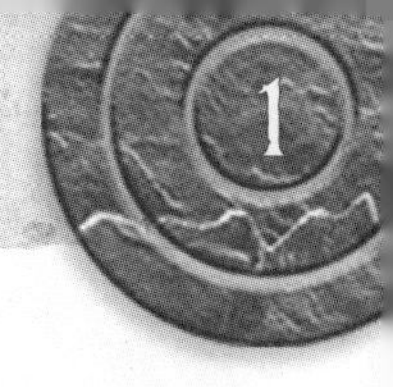

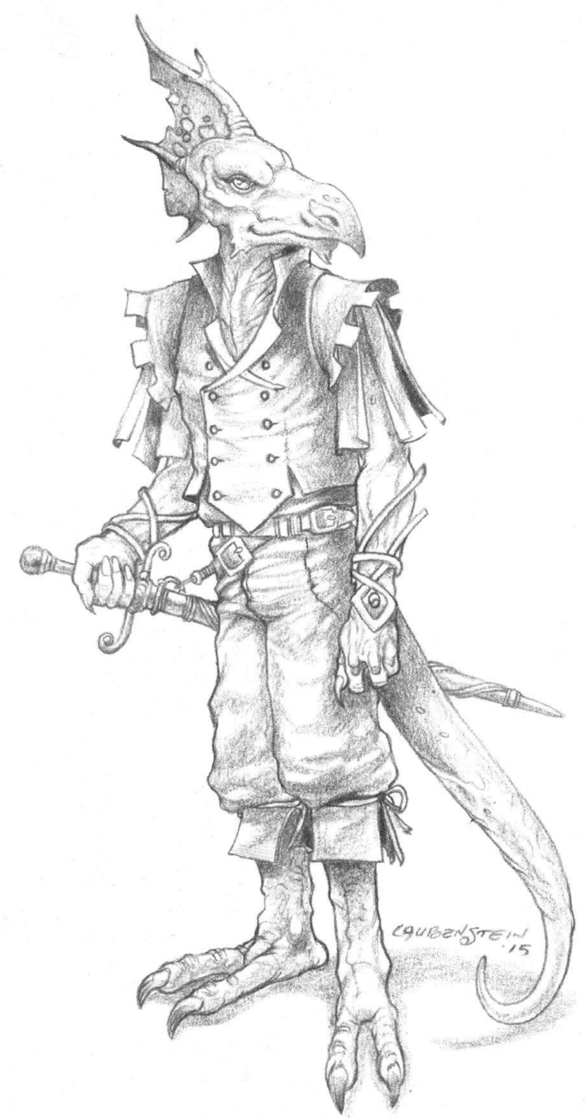

Es'skriba wandert in jedem Fall nach dieser Begegnung in den Dschungel.

CHE'WAN (DER KÜNSTLER)

Eine Sonderstellung unter den Künstlern der Nensora nimmt Che'wan ein. Che'wans Ruf hat sich über ganz Barsaive verbreitet, und seine wenigen Kunstwerke sind sehr begehrt und wertvoll. Er beherrscht die alte Elementarkunst. Che'wan fertigt hauptsächlich Kunstwerke aus elementarem Wasser. Nur wenige seiner Arbeiten sind aus anderen Elementen geformt.

Typische Schmuckstücke von Che'wan sind Halsketten, Armbänder und Statuen. Wenn Che'wan nicht mit wahren Elementen arbeitet, stellt er Schmuckstücke aus Jade her.

Che'wan nutzt eine unter dem Grünen See liegende Elementare Quelle, um das Wasser für seine Kunstwerke zu gewinnen. Die Erlaubnis dafür hat er von der Lahala Nensora.

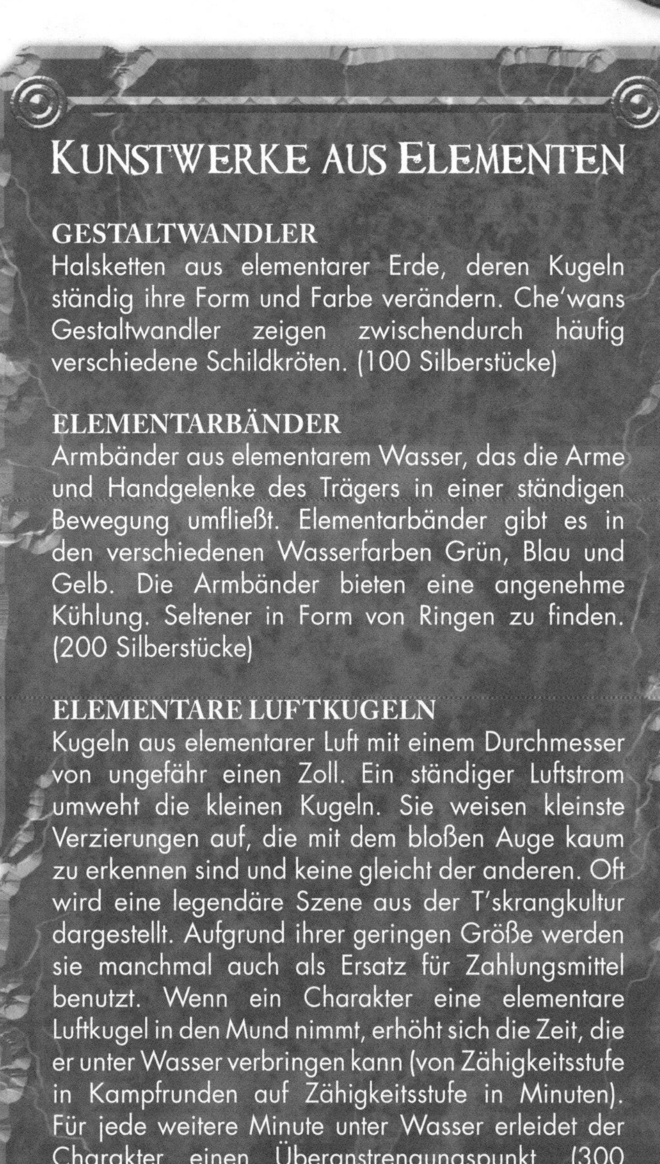

KUNSTWERKE AUS ELEMENTEN

GESTALTWANDLER
Halsketten aus elementarer Erde, deren Kugeln ständig ihre Form und Farbe verändern. Che'wans Gestaltwandler zeigen zwischendurch häufig verschiedene Schildkröten. (100 Silberstücke)

ELEMENTARBÄNDER
Armbänder aus elementarem Wasser, das die Arme und Handgelenke des Trägers in einer ständigen Bewegung umfließt. Elementarbänder gibt es in den verschiedenen Wasserfarben Grün, Blau und Gelb. Die Armbänder bieten eine angenehme Kühlung. Seltener in Form von Ringen zu finden. (200 Silberstücke)

ELEMENTARE LUFTKUGELN
Kugeln aus elementarer Luft mit einem Durchmesser von ungefähr einen Zoll. Ein ständiger Luftstrom umweht die kleinen Kugeln. Sie weisen kleinste Verzierungen auf, die mit dem bloßen Auge kaum zu erkennen sind und keine gleicht der anderen. Oft wird eine legendäre Szene aus der T'skrangkultur dargestellt. Aufgrund ihrer geringen Größe werden sie manchmal auch als Ersatz für Zahlungsmittel benutzt. Wenn ein Charakter eine elementare Luftkugel in den Mund nimmt, erhöht sich die Zeit, die er unter Wasser verbringen kann (von Zähigkeitsstufe in Kampfrunden auf Zähigkeitsstufe in Minuten). Für jede weitere Minute unter Wasser erleidet der Charakter einen Überanstrengungspunkt. (300 Silberstücke)

DAS TREFFEN MIT DER LAHALA

Wenn die Lahala die Charaktere bereits kennen gelernt hat, begrüßt Eshora/die Lahala Nensora die Charaktere mit einem ironischen Lächeln und lässt die Charaktere die Geschichte ein weiteres Mal für ihre Berater wiederholen.

Isaar (siehe S. 39), die Beraterin der Lahala, die sich um Konflikte mit Piraten kümmern soll, trifft zuerst mit den Charakteren zusammen und kann diesen weitere Informationen geben, falls sie das benötigen. Isaar glaubt den Charakteren, was sie berichten und will das Überleben ihres Nialls sichern. Isaar erklärt den Charakteren, dass das Niall Nensora normalerweise jedem größeren Kampf aus dem Weg geht. Die Wohnboote fahren bei einem Piratenangriff in verschiedene Richtungen davon und ein

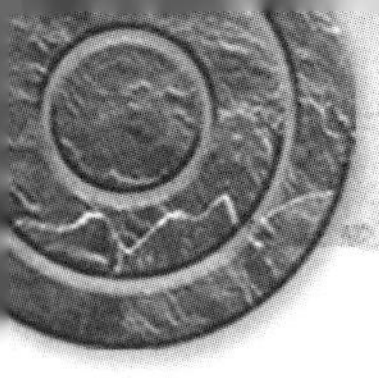

großer Teil kann immer entkommen. Sie versteht aber, dass die Gefahr in diesem Fall größer ist, als bei einem normalen Piratenangriff. Das normale Verhalten könnte dem Niall zum Verhängnis werden.

Danach treffen sich die Lahala Nensora, Isaar und Messalah (die alte) auf einem der großen Wohnboote mit den Charakteren, um sich die bisherigen Erlebnisse der Charaktere anzuhören. Viele andere T'skrang des Nialls wohnen dem Treffen bei und immer wieder wird das Gespräch durch Zwischenfragen unterbrochen. Wie gut die Charaktere ihre Ziele erreichen, hängt größtenteils von ihrem eigenen Auftreten und ihrer Überzeugungskraft ab. Der Mindestwurf für das Talent Erster Eindruck liegt für Messalah bei 13 (Etikette 11, Diplomatie 13).

Die erste Frage ist, ob es den Charakteren gelingt, die Anwesenden von ihrer Geschichte zu überzeugen. Die zweite Frage ist, was die Nensora gegen die Bedrohung unternehmen wollen.

Für die Charaktere spricht, dass sie die Überfälle sehr genau beschreiben können. Falls sie die Lahala Nensora vorher getroffen haben, hatte diese bereits die Möglichkeit, sie näher kennen zu lernen. Einem der Charaktere könnte auch auffallen, dass der wahrscheinliche Angriffszeitpunkt mit der Versammlung von allen Familien zusammenfällt. Die Versammlung könnte zu dem Schluss kommen, dass eine Absicht dahintersteckt. Wenn das geplant war (und das ist es), dann wäre es besser, das Treffen nicht stattfinden zu lassen.

Falls die alte Messalah den Charakteren genug vertraut, berichtet sie davon, dass sie über ein altes Ritual mit dem Flussgeist Kontakt aufnehmen kann. Über dieses Ritual ist es ihr möglich, einige der schwimmenden Inseln und der Wasserstraßen im Lungameer neu auszurichten. Mit dieser Macht lässt sich erreichen, dass keine Wasserstraße mehr vom Hauptarm zum Grünen See verläuft. Tatsächlich verfügt die Messalah über ein altes Artefakt, dass eine Verbindung mit dem Flussgeist hat – (näheres dazu findet sich in Teil 2 und Teil 3 der Kampagne *Tanz mit der Schlange*).

Der zerbrochene Krug / Kontakt mit dem Flussgeist

Die alte Messalah ist die Besitzerin eines der Artefakte des Flussgeistes Shivoam (Aspekt Shivos, Erde). Da das Ritual, das sie durchführen will, normalerweise eine Vorbereitungszeit von mehreren Wochen benötigt, ist die Mithilfe einiger zauberkundiger Adepten die Voraussetzung dafür, das Ritual an diesem Tag durchführen zu können. Das Artefakt, das sie hütet, ist dem Element Erde zugeordnet. Es handelt sich um einen Tonkrug, der in seine Einzelteile zerbrochen ist. Messalah vermutet, dass der zerbrochene Krug weitere magische Eigenschaften hat, die den Nensora aber nicht mehr bekannt sind. Um die Verschiebung der Inseln zu bewirken, muss der Zauberkundige sich an das Ufer des Galanga begeben und dort den Krug wieder zusammensetzen.

Damit die Webschwierigkeit des Rituals für Messalah ohne Vorbereitungszeit gemeistert werden kann, bittet Messalah die Charaktere in dieser Zeit der Not, ihre wahre Struktur durch möglichst hochstufige Fäden auf ihre Talente Spruchzauberei und Fadenweben zu verstärken (siehe *Spielerhandbuch*, S. 136f).

Sind ein oder mehrere Charaktere dazu bereit, begibt sich Messalah mit ihnen zu den gelbfarbenen schlammigen Ufern des Lungameers. Dort stellt sie sich ein zweites Mal vor: *„Ich bin Messalah, Schamanin des Shivos am Galanga und Hüterin von Shivoam. Ich spreche für alle Namensgeber am Gelben Fluss, doch ich erbitte eure Hilfe für die Namensgeber der Nensora. Nur gemeinsam können wir die Geister des Shivos und des Shivoam erwecken, um die Gefahr, welche die Maha'krodha für die Nensora bedeuten, zu bannen.“* (siehe *Die Wächter des Galanga*, S. 118).

Daraufhin gibt sie jedem teilnehmenden Charakter eines ihrer zahlreichen steinernen Schmuckstücke (unbedeutende Strukturgegenstände). Jeder Charakter kann nun einen Faden an Messalahs wahre Struktur weben und dann so lange den Fadenrang erhöhen, bis ihm eine Fadenwebenprobe misslingt oder seine maximale Stufe im Talent Fadenweben erreicht ist. Die Webschwierigkeit beträgt 8 für Fadenrang 1 und steigt um 1 für jeden weiteren Fadenrang, bis maximal Fadenrang 5, bzw. Webschwierigkeit 12.

Messalah teilt jedem Charakter, der erfolgreich einen Faden an sie gewoben hat, nach dem Ritual mit, dass der Geist von Shivos ihn gesegnet hat. Sollten insgesamt weniger als vier Fadenränge an Messalah gewoben werden, kann Messalah einige der kleineren Inseln bewegen und das Näherkommen der Tri'starr um einen Tag verlangsamen. Sie kann aber nicht verhindern, dass die Maha'krodha den Grünen See erreichen werden. Damit bleibt den Nensora also keine andere Wahl, als zu fliehen.

Wurden mehr als drei Fäden an Messalah gewoben, bleibt der Krug für ungefähr eine Stunde zusammen, bevor er wieder zerfällt. Sind es weniger Fäden, dann zerfällt der Krug bereits nach einer halben Stunde. Nur in dieser Zeit kann Messalah mit ihrer Magie die Inseln im Lungameer bewegen und die Fahrrinnen zum Grünen See für große Schiffe blockieren.

Messalah bitte die teilnehmenden Charaktere, über diese Fähigkeit des Artefakts Stillschweigen zu bewahren. Sie möchte nicht, dass die anderen Nialls davon erfahren.

Messalah erklärt, dass sie über das Artefakt Kontakt mit einem mächtigen Geist des Lungameers aufnimmt. Nach dem Ritual stellt sie in jedem Fall fest, dass der Geist im Lungameer wacher ist als sonst, aber über weniger Kraft verfügt. Das sind erste Hinweise darauf, dass die Maha'krodha versuchen, den Geist des Galanga für ihre Zwecke zu nutzen (weitere Hinweise dazu siehe Tanz mit der Schlange Teil 2 und 3).

Um die gewobenen Fäden wieder zu entweben, sind drei Erfolge in einer Fadenweben-Proben mit dem Mindestwurf der natürlichen Mystischen Verteidigung des Charakters plus dem gewobenen Fadenrang notwendig (siehe *Spielerhandbuch*, S. 137). Pro Tag kann höchstens eine solche Probe abgelegt werden. Jeder so entwobene Faden erzeugt 5 Punkte Überanstrengung.

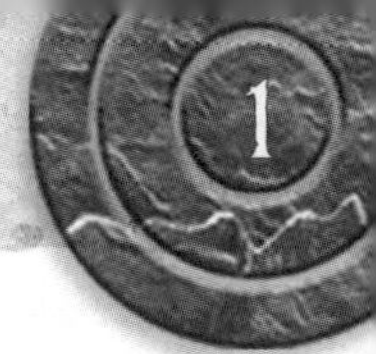

DIE WINDLINGE

Die Mitglieder des Nialls Nensora lehnen es normalerweise ab, in einer großen Gruppe zu kämpfen. Sie verbringen die meiste Zeit ihres Lebens allein und auf sich selbst gestellt und sind es gewohnt, mit Gefahren selber umzugehen.

Die große Versammlung, die nur einmal pro Halbjahr stattfindet, ist das wichtigste soziale Ereignis im Jahresverlauf der Nensora und man wird nicht einfach darauf verzichten, es stattfinden zu lassen. Ohne ein gemeinschaftliches Treffen ist es für das Niall sehr schwierig, Entscheidungen gemeinsam zu treffen und bekannt zu machen.

Die Lahala Nensora möchte aus diesem Grund sichergehen, dass tatsächlich ein Angriff erfolgen wird, bevor sie vorschnell die Versammlung auflöst. Der stumme Erntar (siehe S. 115) schlägt vor, mit Banlauren unverzüglich zum Galangaarm, der das Lungameer umfließt, aufzubrechen und festzustellen, ob sich eine unnatürliche Nebelwand oder ein großes Schiff aus dem Norden nähert.

Die Lahala berichtet, dass der Windling Binthrel mit seiner Sippe von vier anderen Windlingen jederzeit eintreffen müsste. Vielleicht kann man sie um Hilfe bitten (siehe S. 40)?

DIE PLÄNE DER GEGNER

Die T'skrang des Niall Maha'krodha beabsichtigen, die Mitglieder und die Familienschiffe des Niall Nensora zu fangen und in ihr Niall zu übernehmen. Außerdem haben sie ein Interesse an der Quelle elementaren Wassers unter dem Grünen See. Der Plan sieht vor, durch Spione die genaue Position der Zusammenkunft in Erfahrung zu bringen, möglichst nah mit der Tri'starr an den Ort heranzufahren, die Vereisungswaffe einzusetzen und das Niall Nensora im Sturm zu erobern.

DIE GEKAPERTE SONNE

Falls die Charaktere mit Erntar nach Beweisen suchen wollen, bekommt jeder von ihnen einen gezähmten Banlauren übergeben und kann sich an der Aufklärungsmission durch das Lungameer beteiligen. Alle Banlauren der Nensora gelten regeltechnisch als ‚geschulte Reittiere' (siehe *Spielerhandbuch*, S 235), sie sind allerdings unberechenbare und launische Reittiere und langweilen sich schnell.

Auf den Rücken eines dieser interessanten Tiere können die Charaktere schnell feststellen, dass sie mit einem ausgebildeten Banlaurenreiter in keiner Weise mithalten können. Der Kundschafter Erntar fegt davon, sein Tier springt von Insel zu Insel und alsbald können die Charaktere nur noch der Spur des geknickten Schilfes folgen, die das Tier des stummen T'skrang hinterlassen hat. Charaktere mit dem Talent Abrichten können ihrem Banlauren mit einer erfolgreichen Talentprobe gegen den Mindestwert 7 einen Befehl beibringen. Nachdem ein Charakter eine erfolgreiche Talentprobe im Talent Tierfreundschaft gegen die Soziale Verteidigung (7) seines Banlauren abgelegt hat, kann er das Tier auch im Kampf reiten und zusätzlich dazu nahezu mit den Reitkünsten von Erntar mithalten.

Auf einer der wenigen größeren Erhebungen wartet Erntar auf die Charaktere. Er befindet sich in Deckung, winkt die Charaktere herbei und weist in die Richtung des Galangaarms. Auf dem Wasser können die Charaktere ein nentilorisches Handelsboot, *Die Sonne*, hinter einem der nensorischen Wohnboote den Fluss herunterfahren sehen. Das Handelsboot holt schnell auf und hält auf das Wohnboot zu.

Sobald das Handelsboot das langsamere Wohnboot erreicht hat, erfolgt ein Angriff. Bewaffnete Kämpfer der Maha'krodha springen aus dem nentilorischen Boot herüber und beginnen, die Besatzung des nensorischen Wohnbootes zu bekämpfen.

Erntar gibt den Charakteren mit Handzeichen zu verstehen, dass er die Nachricht an das Niall für wichtiger hält als diesen Kampf. Es bleibt den Charakteren überlassen, ob sie am Kampf teilnehmen wollen oder sich dafür entscheiden, zurück zum Niall zu fliehen.

Wenn sich die Charaktere gegen einen Angriff entscheiden, werden die Bootsmänner auf der *Sonne* in der folgenden Nacht den Weg Zur Grünen See markieren und den Angriff mit roten Signalraketen einläuten.

An dem Kampf um das Wohnboot nehmen zwei Kämpfer, ein Krieger und ein Schwertmeister der Maha'krodha teil. Ein Bogenschütze und ein Kämpfer bleiben auf dem Handelsboot der Nentilor und verfolgen den Kampf von dort. Falls die Charaktere in den Kampf eingreifen, werden sie von dem Bogenschützen beschossen (Kampfwerte der Kämpfer der Maha'krodha, siehe S. 182).

In den Lagerräumen des Handelsschiffes befinden sich mehrere Signalraketen. Zusätzlich dazu befindet sich bei einem der Kämpfer eine kunstvolle Zeichnung, die auf einem Pergament die Abbilder der Charaktere zeigt. Die Zeichnungen sind von Gatasu (siehe S. 66) mit Hilfe seines Wasserelementars hergestellt worden. Die Charaktere haben den Maha'krodha inzwischen zwei Mal erfolgreich Widerstand geleistet und sind dadurch aufgefallen. Die Kämpfer der Maha'krodha haben die Anweisung bekommen, die Charaktere nicht zu unterschätzen und sie zu töten, falls es möglich ist.

Ein Teil der Mannschaft der *Sonne* sind T'skrang des Nialls Nentilor, die gerne bereit sind, das Schiff wieder zu übernehmen. Die T'skrang des Nialls Nentilor möchten zum Niall Daikara weiterreisen, um dort im Schutz der Türme von Nad'karanji zu warten. Was sie aus den Gesprächen der Maha'krodha entnehmen konnten, lässt daraus schließen, dass ein Schiff Namens *Tri'starr* mit vielen Truppen und Begleitbooten den Galanga herunterfahrt, um erst Niall Nensora und dann Niall Daikara einzunehmen. Was genau die Tri'starr ist, wissen sie nicht, sie vermuten aber, dass es das große Schiff im Inneren des Nebels ist. Die T'skrang des Nialls Nentilor sind bereit, Gefangene mit nach Nad'karanji zu nehmen und dort zu übergeben.

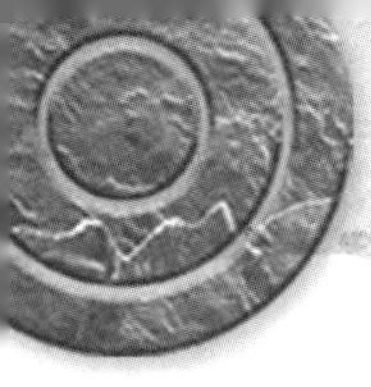

Falls die Gefangenen befragt werden, sagen diese: „*Gegen die Macht des Aropagoi Maha'krodha seid ihr alle verloren. Alle Nialls des Galanga werden versklavt werden. Auch euer kleines Niall ist dem Untergang geweiht. Schließt euch uns an und ihr werdet verschont werden.*“ und „*Bald werdet auch ihr vor der Shivalahala Maha'krodha niederknien.*“ und „*Gegen die Macht der Tri'starr seid ihr hilflos, schon bald werdet ihr uns dienen*“.

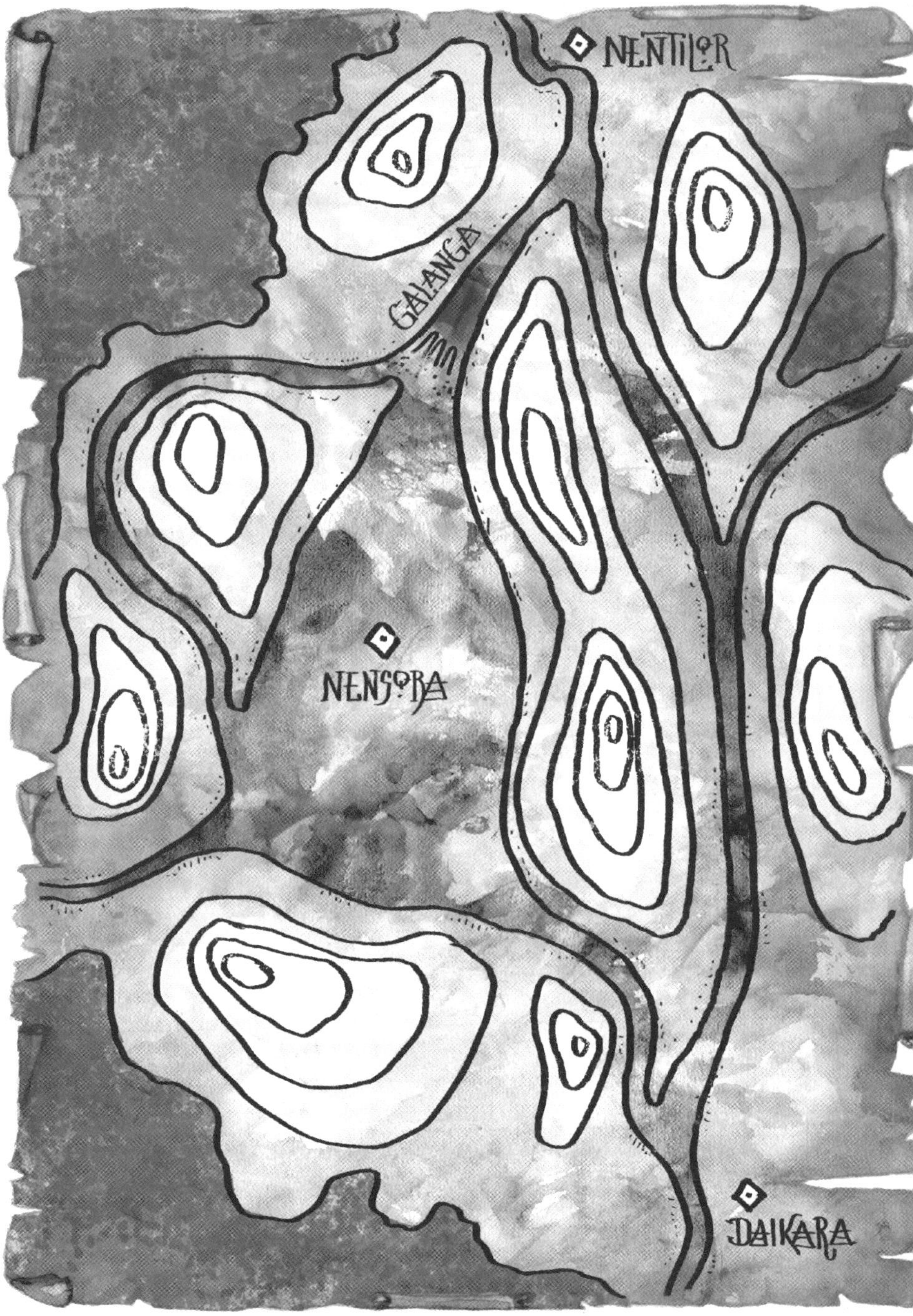

Viel mehr ist aus den Gefangenen nicht heraus zu bekommen.

Die Windlinge

Der Windling Binthrel (siehe S. 40) und ein weiterer, verwundeter Windling mit Namen Ter'lispling, der sichtliche Probleme beim Fliegen hat, stoßen zu den Charakteren.

Binthrel berichtet mit kaum verständlichen, sehr schnell gesprochenen Worten, dass er und zwei seiner Freunde zu einer Nebelwolke kaum zehn Meilen von dieser Stelle entfernt geflogen sind, um diese zu untersuchen. Pfeile aus der Wolke verwundeten Ter'lispling, bevor die Windlinge etwas entdecken konnten. Slipsplisnir, der Dritte aus der Runde, ist seitdem verschwunden und die beiden wissen nicht, ob er fliehen konnte oder gefangen wurde.

Falls einer der Charaktere sich um den verwundeten Windling Ter'lispling kümmern möchte, wird dieser in die Obhut des Charakters gegeben. Ter'lispling verhält sich, während er bei den Charakteren ist, wie ein typischer Windling. Er versucht schnell, alle neuen Namensgeber kennen zu lernen, ist stets gut gelaunt, sieht in allem das Gute und interessiert sich zusätzlich sehr stark für die Ausrüstung der Charaktere (siehe Ter'lispling, S. 40). Wenn sich eine Gelegenheit bietet, treibt der Windling auch gerne Schabernack oder macht sich über allzu ernste Charaktere lustig.

Rückkehr zu den Nensora

Falls die Charaktere die Signalraketen erbeutet haben, können sie auf die Idee kommen, die Maha'krodha an eine falsche Stelle zu locken. In diesem Fall werden die Maha'krodha nur einige wenige Wohnboote mit ihren Besatzungen erbeuten können. Dasselbe gilt für den Fall, dass die Wege zum Grünen See von der alten Messalah mit ihrer Magie versperrt wurden.

Falls die Charaktere die Nensora nicht überzeugen konnten oder die Spione übersehen, besteht die Möglichkeit, dass ein großer Teil des Nialls Nensora gefangen genommen wird und viele Wohnschiffe gekapert werden. Durch die große Anzahl an kleinen Wohnschiffen kann auf jeden Fall ein Teil der T'skrang entkommen und sich im Lungameer verstecken.

Für den unwahrscheinlichen Fall, dass der Angriff durch die Maha'krodha durch die Charaktere nicht verhindert wird, stirbt die Lahala Nensora bei diesem Angriff. In diesem Fall ist die Lahala Nensora nicht dazu fähig, das Blutritual der Namensübergabe durchzuführen. Das bedeutet, dass das gesammelte Wissen der früheren Lahalas des Nialls Nensora mit ihrem Tod verloren geht. Die neue Lahala Nensora, die alte Messalah, muss ihre Entscheidungen dann ohne dieses Wissen fällen.

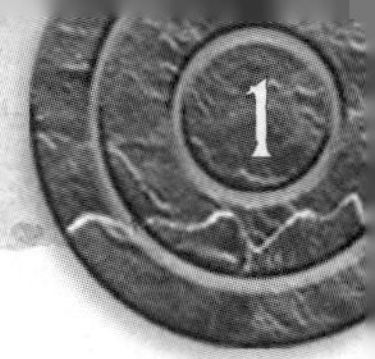

Erntar ist bereit, mit den Charakteren bis zum bitteren Ende zu kämpfen. Seine Ortskenntnis hilft ihm dabei, zusammen mit den Charakteren, einzelne Wohnschiffe zu retten. Die große Übermacht an Angreifern macht es aber unmöglich, den Kampf zu gewinnen.

Nach dem Kampf

Erntar führt die Charaktere zurück zu Kula, der Kurmapati der Lahala, die sich durch das Lungameer vom Grünen See wegbewegt. Falls die Lahala Nensora getötet wurde, übernimmt die alte Messalah (jetzt Lahala Nensora) die Führung des Nialls Nensora.

Die Lahala Nensora beschließt, zuerst ihr Volk im Lungameer zu warnen und dann nach Nad'karanji zu reisen, dem sichersten Ort am Galanga, und sich dort mit der Lahala Daikara zu beraten. Den Mannschaftsbünden der Wohnboote hat sie befohlen, sich im Lungameer und den Nebenflüssen des Galanga zu verbergen.

Das größte Problem für die Nensora besteht im Moment darin, dass nicht alle Wohnschiffe wissen, was passiert ist, und die Schiffe informiert werden müssen. Da die Charaktere dabei nur wenig helfen könnten, bittet die Lahala die Charaktere, weiter zum Niall Daikara zu reisen und dort gemeinsam mit den Daikara den Gegenangriff zu planen.

Mahendo

Ein lautes Knattern wie von der Fehlzündung einer alten Feuerkanone ist nicht weit vor Kula zu hören.

Wenn die Charaktere nachsehen, kommt ihnen ein ramponiertes, aber gut vorankommendes Boot entgegen. Ein schwarzfelliger Troll winkt schon von weitem seine riesige Pranke. Mahendo setzt ein Lächeln auf, das mehr gelbliche Reißzähne entblößt als ein nervöser Namensgeber ertragen kann. Jo'ran winkt den Charakteren mit einem Schraubenschlüssel zu, deutet auf die nicht ganz im Takt laufende Feuermaschine und tippt einen Gruß andeutend an seine schwarze Mütze.

Wer würde so ein Angebot ausschlagen?

Wichtige Charaktere

LUNGAHAG, T'SKRANG, (KEIN NIALL)

Eine uralte T'skrang mit zerknitterter gelblicher Haut. Ihre Kleidung besteht aus organischen Materialien, die sich über ihren Körper ranken. Die Magierin lebt im Lungameer in einem Haus auf einer schwimmenden Insel, die von einer Riesenschildkröte durch das Lungameer getragen wird. Sie verfügt über große magische Fähigkeiten, fordert aber für ihre Dienste obskure Bezahlungen.

Darstellung: vorsichtig, effektiv, reserviert, unkooperativ, selbstsicher
Motivation: Fähigkeiten von Namensgebern sammeln.
Ressourcen: märchenhafte magische Fähigkeiten.

LAHALA NENSORA / ESHORA, T'SKRANG, TIERMEISTERIN (5)

Lahala Nensora ist schon seit vielen Jahren die Anführerin ihres Nialls. Die Lahala bevorzugt blaue Kleidung und trägt bei offiziellen Anlässen Jadeschmuck und elementare Wasserarmreifen des Künstlers Che'wan. Die Schuppen der Lahala bestehen aus vielen verschiedenen Farben. Sie ist humorvoll und liebt es, mit anderen Namensgebern zu reden. Sie ist sehr interessiert an den Ansichten und Weltanschauungen von Fremden. Da die einzelnen Wohnschiffe selten über einen großen Reichtum verfügen und nirgends in großer Anzahl anzutreffen sind, haben die Nensora wenig Probleme mit Piratenangriffen. Die Lahala unterstützt diese traditionelle Lebensweise ihres Nialls und reist viel durch das Lungameer, um die Mitglieder ihres Nialls zu treffen. Einfache Entscheidungen werden von den Mannschaftsbünden (T'slahyin) unabhängig gefällt. Die Lahala unterhält gute Beziehungen zur Lahala Nentilor. Sie hat die Kurmapati Kula gebändigt und bewohnt eine Unterkunft, die sich auf Kulas Rücken befindet.

Darstellung: neugierig, organisiert, gesellig, freundlich, selbstsicher
Motivation: Die Lebensweise der Nensora erhalten. Das Niall Nensora vor Gefahren schützen.
Ressourcen: Alle Namensgeber des Nialls Nensora. Freundschaft Lahala Nentilor. Ahnenwissen der Lahala. Kurmapati Kula.

DIE ALTE MESSALAH, T'SKRANG (NENSORA), ELEMENTARISTIN (5), WÄCHTERIN DER ERDE (SHIVOS)

Messalah ist neben der Lahala Nentilor die älteste T'skrang im Niall Nensora. Sie hat grünliche Haut, auf die in der Regel gelber Schlamm des Galanga aufgetragen ist, in den die Zeichen für das Element Erde eingeritzt sind. Messalah besitzt ein Artefakt des Flussgeistes Shivoam in Form eines zerbrochenen Kruges. Mit diesem Artefakt kann sie die schwimmenden Inseln im Lungameer bewegen. Messalah ist die wichtigste Beraterin der Lahala Nensora. Sie befindet sich die meiste Zeit des Jahres am Grünen See. Messalah hat einen Faden an die Kurmapati Bhuvana gewoben und hält sich oft auf ihrem überwucherten Panzer auf. Sie bezeichnet sich selber als Wächterin des Erdaspektes (Shivos) des Flussgeistes Shivoam.

Darstellung: konservativ, organisiert, zurückhaltend, kooperativ, ruhig
Motivation: Die alten Wege erhalten (Glaube an die fünf Elemente). Niall Nensora beschützen.
Ressourcen: Artefakt von Shivoam (Aspekt Erde). Ritual der Inselbewegung. Kurmapati Bhuvana.

ISAAR, T'SKRANG (NENSORA), BOOTSFRAU (5)

Isaar hat eine rötliche Haut, die zum Schwanz hin in die Farbe Grün übergeht. Sie unterstreicht diese seltene Farbkombination durch ihre bunte Kleidung. Isaar versucht seit Jahren, die Lahala davon zu überzeugen, ein Schiff nur für den Kampf auszurüsten. Die Lahala hat dieser Bitte bisher widersprochen. Isaar ist hitzköpfig und kampfeslustig. Damit bildet sie eine Ausnahme im Niall Nensora. Sie unterhält gute Beziehungen zum Niall Daikara und weilt oft in Nad'karanji. In Fragen der Verteidigung hört sich die Lahala Nensora gerne Isaars Meinung an.

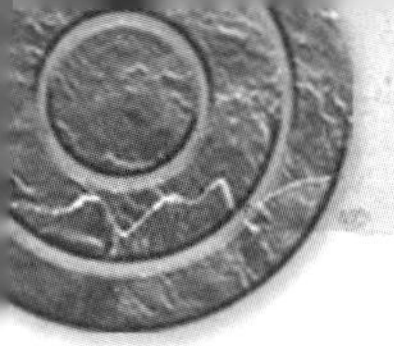

Darstellung: vorsichtig, effektiv, gesellig, wettbewerbsorientiert, emotional
Motivation: Ausrüstung eines Kampfschiffes. Niall Nensora schützen. Die Lebensweise der Nensora erhalten.
Ressourcen: Gute Verbindungen zum Niall Daikara. Erfahrung mit Piratenangriffen.

ES'SKRIBA, T'SKRANG (KEIN NIALL), SCHWERTMEISTER (8)

Es'skriba ist ein herausragender und legendärer Schwertmeister, der seit Jahren keinen Kampf mehr verloren hat. Er lispelt stark und er ist selbstsicher, wenn es um seine Kampfkunst geht. Es'skriba ist es über die Jahre hinweg müde geworden, immer wieder gegen junge Herausforderer antreten zu müssen. Er hält sich im Niall Nensora auf, um zu meditieren und verrichtet dort einfache Arbeiten, um sich für die Gastfreundschaft des Wohnbootes zu bedanken, auf dem er schläft und isst. Es'skriba hält sich häufig auf dem Wohnboot des Schmiedes der Nensora auf oder hilft einem der Mannschaftsbünde bei der Ernte von Früchten im Dschungel oder beim Fischen.

Darstellung: vorsichtig, effektiv, reserviert, unkooperativ, selbstsicher
Motivation: Perfektion der Kampfkunst durch Meditation und Übungen erreichen. Zweikämpfen aus dem Weg gehen. Unerkannt und in Frieden leben.

Ressourcen: Perfektion der Kampfkunst. Perfektion in Duellen.

Es'skriba (Schwertmeister Kreis 8)

GES:	8	Initiative:	9
STR:	6	Körperliche Verteidigung:	13
ZÄH:	6	Mystische Verteidigung:	8
WAH:	6	Soziale Verteidigung:	13
WIL:	6	Physische Rüstung:	6
CHA:	8	Mystische Rüstung:	4
Bewusstlosigkeit:	84	Erholungsproben:	3
Todesschwelle:	98	Karmapunkte:	32
Wundschwelle:	9		
Bewegung:	14		

Aktionen: 1; Säbel (x2): 18 (14)
Ausrüstung: Säbel (beide mehrfach geschmiedet, Schaden 8), Espagraschuppen-Umhang (mehrfach verbessert)
Kampftalente: Hieb Ausweichen (10): 18, Nahkampfwaffen (10): 18, Manövrieren (8): 16, Verspotten (8): 16, Waffenweben (8): 14, Erster Eindruck (7): 15, Riposte (10): 18, Herzliches Lachen (7): 15, Zweiwaffe (10): 18, Entwaffnen (9): 17, Starrsinn (8): 14, Zweiter Angriff (10): 18, Tigersprung (8), Akrobatische Verteidigung (10): 18, Standhaftigkeit (10): 16, Ablenken (8): 16, Kobrastoß (10): 18, Luftgleiten (9): 17, Schwachstelle Erkennen (10): 16, Kampfsinn (10): 16.
Karma: Darf Karma für Schadensproben mit einer Nahkampfwaffe ausgeben, darf Karma für Interaktionsproben ausgeben.

BINTHREL, WINDLING, MAGIER (3)

Binthrel ist der selbsternannte Anführer einer Windlingssippe, die im Lungameer und dem angrenzenden Dschungel wohnt. Die Windlinge benutzen die Wohnschiffe der Nensora, die über das ganze Lungameer verteilt sind, gerne als sicheren Schlafplatz in der Nacht oder um sich mit den T'skrang der Mannschaftsbünde vor dem Sonnenuntergang zu unterhalten. Binthrel hat eine sehr schnelle Auffassungsgabe. Er fällt seinen Gesprächspartnern immer schon ins Wort, wenn er das Ende eines Satzes erraten kann. Binthrel hat immer gute Laune, aber nur eine geringe Aufmerksamkeitsspanne.

Darstellung: neugierig, geringe Aufmerksamkeitsspanne aber effektiv, gesellig, freundlich, selbstsicher,
Motivation: Jeder Tag soll etwas Besonderes bringen. Mit Ter'lispling und Slipsplisnir zusammen sein.
Ressourcen: Kann fliegen. Anerkannter Anführer der Windlingsippe.

TER'LISPLING, WINDLING, TROUBADOUR (4)

Ter'lispling ist der ständige Begleiter von Binthrel. Man sieht die beiden selten getrennt. Im Gegensatz zu Binthrel verhält sich Ter'lispling für einen Windling vergleichsweise ruhig. Er interessiert sich für alte Artefakte und untersucht diese sehr gerne. In diesem Zusammenhang sieht er den Begriff ‚Besitzer' recht gelassen. Nach der Untersuchung gelangen die Gegenstände aber oft wieder zurück zum ursprünglichen Eigentümer. Ter'lispling beherrscht die Panflöte und die Gesangsstimme meisterhaft und ist ein gern gesehener Gast bei Feiern. Er besitzt eine vierseitige Ukulele, die fast so groß ist, wie er selber. Ter'lispling zupft das Instrument, so wie ein Mensch einen Kontrabass zupfen würde. Ter'lispling ist bei den Nensora aufgrund seiner musikalischen Fähigkeiten sehr beliebt.

Darstellung: neugierig, unbekümmert, gesellig, freundlich, ruhig
Motivation: Mit Binthrel und Slipsplisnir zusammen sein. Für Namensgeber musizieren. Artefakte untersuchen.
Ressourcen: Kann fliegen. Kennt viele Geheimnisse. Kennt sich gut mit Artefakten aus.

SLIPSPLISNIR, WINDLING, DIEB (5)

Slipsplisnir ist ein Diebesadept, dem Furcht fast völlig fremd ist. Er ist bereit, fast jedes Wagnis einzugehen. Durch seine außerordentlichen Fähigkeiten kann er sich unerkannt an nahezu jeden Ort begeben. Slipsplisnir ist zufrieden, wenn er nicht entdeckt wird. Er entwendet Gegenstände nur, um sich einen Scherz zu erlauben und sie vor ihrem Besitzer zu verstecken. Seine Lieblingsbeschäftigung ist es, mit Binthrel und Ter'lispling zu diskutieren. Dabei geraten die drei bei fast jedem Thema irgendwann in Streit. Wenn Slipsplisnir genug davon hat, zieht er für einige Zeit alleine durchs Lungameer. Bei seiner Rückkehr hat er im Normalfall vergessen, worum es beim letzten Gespräch gegangen ist. Slipsplisnir ärgert gerne andere Namensgeber und versucht, sie zu provozieren. Bei seinen Späßen bevorzugt er Orks, Trolle und Obsidianer. Dabei bezieht er sich meistens auf ihre mangelnde Geschicklichkeit.

Darstellung: neugierig, furchtlos und unbekümmert, gesellig oder zurückhaltend, freundlich, selbstsicher
Motivation: Mit Binthrel und Slipsplisnir zusammen sein. Wagnisse eingehen. Unbemerkt Orte erreichen. Große Namensgeber so lange ärgern, bis sie versuchen, ihn zu erwischen, und dann gekonnt fliehen.
Ressourcen: Kann fliegen. Kennt viele versteckte Orte

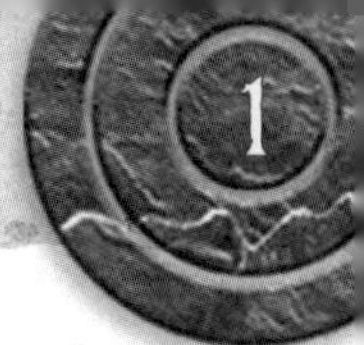

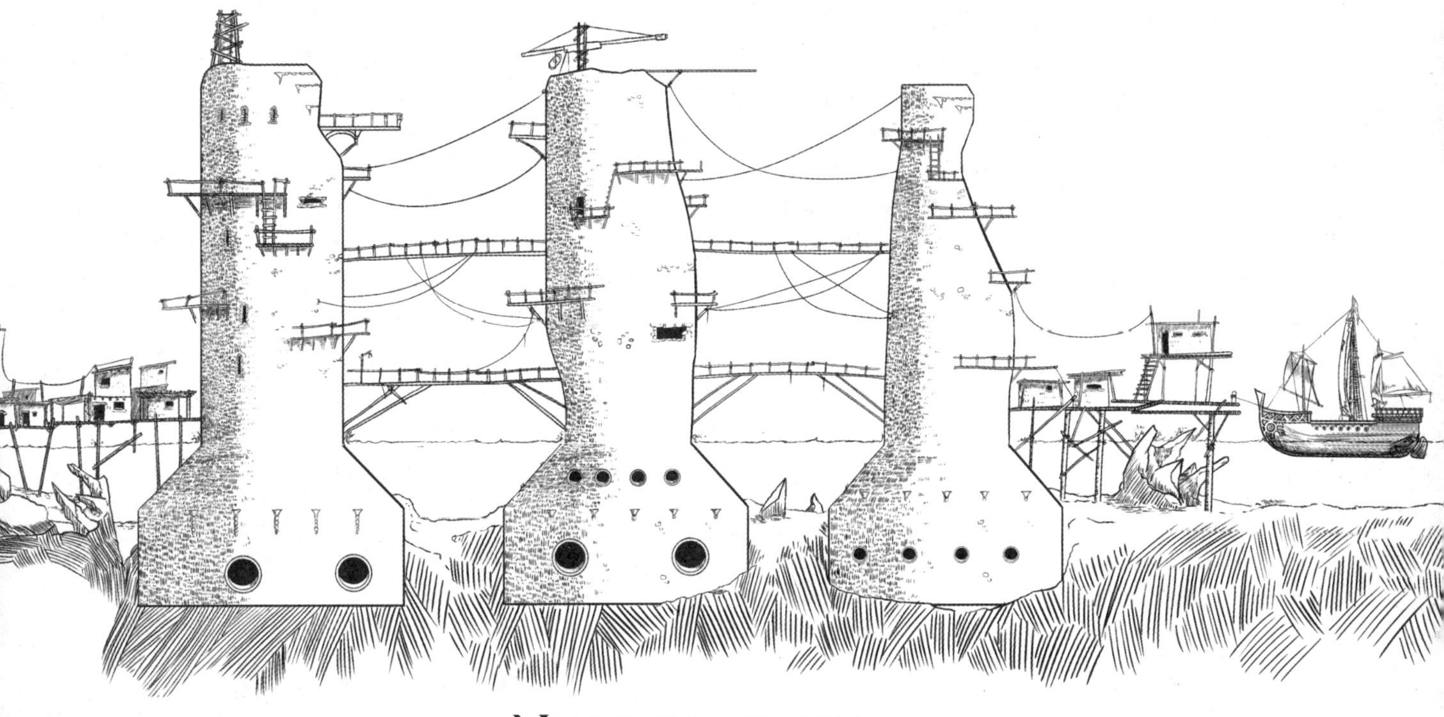

NIALL DAIKARA

„Wer nicht hören will, muss leiden!“

– Harkon, verarmter Krieger

ÜBERBLICK

Die Charaktere erreichen Nad´karanji, die Flussfestung der Daikara. Sie versuchen mit der Lahala in Kontakt zu kommen und von ihren Erlebnissen zu berichten. Die Daikara haben aber wenig Interesse an den Charakteren und bis auf die Kalidasa will keiner die Berichte der Charaktere hören. Die Charaktere haben die Gelegenheit einige Namensgeber in der Flussfeste zu treffen und weitere Kontakte zu knüpfen. Die Daikara machen ihre Schiffe kampfbereit und ziehen in die Schlacht, welche sie verlieren. Die Lahala wird bei einem Attentat tödlich verletzt, woraufhin das Ritual der Namensübergabe begonnen wird, welches die neue Lahala initiiert.

ATMOSPHÄRE

Im Gegensatz zu den anderen beiden Nialls sind die Charaktere beim Niall Daikara wenig willkommen. Man weist die Charaktere ab und lässt sie auch nicht an der Schlacht teilnehmen. Die anderen Nialls sind verzweifelt und bereiten sich auf die Flucht aus Nad‘karanji vor. Die Charaktere können hier am Verlauf der Haupthandlung kaum etwas ändern, da man ihren Rat nicht haben will.

SCHLÜSSELINFORMATIONEN

Die Charaktere lernen die Kalidasa kennen, die im weiteren Verlauf der Geschichte zur Lahala wird. Die Attentate der Maha‘krodha deuten darauf hin, dass die Gegner einen durchdachten Plan verfolgen.

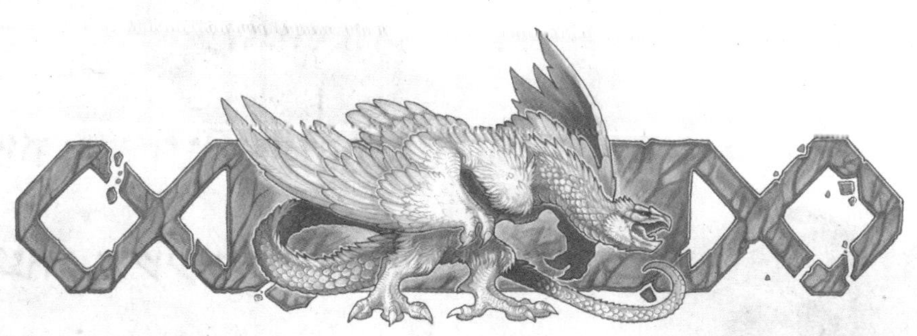

Ein unerwarteter Gesprächspartner

Die Charaktere befinden sich wieder auf dem zusammengeflickten Boot des Trolls Mahendo. Da die Charaktere inzwischen wissen, dass der Bootsmann Jo'ran nicht stumm ist, können sie mit ihm ins Gespräch über die Galanga-Region kommen.

Jo'ran ist ein Bootsmann, wie er im Buche steht und kennt sich in der Galanga-Region sehr gut aus. Er kennt die allgemeinen Informationen zu jedem der vier Nialls am Gelben Fluss.

Er macht keinen Hehl daraus, dass ihm das Niall Nensora am besten gefällt. Er liebt die freie Lebensweise und die Gastfreundschaft der Mannschaftsbünde der Nensora. Auch wenn die Nensora in Jo'rans Augen nicht unbedingt die zuverlässigsten Handelspartner sind, kann man mit ihnen gute Geschäfte machen, wenn man mit ihrer Lebensphilosophie vertraut ist.

Auf das Niall Daikara ist er nicht gut zu sprechen. Da Jo'ran nicht am Galanga geboren ist, gilt er dort, obwohl er ein T'skrang ist, als Fremder. Sein Status in Nad'karanji ist nicht viel höher als der eines Menschen oder Zwerges. Bei einem Daikara kann man zwar sicher sein, dass er pünktlich liefert und alles korrekt abläuft. Dafür halten die Daikara sehr viele Sklaven, was Jo'ran verabscheut. Nach Jo'rans Meinung werden die Daikara aber benötigt, um den Frieden am Galanga zu sichern. Durch ihre große Flussfestung und ihre gute Organisation, hat es noch keine Bande von Piraten geschafft, am Galanga erfolgreich zu sein.

Im Niall Nentilor hat Jo'ran ein paar gute Bekannte. Er unterhält sich gerne mit He'kahe über Boote und gelegentlich kommt auch Na'Luun dazu und die drei trinken bis spät in die Nacht. In Jo'rans Augen sind die Nentilor etwas einfacher gestrickt, aber immer sehr herzlich.

Mahendo fährt selten bis zu den Nialls Maha'krodha oder K'tenshin. Aus diesem Grund hat Jo'ran keine neuen Informationen über diese Bereiche des Flusses.

Ankunft in Nad karanji

Viele Flüchtlinge aus Nentilor sind bereits in Nad'karanji eingetroffen und eine Mobilmachung ist im Gange, was man daran erkennen kann, dass die Schiffe an den hölzernen Anlegeplätzen für einen Kampf bereitgemacht werden und die Miliz (also normale Einwohner, die im Bedarfsfall kämpfen sollen) ausgerüstet wird.

Im Niall Daikara ist man allgemein davon überzeugt, dass man einen Kampf gegen die Angreifer gewinnen wird. Vielerorts kann man hören, wie über die Höhe der Verluste der Maha'krodha diskutiert wird.

Das Niall Maha'krodha ist in Daikara seit vielen Jahren als wenig aggressiv bekannt und hat noch nie durch Raubüberfälle von sich reden gemacht. Die Daikara hingegen haben immer wieder erfolgreich Piraten bekämpft, die den Galanga herunter gekommen sind. Sie haben die Unterstützung der K'tenshin hinter sich und besitzen eine uneinnehmbare Flussfestung. Die Nialls Nentilor und Nensora werden als schwach (Nentilor) oder feige (Nensora) angesehen und man ist seit Jahren der Meinung, dass man die anderen Nialls im Grunde immer mit beschützt hat. Die Bevölkerung in Nad'karanji steht der ganzen Angelegenheit also sehr gelassen gegenüber und es schwingt sogar eine gewisse Schadenfreude mit, wenn über die Kämpfe geredet wird.

Die Nachricht über den versuchten Angriff der Maha'krodha auf das Niall Nensora hat Nad'karanji noch nicht erreicht. Die Charaktere sind die ersten Reisenden, welche die Türme erreichen, die davon Kenntnis haben.

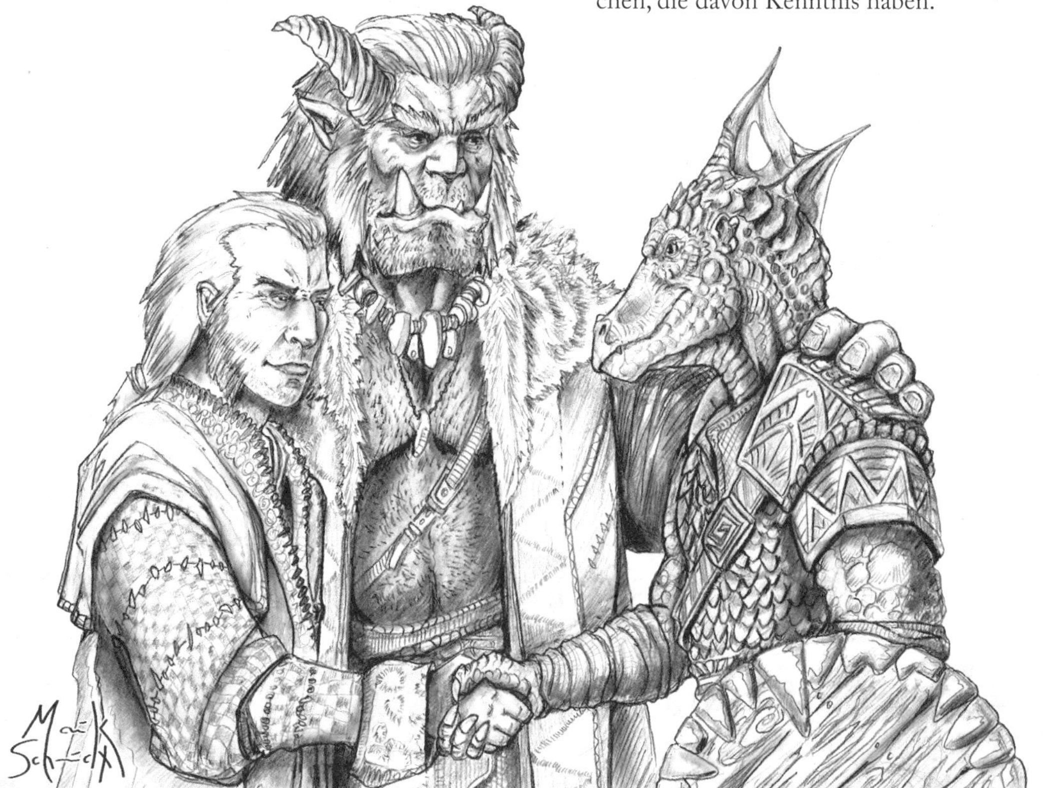

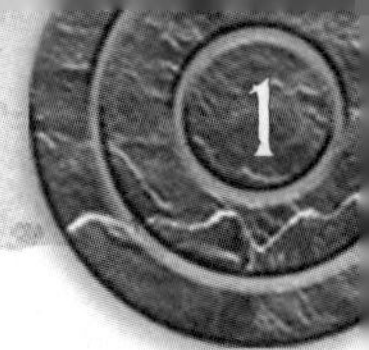

Ein typisches Mitglied der Daikara wird auf die neue Nachricht mit einer Gegenfrage antworten: „Und, sind die Nensora in den Dschungel geflohen, wie immer?" Das Hauptinteresse in Nad'karanji liegt nicht bei den anderen Nialls, sondern darin, was die Daikara nun selbst gegen die Maha'krodha unternehmen werden.

Da die Charaktere einige neue Informationen mitbringen, werden sich diese nach kurzer Zeit verbreiten und in die allgemeine Diskussion einfügen. Der Ausgang der Konfrontation zwischen den Nensora und den Maha'krodha und die Ereignisse beim Angriff auf die *Sonne* werden bald von vielen T'skrang in Nad'karanji diskutiert.

Wenn die Charaktere die *Sonne* gerettet haben, wird man bald auf sie aufmerksam und die T'skrang des Nialls Daikara hören sich die Geschichte des Kampfverlaufes immer wieder gerne an. Durch eine spannende Erzählweise und die Benutzung der entsprechenden sozialen Talente können die Charaktere ihr Ansehen im Niall Daikara mit dieser Geschichte deutlich steigern.

Falls die alte Messalah die Inseln im Schilfmeer mit Hilfe der Charaktere bewegt und so den Angriff der Maha'krodha vereitelt hat, wird man sich fragen, warum die Maha'krodha den Angriff nicht zu Ende geführt haben (falls die Charaktere wie besprochen über das Artefakt schweigen). In diesem Fall spricht man von Glück für die Nensora, weil sie ein weiteres Mal mit ihrer Strategie der Flucht durchgekommen sind.

Die Türme des Nialls Daikara

Wenn die Charaktere ihre Geschichte erzählen wollen, verweist man sie an die Kalidasa (siehe S. 47), eine Untergebene der Lahala Daikara (siehe S. 47).

Die Kalidasa ist freundlich und besorgt und will den Charakteren und ihrem Volk so gut es geht helfen. Sie bittet die Charaktere zu warten und versucht, ein Treffen mit der Lahala zu vereinbaren. Die Antwort lautet jedoch: „Die Lahala Daikara hat im Moment keine Zeit und will auch noch warten, bis an dem Vorfall beteiligte T'skrang die Geschichte der Charaktere bestätigen können."

Die Kalidasa ist sich offenbar bewusst, wie diese Antwort auf die Charaktere wirken könnte. Sie bietet den Charakteren deswegen an, sich ihre Geschichte selber anzuhören.

Wenn die Charaktere den Daikara (in Form der Kalidasa) vorschlagen wollen, ein Bündnis der drei Nialls zu schließen, wird die Kalidasa das sofort abwiegeln. Der allgemeinen Meinung nach verfügen die Nentilor über keine ausgebildeten Kämpfer und die Nensora fliehen lieber als zu kämpfen. Diese Meinung teilt die Kalidasa ebenfalls. Laut Kalidasa können sich die Charaktere in Nad'karanji gänzlich sicher fühlen. Ein Angriff von Schiffen auf eine Festung dieser Größe hat, ihrer Meinung nach, keine Aussicht auf Erfolg. Das Niall Daikara hat es nicht nötig, sich mit anderen Nialls zusammen zu tun, und kann dieses Problem alleine lösen. Zusätzlich dazu steht man noch unter dem Schutz der noch mächtigeren K'tenshin.

Die Daikara haben bereits Unterhändler und Späher ausgesandt, um mit den Maha'krodha in Kontakt zu treten. Auch das gibt die Kalidasa gerne zu. Die Kalidasa ist gespannt auf die Forderungen der Maha'krodha. Ihrer Vermutung nach werden die Maha'krodha versuchen, das Niall Nentilor in ihr Niall einzugliedern. Sie geht zusätzlich davon aus, dass die Maha'krodha für den Angriff auf die Chelonida Ausgleichszahlungen leisten werden. Für die Schwäche der Nentilor hat sie wenig Verständnis.

Nad'karanji vor dem Angriff

In Nad'karanji passieren mehrere Dinge in den nächsten Tagen. Die Charaktere werden nicht alle davon selbst miterleben. Von einigen Vorgängen werden sie nur von anderen Namensgebern hören.

Die unten geschilderten Abläufe können durch die Charaktere nicht beeinflusst werden. Sie bilden nur die Rahmenhandlung, auf die sich die Bewohnter von Nad'karanji beziehen werden, mit denen die Charaktere Interaktion haben. Jedes der Ereignisse wird von allen Bewohnern mit Interesse wahrgenommen und wird die Meinungen und Ansichten jedes Bewohners beeinflussen.

Vormittag

Die Charaktere erreichen die Stadt und berichten den Untergebenen der Lahala Daikara von den Vorkommnissen.

In der Stadt findet eine Mobilmachung statt. Junge T'skrang werden zusammengezogen und es findet eine Bekanntmachung im Turm Dai statt. Die Lahala erläutert den wichtigsten Namensgebern in Nad'karanji, dass die Daikara gegen die Maha'krodha in den Kampf ziehen werden. Außenseiter sind nicht zugelassen.

Mittagszeit

Ein Boot voller Flüchtlinge aus Nensora erreicht Nad'karanji. Die Flüchtlinge werden zur Lahala Daikara gebracht und berichten von einem geheimnisvollen Flussschiff, das mehrere Boote versenkt und andere Boote gekapert hat. Die Besatzungen wurden gefangen genommen. Dank des geringen Tiefgangs konnten die Flüchtlinge in kleinen Booten entkommen. Sie wurden aber eine gewisse Zeit lang verfolgt (dieser Teil spricht sich relativ schnell in der Stadt herum).

Nachmittag

In Nad'karanji geht das Gerücht um, dass die Ballista, Javelin und Kinjal zurückbeordert worden sind, um für den bevorstehenden Kampf bewaffnet zu werden.

Abend

Ballista und Javelin (zwei der drei großen Boote des Nialls) erreichen kurz nacheinander den Hafen. In den Türmen entsteht so etwas wie eine volksfestartige Stimmung. Fremde müssen die Türme zu dieser Zeit verlassen und werden aufgefordert, sich über die Nacht in die Enklave zu begeben.

Früher Morgen

Die beiden Schiffe und eine kleine Armada von zehn weiteren Schiffen verlassen den Hafen, um den Gegner zu stellen.

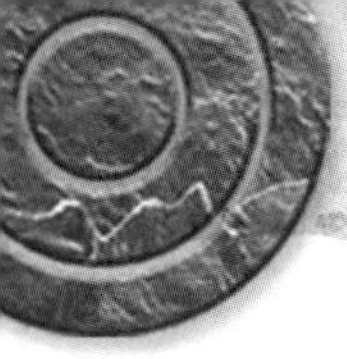

MITTAG

Die Botschaft, dass die Kinjal in wenigen Stunden anlegen wird, erreicht die Stadt.

NACHMITTAG

Die Kinjal erreicht die Stadt.

Die Charaktere sind fürs Erste in Nad'karanji gestrandet. Die Daikara wollen ihre Hilfe nicht annehmen und zurzeit verlassen keine Boote die Türme. Die Charaktere haben somit Zeit, alte Bekanntschaften wieder aufzufrischen. Sie können sich mit den Nentilor oder Nensora treffen. Auch ein Besuch in der Enklave bietet sich an, um die anderen Fremden vor der Gefahr zu warnen.

Falls die Charaktere eine der Fraktionen nicht besuchen wollen, werden sich die Mitglieder der Gruppen selber an die Charaktere wenden, da die anderen Fraktionen in Nad'karanji durchaus erfahren wollen, was in Nentilor und Nensora genau passiert ist und die Charaktere aktuell die beste Quelle dafür sind.

Waren und Dienstleistungen

Nad'karanji kann einem Abenteurer fast alle Dienstleistungen bieten, die er benötigt. Gewöhnliche magische Gegenstände, Heilmittel und die meisten Blutamulette können zu den in Barsaive üblichen Preisen erworben werden. Waffen und Rüstungen aller Art bekommt man ebenfalls.

Wenn einer der Charaktere speziell nach Fadengegenständen sucht, wird er ebenfalls fündig. Ein Schmied der Daikara ist bereit, eine Rüstung des Elements Wasser für 3000 Silberstücke zu verkaufen.

RÜSTUNG AUS ELEMENTAREM WASSER (GALANGA)

Maximale Fadenzahl: 1

Mystische Verteidigung: 12 **Kategorie:** Geselle

Eine Rüstung aus sich überlappenden Schuppen elementaren Wassers. Das Wasser hat eine gelbe Färbung und Teile der Rüstung bewegen sich, wenn der Träger sich bewegt. Die Wellen der Schuppen gleichen den Bewegungen von Flusswasser, wenn es über Steine unter der Oberfläche hinweg spült. Ohne einen zu ihr gewebten Faden hat die Rüstung dieselben Spielwerte wie eine normale Kristallringrüstung.

Fadenrang 1

Schlüsselinformation: Der Besitzer muss den Namen der Rüstung herausfinden.

Wirkung: Die Rüstung hat einen Physischen Rüstungswert von 5.

Fadenrang 2

Wirkung: Die Rüstung hat einen Mystischen Rüstungswert von 5.

Fadenrang 3

Schlüsselinformation: Der Besitzer muss herausfinden, dass das Material Elementares Wasser vom Fluss Galanga ist.

Wirkung: Die Rüstung hat einen Initiativemalus von 1.

Fadenrang 4

Wirkung: Die Rüstung hat einen Physischen Rüstungswert von 6.

Fadenrang 5

Schlüsselinformation: Der Besitzer muss den Namen des Waffenschmieds herausfinden, der die Rüstung hergestellt hat.

Wirkung: Die Rüstung hat einen Mystischen Rüstungswert von 6.

Fadenrang 6

Wirkung: Die Rüstung hat keinen Initiativemalus. Schwimmen-Proben erhalten einen Bonus von +3.

Der Schrein der Passionen

Wenn man den Schrein der Passionen der Daikara besuchen möchte, muss man im Turm Dai weit nach unten wandern. In einer der tiefsten Kuppeln, schon unter dem Grund des Galanga, befindet sich der Schrein. Für jede der Passionen findet sich eine kunstvolle Statue. Die drei wahnsinnigen Passionen sind im Moment mit schwarzen Tüchern verhängt. Vor den Statuen der neun übrigen Passionen finden sich kleine Trank- und Speiseopfer. Der Raum wird dazu genutzt, die schönsten Kunstwerke auszustellen, die dem ganzen Niall gehören. Der Schrein steht jedem offen.

Begegnung mit Udan Apa am Ufer des Galanga

Ein ziellos herumwandernder Charakter kann am Ufer des Galanga auf Udan Apa (siehe Seite 57) treffen. Apa steht mit den Füßen im gelben Wasser des Galanga und reibt sich mit gelbem Schlamm ein. Daraufhin zeichnet er kunstvolle Symbole des Elementes Wasser in den Schlamm auf seiner Haut. Es handelt sich ganz offensichtlich um ein oft wiederholtes Ritual.

Udan Apa freut sich über jedes Gespräch mit Reisenden, die sich in Nad'karanji aufhalten. Der Schamane folgt den alten Wegen der fünf Elemente und ist zudem Elementarist des vierten Kreises.

Udan Apa kann einem Charakter das Grundwissen über die alten Wege erläutern. Die T'skrang erkennen die Passionen als überlegenen und bedeutenderen Weg an, der das Herz eines Namensgebers anspricht. Die alte Lehre über die Mythologie der fünf Elemente hat aber weiterhin viele Anhänger in der Galanga-Region. Vergleichbar mit einem Questor hat Udan Apa sein Leben Shivoam gewidmet, dem Wasseraspekt der fünf Elemente.

Die fünf Elemente in der Lehre der T'skrang sind: Shivoam Wasser, Shivos Erde, Syrtis Luft, T'schlome Feuer und Chreostis Holz.

Udan Apa ist der Meinung, dass die Verehrung aller Passionen für einen Namensgeber notwendig ist. Eine Verehrung einer einzelnen Passion (wie bei einem Questor) ist seiner Meinung nach gefährlich und könnte sogar für den Wahnsinn der drei verrückten Passionen verantwortlich sein.

Wenn Udan Apa über Shivoam redet, benutzt er den Begriff gleichermaßen für einen mächtigen Naturgeist und für den Schlangenfluss selber.

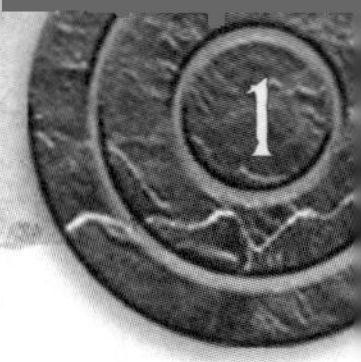

Mit einer erfolgreichen Talentprobe gegen den Mindestwert 9 mit dem Talent Empathische Wahrnehmung (alternativ mit dem Attribut Charisma) kann ein Charakter feststellen, dass Udan Apa beunruhigt ist. Wenn man ihn darauf anspricht, wird er offen zugeben, dass Shivoam im Ungleichgewicht ist. Für Udan Apa ist das ein schlechtes Omen für die Zukunft.

Besuch bei Niall Nentilor

Die Charaktere können eine Gruppe von Nentilor beobachten, die aus dem Dschungel kommen. Die Nentilor erkennen die Charaktere und berichten von einer wilden Flucht über Nebenarme und durch den Dschungel. Sie wissen nicht, dass die *Sonne* gekapert wurde und hören sich mit großem Interesse die Geschichte von der Rettung an. Sie suchen nach ihrer Lahala und vermuten sie in Daikara.

Die Lahala der Nentilor befindet sich im Moment in Nad'karanji (was aber geheim ist) und trifft sich mit der Lahala der Daikara. Diese Information können die Charaktere herausfinden, wenn sie die Räume der Nentilor in Nad'karanji besuchen. Sobald die Zusammenkunft beendet ist, können die Charaktere ebenfalls mit der Lahala Nensora ein Gespräch führen.

Besuch der Enklave

Im Shivoam herrscht eine elektrisierte Stimmung. Jedes neue Ereignis setzt eine neue Welle der Gespräche in Gang. Man diskutiert die Gerüchte, und viele der Anwesenden spielen mit dem Gedanken zu fliehen. Andere überlegen, wie man Geld aus der Sache schlagen könnte. Es wird allgemein auf die Daikara geflucht, weil diese im Moment keine Fremden in Nad'karanji anhören wollen.

Ein Teil der Glücksritter verlässt die Enklave Richtung Dschungel oder versucht irgendwie an Boote zu gelangen. Die zwergischen Händler versuchen Leute zu ihrem Schutz einzustellen, gehen aber davon aus, dass die Angreifer die Enklave in Ruhe lassen werden.

Berichte über die Kämpfe

Die Händler der Enklave wollen unbedingt alles über den Verlauf der Schlacht erfahren, um schnell darauf reagieren zu können. Hier glaubt man nicht an einen schnellen Sieg. Verschiedene Händler bieten den Charakteren Geld für eine Möglichkeit, schnell zu erfahren, was im Kampf passiert. Sollten die Charaktere über Fähigkeiten in dieser Richtung verfügen, können sie sich hier ein paar schnelle Goldstücke verdienen.

Optional – Die Sklavenjäger und ihre Folgen

Falls die Charaktere in Kapitel 1 den Sklavenjägern die Boote gestohlen haben oder sie gar verletzt haben (siehe S. 19), werden sie an diesem Tag von eben diesen Sklavenhändlern angezeigt und müssen sich dafür verantworten. Mehrere Soldaten der Daikara suchen die Charaktere auf und verlangen, dass sie zu einer Besprechung mit der Kalidasa kommen sollen.

Wenn sie den Ort erreichen, stellen die Charaktere fest, dass sich dort auch einige der Sklavenhändler aus Kapitel 1 befinden. Anschuldigungen werden vorgebracht, und die Charaktere müssen sich dazu äußern.

Die Kalidasa führt die Verhandlung und hört sich beide Seiten an, bevor sie eine Entscheidung trifft. Wenn es nur um Diebstahl geht, können die Charaktere den Diebstahl mit einer Zahlung von 100 Silberstücken aus der Welt schaffen.

Sollten die Charaktere einige der Sklavenhändler getötet oder verletzt haben, dann sind sie in größeren Schwierigkeiten. Kurz nachdem die Anschuldigungen vorgebracht worden sind taucht Tel'dain auf und spricht für die Charaktere. Die Kalidasa hört sich die Geschichten an und entlässt die Charaktere und die Sklavenhändler wieder. Sie wird eine Entscheidung zu den Vorgängen erst nach dem Ausgang des Kampfes fällen.

Sollte es ein weiteres Mal zu Verhandlungen zu dieser Sache kommen, werden die Sklavenhändler eine Zahlung von 1000 Silber für jeden getöteten ihrer Männer verlangen.

Falls die Charaktere nicht über so viel Silber verfügen, wird die Lahala Nensora das Silber für die Charaktere bezahlen, da sie eine große Gegnerin der Sklaverei ist.

Rückkehr der Unterhändler

Kurz vor der Schlacht kehren die ausgesandten Unterhändler nach Nad'karanji zurück. Schnell verbreitet sich die Nachricht, dass die Gegner die Kapitulation der Daikara gefordert haben. Die Daikara machen kein Geheimnis aus dieser Forderung der Maha'krodha. Auf den Straßen nimmt allerdings niemand diese Forderung wirklich ernst.

Damit wird ein Kampf zwischen den Nialls unausweichlich. Gespannt wartet man in Nad'karanji nun auf den Ausgang der Schlacht.

Die Schlacht

Die T'skrang des Nialls Daikara weigern sich, die Charaktere oder andere Fremde mit in die Schlacht zu nehmen. Im Moment herrscht ein großes Misstrauen gegenüber Fremden in Nad'karanji.

Die Schlacht geht für das Niall Daikara verloren. Die Tri'starr ist mit einigen weiteren Booten zum Kampfplatz gekommen, und eine große Anzahl von Kämpfern nimmt an dem Kampf teil. Durch die Eiswaffe werden kurz hintereinander die Ballista und die Javelin versenkt und viele Kämpfer der Daikara verlieren ihr Leben. Nach einer kurzen Schlacht fliehen die restlichen Mitglieder des Nialls Daikara, nachdem sie große Verluste erleiden mussten.

Wenn die Charaktere den Kampf beobachten wollen, müssen sie andere Mittel und Wege finden, dies zu tun. Dazu können zum Beispiel Talente wie Mentale Tierkontrolle oder Zauber wie Umhang des Nachtfliegers oder beschworene Elementargeister benutzt werden.

Wenn die Charaktere die verlorene Schlacht schon kurz nach der Schlacht in der Enklave bekannt geben, werden sie eine Flucht der meisten der Bewohner der Enklave auslösen.

Die Fremden werden versuchen, die Information so lange wie möglich geheim zu halten und die letzten Boote zur Flucht zu ergattern.

Die Nentilor und Nensora reagieren wenig überrascht auf die Nachrichten und bereiten sich bereits ein weiteres Mal auf eine Flucht vor.

Die Daikara selber sind wie paralysiert und wollen einfach nicht wahrhaben, was passiert ist. Von der Lahala Daikara kommen sehr lange keine Anweisungen. Erst nach einiger Zeit macht man sich bereit für die Verteidigung der Türme.

DER ANGRIFF AUF DIE CHARAKTERE

Zan'dakaar (siehe S. 180f) ist inzwischen auf die Taten der Charaktere aufmerksam geworden und hat einige versteckte Attentäter nach Nad'karanji gesandt, um nach Möglichkeit die Lahala Daikara und die Charaktere auszuschalten. Bei einer ihrer Bewegungen durch Nad'karanji werden die Charaktere unerwartet angegriffen: Plötzlich ziehen fünf T'skrang (ohne erkennbare Niallzugehörigkeit) um sie herum ihre Waffen und versuchen sie in einem kurzen Gefecht zu töten. Da die Charaktere die T'skrang der vier Nialls nicht auseinanderhalten können, ist der Überraschungseffekt auf Seiten der Kämpfer des Nialls Maha'krodha. Die umstehenden T'skrang der anderen Nialls sind nicht kampferprobt und versuchen sich schnell vom Kampfplatz zu entfernen. Sobald mehrere Kämpfer der Maha'krodha verwundet sind, ziehen sie sich aus dem Kampf zurück und laufen in verschiedene Richtungen davon oder springen in den Galanga. Für die Werte der Kämpfer der Maha'krodha siehe Seite 81.

DIE KUNDGEBUNG / DAS ATTENTAT (NACH DER SCHLACHT)

In der ganzen Stadt herrscht Aufruhr. Die Nachricht der verlorenen Schlacht wandert schnell von Mund zu Mund, wie auch immer die Nachricht Nad'karanji erreicht hat (unabhängig davon, ob die Charaktere es schaffen, selber etwas über den Verlauf heraus zu finden). Kurze Zeit später wird verbreitet, dass es eine Kundgebung auf den inneren Ringen geben soll (die Ringseiten zwischen den Türmen). Alle Bewohner und auch alle Fremden sollen an der Kundgebung teilnehmen.

Nahezu alle Bewohner von Nad'karanji begeben sich zu dem Platz. Katori (Gesandter Haus K'tenshin), Upani Shaiden (Kapitän der Kinjal), die Kalidasa (Vertraute der Lahala) und die Lahala Daikara betreten die Bühne. Die Kalidasa schildert den Einwohnern der Türme die Geschehnisse und verkündet, dass die Schlacht verloren ist. Katori berichtet, dass sich ein bewaffnetes Flussschiff der K'tenshin auf dem Weg nach Nad'karanji befindet und die Bewohner sicher beschützen kann. Dann soll die Lahala Daikara sprechen.

DAS RITUAL DER NAMENSÜBERGABE K'SOTO ENSHERENK

Wenn eine Lahala stirbt, wird ihre Nachfolgerin (die älteste weibliche T'skrang des Nialls) zur neuen Lahala. In einem komplizierten Ritual des Fadenwebens und der Blutmagie werden der Name und das Wissen der alten Lahala auf die neue Lahala übertragen. Die neue Lahala gibt ihren alten Namen ab und trägt danach den Namen des Nialls selbst. Das Ritual überträgt alle Erinnerungen ihrer Vorgängerinnen, zurück bis zur ersten Lahala des Nialls selbst.

Weil Lahalas üblicherweise Zeit und Ort ihres eigenen Hinscheidens kennen, planen sie ihr eigenes Ritual des Verscheidens und bereiten die K'soto ensherenk selber vor, um ihre Ahnenerinnerungen auf die nächste Lahala zu übertragen. In seltenen Fällen, häufig bei einem gewaltsamen Tod, kann die Vorahnung versagen. Einen absoluten Schutz vor dem Tod gibt es nicht. Im Laufe der Jahrhunderte ist aber nur selten das gesamte Ahnenwissen eines Nialls mit seiner Lahala verloren gegangen.

Ein Attentäter der Maha'krodha hält sich oben im Turm Nika versteckt und hat die Absicht die Lahala des Nialls Daikara schwer zu verletzen, um das Niall weiter zu destabilisieren.

Sollten die Charaktere antizipieren, dass die Maha'krodha Attentäter gegen die Lahala Daikara einsetzen, und irgendeine Schutzmaßnahme ergreifen, um die Lahala zu schützen, dann können sie den Attentäter durch eine Wahrnehmungsprobe (Mindestwert 12) oder eine geeignete magische Maßnahme einige Zeit vor seiner Tat entdecken.

In diesem Fall werden weitere Attentäter der Maha'krodha aus der Menge heraus elementare Brandsätze auf die Lahala werfen. Gefangene Attentäter können bestätigen, dass Nad'karanji das nächste Ziel der Maha'krodha ist. Das Ansehen der Charaktere im Niall Daikara steigt deutlich, wenn sie das erste Attentat verhindern konnten.

Falls die Charaktere keine Maßnahmen ergreifen, wird die Lahala von einem vergifteten Pfeil getroffen, bevor sie ihre Rede halten kann. In beiden Fällen wird die Lahala tödlich verwundet.

Die tödlich verwundete Lahala Daikara verfällt noch an Ort und Stelle in das erste Stadium des K'soto ensherenk. Die alte Magie wird sie eine gewisse Zeit am Leben erhalten. Die neue Lahala des Nialls Daikara (ehemals Kalidasa) muss unmittelbar mit den weiteren Teilen des Rituals beginnen, um das Wissen und den Namen der alten Lahala Daikara zu übernehmen.

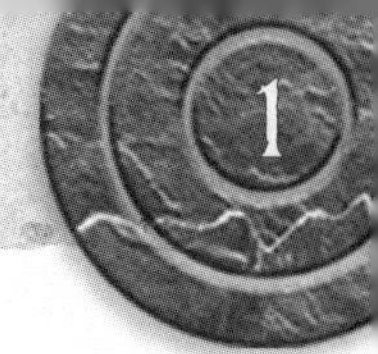

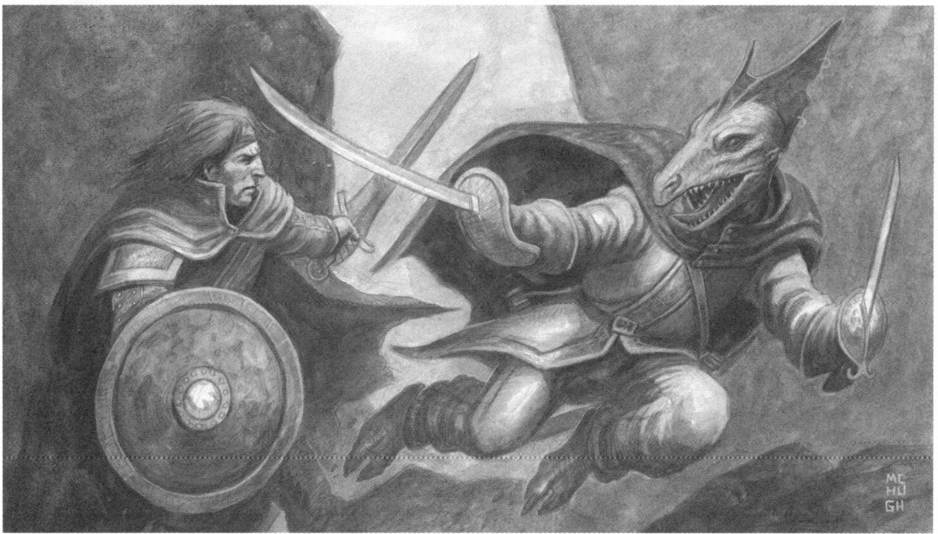

Nach dem sich die Aufregung gelegt hat verkündet die schockierte Kalidasa, dass sie sofort mit dem Ritual K'soto ensherenk beginnen muss und gibt bekannt, dass sie innerhalb der nächsten Stunde entscheiden wird, ob die Türme evakuiert werden sollen oder ob man sich dafür entscheidet zu kämpfen. Alle Bewohner von Nad'karanji sollen sich sofort auf beide Möglichkeiten vorbereiten.

WICHTIGE CHARAKTERE

LAHALA DAIKARA, T'SKRANG (DAIKARA)

Die Hautfarbe der Lahala Daikara ist ein helles Gelb und zeigt bereits erste Anzeichen von Alterung. Die Lahala sieht voraus, dass ihr Leben dem Ende entgegengeht. Seit mehreren Monaten ist sie damit beschäftigt, alle weltlichen Dinge zu regeln und ihre Nachfolgerin vorzubereiten. Die Lahala Daikara vertraut völlig darauf, dass die Flussfeste Nad'karanji jedem Piratenangriff trotzen kann. Ihre Meinung über die Nialls Nentilor und Nensora ist gering. Aus der Sicht der Lahala Daikara sorgt das Niall Daikara mit seiner Flussfestung und seinen Schiffen und Kriegern für die Sicherheit der anderen Nialls, ohne dafür eine Gegenleistung zu erhalten. Die anderen Nialls verhalten sich ihrer Ansicht nach wenig dankbar, da sie normale Preise für ihre Nahrungsmittel und ihre Kunstwerke verlangen. Diese Kränkung nagt seit Jahren an der Lahala. Insgeheim verachtet sie die Schwäche der Nentilor und die Lebensweise der Nensora.

Darstellung: konservativ, nachlässig, reserviert, unkooperativ, selbstsicher
Motivation: Vorbereitung der neuen Lahala. Fortbestand von Niall Daikara sichern. Vorbereitung des eigenen Todes.
Ressourcen: Alle Mitglieder von Niall Daikara. Ahnenwissen der Lahala. Verbindungen zu Aropagoi K'tenshin.

DIE KALIDASA, T'SKRANG (DAIKARA), BERATERIN DER LAHALA DAIKARA

Die Kalidasa hat eine dunkelgelbe Haut und auf ihrem Rücken befinden sich braune Flecken. Sie bevorzugt Schmuck aus hellgrüner Jade und trägt zu jeder Zeit Jadearmbänder und Jadehalsketten. Die Lahala Daikara hat das Ende ihrer Lebenszeit bald erreicht und bereitet die Kalidasa bereits darauf vor, ihre Nachfolge anzutreten. Die Kalidasa ist anderen Kulturen gegenüber aufgeschlossen und liebt es, die Geschichten von Reisenden zu hören.

Darstellung: neugierig, effektiv, gesellig, kooperativ, emotional
Motivation: Vorbereitung auf das Amt der Lahala. Schutz des Niall Daikara. Kontakte zu Namensgebern knüpfen.
Ressourcen: Hohes Ansehen im Niall Daikara. Gute Kontakte zu allen Parteien in Nad'karanji.

HAUSVOR NEUMANI, ZWERG, HÄNDLER

Hausvor Neumani hat sich bereits vor einigen Jahren an den Schlangenfluss begeben, um dort Geschäfte für das Handelshaus Neumani zu tätigen. Er bleibt immer nur eine begrenzte Zeit in einer Region und zieht dann weiter. Im Laufe seiner Reisen hat er sich in Travar, Urupa, dem Bannsee und der Flussfestung des Nialls K'tenshin aufgehalten. Hausvor hat bereits viele gefährliche Situationen überstanden und steht den meisten Schwierigkeiten gelassen gegenüber. Er ist sehr gut vernetzt und verfügt über ordentliche finanzielle Mittel. Der alte Zwerg befindet sich gerne unter T'skrang. Wenn sich aber eine Gelegenheit bietet, mit einem anderen Zwerg zu reden, lässt er diese nicht ungenutzt.

Darstellung: konservativ, organisiert, zurückhaltend, wettbewerbsorientiert, selbstsicher
Motivation: Barsaive kennenlernen. Geschäfte machen. Mit Zwergen reden.
Ressourcen: Viele lukrative Handelsverträge. ordentliche finanzielle Mittel. Mitglied Handelshaus Neumani.

UPANI SHAIDEN, T'SKRANG (DAIKARA), KAPITÄN DER KINJAL

Upani Shaiden hat eine dunkelgrüne Hauptfarbe. Er ist der Lahala Daikara und dem Niall Daikara treu ergeben. Upani teilt die Meinung der Lahala über die anderen Nialls am Galanga. Namensgebern anderer Rassen als der Rasse der T'skrang steht er skeptisch gegenüber. Er glaubt an die Überlegenheit des Nialls Daikara gegen jede Form von Piratenangriff.

Darstellung: konservativ, effektiv, reserviert, unkooperativ, selbstsicher
Motivation: Schutz des Niall Daikara. Ausbau der Überlegenheit von Niall Daikara.
Ressourcen: Kapitän der Kinjal. Berater der Lahala Daikara.

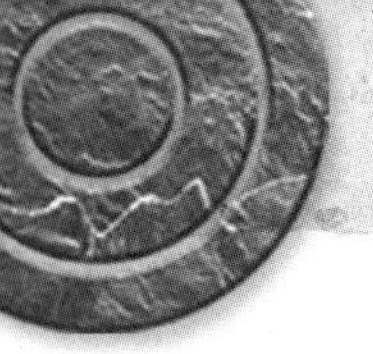

KATORI, T'SKRANG (K'TENSHIN), HANDELSVERTRETER AROPAGOI K'TENSHIN

Katori ist ein Krieger im ersten Kreis. Er hat eine Ausbildung an der Kriegsakademie der K'tenshin erhalten, diesen Weg dann aber nicht mehr weiter verfolgt. Sein Aropagoi hat ihn als Handelsvertreter nach Nad'karanji beordert, um sich dort um die Belange der K'tenshin zu kümmern. Er kümmert sich um die Zollabgaben der Daikara an die K'tenshin und tätigt Handelsgeschäfte mit den anderen Nialls. Katori empfindet seine Stellung als Zumutung und wird versuchen, bei nächster Gelegenheit wieder zu den neun Diamanten zurück beordert zu werden. Ein militärischer Sieg unter seiner Leitung könnte dafür sorgen. Er wird versuchen und darauf pochen, die Daikara in militärischer Hinsicht zu beraten. Sein Plan sieht vor, die Maha'krodha mit den Kämpfern der Daikara zu besiegen oder stark zu schwächen. Für dieses Ziel sind ihm alle Mittel recht. Wie groß die Verluste bei den Daikara dabei sein werden, ist ihm egal.

Darstellung: vorsichtig, rücksichtslos, reserviert, wettbewerbsorientiert, emotional

Motivation: Die persönliche Stellung verbessern. Nad'karanji verlassen. Einen militärischen Sieg erringen.

Ressourcen: Mitglied von Aropagoi K'tenshin. Ausbildung auf der Kriegsakademie K'tenshin. Vergabe von Handelsverträgen.

DER KAMPF UM NAD'KARANJI

„Ist das alles? Mehr habt ihr nicht zu bieten? So werdet ihr uns niemals brechen."

– Hobblogrh, Ork Bootsmann

ÜBERBLICK

Die Lahala Daikara steht vor der Entscheidung, ihr Volk in den Kampf zu führen oder die Flussfestung zu evakuieren. Sie entscheidet sich für den Kampf, auch wenn die Aussichten auf einen Erfolg von allen anderen Parteien als gering eingeschätzt werden. Die anderen Nialls haben sich bereits zur Flucht entschlossen. Eine kleine Gruppe plant mit Hilfe der Charaktere die Vernichtung der Tri'starr. Die Flussfestung wird von den Maha'krodha angegriffen und eingenommen. Die Lahala wird gefangen genommen. Bei einer gewagten Mission wird die Tri'starr vernichtet.

ATMOSPHÄRE

Das unbegründete Vertrauen der Daikara auf ihre vermeintlich unbezwingbare Flussfeste erzeugt bei den anderen Niall Unverständnis, Verzweiflung und Wut. Man geht allgemein von einer bevorstehenden Niederlage der Daikara aus, die dann auch so eintritt. Trotzdem bleiben die Daikara unbelehrbar und wollen nicht auf ihre Verbündeten hören

SCHLÜSSELINFORMATIONEN

Die Windlinge liefern einen groben Aufbau des gegnerischen Schiffes. Der Schiffsmaat Jo'ran stellt verschiedene Möglichkeiten vor, wie man die Tri'starr vernichten kann.

HINTERGRUND

Der Kampf gegen die Maha'krodha ist verloren und alle Zeichen deuten darauf hin, dass die Maha'krodha Nad'karanji erobern wollen, um ihren Sieg komplett zu machen. Das Attentat auf ihre Lahala und das verlorenen Gefecht hat die T'skrang des Niall Daikara zwar erschüttert, aber andererseits den Zorn der Daikara geweckt. Die Daikara glauben weiterhin fest daran, dass sie ihre Flussfeste Nad'karanji gegen die Angreifer verteidigen können. Nach zwei verlorenen Auseinandersetzungen und einem mysteriösen Schlachtschiff auf der Seite der Gegner teilen die Namensgeber anderer Rassen und die Mitglieder der anderen Nialls diese Meinung nicht mehr und bereiten sich auf die Flucht aus der Flussfeste vor.

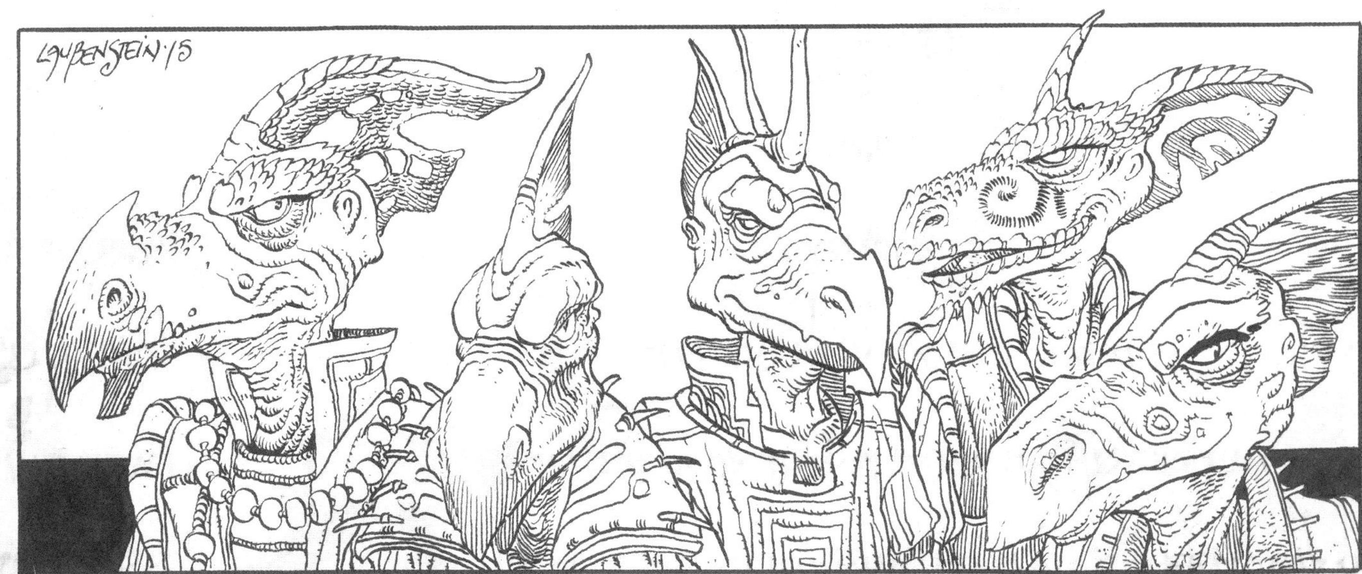

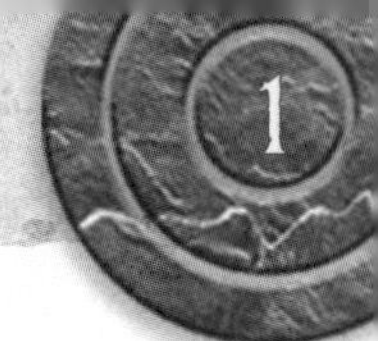

Die neue Lahala Daikara versucht, alle Möglichkeiten zu nutzen, um ihr Niall zu retten. Dazu lädt sie alle wichtigen Vertreter der verschiedenen Fraktionen in Nad'karanji zu einem Treffen ein. Auch die Charaktere sind eingeladen.

Eine zweite Riege von Unterhändlern ist ebenfalls ausgesandt worden, um mit den Maha'krodha zu verhandeln und weiteres sinnloses Blutvergießen zu verhindern.

Vorsichtshalber sind Späher in den Dschungel und kleine Einbäume den Galanga hinauf gesandt worden, um einen Überraschungsangriff zu verhindern.

Die Beratung mit den Daikara

Die alte Lahala ist tot – ihre Leiche liegt in ihren Gemächern und wird für das Ritual der Bestattung vorbereitet. Die T'skrangfrau Kalidasa existiert nicht mehr. Die neue Lahala Daikara hat das Wissen aller Lahalas vor ihr aufgenommen und ist jetzt das neue Oberhaupt des Nialls. Durch das vollzogene Blutritual wird sich ihre natürliche Lebenszeit um mehrere Jahrzehnte verlängern, und ihr Aussehen wird sich so ändern, dass man ihr Alter nicht mehr bestimmen kann. Dieser Prozess hat aber gerade erst begonnen.

Die neue Lahala steht vor einer wichtigen Entscheidung: Soll sie Nad'karanji verteidigen oder die Evakuierung anordnen?

In einem prachtvoll ausgestatteten Raum, weit oben im Turm Dai, werden die Charaktere zu einem Treffen mit der Lahala Daikara gebeten. Anwesend sind Upani Shaiden (Kapitän der Kinjal), Amba (Navigator der Kinjal, siehe Seite 57) und Katori (Gesandter des Nialls K'tenshin). Die neue Lahala spricht sehr ruhig und bedächtig und wirkt teilweise abwesend – so, als würde sie inneren Stimmen lauschen.

Upani Shaiden ist überrascht, wenn die Charaktere den Raum betreten und protestiert dagegen. Upani weist die Lahala darauf hin, dass die besprochene Angelegenheit nur die Daikara und ihre Verbündeten etwas angeht (Aropagoi K'tenshin). Die Lahala Daikara besteht aber weiterhin auf der Anwesenheit der Charaktere.

Amba hat von einigen anderen T'skrang gehört, wie gut die Charaktere gegen die Maha'krodha gekämpft haben und ist von ihren Taten beeindruckt. Er ist einer der wenigen Daikara, die nicht mehr an einen Sieg gegen die Maha'krodha glauben.

Die Gesprächsführung obliegt der Lahala Daikara. Mit dem Talent Empathische Wahrnehmung und zwei Erfolgen gegen die Soziale Verteidigung der Lahala (Wert 12) oder einer Wahrnehmungsprobe gegen den Wert 7 kann ein Charakter heraus finden, dass im Geist der neuen Lahala zwei Meinungen gegeneinander kämpfen. Der Teil, der für die Meinung der Kalidasa spricht, möchte die Kinjal nicht bei einem sinnlosen Kampf verlieren und überlegt die Türme aufzugeben und auf die Hilfe des Aropagoi K'tenshin warten. Der Teil, der für die alte Lahala spricht, will Nad'karanji um jeden Preis verteidigen.

Da im Moment keine der Meinungen die Oberhand gewinnen kann, nutzt die Lahala die Zeit, um sich die Vorschläge aller Anwesenden ausführlich anzuhören und sie weiter zu befragen. Dabei gibt es immer wieder längere Pausen, in denen sich die Lahala mit ihren Vorgängerinnen zu beraten scheint. Alle Anwesenden schweigen respektvoll, solange sich die Lahala im inneren Dialog befindet.

Ambas Plan

Ambas Vorschlag lautet, Nad'karanji zu evakuieren, die Kinjal zu den Nensora zu fahren und dort im Lungameer zu verstecken. Danach müssen sich die Flüchtlinge aller drei Nialls sammeln und gemeinsam gegen die Maha'krodha vorgehen.

Die Lahala Daikara kann Amba darauf direkt antworten. Die Nentilor und auch die Nensora haben sich entschlossen, sofort aus Nad'karanji zu fliehen. Die Lahala Daikara hat beiden Nialls angeboten zusammen zu kämpfen und die Festung zu verteidigen. Beide Nialls haben den Vorschlag abgelehnt. Diese, in den Augen der Daikara, feige Haltung ist aber von der Lahala so erwartet worden.

Nad'karanji ist noch nie erobert worden. Sollte die Feste von den Maha'krodha übernommen werden und sich in deren Hand befinden, stellt sich das Problem der Rückeroberung. Die Lahala fragt Amba, ob er einen Plan dafür hat, selbst mit allen drei Nialls zusammen ein feindlich besetztes Nad'karanji zu besiegen. Amba hat darauf keine Antwort und schweigt.

Katoris Plan (Aropagoi K'tenshin)

Der Gesandte des Hauses K'tenshin, Katori, möchte gerne die Leitung des Kampfes übernehmen. Er hat auf der Kriegsakademie der K'tenshin das Kriegerhandwerk erlernt. Sein Vorschlag lautet: Die Kinjal in einem Nebenarm des Galanga verstecken und mit Kriegern vollstopfen. Die hölzernen Plattformen um Nad'karanji herum zerstören und die Türme so lange mit Blut und Schwert verteidigen, bis das Flussboot der K'tenshin erscheint, um die Daikara zu retten (koste es, was es wolle, an Daikarablut versteht sich). Das Schiff der K'tenshin wird irgendwann in den nächsten drei Tagen erwartet und die Maha'krodha werden auf keinen Fall einen Konflikt mit dem Aropagoi K'tenshin wagen.

Die Kinjal kann im passenden Moment die Tri'starr von hinten angreifen/rammen und versenken. Sollten die Daikara verlieren, wären die Maha'krodha immer noch durch diesen Kampf geschwächt und könnten dann von den K'tenshin leichter bezwungen werden. Die entstandenen Verluste könnte man durch geringe Zollabgaben für einige Jahre wieder ausgleichen.

Katori versucht, die neue Lahala Daikara wortreich von diesem Plan zu überzeugen. Er schließt seine Ansprache mit den Worten: *„Wir dürfen kein zweites T'kambras zulassen, die Maha'krodha müssen jetzt und hier aufgehalten werden!“*

Die Charaktere

Danach haben die Charaktere die Möglichkeit, sich zu äußern.

Wenn die Charaktere den Vorschlag von Amba unterstützen und eine erfolgreiche Probe auf Diplomatie (Mindestwert 9) oder zwei Erfolge mit dem Talent Führung erlangen (Mindestwert 9), dann überlässt die Lahala Amba die Kinjal und zehn ihrer verbleibenden Adepten. Wenn die Charaktere keines dieser Talente beherrschen, reicht auch eine Charismaprobe gegen Mindestwert 9.

Die Größe des Nialls Maha'krodha wird durch die Anwesenden auf ungefähr 100 T'skrang geschätzt. Man weiß von drei kleineren Dörfern in der Nähe der Greifenfälle, gibt aber offen zu, dass diese Informationen relativ ungenau sind. Die in Nad'karanji und Umgebung lebenden T'skrang werden auf ungefähr 500 geschätzt. Aber auch diese Zahl ist eine reine Schätzung, da es keine Art von Volkszählung oder Aufzeichnung gibt. Weniger als ein Drittel der Bevölkerung ist zum Kämpfen geeignet. Da dasselbe für die Maha'krodha gilt, geht man von einer Überlegenheit von mindestens 1 zu 4 für die Daikara aus.

Sollten die Charaktere ebenfalls vorschlagen ein Bündnis aus den drei Nialls zu bilden, wiederholt die Lahala ein weiteres Mal ihre Argumente. Die Nentilor und Nensora weigern sich in Nad'karanji zu kämpfen. Eine Aufgabe der Festung kommt aus taktischen Gründen kaum in Frage (siehe oben).

Upani Shaiden

Der alte Upani pocht darauf, den letzten Befehl der vorherigen Lahala auszuführen und Nad'karanji bis zum letzten Namensgeber zu verteidigen. Die starken Mauern und die vier Feuerkanonen auf den obersten Ebenen, sowie die Refselnika (Reffe, siehe Beschreibung Turm Nika, S. 65) machen es den Angreifern unmöglich, Nad'karanji einzunehmen. Upani sieht ebenfalls einen taktischen Vorteil darin, die Kinjal in einem anderen Teil des Galanga zu verstecken. Sollte die Lahala bis jetzt noch nicht eingewilligt haben, die Kinjal an Amba zu übergeben, tut sie das spätestens jetzt.

Nachdem die Lahala Daikara alle Anwesenden gehört hat, dankt sie allen Beteiligten und zieht sich zurück, ohne eine Entscheidung bezüglich der Evakuierung zu verkünden. Dem Gesprächsverlauf nach ist aber offensichtlich, dass unter den gegebenen Umständen eine Evakuierung für die Lahala nicht mehr in Frage kommt.

Die Charaktere haben nun wieder die Möglichkeit, sich mit den verschiedenen Gruppen in Nad'karanji zu treffen und zu beraten, wie sie selber weiter vorgehen wollen.

Wie bereits im vorherigen Kapitel haben mehrere Fraktionen ein Interesse daran, mit den Charakteren zusammen zu arbeiten. Wenn die Charaktere sich nicht selber bei den verschiedenen Parteien melden, wird man auf sie zu gehen und ihren Rat einholen.

Was die Nentilor tun werden

Falls die Charaktere nicht selber auf die Idee kommen, die Nentilor aufzusuchen, wird Fincha sich an die Charaktere wenden und sie zu einem Gespräch mit der Lahala einladen. Die Lahala Nentilor befindet sich in den Räumen der Handelsvertretung Nentilor im Turm Raha. Die anwesenden T'skrang des Nialls Nentilor sind hektisch damit beschäftigt, ihre Sachen zusammen zu packen und die Unterkünfte zu räumen. An dem kurzen Treffen nehmen die Lahala Nentilor und Fincha teil.

Die Lahala teilt den Charakteren mit, dass ihr aufgefallen ist, wie wenig die Daikara die Leistungen der Charaktere würdigen. Sie bietet ihnen eine Alternative an. Na'Luun befindet sich mit einigen Kriegern zusammen in einer verlassenen Tempelanlage, die nicht weit vom Galanga und vom Niall Nentilor entfernt ist. Na'Luun möchte den Tempel als Basis benutzen, um die gefangenen T'skrang des Nialls wieder zu befreien. So lange die Tri'starr in der Nähe von Nad'karanji ist, bietet sich dazu eine ausgezeichnete Gelegenheit. Die Lahala bittet die Charaktere darum, Na'Luun bei diesem Wagnis zu helfen.

Falls die Charaktere versuchen die Nentilor zu einem Bündnis mit den Daikara oder den Nensora zu bewegen, bespricht die Lahala Nentilor gerne diese Idee mit den Charakteren. Aus ihrer Sicht ist das mysteriöse Schiff der Maha'krodha im Moment die größte Gefahr. Bevor man genau weiß, wozu das Schiff fähig ist, sollte man keine waghalsigen Aktionen planen. Ein Bund mit den Daikara kommt für die Nentilor im Moment nicht in Frage, da die Daikara sich weigern Nad'karanji aufzugeben. Ein Bund

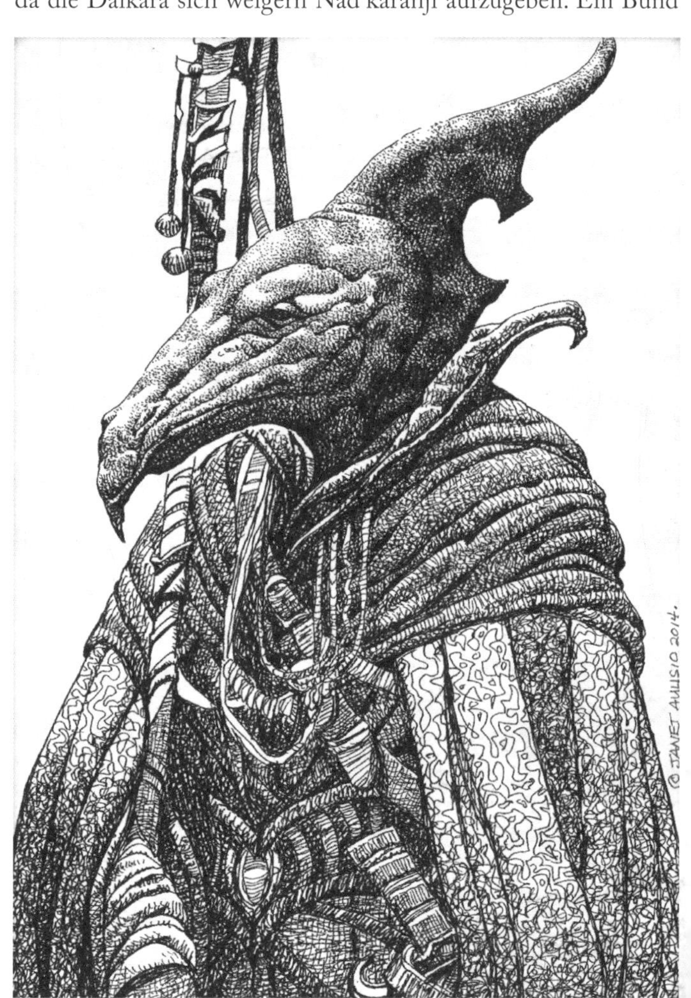

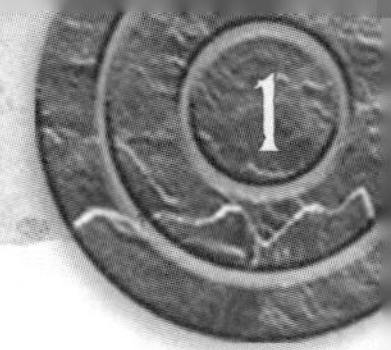

mit den Nensora besteht schon seit längerem und man wird sich auch bei dieser Gefahr wieder gegenseitig helfen. Selbst wenn die Daikara fallen, ist nicht alles verloren. In diesem Fall erwartet die Lahala eine Lösung der Probleme durch die K'tenshin.

Was die Nensora tun werden

Auch die T'skrang des Niall Nensora treten an die Charaktere heran und bitten diese um ein Gespräch.

Die Unterkünfte des Niall Nensora befinden sich ganz in der Nähe der Unterkünfte des Niall Nentilor im Turm Raha. Auch hier sind die T'skrang des Nialls damit beschäftigt, die Unterkünfte zu evakuieren. Alle tragbaren, wichtigen und wertvollen Gegenstände werden verpackt und zu den Booten getragen. Die Lahala Nensora hat Nad'karanji bereits vor Beginn der Schlacht verlassen.

In einem dunklen, von nur wenigen Lichtquarzen erhellten Raum, treffen die Charaktere auf Emtar, die alte Messalah, Binthrel, Ter'lispling und Slipsplisnir.

Slipsplisnir, der lange verschwundene Windling, konnte erst eine Stunde zuvor Nad'karanji erreichen und hat Vieles zu berichten. In gewohnt hektischer Windlingsweise erzählt er von dem Abenteuer seiner Erkundung der Tri'starr. Es ist Slipsplisnir gelungen, sich eine ganze Weile unentdeckt auf der Tri'starr aufzuhalten. Dabei konnte er einiges erfahren und kann ziemlich genau angeben, wie es im Inneren des Schiffes aussieht.

Durch seine angeborene Astralsicht und obwohl er kein Zauberwirker ist, kann er zusätzlich dazu sehr genau beschreiben, wie die Antriebsmaschine und die Waffen der Tri'starr aussehen.

Slipsplisnir kann folgende wichtige Informationen liefern:

- Nachdem die Tri'starr den Galanga um sich vereist, dauert es sehr lange, bis die Maschinen für den Antrieb wieder laufen und das Schiff sich bewegen kann.
- In der Mitte des Schiffes befindet sich eine große Kugel, die durch Magie und wahre Elemente gesichert ist, die eine Verbindung zur Ebene des Wassers enthält. Die Kugel steht unter starkem Druck und wird immer wieder von einem Elementaristen mit schützenden Zaubern belegt.
- Die drei Windlinge haben enthusiastisch den relativ groben Plan gefasst, dass Schiff zu sabotieren und nach Möglichkeit zu versenken. Bisher haben sie noch keinen tatsächlichen Plan, wie sie das bewerkstelligen können. Vielleicht können ja die Charaktere dabei helfen.
- Die alte Messalah ist nicht dazu bereit, ihre Leute bei einem Angriff auf Nad'karanji zu gefährden, auch nicht, wenn die Daikara sie deswegen als feige beschimpfen. Die neuen Informationen bestärken sie noch in dem Entschluss, so schnell wie möglich zu fliehen. Ihr Vorschlag lautet, sich im Lungameer zu verstecken bis der Kampf entschieden ist und von dort aus den Gegenangriff oder die Sabotage der Tri'starr zu planen. Der alte Bund mit den Nentilor kann wieder erneuert werden und die beiden Nialls können sich für die Zeit, in der die Gefahr besteht, zusammenschließen.

Rücksprache mit dem Niall Nentilor

Falls die Charaktere mit der Lahala Nentilor Rücksprache halten, wird sie abwägen und feststellen, dass die Mission der Nensora Vorrang vor der Befreiung von Nentilor hat und den Charakteren empfehlen, zuerst mit den Windlingen und den Nensora zu gehen.

Die Lahala Nentilor ist zwar betrübt darüber, dass die Charaktere Na'Luun nicht beistehen wollen, sieht aber ein, wie wichtig die Vernichtung der Tri'starr ist. Sie bittet die Charaktere darum, nach einem erfolgreichen Angriff auf die Tri'starr weiter zum Niall Nentilor zu reisen und dann dort mit Na'Luun Kontakt aufzunehmen.

Rücksprache mit dem Niall Daikara

Auch die Lahala Daikara erhält die neuen Informationen über die Tri'starr von den Nensora. Zu einer Änderung des Planes der Verteidigung führt das aber nicht. Falls sich eine Gelegenheit bietet, wollen die Daikara die Informationen zum Schaden der Gegner einsetzen.

Was Hausvor Neumani tun wird

Auch Hausvor Neumani schickt einen Boten zu den Charakteren, damit sie sich mit ihm treffen. Die Charaktere können Hausvor in einem der kleineren Gasträume der Enklave antreffen. Der Ork Kraut ist ebenfalls anwesend. Hausvor hat bereits mehrere Helfer angeheuert und macht sich bereit dafür, die Enklave umgehend zu verlassen. Während des Gesprächs wuseln Helfer durch den Raum und verpacken Waren und stellen immer wieder Fragen an den Zwerg.

Hausvor möchte den Charakteren ein Geschäft vorschlagen. Damit sie einwilligen, versucht er ihnen zuerst die aktuelle Lage aus seiner Sicht genau zu erklären.

Hausvor sieht die Lage so: Die T'skrang der vier Nialls am Galanga befinden sich in einer Art Bürgerkrieg und alle Fremden sollten sich tunlichst aus diesem Krieg heraushalten, bis er zu Ende ist. Die größte Aussicht auf den Sieg haben im Moment die Maha'krodha.

Er plant, Nad'karanji noch heute in Richtung Travar zu verlassen. Den Ork Kraut konnte er bereits als Navigator für sein Unterfangen gewinnen. Hausvor plant, sich mit dem Flussboot der K'tenshin zu treffen und zusammen mit den T'skrang des Aropagois zurück zu kehren. Er glaubt nicht, dass die Maha'krodha es wagen würden, gegen die K'tenshin zu kämpfen.

Der schlaue Zwerg hat einige Zeit bei den K'tenshin gearbeitet. Er hält einen neu ausgehandelten Handelsvertrag (zu schlechteren Konditionen) zwischen dem Aropagoi K'tenshin und den Niall Maha'krodha für nicht unwahrscheinlich. Wenn die K'tenshin darin einen Vorteil sehen, werden sie seiner Meinung nach die Daikara fallen lassen. Auch Hausvor stellt sich vor, mit den neuen Herren am Galanga neue, für ihn bessere Verträge auszuhandeln. Damit das klappt, darf er sich aber nicht in Gefangenschaft befinden.

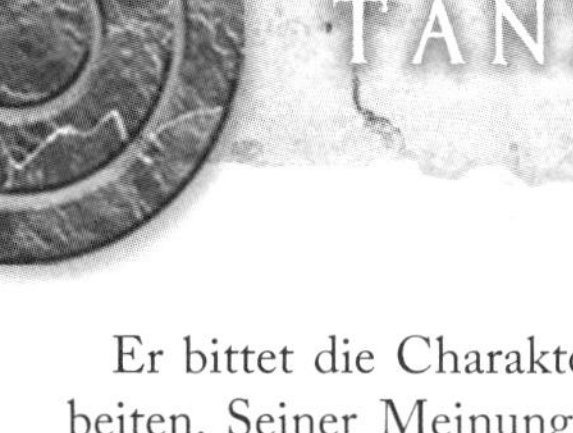

Er bittet die Charaktere, in der Zwischenzeit für ihn zu arbeiten. Seiner Meinung nach kann Nad'karanji gegen eine so mächtige Waffe (wie die Tri'starr sie darstellt) nicht gehalten werden. Sein Interesse an dem Schiff ist sehr groß. Er ist bereit eine ordentlich Menge Silber zu bezahlen, wenn die Charaktere für sein Handelshaus so viel wie möglich über das Schiff, seine Funktionsweise und seine Erbauer herausfinden. Je mehr Informationen dabei herauskommen, umso mehr Gold kann fließen.

Falls die Charaktere die Informationen der Windlinge an Hausvor weiter geben wollen, ist er bereit sie dafür mit 100 Goldstücken zu entlohnen.

Das Beisetzungsritual

Den Abschluss des Namensübergaberituals bildet die Beisetzungszeremonie. Normalerweise dauert das Ritual der Beisetzung wesentlich länger, da die alte Lahala sich von jedem Mitglied des Nialls verabschiedet. In den meisten Fällen weiß eine Lahala bereits mehrere Tage vorher den Ort und den Zeitpunkt ihres Todes und kann ihr Todesritual selber planen. Da die alte Magie versagt und das in diesem Fall nicht funktioniert hat, wird durch die neue Lahala Daikara nur eine verkürzte Zeremonie durchgeführt. Nur 49 T'skrang und die Charaktere werden zu dem Ritual gebeten. Man versammelt sich in der Mitte der Felder des Nialls. Bei der Zeremonie hilft ein Schamane des Nialls.

Udan Apa (siehe S. 83) ist derjenige, der sich um die Bestattungen im Niall kümmert. Sein Oberkörper ist mit getrocknetem gelbem Schlamm bedeckt. In den Schlamm auf seiner Haut sind alte T'skrang Symbole für Fluss und das Element Wasser eingeritzt (Fremdsprachen oder Runen Lesen Mindestwurf 9). Udan geht der neuen Lahala bei der Bestattung zur Hand und kümmert sich um den Körper der toten Lahala.

Der Körper der alten Lahala wird in ein schlammiges Loch mitten im Feld gelegt und mit feuchter Erde bedeckt. Dann übernimmt der Geist der vorherigen Lahala ein letztes Mal die Kontrolle über den Körper der neuen Lahala. Sie geht zu jedem der Anwesenden und spricht ein paar Worte zu ihm. Das kann ein Lob, ein Rat, Dank für geleistete Taten oder einfach ein Abschied sein.

Nachdem sie zu den meisten der T'skrang gesprochen hat, die die Charaktere nicht selber kennen, kommt sie zu den Würdenträgern des Nialls.

Upani Shaiden gibt die Lahala den Auftrag, Nad'karanji zu verteidigen und niemals durch Feinde besetzen zu lassen.

Amba gibt sie den Auftrag, das Niall Maha'krodha so lange zu bekämpfen, bis keiner der Maha'krodha mehr übrig ist.

Udan Apa dankt sie für seine langjährigen Dienste und für das Durchführen des Rituals des Verscheidens. Sie bittet ihn, Shivoams Rat einzuholen und der neuen Lahala mit Rat zur Seite zu stehen.

Zuletzt wendet sie sich den Charakteren zu: „Ich weiß nicht, warum ihr hier seid, ich weiß nicht, wer euch gerufen hat, ich weiß nicht, was ihr für das Niall Daikara tun werdet. Ich weiß nicht, ob man euch trauen kann. Die Lahala Daikara wird Antworten auf diese Fragen finden müssen."

Damit ist das Ritual beendet, und der Geist der neuen Lahala übernimmt wieder den Körper.

Der Kampf um Nad'karanji

Noch in der Nacht erfolgt der Angriff der Maha'krodha. Die Angreifer müssen den Daikara in ihrer mächtigen Flussfestung gegenübertreten.

Der Überfall auf Nad'karanji ist durch die Maha'krodha seit vielen Monaten vorbereitet worden und wird jetzt Schritt für Schritt wie geplant durchgeführt. Der Aufbau von Nad'karanji ist nicht geheim und die Maha'krodha haben in den letzten Monaten die Verteidigungsmöglichkeiten genau studiert. Den Maha'krodha stehen ungefähr 150 kampffähige T'skrang zur Verfügung. Die Daikara verfügen nach den Verlusten der letzten Schlacht nur noch über ungefähr 50 Kämpfer. Den Maha'krodha ist klar, dass eine längere Belagerung schon aufgrund der Nähe der K'tenshin nicht in Frage kommt. Nad'karanji muss aus diesem Grund schnell erobert werden, oder der Angriff ist gescheitert. Ein Angreifer auf Nad'karanji kann, so haben die Strategen der Maha'krodha erkannt, nur erfolgreich sein, wenn der Angreifer die artilleristische Feuerüberlegenheit besitzt. Auch aus dieser Überlegung heraus wurde die Tri'bithss entworfen, die Hauptwaffe der Tri'starr. Die Tri'bithss kann erheblich weiter feuern als die Feuerkanonen der Daikara.

Mit diesem Vorteil wird die Verteidigung der Festung der Daikara mit Geschützen aussichtslos. Die einzige Verteidigungsmöglichkeit besteht theoretisch in einem Ausfall und der Vernichtung der Tri'starr. Durch die Vernichtung und Zerstreuung der Flotte ist auch das nicht mehr möglich. Der Fall von Nad'karanji ist also nur eine Frage der Zeit.

Erwartungsgemäß haben die Daikara die festen Holztore der Türme auf der untersten Ebene verschlossen und die vier Feuerkanonen auf der Spitze der Türme sind bemannt und bereit zum Kampf.

Die Tri'starr nimmt die vorher berechnete Position ungefähr 350 Schritt entfernt von den Türmen auf dem Galanga ein und beginnt mit dem Beschuss der vier Feuerkanonen auf dem Dach des Dai. Die Maha'krodha erzeugen einen leichten Nebel, der über das Wasser wabert und ihre Schiffe teilweise verbirgt. Da ihre Schiffe aber noch außerhalb der Reichweite der Feuerkanonen ankern, befinden sie sich nicht in Gefahr. Nach ungefähr einer Stunde des Beschusses erfolgt der letzte Schuss aus der Festung. Danach schweigen die Kanonen von Nad'karanji. Die Turmspitze des Dai ist durch die vielen Treffer stark beschädigt, mehrere T'skrang an den Kanonen sind gestorben und die Geschütze sind nicht mehr funktionsfähig.

Die Tri'starr ändert nun ihr Ziel und beginnt damit die Tore des Turmes Dai zu beschießen. Nach einer weiteren Stunde Beschuss ist unten in den Turm Dai eine Bresche geschlagen. Die Tore sind zerstört und das Mauerwerk auf beiden Seiten ist

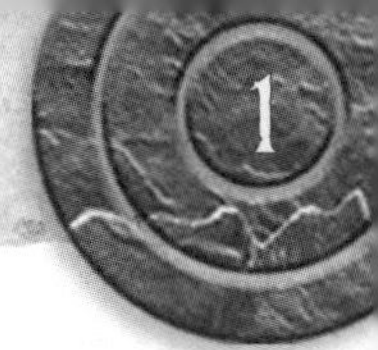

beschädigt. Daraufhin ändert die Tri'starr wieder ihr Ziel und beginnt damit, den unteren Bereich des Turmes Nika zu beschießen und auch dort die Tore zu beschädigen.

Nach einer weiteren Stunde schweigt die große Eiskanone und die Maha'krodha bereiten den Sturm auf die Türme vor. Angeführt von der Tri'starr nähern sich die Schiffe den Reffen um die Türme. Die Tri'starr setzt ihre Vereisungswaffe ein und gefriert den gesamten Bereich um Nad'karanji herum. Das Schiff verliert dadurch vorerst seinen Antrieb und kann nur noch die kleinen Eiskanonen an den Seiten einsetzen. Das Schiff wird so gedreht, dass man auf die Öffnungen für die Bogenschützen feuern kann. Die Nebelwolke, die bei der Vereisung entsteht, umweht für einige Zeit den gesamten Kampfplatz und erschwert den Fernkampf für die Verteidiger. Die Kämpfer der Maha'krodha stürmen über die Eisfläche und an den Reffen vorbei auf die Türme zu und der Kampf Namensgeber gegen Namensgeber entbrennt.

Die Truppen der Daikara sind durch die inzwischen dreistündige Belagerung bereits demoralisiert und haben schon mehr als 20 T'skrang durch den Beschuss verloren. Bei den Maha'krodha sind zu diesem Zeitpunkt keine nennenswerten Verluste zu beklagen. Die Fernkämpfer der Daikara feuern aus den oberen Etagen, der Nebel, der die Türme umwallt, blockiert die Sicht aber teilweise erheblich.

Die Tore in Dai und Nika sind soweit zerstört, dass die Kämpfer der Maha'krodha direkt in die Türme eindringen können. Es kommt zu einer blutigen Schlacht, die sich über zwei Stunden hinzieht und auf beiden Seiten große Verluste erzeugt. Die Maha'krodha sind zahlenmäßig weit überlegen und die schlechte Kampfstimmung nach dem Verlust der Tore und der Feuerkanonen schwächt die Daikara zusätzlich. Auf der Seite der Maha'krodha kämpfen mehrere Wasser- und Luftelementare (siehe S. 174).

Nach ungefähr 5 Stunden ist die Belagerung von Nad'karanji beendet und die Festung ist in der Hand der Feinde.

Nach der Schlacht

Am Morgen werden die Toten der Schlacht zum Strand am Ufer gebracht. Dort werden ihre Verbrennung und die traditionelle Übergabe ihrer Asche an den Galanga vorbereitet. Udan Apa, den die Kämpfer der Maha'krodha nicht angerührt haben, kümmert sich zusammen mit den Maha'krodha und einigen Gefangenen Daikara um diese Aufgabe.

Die Kämpfer der Daikara, die nicht fliehen konnten, wurden gefangen genommen und bewacht. Für alle anderen Bewohner der Türme wird eine Ausgangssperre verhängt.

Die Lahala Daikara ist im Laufe der Schlacht gefangen genommen worden. Ihr Aufenthaltsort und die Tatsache, dass sie noch lebt, wird von den Maha'krodha geheim gehalten und man verbreitet das Gerücht, sie sei gestorben.

Wenn die Charaktere Nad'karanji nicht verlassen haben, können sie die Ereignisse selbst miterleben und an den Kämpfen teilnehmen. Den Schlachtverlauf selber können sie nicht entscheidend beeinflussen.

Wenn die Charaktere nicht gefangen genommen werden wollen, müssen sie fliehen. Die Charaktere können sich bei ihrer Flucht einem der vielen Wohnboote der Nensora anschließen. Auch wenn die Charaktere durch den Dschungel fliehen, werden sie nach einiger Zeit wieder auf den einen oder anderen der vielen kleinen Nebenarme des Galanga treffen und dort von einem Wohnboot der Nensora aufgelesen. Kurz darauf stoßen die Windlinge dazu und brennen darauf, ihren Plan in die Tat umzusetzen..

Der Plan

Die Windlinge und die Mitglieder des Niall Nensora fliehen mit den Charakteren aus Nad'karanji Richtung Lungameer.

Nach einer kurzen Reise mit einem der Wohnboote der Nensora wird die Reisegruppe von dem kleinen, gut bekannten Feuerschiff, der Harmattan, per Zufall eingeholt. Mahendo zeigt sein strahlendes zahnreiches Lachen und begrüßt die Charaktere herzlich. Mahendo und Jo'ran sind gerne bereit, die Charaktere und die Windlinge bei ihrer Mission zu unterstützten. Die Wohnboote der Nensora sind auf den Befehl der Lahala Nensora hin bereits ins Lungameer geschickt worden, um sich dort zwischen den schwimmenden Inseln zu verstecken.

Mahendo steuert die Harmattan gekonnt in einen der Nebenarme des Galanga, der von Mangroven stark bewachsen ist, und bittet die Charaktere, sein Schiff notdürftig zu tarnen.

Der Troll will sichergehen, nicht von der Flotte der Maha'krodha in dem Versteck entdeckt zu werden um sich dann zu einem späteren Zeitpunkt von hinten an die Flotte heran zu wagen, sollte sich eine gute Gelegenheit ergeben. Kurze Zeit später stoßen die Lahala Nensora, Erntar und die alte Messalah, die durch Binthrel informiert worden sind, dazu. Die Kurmapati Kula der Lahala hat die drei relativ schnell zum Treffpunkt gebracht.

Die Harmattan liegt vertäut in einem Nebenarm des Galanga. Die Mangroven verbergen das Schiff vor neugierigen Blicken und die Kula ist abgetaucht und nicht mehr zu sehen. Die T'skrang Jo'ran, die Lahala Nensora, Emtar und die alte Messalah, sowie die Windlinge Binthrel, Ter'lispling und Slipsplisnir sitzen in der Mitte des Bootes und beratschlagen, wie der Plan der Windlinge umgesetzt werden kann.

Mahendo sitzt, mit den Füßen im Wasser, verträumt am anderen Ende des Schiffes und beteiligt sich nicht an der Unterredung. Der Troll wirkt seltsam abwesend. Falls die Charaktere den Troll ansprechen wollen, tritt Jo'ran dazwischen und deutet an, dass die Charaktere Mahendo in Ruhe lassen sollen.

Es gilt einige Probleme zu lösen:

- Der Nebel muss überwunden werden.
- Die Schiffswachen müssen ausgeschaltet oder umgangen werden.
- Die Maschine der Tri'starr muss sabotiert werden.
- Jemand muss sich um die Elementaristen kümmern.

Es gibt verschiedene Möglichkeiten, die Tri'starr zu vernichten. Eine der Möglichkeiten besteht darin, alle Elementaristen, die die Maschine warten, zu entführen oder zu töten. Wenn die Sphäre zu lange ohne Wartung bleibt, explodiert sie und vernichtet dabei alles um sie herum.

Die zweite Möglichkeit besteht darin, wahre Elemente des Feuers oder der Luft in die Eissphäre einzufügen. Beides sorgt früher oder später für die Explosion der Tri'starr. Weitere Möglichkeiten der Sabotage sind natürlich denkbar und können von den Charakteren ersonnen werden.

Der Plan der Windlinge

Als erstes meldet sich Ter'lispling zu Wort. Der kleine Windling hat lange darüber nachgedacht, wie man die Tri'starr sabotieren kann, und schlägt vor, gemeinsam die beiden Elementaristen zu entführen.

Falls einer der Charaktere auf die Idee kommt, Jo'ran nach seiner Meinung zur fragen, wird der per Handzeichen andeuten, dass beide oben genannten Möglichkeiten funktionieren könnten. Jo'ran ist sich aber nicht sicher, wie lange es dauern würde, bis es zu einer Katastrophe kommt, wenn kein Elementarist sich um die Maschine kümmert. Je länger eine Entführung unbemerkt bliebe, umso besser. Slipsplisnir berichtet, dass sich mindestens einmal pro Stunde ein Elementarist mit der Sphäre beschäftigt hat. Wenig später verabschiedet er sich auch schon, um weitere Informationen zu sammeln.

Im Laufe des Gespräches, falls die Charaktere nicht von selber fragen oder eine bessere Lösung finden, bietet die Lahala Nensora an, ihre Kurmapati (siehe S. 30) Kula für die Unternehmung zur Verfügung zu stellen. Die Riesenschildkröte kann sich relativ schnell und unbemerkt unter Wasser bewegen und mehrere Namensgeber mit sich führen.

Nachdem ein Charakter eine erfolgreiche Talentprobe im Talent Tierfreundschaft gegen die Soziale Verteidigung (7) von Kula abgelegt hat, kann er die Kurmapati grob in eine bestimmte Richtung lenken. Auch ein Abtauchen unter die Wasseroberfläche wird damit möglich. Alternativ dazu erlaubt die Lahala Nensora einem Charakter, einen Faden (Webschwierigkeit 12) an Kula zu weben. Danach ist es dem Charakter möglich, Kula über eine geistige Verbindung hinweg einfache Anweisungen zu geben. Sollte kein Charakter dazu fähig sein, springt Erntar ein und übernimmt die Führung von Kula.

Jo'rans Plan

Jo'ran, der bisher nur zugehört hat, macht einen eigenen Vorschlag. Nachdem er sich alle verschiedenen Pläne angehört und über die Konstruktion der Eissphäre nachgedacht hat, ist er sich ziemlich sicher, dass das Einfügen mehrerer Körner wahren Feuers in den Kern der Maschine das Gerät zur Explosion bringen dürfte. Da für den Antrieb der Harmattan wahres Feuer benutzt wird, könnte er mehrere Körner zu Verfügung stellen.

Dieser Plan birgt aber ein Problem. Wer auch immer die Maschine sabotiert und zerstört, wird mit großer Wahrscheinlichkeit bei der Durchführung sein Leben verlieren. Falls die Charaktere auf die Idee kommen, die Windlinge darum zu bitten, werden diese das Angebot ablehnen. Windlinge sind nicht dazu in der Lage, sich aus freien Stücken das Leben zu nehmen. Falls keine andere Lösung gefunden wird, bietet die Lahala Nensora an, einen T'skrang ihres Volkes zu bestimmen, der sich für alle opfern soll.

Sollten die Charaktere auf diesen Vorschlag eingehen, schickt die Lahala Nensora nach der alten T'skrang Bootsfrau Cas'sard, an deren Wohnboot Kula auf der Reise zur Harmattan vorbei gekommen ist. Nach kurzer Zeit trifft das Wohnboot mit Cas'sard ein. Narben aus einigen Kämpfen zieren den Körper der alten T'skrang. Die Lahala erklärt Cas'sard kurz und knapp die Situation, worauf Cas'sard ohne zu überlegen zustimmt.

Binthrel ist bestürzt über diese Entwicklung und bittet die Lahala, einen anderen Plan zu entwickeln. Daraufhin redet Cas'sard selber Binthrel gut zu. Sie sieht in dem Auftrag einen würdigen Abschluss für ihr Leben und eine ehrenvolle Aufgabe für ihr Niall. Binthrel, und auch die anderen Windlinge, können durch diese Rede nicht überzeugt werden.

Sollten die Charaktere sich für diesen Weg entscheiden, werden sie von Cas'sard begleitet. Die Windlinge aber nehmen dann nicht mehr an der Zerstörung der Tri'starr teil.

Der Abschied von der Lahala Nensora

Die Lahala Nensora geht davon aus, dass der Konflikt mit den Maha'krodha durch die Vernichtung der Tri'starr noch lange nicht beendet ist. Solange die Maha'krodha Nad'karanji halten können, kontrollieren sie den Handel auf dem Galanga und den Zugang zum Schlangenfluss. Um Nad'karanji zurück zu erobern, bräuchte man aber wesentlich mehr Kämpfer, als die Nensora zur Verfügung haben.

Die Lahala Nensora verabschiedet sich von den Charakteren und legt als Treffpunkt für die verstreuten Nensora die große trockene Insel im westlichen Schilfmeer fest. Die Botschaft soll an alle Nensora weitergeleitet werden. Die Charaktere sollen, falls sie es schaffen, ebenfalls in den nächsten sieben Tagen zu diesem Treffpunkt kommen. Alle T'skrang des Nialls Nensora wissen, wie man dorthin gelangt. Je nachdem, wie erfolgreich die Charaktere waren, kann dann ein weiterer Plan gefasst werden.

Slipsplisnirs Beobachtungen

Slipsplisnir hat sich noch während des Gesprächs auf den Weg nach Nad'karanji gemacht, um den Verlauf der Schlacht zu beobachten. Ungefähr um die Mittagszeit kehrt er zurück. Bei seiner Rückkehr kann er vom Schlachtverlauf berichten. Er weiß nicht, wer von den Daikara überlebt hat. Der stark beschädigte Turm Dai lässt aber nichts Gutes vermuten. Soweit er gesehen hat, ist ganz Nad'karanji und die Enklave von den Maha'krodha erobert worden. Der Windling konnte beobachten, wie große Mengen von Toten zur Verbrennung an das Ufer gebracht wurden.

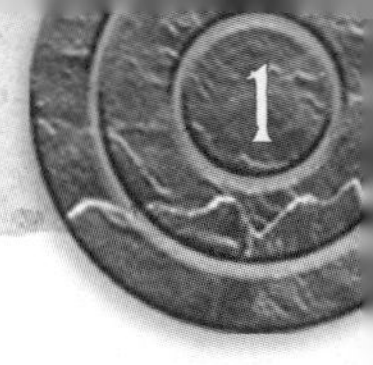

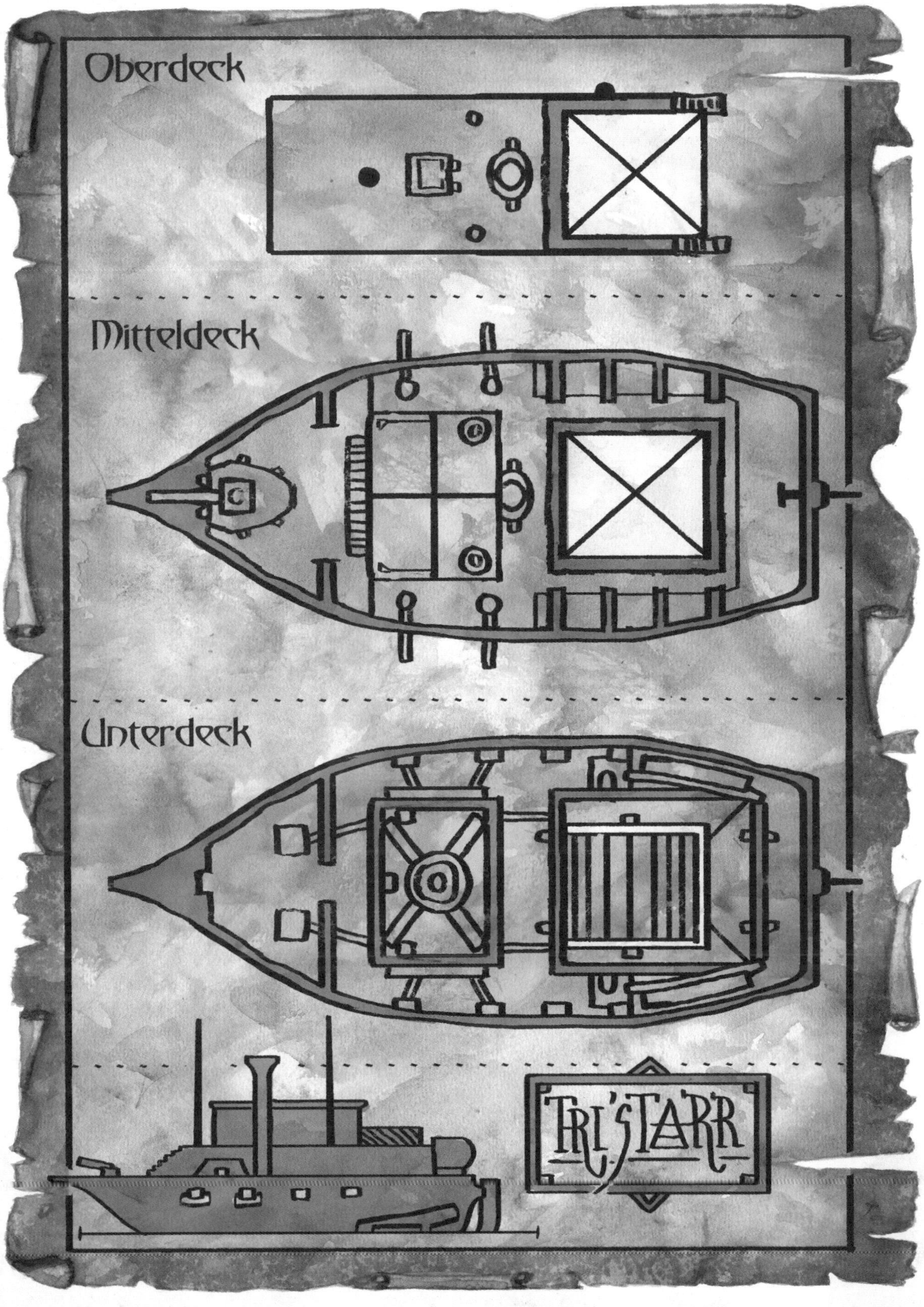

Oberdeck

Mitteldeck

Unterdeck

TRI'STARR

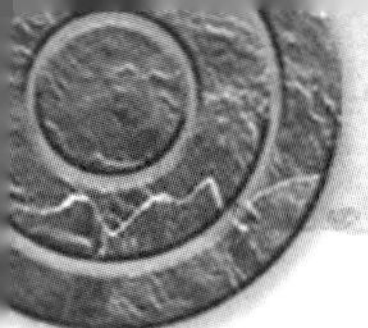

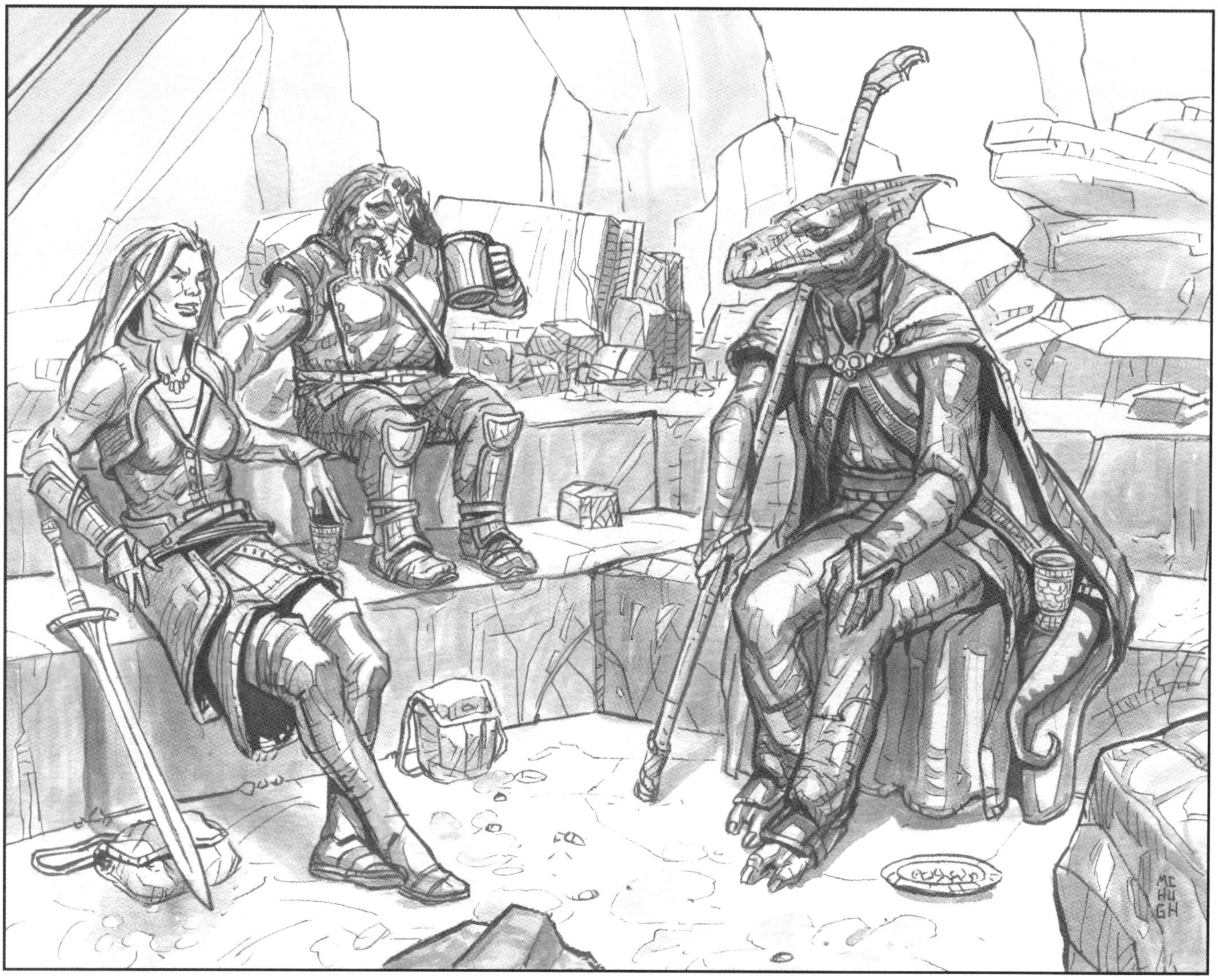

Aber Slipsplisnir hat auch eine gute Nachricht. Die Tri'starr liegt einige hundert Schritt von Nad'karanji entfernt vor Anker in ihrer Nebelwolke und ein großer Teil der Boote der Maha'krodha hat an den Holzkais von Nad'karanji festgemacht. Die Kämpfer an Land feiern ausgelassen ihren Sieg und aus den Türmen hört man Geschrei und Gesang.

Die Maha'krodha haben Trupps in die nähere Umgebung ausgesandt, um versprengte Feinde zu fangen. Die Gelegenheit für eine Sabotagemission noch in dieser Nacht könnte die beste Gelegenheit auf lange Sicht sein. Soweit Slipsplisnir das beurteilen kann, werden die Feuerkanonen auf dem Dai noch für einige Zeit funktionsunfähig sein. Der Windling hat einige Maha'krodha auf der Turmspitze gesehen. Der Schaden sah aber erheblich aus.

Das Ende der Tri'starr

Die Maha'krodha feiern ausgelassen ihren Sieg in Nad'karanji. Mit einem Gegenangriff rechnen die Maha'krodha auf kurze Sicht nicht. Die Daikara sind geschlagen, Nad'karanji ist erobert und die beiden schwachen Nialls hat man in den Dschungel beziehungsweise ins Lungameer gejagt. Die Tri'starr (siehe S. 11) wird in dieser Nacht nur von einer kleinen Besatzung aus Bootsmännern und nur wenigen Kämpfern betreut. Ein Elementarist wartet die Feuermaschine, während ein zweiter sich ausruht. Der dritte Elementarist befindet sich im Moment an Land. Die meisten Kämpfer der Maha'krodha befinden sich in Nad'karanji und sichern die Stadt und nehmen die letzten Widerständler der Daikara im Umland gefangen. Zwei kleinere Boote befinden sich immer in der Nähe der Tri'starr. Jedes der Boote hat eine kampffähige Besatzung von sieben T'skrang, von denen jeweils einer Wache hält.

Die Tri'starr besteht aus drei Decks. Das Oberdeck ist nicht überdacht und beherbergt das Führerhaus des Bootes.

Oberdeck

In der Nacht haben nur der zweite Offizier und der Navigator Dienst im Führerhaus.

Mitteldeck

Auf dem Mitteldeck werden in der Nacht normalerweise die Hängematten der Kämpfer aufgespannt. Da sich die meisten Kämpfer zurzeit in Nad'karanji befinden, sind die meisten Matten zusammengelegt worden und nicht aufgehängt. Es befinden sich nur 8 schlafende Kämpfer in dafür aufgespannten Hängematten. In den sechs Kabinen der Mannschaft befinden sich drei weitere schlafende Kämpfer. Zwei Kämpfer halten Wache, suchen sich zwischendrin aber auch mal eine Sitzgelegenheit. Die Waffenkammer ist verschlossen.

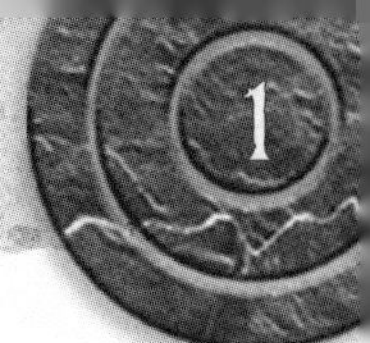

Unterdeck

Die Elementaristen Gatajiva und Gatasu halten sich permanent auf dem Unterdeck auf. Einer der beiden muss immer wach sein, um die Eissphäre zu warten. Im vorderen Bereich des Bootes befinden sich die Lagerräume. In der Mitte des Unterdecks ist die Kammer der Sphäre, von der Leitungen zum Antrieb, zu den vier Eiskanonen und zur Hauptkanone abgehen. Es gibt vier große Druckbehälter, die den Druck speichern können. Für die Werte der Gegner, siehe S. 182.

Um die Eissphäre zu sabotieren, müssen die Elementaristen getötet oder entführt werden oder ein paar Körner des wahren Elementes Feuer müssen in die Sphäre eingebracht werden. Andere Möglichkeiten das Schiff zu versenken sind denkbar.

Ohne die Wartung durch einen Elementaristen explodiert die Sphäre nach ca. drei Stunden.

Falls die Charaktere scheitern

Eine zweite Gelegenheit wie diese wird sich nicht wieder bieten. Wenn die Charaktere mit ihrer Mission keinen Erfolg haben, wird jeder weitere Versucht deutlich schwieriger werden. Die nun gewarnten Maha'krodha werden die Tri'starr nicht mehr so unbewacht lassen. Bei jedem weiteren Versuch, das Schiff zu zerstören, befinden sich zwölf auf den Angriff vorbereitete Kämpfer an Bord, von denen vier Kriegeradepten und zwei Schwertmeisteradepten sind. Die beiden Elementaristen Gatajiva und Gatasu beteiligen sich ebenfalls an jedem Kampf, der an Bord der Tri'starr ausgefochten wird. Zusätzlich dazu befinden sich immer zwei Boote mit weiteren Kämpfern in der Nähe des großen Schiffes.

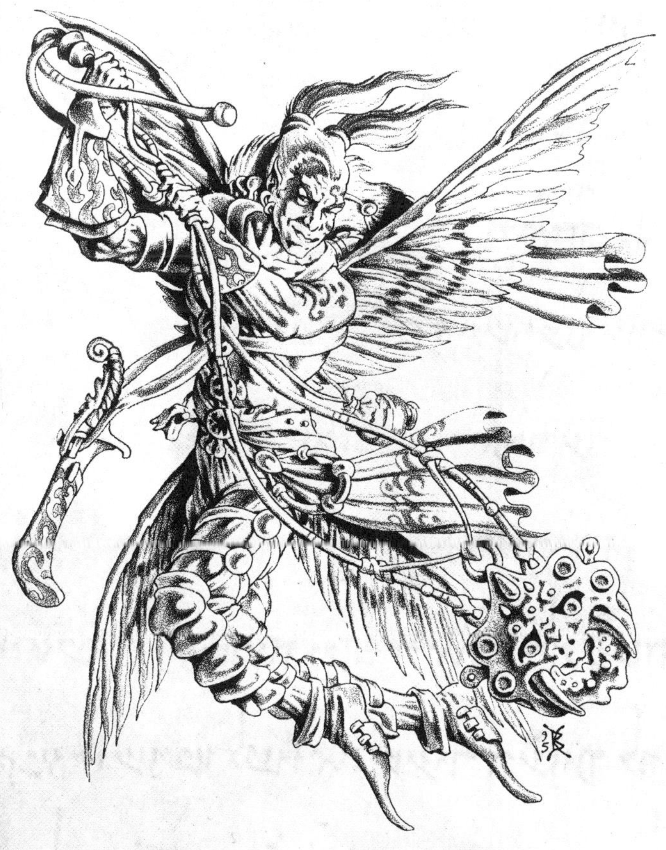

Zurück auf der Harmattan

Jo'ran ist erfreut über die Zerstörung der Tri'starr und beglückwünscht die Charaktere zu ihrem Überleben. Mahendo wirkt immer noch abwesend, hat aber immerhin ein Lächeln auf den Lippen. Falls die Charaktere mit Kula unterwegs waren, macht sich die Kurmapati, offenbar einem geistigen Befehl folgend, ohne die Charaktere auf den Weg Richtung Lungameer.

Binthrel und die anderen Windlinge beschließen herauszufinden, wie die Dinge in Nad'karanji stehen und dann wieder Kontakt mit den Charakteren aufzunehmen und verschwinden in den Dschungel.

Mahendo bietet an, die Charaktere auf Nebenarmen zum Treffpunkt im Lungameer zu bringen.

Wichtige Charaktere

Amba, T'skrang (Daikara), Navigator der Kinjal

Amba hat eine gelbe Haut mit roten Flecken auf dem Rücken. Er hat sich schon in jungen Jahren der Flussschifffahrt verschrieben. In seinem ersten Jahr auf der Kinjal hat er die Kalidasa kennengelernt, die damals das älteste Besatzungsmitglied war, die beiden sind seitdem in Freundschaft verbunden. Amba arbeitet seit mehreren Jahren als Navigator auf der Kinjal unter Kapitän Upani Shaiden. Amba erwartet, dass er bald sein erstes eigenes Kommando über eines der großen Flussschiffe der Daikara erhalten wird. Die Berichte über die Angriffe auf die beiden anderen Nialls in der Region haben Amba stark beunruhigt. Seiner Meinung nach schwebt Nad'karanji in großer Gefahr, erobert zu werden.

Udan Apa, (Daikara), Wächter der Schlange

Udan Apa hat eine dunkle, grün-blaue Schuppenfärbung und trägt mit Stolz einige Narben im Gesicht und an den Armen, die von Kämpfen und Arbeiten auf den Booten des Galanga stammen. Meistens ist er nur mit einer Seemannshose bekleidet. Udan bezeichnet sich selbst als Wächter der Schlange. Er reibt seine Haut mit dem gelben Schlamm des Galanga ein und zeichnet dann Zeichen für das Element Wasser in den Schlamm auf seiner Haut. Er ist viel an den Ufern des Galanga unterwegs, bleibt aber meist in der Nähe der Türme von Nad'karanji. Er steht dem Niall bei spirituellen Fragen zur Seite und arbeitet gerne als Matrose. Udan Apa übernimmt die Übergangsrituale beim Tod eines T'skrang des Nialls Daikara, bei dem die Asche des Verstorbenen mit dem Sand des Galanga vermischt und Shivoam übergeben wird.

Darstellung: neugierig, organisiert, gesellig, mitfühlend, ruhig.
Motivation: Die alten Wege erhalten (Glaube an die fünf Elemente). Niall Daikara beschützen.
Ressourcen: Großes Vertrauen im Niall Daikara. Kenntnisse über die fünf Elemente.

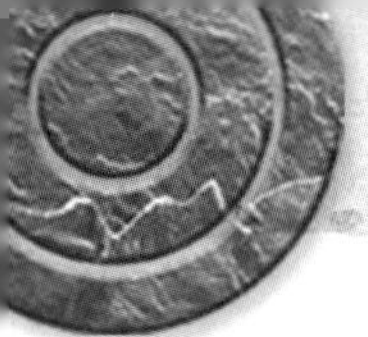

DIE NIALLS SCHLAGEN ZURÜCK

„Es war nicht der beste Plan, der jemals geschmiedet wurde. Aber es war ein Plan."

– Na'Luun, Krieger des Niall Nentilor

ÜBERBLICK

Die Nialls weigern sich, Nad'karanji zurück zu erobern, solange die Lahala Daikara gefangen gehalten wird. Die Charaktere arbeiten einen Plan aus, wie man die Lahala befreien kann und führen diesen durch. Nachdem die Lahala befreit worden ist, verbünden sich alle Parteien und erobern Nad'karanji zurück. Die noch lebenden Mitglieder des Nialls Maha'krodha fliehen den Galanga hinauf. Die Charaktere feiern den Sieg mit allen Nialls.

ATMOSPHÄRE

Durch den Erfolg der Vernichtung der Tri'starr ändert sich langsam die Stimmung zum Positiven. Die Charaktere haben erste Erfolge gegen die Gegner erlangt, sind in der Initiative und können planen und agieren.

SCHLÜSSELINFORMATIONEN

Die Lahala befindet sich unten in den Fundamenten von Nad'karanji, zu denen es einen geheimen Zugang gibt. Für den Zugang durch den Galanga werden Schwimmkristalle benötigt, die man von Udan Apa erhalten kann.

HINTERGRUND

Durch die Vernichtung der Tri'starr haben die Maha'krodha ihre erste große Niederlage erlitten, aber noch halten die Truppen der Maha'krodha Nad'karanji besetzt und viele Mitglieder der Nialls Daikara befinden sich in Gefangenschaft oder wurden getötet. Die drei Nialls Nentilor, Nensora und Daikara sind über die Seitenarme des Galanga verstreut und keines der Nialls kann alleine einen Gegenangriff auf Nad'karanji wagen. Nur wenn die drei Nialls zusammenarbeiten, besteht eine Chance auf Erfolg.

Binthrel, Ter'lispling und Slipsplisnir, die drei Windlinge, haben sich kurz nach der Vernichtung der Tri'starr auf den Weg gemacht, um sich in Nad'karanji umzusehen und um verstreute Boote der Daikara und der Nensora zu finden und an den geheimen, von der Lahala Nensora festgelegten Treffpunkt im Lungameer zu schicken.

Auch die Charaktere sind auf der Harmattan, dem Schiff von Mahendo dem Troll, unterwegs zurück zum Lungameer und informieren auf dem Weg dorthin alle Wohnboote der Nensora, die ihnen begegnen.

Die Situation auf der Harmattan hat sich umgekehrt. Mahendo brütet vor sich hin und ist kaum zu einem Gespräch bereit. Dafür ist Jo'ran relativ redselig und bespricht ein ums andere Mal die Situation am Galanga mit den Charakteren. Mahendo wird zusehends durch Manipulationen am Flussgeist, die im Moment durch die Maha'krodha vorgenommen werden, beeinträchtigt (weite Informationen dazu finden sich in Tanz mit der Schlange Teil 2). Seine Aufmerksamkeit für seine Umgebung nimmt ab und er nimmt kaum mehr an Gesprächen teil. Wenn Mahendo direkt darauf angesprochen wird, wird er behaupten, krank zu sein und sich sehr müde zu fühlen.

DIE VERSTREUTEN WOHNBOOTE

Auf ihrer Reise zurück zum Lungameer begegnet die Harmattan immer wieder einzelnen Wohnbooten der Nensora. Die T'skrang der Mannschaftsbünde sind begierig darauf zu erfahren, was passiert ist und wie die jetzige Lage ist. Inzwischen kennt jeder T'skrang des Nialls Nensora die Charaktere und ihre Taten und vertraut ihnen. Proben zum Überzeugen der Mannschaftsbünde sind nicht mehr nötig. Falls die T'skrang noch nicht von dem Treffpunkt im Schilfmeer wussten, machen sie sich sofort auf den Weg dorthin. Nach einem kurzen Gespräch mit den T'skrang können die Charaktere dann auf der schnelleren Harmattan weiterreisen.

DAS TREFFEN DER DREI NIALLS

Slipsplisnir ist der erste Windling, der zur Harmattan zurückkehrt. Der Windling hat neue Nachrichten für die Charaktere. Die Botschaft der Lahala Nensora hat viele Flüchtlinge erreicht und zahlreiche Boote sind unterwegs zum Treffpunkt. Slipsplisnir selbst ist es gelungen, eine ganze Reihe von Booten zu informieren, darunter auch die Kinjal, die sich in einem der Nebenarme des Galanga versteckt gehalten hat (siehe *Die Beratung mit den Daikara*, S. 49). Das letzte große Schiff der geschlagenen Daikara befindet sich also ebenfalls auf dem Weg zum Treffpunkt.

Die Harmattan überholt auf ihrer Reise auch einige Boote der Daikara. An Bord eines der Boote befindet sich Upani Shaiden mit wenigen, zum Teil verletzten Kämpfern der Daikara. Sobald Upani die Charaktere bemerkt, macht er Mahendo auf sich aufmerksam und wechselt dann auf das schnellere Boot.

Upani wirkt geistig stark angeschlagen, aber er ist dazu in der Lage, den Charakteren vom Verlauf der Schlacht aus seiner Sicht zu berichten und darüber hinaus, dass Nad'karanji vom Feind eingenommen worden ist. Upani ist es gelungen, in den Wirren der Schlacht mit einem Boot zu fliehen. Er hat beobachten können, dass die Lahala Daikara gefangen genommen wurde und glaubt nicht an ihren angeblichen Tod. Er vermutet, dass die Lahala irgendwo in Nad'karanji gefangen gehalten wird.

Die Charaktere erreichen mit der Harmattan den Treffpunkt als eines der ersten Boote und haben Gelegenheit, sich mit der Lahala Nensora auf ihrer Kurmapati Kula zu unterhalten und

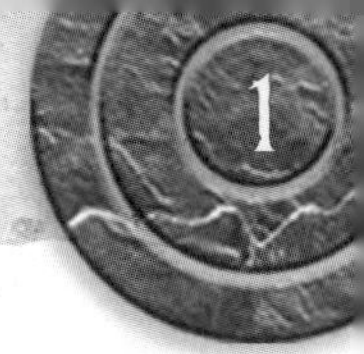

ihr von allem zu berichten, was inzwischen geschehen ist. Kurze Zeit später taucht Na'Luun von den Nentilor auf. Er ist von seiner Lahala geschickt worden, um dem Kriegsrat beizuwohnen. Erst als Amba mit der Kinjal eingetroffen ist, kommt es zu einem längeren Gespräch zwischen allen Anwesenden.

Die Beratung findet auf der Kurmapati Kula der Lahala Nensora statt.

Upani und Amba

Der innerlich zerrüttete Upani Shaiden macht Amba lautstark große Vorwürfe, dass er Nad'karanji nicht verteidigt hat. Upani ist der Meinung, eine Flucht der jungen Lahala Daikara hätte mit der Kinjal irgendwie bewerkstelligt werden können. Eine konkrete Vorstellung, wie das in dem tatsächlichen Kampfverlauf hätte passieren können, hat er nicht. Er verlangt die Kontrolle über das Schiff zurück, um die Lahala wieder zu befreien. Upani vermutet, dass die Lahala bald zum Niall Maha'krodha gebracht werden soll. Damit die Maha'krodha nicht mit der Lahala entkommen können, muss schnell gehandelt und der Fluss an möglichst vielen Stellen überwacht werden.

Amba ist stattdessen der Meinung, dass Nad'karanji sofort zurückerobert werden muss. Durch die Vernichtung der Tri'starr und die momentane Verunsicherung der Maha'krodha sollte der Angriff möglichst schnell erfolgen.

Da die Lahala Daikara gefangen worden ist, liegt die Entscheidungsgewalt in der Zwischenzeit bei der zweitältesten lebenden weiblichen T'skrang. In den Wirren der Schlacht weiß aber niemand, wer das im Moment ist. Die älteste T'skrang der Daikara, die den Treffpunkt bis zu diesem Zeitpunkt erreicht hat, ist Tarra'disa, eine resolute Gewürzhändlerin, die die Aufgabe übernimmt, dabei aber offensichtlich Probleme hat, irgendeine Entscheidung zu treffen. Sowohl Upani Shaiden als auch Amba versuchen, Tarra'disa von ihren eigenen Ansichten zu überzeugen. Diese offene Art der Einflussname durch männliche T'skrang stößt bei den anderen T'skrang der Nialls aber auf Ablehnung.

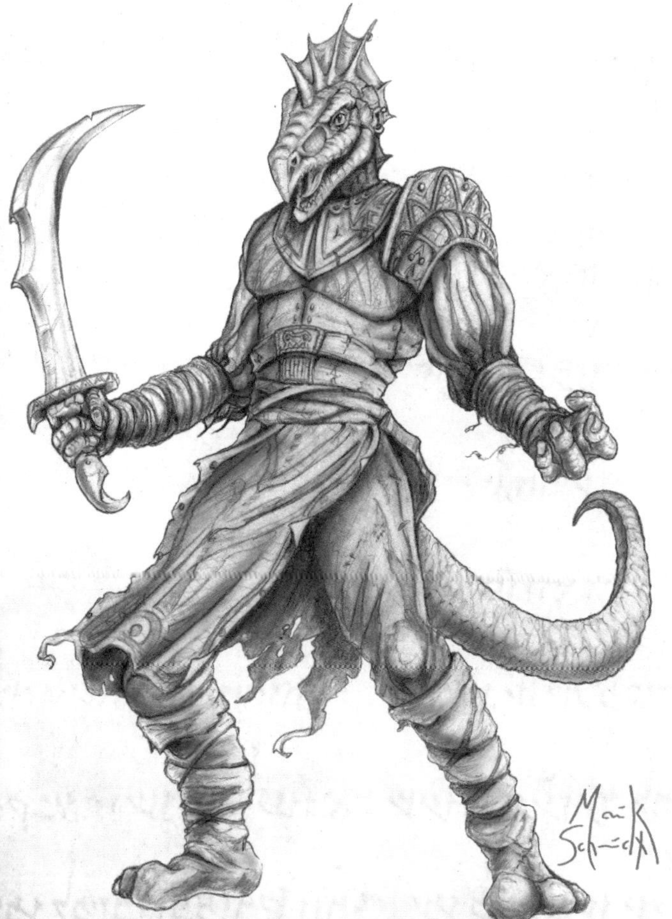

Upani Shaiden und Amba geraten in einen heftigen Streit darüber, wer die Kinjal ab jetzt befehligen soll. Beide fordern dieses Recht für sich ein. Upani fordert das Recht als der ältere T'skrang und alte Kapitän des Schiffes und Amba fordert das Recht als der neue durch die Lahala Daikara beauftragte Kapitän.

Daraufhin bestätigt Tarra'disa Amba als Kapitän. Dieser Entscheidung beugt sich Upani Shaiden ohne weiteren Widerstand zu leisten.

Der Kriegsrat

Der Kriegsrat findet auf der Kurmapati Kula statt. Die Repräsentanten der drei Nialls verfolgen verschiedene Ziele. Falls die Charaktere nicht selber darauf kommen, wird der Windling Binthrel irgendwann als Fürsprecher für einen zeitweiligen Zusammenschluss der drei Nialls im Kampf gegen die Maha'krodha fungieren.

Die Lahala Nensora übernimmt den Vorsitz in der Beratung.

Die Windlinge (oder die Charaktere)

Binthrel schlägt vor, dass sich die drei Nialls zusammenschließen sollen und gemeinsam gegen die Maha'krodha kämpfen müssen, um eine Aussicht auf den Sieg zu haben. Die Windlinge bieten dazu überschwänglich ihre Hilfe an.

Lahala Nensora für das Niall Nensora

Die Lahala Nensora möchte dem Schicksal der beiden anderen Nialls entgehen und ihr Niall vor den Maha'krodha schützen. Sie scheut traditionell vor Kämpfen zurück und zieht eine Flucht vor. Sie wird Amba und Upani Shaiden aus der Versammlung verweisen, wenn die beiden die Tarra'disa zu sehr bedrängen oder versuchen, einen zu großen Einfluss auf die Gespräche zu nehmen. Bei männlichen Charakteren ist sie, weil es sich um Fremde handelt und weil die Charaktere der Nensora sehr viel geholfen haben, bereit, sich ihre Meinung anzuhören. Sie wird männliche Charaktere aber drauf hinweisen, dass die endgültige Entscheidung Aufgabe der Lahala ist. Die Lahala Nensora ist stark für eine Zusammenarbeit der Nialls.

Na'Luun für das Niall Nentilor

Na'Luun verkündet nur die Entscheidung seiner Lahala. Die Lahala Nentilor hat entschieden, dass ihr Volk versuchen wird, die Kuppeln und Plantagen der Nentilor zurück zu erobern und die gefangenen T'skrang des Nialls Nentilor zu befreien. Die Lahala Nentilor ersucht die anderen Nialls um Hilfe. Falls Na'Luun gefragt wird, erkennt er Upani Shaiden oder Amba nicht als Anführer an. Na'Luun kann keine anderslautenden Entscheidungen treffen.

Tarra'disa für das Niall Daikara

Tarra'disa hat sich die Vorschläge von Amba und Upani Shaiden angehört, kann sich aber nicht für einen Weg entscheiden. Sie gibt offen zu, dass sie nicht weiß, was sie machen soll.

Übereinstimmungen

Alle Anwesenden sind sich bei einigen Punkten einig:

- Nad'karanji ist der Schlüssel zur Macht am Galanga. Wenn die Maha'krodha es schaffen die Festung wieder aufzubauen und zu befestigen, können selbst alle drei Nialls zusammen sie nicht zurückerobern.
- Es ist sehr wichtig, dass Nad'karanji schnell zurückerobert wird.
- Die Lahala Daikara verfügt über das umfangreichste Ahnenwissen am Galanga. Sie wird von allen T'skrang hoch geachtet.
- Die Lahala Daikara sollte unbedingt gerettet werden.

Slipsplisnir behauptet, dass es für ihn kein Problem wäre, die Lahala Daikara in Nad'karanji aufzuspüren.

Die Meinung der Charaktere spielt eine große Rolle in der Verhandlung und wird von allen Anwesenden mit großem Interesse gehört, da die Charaktere bei den meisten Anwesenden inzwischen ein hohes Ansehen erlangt haben. Nachdem die Charaktere ausführlich ihre Meinung kundgetan haben, geben die jeweiligen Repräsentanten der Nialls ihre Entscheidungen bekannt.

Der Vorschlag der Charaktere (oder der Windlinge), dass die drei Nialls zusammen kämpfen sollen, wird von allen prinzipiell unterstützt.

Die Lahala Nensora ist ohne Bedingungen bereit, mit ihrem Volk zusammen mit den anderen zu kämpfen.

Na'Luun glaubt, dass die Lahala Nentilor ebenfalls dafür stimmen würde, er muss aber ihre Entscheidung zuerst einholen. Die anderen Anführer vertrauen auf seine Einschätzung.

Tarra'disa für das Niall Daikara weigert sich, die T'skrang ihres Volkes schon wieder in den Kampf zu schicken, bevor die Lahala Daikara befreit worden ist (sie umgeht somit eine Entscheidung).

Die Lahala Nensora und Na'Luun versuchen beide Tarra'disa davon zu überzeugen, dass die Lahala Daikara einem gemeinsamen Angriff zustimmen würde. Tarra'disa lässt sich trotzdem nicht überreden ihre Entscheidung zu ändern.

Alle Nialls und die Windlinge unterstützen die Charaktere, falls diese sich zu einem Befreiungsversuch bereit erklären.

Das besetzte Nad'karanji

In Nad'karanji herrscht der Ausnahmezustand. Die Maha'krodha versuchen, ihre erst kurz andauernde Besatzung zu festigen und gehen brutal gegen jede Form von Widerstand vor. Sie haben an allen wichtigen Orten Kämpfer aufgestellt. Zeitweilig herrschen Ausgangssperren und man hat damit begonnen, alle Waffen einzusammeln und die Vorräte zu inventarisieren. Einige Daikara sind in provisorische Zellen gesperrt worden. Die Enklave ist abgeriegelt und der Kontakt nach außen ist den Fremden verboten worden.

Vadhana, der Gezeichnete (siehe S. 66) hat die Leitung über Nad'karanji übernommen.

Die Befreiung der Lahala Daikara

Die Lahala Daikara wird in den tiefen Unterkünften des Turms Raha, die noch unter dem Flussbett liegen, von den Maha'krodha gefangen gehalten und befragt. Im Moment sind die Truppen der Maha'krodha durch den Verlust der Tri'starr in Unruhe versetzt. Die Maha'krodha wissen nicht, was die Vernichtung des Schiffes verursacht hat und verschiedenste Gerüchte kursieren. Diese reichen von einem geheimen Eingreifen des Aropagois K'tenshin bis hin zur Rache der Passion Upandal für die Beschädigung eines seiner Bauwerke (Turm Dai).

Die Kämpfer Maha'krodha haben von Zan'dakaar die Anweisung bekommen, die Lahala Daikara mit der Tri'starr in sieben Tagen zu ihrer Festung in der Nähe der Galangaquellen zu bringen, wenn sich die Lage in Nad'karanji beruhigt hat und die Tri'starr dort nicht mehr benötigt wird. Was Zan'dakaar dort mit der Lahala geplant hat, ist den Kämpfern der Maha'krodha nicht bekannt.

Damit die Charaktere die Lahala befreien können, müssen sie zuerst ihren Aufenthaltsort herausfinden. Ganz Nad'karanji nach ihr abzusuchen, hat keine Aussicht auf Erfolg.

Wer kennt den Aufenthaltsort der Lahala

Der Zwerg Belegol, ein Angestellter von Hausvor Neumani, der für das Handelshaus Neumani gerade die Stellung in Nad'karanji hält, befindet sich in der Enklave. Belegol hat von Hausvor Neumani die Aufgabe erhalten, erste Kontakte mit den Maha'krodha zu knüpfen. Belegol hat also relativ schnell damit begonnen, einfache Kämpfer der Maha'krodha mit kleinen Geldbeträgen zu schmieren, um Informationen über die Verluste und Lage in Nad'karanji zu erhalten. Sein Plan sieht vor, langsam in Kontakt mit höhergestellten Maha'krodha zu gelangen und Handelsvereinbarungen für Hausvor und das Handelshaus Neumani vorzubereiten. Eher durch Zufall ist er dabei auf die Information über den Aufenthaltsort der Lahala Daikara gestoßen. Eine der Wachen der Maha'krodha war nur zu gerne bereit, mit dem großen Fang im Keller zu prahlen. Wenn die Charaktere es schaffen, mit Belegol Kontakt aufzunehmen, ist er gerne bereit, diese Information mit ihnen zu teilen.

Udan Apa kann sich weiterhin frei in Nad'karanji und an den Ufern des Galanga bewegen. Er vermutet, wo die Lahala gefangen gehalten wird. Einen Beweis dafür hat er aber noch nicht gefunden.

Slipsplisnir wird nach einiger Zeit ebenfalls herausfinden, wo die Lahala sich aufhält.

Eine gefangen genommene Wache der Maha'krodha kennt den Aufenthaltsort der Lahala mit einer 50-prozentigen Chance. Da die Charaktere unter den Maha'krodha inzwischen einen Ruf als äußerst gefährliche Gegner erlangt haben, wird eine einfache Wache den Aufenthaltsort der Lahala verraten, sobald soziale Talente einfache Erfolge gegen den Wert 7 erlangen oder sie massiv bedroht wird. Die Wachen der Maha'krodha vertrauen darauf, dass eine Befreiung aus den unteren Kammern der Türme unmöglich ist und riskieren nicht ihr Leben für die Information über ihren Aufenthaltsort.

Sobald die Charaktere den Aufenthaltsort herausgefunden haben, können sie mit der Planung der Befreiung beginnen. Es gibt zwei mögliche Wege, um die Zelle in den Tiefen des Turms Raha zu erreichen.

Der Weg durch den Turm

Man kann den langen Weg von oben den ganzen Turm hinab wählen. Dazu ist es notwendig, dass ein T'skrang des Nialls Daikara die Charaktere begleitet (Amba würde das tun). Diesen Weg unbemerkt zu gehen, ist für Namensgeber, die nicht der Rasse der T'skrang angehören, sehr schwierig, da im Moment keine Fremden in Nad'karanji erlaubt sind. Einen Nicht-T'skrang so zu verkleiden, dass er als T'skrang durchgeht, ist fast unmöglich. Deswegen liegt der Mindestwurf auf Verkleiden für dieses Unterfangen bei 20. Für Trolle, Obsidianer, Zwerge und Windlinge ist es ausgeschlossen.

Illusionsmagie wie ‚Falsches Gesicht' oder ‚Niemand da' kann den Charakteren helfen, sich durch den Turm Raha zu schleichen. Auch das Talent ‚Magische Maske' bietet einen ausreichenden Schutz, um sich im Turm relativ frei zu bewegen.

Wird dieser Weg gewählt, müssen die Charaktere zuerst an drei Wachposten, die jeweils aus drei Kämpfern der Maha'krodha bestehend, vorbei kommen. Mit dem Talent ‚Erster Eindruck' und jeweils zwei Erfolgen gelingt das ohne Probleme. Die Mindestwerte für die Proben liegen beim ersten Wachposten bei 8 und bei den beiden folgenden um jeweils 2 höher. Sollten die Charaktere eine plausible Geschichte präsentieren, kann der Spielleiter den Charakteren einen Bonus auf ihre Proben gewähren.

Der Weg durch den Galanga

Der zweite Weg führt durch einen geheimen Zugangstunnel vom Grund des Galanga in das Fundament des Turmes Raha. Upani Shaiden kennt diesen Weg noch aus seiner Kindheit und kann die Charaktere zum Eingang bringen. Erntar erklärt sich ebenfalls sofort bereit, die Charaktere zu begleiten und ihnen unter Wasser zu helfen. Für Binthrel und seine Gefährten kommt dieser Weg natürlich nicht in Frage.

Damit sich die Gruppe für eine ausreichende Zeit unter Wasser aufhalten kann, wird für jedes Gruppenmitglied (außer T'skrang) ein Schwimmkristall benötigt. Upani Shaiden weiß, dass Udan Apa eine Sammlung dieser Kristalle besitzt. Die Charaktere müssen herausfinden, wo sich Udan Apa aufhält und die Kristalle von ihm besorgen.

Selbst die Maha'krodha haben es nicht gewagt, den Schamanen der Schlange gefangen zu nehmen. Udan Apa kann sich im Moment frei in Nad'karanji und der Enklave bewegen. Obwohl Udan Apa sehr besorgt um sein Niall ist, wird er aufgrund seines Status´ nicht direkt gegen die Maha'krodha vorgehen. Die Charaktere können ihn tagsüber in der Nähe des Flusses treffen, wenn er sein tägliches Ritual durchführt. Er ist gerne bereit, die Charaktere mit einer ausreichenden Anzahl Schwimmkristallen zu versorgen und sie im Namen von Shivoam zu segnen.

Die Lahala Nensora ist gerne bereit, Kula für dieses Unternehmen an die Charaktere zu verleihen.

Der Zugang über den Galanga befindet sich in einer Senke am Flussboden, in der das Wasser etwas klarer ist und langsamer fließt. Trotzdem ist die Sichtweite auf wenige Schritt beschränkt. Der Zugang wird von einer elementaren Membran verschlossen, die aus verwobenen Elementen von Luft und Wasser besteht. Namensgeber können sich mit geringem Kraftaufwand durch die Membran hindurchdrücken.

Entgegen der Annahme von Upani Shaiden ist den Maha'krodha der Zugang über den Galanga ebenfalls bekannt. Zwei Tiermeister der Maha'krodha bewachen den Zugang zu jeder Zeit. Wenn die Charaktere den Eingang erreichen, treten ihnen die beiden Adepten der Maha'krodha mit ihren Krokodilen entgegen. Sollten die Charaktere keine besonderen Vorsichtsmaßnahmen ergriffen haben oder eine Wahrnehmungsprobe gegen den Wert 15 nicht bestehen, werden sie überraschend an-

Schwimmkristalle

Schwimmkristalle sind in vielen T'skrang Dörfern am Schlangenfluss verbreitet. Wenn ein Charakter einen der bläulichen Kristalle in seinen Mund legt, erhält er einen Bonus von +3 auf seine Fertigkeit Schwimmen oder auf sein Stärkeattribut, falls er die Fertigkeit Schwimmen nicht beherrscht (siehe Schwimmen *Spielerhandbuch*, S. 116f). Zusätzlich dazu erhöht der Schwimmkristall die Zeit, die ein Charakter unter Wasser verbringen kann. Normalerweise kann ein Charakter eine Anzahl von Kampfrunden unter Wasser verbringen, die seiner Zähigkeitsstufe entspricht, bevor er zu ertrinken beginnt. Der Schwimmkristall erlaubt es, einem Charakter für (Stufe in Schwimmen) oder (Stufe in Stärke +3) Minuten unter Wasser zu bleiben. Jede weitere Minute unter Wasser kostet den Charakter einen Punkt Überanstrengung.

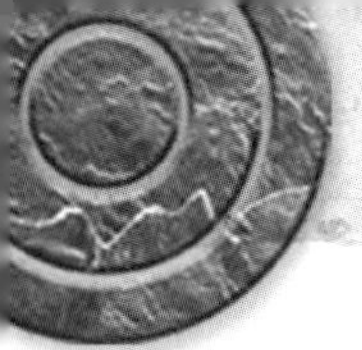

gegriffen. Die Maha'krodha, Erntar und Upani Shaiden haben die Stufe 12 in der Fertigkeit Schwimmen. Siehe die Regeln für Unterwasserkampf auf Seite 187 im Anhang.

Sobald ein Charakter die Elementarmembran durchschreitet, kann er wieder normal atmen und sich in dem zwei Schritt breiten Gang normal bewegen.

GALANGA SUMPF-KROKODILE

Ein braun gefärbtes Männchen und eine weißes Albinoweibchen.

Galanga-Sumpfkrokodil
Herausforderung: Novize (Dritter Kreis)

GES:	6	Initiative:	6
STR:	7	Körperliche Verteidigung:	11
ZÄH:	7	Mystische Verteidigung:	8
WAH:	4	Soziale Verteidigung:	8
WIL:	8	Physische Rüstung:	7
CHA:	3	Mystische Rüstung:	3
Bewusstlosigkeit:	36	Niederschlag:	11
Todesschwelle:	43	Erholungsproben:	2
Wundschwelle:	10		

Bewegung: 8 (schwimmend 8)
Aktionen: 1; Biss: 11 (16)
Kräfte:
Aufmerksamkeit (8): Wie die Fertigkeit, *Spielerhandbuch*, S. 77.
Heimlicher Schritt (12): Wie die Fertigkeit, *Spielerhandbuch*, S. 88.
Hinterhalt (5)
Semiaquatisch: Das Krokodil kann seinen Atem 30 Minuten lang anhalten, bevor es ertrinkt.
Spezialmanöver:
Greif- und Bissangriff (Krokodil)
Loseisen (Gegner, Nahkampf)
Todesrolle (Krokodil): Das Krokodil kann zwei zusätzliche Erfolge aus einer Angriffsprobe ausgeben, um einen Greif- und Bissangriff durchzuführen, wodurch es sich und seinen Gegner dazu zwingt, eine vergleichende Stärkeprobe abzulegen. Gewinnt das Krokodil, zieht es seinen Gegner in einer Rolle unter Wasser, wo es ihn gegen den Grund schmettert und Stufe 7 Schaden verursacht (gegen diesen Schaden schützt keine Rüstung). Dieser Schaden wird zusätzlich zum automatisch verursachten Bissschaden des Krokodils verursacht.
Beute: Haut im Wert von 5W10 Silberstücken
Besonderheiten:
Die Tiermeister verscheuchen ihre Galanga Sumpf-Krokodile, sobald diese mehr als 20 Schadenspunkte erlitten haben.

Der geheime Zugangstunnel führt in die unteren Lagerräume des Turms Raha. Von dort ist es nicht mehr weit bis zu den Zellen der Lahala Daikara.

DIE ZELLEN

Die Lahala Daikara wird von zwei einfachen Wachen (siehe Kämpfer der Maha'krodha, S. 182) bewacht, die überwältigt werden müssen.

Die Lahala Daikara kennt den geheimen Fluchttunnel und kann ohne die Charaktere (die möglicherweise nicht schwimmen können) diesen Rückweg wählen, falls die Charaktere über den ersten Weg zu ihr gelangt sind.

DER KAMPF UM NAD'KARANJI

Nachdem die Charaktere die Lahala befreit und zu dem geheimen Treffpunkt im Lungameer gebracht haben, sind die anderen Nialls bereit, unter der Führung der Lahala Daikara und der Lahala Nensora Nad'karanji zurück zu erobern. Na'Luun hat die Erlaubnis seiner Lahala eingeholt und ist ebenfalls mit 30 Kämpfern zu den T'skrang des Nialls Nensora gestoßen. Die Lahalas entscheiden, gemeinsam Nad'karanji im nächsten Morgengrauen vom Land durch die Nialls Nentilor und Daikara und vom Wasser aus vom Niall Nensora und ihren Wohnbooten anzugreifen.

Die Türme von Nad'karanji bieten im Moment keinen wirksamen Schutz gegen einen koordinierten Angriff. Die Feuerkanonen sind nicht funktionsfähig und die Tore sind zerstört. Die Wohnschiffe der Nensora sind den Schiffen der Maha'krodha zahlenmäßig überlegen und die Kämpfer der drei verbündeten Nialls übertreffen die Kämpfer der Maha'krodha deutlich. Der Trumpf der Maha'krodha, die Tri'starr, ist versenkt worden.

Wenn die Charaktere an der Befreiung von Nad'karanji aktiv teilnehmen wollen, kann der Spielleiter an einem passenden Ort (auf Booten der Nensora oder auf Kula oder vor den Türmen von Nad'karanji) einen weiteren Kampf mit dem Gezeichneten (Vadhana) (siehe S. 66) und einer Truppe von Kämpfern der Maha'krodha stattfinden lassen. Sobald der Gezeichnete gefallen ist, wendet sich das Blatt und die verbliebenen Maha'krodha fliehen zu ihren Booten, um dann über den Galanga hinauf in Richtung der Greifenfälle zu entkommen.

Sobald die Maha'krodha davonfahren, stellen die Nensora die Kampfhandlungen ein. Die Wohnboote der Nensora verhindern diese Flucht nicht und halten die Boote der Maha'krodha nicht auf, so dass ein Teil der Maha'krodha entkommen kann.

Auch ohne die aktive Hilfe der Charaktere wird Nad'karanji von den Nialls Nentilor, Nensora und Daikara zurückerobert.

Nachdem die Maha'krodha aus Nad'karanji vertrieben sind, hält die Lahala Daikara eine Siegesrede für alle, die an der Schlacht teilgenommen haben und dankt allen T'skrang der anderen Nialls, den Charakteren und den Windlingen. Daraufhin erbittet Na'Luun vor allen anwesenden T'skrang um die Mithilfe bei der Befreiung des Nialls Nentilor. Die Ordnung in Nad'karanji wird wiederhergestellt, man kümmert sich um die Verwundeten und die verbliebenen Maha'krodha werden gefangen genommen.

DER KAMPF UM NENTILOR

Die Lahala Nentilor und ihr Gefolge haben die Türme von Nad'karanji bereits vor Tagen verlassen, bevor die Schlacht um Nad'karanji begonnen hat, und sind erst zu Fuß und dann mit kleinen Booten über Nebenarme wieder auf dem Weg zurück zum Niall Nentilor gelangt.

Auch dieses Mal kann Mahendos Schiff Harmattan als Transportmittel genutzt werden, falls die Charaktere auch an diesem

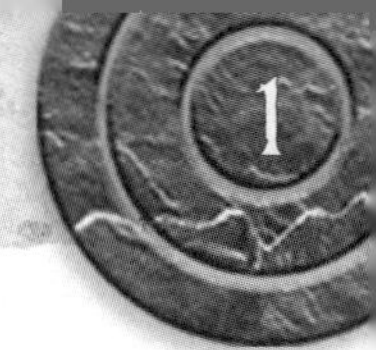

Kampf teilnehmen wollen. Der Troll bringt die Charaktere zu dem mit der Lahala Nentilor verabredeten Treffpunkt, einer alten verlassenen Tempelanlage in der Nähe des Nialls Nentilor.

Die Harmattan fährt auf einem Seitenarm des Galanga, bis sie die alten Steinkais einer großen verlassenen Tempelanlage erreicht. Die Lahala Nentilor ist sehr erfreut, die Charaktere und Na'Luun wieder zu sehen.

Tempel der alten Geister / Der Widerstand

Die Tempelanlage ist bei den T'skrang von Niall Nentilor unter dem Namen „Tempel der alten Geister" bekannt. Das Areal hat eine Größe von 2500 mal 2500 Schritt und konnte vor der Plage vermutlich vielen Schamanen, Scholaren und Bediensteten Unterkunft gewähren. Welche Geister hier verehrt wurden, ist nicht mehr bekannt. Auffällig sind Stelen, die wie aufrecht gehende wilde Bären mit grauenhaften Masken, riesigen Zähnen und vier Hörnern aussehen. Man sieht auch viele Symbole, die ineinander verschlungene Schlangen darstellen. Diese gibt es in jeder Form und Größe.

Viele der Tempel sind eingestürzt oder durch die mächtigen Bäume des Waldes überwuchert. Es gibt noch unzählige Räume unter der Erde und zahlreiche Wildtiere benutzen die Tempelanlage als Unterschlupf. Von Na'Luun kann man erfahren, dass die eingeborenen T'skrangstämme das Areal meiden.

Die Gruppe des Widerstands besteht nur aus 20 T'skrang und sie bewohnen nur einen sehr kleinen Teil der Anlage.

Eine große Kuppel ist freigeräumt worden. Die Luft riecht nach Blumen, Zimt und Koriander und es ist unnatürlich kühl in dem Raum. Wurzeln der Dschungelbäume sind durch die Decke gewachsen, haben die Kuppel aber bisher nicht zum Einsturz gebracht. Die alte Funktion des Raumes ist unklar. Es gibt rechts und links jeweils einen kleinen Raum, der sich anschließt. Sehr auffällig ist die Deckenhöhe von ca. acht Schritt.

Fincha begrüßt die Charaktere mit großer Freude und Erleichterung. Die Gesellschaft begibt sich in die Unterkünfte und ein Kriegsrat wird abgehalten.

Fincha schildert die Lage wie folgt: Die im Niall Nentilor verbliebenen T'skrang sind gefangen genommen worden und verrichten im Moment unter der Aufsicht der Maha'krodha ihre Arbeit. Die Gefangenen sind durch Ketten oder Magie gefesselt. Nachts werden die T'skrang in Bambuskäfigen gehalten und bewacht.

Die Anzahl der Kämpfer der Maha'krodha schätzt Fincha auf ca. 30. Es gibt einige Flussboote der Maha'krodha, die an den Anlegestellen liegen, aber kein Schiff, das für den Kampf geeignet wäre.

Leider haben sich offenbar einige der Nentilor mit den Maha'krodha arrangiert und sind zu ihnen übergelaufen.

Unerwartete Hilfe

Bevor der Angriff beginnen kann, trifft die Kinjal am „Tempel der alten Geister" ein. Auf der Kinjal befinden sich nicht nur 30 Kämpfer der Daikara, auch die Lahala Daikara selbst ist mitgereist. Kurz darauf steuern zwölf Wohnschiffe der Nensora und die Kurmapati Kula auf den Tempel zu. Auch die Nensora und ihre Lahala wollen sich an dem Kampf um Nentilor beteiligen. Die beiden Lahalas sind kurz nach der Abreise der Charaktere übereingekommen, den Nentilor gemeinsam zu helfen.

Die Befreiung der Nentilor

Als die Charaktere und die T'skrang der drei Nialls die Plantagen erreichen, stellen sie zu ihrer Überraschung fest, dass die Maha'krodha in einer übereilten Flucht aus dem Lager verschwunden sind. Die aus Nad'karanji flüchtenden Boote der Maha'krodha haben die verbliebenen Kämpfer im Niall Nentilor informiert und vor der Gefahr der herannahenden Nialls gewarnt. Das hat die Flucht der Besatzer ausgelöst, um nicht noch mehr Truppen in einem sinnlosen Kampf zu verlieren.

Auch das Niall Nentilor ist wieder frei.

Die T'skrang des Nialls Nentilor beschließen, eine Siegesfeier zur Vertreibung der Maha'krodha auszurichten, zu der alle Nialls eingeladen sind. Die Gefahr durch die Maha'krodha scheint vorerst gebannt zu sein. Trotzdem herrscht eine seltsam gedrückte Stimmung.

Viele Fragen bleiben ungeklärt.

Warum haben die Maha'krodha angegriffen?
Was wollten die Maha'krodha mit der Lahala Daikara?
Woher kommt die Tri'starr und wer hat den Antrieb gebaut?
Was wird aus dem Bund der drei Nialls?

Einiges davon erfährt man im nächsten Teil der Kampagne.

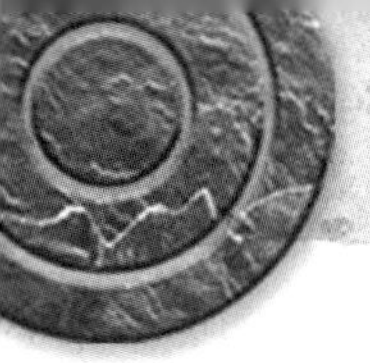
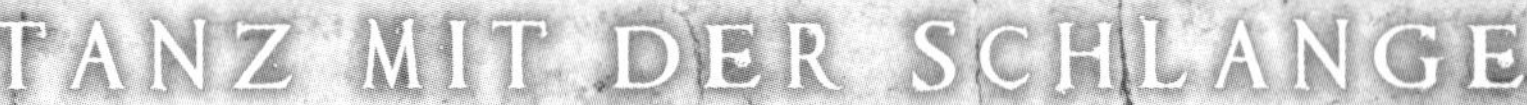

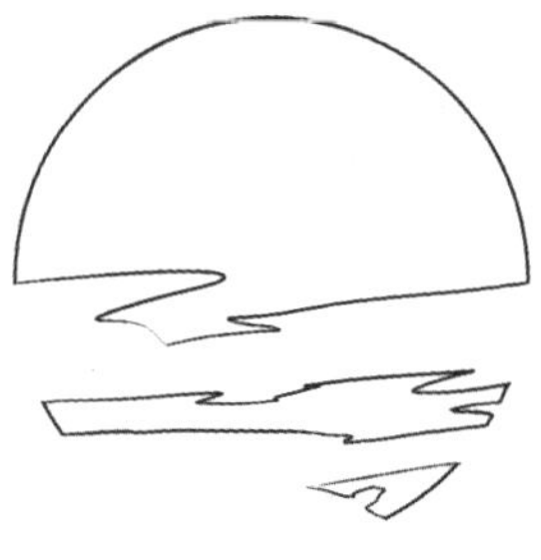

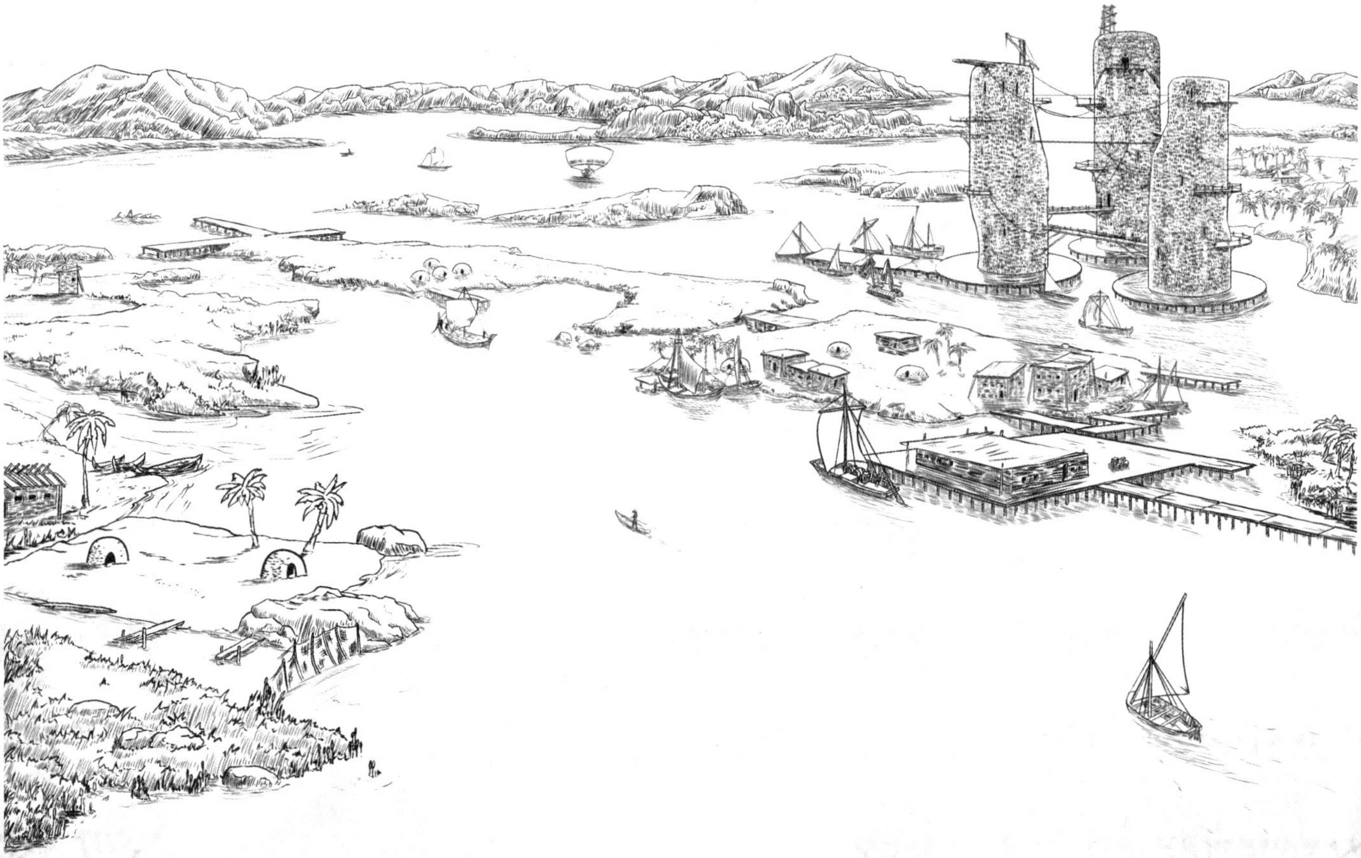

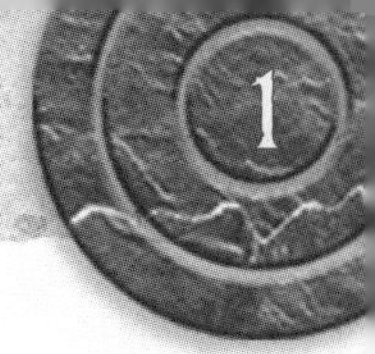

ANHANG

DIE TÜRME VON NAD'KARANJI

Die Stadt – oder die Festung – Nad'karanji besteht aus drei steinernen Türmen, die sich in der Mitte des Galanga befinden. Die Türme sind von oben gesehen wie ein rechtwinkliges Dreieck angeordnet. An der Spitze thront der Turm Dai. Links befindet sich der Turm Raha und rechts der Turm Nika.

Nad'karanji verfügt über ein beeindruckendes Steinfundament, das weit hinunter unter das Bett des Flusses reicht. Weit unten in den Tiefen von Nad'karanji befinden sich angeblich nicht unerhebliche Reichtümer, die das Niall im Laufe der Jahre erwirtschaftet hat. Des Weiteren gibt es drei kleine Ansiedlungen im Umkreis und verschiedene Plantagen. Dazu kommt ein kleines Handelsdorf mit einigen Lagerhäusern auf einer Sandbank hinter der Flussfestung. Die T'skrang betreiben Handel bis hinunter zum Schlangenfluss und verkaufen Waren von und an die benachbarten Nialls.

Die steinerne Außenhaut der Türme besteht aus weißem Stein und wurde der Legende nach durch den Hammer von Upandal selbst aus den Fluten des Galanga erhoben. Wenn die Sonne auf die Türme scheint, erstrahlen sie in leuchtendem Weiß. Deswegen werden sie auch die „Leuchtenden von Karanji" genannt. Die Türme unterscheiden sich in ihrer Funktion, wobei in allen Türmen auch Wohnräume zu finden sind.

TURM DAI

In diesem Turm befinden sich die Räume der Lahala, die Bibliothek und die Schamanen. Die Charaktere haben die Möglichkeit, Informationen in der Bibliothek zu erfahren. Die Räume der Lahala können nicht besucht werden.

Der Besuch der Bibliothek ist für T'skrang kostenlos. Fremde müssen zehn Silberstücke für die Benutzung bezahlen.

Der Dai ist von Weitem erkennbar, weil ein grüner Ring aus Jade seine Spitze umgibt und vom Reichtum des Nialls zeugt.

TURM RAHA

In diesem Turm befinden sich die Lagerräume für Waren, die Sklavenquartiere und weitere Werkstätten. Die Charaktere können hier Waren aller Art kaufen. Das Haus K'tenshin hat hier eigene Räume, in denen der K'tenshin Katori besucht werden kann. Handelsvertretungen der Daikara, Nensora, Maha'krodha und Nentilor sind ebenfalls hier ansässig, wobei das Kontor der K'tenshin das Prächtigste in ganz Nad'karanji zu sein scheint.

TURM NIKA

In diesem Turm befinden sich die Werftanlagen, die Gaststätten und die Versammlungsräume. Der Nika ist oben flach und erlaubt das Landen von Luftschiffen. Die Krieger des Nialls haben ihre Räume im Nika.

Gaststätten: Die gelbe Schlange (rau; billig; Flussschiffer); Der torkelnde Zwerg (gehoben; teuer; Händler; Einwohner; Amtsträger); Die Jademine (Nensora, Nentilor, Künstler, Glücksritter, Fremde)

Zwischen den Türmen gibt es zwei hölzerne Verbindungsbrücken in einer Höhe von ca. 20 Schritt, die den Dai mit dem Nika und den Dai mit dem Raha verbinden. Zusätzlich zu diesen Brücken wurden zahlreiche Seile gespannt, über die sich Gegenstände von einem Turm zum anderen transportieren lassen oder wagemutige T'skrang von einem Turm zum anderen balancieren. Auf Wasserhöhe sind rund um die Türme hölzerne Plattformen errichtet worden, um das Anlegen von Schiffen zu ermöglichen. Auf ihnen kann man auch von einem Turm zum anderen laufen. Auf diesen Plattformen bieten zahlreiche Händler ihre Waren feil und ein Teil des sozialen Lebens findet auf ihnen statt. Gegrillte Heuschrecken, frittierte Grillen, gebratenen Riesenwasserwanzen, Nachtfalterlarven und rohe Maden in schillernden Farben und Geschmacksrichtungen sind für die Bewohner von Nad'karanji ein Grundnahrungsmittel. Die Charaktere können auf Fisch, Vögel oder Krokodil ausweichen, falls ihnen das nicht zusagt.

Boote, die an den Plattformen angelegt haben, werden durch einen losen Steg aus langen Holzbrettern miteinander verbunden. Dieser Steg wird von den Einheimischen Krebsweg genannt, da die Bewohner von Nad'karanji von den losen Planken aus von den Fischern Waren, häufig Krebse aus dem Galanga, kaufen können. Für Besucher der Festung ist der holprige Weg nicht ganz ungefährlich. Ein Fremder zieht das Gelächter vieler T'skrang auf sich, sollte er vom Krebsweg ins Wasser stürzen.

Die Flussfestung Nad'karanji wird durch unter Wasser befindliche, um die Türme herum angebrachte, steinerne Dornen vor Angriffen durch andere Flussschiffe geschützt. Diese sogenannten Refselnika (Reffe) haben elementare Magie der T'skrang zum Schutz der Türme über mehrere Jahre hinweg wachsen lassen. Größere Schiffe benötigen einen Lotsen, der sie um die unter der Wasseroberfläche liegenden Dornen herum steuert.

DIE ENKLAVE

In den Türmen von Nad'karanji sind nachts keine Fremden erlaubt. Die Handelshäuser, die mit den T'skrang handeln, haben ihre Niederlassungen auf einer Insel im Fluss, die durch eine Brücke mit dem Festland verbunden ist. Die Flusshäuser (Lagerhäuser, Kneipen und Wohnhäuser) befinden sich auf Stelzen wegen der immer wieder auftretenden Hochwasser. Eine Holzbrücke verbindet die Insel mit dem Festland. An der Insel selber können keine großen Schiffe anlegen. Wenn Waren verschifft werden sollen, müssen sie mit kleinen Booten zu den größeren Flussschiffen gebracht werden.

In der Enklave herrscht ein rauer Umgangston. Zwergische Handelshäuser, T'skrang aus allen Teilen Barsaives – vor allem K'tenshin –, Sklavenhändler, Edelsteinsucher und Glücksritter belauern sich und warten auf ihre Gelegenheit, reich zu werden.

Die Gaststätte Shivoam der ‚Enklave' erinnert an eine ebensolche aus Kratas. Ein Haufen zwielichtiger Gestalten trifft sich mit seinesgleichen. Das Gebäude ist auf Pfählen gebaut, hat drei Etagen und einen Dachboden. Der Eingangsbereich ist ein enger Flur. Nach rechts und links geht es in kleine Gaststuben. Im rechten Schankraum befindet sich der Tresen. Eine enge Treppe (nur für eine Person geeignet) führt in die zweite Etage. Hier befinden sich drei weitere, voneinander getrennte Schankräume und ein Saal für größere Festivitäten. In der nächsten Etage sind fünf Zimmer für Gäste. Die Räume des Personals befinden sich alle im Erdgeschoss. Die Fenster sind nur Löcher in der Wand, vor die man in der Nacht hölzerne Läden schließt.

Die Ringe und die Anlegeplätze der Hafen

Um die drei Türme sind unten drei große Plattformen gebaut worden, die miteinander verbunden sind. Auf diesen Plattformen findet ein großer Teil des öffentlichen Lebens statt. Es gibt Garküchen und einfache Marktstände. Einen Sklavenverkauf ist zeitweilig geöffnet, und eine Bootsvermietung ist ebenfalls vorhanden. Hier bekommt man Talismane, warme Mahlzeiten, Schmuck und was das Herz sonst noch so begehrt. An die Ringe schließen sich die Stege der Kaianlagen an. Mehrere Stege führen in verschiedene Richtungen und erlauben das Anlegen von Kanus und Flussschiffen.

Die Dörfer und die Plantagen

Die vielen kleinen Plantagen der Daikara befinden sich traditionell in der Nähe des Flusses. Jede Plantage wird von einer kleinen Gruppe von T'skrang der Daikara unabhängig geleitet. Sie kümmern sich um die Pflanzen und überwachen die dort arbeitenden Sklaven. Es werden hauptsächlich Obst, Reis und Zuckerrohr angebaut. Die Arbeiter und Aufseher schlafen nachts in Dörfern im Dschungel in der Nähe ihrer Arbeitsstätten. Es gibt kaum festgelegte Wege, die in den Dschungel hineinführen. Der Kontakt mit eingeborenen T'skrang aus dem Dschungel ist nur gering. Der Großteil der Waren wird über den Galanga transportiert.

Die Kämpfer der Maha'krodha

Siehe Seite 182 im Anhang für Werte der generischen Kämpfer.

„Der Gezeichnete" (Vadhana) (Schwertmeisterin Kreis 5)

GES:	7	Initiative:	6
STR:	6	Körperliche Verteidigung:	11
ZÄH:	6	Mystische Verteidigung:	7
WAH:	5	Soziale Verteidigung:	10
WIL:	6	Physische Rüstung:	5
CHA:	7	Mystische Rüstung:	3
Bewusstlosigkeit:	61	Erholungsproben:	3
Todesschwelle:	72	Karmapunkte:	20
Wundschwelle:	9		
Bewegung:	12		

Aktion: 1x Säbel 12 (13), 1x Säbel 12 (11)

Ausrüstung: Säbel (Schaden 13, magisch), Säbel (Schaden 11), Bunte Gehärtete Lederrüstung

Talente: Hieb Ausweichen (5): 12, Manövrieren (4): 11, Verspotten (6): 13, Nahkampfwaffen (5): 12, Riposte (6): 13, Akrobatische Verteidigung (4): 11, Standhaftigkeit (5): 11, Gefahrensinn (5): 12, Tigersprung (5), Luftgleiten (5): 12, Zweitwaffe (5): 12, darf Karma für Schadensproben mit einer Nahkampfwaffe ausgeben.

Die Elementaristen Gatajiva & Gatasu (Kreis 5)

GES:	5	Initiative:	5
STR:	5	Körperliche Verteidigung:	7
ZÄH:	6	Mystische Verteidigung:	10
WAH:	7	Soziale Verteidigung:	8
WIL:	6	Physische Rüstung:	2
CHA:	6	Mystische Rüstung:	6
Bewusstlosigkeit:	41	Erholungsproben:	3
Todesschwelle:	52	Karmapunkte:	20
Wundschwelle:	9		
Bewegung:	12		

Ausrüstung Gatajiva: Robe, Farnrüstung, Blutamulett Verzweiflungszauber, 2 Elementarmünzen Wasser

Ausrüstung Gatasu: Farnrüstung, Matrixstab

Talente: Aufmerksamkeit (5): 12, Fadenweben (5): 12, Holzhaut (5): 11, Spruchzauberei (5): 12, Struktur Verstehen (5): 12, Hieb Ausweichen (7): 12, Heilendes Feuer (5): 11, Astralsicht (5): 12, Elementarsprachen (6): 13, Wispern (5): 12, Elementarbann (6): 12, Standardmatrix (5), Beschwören (6): 13, Erweiterte Matrix (5)

Zauber in den Matrizen

Gatajiva (T'skrang Elementarist Kreis 5)
Standartmatrix (Eisbola), Erweiterte Matrix (Speer des Elements Luft), Erweiterte Matrix (Winde der Ablenkung)

Gatasu (T'skrang Elementarist Kreis 5)
Standartmatrix (Waffe verlangsamen), Erweiterte Matrix (Speer des Elements Wasser), Erweiterte Matrix (Feuerball), Erweiterter Matrixstab (Luftrüstung)

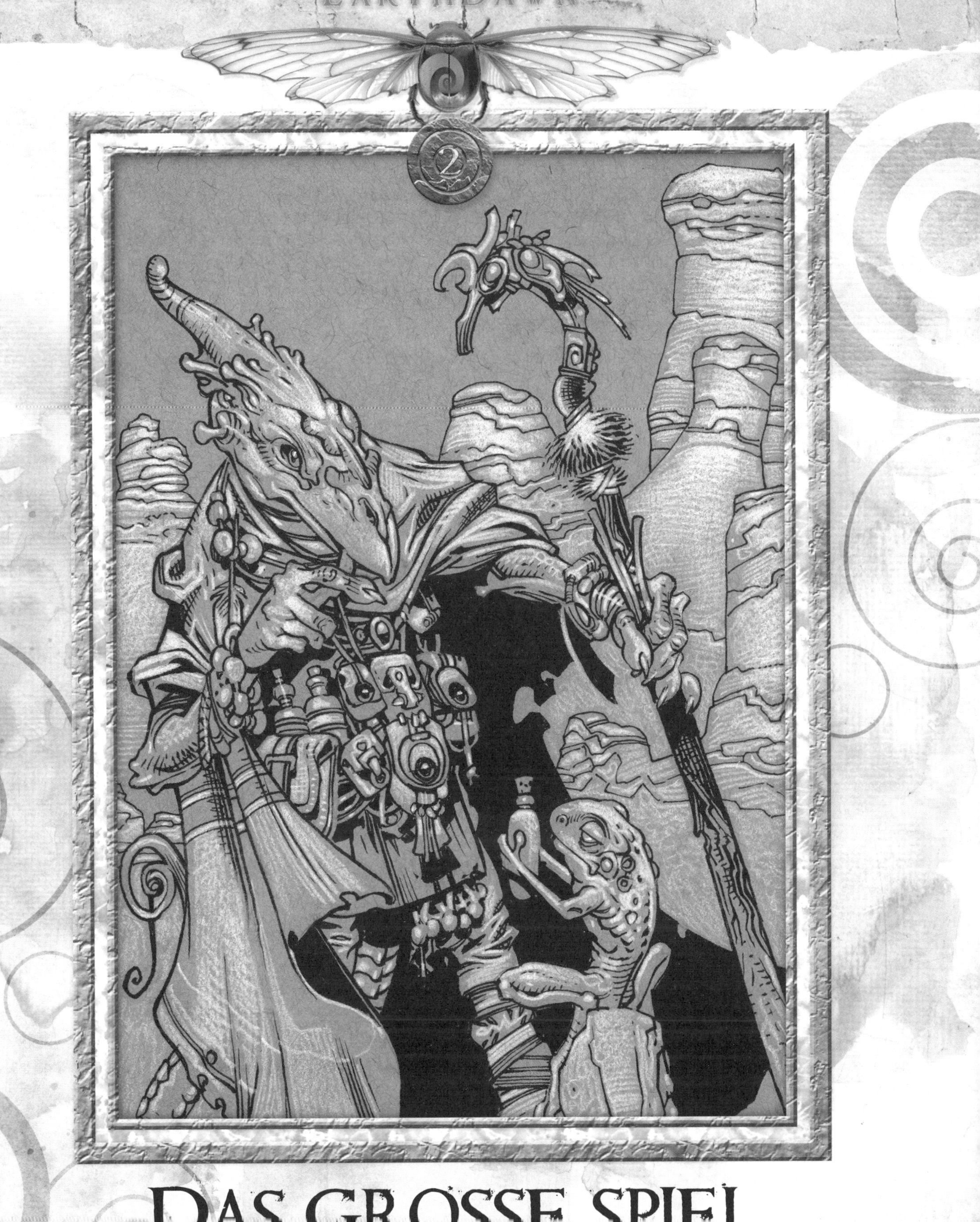

DAS GROSSE SPIEL

Die Geschichte eines Ortes, der Verlauf einer Legende, beruht immer auf dem, was die Vergangenheit einbrachte. Die Aufgabe eines Scholaren ist, diese für die Nachwelt zu erhalten. Die Aufgabe aller Namensgeber ist, aus dieser zu lernen.“

– Merrox, Bibliothek zu Throal

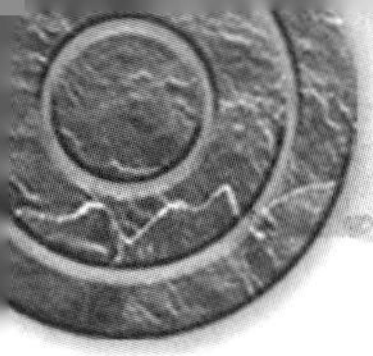

Handlungsüberblick

„Einst lebten die Nialls am Galanga in Frieden miteinander. Wir waren zwar nicht die Familie, die wir sein könnten, aber es gab kein böses Blut zwischen uns. Wir zahlten unsere Abgaben und hatten keinen Ärger mit dem großen Kriegshaus. Und dennoch gibt es stets diejenigen, die nach mehr Macht streben. Und wer das Wissen von Generationen in sich trägt, sollte es eigentlich besser wissen. Dennoch waren es die Maha'krodha, welche nach Macht, Ruhm und Reichtum strebten. Sie vernichteten den Frieden und beinahe uns und die anderen Nialls am Galanga. Den Passionen und Shivoam sei Dank vereinigten sie damit aber auch das, was getrennt war und zusammen gehören sollte. Gemeinsam, stark in der Position, konnten der fürchterliche Plan und das grausame Vorgehen zurückgeschlagen werden. Ich bin mir sicher, dass dies das Werk Shivoams war. Er schickte uns eine Gruppe von Helden, die mit den Belangen am Galanga nichts zu tun hatten. Und dennoch halfen sie uns in dieser schweren Zeit zu überleben – und mehr noch! Sie schafften es, den Frieden zu erneuern und, wie sich noch herausstellen sollte, ihre eigene Legende am Galanga war noch lange nicht vorbei."

– Aus den Erzählungen der Lahala Nentilor über den Krieg am Galanga

Vollbrachte Taten – „Was bisher geschah"

In *Galanga, der Tanz beginnt* reisten die Charaktere an einen Nebenlauf des Servos, den Galanga. Genauer gesagt: an dessen Oberlauf, einen eher abgelegenen und ruhigen Teil des Schlangenflusses. Am bis zu den Greifenfällen schiffbaren Oberlauf des Galanga gibt es vier kleinere Nialls: Daikara, Nensora, Nentilor und Maha'krodha. Jedes dieser Nialls beherrscht einen Abschnitt des Flusses. Doch den Maha'krodha war dies nicht genug, und so hatten sie im Geheimen ein neuartiges Kriegsschiff konstruiert, um entlang des Galanga ein Niall nach dem anderen anzugreifen und so die bestimmenden T'skrang am Galanga zu werden. Die Charaktere wurden zu Beginn des Abenteuers in die Geschehnisse verwickelt, als die Maha'krodha mit Kaperfahrten begannen, die Fähigkeiten ihres neuen Kriegsschiffs zu testen. Dabei wurde das Schiff der Charaktere angegriffen und schwer beschädigt, und so strandeten sie im Dschungel.

Die Charaktere flohen durch den Urwald und erreichten schlussendlich das Niall Nentilor. Alles deutete darauf hin, dass hier das nächste Ziel des unbekannten Kriegsschiffes sein würde. Nur mit sehr geringen Chancen, den bevorstehenden Angriff zu überstehen, berieten sie sich mit den T'skrang des Nialls und entschieden sich, den verbleibenden Nialls am Galanga von der Gefahr zu berichten. Die Charaktere flohen in Richtung des Lungameers, um die dort lebenden T'skrang des Nialls Nensora rechtzeitig vor der drohenden Gefahr zu warnen.

Nach mehreren Begegnungen mit Bewohnern des riesigen Schilfmeers erreichten die Charaktere den Sammelplatz der Wohnboote des Nialls, ihren Gegnern stets nur einen kleinen Schritt voraus. Es kam, wie es kommen musste, kleinere Scharmützel mit den Maha'krodha waren nicht zu verhindern und die Charaktere hatten die Gelegenheit, mehr über die Gegner zu erfahren. Die Nensora mussten daraufhin in verschiedene Richtungen fliehen und machten es den Maha'krodha so zunächst unmöglich, ihren Angriff erfolgreich zu Ende zu führen.

Im Anschluss begaben sich die Charaktere nach Nad'karanji, der Flussfeste der Daikara. Da die Kunde über das Vorgehen der Maha'krodha bereits die Festung erreicht hatte, bereitete man dort bereits die Verteidigung der Feste vor. Doch die Maha'krodha hatten eine Idee. Sie verübten ein Attentat auf die Lahala Daikara, nachdem von den Daikara alle Fremden aus Nad'karanji verbannt wurden. Die Daikara schickten folglich ihre Schiffe aus, um gegen die Maha'krodha zu kämpfen und dieses neue, schier übermächtige Schiff zu versenken. Die Schlacht endete mit einer großen Niederlage der Daikara.

Die Charaktere und Vertreter aller Nialls mussten sich auf Grund der Ereignisse erneut beraten, was nun zu unternehmen war. Da sich die drei Nialls auf keine gemeinsame Strategie einigen konnten, beschlossen die Nentilor, aus Nad'karanji zu fliehen. Die Nensora baten die Helden, ihnen bei einem gewagten Plan zu helfen und die Daikara bereiteten sich auf die Verteidigung Nad'karanjis vor. Die Maha'krodha griffen Nad'karanji an, nahmen die Stadt ein und die neue Lahala Daikara gefangen. In einer Nacht- und Nebelaktion gelang es jedoch, das nach dem Kampf schlecht bewachte feindliche Kriegsschiff zu versenken.

Nad'karanji war allerdings immer noch in der Hand der Maha'krodha. Auch die neue Lahala Daikara wurde immer noch dort gefangen gehalten. Bei einem Kriegsrat konnten die Charaktere einen losen Bund zwischen den Nialls bilden. Alle Parteien waren sich einig, dass Nad'karanji der Schlüssel zur Befreiung des Galanga war und zurückerobert werden musste. Gemeinsam schmiedeten sie einen Plan. Die Lahala Daikara konnte befreit werden und die drei Nialls eroberten Nad'karanji gemeinsam zurück. Die geschlagenen Maha'krodha flohen unter großen Verlusten zurück den Galanga hinauf.

Folgen des Handelns – „Atlosh t'zdram"

Atlosh t'zdram ist T'skrang und bedeutet „das große Spiel". Es beschreibt eine Art Schachspiel, das von den T'skrang traditionell gerne gespielt wird. Es steht aber im Besonderen für Politik – und genau dieses Thema wird die Charaktere im zweiten Teil von „Tanz mit der Schlange" beschäftigen.

Die Schlachten sind geschlagen, die Maha'krodha besiegt und es gilt nun, am Galanga wieder zur Normalität über zu gehen. Die Nialls haben schwere Verluste und Beschädigungen hinnehmen müssen und betrauern die Toten, feiern aber auch ihren Sieg, es herrscht eine seltsam zwiegespaltene Stimmung.

Im Anschluss an die finale Schlacht und die Flucht der Angreifer wird es die Charaktere interessieren, was nun mit den Maha'krodha passiert. Die Nialls selbst müssen erst mit der Situation klarkommen und das entstandene Chaos beseitigen. Es liegt also im Ermessen der Charaktere, sich dieser Angelegenheit anzunehmen.

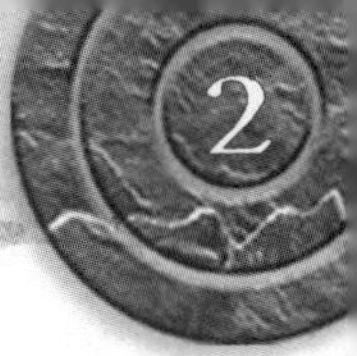

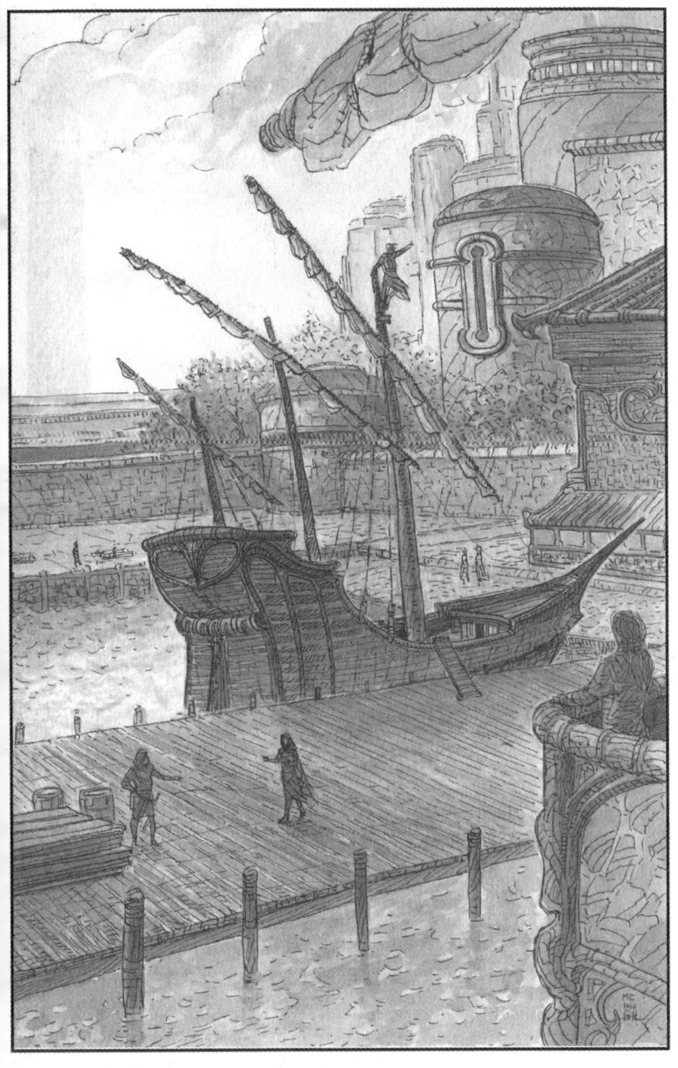

Die Charaktere reisen zu den Maha'krodha – und es bestätigt sich die Flucht des Nialls. Das Dorf der T'skrang ist verlassen, es gibt Spuren von in den Dschungel Geflüchteten. Das Niall ist in alle Himmelsrichtungen zerstreut. Nach einigem Suchen können die Charaktere die Werft des Flussschiffs ausmachen. An diesem versteckten Ort finden sie erneut Hinweise auf eine Flucht. Ebenso entdecken die Charaktere, dass ein zweites Kriegsschiff im Bau war. Dieser Bau wurde aber nicht fertig gestellt und von dem Schiff fehlt jede Spur. Auch die geflüchteten Krieger der Maha'krodha sind nicht vor Ort. Ein überlebender Sklave aus Throal kann Hinweise auf den Verantwortlichen hinter dem Schiff geben und deutet einen Deal mit den K'tenshin an sowie eine mögliche Flucht mit dem unfertigen Schiff dorthin. Nichtsdestotrotz sind die Maha'krodha wohl keine Gefahr mehr (siehe Folgen für die Mahakrodha, Seite 74ff).

Bis die Charaktere zurückkehren, konnten sich die Nialls einigermaßen neu ordnen. Die T'skrang der verschiedenen Nialls mit ihren verschiedenen Ansichten und Vorstellungen diskutieren im Nachgang, ob die Nialls nicht auch in Zukunft zusammen stehensollten, verbunden durch ein Bündnis am Galanga.

Die T'skrang am Galanga sind sehr traditionell und spirituell eingestellt. Neben den Passionen sind für sie nach wie vor die alten Flusslieder und die Verehrung des Flussgeistes Shivoam durch die bereits bekannten Hüter des Galanga sehr wichtig. Und so kommt es, dass in der ganzen Diskussion diese Gemeinsamkeit den Wendepunkt der politischen Diskussion bildet. Eine alte Legende am Galanga könnte helfen, den Flussgeist Shivoam direkt um einen Rat zu bitten, und seine Worte sollen über ein Bündnis am Galanga entscheiden.

Die Charaktere werden auserkoren, diese Kontaktaufnahmen und die Suche nach der Legende aufzunehmen. Die Suche der Charaktere führt sie zuerst zur schwimmenden Bibliothek der Nensora, deren Leiterin sie suchen müssen und dann in die vielen Seiten der Legenden und Texte des Galanga.

Die Informationen, die sie erforschen können, bringen sie auf eine Schatzsuche nach magischen Ritualen um Shivoam, verknüpft mit einer alten Legende der T'skrang. Auf dieser Suche entdecken sie fünf legendäre Orte und deren Geschichte und bauen eine Verbindung zum Flussgeist auf.

Mit all den besiegten Gefahren, gefundenen Ritualen und Informationen können sie das Ritual abschließen und den Flussgeist kontaktieren. Allerdings ist der Ausgang des Rituals nicht so, wie man es sich eigentlich erwünscht hat.

DIE TANZPARTNER

„Ich bin mir nicht sicher, ob ich den Schlag zuerst spürte oder ihn auch habe kommen sehen. Aber im Nachhinein stellt sich die Gegebenheit für mich wie folgt dar: Ich war an Deck des Bootes gelandet, weil ich mir dort einen Platz erkauft hatte, da die Kojen in den unteren Unterkünften einfach viel zu teuer waren. Der urplötzlich aufkommende Wind hatte das Dreieckssegel des kleinen Bootes erfasst und das leichte Donnern verkündete, dass das Boot voll im Zug des Floranuus lag. Eine plötzliche Änderung der Windrichtung – und wahrscheinlich auch die starke Strömung im Fluss – sorgten dafür, dass das Segel samt Baum einmal die Seite des Schiffes wechselte. Ich sah noch den erschrockenen Blick des Bootsmanns, der neben mir die Taue kontrollierte. Er war so überrascht, dass er nicht mehr reagieren konnte. Und was soll ich sagen, mich erwischte es, als ich mir grade eine Pfeife anstecken wollte und ein harter Schlag beförderte mich ins Wasser. Dabei hatte ich noch Glück im Unglück, denn mein Fuß verhedderte sich in einem Tau, so dass ich gefühlte zwei Kerzen lang durch den Fluss gezogen wurde, bis man mich wieder, bis auf die Unterwäsche durchnässt, an Board hievte. Der Bootsmann grinste mich an und meinte nur: "Wisst Ihr, Herr Zwerg, bei uns T'skrang gibt es eine Redensart. Wer die Schlange nicht kennt..." Ich winkte ab: „Ja ja, ich weiß, der sollte nicht mit ihr tanzen, ich hörte davon!"

– aus den Erzählungen von Tandil, ein Zwerg aus Throal

Es war der letzte Schritt, der noch fehlte. Alle Orte waren gefunden, alle Runen entschlüsselt und alle Vorbereitungen getroffen. Die Feinde waren in die Irre geführt worden und alles lief nach Plan. Gut, es gab einen Rückschlag. Wer hätte auch gedacht, dass diese einfältigen Namensgeber es schaffen würden, eine Einigung zu erzielen. Aber es machte nichts mehr aus. Jetzt auf keinen Fall mehr. Seine Verbünde-

ten hatten alles getan, was zu tun war. Sie hatten auf seine gezielten und weisen Worte gehört, nicht zu direkt aber dennoch seinem Willen entsprechend. Die Machtgier dieser Leute war zu einfach zu manipulieren. Zusammen werden sie hier viel erreichen können.

Lange Zeit hat er sich hier bedeckt gehalten. Hatte die Lage sondiert und die Verstrickungen und Politik beobachtet. Solange, bis er verstand, wie hier alles im Fluss blieb. Bis er wusste, wen er wie manipulieren konnte, wer auf seine Worte hören würde. Und doch war es eigentlich ein Zufall, was letztendlich passierte. Ursprünglich wollte er doch nur etwas von diesem Gegenstand erfahren, etwas von der Magie, die an diesem Ort hier genutzt wurde. Doch es ergaben sich viel größere Sachen. Er würde etwas vollbringen, was noch nie jemandem geglückt war, worüber nicht einmal nachgedacht worden war.

Als er die letzten Riten vollzog, die letzten Worte sprach und die letzten Runen schrieb, konnte er die Magie förmlich spüren, die er bereits durch den Astralraum beobachte. Der Sand zu seinen Füßen bebte leicht, aber beließ alles in seiner Form. Die Energie wurde größer und größer, und der Geist, den er suchte, war zum Greifen nah. Der Schnitt in seiner Hand war schnell gemacht und die Runen, die vermutlich niemand je ausgesprochen hatte, waren ihm einfach von den Lippen gegangen. Es kam Bewegung in den Sand und eine kleine Menge des Sandes schwebte in seine Hand. Leicht war zu erkennen, dass dort mehr als nur Sand war. Das verstörte Wimmern des Geistes machte ihm klar, dass alles genau so lief wie er es so lange geplant hat.

Die Bewegung zweier Tiere auf dem Wasser in seinem Rücken bemerkte er nur durch einen Zufall, aber als er sich umdrehte, war dort nichts zu sehen. Die Vorfreude und die Möglichkeiten, die sich in der Folge ergeben würden, hatten wohl seine Sinne getäuscht. Von der Magie berauscht, streckte er seine mentalen Fühler auf diese Handvoll Sand in seinen Händen aus. Er konnte die arme Seele packen, er konnte sie formen, er konnte sie führen und ihr befehlen. Was für eine Kraft es doch war und doch so machtlos, sich aus dieser Situation zu befreien. Er berührte die Magie und ließ sie auf den Fluss hinausragen. Er stellte sich im Geist die Materie vor, konnte fühlen, wie er ein Teil von ihr wurde und konnte sehen und verstand, dass dieser Teil nur da war, um ihm zu gehorchen.

Das Wasser des Flusses begann sich zu kräuseln. Immer schneller, immer heftiger, sprangen kleine Wasserperlen in die Höhe. Leichter Nebel zog auf und verschleierte die Oberfläche. Fische traten an die Oberfläche – tot, vielleicht sogar gekocht. Der Fluss gehorchte ihm.

Er ließ das Kräuseln aufhören und sah auf das Wasser, welches sich in einem kleinen, abflachenden Strudel wieder beruhigte. Der Geist in seiner Hand lehnte sich auf und er merkte, wie erschrocken und voller Angst dieser war. Ein breites Lächeln breitete sich auf seinem Gesicht aus.

Das Gute an Legenden ist, dachte er sich, dass sie manchmal nicht wahr sind! Und mit einem lauten Lachen drehte er sich um und verschwand im Dschungel. Er hatte doch noch so viel vor.

– Zan'dakaar – Elementarist

„Der Fluss liegt zwar ruhig vor uns, aber die Gefahren sind nicht gebannt. Man weiß nie, was unter der Oberfläche auf uns wartet. Eine Sandbank, auf der wir auflaufen, eine Strömung, die uns den Kurs versaut, oder ein Fels, der uns den Rumpf aufreißt. Die Schlange verliert nie ihre Zähne, auch dann nicht, wenn sie ganz ruhig im Korb liegt.“

– Jo'ran, Matrose an Bord der Harmattan

Die Wächter des Galanga

In Barsaive gibt es viele Wege und Glaubensrichtungen. Am Galanga gibt es die sogenannten Wächter des Galanga. Die Wächter sind aus einer langen Tradition am Galanga entstanden. Sie folgen dem Weg der alten Flusslieder. Sie widmen ihr Leben den fünf Elementen und Shivoam im Speziellen, und sie wachen über seine Geheimnisse und den Lauf des Flusses und die Balance der Elemente am Galanga. Legenden aus alter Zeit sprechen den Wächtern mystische Fähigkeiten zu, welche Shivoam ihnen gegeben haben soll. Am ehesten sind sie mit den Schamanen der Stämme vergleichbar.

Traditionell ist das auffälligste Merkmal der Wächter des Galanga ihre Hautfarbe. Ihre Nähe zum Flussgeist spiegeln sie wieder, indem sie ihre Haut mit dem Schlamm vom Grund des Galanga einschmieren. Der getrocknete, lehmartige Boden gibt ihrer Haut eine gelbliche Färbung, was sie deutlich von den anderen T'skrang am Fluss unterscheidet. Diese Tradition wurde während der Plage durch das Leben in den Kaers vernachlässigt und wird seit Ende der Plage nicht mehr ausgeübt. Meist ist die Bemalung nur bei spirituellen Gelegenheiten anzutreffen.

Aufgrund der Zeit und der geringen Anzahl T'skrangs der Nialls am Galanga, ist die Zahl der Wächter mit ungefähr zwei Dutzend, verteilt auf den gesamten Bereich des Galanga, geringer

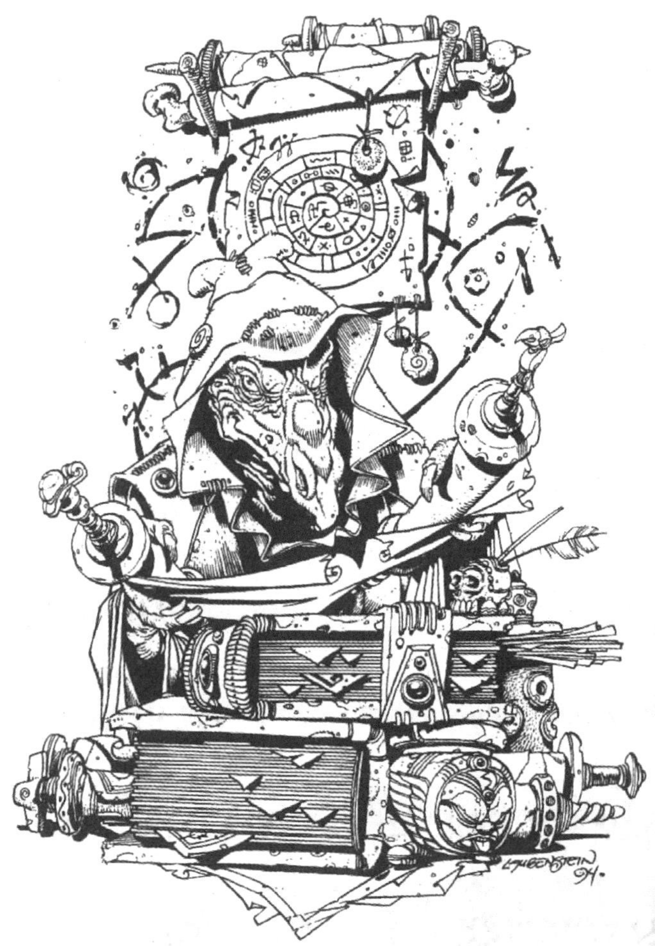

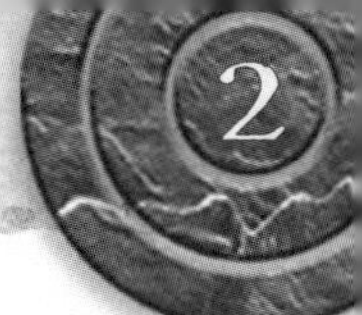

als noch vor der Plage. Die meisten Wächter leben ihren Weg im Umland und unter den freien bzw. nicht den Nialls zugehörigen T'skrang. Eine Handvoll Wächter lebt direkt in den Nialls und ist diesen auch zugeordnet. Insgesamt werden sie von den T'skrang aller Häuser respektiert und mit Wohlwollen behandelt.

Der Elementargeist Shivoam steht für den Glauben und das Wesen des elementaren Wassers und damit für den Schlangenfluss und das Wesen der T'skrang. Shivarro, die Anziehungskraft des Flusses auf einen T'skrang, zeigt die zentrale Bedeutung der Schlange im Wesen der T'skrang. Dazu kommt die Verehrung von Shivos, der elementaren Erde, die Verehrung von Syrtis, der elementaren Luft, und T'schlome, des elementaren Feuers. Bisher eher unbekannt ist die Verehrung von Chreostis, des elementaren Holzes, die speziell am Galanga zu finden ist.

Vor der Plage gab es unter den Wächtern der Nialls einige Auserwählte, die einen magischen Talisman besaßen. Dieser Talisman verlieh ihnen besondere Fähigkeiten und wurde von Generation zu Generation weitergegeben. Zum Ursprung der Talismane gibt es verschiedene Legenden unter den T'skrang des Galanga. Nach einer dieser Legenden erhob sich der Flussgeist Shivoam selbst und verlieh fünf der Wächter einen Gegenstand, indem er diese an Ufer der Galanga anspülte. In anderen Geschichten hat sich die magische Eigenschaft der Talismane durch den Weg der Wächter selbst entwickelt. Unabhängig von der Herkunft der Talismane ist klar, dass jeder Talisman eines der Elemente repräsentiert und entsprechende Fähigkeiten verleiht.

Über die Zeit wurden diese Talismane von Wächter zu Wächter weitergegeben. Die Träger der Talismane waren stets einem der Nialls zugehörig und durch den besonderen Glauben am Galanga bringen ihnen diese eine besondere Position innerhalb der Wächter und der Nialls ein. Man nennt sie als Wächter stets im Zusammenhang mit dem Element, das sie repräsentieren bzw. dem Elementarwesen, dem sie ihren Weg widmen. Während man also allgemein von den Wächtern am Galanga oder auch umgangssprachlich unter den freien Stämmen von Schlangenwächtern spricht, sind diese Wächter der Talismane z.B. bekannt als Wächter (oder Hüter) der Luft oder Wächter der Syrtis oder einfach nur unter ihrem überall bekannten echten Namen.

Mit der Zeit der Plage und der Trennung der Nialls am Galanga teilten sich auch die fünf Elemente neu auf und jedes Niall wird seitdem von einem Wächter des Elements begleitet. Welche Rolle der Wächter innerhalb des Nialls einnimmt, unterscheidet sich von Niall zu Niall und änderte sich im Verlauf der Zeit immer wieder.

Die fünf Elemente teilen sich zurzeit wie folgt auf die verschiedene Nialls auf:

Der Wächter des Wassers

Im Schutze der Türme der Daikara hat der Wächter des Wassers (Shivoam) ein Zuhause gefunden. Udan Apa ist ein ausgebildeter Kapitän und fähig auch größere Flussschiffe zu steuern. Er hat eine dunkle, grünblaue Schuppenfärbung und trägt mit Stolz einige Narben im Gesicht und an den Armen von Kämpfen und Arbeiten auf den Booten des Galanga. Er trägt eine Seemannshose als Zeichen des Respekts für seine Ausbildung, ist am Oberkörper aber ohne Kleidung. Als Wächter des Wassers ist er sehr traditionell eingestellt und trägt häufig die übliche „Robe" aus mit Elementarmagie verzaubertem Schlamm des Flusses, die seine Schuppen überziehen. Er ist viel an den Ufern des Galanga unterwegs, bleibt aber meist in der Nähe der Türme der Daikara. Er steht dem Niall bei spirituellen Fragen zur Seite und stellt sich auch als Kapitän oder Matrose zur Verfügung, sollte seine Hilfe gebraucht werden. An den Ufern des Flusses hilft er oft den Fischern und kleineren Booten, sollten diese in Schwierigkeiten geraten oder Beistand benötigen. Er übernimmt auch die Übergangsrituale, bei denen die Asche eines T'skrang mit dem Sand des Galanga vermischt und Shivoam übergeben wird oder bei dem der Körper dem Galanga übergeben wird, damit er seinen Weg zu den Ahnen finden kann.

Über die Jahrzehnte wurde an den Wächter des Wassers eine magische Kette weitergereicht. In diesem Fall handelt es sich um eine Kette aus geschlossenen Hornmuscheln, die um den Knöchel eines Fußes getragen wird. Die magische Fähigkeit der Kette ermöglicht Udan, für kurze Zeit über Wasser zu laufen und dort, wo er seinen Fuß in den Fluss hält oder auf ihm läuft, beruhigen sich der Fluss und seine Strömung. Eine äußerst praktische Fähigkeit, wenn Angler, Boote oder Schwimmer die Zähne der Schlange unterschätzen.

Der Wächter der Luft

Unter den Nentilor lebt der Wächter der Luft (Syrtis), ein T'skrang namens Vata Z'kore. Der lebensfrohe T'skrang hat eine hellgrüne Schuppenpracht mit blauen Sprenkeln. Als K'stulaami hat Vata dünne Flughäute. Doch anstatt als Kind den Weg zu seinesgleichen zu suchen, blieb er geleitet vom alten Wächter der Luft am Galanga. Dieser sah in ihm die Verkörperung der Syrtis und bildete ihn zu seinem Nachfolger aus. Seit einigen Jahren nun ist Vata der Wächter bei den Nentilor. Trotz seiner besonderen Erscheinung ist er im Dorf angesehen und wird stets um Rat gefragt. Häufig wird das Gespräch mit dem stets gut gelaunten Wächter gesucht, wenn man Trost und Aufmunterung sucht. Er schläft in einem kleinen Baumhaus am Flussufer der Gemeinschaft der Nentilor. Er folgt nicht dem Weg eines Adepten, ist aber ausgebildet als Medizinmann und Kräuterkundiger. Als Wächter des Elements besitzt er dennoch eine magische Fähigkeit, die dem Fadenweben sehr nahe kommt.

Sein magischer Gegenstand von Shivoam ist ein großer runder Halsreif, den er stets trägt. Der Reif ist aus einer Art Lavagestein und trotz seiner Größe sehr leicht. Es streicht stets ein leichter Windhauch über ihn, und wenn es sehr leise ist, kann man ein leises Flüstern von Wind hören. Vata ist mit Hilfe der Magie des Artefakts in der Lage, einen Namensgeber oder einer Kreatur die Fähigkeit der Wasseratmung oder Atmung in großer Höhe zu ermöglichen bzw. zu erleichtern. Während er die Magie des Reifs freisetzt, führt er diesen über den Kopf des Gegenübers und zurückund erschafft für diesen so eine Sauerstoffblase, die für einige Zeit bestehen bleibt.

DIE WÄCHTERIN DER ERDE

Die alte T'skrangfrau Messalah ist die Wächterin der Erde (Shivos) und lebt unter den Nensora im Lungameer. Sie ist vom Alter gezeichnet und vermutlich über 100 Jahre alt, auch wenn das niemand so genau weiß. Geistig ist sie dank ihrer Verbindung zu den Elementen und den Geistern immer noch so fit wie manch jüngerer T'skrang. Speziell an ihren Augen ist ihr Alter abzulesen, ebenso an der leicht gebückten Haltung. Ihre Schuppen sind von dunklem Blaugrün, und ihr einfacher Kamm ist mit Ringen aus verschiedenen Steinarten geschmückt. Sie folgt dem Weg einer Elementaristin des fünften Kreises und bevorzugt das Element Erde für ihre Zauber. Ihre Kleidung ist eher praktisch und verziert mit unterschiedlichsten natürlichen Gegenständen wie Federn, Knochen, Farnblättern und bunten Blüten. Sie berät das Niall in allen spirituellen und magischen Fragen. Ihr Zuhause ist Bhuvana, eine der Kurmapati genannten Riesenschildkröten. Bhuvana ist die älteste bekannte Kurmapati und begleitet Messalah schon, seit diese ein kleines Kind war. Die alte Messalah trägt einen der magischen Gegenstände Shivoams stets bei sich. In einem kleinen Beutel an ihrem Gürtel befinden sich mehrere Keramikscherben eines sehr alten Kruges aus Ton von Flussschlamm. Der zerbrochene Krug hat, wieder zusammengesetzt, magische Fähigkeiten, die durch ein Ritual für den Erdaspekt freigesetzt werden können. Der Krug ist eine Art Strukturgegenstand des Lungameers und Messalah hat mit ihm die Fähigkeit, den Verlauf der Inseln im Gewässer sowie die Zufahrten zur Grünen See zu verändern.

DER WÄCHTER DES FEUERS

Gor'tec Naruu, der Wächter des Feuers (T'schlome), ist ein Elementarist des vierten Kreises und hat eine eher traditionelle und repräsentative Stelle innerhalb des Nialls Maha'krodha inne. Er führt Rituale durch, bewahrt und singt die alten Lieder und verehrt die große Schlange. Die T'skrang des Nialls kommen zu ihm, wenn sie spirituellen Rat benötigen oder alten Traditionen (wie dem Sandritual der Benennung) folgen wollen. Innerhalb des Kreises der Lahala hat der Wächter keinen Einfluss und ist praktisch nicht in die Entscheidungen des Nialls einbezogen. Gor'tec ist als Nachfahre einer der ärmeren Familien des Nialls in seine Rolle geschlüpft, was den respektierten aber doch eher untergeordneten Platz erklärt, den er in dem Niall einnimmt. Er ist für einen T'skrang von ziemlich kleiner und magerer Gestalt. Seine Schuppen sind tief dunkelblau und haben einen dunkelroten Schimmer, wenn Licht auf sie fällt. Böse Zungen behaupten, dass ihn das Element Feuer ausmergelt, da er ihm nicht gewachsen ist. Er trägt zwar einen erdfarbenen Gehrock mit klassischen abgesetzten elementaren Runen – aber zusätzlich dazu eine Art Lederrüstung an Hüfte und Oberkörper sowie Arm- und Beinschienen.

Auch Gor'tec besitzt einen der magischen Gegenstände von Shivoam. Er trägt einen Umhang vollständig aus den Federn der Greife, die bei den Greifenfällen wohnen. Diese Federn sind magisch miteinander verbunden und verleihen dem Träger eine besondere magische Fähigkeit. Sie macht den Träger vollkommen unempfindlich gegenüber Feuer, schützt ihn aber auch für kurze Zeit gegen Kälte. Dafür muss der Umhang nur an die Struktur des Trägers gebunden sein. Der Umhang isoliert und bewahrt vor Schaden aus beiden Quellen. Gor'tec kann diesen Effekt auch mittels eines Rituals auf seine Umwelt oder auf weitere Personen ausdehnen. Die Dauer des Rituals steigt mit zunehmender Größe des Umfelds bzw. steigender Anzahl an Personen.

DIE WÄCHTERIN DES HOLZES

Vanah, die Wächterin des Holzes (Chreostis), verließ die Gemeinschaft der Nialls zum Beginn der Plage und diente von da an Shivoam auf ihre eigene Art und kümmerte sich in erster Linie um den Dschungel und seine Geschöpfe. Sie hat es sich zur Aufgabe gemacht, die Dämonen, die den Galanga und Shivoam bedrohen, so gut wie möglich zurückzuschlagen. Die Nialls haben den Kontakt zu ihr verloren, und niemand weiß genau, was aus ihr geworden ist. In den alten Legenden und Schriften findet jedoch ihr Name Erwähnung, ihre Existenz ist also bekannt. Das Wissen über ihren Gegenstand ist verschwommen. In den alten Texten steht etwas von einem Stab aus einem sehr alten Holz, der die Naturgeister beeinflussen und Pflanzen wachsen lassen konnte. Doch wo sie oder ihr Stab sich zurzeit befindet oder ob sie einen Nachfolger ausgebildet hat, ist nicht bekannt. Es gibt unter den T'skrang auch Theorien und Legenden darüber, dass ihr der Umgang mit den Geistern ein verlängertes Leben beschert hat und sie noch immer im Dschungel des Galanga zu finden ist. Es könnte also sogar sein, dass Vanah immer noch die Wächterin des Holzes ist und ihr Werk für die alten Lieder selbst erledigt. Weil sie seit der Plage nicht mehr gesehen wurde, ist auch die Verehrung des Elements Holz nicht mehr verbreitet. Unter den freien Stämmen gibt es noch einige, die Chreostis verehren. Manche von ihnen behaupten sogar, Vanah selbst im Dschungel begegnet zu sein, aber Beweise gab es bisher nie. Die Legende von Vanah ist noch nicht zu Ende erzählt und wird ihren Höhepunkt im 3. Teil erreichen.

DIE TALISMANE DER WÄCHTER

Die sogenannten Talismane sind magische Gegenstände, die den Trägern magische Fähigkeiten im Bereich des Galanga geben. Die Gegenstände sind, wie oben beschrieben, von Wächter zu Wächter weitergegeben worden. Im Verlaufe der Zeit und während der Plage ging viel vom Wissen über ihre Bedeutung, Herkunft und Wirkung verloren. Im Vergleich zu früher haben die Wächter nur noch einen geringen Zugang zu der Macht Shivoams und den anderen Elementen. In der folgenden Auflistung sind die bekannten Fähigkeiten aufgeführt und mögliche andere Kräfte als Beispiele angegeben. Die Talismane entfalten ihre Fähigkeiten nur im Bereich des Galanga, wo die Wächter traditionell ihren Weg beschreiten.

Shivoam (Wasser): Strömungen und Flusslauf beruhigen, über Wasser gehen, Trinkwasser erzeugen, Elementarbefestigungen der Türme verstärken, etc.

Syrtis (Luft): Luftblase für z.B. Unterwasseratmung, ermöglicht Luftgleiten, Winde für z.B. Boote heraufbeschwören

Shivos (Erde): Verändern der Lage der Inseln und Flussverläufe im Lungameer und der Grünen See, Erzeugen von neuen Inseln im Lungameer, Erzeugen eines Erdstabes, etc.

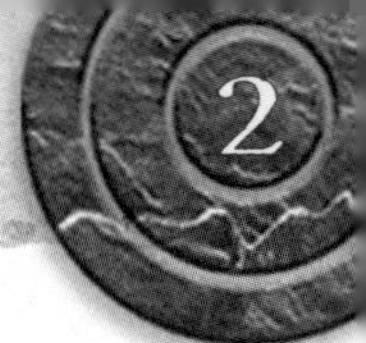

T'schlome (Feuer): Schutz vor Feuer und Kälte (eingeschränkt), Ersticken von Feuern, Entzünden von Fackeln und Lagerfeuern, etc.

Chreostis (Holz): Pflanzenwachstum und Hilfe beim Beschwören von Naturgeistern, ermöglicht eingeschränkte Kommunikation mit Kreaturen, Pflanzensprache, etc.

Im Verlauf der Abenteuer kommen die Charaktere mit einigen dieser Fähigkeiten in Berührung. Die restlichen Fähigkeiten können aber bei Bedarf genutzt und ergänzt werden.

Der Puppenspieler – Zan'dakaar

Nachdem die gesellschaftliche Rolle und die Aufgabe der Wächter beleuchtet wurden, wird es Zeit, auf den eigentlichen Strippenzieher dieser Geschichte einzugehen. Die Maha'krodha wurden als Bedrohung identifiziert und ihre mächtigste Waffe vernichtet. Die Charaktere müssen also glauben, die Gefahr erkannt und verstanden zu haben, aber was wirklich passierte und welche Gründe die Maha'krodha überhaupt hatten, so zu handeln, ist unbekannt. Daher ist es wichtig, Zan'dakaar zu beschreiben.

Ein Leben in Throal

Zan'dakaar ist ein T'skrang, geboren unter dem Königreich Throal in einem Niall der Bleichen. Obwohl er in der Welt der Bleichen aufgezogen wurde, schaffte er den Sprung in die Armee von Throal. Dort wurde sein magisches Potential erkannt, woraufhin er den Weg des Elementaristen einschlug. Er war außergewöhnlich talentiert und schaute oft über den Tellerrand seiner Ausbildung hinaus. Zan'dakaar galt in der Armee als brillanter, aber schwieriger Charakter, der den meisten seiner Kollegen eher mit Verachtung begegnete. Sein damaliges Spezialgebiet waren Antriebe und vor allem Waffen. Er wurde zu einer Forschungseinheit versetzt, wo er daran arbeitete, die Technik der Feuerkanonen zu revolutionieren. Er wollte das verwendete Element gegen ein anderes austauschen und aus dem Konzept Feuerkanone eine Art Eiskanone machen. Diese Idee stieß auf viele Widerstände im Militär, weswegen er letztendlich frustriert Throal verließ.

Er erreichte so vor fast zwei Jahrzehnten den Dschungel am Galanga auf der Suche nach einer alten Legende. Zan'dakaar hatte in der Bibliothek von Throal die Legenden um die Wächter des Flussgeistes gelesen und auch die Legenden über ihre magischen Gegenstände. Und so verschlug ihn seine Wissbegier schließlich an den Galanga.

Die neue Heimat

Während er dieser Legende nachging, traf Zan'dakaar auf die T'skrang der Maha'krodha. Ein Volk, ebenso machthungrig wie er, dem der gewisse letzte Impuls fehlte, sich diese Macht auch zu erobern. Zu seinem Erstaunen war es für ihn sehr leicht, in diesem Niall Fuß zu fassen. Seine bleiche Haut entsprach dem der führenden T'skrang Familie. So war es ihm schnell möglich, seinen Rang zu verbessern und sogar eine beratende Position bei der Lahala einzunehmen. Sein geschickter Umgang mit Worten und Argumenten ermöglichte es ihm, die Lahala Maha'krodha mit der Zeit immer stärker zu manipulieren.

Die gewonnene Macht gefiel ihm, denn sie ermöglichte dem Elementaristen, sein eigenes Ziel ohne Probleme weiter zu verfolgen. Auf der Suche nach Informationen entdeckte er alte Texte und weitere Legenden über die Wächter und deren Magie. Der Wächter des Feuers, Gor'tec Naruu, ermöglichte ihm, einen tieferen Einblick in die Geschichte zu bekommen, und er ging Hinweisen auf das verlorene Element Holz und dessen Wächterin Vanah nach.

Die magische Entdeckung

Seine Hartnäckigkeit machte sich schließlich bezahlt und Zan'dakaar entdeckte tatsächlich das Wissen über den Talisman des fünften Elements – und sogar die Anbetungsstätte und die nötigen magischen Runen. Er entschlüsselte etwas, was er nie für möglich gehalten hätte: Der Wächter des Holzes hatte entdeckt, dass es wahrscheinlich möglich wäre, den Flussgeist und seine Kraft aktiv anzuzapfen. Er kam in den Besitz dieser Aufzeichnungen und als Elementarist verstand er schnell, dass die Möglichkeiten noch weitergehen könnten und dass derjenige, der den Flussgeist anzapft, ihn vielleicht beherrschen könnte, was ihm nahezu unerschöpfliche Macht verleihen würde. Diese Idee verfolgte Zan'dakaar von nun an unermüdlich. Er versuchte, die Rätsel und Geschichten um den Flussgeist zu entschlüsseln. Alles, was er brauchte, war etwas Zeit und eine Ablenkung am Galanga, damit er im Geheimen arbeiten konnte.

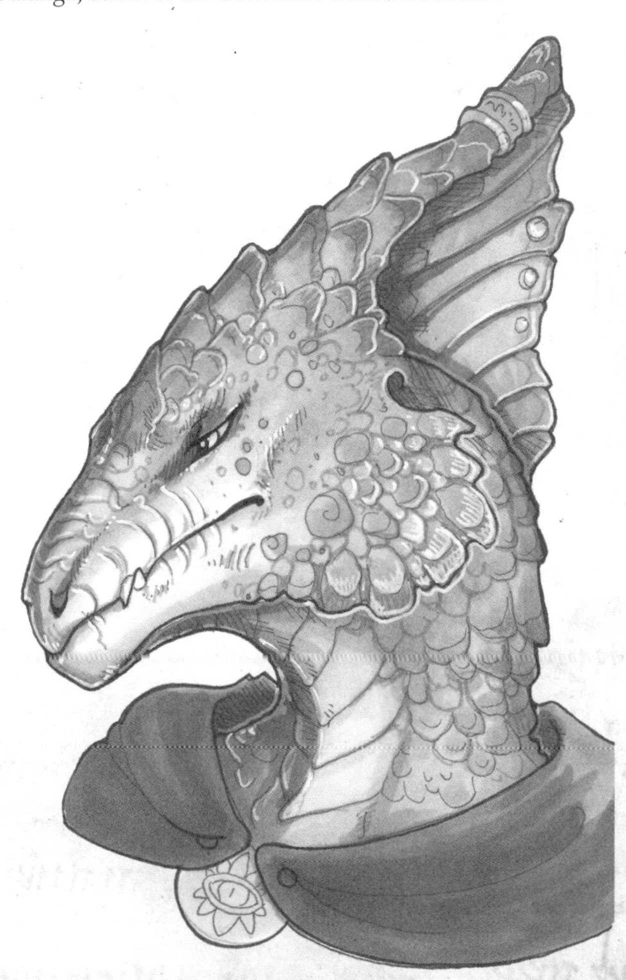

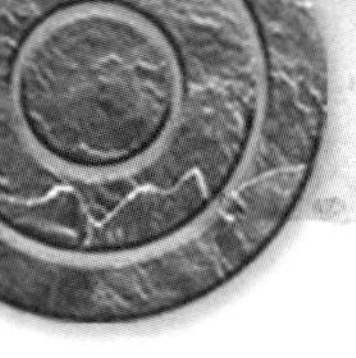

Ein Flüstern in den Ohren

Er manipulierte die Lahala und überzeugte sie davon, dass ihr eine führende Stellung unter den Lahalas am Galanga vorbestimmt sei. Sein Anliegen war, dass die Maha'krodha die führenden T'skrang am Galanga sein sollten und die anderen Nialls unterjochen würden. Seine Kontrolle über das Niall würde ihm ungeahnte Möglichkeiten und Ressourcen zur Verfügung stellen und das entstehende Chaos während des Aufstandes genügend Ablenkung geben, um die Magie gegen Shivoam anzugehen.

Es dauerte einige Zeit, das Niall in diese Richtung zu drängen und vorzubereiten. Allein die Herstellung des Schiffsantriebs und der Waffe kostete Zan'dakaar viel Kraft und Zeit, aber es gelang ihm schließlich, das Schiff für den Krieg am Galanga zu bauen und seine Idee einer Eiskanone umzusetzen. Als er die Rätsel rund um die Wächter und die Elemente lösen konnte, musste er nur noch die rituellen Orte aufsuchen und die Bestandteile und Runen einsammeln. Also entschied er sich, die Lahala zu einem Angriff zu bewegen. Und so kam es, dass der Krieg am Galanga ins Rollen kam. Der Krieg ist beendet – aber der Plan rund um Shivoam steht kurz vor der Vollendung.

Das Aussehen

Zan'dakaar ist 1,72 m groß und hat die für Bleiche typische sehr blasse, grüne Schuppenfarbe. Er besitzt einen stets aufgestellten Doppelkamm auf seinem länglichen Kopf. Sein Schwanz ist aufgrund einiger fehlgeschlagener Experimente abgefroren: Er ist nur noch halb vorhanden, das ehemals spitz zulaufende Schwanzende fehlt – ein Merkmal, welches ihn von anderen T'skrang unterscheidet. Er führt einen 1,5 Schritt langen Stab aus dem Stamm eines alten Mangrovenbaumes mit sich, der ihm zur Verteidigung gegen Angriffe dient. Immer an seiner Seite ist Vor'ka, ein Bleichhöhlenaffe (siehe Kreaturen, S. 168). Der kleine Höhlenbewohner ist mit seiner weißen Fellfarbe und den schwarzen Augen ebenso auffällig wie sein Herrchen. Vor'ka begleitet Zan'dakaar, seitdem er den kleinen, von seiner Familie verstoßenen Affen in einer Höhle nahe seines Nialls gefunden hat.

Einstieg von außen

Es ist möglich, dass *Das große Spiel* ohne den ersten Teil gespielt wird. Das bedeutet, die Charaktere steigen in die Geschichte an einem Punkt ein, an dem die Ereignisse am Galanga so abgelaufen sind, wie in der Zusammenfassung beschrieben. Nur waren es nicht die Charaktere, die an den bisherigen Ereignissen beteiligt waren.

In diesem Fall wäre ein guter Einstiegspunkt die große Siegesfeier am Niall der Nentilor. Der Krieg ist beendet, die Maha'krodha sind zurückgeschlagen. Kundschafter berichten von verlassenen Siedlungen.

Die Charaktere werden von einem Handelshaus der T'skrang aus Travar für eine einfache Aufgabe angeheuert. Die Auswahl der Charaktere für diese Aufgabe erfolgt über Empfehlungen, da das Handelshaus vertrauensvolle Helden sucht. Das kleine, nichtsdestotrotz erfolgreiche Handelshaus T'selas verfügt über familiäre Bande und gemeinsame Geschichte mit dem Niall Nentilor. Einst im Niall aufgewachsen, verließ T'ssid T'selas den Galanga und gründete das Handelshaus im Hafen von Travar. Die Kunde vom Krieg am Galanga erreichte auch zeitnah den T'skrang in der Stadt am Byros. Seiner Herkunft stark verbunden entschloss er sich, seinem Niall zu helfen. Er füllte eine Schiffsladung mit Lebensmitteln, Arznei, Stoffen, Baumaterialien, Werkzeugen und allem, was beim Wiederaufbau hilft, sowie Alkohol und Tabak für eine anstehende Feier. Nun möchte er diese Güter zum Galanga schicken. Damit die Ladung sicher am Kriegsschauplatz ankommt, heuert er eine Gruppe Adepten und Abenteurer an, um sie zu begleiten. Er bezahlt jedem 200 Silber für diese Aufgabe. Darüber hinaus bietet er jedem Charakter eine hohe Prämie an, wenn er sich vor Ort einbringt und beim Wiederaufbau hilft. Je nach Umfang der Hilfe ist er bereit, bis zu 1.000 Silber zu zahlen. Er legt auch einen Brief an das Niall bei, welches die Aufgabe der Charaktere erklärt.

Dieser Auftrag sollte genug Anreiz bieten, damit die Charaktere an den Galanga reisen. Sie kommen zwei Tage vor der Feier bei den Nentilor an und haben somit genug Zeit, sich mit den Geschehnissen des Krieges vertraut zu machen. Sie haben so auch die Möglichkeit, einige T'skrang vor Ort kennenzulernen und Bekanntschaften zu machen.

Ist dies geschafft, können die Charaktere direkt bei der Feier in das Abenteuer einsteigen. Über die Verbindung zum Niall über das Handelshaus T'selas und aufgrund der Tatsache, dass innerhalb der Nialls kaum Ressourcen in Form von T'skrang für Exkursionen zur Verfügung stehen, werden die Charaktere wie vorgesehen auf die Suche nach dem Ritual geschickt.

Dieser Einstieg in das Abenteuer ist bei weitem nicht so persönlich und gewachsen, wie durch den erlebten Krieg und das Kämpfen Seite an Seite mit den T'skrang der Nialls, sollte aber die Geschichte für die Charaktere auf den richtigen Weg bringen. Die Lieferung von T'ssid T'selas findet unabhängig vom Einstieg ins Abenteuer an dieser Stelle auf jeden Fall statt.

Folgen für die Maha'krodha

Das Schicksal der Maha'krodha nach den Ereignissen von *Galanga, der Tanz beginnt* ist sowohl für die Nialls auch für die Charaktere früher oder später interessant. Das Aufsuchen ihres Dorfes und die Suche nach den Überlebenden ihrer Angreifer können zu einer beliebigen Stelle in diesem Teil der Kampagne erfolgen. Sollten die Charaktere sich dazu entschließen, sind im Folgenden alle Informationen aufgeführt, die sie dazu benötigen bzw. dabei erhalten können.

Die Maha'krodha

Nach den Siegen über die Maha'krodha (die Vernichtung der Tri'starr, die Rückeroberung von Nad'karanji und die Befreiung der Kuppeln und Plantagen der Nentilor) verdrängt unter den Kämpfern der drei Nialls schnell große Freude und Stolz die Trauer über die Toten und die Zerstörungen. Auch wenn mancher aus den Nialls Daikara und Nensora möglichst rasch nach Hause zurückkehren möchte, findet der Wunsch nach einer

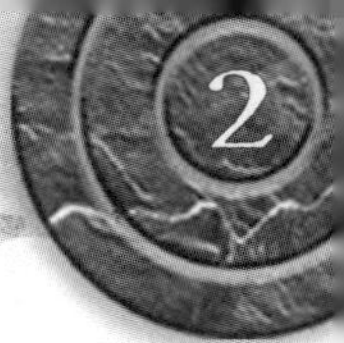

Siegesfeier viel Zustimmung. Allerdings befinden sich immer noch zahlreiche Maha'krodha auf der Flucht, die Herkunft der Tri'starr ist, ebenso wie die genauen Ziele der feindlichen Kämpfer, ungeklärt. Früher oder später werden sich daher entweder die Charaktere oder einige NSCs auf den Weg zu den Siedlungen der Maha'krodha machen.

Durch Befragung von Gefangenen lassen sich unter Umständen ebenfalls Hinweise auf die verborgenen Siedlungen und Angriffspläne in Erfahrung bringen, wenngleich die Maha'krodha verstockt und feindselig reagieren. Allerdings sind unter den Nichtadepten und -kämpfern manche niemals dort gewesen und kennen sie nur aus Beschreibungen. Zwar stellen sich die Maha'krodha vorerst nicht zum Kampf, auf der Suche nach ihnen kann es jedoch trotzdem jederzeit zu Konflikten mit versprengten Kriegertrupps auf dem Rückzug oder anderen Flüchtenden kommen. Es handelt sich dabei überwiegend um drei bis sechs einfache Kämpfer, manchmal mit einem oder zwei Adepten als Anführer. Alle kennen die Lage der Festung, weigern sich aber zunächst, diese preiszugeben.

Die bekannten Siedlungen der Maha krodha

Sobald die Nachricht über den Verlust der Tri'starr und vor allem der kurz darauf erfolgten Rückeroberung von Nad'karanji mit Botenvögeln das Niall erreicht, beschließen Zan'dakaar und die Lahala Maha'krodha, die Truppen aus Nentilor zurückzuziehen und die ihren Gegnern bekannten Siedlungen des Nialls zu räumen. Wenn die Charaktere (oder Kundschafter/Truppen der drei siegreichen Nialls) die unterhalb der Greifenfälle am Hauptarm des Galanga liegende Hauptsiedlung erreichen, finden sie diese verlassen vor. Offenbar sind alle der mehreren hundert Einwohner überstürzt in den Dschungel geflohen. Wie lange dies bereits her ist, hängt davon ab, wann der Ort aufgesucht wird; es sind jedoch mindestens drei Tage. Wirkliche Wertgegenstände sind nicht mehr vorhanden, aber die Hütten sind auch nicht komplett ausgeräumt worden. Mit zu viel Gepäck hat man sich für die Flucht nicht belastet. Zwischen den Hütten verstreut finden sich einige Leichen. Es handelt sich um Sklaven, die zu alt oder zu krank für eine zügige Flucht waren und die von den Maha'krodha kaltblütig umgebracht wurden. Die anderen Sklaven scheinen aber mitgenommen worden zu sein. Den Spuren nach sind die meisten Maha'krodha nach Nordwesten in den Dschungel geflüchtet. In den umliegenden kleineren Dörfern bietet sich das gleiche Bild. Eine Probe auf Wahrnehmung, Spurenlesen oder Wildnisüberleben ergibt Folgendes:

(MW 9): Die Flucht hat vor einigen Tagen stattgefunden, die Einwohner haben sich auf den Seitenarmen des Flusses mit kleinen Booten und Kanus grob in Richtung Nordwesten bewegt, ein Teil auch zu Fuß. Und die kleine Anlegestelle kann auf keinen Fall der Ort sein, an dem die Tri'starr gebaut wurde.

(MW 11): Aus der Hauptsiedlung sind ca. 80-100 Personen geflohen, Maha'krodha und Sklaven. Eine Gruppe von etwa 40 Personen passte offenbar nicht mehr in die Boote, diese sind zu Fuß unterwegs.

(MW 13): In den Tagen nach der Flucht sind immer wieder einzelne Personen oder kleinere Gruppen von T'skrang in dem Dorf eingetroffen – offenbar Überlebende der Kämpfe flussabwärts – und haben sich von dort aus ebenfalls auf den Weg nach Nordwesten gemacht.

Den Spuren bis zur geheimen Festung der Maha'krodha zu folgen, ist verhältnismäßig einfach (Wahrnehmung oder Spurenlesen Probe MW 6). Man hat sich keine besondere Mühe gegeben, sie unkenntlich zu machen. Zu Fuß dauert der Marsch drei bis vier Tage, mit einem Boot etwas mehr als einen Tag. Der Marsch verläuft entlang eines größeren Nebenflusses, der gut 50 Schritt breit und gut 20 Schritt tief ist. Es ist einer der wenigen Nebenarme, den auch große Schiffe passieren können. Die Maha'krodha, die zunächst zu Fuß unterwegs waren, wurden später – etwa auf der Hälfte der Strecke – von zurückgesandten Booten aufgenommen, was durch das abrupte Ende von Fußspuren am Flussufer deutlich wird.

Die geheimen Siedlungen im Dschungel

Die Maha'krodha haben schon vor geraumer Zeit einige Tagesreisen nordwestlich ihrer allgemein bekannten Siedlungen einen geheimen Stützpunkt für den Bau der Tri'starr errichtet. Außerdem gibt es in dessen Nähe noch mehrere Aufzucht- und Trainingsstationen für die Truppen des Nialls. Alle sind bewusst klein angelegt (sie bieten jeweils Platz für 20-30 T'skrang) und gut getarnt, um keine Aufmerksamkeit zu erregen. Für den großen Stützpunkt Rahasyanava wurde ein Nebenlauf des Galanga mit Hilfe von Elementarmagie und Sklavenarbeit vertieft und für größere Schiffe nutzbar gemacht. Er endet nun auch nicht mehr als toter Arm, sondern die Maha'krodha haben an seinem Ende eine künstliche Grotte in einen Hügel getrieben und darüber ein mit Pflanzen und kleineren Bäumen getarntes Dach errichtet. An dessen Rändern wurden größere Bäume stehen gelassen, sodass auf den ersten Blick der Eindruck einer natürlichen Vegetation entstand. Mittels Magie tarnen sie sowohl die Grotte wie auch alle anderen Siedlungen.

In der Grotte befindet sich die Werft der Maha'krodha, errichtet mit Zan'dakaars speziellen Kenntnissen über den Bau von Kampfschiffen. Viele Konstruktionen hier sehen erstaunlicherweise nach Zwergenarbeit aus: Hebekräne, große Konstruktionen voller Zahnräder, Flaschenzüge, mehrere Schmieden. Tunnel und Stege führen durch den Hügel und um ihn herum zu Gebäuden an seinem Rand und weiter entfernt im Dschungel. Diese langgestreckten, flachen Holzhäuser haben nur wenig mit den klassischen Behausungen der T'skrang des Galanga gemein. Allerdings wurden sie ebenfalls auf flachen Stelzen errichtet, um sie vor den für diese Gegend typischen Überschwemmungen zu schützen. Ähnlich wie die Werft wurden die anderen Gebäude mit gezielt angepflanzten oder stehen gelassenen Bäumen vor neugierigen Blicken geschützt. Die meisten dienen als Unterkünfte für Krieger oder Sklaven, andere als Waffen- und Materiallager. Die Lahala und Zan'dakaar bewohnen eigene Gebäude, die als einzige von Wachen geschützt sind. Eine stabile Palisade umgibt die Siedlung, wenngleich davor auf eine Rodung des Unterholzes verzichtet wurde. Rahasyanava wäre daher nur schwer gegen einen starken Angriff zu verteidigen.

Wenn die Charaktere die Siedlung erreichen, ist sie verlassen. An verschiedenen Stellen finden sich die Spuren heftiger

Kämpfe. Einige Gebäude wurden in Brand gesteckt, allerdings schon nach kurzer Zeit gelöscht. Zwischen den Häusern, an einer Stelle der Palisade und rund um eine offenbar als Sklavenunterkunft dienende Hütte finden sich die Leichen vieler T'skrang, aber auch einiger Orks und Zwerge. Diese Sklaven wurden im Gegensatz zu denen in Rahasyanava nicht einfach umgebracht, sondern haben sich heftig gewehrt.

Die Gebäude sind ausgeräumt, alles von Wert (vor allem die Waffen und Vorräte) wurde abtransportiert. In der Werft befindet sich ein Gerüst und zahlreiche Stützen, die vage die Form eines großen Schiffsrumpfs abbilden. Sie wurden aber nicht sorgfältig abgebaut, sondern hastig abgebrochen und man hat offensichtlich zu Wasser gelassen, was sich dort befand.

Bei der Durchsuchung der Werft stoßen die Charaktere neben einigen Leichen (auch dort wurde gekämpft) auf einen Sklaven, der sich schwer verletzt dort versteckt hat. Es handelt sich um den Zwerg Todur Steinbrecher, einen Waffenschmied (siehe S. 118). Todur hat eine tiefe, inzwischen entzündete Wunde am linken Oberschenkel und eine Platzwunde am Kopf, die von einem heftigen Schlag herrührt. Deshalb hat man ihn während der Kämpfe wohl für tot gehalten und es ist ihm gelungen, sich in den Schmieden zu verbergen. Todur ist von Wundfieber (das Bein ist entzündet) stark geschwächt und dem Tode nahe. Mittels eines Heiltranks oder der Fertigkeit Arzt bzw. entsprechender Magie (Questor Garlens oder der Zauber „Nahrung erhitzen"), kann man ihn aber soweit stärken, dass er sein Wissen über die Siedlung und die Ereignisse der vergangenen Wochen weitergeben kann:

Als die Nachricht von der Niederlage die Siedlung erreichte, kam es zu einem Sklavenaufstand, der blutig niedergeschlagen wurde. Todur glaubt, dass niemand dauerhaft entkommen konnte, obwohl es einigen gelang, über die Palisade in den Dschungel zu flüchten. In der Werft wurde im Verlauf der vergangenen vier Jahre die Tri'starr gebaut. Das Schiff war seit etwa einem Jahr schon weitgehend fertiggestellt, aber es gab Probleme mit dem Antrieb und der Feinabstimmung der Hauptwaffe. Daher hat man es aus der Werft geschleppt und auf Befehl der Lahala mit dem Bau eines zweiten Schiffs begonnen, während parallel dazu das erste vollendet wurde. Das zweite (an einer ganzen Reihe von Stellen verbesserte) Schiff hätte nur noch wenige Wochen bis zum planmäßigen Stapellauf benötigt. Es war bereits schwimmfähig und der Antrieb installiert. Im Gegensatz zur Tri'starr verfügt es über mehrere Feuerkanonen, von denen einige bereits montiert waren. Nur die Hauptwaffe fehlt noch. Bei dem Aufstand wurde das Schiff zwar leicht beschädigt, aber zu Wasser gelassen und mit allem beladen, was zur Fertigstellung notwendig ist. Zwar kennt Todur trotz seiner Arbeit in der Werft und seiner besonderen Kenntnisse nicht alle Details, aber seiner Ansicht nach wären hier Abstimmungen am Antrieb und dem im Vergleich zum ersten Schiff sogar noch komplexeren Waffensystem nötig. Wie lange dies dauern würde, kann er aber nicht abschätzen. Todur kennt die weiteren verborgenen Siedlungen nur vom Hörensagen, schätzt die Stärke der Maha'krodha jedoch nach den schweren Verlusten noch auf gut 150 Kämpfer. Seines Wissens nach haben sich alle verbliebenen Kämpfer und die weiteren Angehörigen des Nialls auf Schiffen und Booten Richtung Servos aufgemacht. Er ist nicht sicher, wie lange dies schon her ist, da ihn immer wieder lange Fieberschübe außer Gefecht gesetzt haben. Zan'dakaar kennt er bereits lange und hat ihm als eine Mischung aus Berater und Freund zur Seite gestanden, hat ihn aber seit einigen Wochen kaum noch zu Gesicht bekommen. Früher war er jeden Tag auf der Werft und arbeitete wie besessen an den Schiffen. In letzter Zeit war Zan'dakaar jedoch viel unterwegs. Man erzählte sich, er unternehme längere Expeditionen in den Urwald am Galanga. Warum die Maha'krodha vor ihrem Angriff nicht die Fertigstellung des zweiten Schiffs abgewartet haben, kann er nur vermuten. Die treibende Kraft dabei war seiner Meinung nach die Lahala, während bis vor kurzem Zan'dakaar alles unter seiner Kontrolle zu halten versuchte. Vor einigen Monaten hat Todur noch eine interessante Beobachtung gemacht: Mit einem kleinen Schiff, das nicht vom Galanga kam, sondern sich der Siedlung durch den Dschungel vom Lauf des Servos her näherte, ist eine Gruppe fremder T'skrang in Rahasyanava eingetroffen. Bei einer Führung über die Werft konnte er einen genaueren Blick auf sie werfen. Einige von ihnen trugen traditionelle Kleidung der K'tenshin. Den Ringen in den Ohren der Frauen nach zu urteilen, waren darunter auch Kapitäninnen. Und einen T'skrang aus der Gruppe hat er vor einigen Jahren als hochrangigen Diplomaten des Hauses K'tenshin in Urupa kennengelernt. Was genau sie hier wollten, blieb Todur verborgen. Sie blieben mehrere Tage zu Verhandlungen und haben Rahasyanava in bester Stimmung wieder verlassen.

Trotz der Hilfe durch die Charaktere benötigt Todur längere Ruhe und medizinische Hilfe. Die Charaktere oder die Trupps der Nialls bringen ihn nach Daikara, wo ihm in den Türmen vermutlich am besten geholfen werden kann.

Vorerst scheinen somit die Maha'krodha geflüchtet und die von ihnen ausgehende Gefahr gering zu sein. Ihre Kampfkraft ist stark reduziert – allerdings ist der Bau ihres neuen Schiffes schon sehr weit fortgeschritten. Das Wissen um ein mögliches Bündnis der Maha'krodha und K'tenshin dürfte auch den letzten Zweifler von der Notwendigkeit einer Allianz der am Galanga lebenden T'skrang überzeugen. Zumal die Erlebnisse aus dem jüngsten Konflikt in jedem sehr präsent sind. Ein Konflikt, in welchem die Tri'starr ihre Kampfkraft mehr als einmal unter Beweis stellte. Ein Schwesterschiff in den Händen eines Bündnisses aus Maha'krodha und K'tenshin ist eine wahrlich erschreckende Vision.

MOTIVATIONEN

CHE'WAN

Der Jadekünstler ist einer der möglichen Anknüpfpunkte in *Galanga, der Tanz beginnt*. Auch bei der anstehenden Feier können die Charaktere ihm begegnen. Der T'skrang befindet sich zurzeit bei den Nensora auf dem Lungameer. Eine Reise an diesen Ort könnte somit die ursprüngliche Aufgabe, die sie zum Galanga brachte, erledigen oder ein möglicher Handel mit dem Jadekünstler die Aussicht auf einen finanziellen Gewinn aufzeigen. Der Künstler besitzt Jadeschmuckstücke, die für bis zu 1.000 Silber erworben werden und bis zum Doppelten davon in Städten wie Travar wieder verkauft werden können. Dazu kann mit ihm auch eine Geschäftspartnerschaft geschlossen werden, bei dem langfristige Zusammenarbeit und regelmäßige Gewinne

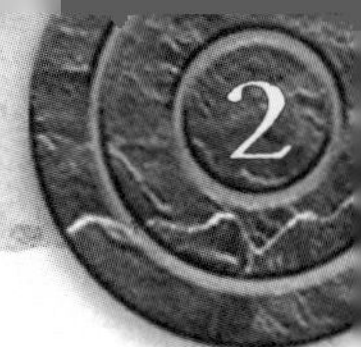

nach Entscheidung des Spielleiters erschlossen werden können. Zuletzt kann Che'wan auch eine Ausbildung in Jadeschnitzen anbieten. Diese würde einen Charakter 10 Silber und die Legendenpunkte einer Novizenfertigkeit auf entsprechenden Rang kosten, um Rang 1 in Kunsthandwerk (Jadeschnitzen) zu erlernen oder jeweils 40/90/160/250 Silber, um seinen Rang um bis auf Rang 2-5 zu erhöhen. Diese Lehre, welche Rang Wochen dauert, bietet er auch als Belohnung/Bezahlung für die Hilfe der Charaktere am Galanga an (siehe Spielerhandbuch, S. 271).

Belohnung

Gold ist natürlich die typische Motivation, und die Lahalas können den Charakteren für ihren Aufwand einen Obolus bzw. eine Belohnung anbieten. Für den Antritt der Aufgabe erhält jeder der Charaktere 300 Silberstücke und einen Bonus von weiteren 200 Silberstücken, wenn die Aufgabe erfolgreich abgeschlossen wurde.

Einen Namen machen

Wenn die Charaktere diese bedeutende Aufgabe meistern, trägt das dazu bei, ihre eigene Legende um ein wichtiges Kapitel zu erweitern.

Altes Wissen

In der Bibliothek der Nensora liegen uraltes Wissen und Schriften begraben unter jeder Menge Staub und noch mehr Büchern. Die Versammlung der Nialls bietet den Charakteren freien, unbegrenzten Zugang zu den alten Schriften und die Hilfe der „Bibliothekare", um ihnen beim Nachforschen nach Wissen über Legenden, Geographie und magischen Artefakten oder Kreaturen zu helfen. Für den Spielleiter bietet es sich an, über diesen Weg Forschungswissen über magische Gegenstände der Charaktere herauszugeben.

Magische Artefakte

Ein magischer Gegenstand aus der Zeit der Plage ist unter den Nialls aufzutreiben und als Belohnung für die Mühen möglich. Üblich sind Gegenstände, die tierische Materialien als Grundlage haben. Folgende zwei Gegenstände sind am ehesten zu finden.

- Espagrasattel/-stiefel (siehe *Spielleiterhandbuch*, S. 138)
- Fell der Bestie (siehe *Spielleiterhandbuch*, S. 141)

Speziell können folgende besondere Gegenstände am Galanga gefunden werden:

- Stoßspeer der Elemente (siehe *Spielleiterhandbuch*, S. 151)

Stoßspeere der Elemente waren auf Grund der Verbindung der Wächter des Galanga zu den alten Flussliedern und den Elementen sehr verbreitet unter den Adepten, die diesem Weg folgten. Über die Zeit der Plage gingen viele der Speere verloren, aber gelegentlich sind sie noch zu finden. Regeltechnisch entsprechen sie den normalen Speeren aus dem Spielleiterhandbuch, optisch weichen sie dadurch ab, dass sie meist mit Runen im Stab verfeinert wurden.

Stoßspeer des Galanga „Pura'Skandha"

Der Stoßspeer Pura'Skandha ist ein mächtiges magisches Artefakt vom Galanga. Dieser Speer wurde aus dem ältesten Mammutbaum der Gegend gemacht. Dieser spezielle Baum ist uralt und mit der Elementarebene des Holzes verbunden. Bei einem schlimmen Sturm hat ein Blitz einen Ast des Baums absprengen können und dieser fiel zu Boden. Ein Elementarist und Waffenschmied der T'skrang namens Dris'lotera fand diesen Ast und formte aus ihm einen magischen Stoßspeer der Elemente. Da er selbst dem Weg als Wächter des Galanga folgte, floss diese traditionelle Sicht mit in den Gegenstand ein. Zudem stammte das noch benötigte Material und die Wahren Elemente ebenfalls aus den vier anderen mystischen Orten am Galanga (*Der Flussgeist wird kontaktiert*, siehe S. 98). Die unglaubliche Magie, die er dadurch an dieses außergewöhnliche Stück Holz wob, formte dabei mehr Macht als Dris'lotera beabsichtigte. Er nutzte diesen Stab daraufhin auf vielen seiner Abenteuer. Dadurch nahm der Speer diesen Weg in seine Struktur auf und wurde zu dem mächtigen Artefakt, welches es heute darstellt. Als Dris'lotera in die Jahre kam, kehrte er vor der Plage an den Galanga zurück, und seit seinem Tod wartet der Stab in den Schatzkammern der Nensora auf einen würdigen Nachfolger, der für das Niall eine besondere Tat vollbringt.

PURA'SKANDHA

Maximale Fadenzahl: 1
Mystische Verteidigung: 16 **Kategorie:** Hüter

Pura'Skandha ist sieben Fuß lang. Der Schaft der Waffe besteht aus Wahrem Holz vom mystischen Mammutbaum des Galanga. Die Spitze des Stabs besteht aus grüner Jade, verwoben mit Wahrer Erde, die Bänder und Griffe sind mit Wahrer Luft gefüllt. Der Speer wurde mit Wahrem Wasser getränkt und schlussendlich in der ewigen Flamme mit dem Segen der Ahnen

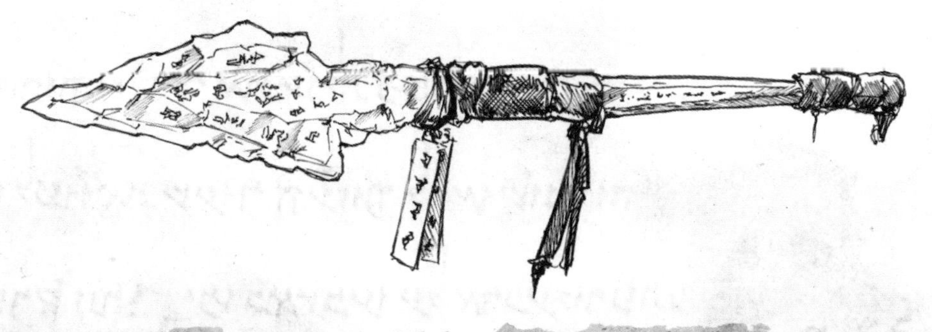

gehärtet. Der Speer schwimmt im Wasser. Ohne zu ihm gewobene Fäden hat der Speer der Elemente dieselben Spielwerte wie ein normaler Stoßspeer. Er ist immun gegen Feuerschaden und gegen die Wirkung von Zaubern oder Fähigkeiten, die ihn beschädigen. Diese letztere Eigenschaft bewahrt den Speer auch davor zu zersplittern, wenn er gegen einen Gegner im Sturmangriff eingesetzt wird.

Fadenrang 1
Schlüsselinformation: Der Besitzer muss den Namen des Speers herausfinden.
Wirkung: Der Speer hat Schadensstufe 6. Der Speer wird extrem widerstandsfähig; gewaltige Kraft kann ihn biegen, aber nicht brechen. Selbst die Stärke eines Drachen, der den Speer in seinen Krallen verdreht, kann den Speer nicht beschädigen.

Fadenrang 2
Wirkung: Der Besitzer erhält einen Bonus von +1 auf Initiative-Proben.

Fadenrang 3
Schlüsselinformation: Der Besitzer muss den Namen des Schöpfers des Speers herausfinden.
Wirkung: Der Besitzer erhält +1 Ränge auf Wildnisüberleben.

Fadenrang 4
Wirkung: Der Speer hat nun Schadensstufe 7

Fadenrang 5
Schlüsselinformation: Der Besitzer muss herausfinden, aus welcher Holzart der Schaft und aus welchen Materialien die anderen Teile des Speers hergestellt wurden und woher diese stammen.

Wirkung: Der Stab kann für kurze Zeit zum Leben erweckt werden. Es erblühen kleine Blüten entlang des Holzes, und er wird leicht mit Moos überzogen. Für zwei Punkte Überanstrengung kann der Besitzer mit einer Spruchzauberei Probe (bzw. mit einer Probe auf Wahrnehmung + Fadenrang, falls das Talent nicht vorhanden ist) gegen die Mystische Verteidigung des Ziels dieses für Fadenrang +5 Runden wie beim Zauber „Hainerneuerung“ (siehe *Spielerhandbuch*, S.167) für vier Punkte pro Runde heilen. Die Heilung tritt bei der Initiative ein und entweder der Besitzer oder das Ziel muss eine Erholungsprobe ausgeben. Das Ziel darf maximal zehn Schritt entfernt sein.

Fadenrang 6
Wirkung: Der Besitzer erhält +2 Ränge auf Wildnisüberleben und +2 auf alle Proben, solange er sich auf oder in der Nähe des Galanga oder eines seiner Nebenarme befindet (Fadenrang x 10 Schritt).

Fadenrang 7
Schlüsselinformation: Der Besitzer muss herausfinden, dass der Erschaffer ein Wächter des Galanga war und was dieser Weg bedeutet.
Wirkung: Der Speer hat Schadensstufe 8; der Besitzer erhält für einen Punkt Überanstrengung +2 auf seine Körperliche Verteidigung für drei Runden

Fadenrang 8
Tat: Der Träger des Speers muss alle fünf mystischen Orte des Galanga aufsuchen und dort jeweils einen Faden an den Speer weben. Der letzte der fünf Fäden muss mit Legendenpunkten bezahlt werden, damit der Fadenrang Acht geknüpft wird.
Wirkung: Der Besitzer erhält eine zusätzliche Erholungsprobe pro Tag; der Besitzer kann für zwei Punkte Überanstrengung einen magischen Speer eines Elementes auf einen Gegner zufliegen lassen. Er muss dafür den Speer festhalten und erlangt dadurch Kontakt zu allen fünf Elementen. Während er sich auf eines der Elemente konzentriert und eine Geste vollführt, als ob er den Stab tatsächlich werfen würde, macht er eine Spruchzauberei-Probe gegen die Mystische Verteidigung des Ziels (bzw. eine Probe auf Wahrnehmung + Fadenrang, falls das Talent nicht vorhanden ist). Wenn die Probe gelingt, formt sich ein Speer aus dem gewünschten Element, der auf das Ziel zufliegt und es trifft. Die Wirkungsprobe (WIL+4/Physisch) des Zauberers bestimmt, wie viel Schaden verursacht wird. Unabhängig vom Ergebnis verschwindet der elementare Speer nach dem Angriff. Die Wirkung des Zaubers und eine evtl. Sonderwirkung des gewählten Elements entsprechen dem Zauber „Speer des Elements“ aus dem Spielerhandbuch (siehe *Spielerhandbuch*, S. 168).

Besonderes Reittier

Die Nialls können den Charakteren eines der besonderen Reittiere am Galanga anbieten. Die Banlauren sind gezähmt sehr treue und gute Reittiere. Als Belohnung für ihre Hilfe stellen sie den Helden je eins der Tiere zur Verfügung. Sie können sich das Tier aus der Herde selbst aussuchen. Das Tier hat außerhalb der Galangaregion einen ungefähren Wert von 350 Silber.

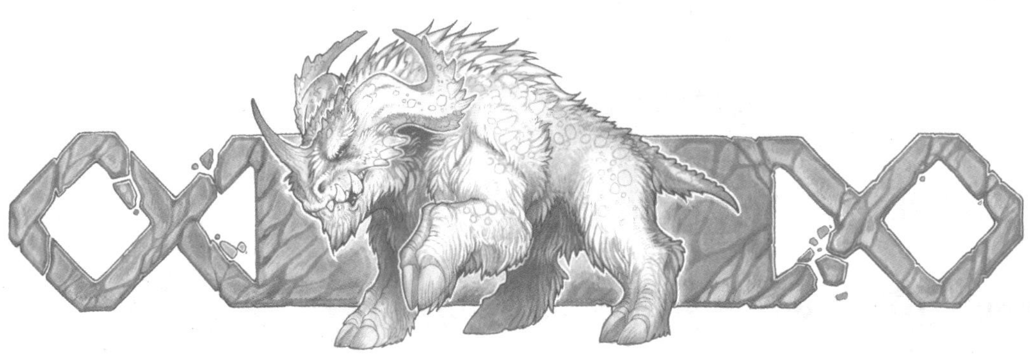

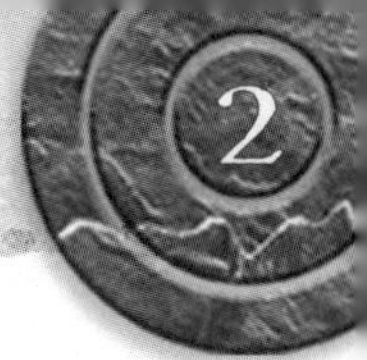

DER FRIEDEN TÄUSCHT

„Man soll Feste feiern, wie sie fallen, schließlich ist da alles umsonst!"

– Harkon, verarmter Krieger

„Sofern man sich von so einem Schlag gegen das Leben am Galanga überhaupt erholen kann, so haben wir es geschafft. Wir betrauerten unsere Toten und feierten unser Überleben. Zum ersten Mal seit Jahrzehnten waren alle Nialls – die Daikara, die Nentilor und die Nensora – vereint an einem Ort, um in Frieden und Andacht zusammen zu kommen. Es war eine lange Feier, und dank der Unterstützung aus Travar auch eine sehr gute. Es wäre naiv gewesen anzunehmen, dass es ohne jegliche Probleme ablaufen wird. Die Vorurteile und die Unterschiede zwischen den Nialls, bezogen auf ihre Werte und Lebensweisen, waren einfach zu groß dafür. Aber das gemeinsam erlebte Leid und der errungene Sieg schweißten doch zusammen, was zuvor getrennt war. Es war klar, dass dieser Moment ein Wendepunkt war, und es war wichtig, dass dieser Frieden und dieses entstandene Bündnis erhalten werden musste."

– Aus den Erzählungen von Lahala Nentilor über den errungenen Frieden am Galanga

ÜBERBLICK

Die Schlacht ist gewonnen, die Maha'krodha wurden besiegt, und dem Frieden am Galanga steht nichts mehr im Wege. Es gibt eine große Feier der Nialls, aber es herrschen unterschiedliche Auffassungen der Sieger über die Folgen der gewonnenen Schlacht. Besonders der Fortbestand ihres Bündnisses und die Zukunft am Galanga sind unklar. Es besteht die Hoffnung, den Frieden länger wahren und sich von den K'tenshin lossagen zu können – aber nur, wenn das Bündnis der Nialls hält.

Wichtig dabei wird eine alte Legende des Galanga, und ein mögliches Bündnis soll durch ein mystisches Ritual und die Kontaktaufnahme zum Flussgeist Shivoam als Patron des Galanga gelingen – was der Auftrag der Charaktere sein wird.

ATMOSPHÄRE

Der zweite Teil beginnt mit einer generell festlichen Stimmung. Immerhin sind die Nialls Sieger des Konfliktes und haben etwas zu feiern. Nichtsdestotrotz haben die Nialls auch Verluste erlitten, was die Stimmung merklich drückt. Dazu kommen die unterschiedlichen Ansichten, die vereinzelt zu Diskussionen, manchmal gar Streit führen. Auch die Ungewissheit über die Zukunft dämpft die Freude der Feier.

SCHLÜSSELINFORMATION

Die verschiedenen Ansichten der Nialls – z.B. zu Sklaverei – machen ein Fortbestehen des Bündnisses schwierig. In einem Punkt sind die Nialls dennoch sehr ähnlicher Ansicht: der Glaube an Shivoam und der Weg der alten Flusslieder über die Wächter des Galanga. Eine alte Legende spricht von einer Kontaktaufnahme zu Shivoam und die Charaktere müssen dies möglich machen, damit der Flussgeist einem Bündnis der Nialls seinen Segen erteilt oder den Nialls ihren Weg aufzeigen kann.

ES IST NICHT ALLES GOLD, WAS GLÄNZT

Der Sieg und die damit verbundene Freude stehen allen Beteiligten ins Gesicht geschrieben.

Doch dieser Moment soll nicht lange währen. Die Stimmung zwischen den Nialls ist gereizt. Man bewegt sich hier unter T'skrang dreier unterschiedlichster Nialls, die seit dem Ende der Plage althergebrachte Vorurteile mit sich herumtragen. Dieses Bündnis wird an dieser Tatsache nichts ändern, auch wenn sich die Nialls vorerst freundschaftlich begegnen.

DAS ÜBERGANGSRITUAL

Die T'skrang der Nialls glauben an die alten Flusslieder und das Wirken von Shivoam. Ein Teil dieser Tradition beinhaltet die Übergabe eines Leichnams an die Schlange, indem man ihn, eingewickelt in traditionelle Bänder, dem Fluss übergibt und er vom Galanga zum Schlangenfluss treibt und ihn die Strömung in ein neues Leben nach dem Tod trägt. Auch auf der Feier gibt es ein paar dieser Übergaben aus dem Haus Nentilor. Die T'skrang des Nialls erzählen dabei Geschichten über ihre Angehörigen und über ihre Heldentaten bei den Schlachten der vergangenen Tage und wünschen ihnen eine gute Reise. Wenn auch ein durchaus trauriger und emotionaler Moment, so ist die Übergabe in diesem Rahmen eher ehrfürchtig als traurig.

DAS WACKELIGE BÜNDNIS

Die Führungspersönlichkeiten aller Nialls treffen sich nach Ende der Feierlichkeiten, um über die Zukunft des Bündnisses zu beraten.

- Langfristiger Frieden und Zusammenarbeit unter den Nialls
- Intensiver Handel
- Abstimmung und gemeinsames Auftreten nach außen
- Gegenseitiger Nutzen von Ausbildung von Adepten
- Größere Kampfkraft, auch gegen Gefahren des Dschungels
- Vereinte Kraft einigt die Nialls gegen Gefahren, wie sie die Maha'krodha darstellten
- Gemeinsames Auftreten gegenüber den K'tenshin
- Größere Wahrnehmung der Nialls des Galanga durch die K'tenshin, V'strimon und evtl. Throal als möglicher Partner und Verbündeter

Gemeinsam hat man einen scheinbar übermächtigen Feind besiegt. Aber durch die verschiedenen Ansichten unter den Nialls steht diese Mehrheitsmeinung auf sehr wackeligen Beinen. Es ist zu erwarten, dass die T'skrang des Galanga nur kurz vereint auf-

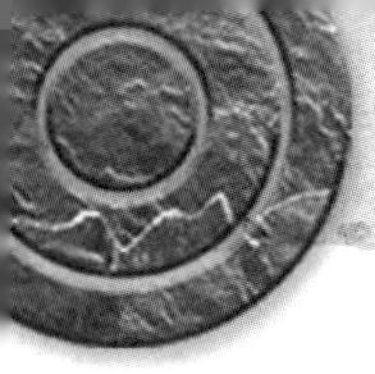

treten werden, denn die Unterschiede und Vorurteile gegenüber den anderen Nialls sind teilweise schwerwiegend. So haben sie unterschiedliche Lebenseinstellungen z.B. beim Sklavenhandel oder bei der Bestellung der Felder und im Handel. Aufgrund dessen kommt es immer wieder zu Diskussionen und Streit.

Hintergründe

Haus Daikara

Das Haus Daikara steht dem Bündnis zum größten Teil skeptisch gegenüber. Die meisten Vertreter des Nialls würden gegen ein Bündnis stimmen. Ihre Position ist stark an diesem Fluss und sie werden auch ohne Bündnis ihren Schnitt machen. Sie kennen die Macht der K'tenshin nur zu gut und wissen welchen Ärger das Kriegshaus am Galanga verursachen könnte (siehe S. 82 „Haus K'tenshin"). Sich als Teil eines Bündnisses gegen sie zu stellen, könnte zu Repressionen führen.

Zudem sehen sie die anderen Nialls aufgrund vieler historischer Ereignisse eher als unzuverlässige Partner.

Auf der anderen Seite würde ein solches Bündnis auch Vorteile bringen. Der Gedanke an größere Macht, evtl. sogar an ein eigenes Aropagoi unter der Leitung der Daikara, die Steuerersparnis, wenn man sich vom Kriegshaus K'tenshin lossagte und die mögliche Herrschaft über die anderen zwei Nialls, lässt einige der Skeptiker eher die positive Seite sehen. Einige wenige Daikara sehen in dem Bündnis auch die Möglichkeit, den Sklavenhandel abzuschaffen, was natürlich bei vielen anderen auf taube Ohren stößt, da man doch Gewinn mit ihnen erzielen kann. Wobei diese Argumentation natürlich stets gegen ein Bündnis spricht, da es ohne die K'tenshin keine Sklavenverkäufe geben würde. Zusammengefasst ist der Großteil des Nialls gegen ein Bündnis.

Die Lahala ist geprägt durch die jüngsten Ereignisse und eine Befürworterin des Bündnisses. Allerdings ist sie auch sehr verunsichert. Ihre Position hat sie erst kürzlich geerbt, das Niall ist an ihre Führung noch nicht gewöhnt, und sie fühlt sich selbst jung und unerfahren in der Rolle der Anführerin. Die Situation, in der sie sich befindet, ist keine leichte. Sie will ihr Niall weise führen, ihr fehlt es aber noch an Selbstvertrauen und sie hatte bisher nicht die Möglichkeit, passende Ratgeber und Freunde um sich zu sammeln. Trotzdem argumentiert sie für ein Bündnis. Die Möglichkeit, die Sklaverei abzuschaffen, die Macht des Nialls zu stärken und den Galanga unabhängig zu machen, befürwortet sie.

- Starke Position am Fluss, auch ohne die anderen Nialls
- Führende Rolle am Galanga
- Steuerersparnis ohne K'tenshin, aber vermutlich das Ende der Sklaverei

Haus Nentilor

Die Nentilor fühlen sich in ihrem Leben zurzeit stark eingeschränkt. Die Verluste an Mitgliedern und Gebäuden waren bei ihnen am stärksten. Der Angriff der Maha'krodha hat einen Großteil des Dorfes und der alten Festung zerstört und T'skrang wurden als Sklaven entführt und sind bisher nicht wieder freigekommen. Für die Nentilor ist ein Bündnis der rettende Anker in den Fluten, bevor sie vom Galanga einfach weggespült werden. Sie hätten eine feste Basis, um sich wieder zu fangen; die Hilfe der anderen Nialls würde es ihnen ermöglichen, zu überleben und sich neu aufzustellen. Der Frieden wäre gesichert und die eher landschaftlich orientierten T'skrang könnten ihre Stärken den anderen T'skrang zur Verfügung stellen. Mehr Sicherheit, keine Steuern durch die K'tenshin, das Abschaffen des Sklavenhandels am Galanga und das Bilden einer großen Familie ist das Beste, was sich die T'skrang der Nentilor vorstellen können.

Argumente, die gegen ein Bündnis sprechen, gibt es im Haus Nentilor auch. Die Daikara sind sehr dominant am Galanga und man fürchtet, dass man am Ende nur die Rolle der K'tenshin durch die Daikara neu besetzt. Dazu kommt die Angst, dass das Kriegshaus jeder Zeit hier erscheinen könnte. Aber so schlimm diese Gedanken auch sein mögen, sie werden von der positiven Seite überlagert, und so werden die Lahala und ihre Berater alles versuchen, dass dieses flüchtige Bündnis erhalten bleibt.

Lahala Nentilor (siehe S. 27) argumentiert stets für ein Bündnis und versucht jedes Argument dagegen zu entkräften oder mit einem schwerer wiegenden Argument zu kontern.

- Stark geschwächt durch den Kampf (verschleppte Einwohner, zerstörte Häuser, etc.)
- Das Bündnis als Rettungsanker für einen Neustart
- Ohne Sklaverei die Nialls als Familie vereinen und Lossagen von den K'tenshin

Haus Nensora

Als die Nensora sich den Ereignissen der letzten Tage stellten, haben sie nach langer Zeit wieder erlebt, wie es einst in den alten Zeiten war. Mit ihren alten Freunden in einem Bündnis vereint, zusammen als Familie leben und kämpfen. Ihr Leben hat sich in den letzten Jahrzehnten verändert: Losgelöst von alten Traditionen, fahren sie in losen Verbänden durch ihr Meer, um nur ab und an ihre Belange gemeinsam zu diskutieren. Die Vertreter der Nensora sind sich uneinig über dieses Thema, denn sie sehen sowohl die Vorteile der aktuellen wie auch der traditionellen Lebensweise.

Dass sie es auch nicht gewohnt sind, mit einer Stimme zu sprechen, wird durch die verschiedenen sich widersprechenden Argumente offensichtlich. Im Grunde ist das Niall, ähnlich dem Haus Nentilor, größtenteils für ein Bündnis. Sie nehmen eher eine abwartende Haltung ein, sind dem Bündnis aber nicht abgeneigt. Dazu kommt das Problem, dass eine solche Entscheidung zwar durch die Lahala vertreten werden kann, allerdings sind in den letzten Jahrzehnten des Lebens auf ihren Schiffen solche Entscheidungen eher bei einer der großen Bootsversammlungen gemeinsam getroffen worden. Das ist ein Grund, aus dem die Nensora eine eher abwartende Haltung einnehmen.

Die Lahala und ihre Berater werden sich am Ende von einem Bündnis überzeugen lassen, auch wenn sie zu bedenken geben, dass sie nie für alle Mitglieder ihres Nialls sprechen können. Entscheidungen werden normalerweise bei den seltenen Boots-

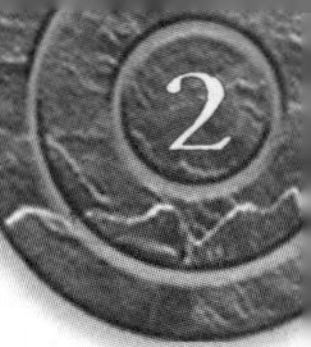
2

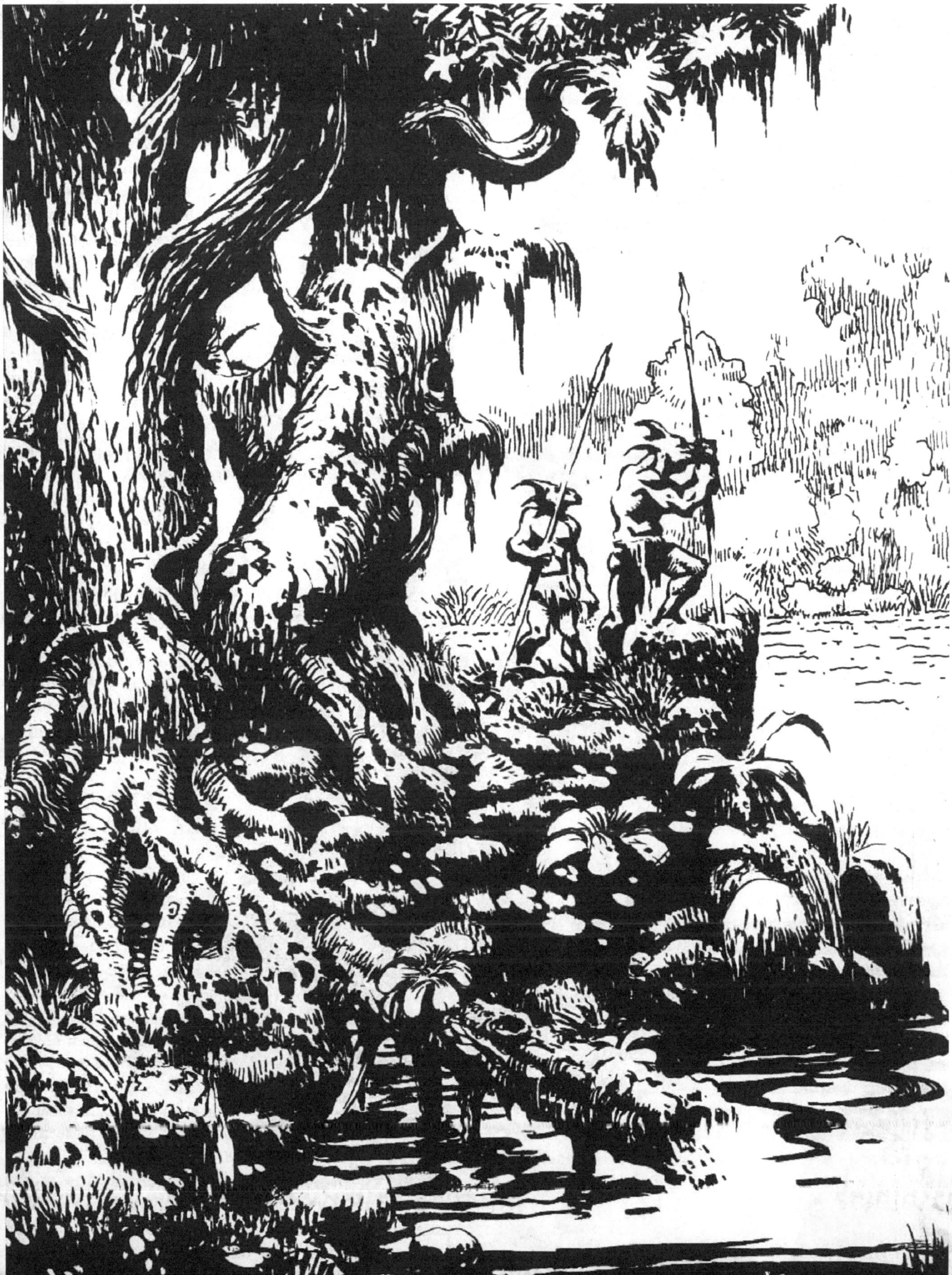

versammlungen getroffen – eine solche war aber aufgrund der Kürze der Zeit nicht einzuberufen.

- Geteilte Meinung zum Bündnis (lose Verbindungen innerhalb des Nialls, verteilt auf ihren Booten gegen die wiedervereinte Familie und zurück zu den Traditionen der Vergangenheit), aber größtenteils dafür abwartende Haltung, zurückhaltende Argumentation, eher eine Gruppenentscheidung als eine alleinige Entscheidung der Lahala

Vertreter der Windlinge

Binthrel (siehe S. 40) nimmt als Vertreter des Windlingclans der Nensora teil. Da die Windlinge sich über die Jahre als feste Mitglieder des Nialls etabliert haben, haben sie sich das Recht verdient, einen Vertreter bei der Versammlung zu stellen. Der Vertreter der Windlinge hat zwar kein Stimmrecht erhalten, aber ihre Meinungen und Argumente sind willkommen und erwünscht. Ihre wichtige Rolle bei den jüngsten Ereignissen unterstützt dies noch mehr. Binthrel vertritt die lebensfrohe Art der Windlinge und spricht sich auf jeden Fall für einen Frieden am Galanga aus. Die Windlinge suchen die Herausforderung, in diesem Fall die Herausforderung einer Gemeinschaft am gesamten Galanga. Eine größere Familie zu bilden, ist Ziel ihres Strebens. Ihre Bemühungen zielen darauf ab, dies am Galanga zu schaffen.

Vertreter der freien T'skrang

T'eek Level, ein T'skrang aus einem der ansässigen Dörfer am Ufer des Galanga, nimmt ebenfalls teil. Er sieht sich, so wie einige andere auch, keinem der Nialls zugehörig und hat seine Meinung und die der anderen freien T'skrang schon öfters den Nensora gegenüber vertreten. Seine Stellung als Vertreter der unabhängigen T'skrang wird anerkannt. Er ist für Frieden am Galanga und damit für das Bündnis, da er sich Schutz durch ein solches erhofft.

Haus K'tenshin

Auf Grund der vielen Streitpunkte zwischen den Nialls ist es schwierig, einen Konsens zu finden. Dazu kommt, dass für den nächsten Monat die Tarak'ross, ein Schiff der K'tenshin, erwartet wird. Das Haus K'tenshin hat am Galanga die Rolle eines Steuereintreibers. Sie kümmern sich nicht wirklich um die Belange am Galanga, sondern kommen nur viermal im Jahr, um Steuern und Abgaben einzutreiben.

Vermutlich innerhalb der nächsten zwei bis drei Wochen sollte das Schiff hier erscheinen, um sowohl die Präsenz des Hauses K'tenshin zu zeigen, als auch die üblichen Steuern und Abgaben einzuholen.

Die regelmäßigen Steuereintreiber erwecken große Unruhe unter den T'skrang des Galanga. Alle haben Respekt vor ihnen und der Macht, die sie repräsentieren und einige fürchten sie sogar. Man sieht zwar die Chance, sich selbstständig zu machen und Steuern und Abgaben behalten zu können, aber auch das Risiko, einen neuen Konflikt loszubrechen, nachdem man die Maha'krodha gerade erst besiegt hat. Auch ein Mittelweg mit reduzierten Abgaben durch ein sicheres vereintes Auftreten könnte denkbar sein.

Bei einem Bündnis der Nialls würden diese sich unausweichlich auch mit der Reaktion der K'tenshin beschäftigen müssen.

Ein neues Aropagoi

Ein einheitliches Haus bzw. ein Aropagoi zu gründen, ist ein Ziel einiger T'skrang. Es würde ein starkes Bündnis sein und alle Häuser wären vereint. Damit würde man sich den K'tenshin stellen können und sich vielleicht sogar durchsetzen. Eine solche Idee würde von z.B. Upani Shaiden (siehe S. 47) kommen, einem Mitglied der Daikara. Sie haben am besten mitbekommen, was Macht und die Stellung eines solchen Hauses bewirken können, zumal sie glauben, in einem solchen Bündnis die führende Rolle einnehmen und die Shivalahala eines neuen Aropagoi stellen zu können. Die anderen Nialls lassen sich nach und nach von der Idee überzeugen, ohne dass es im Laufe des Treffens zu einer Einigung darüber kommen wird.

Ein Verbündeter

Eine Möglichkeit wäre, sich Hilfe von einem anderen Aropagoi zu holen. Der Schlangenfluss ist groß und es gibt noch andere Aropagoi als die K'tenshin. Man könnte versuchen, sich Hilfe aus der schwimmenden Stadt der V'strimon zu holen. Dieses Haus hat einen guten Ruf und würde ihnen sicherlich gegen die Kriegsschiffe der K'tenshin beistehen – insbesondere bei Zahlung einer jährlichen Apanage für ihre Unterstützung, Handelsvereinbarungen und ähnlichem. Ebenso wie es Argumente für eine Kontaktaufnahme mit Haus V'strimon gibt, gibt es auch Argumente dagegen: Das Haus ist sehr weit weg – könnte es überhaupt langfristig helfen? Würde man lediglich den einen Tyrannen gegen einen neuen eintauschen? Welche Rolle nähme die schwimmende Stadt ein und wer übernähme dann welche Rolle am Galanga? Es wird entschieden, eine Delegation aus T'skrang aller Nialls zu dem Aropagoi zu schicken.

Die Reise beginnt

Lahala Nentilor wirkt abwesend, auch wenn sie die Beteiligten anschaut. Nach einer Weile steht sie auf und meint laut, mehr zu sich selbst als zu der versammelten Runde, ja sogar fast meditativ: *„Einen Rat... ja wir brauchen den Rat der Schlange; Shivoam kennt die Antwort, erst dann wird uns allen klar sein, wie wichtig dies hier alles ist!“.*

Die Gespräche verstummen und der Ausdruck auf den Gesichtern der Anwesenden zeigt offen die Frage, die jeder stellen möchte. Wie soll man so etwas erreichen? Die Lahala schaut jeden in der Runde nacheinander an und spricht ruhig, mit Hoffnung in der Stimme. Sie sagt, dass die Hüter ihn rufen werden.

Nun beginnt eine Diskussion unter den T'skrang. Ein Teil wird auf Throalisch, ein anderer Teil in T'skrang geführt. Und die Charaktere stehen mitten in diesem Gesprächschaos. Sie verstehen nur einige Gesprächsfetzen:

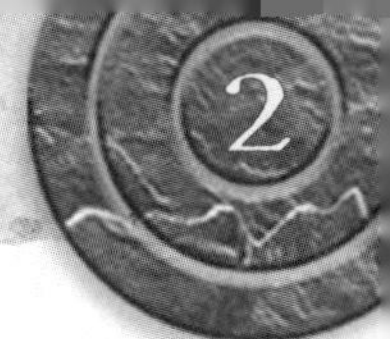

- „...sie haben nicht genug Macht."
- „Sie sind doch nur Schatten ihrer ursprünglichen Macht."
- „Niemand kennt die Formeln..."
- „Eine Legende, mehr nicht..."
- „Es steht in den alten Schriften..."
- „... das wird nie funktionieren."
- „...das Wissen ist doch verloren!".

Die Legende des Flussgeistes

Am Galanga gibt es eine Legende, die von der Macht der Hüter spricht, den Flussgeist Shivoam anzurufen und um Rat zu fragen. Einst waren die Flussschamanen sehr mächtig, und die Legenden sprechen von ihrem direkten Kontakt zu Shivoam. Es soll angeblich Orte der Verehrung geben, an denen man alte magische Formeln finden kann, die den Wächtern dies ermöglichten. Und mit Hilfe eines Rituals, bei dem Sand vom Galanga eine Rolle spielt, sind diese alten Hüter in der Lage gewesen, Shivoam direkt anzusprechen.

Lahala Nentilor hat diese Legende immer in ihrer Kindheit gehört und kann sich gut an ihr Gefühl bei der Geschichte erinnern. Für sie gibt es keinen Zweifel, dass die Legende wahr ist, auch wenn das Wissen über den genauen Ablauf des Rituals nicht mehr bekannt ist. Aber nicht bekannt, heißt nicht, dass es nicht existiert! In alten Schriften und Büchern, in alten Geschichten wird es Wissen darüber geben. Die Lahala argumentiert sehr leidenschaftlich, sie ist davon überzeugt, dass der Rat Shivoams helfen kann. Sie vertritt dabei eine sehr spirituelle Rolle durch ihre Erziehung und die Lehren, die sie als Kind vom Hüter des Nialls erhalten hat. Für viele andere ist es nur eine Legende, oder ihr nicht vorhandener Glaube an die alten Wege und Geschichten machen sie skeptisch. So bedarf es etwas Überzeugungsarbeit, aber die Lahala kann tatsächlich die anderen Teilnehmer dafür gewinnen, diese Idee aufzunehmen. Allerdings benutzt sie etwas, das in den Augen der Charaktere vielleicht nicht fair ist. Sie benutzt sie in ihrer Argumentation. Nur indem sie die Charaktere in die Suche nach der Legende einspannt, kann sie die anderen überzeugen. Die Charaktere haben ausschlaggebend geholfen, die Maha'krodha zu besiegen, und genau deswegen werden sie es auch schaffen, den Flussgeist zu erreichen. Die Schlange leitete die Charaktere in ihrem Strom hierher. Sie sind nicht durch Zufall an diesem Ort.

Der Ruf des Dschungels

Um das geplante Vorgehen umzusetzen, gibt es Ideen der Lahala Nentilor. Unter den Schiffen der Nensora befindet sich auch das sogenannte Bibliotheksschiff. Nach Ende der Plage wurden die alten Aufzeichnungen des Kaers auf dieses Schiff verladen und seitdem von der weisen T'skrang Tikala'sha (siehe S. 117) gehütet. Viele der Aufzeichnungen sind Jahrhunderte alt und wurden lange vor der Plage verfasst. Tikala'sha ist ein gutes Jahrhundert alt und steht nicht nur ihrem Haus, sondern auch den anderen Häusern am Galanga stets mit Rat und Informationen aus den alten Schriften zur Seite. Sie spricht ebenfalls eine Handvoll verschiedener Sprachen, unter anderem lokale Dialekte der im Servosdschungel ansässigen T'skrang und der Dörfer der Menschen. Sie ist auch am ganzen Galanga als Geschichtenerzählerin bekannt. Sie erzählt seit Jahrzehnten den Kindern vor dem Kaminfeuer ihres Bootes Geschichten aus längst vergangenen Zeiten. Daher ist es auch nicht verwunderlich, dass alle Lahalas sie mindestens einmal im Leben kennen gelernt haben. Das Bibliotheksschiff, die Kathaa, liegt zurzeit im Lungameer bei den anderen Schiffen vor Anker. Wie einige andere Schiffe im Lungameer handelt es sich bei der Kathaa nicht um ein Boot im eigentlichen Sinne, sondern um eine Kurmapati (siehe S. 30). Diese Art von Riesenschildkröte dient als Basis für das auf ihr befindliche Wohnkonstrukt der Bibliothek. Kathaa ist der Name dieser Schildkrötendamen. Daher ist das erste Ziel, um diese Aufgabe zu erfüllen, die Reise zum Lungameer. Tikala'sha kann die Legende und ihre Anhaltspunkte erläutern. Sollten die Charaktere diesen Punkt erreichen, werden sie dieses Abenteuer auch angehen.

Überleitung

Am nächsten Morgen soll es losgehen, und die Versammlung hat je zwei Vertreter aus den Nialls bestimmt, die Gruppe zu begleiten. Zum einen als Aufpasser, dass alles im Einklang mit den Häusern passiert, zum anderen als Zeugen, sollte der Flussgeist wirklich antworten. Zum einen sind es die drei Hüter der Schlange, die die Helden begleiten. Sie sollen das Ritual durchführen und Shivoam um den Segen bitten. Zum anderen schickt jedes Niall noch einen Vertreter aus dem Kreise der Vertrauten der Lahala, damit die Führungen der Nialls bei der Antwort vertreten sind. Für die Daikara ist Upani Shaiden der Begleiter, für die Nentilor Fincha und für die Nensora Emtar.

Udan Apa, der Hüter des Wassers vom Haus Daikara

Als Mann hat Udan Apa (siehe Hüter, S. 57) traditionell keine besondere Rolle in den Geschicken seines Nialls, er vertritt keine beratende Rolle seiner Lahala gegenüber. Nichtsdestotrotz kümmert er sich um die spirituellen Aspekte und ist im Niall respektiert in dieser Rolle.

Daher genießt er die Aufgabe und Rolle in dieser Geschichte sehr. Die möglichen Einflüsse auf sein Niall bei dieser Reise beachtet er nicht weiter. Er ist auch gerne bereit, sich mit den Charakteren über „den Weg der letzten Strömung" zu unterhalten. So bezeichnet er ein Übergangsritual, bei dem die Asche oder der Körper eines T'skrang Shivoam übergeben wird, so dass dieser ihn und seine Legende den Fluss entlang tragen kann. Er erklärt auch gerne Details über das Namensritual.

Vata Z'kore der Hüter der Luft vom Haus Nentilor

Den Hüter der Luft (siehe S. 83) zu treffen, ist selbst in einem T'skranggebiet etwas Besonderes. Er ist ein K'stulaami und besitzt Flughäute, mit denen er kurze Strecken gleiten kann. Wenn die Charaktere schon sehr früh an diesem Tag unterwegs waren, war es ihnen möglich, den fliegenden Vata aus seinem Baumhaus am Rand des Dorfes kommen und zum Fluss hinabgleiten zu sehen. Das Wesen seiner besonderen Art macht ihn zu einem guten und freundlichen Reisebegleiter. Er ist lebensfroh und kommt in dieser Beziehung fast einem Windling gleich. Die Windlinge der Nensora haben ihn sogar zu einem Sondermitglied ihres Clans ernannt. Diese Geschichte erzählt er den Charakteren gerne. Auch wenn es für ihn nichts Herausragendes oder Verpflichtendes ist, so zeigt er dennoch großen Respekt den

Windlingen gegenüber. Auch er zeigt auf der gemeinsamen Reise vollen Einsatz und kann die Charaktere bei Bedarf auch damit unterstützen Bäume zu erklimmen und den Weg zu beobachten. Bei Verletzungen oder anderen Themen, die mit Kräutern, Pflanzen etc. zu tun haben, kann er ebenfalls sehr gut behilflich sein. Wie sein Haus Nentilor, ist er unbedingt für ein Gelingen des Plans und einen Erhalt des Bündnisses.

MESSALAH, DIE HÜTERIN DER ERDE VOM HAUS NENSORA

Messalah (siehe S. 118) ist den Charakteren aus den Ereignissen im Krieg gegen die Maha'krodha bereits bekannt. Messalah ist voll und ganz für eine Kontaktaufnahme mit Shivoam und hofft auch auf ein Bündnis, was vor allem die beiden Schwesternnialls Nentilor und Nensora wieder vereinen könnte. Sie vertritt die gleiche Meinung wie ihre Lahala und freut sich nach den anstrengenden Tagen des Aufräumens und Verhandelns, endlich wieder zurück zu ihrem Niall und dem Lungameer zu kommen. Sie ist ein erfahrener und guter Navigator.

HÜTER DES HOLZES UND DES FEUERS

Nur die drei bekannten Hüter sind Teil der Reise und der Aufgabe. Der Hüter des Feuers, Gor'tec Naruu, ist ein T'skrang des Nialls Maha'krodha und sein Aufenthaltsort ist nicht bekannt. Seine Zugehörigkeit zu den Maha'krodha disqualifiziert ihn auch für diese spirituelle Reise. Vanah (siehe Seite 161), die Hüterin des Holzes, ist vor der Plage verschwunden und ihr Schicksal ist nicht bekannt. Bisher hat es auch keinen neuen Hüter des Holzes gegeben.

UPANI SHAIDEN VOM HAUS DAIKARA

Der Berater und Kämpfer des Hauses Daikara (siehe S. 80), bereits bekannt vom ersten Teil der Kampagne, ist im Geheimen gegen ein Bündnis. Er hält den Weg, sich vom Haus K'tenshin abzuwenden, für falsch und seine Lahala daher für naiv und schwach. Nichtsdestotrotz ist er ein treuer Diener des Hauses und würde nie gegen seine Lahala vorgehen oder argumentieren. Das heißt, er wird die Gruppe in keiner Weise behindern oder sabotieren, wird aber auch nicht von sich aus tätig. Er übernimmt genau die Rolle, die erwartet wird: Der Beobachter und Berater in Belangen des Hauses Daikara. Er spricht gerne mit den Charakteren über die bestandenen Schlachten und unterhält sich über Boote, wird aber auf keine Diskussion über Sklaverei oder die Beteiligung der Charaktere an dem Unterfangen eingehen. Seine Meinung dazu äußert er bei Bedarf kurz und knapp. Sklaverei gehört zu seinem Haus, so ist es seit den K'tenshin Tradition, und er findet, dass Fremde am Galanga nicht in eine solch wichtige Geschichte involviert sein sollten. Aber jeglicher Versuch zur Diskussion endet mit „Aber ich bin nicht in der Position, die Weisheit meiner Lahala in Frage zu stellen.", und diese Antwort ist vollkommen ehrlich gemeint.

FINCHA VOM HAUS NENTILOR

Die Beraterin der Lahala Nentilor vertritt in vollem Umfang die Meinung ihrer Lahala (siehe S. 27). Lahala Nentilor hat diese Mission überhaupt erst gestartet, daher ist Fincha mehr als nur daran interessiert, Shivoam zu kontaktieren, und sie ist davon überzeugt, dass der Flussgeist dieses Bündnis am Galanga bestätigen wird. Sie tritt bei Streitigkeiten fast immer auf die Seite der Charaktere, solange diese sich ehrenhaft verhalten, und wird stets versuchen, die anderen Reisemitglieder zu besänftigen. Wenn die Reisegruppe sich in einer Situation verrennen sollte oder vom Weg abkommt, wird sie versuchen, die Gruppe wieder auf Kurs zu bekommen.

EMTAR VOM HAUS NENSORA

Der stumme Kundschafter (siehe S. 84) ist ein treuer Berater seiner Lahala Nensora. Er wurde von ihr als Beobachter dieser Mission eingeteilt und als Bindeglied zwischen der Reisegruppe und dem Niall Nensora, zu dem die Gruppe aufbricht. Seine Zeichensprache nutzt er, um mit den freien Stämmen zu kommunizieren und die Belange der Gruppe zu vertreten, wenn nötig. Als Kundschafter kann er auch die Führung übernehmen und ist geschult darin, in dieser Gegend die richtigen Pfade zu finden. Die Charaktere können auf seine Fähigkeiten jederzeit zurückkommen. Wenn keiner der Charaktere Zeichensprache beherrscht (MW 6), wird sich Fincha als Übersetzer anbieten, ebenso beherrschen viele T'skrang des Niall Nensora die Zeichensprache. Emtar selbst ist ebenfalls der Meinung, dass ein Bündnis die richtige Lösung für den Galanga ist. Während der Reise ist er gut gelaunt und lächelt viel in Anwesenheit der Charaktere, er sucht sogar oft die Nähe zu ihnen und beobachtet, wie sie reagieren und handeln. Im Geheimen denkt er darüber nach, evtl. den Galanga für eine Abenteuerreise zu verlassen, und sucht in den Charakteren eine Quelle der Inspiration für seine Entscheidung. Emtars Geschichte ist aber Teil einer anderen Legende.

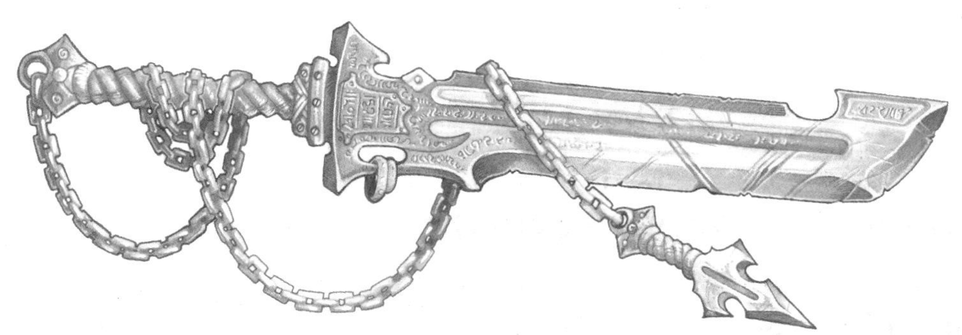

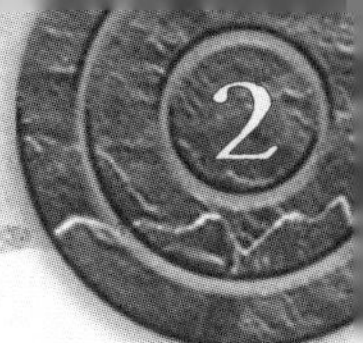

Auf zu den Nensora

„Ein Fluss ist nass und feucht ... und das nicht nur, wenn man hineinfällt."

– Sprichwort vom Schlangenfluss

„Ich habe mich lange Zeit gefragt, ob ich den Helden des Galanga gegenüber nicht zu fordernd war. Sie hatten maßgeblich dazu beigetragen die Nialls zu retten. Dennoch habe ich sie erneut in die Geschicke am Galanga verwickelt. Ich war davon überzeugt, dass die Legende der Sandburg unsere einzige Chance ist, diesen Frieden zu erhalten. Kann man es mir da verübeln, dass ich unfair ihnen gegenüber war? Ich denke nicht, aber ich muss zugeben, als ich die Gruppe an diesem Morgen am Flussufer verabschiedete, taten sie mir wegen des Gewichts, das nun auf ihren Schultern lag, dennoch leid."

– Aus den Erzählungen der Lahala Nentilor,
Niall Nentilor am Galanga

Überblick

Die Charaktere begeben sich auf eine Reise, um den Flussgeist Shivoam zu kontaktieren. Eine Legende und ein magisches Ritual sollen dafür sorgen, dass die Charaktere Rat und Führung für das weitere Vorgehen der Nialls erhalten.

Die Verehrung des Flussgeistes spielt bei den T'skrang Barsaives eine zentrale, spirituelle Rolle. Mit dem mächtigen Geist in Kontakt zu treten ist aber äußerst schwierig und wird selten versucht. Die Lahalas der drei Nialls glauben, dass der Flussgeist sich den T'skrang mitteilen will, aber aus irgendeinem Grund daran gehindert wird. Für die T'skrang deuten die Zeichen darauf hin, dass die Charaktere den mühseligen Weg der Kontaktaufnahme beschreiten sollen. Große Teile des Rituals sind nicht mehr bekannt und müssen erst wieder erforscht werden.

Die Charaktere reisen ins Lungameer zum Niall Nensora, bei dem sich die alten Schriften und Bücher der Nialls in einem Bibliotheksschiff, der Kathaa, befinden sollen. Als die die Charaktere das Bibliotheksschiff erreichen, finden sie heraus, dass die Wissensträgerin Tikala'sha verschwunden ist.

Atmosphäre

Die Stimmung in den Nialls ist durch den Sieg über die Maha'krodha ausgelassen. Aber neue Probleme zwischen den Nialls zeichnen sich am Horizont ab.

Schlüsselinformation

Wenn die Charaktere die Kathaa erreichen, erfahren sie, dass es sich um eine Kurmapati, also eine Riesenschildkröte, handelt. Die Wissensträgerin Tikala'sha ist nicht da. Auf dem Weg zur Kathaa können die Charaktere Hinweise auf Sklavenjäger und die Maha'krodha entdecken, die sich in der Gegend aufhalten.

Die Reise beginnt

Zu Beginn der Reise befinden sich die Charaktere am Niall Nentilor. Die letzte bekannte Position der Kurmapati Kathaa ist das Lungameer.

Am Morgen treffen sich die Vertreter der Nialls und die Charaktere am Ufer des Galanga, um gemeinsam ihre Reise anzutreten. Die Lahalas Daikara, Nentilor und Nensora, Udan Apa, der Hüter des Wassers, Vata Z'kore, der Hüter der Luft, und Messalah, die Hüterin der Erde, warten bereits am Ufer, als die Charaktere eintreffen.

Die drei Hüter vollziehen im Wasser des Galanga ein Ritual zu Ehren Shivoams. Am Ufer stehen die drei ausgewählten Vertreter der Nialls und warten bereits.

Upani Shaiden in einer glänzenden Rüstung schaut skeptisch, als die Charaktere sich nähern. Fincha macht einen sehr munteren, aufgeregten Eindruck und betrachtet die Charaktere fröhlich. Erntar hingegen zeigt kaum eine Gefühlsregung und grüßt die Charaktere nur mit einer knappen Handbewegung. Nachdem das Ritual beendet ist, verabschieden sich die Lahalas und die Gruppe kann ihre Reise beginnen.

Vier Kanus für jeweils drei Namensgeber liegen am Ufer bereit. Upani, Fincha und Erntar können mit einem Kanu umgehen und übernehmen diese Aufgabe, wenn die Charaktere selber nicht über entsprechende Fähigkeiten verfügen.

Verlauf der Reise – Eine Zusammenfassung

Die Reise führt ein Stück den Galanga hinunter bis zum Lungameer und später dann durch Dschungel und Mangrovenwälder. Der letzte bekannte Aufenthaltsort der Kathaa ist der Grüne See im Lungameer. Das erste Ziel der Reise führt die Charaktere also dort hin.

Als die Charaktere den Grünen See im Lungameer erreichen, finden sie dort einige Wohnschiffe der Nensora vor. Die Gruppe erfährt, dass das Haus des Wissens nach Norden gezogen ist, um sich dort mit den Einwohnern eines der freien Dörfer zu treffen. Dort will der Mannschaftsbund der Kathaa Handel treiben und Informationen mit den Bewohnern der freien Dörfer austauschen.

Daraufhin begibt sich die Gruppe auf der Suche nach Kathaa in das Gebiet nördlich des Lungameers, wo sie schlussendlich auf die gesuchte Kurmapati trifft.

Die nachfolgenden Szenen beschreiben mögliche Ereignisse und Geschehnisse, die den Charakteren auf ihrem Weg zum Lungameer begegnen können, und stellen keine feste Reihenfolge dar.

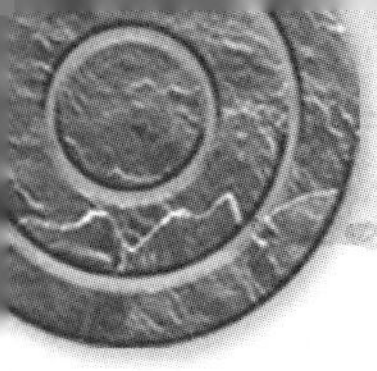

SZENE 1 – DAS SCHIFFSWRACK

Als die Charaktere die Grenzen des Lungameers erreichen, sieht man ein gekentertes Flussboot, das sich in den Mangroven am Flussufer verfangen hat. Wenn die Charaktere sich das Boot näher ansehen, können sie erkennen (MW 8 auf Wahrnehmung oder Aufmerksamkeit), dass es sich um ein kleineres Schiff der Maha'krodha handelt.

Der Rumpf liegt fast komplett oberhalb des Wassers und ist weder durch die Sonne ausgebleicht, noch von Moosen oder Flechten überzogen.

Ein Charakter kann das Innere des Schiffes durch ein Loch in der Seitenwand betreten. (Klettern (9) oder Geschicklichkeit (9)). Wenn das Probenergebnis den Mindestwurf um 5 oder mehr verfehlt, erhält Charakter Stufe 4 Schaden durch die scharfen Kanten des Einstiegs.

Ein Teil des Wracks befindet sich unter Wasser, kann aber tauchend erkundet werden. Im Inneren des Wracks befinden sich die Skelette zweier toter T'skrang. Das Holz unter den Skeletten ist von Schimmel überzogen, und die Knochen scheinen erst vor kurzer Zeit von verschiedenen Tieren abgenagt worden zu sein. Wenn ein Charakter die verbliebenen Kleidungsfetzen untersucht, kann er ein kaum noch erkennbares Abzeichen des Nialls Maha'krodha entdecken (Wahrnehmung (9)).

Eines der Skelette befindet sich unter Wasser und ein anderes weist ein Loch im Schädel auf.

Beweisanalyse (9) liefert folgende Erkenntnisse:
Ein Erfolg: Das Schiff ist sehr schnell umgekippt.
Ein Zusatzerfolg: Umherfliegende Gegenstände haben den T'skrang im Wasser getroffen und er wurde durch den Schlag ohnmächtig. Tod durch Ertrinken. Der T'skrang mit dem Loch im Schädel ist schon beim Umkippen des Schiffes gestorben.

Der Teil der Ausrüstung, der über der Wasseroberfläche liegt, ist noch zu gebrauchen. Dazu gehören ein Fass mit Bambusschnaps, ein paar Münzen im Wert von ca. 100 Silberstücken und ein paar Pergamente mit Kartenmaterial. Die Karten zeigen Teile des Lungameeres, mehrere größere Wasserflächen wurden rot markiert.

Eine umfangreichere Untersuchung des Wracks von außen mit Wahrnehmung, Aufmerksamkeit oder Beweisanalyse gegen den Mindestwert 9 ergibt folgende Erkenntnisse:
Ein Erfolg: Das Schiff ist umgeworfen und in die Mangroven geschoben worden.
Ein Zusatzerfolg: Eine große Kralle hat ein Loch in die Schiffswand geschlagen.
Zwei Zusatzerfolge: Eine Kurmapati ist für den Angriff verantwortlich.

SZENE 2 – FLÜCHTLINGE

Die Kämpfe zwischen den Nialls am Galanga liegen nur wenige Tage zurück. Auch viele Eingeborene am Galanga mussten vor den Angreifern flüchten, da die Maha'krodha nicht nur die drei großen Nialls angegriffen haben, sondern auch viele der kleinen Dörfer.

Auf ihrer Reise treffen die Charaktere auf eine dieser Flüchtlingsgruppen. Upani Shaiden spricht sich dagegen aus, den Flüchtlingen zu helfen, da er bei der Suche nach dem Bibliotheksschiff keine Zeit verlieren will, um beispielsweise neue Nahrung zu besorgen.

Die Gruppe der Flüchtlinge hat sich im Dschungel in der Nähe des Galanga verirrt und verfügt über keine Nahrungsmittel und keine Boote mehr und hat die Orientierung auf der Flucht vor den Maha'krodha verloren.

Die Charaktere können einen Teil der Vorräte übergeben, eins ihrer Boote abgeben oder nur die Richtung zur nächsten Siedlung weisen. Die Flüchtlinge wissen noch nichts vom Ausgang der Auseinandersetzung und interessieren sich sehr für jede Information.

SZENE 3 – DAS VERLASSENE LAGER DER SKLAVENJÄGER

Aufmerksame Charaktere können vom Fluss aus einen leichten Brandgeruch im Dschungel wahrnehmen (Aufmerksamkeit (8) oder Wahrnehmung (8)). Auch am Ufer kann man erkennen, dass sich dort Namensgeber aufgehalten haben (Spurenlesen (8)). Wenn die Charaktere anhalten und das Ufer untersuchen, finden sie einen verlassenen Lagerplatz. Dort kann man Knochen, Feuerstellen und einige zurückgelassene Ausrüstungsgegenstände und Waffen (Dolche, Pfeilspitzen, Speere) finden. Die Pfeilspitzen sind mit einer klebrigen Substanz bedeckt. Proben auf Alchemie (10), Kräuterkunde (10) oder Gifte (10) ergeben, dass es sich um Whadryagift handelt (Lähmend, Wirkungsstufe 9, Sofort, Intervall 3/2 Runden, Wirkungsdauer 1 Stunde, siehe *Spielleiterhandbuch*, S.116).

Auffällig sind mehrere Bambuskäfige, die groß genug sind, einen Namensgeber von bis zu zwei Schritt Größe aufzunehmen. Die Käfige sind in einem gepflegten Zustand und könnten jederzeit benutzt werden. Unter Laub und Erde versteckt ((Wahrnehmung (12) oder Aufmerksamkeit (12)) befinden sich weitere Ausrüstungsgegenstände. Diese bestehen aus Seilen, Fußfesseln mit Ketten und Halsringen mit Ketten. Die Ausrüstung ist ungefähr 200 Silberstücke wert und so in Wachsdecken gewickelt, dass sie vor Witterungseinflüssen geschützt ist.

SZENE 4 – FALLEN

Durch die Angriffe der Maha'krodha aufgeschreckt haben einige freie Dschungelstämme in diesem Teil des Dschungels Spießfallen (Entdeckung 15, Entschärfung 15, Initiative 25, Auslöser: gespannte Lianen, Wirkung: Schaden Stufe 18, siehe *Spielleiterhandbuch*, S. 119) errichtet, um ihre Dörfer zu schützen. Die Fallen befinden sich bevorzugt an Stellen, an denen kleine Boote leicht anlegen können, oder an Wildwechseln. Wenn eine Falle entdeckt wird, kann man sie relativ leicht umgehen, indem man einen anderen Weg durch den Dschungel nimmt. Wenn ein Charakter bereits eine Spießfalle kennen gelernt hat oder an einer Stelle intensiv nach Fallen sucht, sinkt der Mindestwert der Probe zur Entdeckung um jeweils drei Stufen.

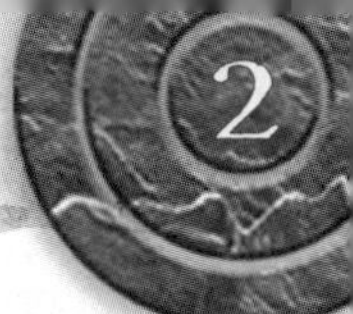

SZENE 5 – DER HINTERHALT

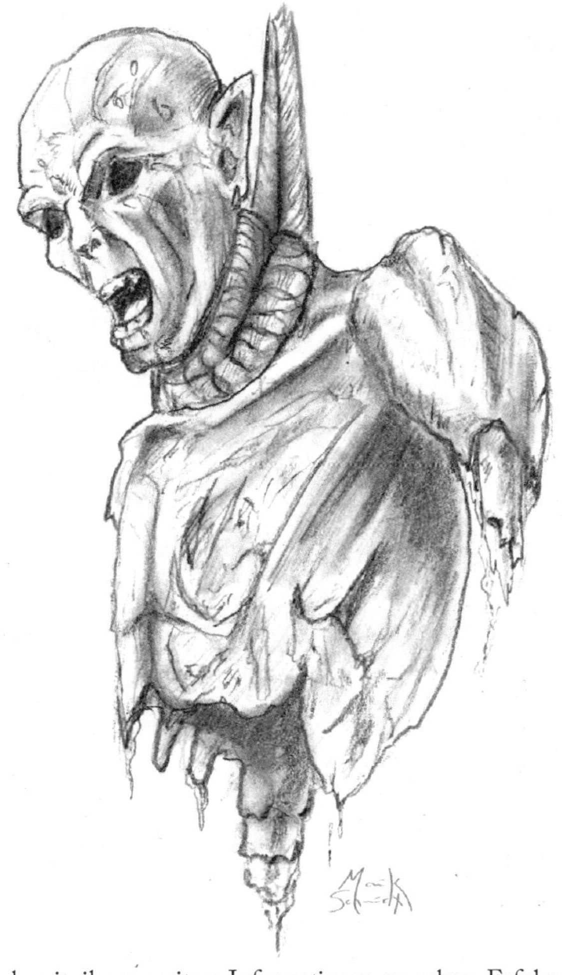

11 EINGEBORENE MENSCHEN

GES:	6	Initiative:	6
STR:	7	Körperliche Verteidigung:	10
ZÄH:	5	Mystische Verteidigung:	4
WAH:	9	Soziale Verteidigung:	7
WIL:	5	Physische Rüstung:	0
CHA:	4	Mystische Rüstung:	0
Bewusstlosigkeit:	22	Erholungsproben:	2
Todesschwelle:	27		
Wundschwelle:	8		
Bewegung:	6		

Aktionen: 1; Speer 8 (10); Blasrohr: 9 (siehe unten)

Ausrüstung

Speere (Schaden 10), Blasrohr (Gift: Nachtpollen, Art: Schaden, Wirkungsstufe 8, Verzögerung: 1 Runde, Intervall 3/1 Runden, Wirkungsdauer: Bis zur Heilung, siehe *Spielleiterhandbuch*, S. 115), Blasrohr (Gift: Schwarzlauge, Art: schwächend, Wirkungsstufe 8, Verzögerung: 2 Runden, Intervall 3/2 Runden, Wirkungsdauer: 2 Stunden, siehe *Spielleiterhandbuch*, S. 116)

Während ihrer Reise durch den Dschungel nördlich des Lungameers wird die Reisegruppe von einer Gruppe Menschen angegriffen. Die Menschen des Dschungelvolks sind der Reisegruppe kämpferisch unterlegen, versuchen diesen Nachteil aber durch das Überraschungsmoment und die Nutzung von Giften auszugleichen. Die Eingeborenen verwickeln alle Mitglieder der Reisegruppe in den Kampf. Bis auf Erntar und Upani Shaiden haben alle Mitreisenden nur geringe Kampferfahrungen und benötigen Hilfe von den Charakteren. Die eingeborenen Menschen ergeben sich, sobald deutlich wird, dass sie unterlegen sind. Das zeigen sie, indem sie sich unterwürfig auf den Boden hocken und ihre Waffen neben sich legen.

Alternativ können die Charaktere auch mit einem defensiven Verhalten und geeignetem Rollenspiel den Kampf umgehen. Erfolgreiche Interaktionsproben oder auf das Talent Erster Eindruck verbessern den Ausgang der Begegnung nach Wahl des Spielleiters.

Die Haltung der Begleiter gegenüber den Charakteren verbessert sich, wenn sie eine Lösung ohne viel Blutvergießen finden. Die Ausnahme dabei bildet Upani Shaiden, der als Verfechter der Sklaverei den eingeborenen Stämmen am Galanga kaum Sympathien entgegen bringt.

Die Eingeborenen sprechen einen einfachen Dialekt der Sprache der T'skrang. Jeder Charakter, der die Sprache der T'skrang versteht, kann sich mit den Eingeborenen selber verständigen. Ist keiner der Charaktere dazu in der Lage, übersetzt Fincha das Gespräch.

Eine Befragung der eingeborenen Menschen ergibt, dass der Stamm in den letzten Wochen immer wieder von Sklavenjägern der zivilisierteren Bewohner am Galanga gejagt worden ist. Eine genauere Beschreibung der Kleidung der Jäger deutet auf Mitglieder des Nialls Maha'krodha hin. Der Angriff auf die Reisegruppe stellt also eine Verteidigungsmaßname für das Dorf dar.

Wenn die Charaktere durch ein zurückhaltendes und friedliches Verhalten das Vertrauen der Eingeborenen gewinnen können, sind diese bereit, ihnen weitere Informationen zu geben. Erfolgreiche Proben auf Diplomatie (8), Konversation (8) oder Charisma (8) erleichtern die Verhandlung nach Wahl des Spielleiters.

INFORMATIONEN DER EINGEBORENEN

Es gab mehrere Zusammenstöße mit den Maha'krodha im Norden. Diese Begegnungen sind etwas Neues für den Stamm und treten erst seit einigen Wochen auf.

Die Eingeborenen glauben, dass die Maha'krodha das Gebiet entweder nach einem Ort oder Gegenstand durchsuchen oder einnehmen wollen.

Die Eingeborenen kennen den Aufenthaltsort der Kurmapati Kathaa und können den Charakteren den Weg weisen.

Zeigen sich die Charaktere besonders geschickt beim Verhandeln (Zusatzerfolge bei den Proben), bekommen sie vom Stamm einen Begleiter (Oh'seeh) zur Seite gestellt, der sich in der Gegend auskennt und sie bis zur Kurmapati Kathaa begleitet.

DAS WISSEN DES GALANGA

Nach einigen Reisetagen erreicht die Reisegruppe das Gebiet, indem sich die Kurmapati aufhalten soll. Es gibt verschiedene Möglichkeiten, den genauen Aufenthaltsort der Kathaa zu finden. Kundschafter, Bogenschützen und auch Zauberer verfügen über vielfältige Möglichkeiten, dieses Problem zu lösen. Auch die Eingeborenen aus Szene 5 kennen den Aufenthaltsort.

Die Charaktere finden die Kurmapati schlafend in einem Seitenarm des Galanga vor. Zwei T'skrang befinden sich in der Nähe der Riesenschildkröte und verrichten verschiedene Arbeiten. Wenn die Charaktere sich der Kurmapati nähern, werden sie von einer jungen T'skrang freudig begrüßt. Die T'skrang stellt sich als Mala'loni (siehe S. 117) vor, Gehilfin der „Wissensträgerin".

Zusammen mit Mala'loni bewohnen vier junge T'skrangmänner die Hütte auf der Kathaa. Einer dieser männlichen T'skrang kümmert sich im Moment um den Panzer der Riesenschildkröte und die anderen – wie die Charaktere bald erfahren – sind unterwegs mit Tikala'sha. Mala'loni bittet die Reisenden, sich zu setzen, und bietet ihnen frisch aufgebrühten Tee an. Wenn die Charaktere sich nach der Weisen T'skrang Tikala'sha erkundigen, teilt Mala'loni ihnen mit, dass sie sich aufgemacht hat, ein Dorf der Menschen im Dschungel zu besuchen.

Dies macht sie häufiger, um mit den Einheimischen zu handeln. Für Tikala'sha ist es wichtig, nach den Kämpfen der letzten Zeit, die Kontakte zu den Eingeborenen wieder aufleben zu lassen. Das Dorf des Stammes ist zwei Tage entfernt. Tikala'sha wird in zwei Tagen zurückerwartet, da sie ihre Reise bereits vor drei Tagen begonnen hat.

Tikala'sha kommt weder an diesem, noch an den nächsten drei Tagen zurück.

Die Geschehnisse um die Weise T'skrang und die Suche nach ihr werden im nächsten Kapitel behandelt.

DIE KURMAPATI KATHAA

Einige T'skrang des Niall Nensora leben auf Riesenschildkröten, auf denen Gebäude errichtet sind. Die Kathaa ist eine dieser Kurmapati (siehe S. 30).

Die Kurmapati Kathaa trägt auf ihrem flachen Panzer ein wildes Geflecht aus Dschungelmoos und kleineren Farnen. Zusätzlich dazu gibt es einige Bambus- und Holzgewächse. Das Wachstum der Pflanzen wurde durch elementare Magie geleitet und so sind kunstvolle Formen entstanden, die zu einer Hütte verwachsen sind. Das kann durch Astralsicht, Elementarismus oder Halbmagie Elementarist (Wahrnehmung) (MW12) erkannt werden.

Die Gewächse bilden eine kleine, längliche Hütte, die aus fünf Räumen besteht und natürlich gewachsen scheint. Wenn Kathaa taucht, bleibt die Hütte an der Wasseroberfläche und wird mitgezogen. Wenn die Kurmapati an der Oberfläche ist, kann die Hütte vom Wasser aus über eine lange, aus Lianen geflochtene Leiter erreicht werden. Besucher betreten die Hütte durch eine Öffnung mit einem schweren Vorhang.

An den Wänden finden sich geschnitzte Regale, gefüllt mit Büchern, Schriftrollen, Karten, Blättersammlungen und gravierten oder geschnitzten Objekten aus verschiedensten Materialien. In der Mitte der gegenüberliegenden Wand befindet sich ein Kamin mit Feuerstelle, auf dem häufig ein Teekessel köchelt, von dem ein süßlicher Geruch aufsteigt.

In einer Ecke des Raumes steht ein alter Sessel. Daneben befindet sich eine Handvoll großer Sitzkissen aus geflochtenem Bambus. Im ganzen Raum sind zwischen den Regalen schwere Vorhänge angebracht. In der anderen Ecke steht eine Eckbank mit einigen Stühlen.

Zwei Durchgänge an den Wänden führen jeweils in zwei kleine Nebenräume, die als Schlafsäle benutzt werden. Dort befinden sich weitere Regale und Truhen mit persönlichen Dingen der Bewohner.

Zwei weitere Durchgänge führen in eine kleine Küche mit Vorratskammer für Lebensmittel und in einen Raum, der mit Regalen und Kisten gefüllt ist, welche Material für Abschriften und Arbeiten mit den Büchern sowie besondere Schriften enthalten. In der Hütte leben insgesamt sechs T'skrang. Tikala'sha (siehe S. 117) und ihre junge Nachfolgerin Mala'loni (siehe S. 117) teilen sich ein Zimmer, die anderen T'skrang schlafen zusammen im zweiten Schlafsaal.

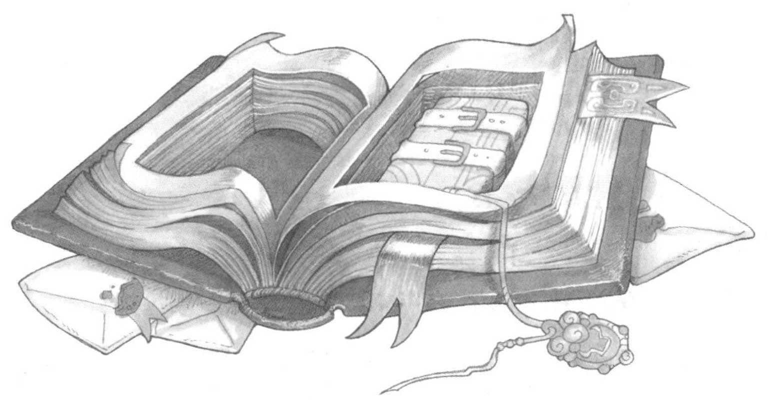

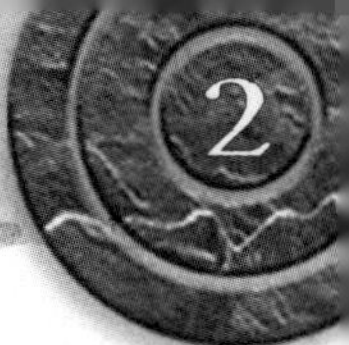

AUF DER SUCHE NACH DER WEISEN FRAU

„Ihr seht aber ganz schön alt aus…“

– letzte Worte eines Abenteurers auf der Suche nach Antworten

„Überwiegend sind im Servosdschungel so nahe der Schlange die T'skrang die führende Rasse. Sie bevölkern die Ufer der Flüsse und leben in ihren Festungen oberhalb und unterhalb der Wasseroberfläche. Nach der Plage haben sich verständlicherweise die T'skrang auch entlang der Flussläufe in den Dschungel ausgebreitet. Sie bewirtschaften Felder, betreiben Jagd und bauen Rohstoffe ab, ein Leben nur am Fluss schränkte sie zu sehr ein. Aber trotz dieser zahlenmäßigen Überlegenheit gibt es noch andere Namensgeber im Dschungel. Einen wichtigen Bestandteil im dortigen Gleichgewicht bilden die Menschen. Manche bezeichnen sie als primitive Stämme, aber es ist nur ihre simple Lebensweise, die sie so erscheinen lässt. Im Einklang mit der Natur betreiben auch sie Feldwirtschaft, Fellhandel und verfügen über weitere, ähnliche Einnahmequellen. So ist es nicht verwunderlich, dass gerade die Nensora am Galanga den Kontakt zu diesen Dörfern suchen. Ihre stetige lose Reise- und Lebensart auf den Gewässern bedarf schon deshalb des Handels, damit die nötigen Ressourcen und Lebensmittel ausreichend zur Verfügung stehen. Zum anderen ist ein freundlicher Kontakt zu den immer wechselnden Nachbarn ein wichtiger Schritt um ein Miteinander rund um den Galanga zu gewährleisten.“

– Aus den Schriften „Die Nialls des Galanga“
– Merrox, Große Bibliothek zu Throal

HINTERGRUND

Der Versuch der Maha'krodha, die drei Nialls am Galanga zu unterwerfen, ist, vor allem durch das beherzte Eingreifen der Charaktere, gescheitert. Die T'skrang der Nialls Nensora, Daikara und Nentilor gehen davon aus, dass die Maha'krodha geschlagen sind und keine große Gefahr mehr darstellen.

Der Rückschlag bei ihren Plänen und der unerwartete Verlust der Tri'starr hat die Maha'krodha zwar aufgehalten und demoralisiert, aber keineswegs von ihrem Ziel abgebracht. Tatsächlich bereiten die Maha'krodha bereits einen weiteren Versuch vor, die Macht am Galanga an sich zu reißen.

Damit diese Pläne nicht frühzeitig entdeckt werden, gehen die Maha'krodha diesmal im Geheimen vor und versuchen, die Aufmerksamkeit von ihren Aktivitäten abzulenken. Aus diesem Grund wurde durch falsche Fährten versucht, die Jagd nach den benötigten neuen Sklaven so aussehen zu lassen, als wären es Grenzstreitigkeiten zwischen den freien Dörfern der Eingeborenen.

ÜBERBLICK

Nachdem die Wissensträgerinnen Tikala'sha und ihre Begleiter auch nach drei Tagen noch nicht wieder aufgetaucht sind, machen sich die Charaktere auf die Suche nach ihnen. Die Gruppe der T'skrang wurde auf dem Weg zu einem Dorf in der Nähe von den Maha'krodha angegriffen. Tikala'sha konnte entkommen und befindet sich seitdem auf der Flucht durch den Dschungel. Die Charaktere untersuchen zwei Kampfschauplätze und finden dort Spuren der Wissensträgerin.

ATMOSPHÄRE

Am Anfang herrscht für die Charaktere Ungewissheit über den Verbleib von Tikala'sha. Im Verlauf des Kapitels wandelt sich dann die Aufgabe von einer Suche zu einer Rettungsmission. Spätestens beim Auffinden der ersten Leichen müssen die Charaktere vermuten, dass sich Tikala'sha in ernster Gefahr befindet.

SCHLÜSSELINFORMATION

Die Charaktere können herausfinden, dass sich die Maha'krodha in dem Gebiet nördlich des Lungameers aufhalten und die Gruppe der Tikala'sha angegriffen haben. Die Maha'krodha sind dabei brutal und zielstrebig vorgegangen. Die Beobachtungen der Charaktere liefern erste Hinweise darauf, dass das Niall Maha'krodha weiterhin ein unbekanntes Ziel verfolgt und sein Gebiet wieder ausdehnt.

AUF IN DEN DSCHUNGEL

Tikala'sha, die Weise T'skrang, ist unterwegs zu einem im Dschungel liegenden Menschendorf, dass ungefähr zwei Tagesmärsche entfernt liegt. Sie wird von drei T'skrang begleitet, welche die Handelswaren zu Fuß transportieren. Auf dem Rückweg tragen die Träger die eingetauschten Waren. Da die Gruppe vor fünf Tagen aufgebrochen ist, wird sie spätestens am Abend dieses Tages zurückerwartet. Mala'loni bittet die Vertreter der Nialls aus Respekt vor Tikala'sha mit der Suche in der Bibliothek zu warten, bis diese wieder zurückgekehrt ist.

Nachdem eine weitere Nacht vergangen ist, ohne dass Tikala'sha und ihre Begleiter zurückgekommen sind, beginnt Mala'loni, die Gehilfin der Tikala'sha, sich Sorgen zu machen. Spätestens am Abend des zweiten Tages geht Mala'loni fest davon aus, dass der Gruppe etwas zugestoßen sein muss. Mala'loni bittet daraufhin die Charaktere, nach der Wissensträgerin zu suchen. Sie möchte mit der Kurmapati Kathaa an dieser Stelle warten, falls die Tikala'sha doch noch zu diesem Ort zurückkehren sollte. Mala'loni kann den Charakteren die grobe Richtung zu dem nordwestlich liegenden Dorf weisen, zu dem die Tikala'sha aufgebrochen ist.

Upani Shaiden besteht mehrfach darauf, dass die Vertreter der Nialls damit beginnen müssen, in der Bibliothek nach den alten Legenden zu suchen. Wenn die Charaktere sich bereit erklären, nach der verschwundenen Gruppe zu suchen, erlaubt Mala'loni, dass die Vertreter der Nialls mit der Suche nach der Legende beginnen, bevor Tikala'sha zurückgekehrt ist.

Als geübter Kämpfer und Kundschafter bietet der stumme Erntar den Charakteren an, sie auf der Suche nach der vermissten Gruppe seines Nialls zu begleiten, da er in der Bibliothek sowieso keine große Hilfe darstellt.

Der Weg durch den Dschungel

Der Weg durch den Dschungel, der zum Dorf führt, ist kaum zu erkennen, da er wenig genutzt wird. Mit Proben auf Wahrnehmung (9) oder Navigation (9) laufen die Charaktere grob in die richtige Richtung, brauchen aber pro Tag drei Stunden länger, um im dichten Dschungel voran zu kommen. Mit Proben auf Spurenlesen (9) oder Mystische Verfolgung (7) hingegen ist es möglich, den Spuren der gesuchten Gruppe direkt zu folgen. Die Benutzung des Talents Sicherer Pfad führt ebenfalls dazu, dass die Charaktere der besten Route durch den Dschungel folgen. Der Zauber „Schneller zu Fuß" erhöht zwar die Laufgeschwindigkeit eines Charakters, der so erhaltene Vorteil kann im dichten Dschungel aber kaum genutzt werden (Einsparung pro Tag: ca. eine Stunde).

Das überfallene Lager

Wenn die Charaktere demselben Weg gefolgt sind wie die gesuchte Gruppe, treffen sie am frühen Abend (mit „Schneller zu Fuß" etwas früher) auf eine Lagerstelle. Wenn die Gruppe nur in die grobe Richtung gelaufen ist, wird die Lagerstelle erst im Laufe des nächsten Vormittags entdeckt.

In der Mitte der Lagerstelle befinden sich die Überreste eines Feuers. Nicht weit davon entfernt liegen zwei T'skrang-Leichen, die von Fliegen umschwärmt werden und keinen netten Anblick bieten, da die Bewohner des Dschungels sich bereits über sie hergemacht haben. Waren oder Ausrüstungsgegenstände sind nicht zu entdecken.

Wenn Erntar bei den Charakteren ist, kann er die beiden als Mitglieder des Mannschaftsbundes der Kathaa identifizieren. Falls Mala'loni den Charakteren eine Beschreibung aller Gruppenmitglieder gegeben hat, ist das ebenfalls problemlos möglich. Damit ist klar, dass die Leichen zu der gesuchten Gruppe gehören.

Tatsächlicher Verlauf der Begegnung

Eine Gruppe von fünf Maha'krodha Sklavenjägern hat das Lager der Gruppe in der Nacht überfallen. Der Überfall fand bereits bei der Hinreise der Gruppe zum Dorf statt. Die Gruppe wurde durch eine Wache rechtzeitig gewarnt und konnte sich wehren. Schon zu Beginn des Kampfes floh ein T'skrang (Tikala'sha) in den Dschungel, dieser T'skrang wurde nicht verfolgt. Zwei T'skrang (die Toten) wurden relativ früh im Kampf von vergifteten Pfeilen (Lähmendes Gift) getroffen. Bei dem folgenden längeren Kampf wurden diese beiden T'skrang mit Speeren getötet. Der vierte T'skrang floh am Ende des Kampfes in den Dschungel. Er wurde von den fünf Angreifern verfolgt. Der Verfolgte und drei der Angreifer waren zu diesem Zeitpunkt leicht verwundet.

Untersuchung

Eine Untersuchung der Leichen mit Proben auf Wahrnehmung (6) oder Aufmerksamkeit (6) ergibt, dass die T'skrang mit Speeren getötet wurden. Eine Probe auf Arzt (6) ergibt, dass der eine T'skrang durch einen Stich ins Herz getötet wurde und der andere verblutet ist. Mit einem Zusatzerfolg erkennt ein Arzt, dass die Leichen vergiftet wurden. Mit einem weiteren Zusatzerfolg kann das Gift Nachtpollen (siehe *Spielleiterhandbuch*, S. 115) erkannt werden.

Eine Untersuchung des Lagerplatzes mit Proben auf Wahrnehmung (9) oder Aufmerksamkeit (9) ergibt, dass ein längerer Kampf stattgefunden hat. Mit einem Zusatzerfolg wird erkannt, dass ein T'skrang in den Dschungel geflohen ist und nicht verfolgt wurde. Ein weiterer Zusatzerfolg liefert die Erkenntnis, dass der vierte T'skrang in den Dschungel geflohen ist und verfolgt wurde.

Mit Beweisanalyse (siehe *Spielerhandbuch*, S. 78) können jeweils die beiden Leichen (7) und der Lagerplatz (9) selbst untersucht werden. Insgesamt können also drei Beweisanalysen durchgeführt werden. Die dabei gestellten Fragen der Charaktere kann der Spielleiter mit dem Text „Tatsächlicher Verlauf der Begegnung" (siehe oben) beantworten.

Falls ein Charakter die genaue Todesursache der T'skrang ermittelt hat, sollte ihm klar sein, dass das Wirken des Zaubers „Augenblick des Todes" auf Grund ihres Zustands bei beiden Leichen relativ gefährlich sein kann.

Der Zauber Augenblick des Todes

Wirkschwierigkeit: 7

Der verblutete T'skrang (2 Schadenspunkte bis zum Tod)

Deine Augen sind geschlossen. Du liegst auf dem Rücken. Etwas drückt auf deine Brust. Du kannst kaum atmen. Deine Adern brennen. Dein ganzer Körper schmerzt. Etwas beißt in deine Hand und zieht an ihr. Etwas versucht deine Hand von dir weg zu ziehen. Es riecht nach Blut. Dir ist kalt. Du hast Probleme wach zu bleiben. Du bist sehr müde.

Der T'skrang mit dem Stich ins Herz (35 Schadenspunkte bis zum Tod)

Du kämpfst gegen zwei Kämpfer der Maha'krodha. Es riecht nach Blut. Die beiden greifen dich von zwei verschiedenen Seiten an. Du siehst zwei deiner Begleiter. Es steht schlecht um sie. Einer kämpft mit einem Maha'krodha Sklavenjäger und blutet aus mehreren Wunden, der andere befindet sich, genau wie du, mit zwei Gegnern im Nahkampf, seine Kleidung ist blutig. Tikala'sha ist nirgendwo zu sehen. Ein Speerhieb trifft dich im linken Arm, du lässt deine Waffe fallen. Ein weiterer Speer trifft dich in die rechte Schulter. Du drehst dich um, um zu fliehen. Ein unglaublicher Schmerz dringt von deinem Rücken aus durch deinen Körper. Du siehst wie eine Speerspitze aus deiner Brust austritt. Deine Sicht wird getrübt. Du bekommst keine Luft mehr. Dein Mund ist voller Blut.

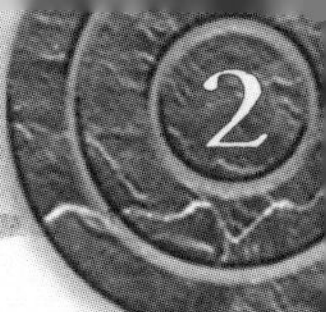

Die Suche

Den Anfang der Spuren der großen Gruppe (Maha'krodha und geflohener T'skrang) findet jeder Charakter ohne Wahrnehmungsprobe.

Mit Proben auf Spurenlesen (9) oder Mystische Verfolgung (7) ist es möglich, den Spuren des einzelnen T'skrang (Tikala'sha) oder der Gruppe (geflohener T'skrang und Verfolger) zu folgen. Wenn die Charaktere einen Gegenstand von Tikala'sha besitzen und die Probe auf Mystische Verfolgung gelingt, ist es sehr leicht, die von ihr gemachte Spur zu erkennen. Da Tikala'sha nachts aus dem Kampf geflohen ist und die Maha'krodha keinen ihrer persönlichen Gegenstände besessen haben, war es ihnen nicht möglich, ihrer Spur sofort zu folgen.

Verwirrt ist noch untertrieben

Wenn die Charaktere Tikala'shas Fährte verfolgen, finden sie die verwirrte und am Kopf verletzte T'skrang nach ungefähr zwei Stunden im Dschungel. Der Verlauf der Spur deutet an, dass Tikala'sha nach einer kurzen Flucht mehrere Tage anscheinend ziellos durch den Dschungel geirrt ist, wobei sie mehrfach in Kreisen gelaufen ist.

Durch ihre Kopfwunde hat die T'skrang viel Blut verloren und kann sich kaum noch auf den Beinen halten. Ihre Kleider sind größtenteils blutverschmiert. Wenn die Charaktere sie auf den Kampf oder die Flucht ansprechen, reagiert die alte T'skrang zuerst nicht darauf.

In den ersten paar Minuten der Begegnung redet die verwirrte Tikala'sha in einem alten T'skrang-Dialekt auf die Helden ein. Den einzigen Satz, den ein Kenner der T'skrang Sprache versteht, ist: „Die ganzen Waren sind weg!". Mit einem Wurf auf Fremdsprachen (10) kann ein Charakter die anderen Sätze als Kinderreime erkennen, die von Flüssen und Urwäldern handeln, auch wenn er nicht alle Worte übersetzen kann.

Falls Erntar bei der Gruppe ist, kümmert er sich fürsorglich um die alte Frau. Er besteht darauf, dass sie sich hinsetzt und er gibt ihr Wasser, bevor die Charaktere ihr weitere Fragen stellen können. Bei der Weiterreise unterstützt Erntar die alte T'skrang, so gut er kann.

Sobald sich Tikala'sha beruhigt hat, können die Charaktere wieder relativ normal mit ihr reden. Ihre ersten Gedanken gelten ihren Begleitern. Wenn die Charaktere ihr berichten, dass alle bis auf einen tot sind, ist sie davon sichtlich erschüttert. An den Überfall selber hat sie keine Erinnerung, auch an ihre Flucht durch den Urwald kann sie sich nur bruchstückhaft erinnern. Danach werden ihre Erinnerungen klarer. Sie berichtet von ihrem gescheiterten Versuch, zurück zum Weg oder zu einem Flusslauf zu gelangen, um von dort zurück zum Lungameer zu laufen. Die Erinnerungen an den Überfall erlangt sie auch in den folgenden Tagen nicht zurück.

Falls Tikala'sha auf die unbekannte Sprache angesprochen wird, kann sie den Charakteren erklären, dass es sich um einen T'skrang-Dialekt handelt, der vor der Plage und nur am Galanga gesprochen wurde. Falls ein Charakter den Dialekt erlernen möchte, kann er das Talent Fremdsprachen (9) dazu benutzen. Der Charakter muss aber T'skrang sprechen können, bevor er versuchen kann, den Dialekt der Sprache zu lernen.

Falls die Charaktere wissen, dass ein T'skrang der Gruppe überlebt hat, und Tikala'sha davon berichten, besteht sie darauf, ihren Reisegefährten zu suchen.

Noch ein Lager voller Toter

Wenn die Charaktere die Fährte verfolgen, die von dem geflohenen T'skrang stammt, der verfolgt wird, erreichen sie nach ungefähr drei Stunden mitten im Dschungel ein Lager mit vier weiteren Leichen. Wenn die Charaktere Tikala'sha bereits gefunden haben, begleitet diese die Gruppe bei der Suche.

In dem neu entdeckten Lager befinden sich neben drei toten Menschen auch der ebenfalls tote letzte Begleiter von Tikala'sha. Die Waren, die dem Mannschaftsbund der Kathaa gehört haben, liegen auf einem Haufen mit einigen anderen Sachen am Rande des Lagers. Eine der menschlichen Leichen liegt in ihrer Hängematte mit durchgeschnittener Kehle. Die beiden anderen Menschen liegen in der Mitte des Lagers und haben ihre Speere immer noch mit den Händen fest umklammert. Der Boden um diese Leichen und die Leichen selber sind blutverschmiert und ihre Körper weisen zahlreiche Wunden durch Speere auf. Der T'skrang liegt, mit dem Rücken an einen Baum gelehnt, am Rande des Lagers. Ein Speer steckt im Boden neben ihm, sein Kinn ist auf die Brust gesunken und es sieht aus der Ferne so aus, als würde er an den Baum gelehnt schlafen. Auch der T'skrang weist mehrere leichte Speerwunden am ganzen Körper auf. Drei gut erkennbare Pfade führen vom Lagerplatz nach Nordosten, Nordwesten und Osten.

Tatsächlicher Verlauf der Begegnung

Die Maha'krodha Kämpfer verfolgten den T'skrang nach der letzten Begegnung kurze Zeit durch den Dschungel und konnten ihn schnell einholen und töten. Die Leiche nahmen sie mit

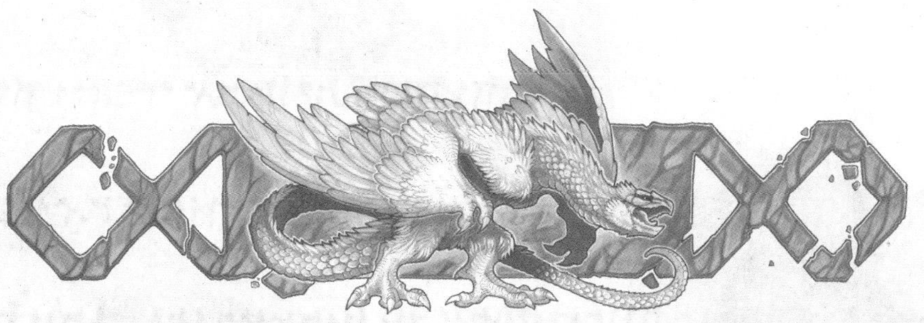

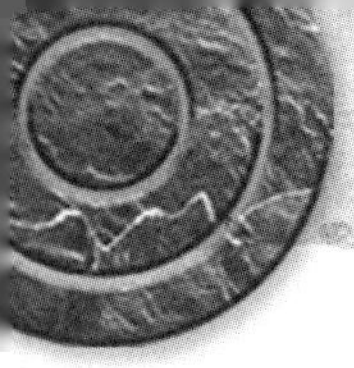

bis zu einem ihrer eigenen Lager. Da sie davon ausgingen, dass irgendjemand den Nensora suchen würde, töteten sie die drei aufsässigsten Sklaven ihrer letzten Jagd und drapierten die vier Leichen in der jetzigen Form. Einem Sklaven wurde dafür der Hals durchgeschnitten, die anderen beiden tötete man durch Stiche ins Herz und fügte ihnen danach weitere Stichwunden zu. Die Maha'krodha verließen dann das Lager in nordöstlicher Richtung, zusammen mit den gefangenen Sklaven, und liefen zu einem Nebenarm des Galangas, wo sie ein Boot der Maha'krodha abgeholte.

UNTERSUCHUNGEN

Eine Untersuchung der Leichen mit Proben auf Wahrnehmung (6) oder Aufmerksamkeit (6) ergibt, dass der T'skrang mit Speeren getötet wurde. Eine Probe auf Arzt (6) ergibt, dass die Menschen durch Stiche ins Herz getötet und dass die anderen Wunden erstaunlich regelmäßig über den Körper verteilt sind. Mit einem Zusatzerfolg erkennt ein Charakter außerdem, dass die meisten Wunden den Leichen erst nach dem Tod zugefügt wurden.

Eine Untersuchung des T'skrang, der an dem Baum lehnt, mit Proben auf Wahrnehmung (6) oder Aufmerksamkeit (6) ergibt, dass er sich nach dem Kampf bis zu dem Baum geschleppt hat und dort verblutet ist. Eine Probe auf Arzt (9) ergibt, dass die Leiche nach dem Tod noch bewegt wurde und nicht an den Baum gelehnt gestorben ist.

Eine Untersuchung des Lagerplatzes mit Proben auf Wahrnehmung (9) oder Aufmerksamkeit (9) ergibt, dass sich dort eine große Gruppe von Menschen und T'skrang aufgehalten hat. Mit einem Zusatzerfolg wird erkannt, dass eine größere Gruppe den Lagerplatz vor kurzem in nordöstlicher Richtung verlassen hat. Ein weiterer Zusatzerfolg liefert die Erkenntnis, dass die Menschen der Gruppe immer im gleichen Abstand gelaufen sind. Der Abstand betrug ungefähr einen Schritt.

Mit Beweisanalyse (siehe *Spielerhandbuch*, S 78) können jeweils die vier Leichen (7) und der Lagerplatz (9) selbst untersucht werden. Insgesamt können also vier Beweisanalysen-Proben durchgeführt werden. Die dabei gestellten Fragen der Charaktere kann der Spielleiter mit dem Text „Tatsächlicher Verlauf der Begegnung" (siehe oben) beantworten.

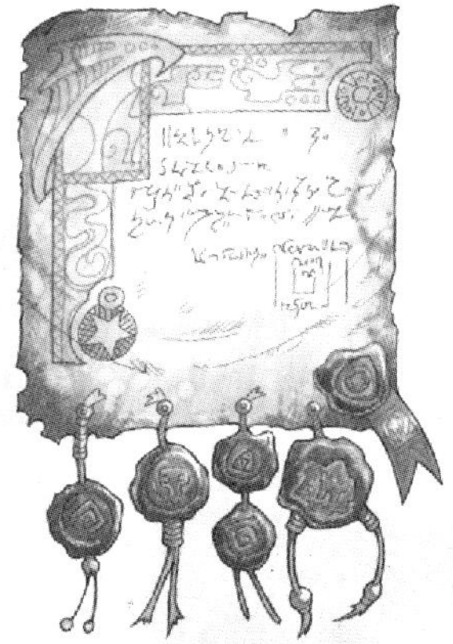

DER ZAUBER AUGENBLICK DES TODES

Wirkschwierigkeit: 7

DIE DREI MENSCHEN
(JEWEILS 20 SCHADENSPUNKTE BIS ZUM TOD)
Die Sonne scheint durch das grüne Blätterdach des Dschungels. Du bist von Kämpfern der Maha'krodha umringt und wirst festgehalten. Ein Kämpfer nähert sich und stößt dir seinen Speer in die Brust (oder schneidet die Kehle durch). Im Hintergrund sieht man das Lager und mehrere mit Seilen zusammengebundene Menschen.

DER T'SKRANG AM BAUM
(15 SCHADENSPUNKTE BIS ZUM TOD)
Es ist dunkel. Du rennst durch den Dschungel. Ein Pfeil trifft dich in den Nacken. Du stolperst. Du stehst wieder auf und stolperst erneut. Dein linkes Bein fühlt sich taub an. Etwas trifft dich in den Rücken. Du hast starke Schmerzen. Du fällst auf dein Gesicht. Du wirst mehrfach in den Rücken getroffen.

SPUREN

Falls die Charaktere der jüngsten Spur nach Nordosten folgen, endet diese nach einem halben Tag an einem Nebenarm des Galanga. Durch die Spuren am Ufer und die Fußabdrücke im Schlamm kann man leicht erkennen, dass die Gruppe an dieser Stelle ein Boot bestiegen hat.

Die nordwestliche Spur führt zu dem Dorf, mit dem Tikala'sha handeln wollte. Die dort lebenden Menschen sind nicht mehr da. Die Hütten stehen leer und die Feuerstelle ist seit Tagen nicht benutzt worden. Mehrere Blutflecke sind auf dem Boden zu sehen. Hier haben die Maha'krodha mehrere Sklaven gefangen, die restlichen Bewohner sind geflohen.

Die östliche Spur teilt sich nach wenigen hundert Schritten zu vielen einzelnen Spuren, die sich im Dschungel verlieren.

ZURÜCK ZUM SCHIFF

Falls die Charaktere Tikala'sha gefunden haben, begleitet sie die Charaktere, bis die Gruppe zur Kurmapati Kathaa zurückkehrt. Sie bittet die Charaktere, die Leichen aller getöteten T'skrang mit zurückzunehmen, um das Bestattungsritual der Nensora am Fluss durchführen zu können.

Falls die Gruppe Tikala'sha nicht finden kann, stirbt die alte T'skrang unentdeckt im Dschungel und ihre Nachfolgerin Mala'loni übernimmt die Führung der Bibliothek. Mala'loni wird erst nach zwei Wochen die Hoffnung aufgeben und mit der Kathaa weiterreisen. In der Zwischenzeit kann sie die Fragen der Charaktere beantworten, betont aber immer wieder, dass Tikala'sha die Aufgabe besser erfüllt hätte.

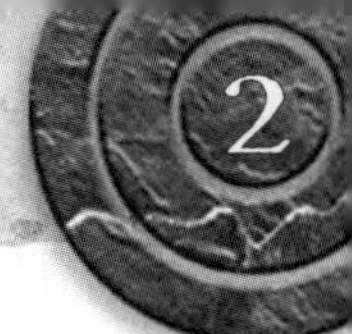

Falls die Charaktere mit Tikala'sha das zweite Lager entdecken, bittet sie die Charaktere, die Waren mitzunehmen. Sie hat aber kein Interesse mehr daran mit den Waren zu handeln, sondern möchte möglichst schnell zurück zu ihrer Bibliothek.

Falls die Charaktere mit Tikala'sha zur Kathaa zurückkehren, beschließt die alte T'skrang mit der Kurmapati zurück zum Lungameer zu reisen, da der Mannschaftsbund der Riesenschildkröte neue Mitglieder benötigt, und um dort von den Überfällen zu berichten.

Die Legende

Die Vertreter der Nialls und Mala'loni haben in der Zwischenzeit bereits Informationen über die Legende gefunden. Die Vertreter der Nialls, der Mannschaftsbund der Kathaa und die Charaktere setzten sich zusammen und die ersten Erkenntnisse werden ausgetauscht. Falls Tikala'sha noch lebt, trägt sie zu diesem Zeitpunkt ihr eigenes Wissen zu der Legende vor.

Die Legende der Sandburg

„Legenden sind das Fundament unseres Wissens. Man kann an sie glauben oder nicht, aber sie erzählen stets eine interessante Geschichte und manchmal auch zwei oder drei."

– Henry Neumani, reisender Scholar aus Travar

„Lassen Sie mich etwas klarstellen – Legenden entsprechen nicht der Wahrheit! Aber dennoch – Legenden entsprechen der Wahrheit! Ich nehme an, das verwirrt Sie, aber beide Sätze sind als Aussage vollkommen richtig. Zum einen kann eine Legende ein tatsächliches Ereignis beschreiben, aber auch ein totales Hirngespinst sein. Der Ursprung einer Legende ist oft nicht mehr nachzuvollziehen. Daher wissen wir auch oft nicht, ob sie stimmt oder eben nicht, oder was an der Legende der eigentliche wahre Kern ist und was nicht, ob sie vielleicht sogar in Gänze passierte, wie es jemand einst niedergeschrieben hat. Aber hat derjenige, der es zu Papier gebracht hat, es tatsächlich erlebt oder wiederum nur von jemand anderem gehört? Ist die Legende an diesem Ort die gleiche wie an einem anderen Ort oder kennt man sie in Urupa anders als hier in Throal? Wie Sie sehen, es steckt eine Menge Krux in diesem kleinen Wort Legende. Und trotz dieser Umstände sind Legenden der fundamentale Bestandteil dieser Regale hinter Ihnen. Auf dem Tisch vor Ihnen befinden sich ein paar ausgewählte dieser Legenden und Ihre Aufgabe ist es, die Wahrheit und den Ursprung dieser zu erforschen."

– Aus einer Rede von Merrox, Große Bibliothek zu Throal, an Anwärter zur Ausbildung zum Scholaren

Überblick

Die Charaktere forschen in den Büchern und Schriften der Kathaa nach Informationen zur Legende der Sandburg. Sie finden einige Hinweise zu der Legende und erste Details zur Durchführung des Rituals der Kontaktaufnahme mit dem Flussgeist.

Atmosphäre

Die Charaktere haben Zeit, sich zu erholen und in Ruhe in den Büchern und Schriften zu forschen. Es gibt einige Rätsel, die entschlüsselt werden müssen.

Schlüsselinformation

Die Legende handelt davon, dass Shivoam einen Dämon besiegt hat. Dabei hat eine Sandburg eine wichtige Rolle gespielt.

Die Wächter des Galangas beherrschten früher ein Ritual, durch das sie mit Shivoam sprechen konnten. Die Hinweise deuten darauf hin, dass man fünf bestimmte Orte entlang des Galanga besuchen muss, um das Ritual durchzuführen. Jeder der fünf Orte hat eine Verbindung zu einem der fünf Elemente. Es gibt ungenaue Informationen, wo sich diese Orte befinden. Der einzige Ort, der in den Schriften genau beschrieben ist, ist der Ort des Holzes.

Eine lokale Legende

Entweder ist Tikala'sha lebendig zur Kathaa zurückgekehrt oder Mala'loni hat ihren Platz eingenommen. In beiden Fällen können die Charaktere jetzt Antworten auf ihre Fragen bekommen. Die Charaktere und die Mitreisenden begeben sich in die Bibliothek und haben nun Zeit, über alle Fragen und den Plan des Rats zu sprechen. Tikala'sha fragt die Charaktere ob sie die Legende der Sandburg kennen. Für die, die sie nicht kennen, fasst sie die Legende noch einmal kurz zusammen.

Die Legende der Sandburg

Eine ausführliche Version der Legende findet sich im Quellenbuch *Legenden von Earthdawn* unter dem Namen „Kindchen, Kindchen, mit Sand gesalbt." Den T'skrang Barsaives sind mehrere Versionen der Legende bekannt.

An einem schönen Tag hat ein T'skrang mit einigen frisch Geschlüpften den Schutz des Nialls verlassen, um mit ihnen gemeinsam am Strand zu spielen und eine Sandburg zu bauen. Doch der Frieden an diesem Strand währte nicht lange, denn ein Dämon erschien am Strand und tötete die Gruppe. Einer nach dem anderen musste sterben, bis nur noch eine T'skrang übrig war. Die Jüngste der Gruppe zeigte aber keine Angst. Nur durch ihre Willenskraft und Liebe schaffte sie es, den Dämon zu besiegen und in die Sandburg zu ban-

nen. Diese Legende ist nur die Kurzform der Geschichte, und sie wird heute von nahezu jedem T'skrang erzählt und weitergegeben. Dies ist zudem noch der Grundstein für eine Tradition am Schlangenfluss. Jeder frisch geschlüpfte T'skrang wird mit etwas Sand beworfen, um diese Geschichte und die Liebe des Kindes aus der Legende zu ehren.

Nachdem sie die Legende so zusammengefasst hat, erzählt sie die Legende ein zweites Mal, aber dieses Mal erzählt sie sie so, wie sie am Galanga überliefert ist. Dabei besteht wenig Zweifel, dass Tikala'sha ihre Version für die richtige hält.

„Nun, ihr könnt euch sicher vorstellen, dass eine Legende, die unsere Tradition in Frage stellt, unter den T'skrang – hmm, wie sage ich das – unterschiedliche Empfindungen weckt. Unter den T'skrang am Galanga gibt es noch eine etwas andere Version dieser Geschichte. Nach unseren Überlieferungen gab es ebenfalls eine Sandburg. Und es gab auch auf jeden Fall die Kinder und ihre Aufsicht, die an diesem schönen Tag am Strand spielten. Der Dämon spielt ebenfalls die gleiche, tragische Rolle. Er tauchte an diesem Strand auf und tötete einen nach dem anderen, nur um sich am Leid seiner Opfer zu ergötzen. Aber hier kommt nun der eigentliche Unterschied. In unserer Version war es nicht das kleine Mädchen, welches den Dämon am Ende besiegte.

Bevor ich fortfahre, müsst ihr allerdings zuerst noch etwas verstehen. Der Galanga gehört zur Schlange, ebenso wie das gesamte Wasser rund um uns herum. Und es gibt Shivoam, den Geist der Schlange. Der Flussgeist, der uns T'skrang heilig ist und überall da zu finden ist, wo auch die Schlange ist.

So besagt die andere Version der Legende, und so steht es auch in alten Schriften, dass Shivoam selbst an jenem Tag an diesem Ufer seiner weitreichenden Arme war. Die Willenskraft und Liebe der Kleinen hat den Dämon nicht verbannt. Es war Shivoam selbst, die diesem Kind half, indem sie an diesem Tag eingriff und den Dämonen vertrieb. Ob sie ihn sogar vernichtete, weiß man nicht so genau. Aber das Ergebnis ist das gleiche, das Kind war gerettet. Der Sand der Schlange in Form dieser unschuldigen Sandburg und die Liebe des Mädchens konnte zu Shivoam vordringen, sie rufen. Dies ist demnach auch der ursprüngliche Grund, warum wir über unsere kleinen Schlüpflinge eine Hand Sand rieseln lassen. Es handelt sich dabei um eine Tradition, dem Flussgeist zu danken, und wir bitten um ihren Segen für das neue Leben. Auch wenn viele diese Legende so nicht kennen, ist dies eine wichtige Tradition.

Es heißt weiter, dass die Sandburg noch heute hier am Galanga steht. Unserer Legende nach ist es den Hütern von einst möglich gewesen, mit Shivoam zu sprechen. Sie haben den Sand der Schlange, die Sandburg, dafür genutzt mit Hilfe von Ritualen Shivoam zu rufen. Nur wenn ich „die Hüter von einst" sage, dann deswegen, da die Rituale nicht mehr bekannt sind. Auch wie man den Standort der Sandburg findet, ist nicht mehr bekannt. Keiner kennt mehr die Formeln, die Worte und die Schritte, die zu tun sind, um den Flussgeist zu rufen. Es ist nur noch eine Legende. Und das ist ein Problem, wenn ich eurer Anliegen richtig verstanden habe, welches nun wohl doch zu lösen ist.

Und da sitzt ihr nun hier. Kennt nun diese Legende des Galanga, wisst von der Bedeutung des Wissens, das ihr sucht, aber steht vor einem Rätsel, welches seit langer Zeit nicht gelöst wurde..."

Nachdem sie die Legende erzählt hat, schaut Tikala'sha die Charaktere und die anderen Anwesenden nacheinander an und ist bereit, weitere Fragen zu beantworten, soweit sie das kann. Die Charaktere können nun die Legende untereinander diskutieren und Ideen sammeln, wie das weitere Vorgehen aussieht.

Nachforschen und Hinweise zum Ritual

Tikala'sha

Das Wissen der Tikala'sha ist nicht allumfänglich, aber dennoch kann sie den Charakteren helfen. In der Legende ist von einem Ritual die Rede. Wenn die Charaktere sie darauf ansprechen, wird sie anmerken, dass es vermutlich ein Bindungsritual ist, bei dem man sich mit dem Flussgeist verbindet, um seine Worte vernehmen zu können, ähnlich der Verbindung zu einer Struktur.

Die Vertreter der Nialls

Upani Shaiden, Fincha und Erntar sind mitgereist als Vertreter ihres Niall. Ihr Wissen um die Legenden des Galangas ist begrenzt. Sie kennen zwar das Ritual des Sandes wie oben beschrieben, aber nicht die Details oder den mystischen Hintergrund. Auch vom Ritual haben sie bei der Versammlung zum ersten Mal gehört. Daher können sie den Charakteren hier nicht weiterhelfen.

Die Hüter

Die Hüter kennen die Legende der Sandburg ebenfalls. Und auch sie kennen die lokale Variante, wenn auch nicht so detailliert, wie Tikala'sha sie vorgetragen hat. Wenn die Charaktere sich mit Messalah, Vata Z'kore oder Udan Apa unterhalten, sind alle der Meinung, dass zu einem Ritual dieser Art genaue Anweisungen benötigt werden. Die drei sind sich einig, dass es in den Büchern und Schriften dazu Hinweise geben muss. Im weiteren Verlauf können sie an bestimmten Stellen mit ihrem Wissen weiterhelfen.

Nachforschen in den Schriften

Die Charaktere suchen in den Büchern und Schriftrollen nach Hinweisen, um mehr über die Legende und das Ritual zu erfahren. Um hierbei etwas Neues zu erfahren, sind Würfe auf Forschen (8) oder Lesen und Schreiben(8) erforderlich. Die Vertreter und Hüter suchen ebenfalls nach Informationen. Davon ausgenommen ist Erntar, der lieber bei der Pflege der Kathaa hilft oder die Gegend um die Kurmapati herum erkundet.

Die Hinweise, die gefunden werden, können den Charakteren auf ihrer Suche im nächsten Kapitel helfen bzw. sie überhaupt erst auf den Weg bringen. Notwendige Informationen, um mit der Suche weiter zu machen, werden auf jeden Fall durch die anwesenden T'skrang gefunden. Weitere Informationen, wel-

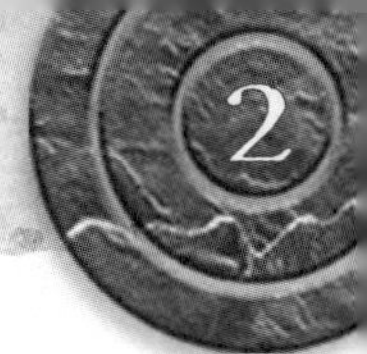

che die Suche leichter machen, können die Charaktere erhalten, wenn ihre Wissensproben Zusatzerfolge erbracht haben.

DIE SANDBURG
Um mit Shivoam in Kontakt zu treten, spielt der Sand der Schlange eine große Rolle. Bei Hinweisen auf die Anrufung ist immer von einer Sandburg die Rede. Manchmal ist davon die Rede, dass die Burg für das Ritual gebaut wurde. Allen Texten gemein ist, dass sie beim Ritual eine wichtige Rolle spielt.

ZUSATZERFOLGE
- In anderen Fällen war eine Burg bereits vorhanden (+1 Erfolg).
- Es hat immer nur eine Sandburg gegeben, und das ist die Sandburg aus der Legende (+1 Erfolg).

Die Elemente

Die T'skrang und besonders die Hüter haben eine Verbindung zu allen fünf Elementen. Sie sind ein wichtiger Bestandteil ihrer Traditionen und jeder Schamane ehrt sie gleichermaßen. In der Elementarlehre der T'skrang steht Shivoam für das Element Wasser, gleichzeitig aber steht Shivoam auch für den Flussgeist selbst. Wasser spielt eine zentrale Rolle bei allen Hinweisen auf das Kontaktritual. Das Ritual wird in allen Texten immer an einer Flussgabelung ausgeführt. Es ist aber immer wieder auch von anderen Elementen die Rede.

ZUSATZERFOLGE
- Für das Ritual wird zwingend mehr als ein Element benötigt (+1 Erfolg).
- Alle Elemente werden benötigt, um den Flussgeist anzurufen (+1 Erfolg).

DIE FORMELN
Jeder Hüter der Schlange besaß ursprünglich Wissen zu dem Ritual in Form von Anweisungen. Doch keiner der anwesenden Hüter hat jemals von diesen Anweisungen gehört. Hinweise auf die genauen Abläufe gibt es nicht. Man kann den Schriften aber entnehmen, dass die genaue Durchführung des Rituals den Hütern bekannt war.

ZUSATZERFOLGE
- Die Anweisungen sind an sogenannten Verehrungsstätten aufgezeichnet worden (+1 Erfolg).
- Alle Anweisungen sind notwendig, um das Ritual zu vollenden (+ 1 Erfolg).

DIE ORTE DER FLUSSLIEDER
Wie in den Informationen zu den Hütern beschrieben, folgen sie nicht nur den Passionen, sondern leben auch die Tradition der sogenannten Flusslieder, alter Lieder, welche die Grundlehren der Würdigung aller Elemente enthalten und schon weit vor der Plage gesungen wurden. In den Texten finden sich Hinweise zu sogenannten Anbetungsstätten, an denen die Flusslieder früher zu besonderen Anlässen gesungen wurden. Es gibt fünf heilige Orte, die jeweils einem der fünf Elemente gewidmet sind.

ZUSATZERFOLGE
- Die Hüter achten auf das Gleichgewicht zwischen den Elementen (+1 Erfolg).
- Die Hüter sind für den Schutz der Anbetungsstätten verantwortlich (+1 Erfolg).

Auch das Wissen über die Anbetungsstätten ist für die Hüter neu. Alle vermuten, dass an diesen Orten weitere Hinweise zu finden sind.

DIE FÜNF WEISHEITEN
Neben den Hinweisen finden die Charaktere unabhängig von ihren Proben an mehreren Stellen folgende fünf Sätze, die im Zusammenhang mit Shivoam stehen. Diese fünf Sätze stehen für jeweils ein Element und einen Ort, der in *Der Flussgeist wird kontaktiert* eine Rolle spielt und evtl. auch von den Charakteren aufgesucht wird.

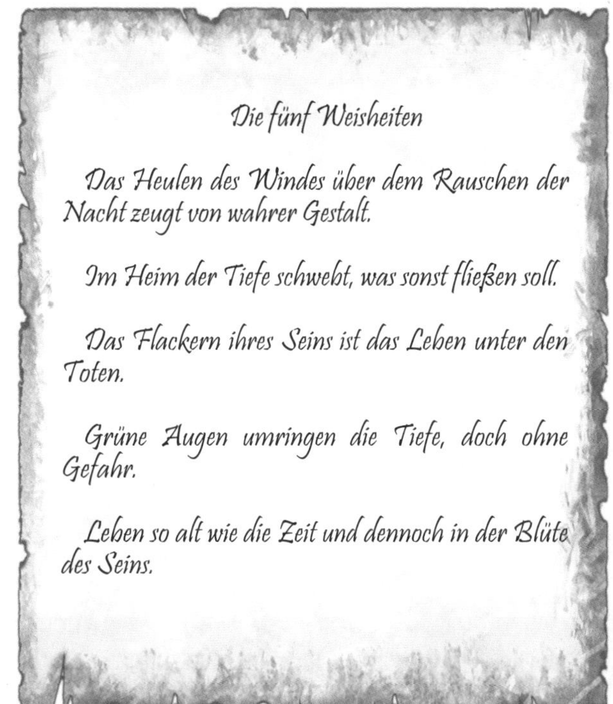

Die fünf Weisheiten

Das Heulen des Windes über dem Rauschen der Nacht zeugt von wahrer Gestalt.

Im Heim der Tiefe schwebt, was sonst fließen soll.

Das Flackern ihres Seins ist das Leben unter den Toten.

Grüne Augen umringen die Tiefe, doch ohne Gefahr.

Leben so alt wie die Zeit und dennoch in der Blüte des Seins.

Messalahs Fund

Die alte Messalah stößt am Ende des ersten Tages auf ein Schriftstück, dass von einer Hüterin des Holzes vor der Plage verfasst wurde. In ihm werden die fünf Anbetungsstätten beschrieben. Zusätzlich dazu befindet sich bei diesem Hinweis der erste Teil der Karte, die zur Sandburg führt.

Falls die Charaktere nicht selber auf die Bedeutung des Textes kommen, helfen ihnen die anwesenden T'skrang in einigen Punkten weiter. Der Spielleiter kann hier entscheiden, wie schnell und wie viel er den Charakteren unter die Arme greifen möchte.

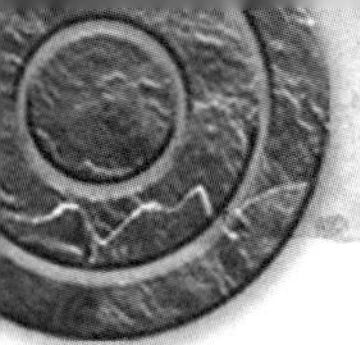

Ich habe immer noch eine zittrige Hand, während ich diese Zeilen schreibe. Es ist erst ein paar Wochen her, seit ich die Aufgabe der Wächterin des Holzes übernommen habe. Und meine kurze Vorbereitungszeit hat mich nicht ausreichend auf diesen Moment vorbereitet. Den letzten Anweisungen meiner Vorgängerin folgend habe ich viel Zeit in der Natur verbracht, bin den Galanga hinauf und hinab gewandert und lernte die Wunder dieser meiner Heimat kennen, die vorbestimmt ist zu vergehen. Ich stieg hinab in die heilige Höhle und sah die ewige Flamme strahlend blau leuchten, habe von der Sphäre des Wassers gekostet, balancierte hoch oben auf dem Plateau der Lüfte, um mir das Pfeifen der Winde anzuhören, und meine Füße wanderten über die heiligen Platten am Fuße der Grube, während die grünen Augen mich betrachteten. Die Verehrungsstätten dieser vier Elemente sind weniger kraftvoll als die des Holzes mit ihrer pulsierenden Stärke und dem sprudelnden Leben, aber alle Stätten sind verbunden, sie sind ein Teil von Shivoam und ein Teil der Wächter und ein Teil der Flusslieder des Galanga. Diese Wunder haben mich tief beeindruckt und meine Ehrfurcht vor Shivoam weiter gesteigert. Die heiligste Aufgabe, die uns Wächter vereint, ist es, den T'skrang des Galanga den Kontakt mit Shivoam zu ermöglichen, seinen Rat zu verbreiten und den großen Geist zu schützen. Die Flusslieder, die dafür nötig sind, sind den Elementen gewidmet und jeder heilige Ort trägt die Beschreibungen des Rituals für immer in sich. Auch die bevorstehende Plage wird sie nicht vernichten. Zusammen führen sie den nach Antwort Suchenden an den Ort, der stärker mit Shivoam verbunden ist als die Anbetungsstätten selbst, die Sandburg an der Flussgabelung. Sie erlauben es jedem T'skrang, der würdig ist und der alle Verehrungsstätten studiert hat, Shivoams Rat zu erhalten. Und noch etwas ist zu berichten. Als ich heute im Baum meditierte, ist es endlich passiert. Ich war zum ersten Mal geschickt genug und konnte erfolgreich einen Faden weben. Genau wie meine Vorgängerin es mir vorhersagte, verband ich meine Struktur mit der Struktur der Stätte des Holzes. Ich spürte die Verbindung zum ersten Mal direkt in meiner Struktur, selbst wenn ich mich vom Baum entferne, bleibt die Verbindung erhalten und ich bemerke die neue Kraft jetzt zu allen Zeiten. Ich bin mir nun sicher, dass ich alles dafür opfern würde, den Geist der Schlange in der bevorstehenden dunklen Zeit zu beschützen. Er muss einfach beschützt werden. Wenn es nicht zu spät wäre, könnte ich an den anderen vier Anbetungsstätten den Faden verstärken und meine Verbindung zu Shivoam vervollständigen, aber die Zeit lässt es nicht mehr zu. Ich wandere in den Dschungel und das Holz wird mich beschützen. Wenn die Plage vorüber ist, werde ich das Wissen weitergeben. Für den Fall, dass mir etwas zustoßen sollte, übergebe ich dieses Schriftstück an Sil'taras bei den Nentilor, damit das Wissen erhalten bleibt. Die Erinnerung an unsere Wege, die Erinnerung an den Weg, darf nicht verloren gehen.

– Sa'krala, Wächterin des Holzes, Zeitalter der Plage

WICHTIGE HINWEISE

Durch die anwesenden T'skrang entschlüsselte Hinweise:

- Es gibt fünf Anbetungsstätten. Jede ist einem Element gewidmet.
- Ein Charakter muss alle fünf Anbetungsstätten besuchen, um alle fünf Beschreibungen für das Ritual zu finden.
- Alle fünf Teile ergeben das Ritual und gleichzeitig eine Karte, mit der sich die Sandburg finden lässt.
- Ein Charakter kann an jeder Anbetungsstätte einen Faden an Shivoam weben. Dieser Faden erleichtert das Ritual der Kontaktaufnahme und gewährt spezielle Fähigkeiten.

DIE KARTE

Die Charaktere wissen jetzt, dass es fünf Orte in der Nähe des Galanga gibt, an denen sie weitere Informationen finden können. Die Charaktere können zu den Orten reisen und dort mehr herausfinden. Im nächsten Kapitel befinden sich Beschreibungen dieser fünf Orte.

Tikala'sha kann den Charakteren eine Karte der Galangaregion aus der Bibliothek geben, falls sie noch keine besitzen.

DIE ALTEN TEXTE ZU DEN FÜNF ANBETUNGSSTÄTTEN

Die Bibliothek ist sehr umfangreich und die Texte sind auf verschiedenen Materialien und in verschiedenen Sprachen hinterlegt. Aber wenn die Charaktere lange genug suchen, finden sie Hinweise zu allen fünf Anbetungsstätten. Der Spielleiter kann diese Hinweise nach erfolgreichen Forschen-Proben oder nach eigenem Ermessen verteilen. Dabei kann es vorkommen, dass sich ein bestimmter Hinweis erst beim zweiten oder dritten Besuch der Bibliothek finden lässt.

Nachdem die Charaktere einen gefundenen Hinweis einige Zeit studiert haben und auch genug Zeit hatten, eigene Vermutungen anzustellen, können die anwesenden T'skrang für die Charaktere eine ungefähre Stelle auf der Karte der Galangaregion ermitteln, an der sich der gesuchte Ort befindet.

NACHFORSCHUNGEN IN ABWESENHEIT

Auch während die Charaktere eine der Anbetungsstätten besuchen, können die zurückgebliebenen T'skrang weiter forschen.

BEWEGUNG DER BIBLIOTHEK

Kathaa kann sich während der Nachforschungen bewegen. Wenn es die Charaktere wünschen, steuert Tikala'sha die Kurmapati schon während der Nachforschungen zu einem von den Charakteren gewünschten Ort. Dabei bewegt sie sich aber sehr gemächlich.

WIE GEHT ES WEITER

Da in der Bibliothek keine weiteren Hinweise mehr zu finden sind, müssen die Charaktere weiterreisen. In den alten Schriften haben sie Hinweise auf versteckte Orte am Galanga gefunden, die einzelnen Elementen zugeordnet sind, die sie suchen können. Diese Orte sind im nächsten Kapitel beschrieben.

Die Dämonen sind bereits allgegenwärtig. Die Plage ist schneller gekommen, als die Gelehrten aus Throal annahmen. Die Vorbereitungen sind noch nicht abgeschlossen und es ist nicht genug Zeit, alle Familienmitglieder zu den großen Kuppeln Nensora zu bringen. Zuviel Zeit wurde mit dem Streit über die Zusammenarbeit mit Niall Nentilor und mit dem Abbau vergeudet. Eigentlich ist es sogar meine Schuld, es waren meine Anweisungen, dass wir mehr Wasserkörnchen brauchen. Hätte ich auf Tillorah gehört, wären wir alle bereits in Sicherheit. Draußen ist es viel zu gefährlich geworden. Unser Spähtrupp ist nicht wieder zurückgekehrt. Die Trauer sitzt tief und allen ist schmerzlich bewusst, es werden noch weitere folgen. Die einzige Chance, die wir noch haben, ist ein Verbarrikadieren unserer Kuppel. Vielleicht reicht ihr Schutz, die Zeit zu überstehen. Aber nur die Passionen und Shivoam, die unsere Gebete an diesem heiligen Ort hören, wissen, ob es reichen wird. Genug elementares Wasser haben wir, der Vorrat ist immerhin unerschöpflich. Also habe ich den Beschluss gefasst und meinen letzten Befehl gegeben. Die fertige Truhe elementaren Wassers wird zusammen mit diesen Aufzeichnungen noch zu den Kuppeln gebracht. Und da kein weiteres Leben der Familie gefährdet werden soll, werde ich diesen Weg selbst und alleine wagen. Ein einzelner T'skrang kann es vielleicht schaffen, unbemerkt den Galanga hinab zu kommen, leichter als eine Gruppe. Hinter mir werden die Tore versiegelt und die Familie T'uular des Nialls Nensora wird, sofern Shivoam es gewährt, die Plage überleben.

– Aufzeichnungen von Zumissa,
letzter Elementarschöpfer und Kundschafter der Familie T'uular

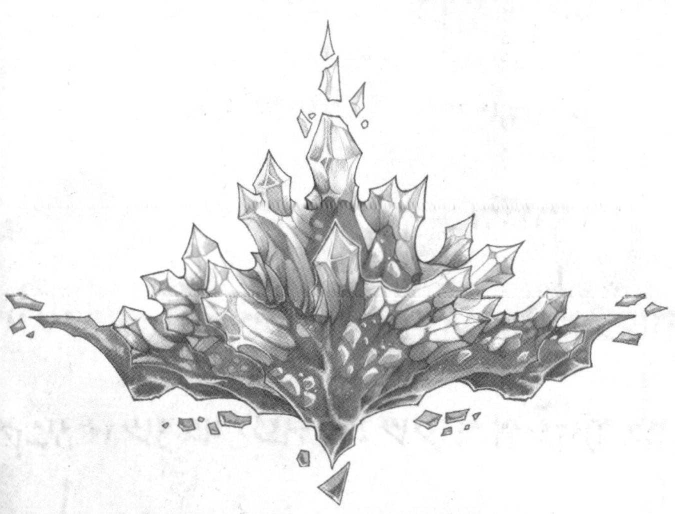

Viele Jahre habe ich damit verbracht, die Lebensart und Traditionen der T'skrang zu studieren und zu beobachten. In einigen Dingen gleichen wir uns, aber es gibt viel, was uns Zwerge von den Flussbewohnern unterscheidet. Ihre bedingungslose Liebe zum Schlangenfluss ist ein Beispiel. Sie befinden sich stets in Bewegung. Sie werden im Fluss geboren, sie folgen dem Strom in ihrer Lebensspanne, und wenn ihr letzter Weg gekommen ist, folgt ihr Körper dem Fluss hinab in die nächste Welt. Die Körper der Toten werden in einer traditionellen Zeremonie dem Schlangenfluss übergeben, um zusammen mit ihrem Geist eins mit ihrem mythischen Geist Shivoam zu werden. Bis heute glaubte ich, dass dies für alle T'skrang, außer den Anführerinnen der Häuser, gilt. Heute erhielt ich einen Reisebericht unbekannten Ursprungs, welcher von einem neuen Beerdigungsritus bei den T'skrang im Servosdschungel berichtet. Einige Wegmeilen westlich der Greifenfälle am Dschungelfluss Galanga wurde eine Zeremonie aufgezeichnet, bei der ein Leichnam eines T'skrang nicht dem Fluss übergeben, sondern in einer heiligen Höhle beigesetzt wurde. Um wen es sich dabei handelt, geht aus dem leider unvollständigen Bericht nicht hervor, aber es muss eine Person von großem Ansehen gewesen sein. Die Grabstätte liegt wohl in einer Höhle tief im Felsen und ist über einen Spalt in der dortigen Steilklippe erreichbar. Der Verfasser spricht von einem mythischen Ort mit dem Sternenlicht über dem Haupt, an dem die Toten aufgebahrt sind und an dem eine ewige Flamme wacht. Wenn es mir die Zeit erlaubt, werde ich mich auf den Weg machen und diesen Ort aufsuchen. Ich will diese Höhle der T'skrang gerne mit meinen eigenen Augen sehen.

– Aus den Notizen von Brumbur Federkiel,
Scholar zu Throal

Ich hatte kein leichtes Leben. Ich war ein Teil der Familie und dennoch war ich anders. Nein, ich bin anders, und gerade deswegen kein richtiger Teil der Familie. Es gab gute Gründe, warum ich das Niall verließ. Ich weiß, wir T'skrang haben eine tiefe Verbindung zum Wasser und dem Schlangenfluss, und das ist bei mir nicht anders. Aber meine Verbindung zur Luft ist noch tiefer. Es mag mit meiner Abart zu tun haben, das streite ich nicht ab, aber es macht mich auch zu dem, was ich bin. Ich war viel unterwegs am Galanga und habe die höchsten Klippen erklommen. Und was soll ich sagen, der Ausblick von hier oben über das Tal und die tiefen Flussläufe und Wassergebiete ist einzigartig. So entdeckte ich diesen Ort. Am Fuße breiten sich vielleicht die Arme des Galangas aus, aber so seltsam wie es auch klingt, hier oben bin ich Shivoam näher als irgendwo sonst. Es ist ein Trichter im Fels, und Wind und Luft steigen nach oben und über die Klippe. Dort entsteht etwas Magisches aus dem Nichts. Und wie auch ich anders bin, ist der Felsen hier nicht normal, sondern genau wie ich der Luft zugetan. Ich habe angefangen eine Treppe zu bauen. Dieser Ort wird bald ein heiliger Ort sein für mich, und meinesgleichen wird hier ein neues zu Hause finden. Und weil wir anders sind als diejenigen, die nicht verstehen, was oder wer wir sind, sind alle T'skrang, die anders sind, an diesem Ort willkommen. Und da der Wind, der über diesen Ort streicht, eine Melodie mit sich trägt, soll dieser Ort von nun an Plateau der pfeifenden Winde heißen.

– aus den Aufzeichnungen von Riktuul,
Erster seiner Familie

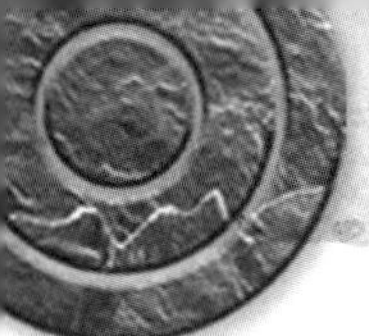

Es war ein Meisterstück. Tiefgrüne Augen, die im Dunkeln der Hütte und dem Licht der untergehenden Sonne glitzerten. Die Raubkatze sah aus, als ob sie jeden Moment springen würde, ja, als wäre sie in Bewegung. Dank den Passionen, was für ein Kunstwerk! Wie fantastisch war die Arbeit, wie filigran die Struktur. Niemals sah ich ein so reines Grün, so makellose Verarbeitung. Die Qualität war unvergleichbar mit allem, was ich kannte. Ich hielt so etwas vorher nicht für möglich. Aber bei Chorrolis, da habe ich mich vielleicht geirrt. Diese Figur war riesig und die Qualität so außergewöhnlich. Der Künstler versuchte, mir weiß zu machen, es hätte mit den wahren Elementen zu tun, die man nahe der Mine finden kann. Und bei Chorrolis, ich glaubte ihm, obwohl ich alles abstritt. Eins lernt man in meiner Zunft ganz zu Anfang, zeige nicht zu viel Interesse, wenn der Preis schlussendlich passen soll. Als man mir den Weg zu dieser Mine wies, die mitten im Servosdschungel liegt, scheute ich die Mühe vorerst, als ich hörte, es sei ein heiliger Ort der Flussbewohner. Heilige Orte können nur für Ärger beim Klären von Besitztum und Schürfrechten sorgen. Aber der Weg hat sich gelohnt. Nur wenige T'skrang bewirtschafteten die Grube, und doch war der Ertrag erstaunlich. Was hätten die Flussbewohner nur alles machen können mit diesem Reichtum vor ihren Füßen. Ich vermutete richtig, die Einheimischen hatten keinen Schimmer, welche Preise man für Ware dieser Qualität in Travar erzielen kann. Der Preis, den ich für die Raubkatze zahlte, war lächerlich. Dieses Einzelstück alleine hat uns mehr eingebracht als alle Gewinne des gesamten letzten Monats zusammengerechnet. Bei Chorrolis, selbst die gewieften Zwerge aus Throal wissen nichts von dieser Quelle des grünen Goldes. Von mir werden sie nichts erfahren. Ich habe jetzt genug Gold bei mir und mache mich wieder auf den Weg, um weitere Stücke zu erwerben. Ich habe den Dienern die Anweisung gegeben, dass es dir an nichts fehlen soll. Ich versuche, so rasch wie möglich nach Hause zu kommen. Bei Chorrolis, wenn der Gewinn wieder so hoch ist, müssen wir nie wieder arbeiten.

– Aus einem ein Brief von Windu Goldwaage, Händler aus Travar, an seine Frau Elira

„Jasprees Wunder sind allgegenwärtig. Als ich von diesem Ort erfuhr, machte ich mich sogleich auf den Weg. Die Plage hat vieles zerstört, und vieles ist verloren gegangen. Große Teile der Natur sind verseucht. Da erscheint es fast wie ein Wunder, wenn ein magischer Ort entdeckt wird, an dem die Dämonen in dem ganzen Chaos, das sie nach Barsaive brachten, nichts anrichten konnten. Als ich meine Reise am Galanga begann, um die Gegend zu erforschen, drang die Kunde von einem riesigen Baum an meine Ohren. Ich sah im Servos schon einige große Bäume, aber die Geschichten um diesen versprachen entweder eine sehr große Enttäuschung – oder einen unvergleichlichen Fund. Und gefunden habe ich tatsächlich etwas. Dieser Baum hat nicht nur der Plage getrotzt, sondern die Plage hat ihn dazu getrieben, zu purem Leben zu werden. Ich habe noch nie etwas so Lebendiges gesehen wie diesen Baum. Die Nähe zum Galanga und Nährstoffe direkt aus der Holzebene haben ihn über Jahrhunderte gestärkt. Diesem Stück Natur kann kein Dämon der Welt etwas anhaben. Ich konnte Jasprees Kraft überall spüren, und dieser Ort wird noch viele Questoren Barsaives anlocken, vor allem, wenn ich die Kunde von ihm verbreite. Auch habe ich am Baum ein paar interessante Runen entdeckt. Er wurde wohl früher schon als Anbetungsort genutzt. Allerdings konnte ich in der kurzen Zeit, die ich bleiben konnte, die Runen nicht entschlüsseln. Ich habe eine Zeichnung der gefundenen Runen beigelegt und eine Kopie in der Bibliothek der Nentilor hinterlegt. Möge Jaspree Eure Leben erblühen lassen!".

– Mildra Efeu, Jaspree Questorin aus Urupa

Der Flussgeist wird kontaktiert

„Dschungel, Dschungel und noch mal Dschungel. Und was soll das eigentlich mit den Elementen? Wir suchen Wasser? Hier ist doch überall Wasser. Wir suchen Erde? Meine Klamotten stinken vor Dreck! Und Luft – hab ich etwa ne Schwitzhütte gebucht? Und wenn wir nicht bald zurückgehen, dann zünde ich den ganzen verdammten Dschungel an, dann hast du dein Feuer!"

– Jerld, Elementarist in der Ausbildung

„Der Servosdschungel bietet viele Geheimnisse und viele wunderliche, gar großartige Orte sind dort zu finden. Meine Reise durch den Dschungel hat beinahe fünf Jahre gedauert und ich bin mir sicher, dass ich bei weitem noch nicht alles gesehen habe und noch viele unentdeckte Orte im großen Grün lauern. Doch von einer ganz besonderen Gegend möchte ich kurz an dieser Stelle berichten. Mitten im südlichen Teil des Dschungels fließt der Galanga. Und rund um den Galanga sind mehrere faszinierende Orte zu finden. Die Greifenfälle sind wohl am geläufigsten, daher spare ich diese mal aus. Aber mein bester Freund, eine Elementarist, war schon etwas neidisch, als ich ihm von zwei anderen Orten berichtete. Ort Nummer eins fand ich durch Zufall in einem größeren System in Felsspalten. Eine Art Friedhof mit einer ewig brennenden Flamme. Die anwesenden Geister an diesem alten und mythischen Ort konnte man spüren, zumindest bilde ich mir das ein. Der andere Ort war ein sehr alter Baum, so groß wie ich keinen zuvor erblickt habe, und so alt wie vermutlich die Felsen in Throal. Und wenn man etwas als lebend bezeichnen kann, dann diesen Baum. Nach einigen Gesprächen mit den Nialls vor Ort gibt es wohl Legenden oder Geschichten über weitere besondere Orte in der Gegend. Ich hatte leider keine Zeit, mir diese anzuschauen, aber ich werde definitiv dorthin zurückreisen und diese Ort finden und für die Nachwelt festhalten."

– Ry Loan III Neumani, seines Zeichens Schatzjäger

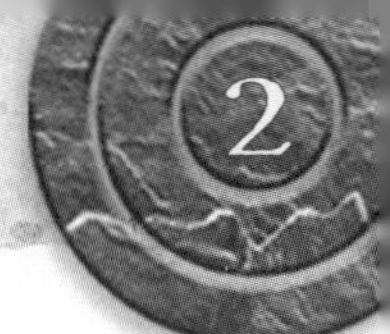

Überblick

Die Charaktere begeben sich auf die Suche nach den Hinweisen für das Ritual zur Kontaktaufnahme. Jeder Teil des Rituals ist mit einem Aspekt Shivoams verbunden und einem Element zugeordnet. Während der Recherche haben die Charaktere Hinweise auf diese mythischen Orte entdeckt, die Anbetungsstätten genannt werden. Jeder dieser Orte birgt seine eigenen Geheimnisse und Gefahren. Im Laufe der Geschichte sammeln die Charaktere die Hinweise und können damit das Rätsel um die Kontaktaufnahme lösen. An jedem Ort können die Charaktere besondere Fähigkeiten und Visionen erhalten.

Atmosphäre

Das Kapitel ist geprägt von der Suche, den Visionen und den neu erlangten Fähigkeiten. Jedes gelöste Rätsel und jeder besuchte Ort bringt die Charaktere dem Ziel der Kontaktaufnahme näher. Die neu erworbenen Fähigkeiten können erforscht werden. Das Wirken der Gegenspieler wird bemerkt und gibt weitere Rätsel auf.

Schlüsselinformation

An jeder Anbetungsstätte erhalten die Charaktere einen der fünf benötigten Hinweise, um mit Shivoam Kontakt aufzunehmen und den Ritualort zu finden. Die Charaktere können Hinweise auf einen Gegenspieler finden, der offensichtlich dasselbe versucht, wie sie. Informationen zu der Vergangenheit der Orte können entdeckt werden und bieten Aufhänger für weitere Abenteuer.

Die Ritualorte bzw. Anbetungsstätten

Die Charaktere sind auf der Suche nach den Ritualorten oder Anbetungsstätten, wie sie in den alten Aufzeichnungen der T'skrang genannt werden. Jede Anbetungsstätte ist einem Element zugeordnet: Erde, Feuer, Wasser, Luft und Holz

An jeder Anbetungsstätte kann ein Teil des Rituals für die Kontaktaufnahme mit Shivoam gefunden werden. Und an jedem Ort kann eine Verbindung zum Flussgeist geknüpft werden. Jede weitere Bindung (siehe *Das Bindungsritual*, Seite 101) gibt dem Charakter einen Bonus auf ein Talent und eine neue Fähigkeit, die dem Charakter im weiteren Verlauf der Kampagne helfen kann. Die Durchführung des Rituals erleichtert sich deutlich, wenn ein Charakter mehrere Bindungsrituale erfolgreich durchgeführt hat.

Spielleiterinformation

Um das Abenteuer zu beenden, ist es nicht notwendig, dass die Charaktere alle Orte selber besuchen. Fehlende Informationen können auch durch Nichtspielercharaktere besorgt werden. Die Reisen zu und von den Orten können ausgespielt oder auch übersprungen werden. Den Charakteren steht es frei, die Suche alleine zu bewältigen. Die anwesenden Wächter bieten aber an, die Gruppe zu begleiten, denn auch sie würden diese Orte gerne sehen.

Die Reise

Um zu den heiligen Orten der T'skrang zu gelangen, müssen die Charaktere teilweise unschiffbare und tiefere Abschnitte des Galanga sowie der umliegenden Sümpfe aufsuchen und Felswände erklimmen. Die gesuchten Orte finden sich durch die Recherche in den alten Aufzeichnungen. Empfohlen wird, die Orte in der Reihenfolge ihrer Aufzählung hier abzuhandeln, da dies eine gute Reiseroute ergibt. Alternativ kann natürlich auch in umgekehrter Reihenfolge gearbeitet werden.

Für die Gruppe gibt es verschiedene Möglichkeiten, zu den Orten zu gelangen.

- Ein Fußmarsch durch den Dschungel
- Eine Fahrt mit einem Schiff, Floß oder Boot
- Durch Zufall taucht der Troll Bootsmann Mahendo (siehe S. 28) auf und bietet den Charakteren und ihren Begleitern eine Mitfahrgelegenheit an Bord der Harmattan bzw. ist durch die Reise zu Tikala'sha bereits vor Ort.

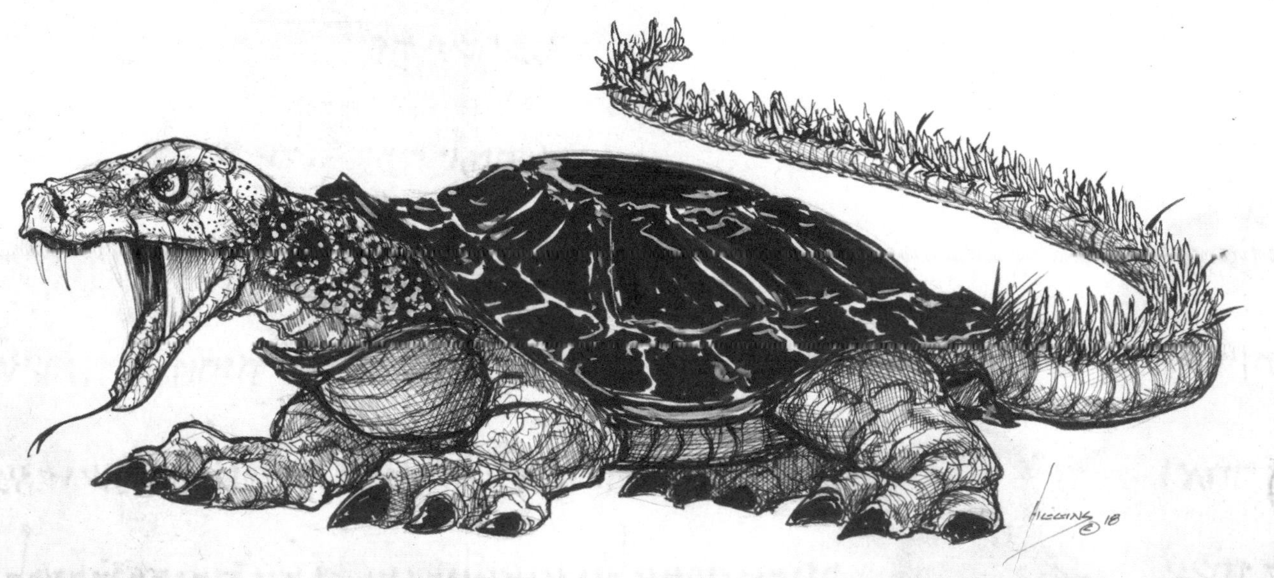

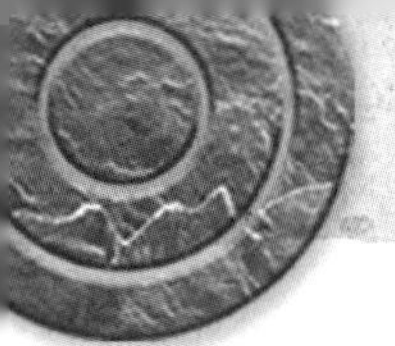

Spielleiterinformation

Mahendo ist kein Namensgeber, und die Harmattan ist kein normales Flussschiff. Der Troll ist in Wirklichkeit ein entfernter Teil des schlafenden Flussgeistes Shivoam. In dieser Rolle kann Mahendo, falls das für die Geschichte sinnvoll ist, unerwartet an jeder Stelle auf dem Galanga auftauchen und Reisende von einem Ort zum anderen bringen. Details zu ihm und seiner Einstellung sind auf Seite 28 zu finden.

Anbetungsstätte des Wassers – Die alte Kuppel

Die Umgebung der Wasserkuppel

An der Stelle, an der sich die Kuppel befindet, ist der Galanga sehr tief. Die gesuchte Kuppel befindet sich also im Moment komplett unter Wasser und ist vom Ufer aus nicht zu sehen. Die Bauweise der Kuppel mit ihren Belüftungsschächten deutet darauf hin, dass die Oberseite der Kuppel früher oberhalb des Wassers gewesen sein muss. Das Alter der Kuppel kann mit entsprechenden Wissensfertigkeiten wie Baukunde (9) oder Geschichte der Plage (9) auf mindestens 700 Jahre datiert werden. Die ganze Kuppel ist, wie alle Anbetungsstätten, ein Strukturgegenstand von Shivoam (siehe *Das Bindungsritual*, S. 101).

Die Kuppel besteht aus dunklem Obsidian und befindet sich, für ihr Alter, in erstaunlich gutem Zustand. Alle Außen- und Innenwände sind völlig intakt. Die Inneneinrichtung ist demgegenüber weitestgehend zerstört und das Innere teilweise überflutet. Charaktere können die Kuppel durch einen schmalen Spalt im unteren Segment betreten, von außen ist nicht zu erkennen, was sich im Inneren der Kuppel verbirgt. Es dauert zehn Runden, um den Grund des Flusses schwimmend zu erreichen, und im kaum vorhandenen Licht ist die gesuchte Kuppel nur schwer zu erahnen.

Im Wasser lauern drei Sumpfkrokodile, welche sich unmerklich aus unterschiedlichen Richtungen den Charakteren nähern, sobald diese ins Wasser steigen. Mit einer Wahrnehmungsprobe (12) kann ein Charakter die Sumpfkrokodile zwei Kampfrunden vor ihrem ersten Angriff bemerken. Charaktere, die mehr als 30 Minuten am Ufer warten und die Umgebung beobachten, bemerken die Krokodile schon vom Ufer aus.

Tauchen zur Kuppel

Falls die Charaktere selber keine Möglichkeit finden, zur Kuppel zu tauchen, wird Vata Z'kore (siehe S. 119) eine Lösung anbieten. Die Magie seines magischen Gegenstandes gewährt ihm die Vergabe der Fähigkeit, unter Wasser für Zähigkeit Stunden atmen zu können.

Lichtquarze sorgen für ein diffuses Licht, welches im trüben Wasser einen Bereich von ungefähr zwei Schritt Radius erhellt. Um die Kuppel herum gibt es eine schwache Strömung (7) (siehe *Spielerhandbuch*, S. 117). Siehe ggf. Regeln für Unterwasserkampf, auf Seite 187 im Anhang.

SUMPFKROKODILE

Herausforderung: Novize (Dritter Kreis)

GES:	6	Initiative:	6
STR:	7	Körperliche Verteidigung:	11
ZÄH:	7	Mystische Verteidigung:	8
WAH:	4	Soziale Verteidigung:	8
WIL:	8	Physische Rüstung:	7
CHA:	3	Mystische Rüstung:	3
Bewusstlosigkeit:	36	Niederschlag:	11
Todesschwelle:	43	Erholungsproben:	2
Wundschwelle:	10		
Bewegung:	8 (schwimmend 8)		

Aktionen: 1; Biss: 11 (16)

Kräfte:

Aufmerksamkeit (8): Wie die Fertigkeit, *Spielerhandbuch*, S. 77.

Heimlicher Schritt (12): Wie die Fertigkeit, *Spielerhandbuch*, S. 88.

Hinterhalt (5)

Semiaquatisch: Das Krokodil kann seinen Atem 30 Minuten lang anhalten, bevor es ertrinkt.

Spezialmanöver:

Greif- und Bissangriff (Krokodil)

Loseisen (Gegner, Nahkampf)

Todesrolle (Krokodil): Das Krokodil kann zwei zusätzliche Erfolge aus einer Angriffsprobe ausgeben, um einen Greif- und Bissangriff durchzuführen, wodurch es sich und seinen Gegner dazu zwingt, eine vergleichende Stärkeprobe abzulegen. Gewinnt das Krokodil, zieht es seinen Gegner in einer Rolle unter Wasser, wo es ihn gegen den Grund schmettert und Stufe 7 Schaden verursacht (gegen diesen Schaden schützt keine Rüstung). Dieser Schaden wird zusätzlich zum automatisch verursachten Bissschaden des Krokodils verursacht.

Beute: Haut im Wert von 5W10 Silberstücken

Diese Begegnung ist eine zusätzliche Legendenprämie wert.

Sumpfkrokodile sind als Tiergefährten geeignet.

Das Innere der Kuppel

Wenn der erste Charakter die Kuppel durch den unteren Riss betritt, lösen sich einige alte Trümmer im Inneren und stürzen auf ihn herab. Mit einer erfolgreichen Schwimmen(10)-Probe kann der Charakter den Schaden in Höhe von Stufe 6 vermeiden (physische Rüstung schützt). Die Sicht im Inneren der Kuppel vermindert sich daraufhin durch den aufgewirbelten Schlamm für eine Stunde auf rund einen Schritt.

Das Innere der Kuppel ist gänzlich mit Flussschlamm überzogen und es lässt sich nicht mehr erkennen, welchem Zweck die einzelnen Räume früher gedient haben. Wenn sich die Charaktere in der Kuppel in die oberen Räume begeben, können sie ein schwaches grünes Leuchten erkennen.

Das Leuchten geht von Moosen aus, die an den Gangwänden wachsen. Wenn sich die Charaktere auf das Leuchten zubewegen, finden sie einen Bereich im oberen Bereich der Kuppel, in dem sich eine große Luftblase befindet. Die leuchtenden Moospflanzen wachsen sowohl unter als auch über Wasser. Die Luft riecht faulig und muffig und an den Wänden sind gelbliche Streifen zu erkennen, die auf verschieden hohe Wasserstände hindeuten - es scheint kleinere Zuläufe von Wasser gegeben zu haben.

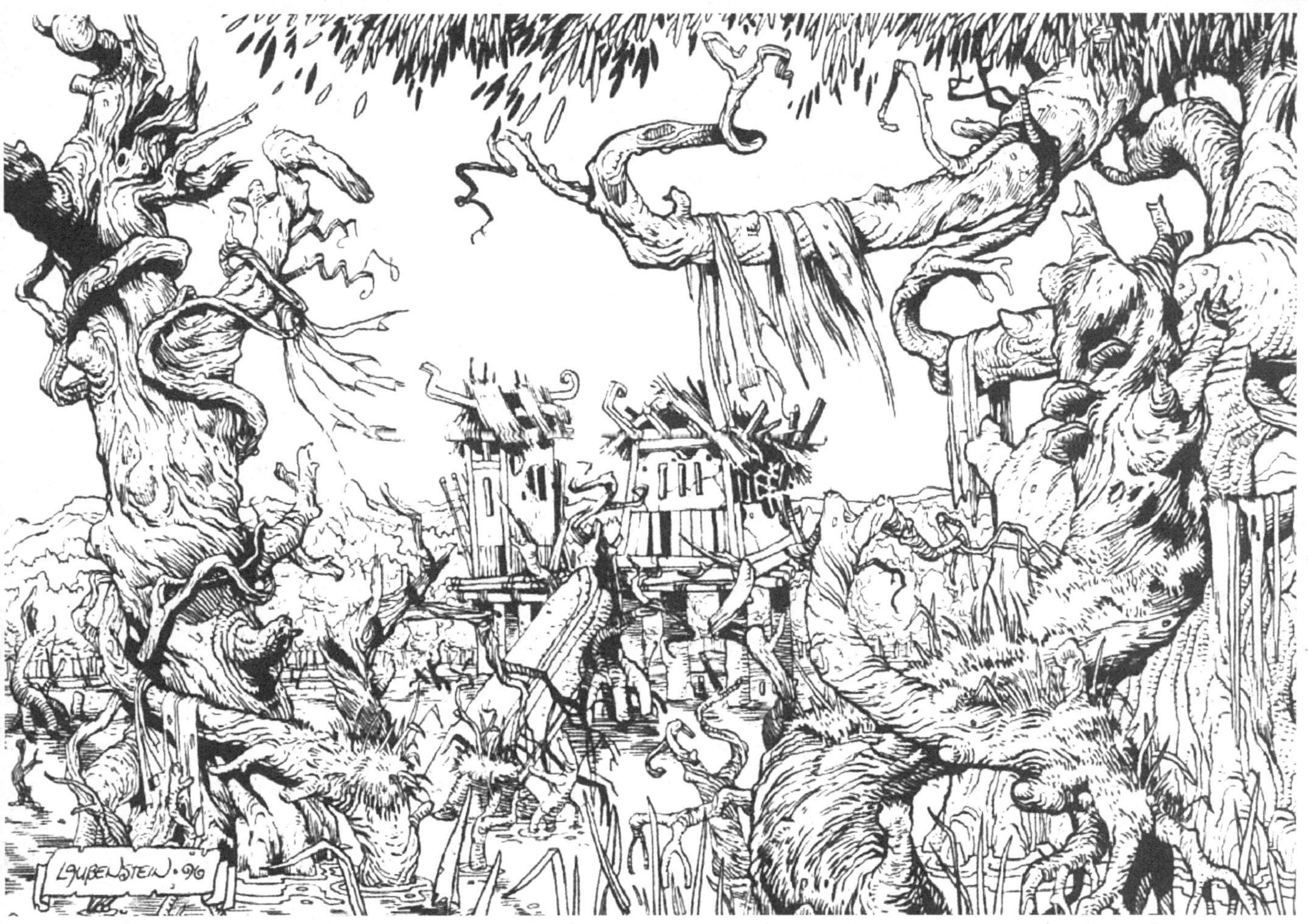

Wenn die Charaktere den Bereich genauer untersuchen, indem sie zum Beispiel das Moos wegkratzten, stoßen sie auf viele alte Symbole für das Element Wasser. Die Symbolik ähnelt jener, die die Hüter für die Verzierungen des von ihnen getragenen Schlamms verwenden.

In der Mitte des Bereiches befindet sich eine ein Schritt durchmessende, in der Luft schwebende, leuchtende Kugel aus Wasser. Das Wasser der Kugel befindet sich in ständiger Bewegung und verändert ständig die Form.

Eine magische Untersuchung mittels Astralsicht (8) oder einer vergleichbaren Fähigkeit offenbart, dass die Kugel über eine direkte Verbindung zur Astralebene des Wassers verfügt, durch die der Kugel von Zeit zu Zeit geringe Mengen von elementarem Wasser zugeführt werden. Jedes Mal, wenn das passiert, verliert die Kugel ein paar Tropfen Wasser, die dann auf den Boden unter der Kugel fallen. Bei zwei zusätzlichen Erfolgen lässt sich dazu ein alter Elementarzauber erkennen, der dafür sorgt, dass die Verbindung weiter bestehen bleibt und der zusätzlich dazu der Kugel ihre Form gibt. Wenn ein Charakter sich damit auskennt, kann er an dieser Stelle pro Tag ungefähr eine Unze des Wahren Elementes Wasser ernten.

Das nächste Puzzlestück

Den nächsten Teil für das Ritual der Kontaktaufnahme kann ein Charakter nur finden, wenn er einen Teil des Wassers aus der Kugel entfernt. Das geht zum Beispiel mit einem Becher, oder indem ein Charakter einen Teil des Wassers trinkt. Sobald genug Wasser entfernt wurde, sieht man die Symbole, aus denen sich das Ritual zusammensetzt. Die Symbole bestehen ebenfalls aus Wasser, sind aber von der Änderung des Wasserstandes nicht betroffen und treten hervor, sobald die Kugel genug Wasser verloren hat.

Das Bindungsritual

Jeder Charakter kann hier versuchen mit seinem Talent Fadenweben einen Teil des Bindungsrituals durchzuführen (siehe *Das Bindungsritual*, S. 101).

Vision Wasser

„Umgeben von grünblauem Wasser müsstest du dich eigentlich bedrängt fühlen. Aber es ist alles, wie es sein soll. Du brauchst nicht zu atmen, und du gehörst hier hin. Dennoch fühlst du dich müde, und du bist so tief unter Wasser, dass das Licht um dich herum stark gedämpft ist. Der Fluss, den du wahrnimmst, muss wohl der Galanga sein. Und das stete Rauschen der Strömung liegt dir in den Ohren. Du spürst, wie die Strömung dich durch den Galanga führt. Obwohl du so müde bist, erkennst du dennoch die Welt über dir. Die scharfen Unterwasserkanten der Festung können dir nichts antun. Die Kiele der Schiffe an der Oberfläche sind zu langsam, um mit dir mitzuhalten, und die Kreaturen, die um dich herumschwimmen, scheinen dich zu ignorieren. Eine große schwimmende Fläche über dir ist gefüllt mit Leben. Die Namensgeber an der Oberfläche nehmen dich ebenfalls nicht war. Oder vielleicht doch? Ja, dort sind zwei Gruppen von Gedanken, die du wahrnehmen kannst. Während die eine Gruppe dich nur vage bemerkt, ist die Verbindung zur anderen Gruppe wesentlich stärker. Sie kommt dir entfernt bekannt vor. Kommst du ihr näher, so siehst du über dir schwimmende Kreaturen mit langem breitem Schwanz, und sie geben dir ein sicheres Gefühl."

Anbetungsstätte des Feuers – Die ewige Flamme der Vorfahren

Durch die Untersuchungen der alten Schriften hat die Gruppe herausgefunden, dass die Anbetungsstätte des Feuers sich in einer Felswand befindet und dass dort vor der Plage die Ahnen der Galangabewohner verehrt wurden. Mit diesen Informationen gelingt es ihnen, zusammen mit den Vertretern der Nialls, den gesuchten Ort zu lokalisieren.

Die Felswand ist ungefähr einhundert Schritt hoch und befindet sich an einem Nebenarm des Galanga, der direkt am Felsen entlang fließt. Vom Wasser aus lässt sich leicht ein großer Spalt in 10 Schritt Höhe im Fels erkennen, der tiefer in die Wand hineinführen könnte. Um auf die Felsseite zu gelangen, muss man eine Segeln(5)-Probe schaffen, da die Strömung hier zum Schwimmen zu stark ist. Das Abseilen von oben wäre genauso denkbar.

Mehrere verrostete Eisenringe unterhalb des Spalts deuten darauf hin, dass auch früher schon Boote an dieser Stelle vertäut wurden. Der Eingang ist so eng, dass maximal ein großer Charakter in ihm stehen kann.

Hinter dem Eingang befindet sich ein Gewirr aus Gängen. Viele der natürlichen Gänge wurden künstlich erweitert und die Kratzspuren vieler Werkzeugen sind an den Wänden zu sehen. Die Gänge führen alle abwärts und führen auf eine Ebene tiefer im Gestein, die man auf verschiedenen Wegen erreichen kann. Vereinzelt gibt es Stellen, an denen sich früher wohl Holzkonstruktionen befunden haben müssen, um steile Stellen zu überbrücken. Von diesen Konstruktionen sind nur noch vermoderte Bruchstücke vorhanden. Die Charaktere können diese Stellen mit entsprechender Ausrüstung leicht überwinden. Wenn die Charaktere unvorbereitet klettern wollen, sind insgesamt drei Klettern(10)-Proben zu bestehen, die bei Misserfolgen (Siehe *Spielleiterhandbuch* S. 109) jeweils Stufe 10 (Fallschaden) verursachen. Ein leichter Geruch von Schwefel liegt über dem ganzen Bereich.

Frische Spuren

Auf dem Boden der Gänge befindet sich eine mehrere Finger dicke, schmierige und feuchte Schmutzschicht, auf der sich nicht nur die Spuren und Knochen von kleinen Nagetieren finden lassen. Mit einer Kundschafter Halbmagie(9)-Probe (Wahrnehmung) oder Spurenlesen(9)-Probe erkennt ein Charakter, dass vor kurzem eine Gruppe von T'skrang durch die Gänge gelaufen ist.

1 Zusatzerfolg: Das ist drei oder vier Tage her.
2 Zusatzerfolge: Es waren zwei T'skrang und nur einer der beiden hat die Höhle wieder auf diesem Weg verlassen.

OPTIONAL - GEFAHR IN DER FELSSPALTE

In den Höhlen befinden sich zwei Felskrabbler auf welche die Charaktere stoßen können.

FELSKRABBLER

Durch die teilweise hohen, schmalen Gänge und Felsspalten bewegen sich riesenhafte insektenartige Tiere, etwas zwischen einem Tausendfüßler und Ohrwürmern. Sie haben je zehn Beine auf jeder Seite, der Körper ist sehr nah am Boden und flach. Die Männchen können eine Länge von drei Schritt erreichen, die weiblichen Tiere sind etwa ein bis zwei Schritt groß.

Ihre messerscharfen Mandibeln nutzen sie als Beiß- und Greifwerkzeuge. Die Netze, die in den Gängen zu sehen sind, nutzen sie, um Kreaturen zu fangen, welche sie genauso wie Spinnen als Nahrungsquelle nutzen. Die Netze werden von den Weibchen gesponnen. Da die Netze in den Höhlen nicht untereinander verbunden sind und nicht vibrieren, suchen sie regelmäßig die Gänge ab. Über eine dieser Suchen stolpern die Charaktere, und es kommt zum Kampf.

Bei den Weibchen findet sich ein Sack am Hinterleib, der die Fäden für die Netze beinhaltet. Unter Feuer und Hitze getrocknet verlieren sie ihre Klebekraft und können zu Seilen oder Stofffäden geknüpft werden. Die Seile sind so stabil, dass sie das Gewicht eines Obsidianer halten können und aus ihnen hergestellte Kleidung besitzt die Flexibilität von Stoff und die Härte von Leder. Eine Kreatur liefert genug des Materials für fünf Schritt Seil oder Stoff mit einer Fläche von zwei auf zwei Schritt. Die Beute ist eine Legendenprämie und 500 Silberstücke wert. Als Rüstung verarbeitet ist ihr Schutz gleich dem einer Gehärteten Lederrüstung, jedoch ohne Initiativemalus.

FELSKRABBLER (WEIBLICH)

Herausforderung: Novize (Vierter Kreis)

GES:	6	Initiative:	6
STR:	6	Körperliche Verteidigung:	6
ZÄH:	6	Mystische Verteidigung:	10
WAH:	8	Soziale Verteidigung:	8
WIL:	6	Physische Rüstung:	6
CHA:	8	Mystische Rüstung:	2
Bewusstlosigkeit:	38	Erholungsproben:	2
Todesschwelle:	44	Niederschlag:	6
Wundschwelle:	9		

Bewegung: 12 (kletternd 12)
Aktionen: 2; Biss 10 (12)
Kräfte:
Fadenschuss (12): Der Felskrabbler legt eine Probe auf Fadenschuss gegen die Physische Verteidigung des Ziels ab. Für jeden Erfolg werden dem Getroffenen seine auf Geschicklichkeit und Stärke basierenden Proben um eine Stufe reduziert. Die Fäden können mit Stärke(9)-Proben zerrissen werden.
Spezialmanöver:
Knack den Panzer (Gegner)
Beute: Fadensack im Wert von 500 Silberstücken (Legendenpunkte wert)

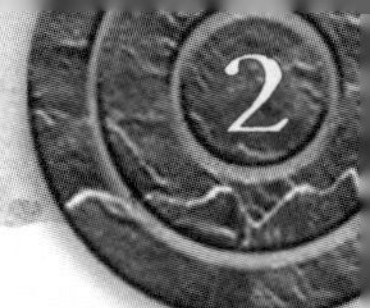

FELSKRABBLER (MÄNNLICH)
Herausforderung: Novize (Vierter Kreis)

GES:	6	Initiative:	10
STR:	9	Körperliche Verteidigung:	8
ZÄH:	9	Mystische Verteidigung:	8
WAH:	6	Soziale Verteidigung:	8
WIL:	6	Physische Rüstung:	8
CHA:	8	Mystische Rüstung:	2
Bewusstlosigkeit:	47	Erholungsproben:	3
Todesschwelle:	56	Niederschlag:	9
Wundschwelle:	12		

Bewegung: 12 (kletternd 12)
Aktionen: 2; Biss 12 (14), Mandibeln 12 (14)
Kräfte:
Feuerblut (10)
Spezialmanöver:
Greif- und Bissangriff (Fellskrabbler, Mandibeln)
Knack den Panzer (Gegner)
Loseisen (Gegner, Nahkampf)

Die Flamme der Ahnen

Verschiedene Gänge leiten in eine große Felshöhle, welche die Charaktere nach einiger Zeit erreichen. Die Höhle ist ungefähr sieben Schritt hoch mit einem größeren Riss in der Felsendecke, durch den man das Tageslicht schimmern sehen kann.

Aus mehreren Öffnungen im Boden tritt Dampf aus, der die ganze Höhle mit einem dichten Dunst füllt, der das Atmen schwerfallen lässt. In der Mitte der Felshöhle befindet sich ein drei Schritt durchmessendes Loch, aus dem ebenfalls schwefelhaltiger Dampf in dichten Wolken aufsteigt. Der Dampf aus dem Loch wird von unten erhellt, und das Licht zeichnet seltsame Muster in den aufsteigenden Qualm. Die Wände des Lochs leuchten gelblich von den Ablagerungen, die sich über die Jahre hinweg überall gebildet haben.

Der Dampf, der aus dem Loch aufsteigt, und das Leuchten verhindern, dass ein Charakter erkennen kann, was sich am Boden des Loches befindet.

Der Boden des Loches befindet sich zehn Schritt unter dem Rand. Mit einem geeigneten Seil ist der Abstieg leicht. Auch Klettern (10) ist möglich. Durch einen Absturz an dieser Stelle erleidet ein Charakter Stufe 15 Fallschaden.

Die untere Höhle

Unten im Loch befindet sich eine weitere Höhle, die nahezu kreisrund ist. Die Sichtweite ist stark eingeschränkt, jeder Gegenstand, der untersucht werden soll, muss aus nächster Nähe betrachtet werden. In der Mitte der Höhle lodert eine große blau leuchtende Flamme aus einem Loch im Boden.

In die Wände der Höhle sind alle drei Schritt, auf verschiedenen Höhen, Einbuchtungen geschlagen worden. Um die Mitte der Höhle verteilt befinden sich fünf Steinquader. Auf den Steinquadern und in den Einbuchtungen liegen mumifizierte T'skrang, die in mehrere Schichten von Seidenfäden gewickelt sind.

Mit Wissen: Tierkunde(7) kann ein Charakter die Fäden als Seide von Felskrabblern identifizieren. In die Steinquader sind elementare Runen für alle Elemente eingraviert. Die alten T'skrang Texte, die zusätzlich dazu in die Quadern und neben den Einbuchtungen graviert sind, deuten an, dass hier Hüter der Elemente ihre letzte Ruhe gefunden haben.

Auf dem Boden der Höhle liegt eine T'skrang Leiche. An der Kleidung lässt sich leicht die Zugehörigkeit zum Niall Maha'krodha erkennen. Der T'skrang, der hier liegt, ist von Zan'dakaar nach der Untersuchung dieses Ortes hinterrücks in das Loch gestoßen worden und hat sich dabei den Hals gebrochen. Diesen Vorgang, oder Teile davon, kann ein Charakter mit Arzt (9), Beweisanalyse (9) oder Augenblick des Todes (MVZ 9, Schadensstufe 15) herausfinden.

Das nächste Puzzlestück

Es ist leicht zu erkennen, dass irgendjemand den Boden um die Flamme herum freigekratzt, dort aber offensichtlich nichts gefunden hat. Um den nächsten Teil des Rituals zu erhalten, muss ein brennbarer Gegenstand in die Flamme gehalten werden. Am besten dafür eignet sich ein flaches Stück Holz. Anstatt zu verbrennen, bildet sich ein Netz aus dünnen, verbrannten Linien, das den nächsten Teil des Rituals darstellt. Um einen Gegenstand ruhig genug zu halten, damit alles genau zu erkennen ist, ist eine Geschicklichkeit(9)-Probe fällig. Wenn der Gegenstand, der ins Feuer gehalten wird, zu klein ist, passt nur ein Teil des Rituals darauf (ungefähr 5x5 Zoll werden benötigt). Wird ein Gegenstand zu lange in die Flammen gehalten, fängt er nach kurzer Zeit, von den verbrannten Linien ausgehend, an zu brennen. Es ist möglich, wenn auch schmerzhaft, sich den Ritualteil auf einen Körperteil zu brennen. Um ein ausreichend gutes Branding zu erzeugen muss ein Charakter Stufe 10 Schadenspunkte hinnehmen.

Das Bindungsritual

Jeder Charakter kann hier einen weiteren Teil des Bindungsrituals mit seinem Talent Fadenweben durchführen (siehe *Das Bindungsritual*, S. 101).

Die Geister der Ahnen

Geisterbeschwörer, welche die untere Höhle betreten, können eine Halbmagie(14)-Probe ablegen, die ihnen bei einem Erfolg die Anwesenheit eines Knochengeists und eines Geists eines Hüters des Niall Nenoora offenbart (auch für diese Probe gilt der unten genannte Bonus).

An diesem Ort ist der Kontakt zu Geistern besonders erleichtert. Alle Talente, die mit Geistern zu tun haben, erhalten hier einen Bonus von +3.

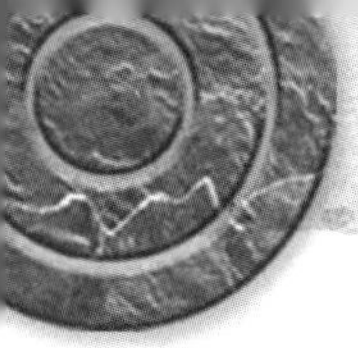

Optional – Der wütende Geist

Wütend über das Eindringen der Charaktere greift ein Knochengeist (GS6, siehe *Spielleiterhandbuch* Seite 232-233) einer der hier liegenden T'skrang die Charaktere ohne Vorwarnung an und versucht sie zu vertreiben. Bevor der Knochengeist endgültig besiegt wird, zieht er sich freiwillig zurück, damit er den Ort auch weiterhin bewachen kann. Mit den Talenten Geistersprache (14) oder Geisterbann (14) kann ein Charakter mit dem Knochengeist kommunizieren.

Die Botschaft des Hüters Jael'tar

Jeder Geisterbeschwörer kann versuchen den Geist des Hüters, der sich hier aufhält, zu beschwören (siehe *Spielerhandbuch*, S. 216). Mit Beschwören (14) kann ein Geisterbeschwörer den Geist im Astralraum zu sich rufen. Die soziale Verteidigung für die Verhandlung beträgt 9. Der Geist kennt die grundlegende Funktionsweise des Rituals der Anrufung und der Bindungsrituale. Der Geist weiß, wie man den Ritualteil an der Flamme bekommt. Zusätzlich dazu kann er einem Charakter erklären, dass es das Ritual der Kontaktaufnahme zu Shivoam erleichtert, wenn zuerst die Bindungsrituale an allen Verehrungsstätten durchgeführt worden sind. Der Geist weiß, dass es schon vor der Plage die Bestrebung gab, die Nialls Nensora, Nentilor und Daikara zu einem Aropagoi zu vereinen, dass diese Versuche aber bis zum Tod des Geistes noch zu keinem Erfolg führten. Der Geist bittet darum, von seiner Leiche ein Amulett, dass um den Hals hängt, zu entfernen und es der Lahala Nensora zu übergeben. Dieser Strukturgegenstand sollte es der Lahala ermöglichen, mit dem Geist in Verbindung zu treten und seinen Rat einzuholen.

Vision Feuer

„Es ist kalt um dich herum. Und dennoch scheint die Luft zu flimmern wie an einem heißen Tag in den Steppen Barsaives. Aber es ist keine Luft, denn es ist auch schwer und träge. Umgeben von tiefem Hellblau kann dies nur Wasser sein. Und während dir dies bewusst wird, erkennst du auch Luftblasen um dich herum, denn das Wasser ist in Aufruhr. Du befindest dich in der Strömung eines Gewässers. Es muss ein Fluss sein, und es fühlt sich so an, als ob es nur der Schlangenfluss sein kann. Einen Ort kannst du nicht ausmachen, du bist überall und nirgends. Das Atmen im Wasser fällt dir nicht schwer, und der Sog der Strömung zieht an dir. Du stemmst dich gegen diese Kraft, aber lange kannst du nicht widerstehen. Als dich die Kraft packt, zieht sie dich hinab in die Tiefe. Blau wird zu Dunkelblau, und kein Licht dringt mehr zu dir. Es fröstelt dich, und plötzlich steigt eine ursprüngliche Angst in dir auf, die du nicht fassen kannst. Doch bevor es dich übermannt, kannst du trotz der Dunkelheit plötzlich etwas erkennen. Dort im Wasser siehst du einen wie eine Schlange in sich gewundenen und schlafenden Drachen, dessen Schuppen wie Federn in der Strömung schwingen."

Anbetungsstätte der Luft – Plateau der Lüfte

Östlich der Greifenfälle befindet sich eine Region, die aus einem Teil des Plateaus von ungefähr einer Quadratmeile Fläche entstanden ist, der früher mit den höheren Regionen, aus denen auch die Greifenfälle herunterstürzen, verbunden war. Während der Plage und durch das Einwirken gewaltiger elementarer Kräfte ist der ganze Bereich in viele Einzelteile zerbrochen. Übrig geblieben sind zahllose spitze Felsnadeln, die bis zu fünfzig Schritt hoch in den Himmel ragen. Vom Waldboden aus sieht es so aus, als hätten gigantische Kräfte das Plateau von oben her zertrümmert. Im Lauf der Jahre sind die Felsnadeln verwittert, und weitere Teile sind herausgebrochen und zu Boden gestürzt. Vermutlich erst kürzlich abgebrochene Felsbrocken deuten darauf hin, dass die Gefahr eines Steinschlags noch nicht beendet ist. Von oben sieht es so aus, als hätte ein Gigant zahlreiche steinerne Speerspitzen in den Waldboden gerammt. Der Dschungel hat sich zwischen den Felsnadeln ausgebreitet und einige Felsen sind von karger Vegetation überwuchert. Ein Nebenarm des Galanga fließt zwischen den Felsnadeln hindurch. Auf diesem Teilstück ist der Galanga nicht schiffbar. Die Nutzung kleiner Einboote ist möglich, wenn auch schwierig.

Ein steter Luftstrom weht zwischen den Felsnadeln hindurch und erzeugt hin und wieder geisterhaft klingende Pfeiftöne, die von allen Seiten zu kommen scheinen.

Die Anbetungsstätte hat sich früher in der Mitte des Plateaus befunden. Falls der Ort die Plage überstanden hat, muss er jetzt also in der Mitte der Felsnadeln liegen.

Der Weg zur Windhöhle

Die einfachste Möglichkeit, die Mitte des ehemaligen Plateaus zu erreichen, ist der Weg auf dem Galanga. Dazu benötigt man eine ausreichende Anzahl von Einbooten oder Kanus, die in der entsprechenden Größe für jeweils zwei Namensgeber geeignet sind. Zusätzlich dazu ist es möglich, sich einen Weg zwischen den Felsnadeln hindurch zu suchen. Das benötigt aber mehr Zeit und einen größeren Kraftaufwand. Die Reise über Wasser benötigt zwei Segeln(8)-Proben, die von allen Charakteren im Boot abgelegt werden müssen. Bei einem Misserfolg läuft Wasser in das Boot und die Ausrüstung wird nass. Bei einem Patzer von allen Charakteren eines Bootes kentert das Boot und die gesamte Ausrüstung verschwindet im Wasser.

Falls der Weg zwischen den Felsnadeln gewählt wird, muss jeder kletternde Charakter fünf Klettern(9)-Proben absolvieren. Durch die scharfen Kanten kann ein Misserfolg (siehe Misslungene Klettern-Probe, *Spielleiterhandbuch*, S. 109) zu Schaden der Stufe 6 führen, , von dem sich ein Charakter erst nach der Klettertour erholen kann. Für jeweils zwei Zusatzerfolge entfällt eine der restlichen Proben.

Falls ein Charakter eine der bis zu fünfzig Schritt hohen Felsnadeln erklimmen möchte, muss er dafür eine Klettern(11)-Probe abgelegen. Bei einem Misserfolg kann der Spielleiter mit einem W6 auf die Fallschaden-Tabelle (siehe *Spielleiterhandbuch*, S. 109). würfeln, um zu bestimmen aus welcher Höhe der Charakter abstürzt.

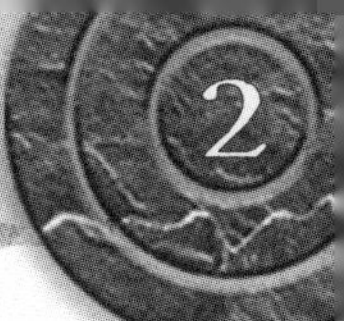

DIE SCHWEBENDEN FELSEN

Wenn sich die Charaktere der Mitte nähern, können sie ein seltsames Phänomen beobachten. Zwischen den Spitzen der Felsnadeln sind immer wieder große Felsbrocken eingekeilt. Erst bei genauerer Betrachtung erkennt man, dass einige der Findlinge die Nadeln kaum oder gar nicht berühren. Die Charaktere können, je weiter sie sich der Mitte nähern, immer mehr dieser schwebenden Felsbrocken zwischen den Felsspitzen entdecken.

Jeder Felsbrocken bleibt auf einer bestimmten Höhe. Erst wenn er durch einen anderen Gegenstand beschwert wird (zum Beispiel, weil ein Charakter auf ihn klettert), sinkt er langsam nach unten. Je größer ein Brocken ist, umso weniger wirkt sich dabei ein zusätzliches Gewicht auf seine Schwebehöhe aus. Eine Untersuchung mit Astralsicht (8) ergibt, dass sich große Mengen elementarer Luft mit den schwebenden Steinen verbunden haben.

DIE GROSSE FELSNADEL

Genau in der Mitte des ehemaligen Plateaus befindet sich eine Felsnadel, die ungefähr siebzig Schritt in den Himmel ragt, am Boden ungefähr vierzig Schritt durchmisst und die weit weniger spitz zuläuft, als die Felsen in der näheren Umgebung. Um diese Felsnadel herum schweben zahllose Brocken in verschiedenen Höhen. Der Galanga fließt an beiden Seiten um den Felsen herum, eine Sandbank direkt am Fuß des Felsens bietet aber genug Platz, um dort ein kleines Boot an Land zu ziehen. Vom Boden aus erkennt man auf zwanzig Schritt Höhe eine gut drei Schritt große Öffnung in der nach Süden gewandten Felsseite.

ZUM EINGANG KLETTERN

Falls ein Charakter zum Eingang nach oben klettern möchte, ist dafür eine Klettern(10)-Proben abzulegen. Zusätzlich dazu ist es möglich, wenn auch gefährlich, sich einen Weg über die schwebenden Felsbrocken zu suchen. Die Felsen im unteren Bereich sind alle ziemlich klein und sinken sehr schnell zu Boden, wenn man sie belastet. Aus diesem Grund muss man sofort weiter springen, um nicht nach unten zu sinken. Je höher ein Charakter kommt, umso leichter fällt der Vorgang, da er auf größere Felsen springen kann. Ein Charakter, der diesen Weg wählt, muss insgesamt fünf Weitsprung- oder Geschicklichkeits-Proben ablegen. Die anfängliche Distanz beträgt 4 Schritt, wobei sich die Entfernung nach jedem Sprung um eine Elle verringert (der potentielle Fallschaden aber entsprechend immer höher wird).

DIE WINDHÖHLE

Bei genauer Betrachtung stellt sich die Öffnung als Teil eines künstlich geschaffenen Ganges heraus, der vor der Zerstörung des Plateaus von hier aus weiter nach Süden geführt haben muss. Der Gang ist bis zu ungefähr einem Drittel mit Geröll gefüllt, über das die Charaktere aber ohne Probleme hinweg klettern können. Der Gang endet in einer zwanzig Schritt durchmessenden Höhle, die in ihrer Form einer Halbkugel ähnelt. Wände und Boden sind völlig glatt geschliffen. Eine fünf Schritt breite Röhre reicht von der Decke des Raumes bis zur Spitze der Felsnadel nach oben. Sowohl in der nach oben reichenden Röhre, als auch in dem halbkugelförmigen Raum schweben zahlreiche Steinbrocken und Holzstücke scheinbar schwerelos durch die Luft. Die Holzstücke waren offensichtlich früher Teile einer Konstruktion, mehrere zerbrochene Balken und Stangen sind noch zu erkennen. Die Steinbrocken stammen vermutlich zum großen Teil aus den Seitenwänden der nach oben führenden Röhre, die an vielen Stellen Schäden aufweist.

Wenn der Wind über den oberen Bereich der Felsnadeln weht, kann man in der Höhle ein seltsames Pfeifen hören, das immer mal wieder an- und abschwillt.

Falls ein Charakter die Röhre in der Decke näher untersucht, findet er mehrere Stellen, an denen Balken in der Wand befestigt waren. Diese Befestigungsmöglichkeiten reichen bis ganz nach oben in der Röhre.

Mit einer Astralsicht(8)-Probe kann ein Charakter sehr viel elementare Luft an diesem Ort erkennen. Zusätzlich dazu kann ein Charaktere feststellen, dass sich große Mengen elementarer Luft mit den umherschwebenden Gegenständen verbunden ha-

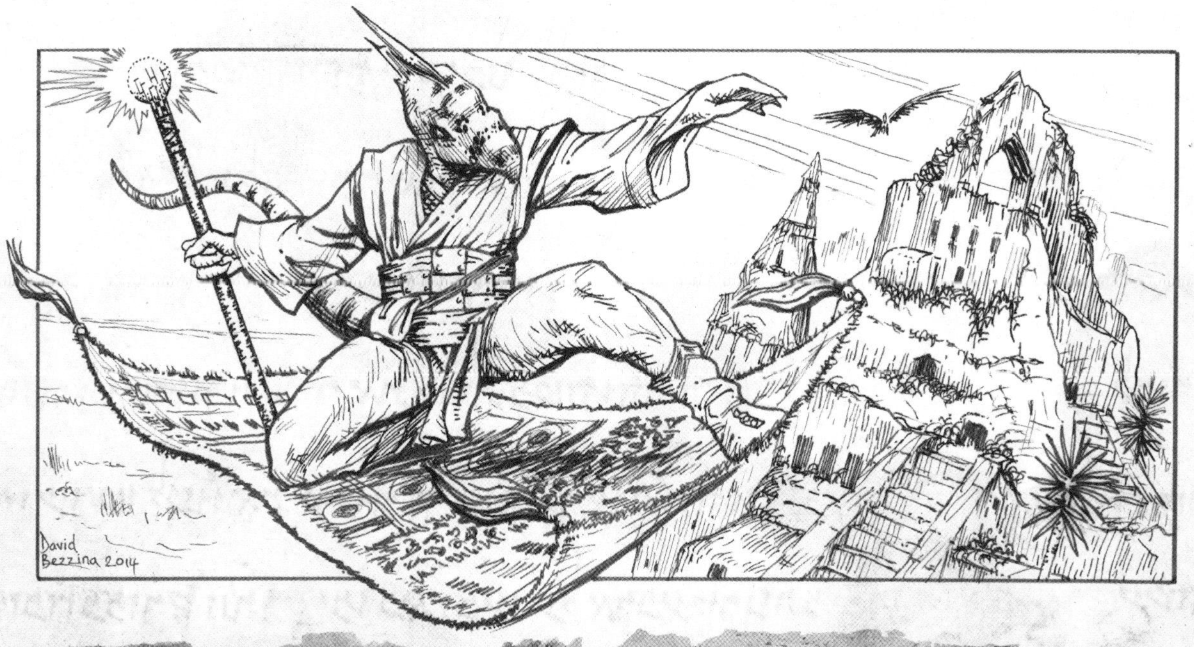

ben. Die meisten Charakter werden die theranischen Luftschiffe aus Stein zumindest vom Hörensagen kennen, wissen aber auch, dass dieses Phänomen in der Natur eigentlich nicht vorkommt.

DAS NÄCHSTE PUZZLESTÜCK

Zwischen den schwebenden Trümmern, ungefähr zwei Schritt über der Mitte des Raumes in der Luft, befindet sich eine kunstvoll gestaltete Kugel aus elementarer Luft von knapp einem Fuß Durchmesser. Ihr Aussehen gleicht ungefähr dem einer Seifenblase, aber auf der Außenseite sind kunstvolle Schriftzeichen eingraviert, die einen Teil des Rituals der Anrufung beschreiben. Die Kugel gibt einen leichten Widerstand, wenn ein Charakter zum Beispiel seine Hand durch sie hindurchbewegt, lässt sich aber nicht von der Stelle bewegen. Die Zeichen sind schwierig zu erkennen (Aufmerksamkeit(18)), da die Kugel nahezu durchsichtig ist. Die leichteste Möglichkeit sich die Entzifferung zu vereinfachen besteht darin, Rauch in die Kugel zu pusten.

DAS BINDUNGSRITUAL

Jeder Charakter kann hier einen Teil des Bindungsrituals (siehe Seite 101) durchführen.

VISION LUFT

„Wie ein Vogel hoch in den Lüften kannst du den Verlauf des Galanga unter dir erkennen. Die Mündung des Schlangenflusses ist klar zu sehen. Dem Galanga folgend, erreichst du die beschädigte Festung, an der das Chaos der Flussschlacht noch nicht beseitigt wurde. Deine Blicke fallen auf die Szenerie und eine vage Erinnerung an die Schlacht drängt sich in deinen Geist. Es ist nicht deine, und sie ist nicht klar genug für Details, aber Schmerz und Angst bringen dir ein Schaudern. So schnell, wie dieses Gefühl kam, so schnell erreichst du das Dorf, an dem die Suche nach dem Ritual angefangen hat. Du siehst dich selbst mit deinen Freunden, den Wächtern und den Vertretern der Nialls, wie ihr am Ufer des Galanga steht. Doch die Reise ist auch hier noch nicht beendet. Der Flusslauf verändert sich und wird zu einem Gewässer. Einer Wasserfläche auf dessen Oberfläche Boote zu einer Stadt zusammengebunden wurden. Eine riesige Schildkröte taucht aus der Oberfläche auf, als ihr dieser immer näher kommt. Der Fluss kommt euch erschreckend schnell entgegen. Doch bevor ihr auf die Oberfläche schlagt, fängt er an zu verschwimmen. Das Bild verschwimmt zu einem Gewirr aus grün und blau wie die Tiefen des Gewässers. Aus diesen Farben bildet sich eine gewundene große Schlange, deren Körper mit Federn bedeckt ist und die ruhig daliegt."

OPTIONAL – GEFAHR VON OBEN

Während die Charaktere die Anbetungsstätte betreten haben, sind sie von einem Schwarm von Lederschwingen (siehe S. 107) bemerkt worden. Der Schwarm, der aus sechs Kreaturen besteht, lauert oben auf der großen Felsnadel und einigen umliegenden Felsnadeln. Die Lederschwingen greifen die Charaktere genau dann an, wenn diese mit dem Abstieg aus der Höhle beschäftigt sind., können von den Charakteren aber durch eine Wahrnehmung(18)- oder Aufmerksamkeit(18)-Probe bemerkt werden. Für den unwahrscheinlichen Fall, dass ein Charakter die Umgebung absucht, bevor er mit dem Abstieg beginnt, ist der Mindestwurf um 7 reduziert. Gelingt die Probe nicht, sind alle Charaktere für eine Kampfrunde überrascht (siehe *Spielerhandbuch*, S. 232).

Die zwei Schritt langen Kreaturen sind t'skrangähnlich. Genau genommen sind es sogar T'skrang. Vor der Plage lebte an diesem Ort eine kleine Gemeinschaft von K'stulaami. Diese wähnte sich zu Beginn der Plage an diesem Ort sehr sicher und ein Dämon machte sich dies zunutze. Der Dämon verwandelte die T'skrang zu seinem Vergnügen in eine neue Spezies. Ihre Beine wurden verkürzt und erhielten Klauen, um im Flug Beute zu fangen. Oberkörper und Rücken wurden gebrochen und wuchsen zu einem starken Rundrücken wieder zusammen. Die Oberarme versteiften im rechten Winkel zum Oberkörper. Die Unterarme wurden länger und die Hände verkümmerten zu ausgesprochen scharfen und spitzen Haken, die es ihnen ermöglichen, sich in der Felswand festzuhaken. Die Flughaut wurde dick und fest wie Leder und die Spannweite und Fläche vergrößert. Durch diese Flügel können sich die Lederschwingen fliegend über kurze

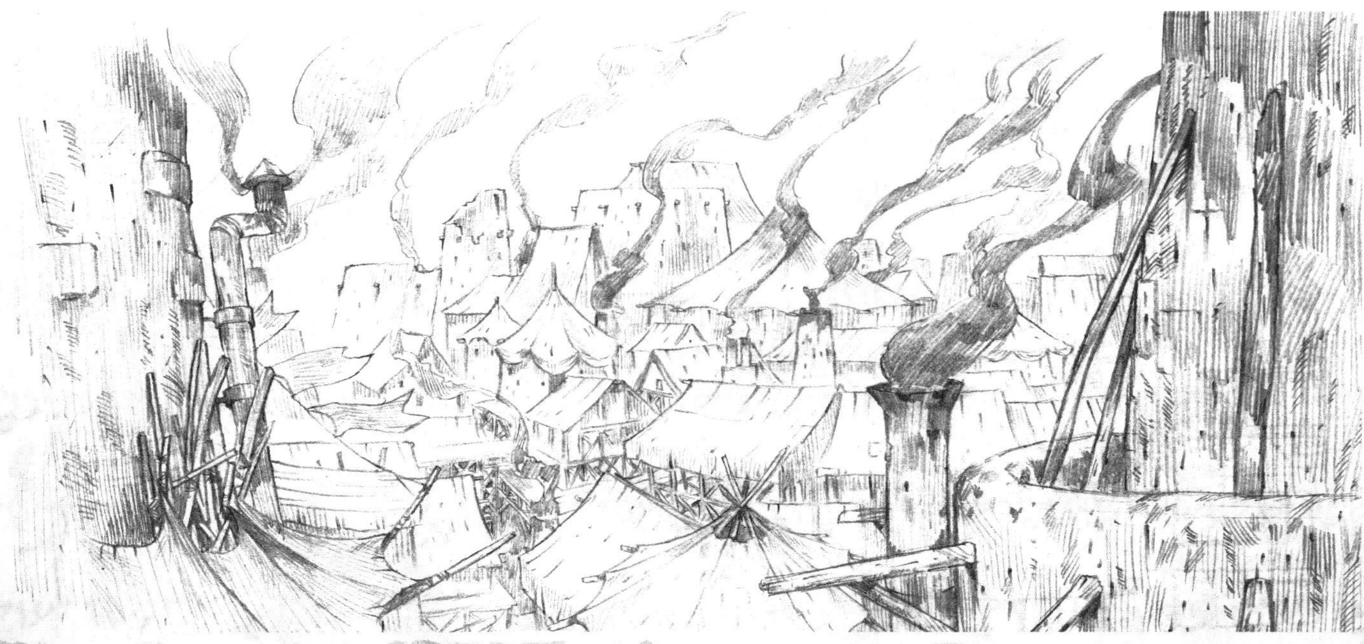

Strecke fortbewegen, aber es gibt ihnen auch die Möglichkeit, schnell und agil zu wenden und sich zu bewegen. Die geringe Spannweite der Flügel sorgt dafür, dass sie nur an diesem Ort zu finden sind und sich nicht ausgebreitet haben. Die Köpfe der Kreaturen lassen die Namensgeberherkunft nur noch erahnen, aber die Form blieb gleich. Der Schnabel ist mit messerscharfen Zähnen besetzt und die Gesichtsknochen sind stark noch vorne verlängert worden. Ihr Aussehen wirkt nun eher tierisch und lässt keine Emotionen mehr erkennen.

Die Angreifer stürzen sich auf die Charaktere und kämpfen solange, bis mindestens drei der Kreaturen tot sind. Sie greifen im Sturzflug an und nutzen die Kampfoption Aufteilung der Bewegung (siehe *Spielleiterhandbuch*, S. 159). Im Sturzflug versuchen die Lederschwingen einen Angriff zum Greifen. Sollte dies gelingen, wird das Opfer in die Höhe gezogen. In der Luft werden sie erst von anderen Lederschwingen angegriffen und dann fallen gelassen. Verursacht der gegriffene Charakter Schaden in Höhe der Verwundungsschwelle an seinem Angreifer, lässt dieser ihn sofort fallen. Ansonsten kann er sich mit einer Stärke-Probe gegen den Greifen-Wurf des Angreifers befreien. Gegriffen kann ein Charakter normale Angriffe mit einem Malus von zwei Stufen versuchen. Alternativ zum Greifen können die Flugwesen einen Bissangriff ausführen. Die Lederschwingen können auch am Boden weiterkämpfen. In diesem Fall können sie sich ziemlich gut mit den Hinterbeinen bewegen und greifen mit den beiden Haken der Vorderarme an. Am Boden oder in der Luft nutzen sie die Fähigkeit „Grausamer Schrei".

LEDERSCHWINGEN (6)

Herausforderung: Novize (Dritter Kreis)

GES:	8	Initiative:	8
STR:	6	Körperliche Verteidigung:	10
ZÄH:	6	Mystische Verteidigung:	10
WAH:	6	Soziale Verteidigung:	10
WIL:	6	Physische Rüstung:	4
CHA:	9	Mystische Rüstung:	6
Bewusstlosigkeit:	–	Erholungsproben:	3
Todesschwelle:	45	Niederschlag:	8
Wundschwelle:	10		

Bewegung: 10 (fliegend 14)

Aktionen: 2; Biss 10 (10), Krallen 10 (11)

Kräfte:

Grausamer Schrei (16): Dieser Schrei verursacht einen Furchteffekt, der zu behandeln ist wie das Talent Kampfgebrüll (siehe Spielerhandbuch, S. 89).

Spezialmanöver:

Greif- und Bissangriff (Lederschwinge, Krallen)

Loseisen (Gegner, Nahkampf)

Stutz den Flügel (Gegner)

Beute: Zwei Klauen der Vorderarme im Wert von jeweils 200 Silberstücken (Legendenpunkte wert). In den Nestern der Lederschwingen sind Schmuck und weitere Wertsachen im Wert von insgesamt 2.000 Silber zu finden. Beim Untersuchen der Objekte mit Wahrnehmung, Wissen über Kunsthandwerk oder T'skrang Rassenkunde (MW 10) sind diese Objekte auf T'skrang K'stulaami zurückzuführen.

Eine Untersuchung einer der Kreaturen lässt mit einer Probe auf Wissen (T'skrangkunde), Arzt, Halbmagie Geisterbeschwörer (Wahrnehmung) oder Wissen (Horror und Konstrukte) (MW 10) den Schluss zu, dass es sich um von einem Dämon veränderten T'skrang handelt.

Eine erfolgreiche Astralsicht-Probe zeigt eine Befleckung des Astralraums (siehe *Spielerhandbuch*, S. 123) in dieser Gegend und lässt darauf schließen, dass ein Dämon in diesem Bereich Magie gewirkt und großes Leid erzeugt hat.

Als Begegnung ist der Kampf eine Legendenprämie wert.

Anbetungsstätte der Erde – Der Fluch der Jademine

Es ist möglich, aber nicht notwendig, dass die Charaktere in *Galanga, der Tanz beginnt* (siehe S. 18) bereits die verlassene Jademine kennen gelernt haben.

Die verlassene Jademine

Hinter einer abrupt endenden Vegetationsgrenze eröffnet sich ein großes Loch im Boden mit einem Durchmesser von rund dreißig Schritt. Der Boden der Grube liegt ca. zwanzig Schritt tief und entlang der Wand kann man eine Art spiralförmige Rampe nach unten erkennen. Die Grubenwände bestehen aus ungefähr ein Schritt hohen Stufen, die treppenartig nach unten verlaufen. Die Stufen sind mit dem Geröll herausgebrochener und zertrümmerter Felsbrocken übersät. Die längst verrosteten Eisenstangen, die dafür benutzt wurden, liegen überall im Schutt verstreut. Es ist auffällig, dass nirgendwo in der Mine Pflanzen wachsen.

Optional – Zan'dakaars Wächter

Zan'dakaar (siehe S. 180) hat bei seinem Aufenthalt an diesem Ort den immer noch vorhandenen Reichtum der Mine erkannt und den Plan gefasst, die Mine in näherer Zukunft wieder zu bewirtschaften.

Zum Schutz der Mine hat er Tsirill Nak Nat (siehe Seite 181) befohlen zwölf Sklaven der Maha'krodha in Tiere zu verwandeln. Tsirill Nak Nat beherrscht ein wenig bekanntes Ritual, mit dessen Hilfe er Namensgeber für längere Zeit in der Struktur verändern und sie in Tiere verwandeln kann. Es handelt sich um acht Affen (siehe *Spielleiterhandbuch,* S. 162), zwei Crojen (siehe *Spielleiterhandbuch,* S. 167), einen Geparden (siehe *Spielleiterhandbuch,* S. 180) und einen Menschenaffen (siehe *Spielleiterhandbuch,* S. 193f).

Dazu nutzt er Blutmagie und die Kraft heraufbeschworener Tiergeister, um die Strukturen eines Namensgebers mit diesen zu verschmelzen. Dies passiert in einem brutalen Ritual, in dem das Blut des Namensgebers geopfert und der Geist an die geschwächte Struktur gebunden wird. Nach ungefähr einem Monat, wenn der benutzte Tiergeist gebannt wird oder wenn so eine Kreatur getötet wird, verwandeln sich die Namensgeber zurück in ihre ursprüngliche Form. Die auch danach noch vorhandenen bruchstückhaften Erinnerungen können für eine Verhaltensänderung des zurückverwandelten Namensgebers sorgen und ihn im schlimmsten Fall in den Wahnsinn treiben.

Während sie verwandelt sind, behalten die Namensgeber einen Teil ihrer Intelligenz, wodurch sie nicht zähmbar und immun gegen Talente wie ‚Tiere Bändigen' sind. Ihr Verstand wird aber zum größten Teil von den tierischen Instinkten überlagert und können somit nur einfache Befehle ausführen. Die von Tsirill Nak Nat geschaffenen Tiere bewachen auf Befehl die Mine.

Schamanen dürfen eine auf Wahrnehmung basierende Halbmagie-Probe machen, sobald sie sich einem Tier auf 30 Schritt genähert haben. Der Mindestwert für eine erfolgreiche Probe entspricht der mystischen Verteidigung des Tieres. Ist die Probe erfolgreich, bemerkt der Schamane den Tiergeist. Der Mindestwurf für den Zauber Bestie Besänftigen basiert ebenfalls auf der mystischen Verteidigung des Tieres, hat aber keine zusätzliche Wirkung bei 4 Erfolgen (siehe *Mystische Pfade*, S. 163). Mit einer Magie Neutralisieren(14)- oder Verbannen(14)-Probe kann die Verwandlung rückgängig gemacht werden.

Ein aufmerksamer Charakter, der die Umgebung beobachtet, kann einen einzelnen Geparden entdecken (Aufmerksamkeit(10)), der die Gruppe beobachtet und sich nicht von der Stelle rührt. Der Gepard verlässt erst seinen Platz, wenn die Charaktere nah genug auf ihn zugehen.

Die Tiere greifen an, wenn die Charaktere die Mine wieder verlassen wollen. Welche Tiere bei dem Angriff anwesend sind liegt im Ermessen des Spielleiters.

TALENTE GEGEN TIERE

Einige Proben auf Talente oder Fähigkeiten, die speziell gegen Tiere wirken, benötigen drei Zusatzerfolge (Eigensinnig (3)), um gegen diese Tiere zu wirken. Dazu gehören die Talente: Abrichten, Mentale Tierkontrolle, Tieranalyse und Tierfreundschaft. Das Talent Tiersprache erhält dahingegen einen Bonus von +3.

ZURÜCKVERWANDELTE T'SKRANG

Alle zurückverwandelten T'skrang sind nackt und gehören allesamt den Nialls Daikara und Nensora an. Auf jeder Stirn sind mit der Krallenspitze des Zeigefingers von Tsirill Nak Nat drei Kreise geritzt worden, deren Mittelpunkte dreieckig angeordnet sind. Überlebende können Zan'dakaar, Tsirill Nak Nat und auch das Ritual der Verwandlung beschreiben. Zusätzlich dazu kann jeder Überlebende beschreiben, dass Zan'dakaar ein Ritual hier abgehalten hat und Notizen fertigte.

IN DER MINE

Am Rand der Grube befinden sich alte, verlassene und teilweise eingefallene Gebäude einfacher Bauweise. Niemand ist zu sehen und verroste Werkzeuge liegen noch so da, als hätten die Arbeiter ursprünglich wiederkommen wollen. Es ist aber einfach zu erkennen, dass die Häuser schon seit langer Zeit leer stehen. Um die Grube herum befinden sich Hügel aus dem Abraum des Jadebergbaus.

In der Mitte der Grube wurde ein Steinsockel freigelegt, der von fünf aufrecht stehenden Steinen umringt ist, die eine seltsame Struktur aufweisen. Die Struktur gleicht ungefähr der schuppigen Haut eines T'skrang, nur ist alles um ein Vielfaches vergrößert.

Falls die Charaktere bereits an diesem Ort waren, ist das damals vorhandene Blut mittlerweile getrocknet und teilweise vom Regen weggespült worden.

DER STEINSOCKEL

Die fünf Monolithe und auch der Sockel bestehen aus der gleichen Gesteinsart wie die Steine der Umgebung. Es ist nicht zu erkennen, mit welcher Art von Werkzeug die seltsame Struktur der aufgerichteten Steine erstellt worden ist. Das Ganze sieht eher so aus, als wäre es gewachsen. Mit einer Astralsicht(8)-Probe kann ein Charakter große Mengen elementarer Erde an den fünf Steinen erkennen.

DAS NÄCHSTE PUZZLESTÜCK

Wenn die Charaktere den Sockel ausreichend reinigen, kann man dort die Anweisungen für einen Teil des Rituals der Anrufung als Inschriften finden.

DAS BINDUNGSRITUAL

Jedes Mal, wenn ein Charakter das Bindungsritual an dieser Stelle erfolgreich durchführt, beginnen die fünf Steine schwach gelb zu leuchten und wachsen eine gute Handbreit aus dem Boden nach oben. Wenn das oft genug durchgeführt wird, kann man erkennen, dass sich die Steine parabelförmig auf eine gemeinsame Spitze über dem Sockel zubewegen und irgendwann einen steinernen Pavillon bilden werden.

VISION ERDE

„Müdigkeit! Du spürst große Müdigkeit! Du schläfst schon lange und es ist noch nicht die Zeit gekommen deine Ruhe zu unterbrechen. Aber deine Ruhe ist nicht so tief, wie sie es einmal war. Nimmst du dort etwas wahr? Deine Augen sind geschlossen, aber du verfügst noch über andere Sinne. Du spürst eine Bewegung, einen Strom der dich umgibt und dich weiter beruhigt. Aber du hörst auch eine Stimme in der Dunkelheit. Sie scheint sehr weit weg zu sein, die Worte sind nicht zu verstehen, aber dennoch erkennst du, dass sie nach dir ruft. Du versuchst dich zu erinnern, aber die Stimme ist dir nicht bekannt. Sie will etwas von dir. Sie will, dass du ihr gehorchst. Und ein Teil von dir verspürt den Drang, ihrem Wort zu folgen. Die Stimme duldet kein Nein. In der Strömung driftet dieser Teil und entfernt sich von dir, du verlierst langsam die Kontrolle. Du kannst nichts dagegen tun. Du weißt nicht wieso, aber ein anderer Teil von dir versucht sich an einen Gedanken zu klammern, an eine Erinnerung. Die Erinnerung an Familie? Also streckst du die Gedanken aus auf der Suche nach etwas Vertrautem, auf der Suche nach Hilfe!"

JADE SUCHEN

Dieser Ort war einst eine ertragreiche Jademine. Die Jade, die hier gewonnen werden konnte, war von herausragender Qualität. Am Galanga gibt es heute noch Kunstwerke aus dieser Zeit, die

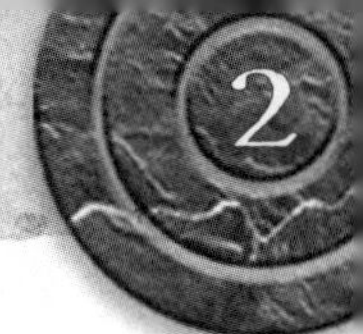

für viel Gold gehandelt werden. Ebenso tauchen immer wieder auch Rohsteine auf, die dann als Grundlage neuer Kunstwerke dienen können.

Suchen die Charaktere in der Mine nach Jade, können sie pro Stunde eine Probe auf Aufmerksamkeit (12) ablegen und für jeden Erfolg einen kleinen Jadestein im Wert von 125 Silber finden.

Die Verehrungsstätte des Holzes – Der uralte Baum

Die fünfte Verehrungsstätte müssen die Charaktere nicht zwangsläufig aufsuchen, da sich der Teil des Anrufungsrituals, der dort zu finden ist, bereits in den Aufzeichnungen der Bibliothek finden lässt. Falls die Charaktere trotzdem zum Mammutbaum reisen, können sie dort versuchen, durch das Bindungsritual einen höheren Fadenrang zu Shivoam zu weben und ihre Fähigkeiten weiter zu verbessern.

Der Mammutbaum

Der gesuchte Baum ist bei den T'skrang der drei Nialls allgemein bekannt und fast jeder T'skrang am Galanga kennt die ungefähre Position des Baumes.

An der gesuchten Stelle befindet sich ein gigantischer Baum, der sich keiner bekannten Baumart zuordnen lässt. Es wirkt eher so, als würde sich der Baum aus verschiedenen Baumarten zusammensetzen. Der Stamm durchmisst in Bodennähe ungefähr zwanzig Schritt. Die Höhe des Baumes ist dahingegen mit siebzig Schritt geradezu gering und entspricht ungefähr der Höhe der meisten anderen großen Bäume der Umgebung. Die tentakelartigen Wurzeln haben sich über eine enorme Fläche ausgebreitet und durch das Erdreich gewühlt. Selbst einhundert Schritt vom Baum entfernt kann man noch Teile der Wurzeln finden, die aus dem Boden herausragen. Auffällig ist, dass an allen Wurzeln, die aus dem Boden ragen, kaum anderes Material haftet. Weder Erde noch andere Pflanzen sind darauf zu finden. Falls die Charaktere den Baum an verschiedenen Tagen besuchen, fällt ihnen auf, dass sich die Position der Wurzeln in der Zwischenzeit deutlich verändert hat. Mit dem bloßen Auge ist die Veränderung aber kaum zu bemerken (Aufmerksamkeit (18)).

Der Baum hat die Eigenart, alles Lebende, das er berührt, eine Zeit lang zu imitieren. Das ist weniger auffällig bei Pflanzen, bei denen es einfach so wirkt, als wären sie auf dem Baum gewachsen, als bei Tieren und Namensgebern. Überall am Stamm kann ein Charakter die Abbilder von Tieren des Dschungels erkennen, die so wirken, als wären sie in den Stamm geschnitzt worden. Die Tierarten lassen sich gut erkennen, aber mehr als die groben Umrisse bildet der Baum nicht ab.

Abgebildete Namensgeber

Auf dem Stamm befinden sich die Abbilder von zwei T'skrang. Die Darstellungen sind detaillierter als die der Tiere.

ZAN'DAKAAR, DER ELEMENTARIST

Ein T'skrang, dessen vordere Körperhälfte aus dem Stamm herauszukommen scheint, mit einem hoch aufgerichteten Doppelkamm. Zu sehen ist nur der obere Teil des Körpers, beide Arme sind nach vorne ausgestreckt und die Hände versuchen etwas zu greifen. Der Gesichtsausdruck deutet Wut an. Falls die Charaktere Zan'dakaar bereits begegnet sind, ist dieser leicht zu erkennen.

DIE HÜTERIN DES HOLZES

Eine weibliche T'skrang mit einem Stab in der Hand von der Seite gesehen. Die T'skrang blickt nach oben, die Kleidung scheint aus Pflanzen zu bestehen. Der Mund steht offen und die Augen sind weit aufgerissen. Ihr Gesichtsausdruck wirkt verwirrt.

ASTRALE UNTERSUCHUNG

Im Astralraum sieht ein Charakter eine vor Leben nur so pulsierende, leuchtende Struktur. Große Mengen elementaren Holzes sind ebenfalls zu erkennen. Im Astralraum sieht man deutlich, dass die Struktur und das Aussehen des Baumes im Fluss sind und sich ständig verändern.

Mit dem Baum sprechen

Mit einer Elementarsprachen(12)-Probe (Holz) kann ein Charakter für Talentrang Minuten mit dem Baum sprechen. Der Elementar in dem Baum erscheint äußerst schläfrig und hat offensichtlich Probleme bei der Sache zu bleiben. Der Baum versteht ungefähr, was der Charakter von ihm will und antwortet, so gut er kann. Komplexe Fragen kann er aber nicht beantworten. Bei drei oder mehr Erfolgen bei der Nutzung von Elementarsprachen wirkt der Baum immer noch sehr schläfrig, der Charakter hat aber das Gefühl, den Elementar für kurze Zeit aus seinem Schlaf gerissen zu haben. In diesem Zustand kann der Baum auch komplexere Fragen beantworten. Er wird wiederholt von Wasser sprechen, welches neue Sichtweisen freiwaschen wird.

Die Zeit hat für einen Baumgeist, der sein ganzes Leben an einer Stelle verbringt, eine andere Bedeutung als für kurzlebige Namensgeber. „Vor nicht allzu langer Zeit" kann in diesem Sinne durchaus einige Jahre her sein. Auf die Idee eines Charakters, nach den Tag- und Nachtwechseln zu fragen, sollte der Baumelementar keine Antwort haben, da sein Zahlenkonzept eher der trollischen Variante entspricht (eins, zwei, viele).

Antworten auf einige Fragen

ZAN'DAKAAR

Aschfahle Haut. Der Elementarsprache mächtig. Voller Wut und voller Fragen. Hat ohne Erfolg versucht mehrere Zauber gegen den Elementar zu richten. Der Bleiche blieb einige Sonnendurchläufe und studierte einige Schriftrollen. Dann verflog seine Wut und er nahm ein Stück Holz, welches der Elementar seit einiger Zeit nicht gesehen hat (**Spielleiterinformation:** der Talisman der Wächterin des Holzes, der aus dem Holz des Mammutbaumes geschnitzt wurde), und richtete es gegen Shivoam. Danach breitete er Schwingen aus Metall aus und flog davon.

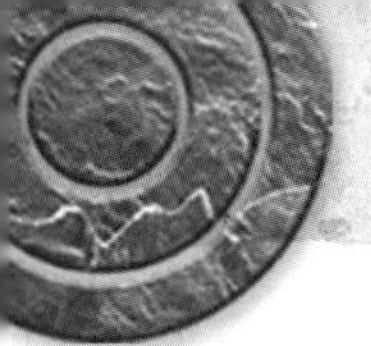

DIE WEIBLICHE T'SKRANG
Am Träumen. Im Schlaf gefangen. Im Schlaf geschützt. Seit vielen Jahren eine Begleiterin. (**Spielleiterinformation:** Es handelt sich um die Hüterin des Holzes, die in diesem Teil der Geschichte nicht weiter vorkommt.)

ANDERE T'SKRANG
Zu allen Zeiten kommen T'skrang zu diesem Ort, um zu meditieren und die spirituelle Nähe zu Shivoam zu suchen.

SHIVOAM
Shivoam wacht über alle Namensgeber am Galanga. Sein Geist reicht auch an diesen Ort, aber dennoch nimmt er selten etwas wahr.

ÄSTE ENTFERNEN
Jeder Charakter, der darum bittet, darf einen Ast aus dem Baum entnehmen.

DIE VEREHRUNGSSTÄTTE
Wenn man den Baum erklettert, finde man eine oben im Stamm gelegene Höhle.

Die Anbetungsstätte

Der Baum kann mit einer Klettern(9)-Probe erklettert werden und er mag es überhaupt nicht, wenn man z.B. Kletterhaken in ihn reinrammt (siehe „Das Bindungsritual" weiter unten). Die Höhle liegt in 30 Schritt Höhe und ein Misserfolg kann zu entsprechendem Fallschaden führen. Falls ein Charakter den Baum aus reiner Neugier besteigt und hoch genug klettert, oder sich ein Windling bei der Gruppe befindet und den Baum kurz untersucht, entdecken die Charaktere die Höhle auch dann, wenn sie nicht den Elementar dazu befragen.

Das nächste Puzzlestück

Die Baumhöhle hat einen Durchmesser von vier Schritt. Die Innenwände sind glatt und haben keine Rinde. Die Beschreibung des nächsten Teiles des Rituals der Anrufung erhält man, wenn man Wasser in der Höhle verschüttet. Kurz nachdem der Baum das Wasser aufgesaugt hat, wächst ein Astgeflecht aus der Höhlenwand und bildet ein filigranes Bild aus Ästen, Blättern und Blüten, das einen der fehlenden Teile des Rituals darstellt.

Das Bindungsritual

An dieser Stelle kann ein Teil des Bindungsrituals (siehe rechts) durchgeführt werden. Falls ein Charakter ohne Erlaubnis einen Teil des Baums entfernt oder den Baum anderweitig beschädigt hat, benötigt er einen Zusatzerfolg, um das Bindungsritual durchzuführen.

Vision Holz

„Ein Sog zieht an dir, er drängt dich, dem Ruf, den du vernimmst, zu folgen. Er kommt von einem Ort, den du kennst. Die Erinnerungen an ein Ufer und mächtige Wurzeln breiten sich in deinem Geiste aus. Ein heiliger Ort für die Wesen des Waldes und Flusses, Jahrhunderte alt. Du bist mit diesem Ort verbunden, wenn auch die Bindung nur schwach ist. Das Rauschen von Wasser nimmt deine Sinne ein, und das nächste, was du bewusst wahrnimmst, ist, dass du diesen Ort erreichst. Es ist noch jemand mit dir hier, ein sehr wütender T'skrang. Er wirkt Magie auf diese Verbindung mit diesem Ort. Doch seine Kraft ist nicht stark genug. Dennoch gibt er nicht auf, er ist noch nicht fertig mit seinem Versuch. Du spürst einen Gegenstand, etwas, zu dem du mehr Verbindung hast, als zu diesem Ort, und er hält es in den Händen."

Zufälliger Fund

Die Charaktere können im Verlauf der gesamten bisherigen Kampagne diesen Ort finden. Ob zu Beginn ihrer Suche, im Verlauf ihrer Flucht oder zu jedem anderen beliebigen Zeitpunkt können sie den Baum und damit den Frieden und die Magie, die er mit sich bringt, entdecken. Es sollte als Ort des Staunens beschrieben werden. Wenn die Charaktere eine Nacht hier verbringen, erhalten sie einen Bonus von +4 auf ihre Erholungsprobe. Magie von Typ Holz/Pflanze wirkt ebenfalls mit einem Bonus von +4 auf alle Proben inkl. Wirkungsproben für die nächsten 24 Stunden. Ihre Wirkungsdauer verdoppelt sich.

Spielleiterinformationen

Die fünf Teile des Rituals der Kontaktaufnahme

Die fünf Anbetungsstätten waren schon vor der Plage als spirituelle Orte etabliert. Die T'skrang am Galanga pilgerten zu ihnen, meditierten, sangen die alten Flusslieder und suchten den Rat der Geister, der Elemente und von Shivoam. Über die Jahre hinweg entwickelten die Hüter das Ritual der Kontaktaufnahme zu Shivoam weiter. Das Ritual sieht vor, die fünf Anbetungsstätten nacheinander zu besuchen, dort zu meditieren und die Bindung an Shivoam zu stärken. An jeder Anbetungsstätte kann ein Besucher einen Teil des Rituals der Kontaktaufnahme erhalten. Wenn der Pilger alle Orte aufgesucht hat, reist er zur Sandburg, führt dort das Ritual durch und kann so einen Rat von Shivoam erhalten.

Die fünf Teile des Rituals, die an den Verehrungsstätten gefunden werden können ergeben, wenn man sie genau überträgt, einen Kreis, der aus 5 Teilen besteht. In der Mitte ist ein kleiner Kreis, mit den Teilen des Rituals, die man an der Anbetungsstätte des Holzes findet. Die vier fehlenden Teile der anderen Elemente ergeben zusammen mit der Mitte einen großen Kreis.

Das Bindungsritual

Jede Verehrungsstätte ist einem anderen Element gewidmet und wurde vor der Plage dazu benutzt um sogenannte Flusslieder zu Ehren Shivoams zu singen. Durch diese Verehrung entwickelten sich die Anbetungsstätten über die Jahre hinweg zu einem bedeutenden Strukturgegenstand (siehe *Spielerhand-*

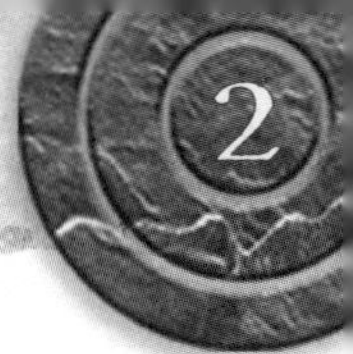

buch, S. 133f) von Shivoam. Regeltechnisch zählen alle Verehrungsstätte zusammen genommen wie ein einziger Gegenstand. Wie bei jedem Strukturgegenstand kann ein Charakter, der die Struktur mit einer erfolgreichen Artefaktgeschichte(13)-Probe untersucht hat (dies erfordert hier keine Woche), einen Faden zu Shivoams Wahrer Struktur weben. Normalerweise muss ein Charakter einen Strukturgegenstand bei sich haben, um seine Vorteile nutzen zu können, das ist bei den Verehrungsstätten natürlich nicht möglich. Durch Shivoams besondere Verbindung mit dem Galanga kann ein Charakter trotzdem die Vorteile des gewobenen Fadens nutzen und zwar, solange er sich am Galanga aufhält.

Ein gewobener Faden zu Shivoams Strukturgegenstand kann nach den üblichen Regeln (siehe *Spielerhandbuch*, S. 136) genutzt werden, um drei Fähigkeiten durch den Faden zu verstärken. Regeltechnisch zählt Shivoam hier zusätzlich auch als Ort. Die Verbesserung der Fähigkeit ist aktiv, solange sich der Charakter am Galanga aufhält.

Cara webt erfolgreich einen Faden mit Rang zwei zu einer beliebigen Verehrungsstätte. Der bedeutende Strukturgegenstand von Shivoam ermöglicht es Cara nun, drei ihrer Fähigkeiten zu verbessern. Cara wählt ihr Talent Nahkampfwaffen, ihre Körperliche Verteidigung und ihre Soziale Verteidigung. Wann immer Cara sich am Galanga aufhält, erhöhen sich somit ihr Nahkampfwaffentalent und auch ihre Körperliche und Soziale Verteidigung um jeweils zwei Ränge.

Wenn bereits ein Faden an Shivoams wahre Struktur gewoben wurde, kann ein Charakter am nächsten Ort einen stärkeren Faden auf dem nächsten Fadenrang weben. Rang 1 (8), Rang 2 (9), Rang 3 (10), Rang 4 (11), Rang 5 (12) (siehe *Spielerhandbuch*, S. 133).

Das Bindungsritual mit Shivoam über seine Strukturgegenstände ist ein wichtiger Bestandteil, um die Anrufung von Shivoam an der Sandburg erfolgreich durchzuführen. Je höher die Stufe des gewobenen Fadens ist, desto leichter fällt es einem Charakter an der Sandburg das letzte Ritual auszuführen. Zusätzlich dazu erhält ein Charakter durch jeden an Shivoam gewobenen Fadenrang eine zufällige Fähigkeit (siehe Liste weiter unten), die ihm im Laufe des Abenteuers helfen kann.

An jeder Anbetungsstätte können die Charaktere ein Abbild eines Teiles des Rituals finden, mit dem der Flussgeist kontaktiert werden kann. Wenn alle Abbildungen und der Ort der Sandburg gefunden wurden, kann Shivoam kontaktiert werden.

Die Visionen

Jedes Mal, wenn ein Charakter erfolgreich einen Faden an eine Anbetungsstätte webt oder den Fadenrang erhöht, erhält er eine Vision.

Bei Bedarf kann die Herausgabe der Visionen gezielt gesteuert werden. Ob ein Charakter alle Visionen auslösen kann oder die Visionen auf die Gruppe verteilt werden, liegt im Ermessen des Spielleiters.

Optional – Zusätzliche Fähigkeiten

Gelingt einem Charakter ein Zusatzerfolg bei einem Bindungsritual (siehe oben), so erhält er eine zusätzliche Fähigkeit durch seine Verbindung zu Shivoams Struktur, solange er sich am Galanga aufhält. Für die ersten vier Fadenränge sind die Fähigkeiten 1-8 vorgesehen. Die Fähigkeiten 9 und 10 sind für den Fadenrang fünf gedacht. Der Spielleiter kann die vergebene Fähigkeit auswürfeln oder nach eigenem Ermessen verteilen.

Wahres Element entdecken

Stufe: Rang + WAH
Überanstrengung: 1
Der Charakter erhält die Fähigkeit Wahres Element Entdecken (siehe *Kompendium*, S. 52) auf Rang 1 oder einen Bonus von +1, falls er den Kniff oder die Fertigkeit(en) bereits besitzt.

Elementarsprachen

Stufe: Rang + WAH
Überanstrengung: 1
Der Charakter erhält die Fähigkeit Elementarsprachen (siehe *Spielerhandbuch*, S. 80) auf Rang 1 oder einen Bonus von +1, falls er das Talent bereits besitzt.

Schwimmen

Wirkungsdauer: permanent
Der Charakter erhält einen Bonus von +3 auf seine Fertigkeit Schwimmen (siehe *Spielerhandbuch*, S. 116f).. Falls er die Fertigkeit nicht besitzt, erhält er die Fertigkeit Schwimmen auf Rang 3.

Zwischen den Fingern des Charakters wachsen Schwimmhäute, die sich zurückbilden, sobald der Charakter sich nicht mehr im Wasser befindet.

Kiemen

Wirkungsdauer: Rang + 5 Minuten
Aktion: Standard
Überanstrengung: 1
Dem Charakter wachsen Kiemen und er kann für die Wirkungsdauer unter Wasser atmen.

Segeln

Wirkungsdauer: permanent
Der Charakter erhält einen Bonus von +3 auf seine Fertigkeit Segeln (siehe *Spielerhandbuch*, S. 117). Falls er die Fertigkeit nicht besitzt, erhält er sie auf Rang 3. Zusätzlich dazu erhält er einen Bonus von +2 auf alle Niederschlagsproben, solange er an Bord eines Schiffes ist.

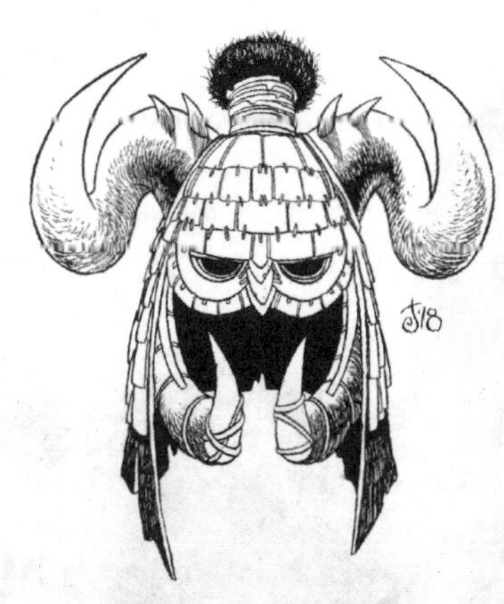

WAFFE DER FLAMMEN
Wirkungsdauer: Fadenrang + 5 Runden
Aktion: Standard
Überanstrengung: 1
Die Fähigkeit entflammt die Waffe des Charakters, solange er sie in den Händen hält. Die Wirkung entspricht dem Zauber Flammenwaffe (siehe *Spielerhandbuch*, S. 162).

HALT DER ERDE
Der Charakter erhält einen Bonus von +3 auf seine Fertigkeit Klettern. Falls er die Fertigkeit nicht besitzt, erhält er die Fertigkeit Klettern auf Rang 3.

RÜSTUNG DES WASSERS
Wirkungsdauer: Fadenrang + 5 Runden
Aktion: Standard
Überanstrengung: 2
Die Haut des Charakters wird für kurze Zeit blau schimmernd, als ob ein dünner Wasserfilm auf ihr liegen würde. Dieser Wasserfilm nimmt kurz die Form und Struktur von Schuppen an, bevor er wieder verschwindet. Sobald ein Charakter von etwas getroffen wird, tauchen die Schuppen blitzartig wieder auf. Dies gilt als +2 Bonus auf die Physische und Mystische Rüstung des Charakters.

HEILUNG DES HOLZES (AB FADENRANG 5)
Wirkungsdauer: Fadenrang + 5 Runden
Aktion: Standard
Der Charakter heilt sich selbst. Die Wirkung entspricht der des Zaubers Hainerneuerung (siehe *Spielerhandbuch*, S. 167).

SCHILD DER WINDE (AB FADENRANG 5)
Wirkungsdauer: Fadenrang Runden
Aktion: Standard
Überanstrengung: 2
Der Charakter erhält die Auswirkungen des Zaubers Winde der Ablenkung (siehe *Spielerhandbuch*, S. 167).

SHIVOAMS SANDBURG

„Die Namensgeber sagen uns Lahalas immer nach, wir trügen das Wissen von Generationen in uns. Oft wird dies mit Allwissenheit verwechselt. Aber so ist es nicht, glauben Sie mir, denn was bei dem Ritual an diesem Tag an diesem Strand passierte, ist selbst mir verborgen geblieben. Der womöglich wichtigste Moment der letzten Generationen ist an diesem Tag vorbeigezogen wie der Sand im Strom des Galanga. Ein sehr altes Ritual unserer Ahnen wurde entdeckt und eine Legende aus den Schriften unserer Bibliothek wurde bestätigt. Unsere Wächter standen vor dem möglicherweise ehrwürdigsten Objekt, das uns mit Shivoam verbindet. Das Ritual schien zu klappen und dennoch war die einzige Antwort, die wir erhielten, das Verschwinden der Helden vom Galanga, der Adepten, die ihr Leben riskierten, uns zu helfen. Was genau dort an diesem Strand passierte, wird wohl ewig im Nebel der Geheimnisse liegen."

– Aus den Erzählungen von Lahala Nentilor
über die Kontaktaufnahme zu Shivoam

ÜBERBLICK

Das letzte Kapitel auf ihrer rituellen Reise am Galanga beginnt, nachdem die Charaktere alle Schnipsel und Runen sowie Informationen zur Kontaktaufnahme mit Shivoam erhalten haben. Sie haben die fünf mystischen Orte besucht und reisen zu dem Ort, an dem sich die Sandburg befinden soll, um mit Shivoam Verbindung aufzunehmen. Dort angekommen entdecken sie die legendäre Sandburg und bereiten das Ritual vor. Nach der Durchführung des Rituals und der Kontaktaufnahme mit Shivoam erhalten die Charaktere Visionen vom Flussgeist. Das Abenteuer geht für sie dann im dritten Teil „Shivoams Traum" weiter.

ATMOSPHÄRE

Die Bedeutung des gefundenen Ortes und die Möglichkeit, nach langer Suche tatsächlich mit Shivoam zu sprechen, versetzen die Vertreter der Nialls in Ehrfurcht. Für die Charaktere entscheidet sich hier, ob sie es schaffen können, die drei Nialls zu vereinen.

SCHLÜSSELINFORMATION

Die Charaktere entschlüsseln die Anweisung des Rituals, das bei Sonnenuntergang am Strand vollzogen werden muss, während man mit den Füßen im Wasser des Galanga steht. Sie erkennen die magische Struktur und die Verknüpfung der Sandburg mit dem Fluss. Der Flussgeist schickt den Anwesenden eine verzweifelte Vision, an der man erkennt, dass etwas mit ihm nicht stimmt. Die Zeichen deuten darauf hin, dass irgendjemand den Flussgeist zu seinen Zwecken manipuliert.

AUF DEM WEG ZUR SANDBURG

Die Suche nach den Hinweisen hat die Gruppe kreuz und quer durch die Region geführt. Nachdem alle notwendigen Hinweise gefunden worden sind, können sich die Charaktere, Wächter und Vertreter der Nialls nun endlich auf den Weg zur Sandburg machen.

DAS RITUAL ENTSCHLÜSSELN

Die Hinweise der fünf Anbetungsstätten ergeben, wenn man sie zusammenfügt (siehe *Die fünf Teile des Rituals der Kontaktaufnahme*, S. 110), einen Ritualkreis, der die magischen Formeln beinhaltet, die man benötigt, um Shivoam zu befragen. Der Ort, an dem das Ritual durchgeführt werden kann, ist ebenfalls zu erkennen.

Jeder Zauberkundige kann mittels Struktur Verstehen den Mindestwert 16 die Durchführung des Rituals erlernen und herausfinden, wo das Ritual ausgeführt werden muss. Jedes erfolgreiche Bindungsritual (siehe S. 110) gibt einen Bonus von +2 Stufen auf die Probe. Wenn es keinem der Charaktere gelingt, das Ritual zu erlernen, übernimmt einer der Wächter diese Aufgabe. Dadurch wird aber die Legendenprämie für dieses Kapitel reduziert.

Aus den Schriften wird deutlich, dass die benötigten Runen direkt in den Sand am Wasser gezeichnet werden müssen, mit der Burg im Zentrum. Um am Ritual teilzunehmen, kann jeder Adept, der einen Rat von Shivoam erhalten will, am Ende des Rituals einen Faden an die Burg weben. Weniger klar ist die folgende Anweisung:

„Und die Zeichen der gewonnenen Schlacht zeigen zum Sonnenuntergang den Ort an, dem die Schlange zuhören wird. Nur wer seinen Geist öffnet und den Körper der Schlange berührt, wird auch die Stimme des Galanga vernehmen."

Auflösung: Das Ritual muss bei Sonnenuntergang, während der Adept im Wasser steht, beendet werden.

Jeder erfolgreiche Charakter – oder der entsprechende Wächter – kann auf einer Karte zeigen, wo sich die Sandburg befindet. Der gesuchte Ort ist nicht weit vom Mammutbaum (Element Holz) entfernt.

Die Sandburg

Die Sandburg befindet sich am Ufer eines kleinen Nebenarms des Galanga. Wenn die Gruppe die Stelle erreicht, stoppen alle Gespräche und die Begleiter der Charaktere verfallen in andächtiges Schweigen. Die abrupte Stille wirkt befremdlich und wird nur vom Rauschen des Flusses leicht überdeckt. Die Wächter greifen nach etwas Sand und streichen sich damit über die Augen. Diese Geste ist ein Zeichen des Respekts Shivoam gegenüber und reicht zurück auf das Namensritual und das Berieseln der frisch Geschlüpften mit Sand. Upani Shaiden, der bisher eher skeptisch dem Vorhaben gegenüber war, bemerkt in die Stille: „Bei Shivoam, es ist alles wahr!", was Fincha mit einem Nicken und einem knappen „Ja" bestätigt.

Der Nebenarm des Galanga fließt an der Sandburg vorbei und vereint sich wenige hundert Schritt flussabwärts mit einem der größeren Hauptarme. Die ungefähr drei Fuß hohe Sandburg steht am Flussufer. Schon aus großer Entfernung können die erstaunlichen Details in der Ausarbeitung erkannt werden. Umschlossen von einer starken Burgmauer besitzt die Burg vier äußere Türme. Innerhalb der Mauern steht eine Festung mit verschiedenen Gebäuden, Langhallen und einem hohen Burgfried, der weitere drei Fuß über die Mauern hinaufragt.

Der Detailreichtum des Kunstwerkes geht weit über das hinaus, was mit einfachem Sand möglich sein sollte. Es gleicht eher eine Miniaturisierung eines echten Gebäudes. Auf der dem Wasser zugewandten Seite sieht man Schäden in der Mauer, den Zinnen und den Türmen, die auf eine Belagerung der Sandburg hindeuten.

Astrale Untersuchung der Burg

(MW 8): Der Ort ist hoch magisch und der Astralraum hat den Status „Offen". Es herrscht hier eine hohe Dichte von Elementarmagie, die von der magischen Struktur der Sandburg ausgeht.

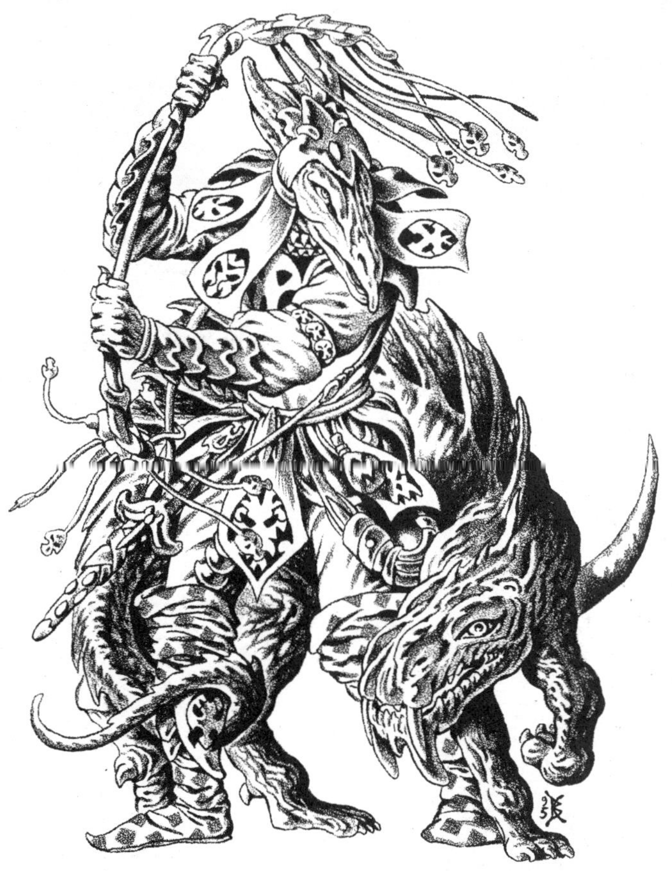

-1 Erfolg: Die Sandburg ist eine Art Strukturgegenstand und ist verknüpft mit dem Wasser und dem Galanga.

-2 Erfolge: Die Struktur der Sandburg scheint im Inneren leicht verschoben, und es hat vor kurzem ein sehr mächtiger Zauber auf sie gewirkt.

-3 Erfolge: Bei dem Zauber handelt es sich um einen Elementaristen-Zauber.

Die Anrufung von Shivoam

Die Charaktere, die Hüter und die Vertreter der Daikara, Nensora und Nentilor stehen zusammen an der Sandburg. Die Runen und Magie des Rituals sind entschlüsselt und das Anrufen von Shivoam kann beginnen. Folgen die Charaktere dem letzten Hinweis, so werden sie bei Sonnenuntergang die Runen und Zeichnungen in den Sand übertragen und das Ritual vollziehen, während sich ihre Füße im Wasser befinden.

Durchführung des Rituals der Kontaktaufnahme

Jeder Adept, der einen Kontakt zu Shivoam wünscht, kann am Ende des Rituals, im Sonnenuntergang, sein Talent Fadenweben nutzen, um mit Shivoam zu sprechen. Das funktioniert hier so ähnlich wie schon bei den Bindungsritualen im vorherigen Kapitel. Dabei erhält jeder Charakter, der einen Faden an die Anbetungsstätten gewoben hat, seinen aktuellen Fadenrang als Bonus auf seine Talentprobe. Für die Beendigung des Rituals müssen keine Legendenpunkte ausgegeben werden, und es entsteht auch kein bleibender Faden zur Sandburg. Um das Ritual ein weiteres Mal durchzuführen, müssen vorher mindestens drei Anbetungsstätten erneut besucht werden. Sollte die Talentprobe eines Charakters misslingen, kann sie am nächsten Abend wiederholt werden.

Hu'tini hat einen Faden an die Anbetungsstätten gewoben, der aktuell den Fadenrang 4 besitzt. Wenn Hu'tini sein Talent Fadenweben mit der Sandburg benutzen möchte, erhält er einen Bonus von +4 auf seine Talentprobe. Hu'tini legt eine erfolgreiche Fadenweben-Probe ab und erhält eine Vision von Shivoam. Wenn Hu'tini Shivoam noch einmal anrufen möchte, so muss er erst drei der Verehrungsstätten aufsuchen und dort eine Zeit verbringen.

Jeder Charakter, dem eine Fadenweben(13)-Probe gelingt, kann die von Shivoam gesandte Vision miterleben. Auch alle anwesenden Wächter mit dem Talent Fadenweben weben erfolgreich einen Faden an die Sandburg.

Shivoams Vision (zum Vorlesen)

„Die Luft um euch herum und über der Burg fängt leicht an zu flimmern. Es ist wie ein Flimmern über den Straßen von Kratas an einem zu heißen Tag. Ein heftiger Wind kommt vom Fluss auf und fährt durch eure Haare und Kleidung. Der Wind wirbelt den Sand auf und verweht die Runen. Die Burg leuchtet in gleißendem Licht, immer heller und heller, bis es euch blendet und ihr nur noch einen strahlenden Fleck, wie eine große Nebelwand, vor euren Augen seht.

Ihr spürt die Nähe des mächtigen Geistes von Shivoam. Seine Größe und Weitläufigkeit geht weit über alles hinaus, was ihr euch jemals vorstellen konntet. Shivoam ist der Schlangenfluss, und der Schlangenfluss ist Shivoam. Shivoam ist Teil eines jeden T'skrang, der am Fluss lebt, und jeder T'skrang am Fluss ist Teil von Shivoam. Ihr versucht die drei Nialls des Galanga zu finden, doch für Shivoam gibt es diese Einteilung nicht. Alle T'skrang am Galanga sind Eins, von der Flussmündung bis zu den Greifenfällen.

Shivoams Blick trübt sich, ein Teil seiner Kräfte schlummert. Doch selbst sein benommener Geist wacht über alle Wesen am Fluss. Die Plage hat Shivoam stark geschwächt, und seine Macht verteilt sich auf eine zu große Fläche. Ihr erkennt, dass sich der Geist in einem tiefen Dämmerzustand befindet, der noch für lange Zeit andauern kann, bevor er wieder seine ganze Macht und sein Bewusstsein erlangt.

Und auch in Shivoams Reich sind die Flecken zu finden, die ganz Barsaive plagen. Ihr spürt ekelerregende dämonische Kräfte, die immer noch an einigen Stellen der Schlange wirken und Shivoams Licht verdunkeln. Ihr spürt aber auch T'skrang, die versuchen Shivoam zu stärken und zu unterstützen. Ihre Verbindung zu Shivoam ist stark, genau wie eure, aber viel älter. Und ihr spürt einen Bereich, in dem Shivoams Kräfte verzerrt werden und der ihm Schmerzen bereitet. Es ist der Galanga! Ihr alle seid euch einig: Bevor ihr Shivoam über ein Bündnis der Nialls Daikara, Nensora und Nentilor befragen könnt, müsst ihr sie zuvor retten! Ihr müsst herausfinden, was am Galanga vor sich geht, und ihr müsst es schnell beenden!"

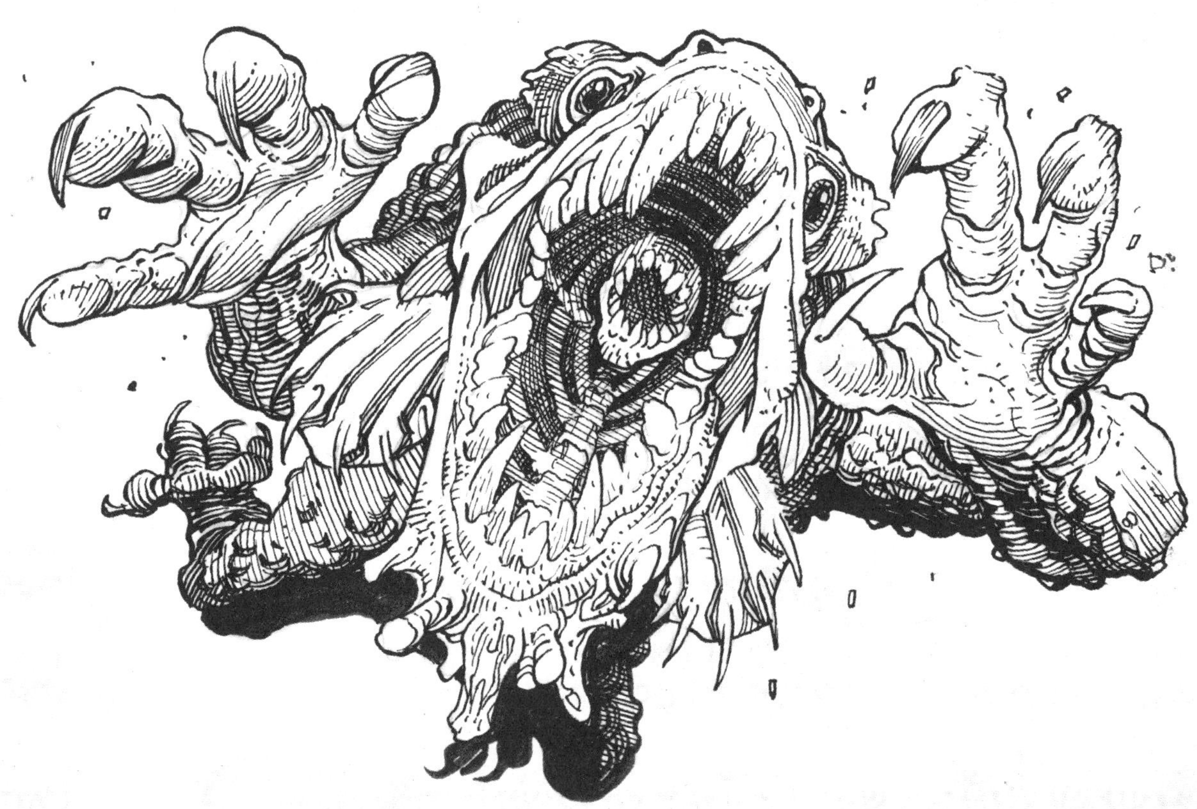

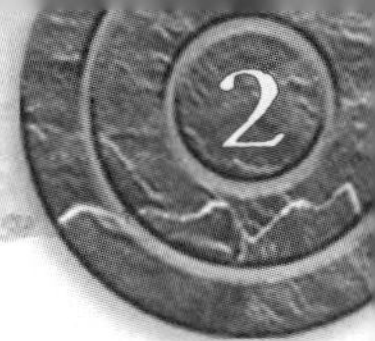

DIE MITSPIELER

„Wie soll denn da ein Zwerg noch durchsteigen. Man beschwert sich ja andauernd, wir würden alle gleich aussehen. Was, mit Verlaub gesagt, eine große Beleidigung ist. Vor allem hat derjenige noch nie an einer Veranstaltung am Schlangenfluss teilgenommen. T'skrang aus drei verschiedenen Nialls – und die sehen wirklich fast alle gleich aus."

– Henry Neumani, reisender Scholar aus Throal

„Wenn irgendwann einmal eine Legende vom Galanga aufgeschrieben wird und diese ihren Weg durch Barsaive findet, gibt es viele Namen, die mit ihr verknüpft sein werden. Die treuen Angehörigen der Daikara, Nentilor und Nensora, die ihre Nialls voller Überzeugung unterstützt haben. Die Wächter des Galanga, die den Weg der alten Flusslieder vertreten haben und deren mystische Verbindung zu Shivoam unverzichtbar war. Aber auch die Namen der Helden, die ihren Weg zum Galanga gefunden haben und uns den Frieden brachten, wird man nie vergessen."

– Aus den Erzählungen von Lahala Nentilor,
Niall Nentilor am Galanga

ÜBERBLICK

Dieses Kapitel enthält die Übersicht über alle NSCs, die in *Das großen Spiel* von Bedeutung sind inklusive dem Verweis auf *Galanga, der Tanz beginnt* oder mit Spielwerten. Kreaturen befinden sich im ursprünglichen Text und die Kämpfer der Maha'krodha befinden sich am Ende der Kampagne im Abschnitt *Die Mitspieler* ab Seite 179.

WICHTIGE CHARAKTERE

LAHALA NENTILOR, T'SKRANG, ELEMENTARIST (5)

Siehe *Galanga, der Tanz beginnt,* S. 27.

SEKARIN, T'SKRANG (NENTILOR), BERATERIN DER LAHALA

Siehe *Galanga, der Tanz beginnt,* S. 27.

LAHALA NENSORA, T'SKRANG, TIERMEISTERIN (5)

Siehe *Galanga, der Tanz beginnt,* S. 39.

CHE'WAN (NENSORA), DER KÜNSTLER

Siehe *Galanga, der Tanz beginnt,* S. 35.

ISAAR, T'SKRANG (NENSORA), BOOTSFRAU (5)

Siehe *Galanga, der Tanz beginnt,* S. 39.

BINTHREL, WINDLING, MAGIER (3)

Siehe *Galanga, der Tanz beginnt,* S. 40.

TER'LISPLING, WINDLING, TROUBADOUR (4)

Siehe *Galanga, der Tanz beginnt,* S. 40.

SLIPSPLISNIR, WINDLING, DIEB (5)

Siehe *Galanga, der Tanz beginnt,* S. 40.

LAHALA DAIKARA, T'SKRANG (DAIKARA)

Siehe *Galanga, der Tanz beginnt,* S. 47.

DIE HARMATTAN

MAHENDO, ELEMENTARWESEN, HÄNDLER, KAPITÄN DER HARMATTAN

Siehe *Galanga, der Tanz beginnt,* S. 28.

JO'RAN, T'SKRANG

Siehe *Galanga, der Tanz beginnt,* S. 28f.

TANZGEMEINSCHAFT

Im Folgenden sind die NSCs beschrieben, welche die Charaktere auf ihrer Reise in diesem Teil begleiten oder ihnen auf ihrem Weg begegnen und eine nähere Beschreibung nötig ist. Die Angegebenen Talente und Fertigkeiten sind die vermeintlich wichtigsten Proben für den entsprechenden Charakter und können bei Bedarf um weitere ergänzt werden.

DIE NIALL VERTRETER, DIE BESATZUNG DER KATHAA UND EIN BEFREITER SKLAVE

ERNTAR, T'SKRANG (NENSORA), KUNDSCHAFTER (4)

Erntar besitzt eine grün und braun gesprenkelte Haut. Er ist von Geburt an stumm. Erntar ist ein Experte, wenn es um den Kontakt und die Verhandlungen mit den wilden Stämmen geht. Er übernimmt für die Lahala Nensora gerne entfernte Botengänge und kennt sich wie kein anderer im Lungameer und dem angrenzenden Urwald aus. Erntar ist erfahren im Steuern von Einbäumen und Booten. Zum Vergnügen reitet er gerne auf Banlauren durch die Wasserstraßen zwischen den schwimmenden Inseln des Lungameers. Erntar hat einen Faden an die Kurmapati Chin'lechelys gewoben.

Darstellung: stumm, neugierig, unbekümmert, gesellig, kooperativ, emotional
Motivation: Neue Gegenden erkunden. Tiere abrichten. Andere Namensgeber treffen. Niall Nensora schützen.
Ressourcen: Sehr genaue Kenntnisse der Umgebung. Kontakt zu wilden Völkern. Kurmapati Chin'lechelys.

GES:	7	Initiative:	6
STR:	6	Körperliche Verteidigung:	10
ZÄH:	6	Mystische Verteidigung:	10
WAH:	7	Soziale Verteidigung:	8
WIL:	6	Physische Rüstung:	5
CHA:	6	Mystische Rüstung:	2
Bewusstlosigkeit:	50	Erholungsproben:	3

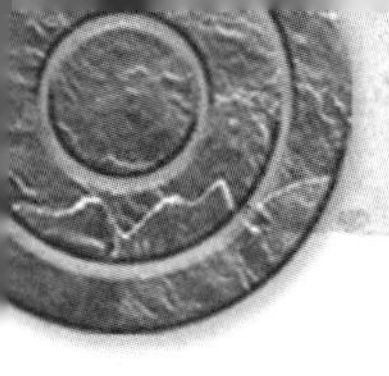

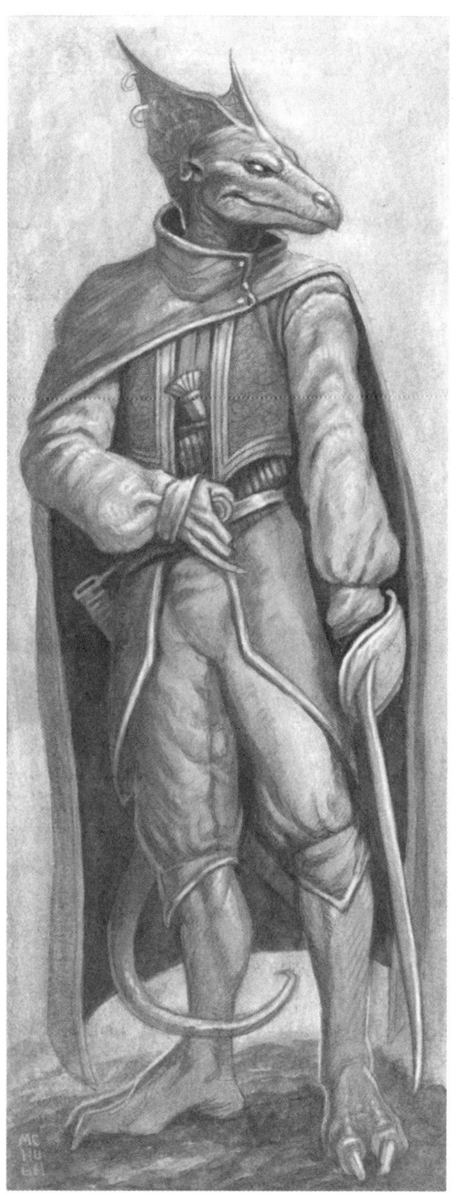

Todesschwelle:	60	Niederschlag:	6
Wundschwelle:	10	Karmapunkte:	16
Bewegung:	12		

Aktionen: 1; Kurzschwert 11 (10)

Ausrüstung: Gehärtete Lederrüstung, Kurzschwert (Schaden 10)

Talente: Aufmerksamkeit (4): 11, Fadenweben [Kundschafterweben] (4): 11, Klettern (4): 11, Spurenlesen (5): 12, Wildnisüberleben (5): 12, Heimlicher Schritt (4): 11, Mystische Verfolgung (4): 11, Gefahrensinn (3): 10 Navigation (4): 11, Hieb Ausweichen (4): 11, Nahkampfwaffen (4): 11, Fallen Entschärfen (3): 10, Fremdsprachen (3): 10

Fertigkeiten: Segeln (3): 10, Abrichten (3): 9, Tierfreundschaft (3): 9, Zeichensprache (4): 11, Kunsthandwerk (Schnitzen) (3): 9

Karma: Kann Karma ausgeben, um etwas zu finden, kann Karma für Initiativeproben ausgeben.

UPANI SHAIDEN, T'SKRANG (DAIKARA), KAPITÄN DER KINJAL

Upani Shaiden hat eine dunkelgrüne Hauptfarbe. Er ist der Lahala Daikara und dem Niall Daikara treu ergeben. Upani teilt die Meinung der Lahala über die anderen Nialls am Galanga. Namensgebern anderer Rassen als der Rasse der T'skrang steht er skeptisch gegenüber. Er glaubt an die Überlegenheit des Nialls Daikara gegen jede Form von Piratenangriff. Upani trägt unauffällige weiße Leinenhosen, wie sie bei Schiffsbesatzungen üblich sind. Er hat die Angewohnheit, sich häufig mit einer Hand irgendwo festzuhalten.

Darstellung: konservativ, effektiv, reserviert, unkooperativ, selbstsicher
Motivation: Schutz des Niall Daikara. Ausbau der Überlegenheit von Niall Daikara.
Ressourcen: Kapitän der Kinjal. Berater der Lahala Daikara.

GES:	6	Initiative:	5
STR:	6	Körperliche Verteidigung:	9
ZÄH:	6	Mystische Verteidigung:	9
WAH:	5	Soziale Verteidigung:	8
WIL:	5	Physische Rüstung:	5
CHA:	6	Mystische Rüstung:	2
Bewusstlosigkeit:	34	Erholungsproben:	3
Todesschwelle:	42	Niederschlag:	8
Wundschwelle:	9		
Bewegung:	12		

Aktionen: 1; Säbel 11 (12), Säbel 10 (12)

Ausrüstung: Gehärtete Lederrüstung, 2x Säbel (Schaden 12)

Wichtige Fertigkeiten: Hieb Ausweichen (5): 11, Nahkampfwaffen (5): 11, Zweitwaffe (4): 10, Aufmerksamkeit (5): 10, Kampfsinn (4): 10, Boot Steuern (8): 13, Diplomatie (3): 9

FINCHA, T'SKRANG (NENTILOR), BOOTSFRAU (5), BERATERIN DER LAHALA

Finchas Hautfarbe ist ein sehr dunkles Grün, das aus der Entfernung fast schwarz aussieht. Sie trägt ebenfalls sehr dunkle Kleidung. Fincha ist eine Bootsfrau des 5. Kreises, ihr unterstehen die beiden Handelsboote des Nialls und ab und an steht sie auch selbst auf der Brücke und übernimmt eine Fahrt für ihre Lahala. Entscheidungen trifft sie aus dem Bauch heraus, ohne lange darüber nachzudenken.

Darstellung: erfinderisch, unbekümmert, gesellig, emotional, ehrlich
Motivation: Fortbestand des Nialls sichern. Handelsboote beschützen.
Ressourcen: Befehlsgewalt über die Handelsboote. Treu ergebene Mannschaftsbünde.

GES:	7	Initiative:	7
STR:	5	Körperliche Verteidigung:	10
ZÄH:	5	Mystische Verteidigung:	8
WAH:	6	Soziale Verteidigung:	10
WIL:	6	Physische Rüstung:	4
CHA:	7	Mystische Rüstung:	3
Bewusstlosigkeit:	49	Erholungsproben:	2
Todesschwelle:	59	Niederschlag:	10
Wundschwelle:	8	Karmapunkte:	12
Bewegung:	12		

Aktionen: 1; Säbel 11 (12)

Ausrüstung: Lederrüstung, Entermesser (Stufe 10), Buckler, Wurfnetz

Talente: Boot Steuern (6): 12, Nahkampfwaffen (6): 13, Hieb Ausweichen (6): 13, Weitsprung (5): 12, Klettern (5): 12, Feilschen (5): 12, Standhaftigkeit (5): 10, Verspotten (4): 11, Akrobatische Verteidigung (4): 11, Fluss Lesen (4): 10

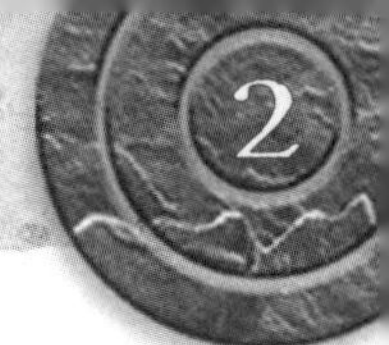

Fertigkeiten: Schwimmen (5): 10, Segeln (3): 10, Wissen (Schiffskunde) (4): 10, Wissen (Flüsse und Gewässer) (2): 8, Waffenloser Kampf (3): 10, Taktik (4): 11

Karma: Kann Karma für Proben auf einem Schiff ausgeben.

TIKALA'SHA, T'SKRANG (NENSORA), WISSENSTRÄGERIN UND BIBLIOTHEKARIN DER KATHAA

Tikala'sha, die Weise T'skrang, ist die Bibliothekarin und Wissensträgerin der Nensora. Sie lebt auf der Schildkröte Kathaa und hütet die Schriften, Bücher und Geschichten aller Nialls des Galanga. Sie ist für eine T'skrang sehr alt. Ihr Titel Weise oder Bibliothekarin wird von Generation zu Generation weitergegeben. Daher wird oft von ihr gesprochen, ohne tatsächlich sie direkt zu meinen. Sie trägt eine gewöhnliche Robe aus gefüttertem Tuch, gehalten in dunklen Tönen, angelehnt an das Dunkle des Dschungels und das dunkle Wasser des Galanga. Sie ist sehr hager und ihre Fingerknöchel sind deutlich zu erkennen, wobei sie nicht kränklich wirkt. Körperlich ist sie sogar recht fit, wenn sie auch eher schwächer und ungeschickt wirkt. Ihr Alter, ihr Wissen und ihre Erfahrung als Geschichtenerzählerin spiegeln sich in ihrem freundlichen Gesicht wieder. Ihr charismatisches Auftreten fesselt die meisten Zuhörer von der ersten Minute.

Darstellung: erfahren, altersbedingt langsam, ehrlich, humorvoll
Motivation: Weitergabe von Wissen. Leute mit Geschichten erfreuen.
Ressourcen: Wissensträgerin und Bibliothekarin. Älteste Geschichtenerzählerin.

GES:	4	Initiative:	4
STR:	4	Körperliche Verteidigung:	6
ZÄH:	5	Mystische Verteidigung:	11
WAH:	8	Soziale Verteidigung:	9
WIL:	7	Physische Rüstung:	3
CHA:	6	Mystische Rüstung:	3

Bewusstlosigkeit:	20	Erholungsproben:	2
Todesschwelle:	25	Niederschlag:	4
Wundschwelle:	7		
Bewegung:	12		

Ausrüstung: Kleidung aus gefüttertem Tuch

Fertigkeiten: Fremdsprache (6): 14, Forschen (6): 14, Erster Eindruck (4): 10, Navigation (4): 12, Stimmen imitieren (3): 9, Herzliches Lachen (3): 9, Wortgeplänkel (4): 10, Kunsthandwerk (Geschichtenerzählen) (6): 12, Feilschen (4): 10

Wissensproben: Tikala'sha hat ein breites und fundiertes Wissen über die Jahre angesammelt und darf Wissensproben mit WAH+3 ablegen. Bei spezifischem Wissen rund um den Galanga, die Legenden, die Nialls oder den Dschungel darf ein zusätzlicher Bonus von +2 bis +6, je nach Entscheidung des Spielleiters, gegeben werden.

MALA'LONI, T'SKRANG (NENSORA), ZIEHTOCHTER VON TIKALA'SHA UND BIBLIOTHEKARIN DER KATHAA

Mala'loni ist noch keine zwanzig Jahre alt und eine Art Ziehtochter der Tikala'sha. Sie ist bei der Weisen T'skrang in der Ausbildung und hat gerade angefangen sich in das Wissen des Galanga einzulesen. Sie soll eines Tages die Aufgabe der Bibliothekarin übernehmen. Ab und an begleitet sie Tikala'sha auf ihren Reisen. Ihre Schuppen haben eine dunkelblaue Färbung, die ohne Lichteinfall eher ins Bräunliche geht. Sie trägt in der Regel eine Hose, die bis über die Knie reicht. Neben einer passenden Bluse trägt sie einen einem Poncho ähnlichen Überwurf, der künstlerisch mit Runen und Symbolen der T'skrang bestickt ist.

Darstellung: zurückhaltend, schüchtern, wissbegierig, nett, beobachtend
Motivation: Will das Wissen der Bibliothek aufsaugen. Möchte die neue Weise T'skrang werden.
Ressourcen: Schriften und Bücher der Bibliothek. Ziehtochter von Tikala'sha.

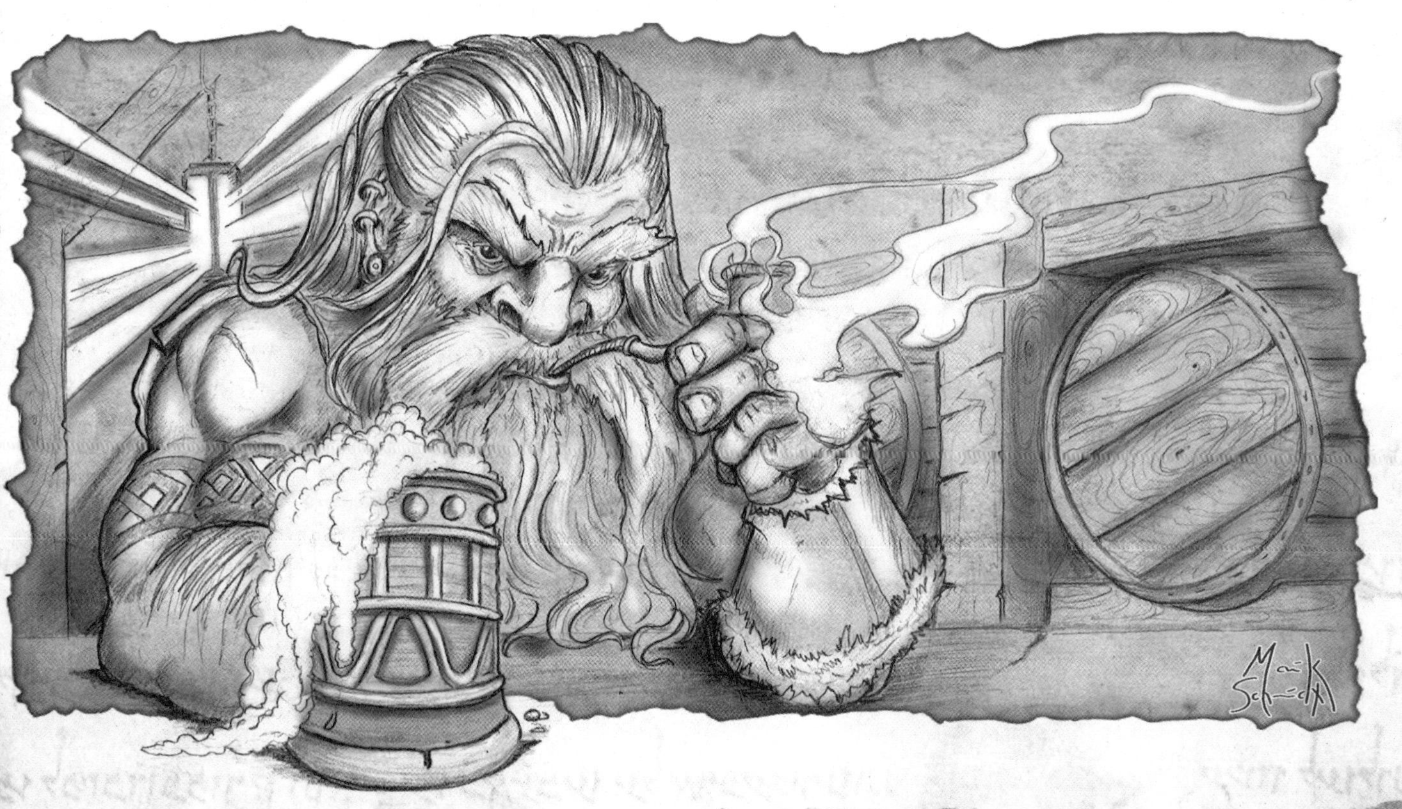

Fertigkeiten: Fremdsprachen (3): 9, Forschen (3): 9, Kunsthandwerk (Geschichtenerzählen) (3): 9, Kochen (3):9, Kunsthandwerk (Runen Sticken) (4): 10

TODUR STEINBRECHER, ZWERG, WAFFENSCHMIED (4)

Todur stammt aus Throal und hat dort viele Jahre in der throalischen Marine gedient, sowohl zu Wasser als auch in der Luft. Schiffe jeder Art sind seine Leidenschaft. Nach dem Tod seiner Frau und mehr als zehn Jahre nach seinem ehrenvollen Abschied vom Militär hat er beschlossen, den Rest seiner Zeit auf dem Wasser zu verbringen. In den vergangenen Jahren hat er auf Schiffen überall auf der Schlange als Waffenschmied gedient und sogar eine Reise quer über das Arasmeer mitgemacht. Er ist zwar auch nach zwergischen Maßstäben ein alter Mann (viel Haupthaar ist nicht mehr übrig), aber zäh und willensstark ist er dennoch. Vor zwei Jahren wurde sein Schiff auf dem Servos von einem Kommando der Maha'krodha überfallen und er als Sklave verschleppt. Seiner Ansicht nach wurde der Angriff gezielt durchgeführt, um Fachleute für die Fertigstellung der Tri'starr in die Hände zu bekommen. Seitdem hielt man ihn in Rahasyanava gefangen und zwang ihn zur Arbeit an den Schiffen.

Er kann aber nicht nur Auskünfte zu den Ereignissen vor Ort geben, sondern hat Zan'dakaar kennengelernt, als dieser als Elementarist in der throalischen Marine gearbeitet hat. Zan'dakaar galt als brillanter, aber schwieriger Charakter, der den meisten seiner Kollegen eher mit Verachtung begegnete. Sein damaliges Spezialgebiet waren Antriebe und vor allem Waffen, und er gehörte zu einer besonderen Forschungseinheit. Todurs Kontakt zu Zan'dakaar war nur lose (dieser hat ihn als Sklave nicht einmal erkannt), aber soweit er mitbekommen hat, ist Zan'dakaar damals im Streit um ein neuartiges elementares Antriebssystem für Schiffe gegangen. Und seitdem hat er, bis zu seiner Gefangennahme, nie wieder etwas von ihm gehört.

Todur benötigt aufgrund seiner Verletzungen im Sklavenaufstand gegen die Maha'krodha zwar eine längere Erholungszeit, könnte aber im weiteren Kampf gegen diese eine wertvolle Hilfe darstellen.

Darstellung: konservativ, dankbar, kooperativ, unsicher
Motivation: Rache für seine Versklavung und Abarbeiten der Schuld für seine Rettung
Ressourcen: Fachwissen über das Kriegsschiff und Arbeit als Adept (Waffenschmied).

GES:	6	Initiative:	6
STR:	6	Körperliche Verteidigung:	9
ZÄH:	6	Mystische Verteidigung:	10
WAH:	7	Soziale Verteidigung:	9
WIL:	7	Physische Rüstung:	0
CHA:	7	Mystische Rüstung:	3
Bewusstlosigkeit:	48	Erholungsproben:	3
Todesschwelle:	58	Niederschlag:	6
Wundschwelle:	9	Karmapunkte:	16
Bewegung:	10		

Ausrüstung: keine

Talente: Handwerk (4): 10, Artefaktgeschichte (4): 11, Eiserner Wille (5) 12, Fadenweben [Fadenschmieden] (4): 11, Nahkampfwaffen (5): 12, Waffe Schmieden (5) 11, Konversation (4): 11, Fluch Unterdrücken (4): 11, Standhaftigkeit (4): 10, Feuerblut (4): 10, Fremdsprachen (3): 10, Hieb Ausweichen (4): 10, Schildschlag (4): 10

Fertigkeiten: Feilschen (3): 10, Waffenloser Kampf (4): 10, Nachtreten (4): 10, Forschen (2): 9, Zweiter Angriff (3): 9, Schlachtruf (3): 10, Kunsthandwerk (Runen Gravieren) (4): 11, Wissen (Schiffsbau) (5): 12, Wissen (Mechanik) (3): 10, Wissen (Feuerkanonen) (3): 10, Wissen (Militär Throal) (2): 9

Karma: Kann Karma für Erholungsproben und für jede Probe nutzen, um etwas herzustellen.

DIE WÄCHTER DES GALANGA

MESSALAH, T'SKRANG (NENSORA), ELEMENTARISTIN (5), WÄCHTERIN DER ERDE (SHIVOS)

Messalah ist neben der Lahala Nensora die älteste T'skrang im Niall Nensora. Geistig ist sie dank ihrer Verbindung zu den Elementen und den Geistern immer noch so fit wie manch jüngerer T'skrang. Speziell an ihren Augen ist ihr Alter abzulesen, ebenso an ihrer leicht gebückten Haltung. Sie hat grünliche Haut, auf die in der Regel gelber Schlamm des Galanga aufgetragen ist, in den die Zeichen für das Element Erde eingeritzt sind. Durch Messalahs Elementarmagie bleibt der Schlamm auf ihrer Haut den ganzen Tag feucht und geschmeidig und wird erst gegen Abend von ihr entfernt. Ihr einfacher Kamm ist mit Ringen aus verschiedenen Steinarten geschmückt. Ihre Kleidung ist eher praktisch als erhaben zu bezeichnen und ist verziert mit allen möglichen Dingen der Natur wie Federn, Knochen, Farn und bunten Blüten. Sie berät das Niall in allen Belangen, die spirituelle oder magische Erfahrung erfordern. Sie trägt einen der magischen Gegenstände Shivoams stets bei sich. In einem kleinen Beutel an ihrem Gürtel befindet sich ein sehr alter Krug aus Ton von Flussschlamm. Der Krug hat magische Fähigkeiten, die durch ein Ritual freigesetzt werden können. Der Krug ist ein Strukturgegenstand des Lungameers und Messalah hat mit ihm die Fähigkeit, den Verlauf der Inseln im Lungameer sowie die Zufahrten zur Grünen See zu verändern.

Messalah ist die wichtigste Beraterin der Lahala Nensora. Sie befindet sich die meiste Zeit des Jahres am Grünen See. Messalah hat einen Faden an die Kurmapati Bhuvana gewoben und hält sich oft auf deren überwucherten Panzer auf. Sie bezeichnet sich selber als Wächterin des Erdaspektes (Shivos) des Flussgeistes Shivoam.

Darstellung: konservativ, organisiert, zurückhaltend, kooperativ, ruhig
Motivation: Die alten Wege erhalten (Glaube an die fünf Elemente). Niall Nensora beschützen.
Ressourcen: Artefakt von Shivoam (Aspekt Erde). Ritual der Inselbewegung. Kurmapati Bhuvana.

GES:	5	Initiative:	5
STR:	4	Körperliche Verteidigung:	7
ZÄH:	5	Mystische Verteidigung:	11
WAH:	7	Soziale Verteidigung:	10
WIL:	7	Physische Rüstung:	5
CHA:	6	Mystische Rüstung:	4
Bewusstlosigkeit:	39	Erholungsproben:	2

Todesschwelle:	49	Niederschlag:	4
Wundschwelle:	8	Karmapunkte:	20
Bewegung:	12		

Aktionen: 1; Erdstab 5 (8)

Ausrüstung: Fellrüstung, Beutel mit magischen Scherben, Knochen und Federn am Körper (Erweiterter Matrixgegenstand (Erdstab))

Talente: Fadenweben (5): 12, Spruchzauberei (5): 12, Wildnisüberleben (5): 12, Navigation (5): 12, Struktur Verstehen (5): 12, Holzhaut, (4): 9, Astralsicht (4): 11, Hieb Ausweichen (4): 9, Geistersprache (3): 10, Tiere Bändigen (5): 11

Fertigkeiten: Fremdsprachen (4): 11, Abrichten (3): 9, Starrsinn (4); 10, Alchemie (3); 10, Arzt (2): 9, Kunsthandwerk (Tätowieren) (4): 10, Tierbeherrschung (2): 9, Wissen (Landwirtschaft) (2): 9, Wissen (Alchemie und Tränke) (2): 9, Wissen (Geschichte der Plage) (2): 9, Wissen (Wilde Tiere) (2): 9

Sie wirkt bevorzug Zauber mit Bezug zu dem Element Erde oder mit Einfluss auf die Geisterwelt (Elementargeister)

UDAN APA, T'SKRANG (DAIKARA), WÄCHTER DES WASSERS (SHIVOAM), ELEMENTARIST (4)

Udan Apa ist ein ausgebildeter Kapitän und fähig auch größere Flussschiffe zu steuern. Er hat eine dunkle, grünblaue Schuppenfärbung und einige tiefe Narben im Gesicht und an den Armen, die von Kämpfen mit Piraten auf den Booten des Galanga stammen. Meistens ist er nur mit einer Seemannshose bekleidet. Udan bezeichnet sich selbst als Wächter der Schlange. Er reibt seine Haut mit dem gelben Schlamm des Galanga ein und malt dann Zeichen für das Element Wasser in den Schlamm auf seiner Haut. Er ist viel an den Ufern des Galanga unterwegs, bleibt aber meist in der Nähe der Türme von Nad'karanji. Er steht dem Niall bei spirituellen Fragen zur Seite und arbeitet gerne als Matrose. Udan Apa übernimmt die Übergangsrituale beim Tod eines T'skrang des Nialls Daikara, bei dem die Asche des Verstorbenen mit dem Sand des Galanga vermischt und Shivoam übergeben wird.

Über die Jahrzehnte wurde von den Wächtern des Wassers von Wächter zu Wächter eine magische Kette weitergereicht. In diesem Fall handelt es sich um eine Perlenkette aus geschlossenen Hornmuscheln, die man um seinen Fußknöchel trägt. Die magische Fähigkeit der Kette ermöglicht Udan für kurze Zeit über Wasser zu laufen und dort, wo er seinen Fuß in den Fluss hält oder auf ihm läuft, beruhigen sich der Fluss und seine Strömung. Eine äußerst praktische Fähigkeit, wenn Angler, Boote oder Schwimmer die Zähne der Schlange unterschätzen.

Darstellung: neugierig, organisiert, gesellig, mitfühlend, ruhig.
Motivation: Die alten Wege erhalten (Glaube an die fünf Elemente). Niall Daikara beschützen.
Ressourcen: Großes Vertrauen im Niall Daikara. Kenntnisse über die fünf Elemente.

GES:	7	Initiative:	7
STR:	7	Körperliche Verteidigung:	10
ZÄH:	6	Mystische Verteidigung:	8
WAH:	5	Soziale Verteidigung:	7
WIL:	5	Physische Rüstung:	2
CHA:	5	Mystische Rüstung:	2
Bewusstlosigkeit:	42	Erholungsproben:	2
Todesschwelle:	52	Niederschlag:	7
Wundschwelle:	10	Karmapunkte:	16
Bewegung:	12		

Aktionen: 1; Entermesser 12 (12)

Ausrüstung: Gesteppte Tuchrüstung, Netz, Entermesser (Schadensstufe 12), magische Kette

Talente: Elementaristische Talente mit Rang 4, optionale Talente mit Rang 3.

Fertigkeiten: Nahkampfwaffen (5): 12, Hieb Ausweichen (3): 10, Boot Steuern (6): 13, Standhaftigkeit (3): 10, Navigation (3): 8, Klettern (3): 10, Aufmerksamkeit (3): 8, Schwimmen (5): 12, Kunsthandwerk (Sandzeichnen) (4): 9

VATA Z'KORE (NENTILOR), T'SKRANG K'STULAAMI, WÄCHTER DER LUFT (SYRTIS)

Der lebensfrohe T'skrang hat eine hellgrüne Schuppenpracht mit blauen Sprenkeln. Er fällt besonders durch seine lockere, einer Tunika ähnlichen Kleidung auf. Er läuft barfuß und seine Bekleidung ist am Oberkörper und an den Beinen seitlich aufgeschlitzt für seine dünnen Flughäute zwischen seinen Armen und Beinen. Seit einigen Jahren ist Vata der Wächter der Luft bei den Nentilor. Trotz seiner besonderen Erscheinung ist er im Niall hoch angesehen und wird stets um Rat gefragt, oder man sucht das Gespräch mit dem stets gut gelaunten Wächter, wenn man Trost und Aufmunterung sucht. Er schläft in einem kleinen Baumhaus am Flussufer der Nentilor Gemeinschaft. Er folgt nicht dem Weg eines Adepten, ist aber ausgebildet als Medizinmann und Kräuterkundiger.

Sein magischer Gegenstand von Shivoam ist ein großer, runder Halsreif, den er stets trägt. Der Reif ist aus einer Art Lavagestein und trotz der Größe sehr leicht. Es streicht stets ein leichter Windhauch über ihn und wenn es sehr leise um einen herum ist, ist es möglich, ein leichtes Rauschen von Wind zuhören. Vata ist mit Hilfe der Magie hinter dem Artefakt in der Lage, es einem Namensgeber oder einer Kreatur zu ermöglichen, unter Wasser oder in großer Höhe zu atmen (bzw. selbiges zu erleichtern, wenn das Ziel bereits über diese Fähigkeit verfügt). Während er die Magie des Reifs freisetzt, führt er diesen über den Kopf des Gegenübers und wieder zurück und erschafft ihm so eine für einige Zeit bleibende Blase Sauerstoff.

Darstellung: neugierig, chaotisch, gesellig, mitfühlend, belebend
Motivation: Die alten Wege erhalten (Glaube an die fünf Elemente). Shivoam dienen. Frieden stiften.
Ressourcen: Kann durch die Luft gleiten, Heiler und Kräuterkundiger

GES:	8	Initiative:	8
STR:	5	Körperliche Verteidigung:	11
ZÄH:	5	Mystische Verteidigung:	9
WAH:	6	Soziale Verteidigung:	8
WIL:	5	Physische Rüstung:	3
CHA:	6	Mystische Rüstung:	2
Bewusstlosigkeit:	24	Erholungsproben:	2
Todesschwelle:	29	Niederschlag:	5
Wundschwelle:	8		
Bewegung:	12 (gleitend 16)		

Aktionen: 1; Speer 12 (11)

Ausrüstung: Gesteppte Stoffrüstung, Speer (Schadensstufe 11), magischer Halsreif

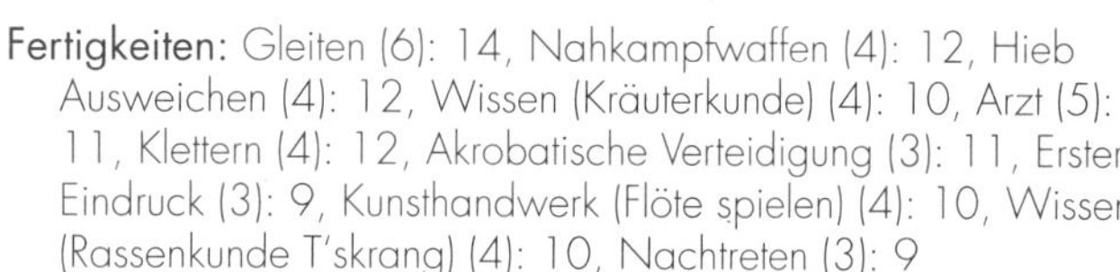

Fertigkeiten: Gleiten (6): 14, Nahkampfwaffen (4): 12, Hieb Ausweichen (4): 12, Wissen (Kräuterkunde) (4): 10, Arzt (5): 11, Klettern (4): 12, Akrobatische Verteidigung (3): 11, Erster Eindruck (3): 9, Kunsthandwerk (Flöte spielen) (4): 10, Wissen (Rassenkunde T'skrang) (4): 10, Nachtreten (3): 9

Gleiten

Stufe: Rang+GES	**Aktion:** Einfach
Überanstrengung: 0	**Fertigkeit:** Nein

Die Rassenfähigkeit Gleiten erlaubt geflügelten T'skrang mittels ihrer K'stulaa oder Flügel durch die Luft zu gleiten. Um diese Fertigkeit einzusetzen, muss ein K'stulaami aus ausreichender Höhe abspringen können. Pro 10 Ellen Höhe kann ein K'stulaami 20 Ellen weit gleiten. Zum Gleiten macht der Charakter eine Probe auf Gleiten gegen einen Mindestwurf von 5, den der Spielleiter nach Gutdünken aufgrund widriger Umstände erschweren kann (starker Wind, kein Wind usw.). Gelingt die Probe, kann der Charakter Probenergebnis x 10 in Ellen weit gleiten, vorausgesetzt die Absprunghöhe reicht aus. Misslingt die Probe, fällt der Charakter zu Boden, weil er den Wind nicht mit seinen Flügeln einfangen kann.

Die Fertigkeit Gleiten senkt auch Fallschaden. Wenn ein K'stulaami-Charakter fällt, kann er seine Gleitenstufe von der Schadensstufe abziehen, die für die Fallschadenprobe verwendet wird.

Kämpfer der Maha'krodha

Siehe Seite 182 „Die Mitspieler – Niall Maha'krodha.

Persönlichkeiten der Maha'krodha

ZAN'DAKAAR, T'SKRANG (MAHA'KRODHA), ELEMENTARIST (7)

Siehe Seite 180f „Die Mitspieler – Niall Maha'krodha.

TSIRILL NAK NAT, T'SKRANG (MAHA'KRODHA), SCHAMANE (7)

Siehe Seite 181 „Die Mitspieler – Niall Maha'krodha.

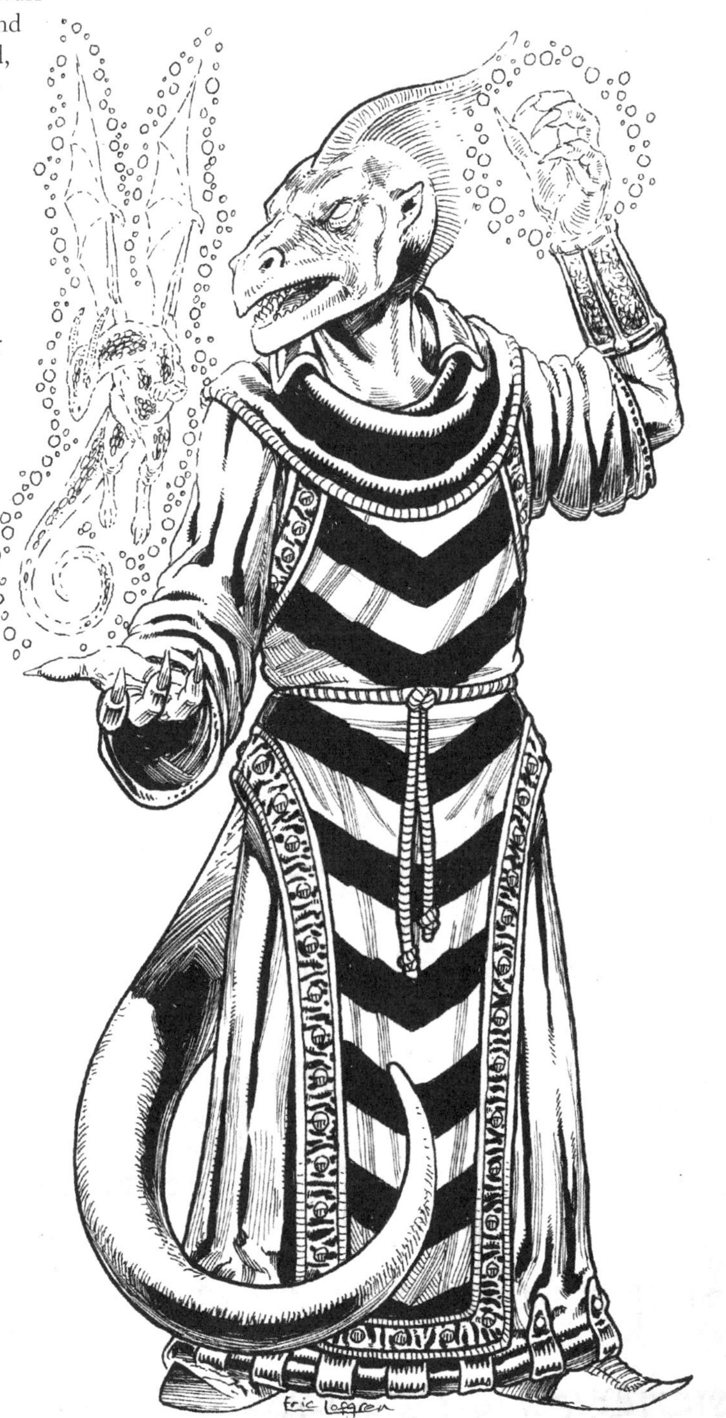

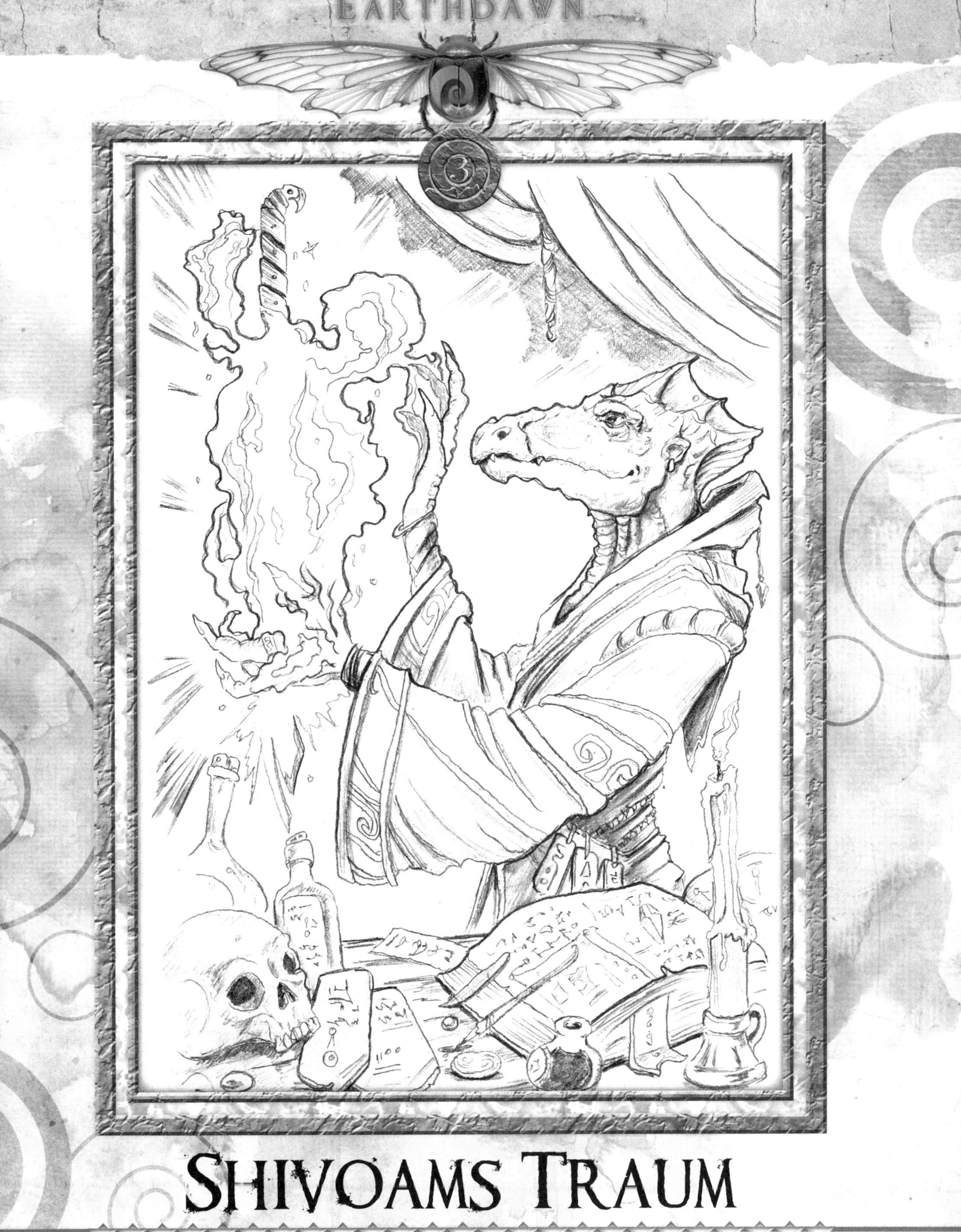

SHIVOAMS TRAUM

„Im Verlauf der Zeit und eines Abenteuers kann viel passieren. Und die Schicksalsgunst könnte mehrfach hin und her pendeln. Aber im Grunde ist es nur wichtig, dass eine Geschichte endet, um von ihr erzählen zu können. Das Wie und Wann sind doch nur Details, die stets im Auge des Betrachters liegen."

– Merrox, Bibliothek zu Throal

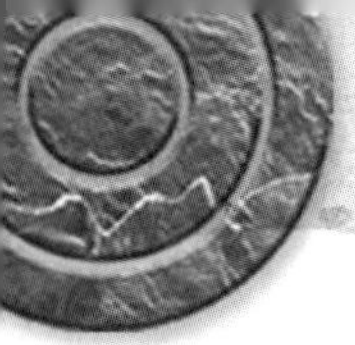

Abenteuer am Galanga – „Was bisher geschah“

In *Galanga, der Tanz beginnt* reisten die Charaktere an einen Nebenlauf des Servos, den Galanga. Genauer gesagt: an dessen Oberlauf, einen eher abgelegenen und ruhigen Teil des Schlangenflusses. Am bis zu den Greifenfällen schiffbaren Oberlauf des Galanga gibt es vier kleinere Nialls: Daikara, Nensora, Nentilor und Maha'krodha. Jedes dieser Nialls beherrscht einen Abschnitt des Flusses. Doch den Maha'krodha war dies nicht genug, und so hatten sie im Geheimen ein neuartiges Kriegsschiff konstruiert, um entlang des Galanga ein Niall nach dem anderen anzugreifen und so die führenden T'skrang am Galanga zu werden. Die Charaktere wurden zu Beginn des Abenteuers in die Geschehnisse verwickelt, als die Maha'krodha mit Kaperfahrten begannen, die Fähigkeiten ihres neuen Kriegsschiffs zu testen.

Auf der Flucht reisten die Charaktere zu den Nialls Nentilor und Nensora, konnten die T'skrang zwar warnen, aber ihre Flucht vor den Maha'krodha ging weiter, auch wenn diese ihren Angriff nicht vollenden konnten. Im Anschluss begaben sich die Charaktere nach Nad'karanji, der Flussfeste der Daikara. Die Daikara waren vorbereitet, aber ein Attentat auf die Lahala sorgte für eine verheerende Niederlage der Daikara.

Die Nialls konnten sich nicht auf ein gemeinsames Vorgehen einigen und verfolgten alle unterschiedliche Strategien. Nad'karanji wurde von den Maha'krodha eingenommen und die Lahala gefangen gesetzt, aber man konnte zumindest einen kleinen Sieg erringen und das feindliche Kriegsschiff in einer Nacht- und Nebelaktion vernichten. In einem folgenden Kriegsrat konnten die Charaktere einen losen Bund zwischen den Nialls bilden. Alle Parteien waren sich einig, dass Nad'karanji der Schlüssel zur Befreiung des Galanga war und zurückerobert werden musste. Gemeinsam schmiedeten sie einen Plan. Die Lahala Daikara konnte befreit werden und die drei Nialls eroberten Nad'karanji gemeinsam zurück. Die geschlagenen Maha'krodha flohen unter großen Verlusten zurück den Galanga hinauf. Der Kampf um den Galanga war gewonnen.

Der zweite Teil stand im Zeichen des großen Spiels, Atlosh t'zdram, denn es ging um die politischen Geschicke, die auf den gewonnen Kampf folgten.

Die Schlachten war geschlagen, die Maha'krodha besiegt, und es galt nun, am Galanga wieder zur Normalität zurück zu kehren. Die Nialls hatten schwere Verluste und Beschädigungen hinnehmen müssen und betrauerten die Toten. Im Anschluss an die finale Schlacht und die Flucht der Angreifer stand es den Charakteren zu, dem Verbleib der übrigen Maha'krodha nachzugehen. Sie fanden nur verlassene Dörfer und eine verlassene Werft. Allerdings häuften sich Hinweise auf weitere Maha'krodha Kämpfer, die mit einem angeblichen zweiten Schiff geflüchtet seien. Dessen Bau wurde aber nicht vollendet, von dem Schiff fehlt jede Spur. Durch einen Überlebenden an der Werft erfahren die Charaktere außerdem zum ersten Mal von Zan'dakaar als Strippenzieher hinter dem Bau des Schiffes und einem möglichen Bündnis zu den K'tenshin.

Bis die Charaktere zurückkehrten, konnten sich die Nialls einigermaßen neu ordnen. Die T'skrang der verschiedenen Nialls mit ihren verschiedenen Ansichten und Vorstellungen diskutierten im Nachgang, ob die Nialls nicht auch in Zukunft zusammenstehen sollten, verbunden durch ein Bündnis am Galanga. Auch die immer noch existierende Gefahr durch Zan'dakaar und die Maha'krodha sprach für ein solches Bündnis.

Die T'skrang am Galanga sind sehr traditionell und spirituell eingestellt. Neben den Passionen sind für sie nach wie vor die alten Flusslieder und die Verehrung des Flussgeistes Shivoam durch die bereits bekannten Wächter des Galanga sehr wichtig. Und so kam es, dass in der ganzen Diskussion diese Gemeinsamkeit den Angelpunkt der politischen Diskussion bildete. Eine alte Legende am Galanga könnte helfen, den Flussgeist Shivoam direkt um einen Rat zu bitten, und seine Worte sollten über ein Bündnis am Galanga entscheiden.

Die Charaktere wurden auserkoren, diese Kontaktaufnahme und die Suche nach der Legende aufzunehmen. Die Suche der Charaktere führte sie zuerst zur schwimmenden Bibliothek der Nensora, um dort Seiten um Seiten von Legenden und Texten über den Galanga zu sichten. Die Informationen, die sie entdeckten, brachten sie auf eine Art Schatzsuche nach magischen Ritualen um Shivoam, verknüpft mit einer alten Legende der T'skrang. Auf dieser Suche entdeckten sie fünf legendäre Ort als Anbetungsstätte Shivoams. Je ein Aspekt, je ein Element an jedem Ort, brachte je ein Puzzleteil für das gesuchte Ritual. Sie suchten die Ewige Flamme auf, eine Grabstätte der Wächter vor der Plage, das Plateau der Winde, ein Wohnort einer Gemeinschaft der T'skrang vor der Plage, eine vergessene Unterwasserkuppel einer T'skrang Familie, welche nicht den Schutz der großen Niallgemeinschaft aufsuchte, die alte Jademine, die

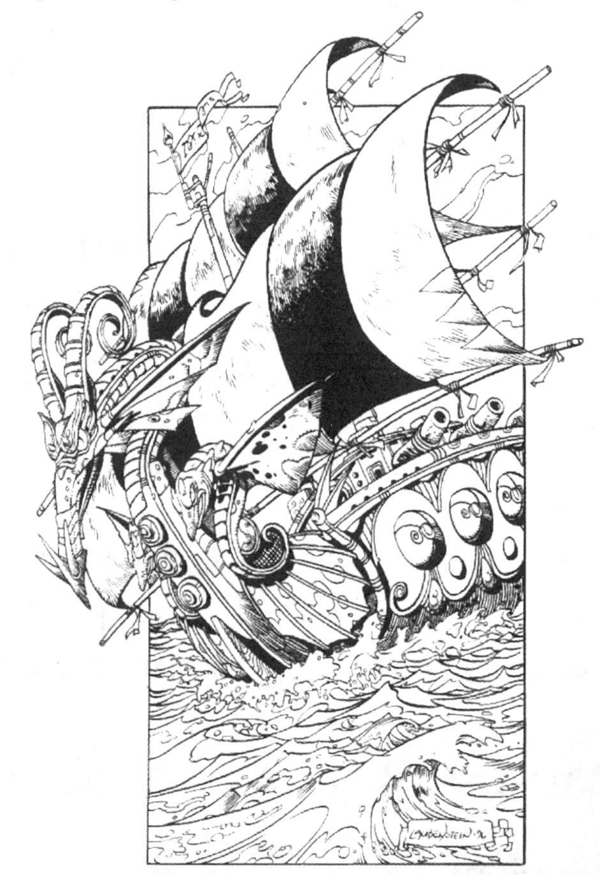

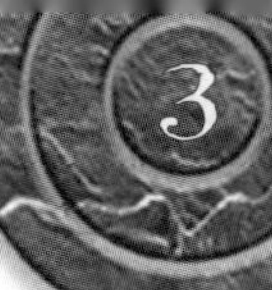

wieder von Bedeutung werden kann, und den Baum des Lebens, der auch in Zukunft nochmals wichtig wird. An jedem dieser Ort erhielten sie Informationen, konnten eine Verbindung zu Shivoam immer weiter vertiefen und erhielten von ihr Visionen, die weitere Fragen mit sich brachten.

Am Ende ihrer Reise, mit all den besiegten Gefahren, gefundenen Ritualen und Informationen, konnten sie das Ritual abschließen und den Flussgeist kontaktieren. Sie erhielten eine letzte Vision und stehen nun an dem Ort des Geschehens, an dem ihr Abenteuer weiter geht.

Der Kampf um den Flussgeist – Wie es weitergeht

Während die ersten Fragen zur Vision entstehen, überschlagen sich die Ereignisse an der Sandburg. Die Reisegruppe wird von unbekannten T'skrang angegriffen, die sich von einem unsichtbaren Schiff auf die Sandbank schwingen. Während des Kampfes erhalten die Charaktere eine weitere Vision, in der sie zum ersten Mal direkt Zan'dakaar erkennen und merken, dass sie eine gewisse Verbindung zu ihm haben. Eine folgende Ohnmacht sorgt dafür, dass die Charaktere gefangen genommen werden.

Sie finden heraus, dass es sich um die Henghyoke handelt. Die Henghyoke schleppen die Charaktere auf ihrem Schiff mit und bringen sie zu einem ihrer Unterschlupfe. Dort können sie mit Zarissa von den Henghyoke und mit Surtass von den V'strimon kommunizieren, die als potentielle Verbündete später nochmal wichtig werden könnten.

Die Reise führt zum versteckten Haus Henghyoke. Allerdings gibt es Probleme und die Gesellschaft strandet in der Elementarebene des Wassers und muss sich dort erst befreien und einen Angriff von Wassergeistern abwehren, bevor sie die Reise beenden können.

Bei den Henghyoke angekommen, können die Charaktere im Folgenden einiges über das mysteriöse Aropagoi und ihr teilweise brutales Piratendasein erfahren. Ein aufgezwungener Bluteid wird dies verdeutlichen. Die Charaktere können das Dorf kennenlernen und haben die Möglichkeit mit der Lahala zu kommunizieren. Der wichtigste Teil ihres Besuches wird allerdings darin bestehen, zum einen ihre Verbindung zu Zan'dakaar über die Visionen zu verstärken und ebenfalls das Vertrauen der Henghyoke und somit einen Verbündeten zu gewinnen. Sie werden drei Prüfungen bestehen müssen, um dies zu bewerkstelligen. Sie werden mit dem Eid, über die Henghyoke zu schweigen, das Aropagoi wieder verlassen.

Sie können die Nialls Daikara und Nensora aufsuchen. Dabei werden sie über die Macht und den Einfluss von Zan'dakaar auf den Galanga erfahren. Auch die vollständige Vernichtung eines K'tenshin Schiffes deutet auf die dunklen Machenschaften des T'skrang hin. Die Charaktere können die Vorkommnisse untersuchen, sie haben die Möglichkeit, eine Gruppenstruktur zu schmieden und alte Gefährten und Freunde unter den Nialls aufzusuchen. Nun tritt ein Unterhändler der Maha'krodha auf, der damit beweist, dass die Maha'krodha alles andere als besiegt sind.

Unabhängig von den Verhandlungen und Vorbereitungen oder Aktionen gegen die Maha'krodha und vor allem gegen Zan'dakaar und seinen Plan die Macht der Flussdrachin zu unterwerfen, können sich die Charaktere auf verschiedene Wege für die finale Schlacht vorbereiten. Ein Weg führt sie zurück in die Elementarebene, um das gesehene Kriegsschiff zu bergen. Auf einem anderen Weg entdecken sie einen verletzten Greif, dessen Vertrauen sie gewinnen können. Eine weitere Vision wird ihnen die Geschichte von Vanah, der verschollenen Wächterin des Holzes, offenlegen, die sie daraufhin befreien können. Sie wird einen wichtigen Teil in dem großen Puzzle um Zan'dakaars Vorgehen beisteuern können.

Alle diese Ereignisse geben den Charakteren die Möglichkeit, sich auf eine Begegnung mit Zan'dakaar vorzubereiten. Dieser erfolgt in der finalen Schlacht an den Greifenfällen. Sie wird durch all die gewonnenen Verbündeten leichter zu bewältigen sein. So wird es den Charakteren auch gelingen, Zan'dakaars Plan, die Wächter des Galanga zu opfern, um damit Shivoams Kräfte erlangen zu können, zu verhindern.

Haus Henghyoke

„Henghyoke? Das ist kein Aropagoi, das sind Eierdiebe, Mörder, Plünderer! Mit ehrlichen Piraten haben die nicht das Geringste gemein. Das sind einfach nur blutrünstige Bestien!"

– Hintal Silberkamm, Bootsmann auf dem Schlangenfluss

„Meine liebe Nachfolgerin! Mögen Shivoam und die Passionen immer mit dir sein. Wenn du diese Zeilen liest, hast du eine ehrenhafte Aufgabe übernommen, die ich viele Jahre lang mit jeder Faser meines Herzens versucht habe auszufüllen: Du, meine Teure, bist die neue Shivalahala! Ich hoffe sehr, alles ist gemäß den Überlieferungen unseres Volkes geschehen und du verfügst über meine Erinnerungen. Denn unsere Vorgängerin opferte ihre gesamte Lebensenergie für den magischen Schutz unserer Siedlung, um uns wenigstens einen letzten Dienst zu erweisen.

Jedoch legte sie damit nicht nur einen Schleier über diesen Ort, sondern auch über sich selbst. Viele ihrer Erinnerungen liegen hinter einem dichten Nebel verborgen und ich kann sie nur bruchstückhaft wahrnehmen.

Und so ist vieles verloren gegangen, das nicht hätte verloren gehen dürfen. Dieser Brief ist daher nur für deine Augen bestimmt und soll verhindern, dass sich so etwas wiederholt.

Shivoam, der Drachengeist des Schlangenflusses, wurde von unserem Volk seit jeher besonders verehrt. Schon vor der Plage war sie seit vielen Generationen nicht mehr leibhaftig gesehen worden, eher Mythos als Wirklichkeit. Dennoch hielten vor allem in den abgelegenen Regionen der Schlange noch immer T'skrang an den alten Bräuchen fest. Die Verehrung Shivoams geschah aber von Niall zu Niall un-

terschiedlich, es gab keine festen Strukturen oder besondere Schreine wie für die Passionen. Man erzählte die alten Geschichten und die T'skrangs wanderten auf dem Pilgerpfad entlang des Bannsees nach Syrtis – wie heute auch. Unter den Schamanen, welche die Mythen und überlieferten Traditionen unseres Volkes in besonderen Ehren hielten, gab es manche, die von Shivoam gesandte Visionen empfingen. Im Vergleich zu den Questoren der Passionen spielten sie gleichwohl eine untergeordnete Rolle. Als die Plage näher rückte, versetzte sich Shivoam endgültig in einen tiefen (Schutz-)Schlaf im Astralraum. Zuvor jedoch rief sie ihre treuesten Anhänger dazu auf, sich an einem bestimmten Ort zu versammeln. Leider folgten nur wenige ihrem Ruf, die meisten glaubten einfach nicht an eine Botschaft des Flussgeistes.

Es waren unsere Vorfahren, Shivoams Schamanen und ihre wahren Gläubigen, die hier gemeinsam, und im Vertrauen auf ihre Hilfe, damit begannen ein Kaer zu errichten, welches die Plage überdauern würde. Wer hätte ahnen können, was aus diesem Beginn voller Hoffnung und Zuversicht werden sollte! Schon bald erschienen die ersten Dämonen in Barsaive. Einer von ihnen – wir kennen ihn unter dem Namen Nagrash – erlangte einen mit Shivoam verbundenen minderen magischen Gegenstand und gewann so Macht über sie. Unsere Vorfahren versuchten den Dämon zu bekämpfen, mussten jedoch ohnmächtig zusehen, wie Shivoam von ihm gequält wurde. Schließlich gingen sie in ihrer Verzweiflung einen Pakt mit Nagrash ein: Der Dämon versprach, Shivoam keinen weiteren Schaden zuzufügen und ihre Ruhe nicht zu stören. Dafür sicherten sie ihm freie Auswahl unter ihren Nachkommen zu. Der Pakt sollte bis zum Erwachen Shivoams gelten und wurde mit dem Blut Aller besiegelt. Unsere Vorfahren schworen sich, niemals jemandem von diesem Pakt zu berichten und lieferten schweren Herzens fürderhin ihre Eier dem Dämon aus.

Die Plage ging vorüber, Shivoam jedoch schlief weiter. All unsere Rufe zu ihr verhallten ungehört. Und damit besteht der Pakt weiter, und wir, die Nachfahren der Schamanen des Flussgeistes, wären weiterhin gezwungen, uns an den einst mit Blut besiegelten Schwur zu halten. Als die damalige Shivalahala dies erkannte, nahm sie sich lieber das Leben, als so handeln zu müssen.

Aber was sollten wir tun? Schließlich hatte ihre Nachfolgerin eine brillante und zugleich schreckliche Idee: Wir würden uns an den Buchstaben des Paktes halten und dem Dämon trotzdem seinen Triumph nicht gönnen: Um nicht gemäß der Abmachung unsere Nachkommen an den Dämon ausliefern zu müssen, entschlossen wir uns, keine eigenen Nachkommen mehr zu haben. Stattdessen begannen wir Eier von anderen T'skrang zu rauben. Auf diese Weise sichern wir nunmehr seit Jahrzehnten den Fortbestand unseres Aropagoi. Wir erschufen aus Scham über unsere Taten, und um nicht in Versuchung zu geraten, von unserer Schande zu berichten, unsere Amulette. Alle anderen T'skrang hassen und fürchten uns seitdem. Man nennt uns nach unseren Ottern „Henghyoke", unsere Verbindung zu Shivoam dagegen ist vergessen. War es das wert?

Auch wenn ich unsere Siedlung seit Langem nicht mehr verlassen habe, so ist mir nicht verborgen geblieben, dass die Überfälle zunehmend brutaler werden. Andere T'skrang werden unnötigerweise getötet oder verletzt, Schiffe gnadenlos geplündert und versenkt. Wir machen uns immer weniger die Mühe, unsere Lebensmittel selber anzubauen, sondern stehlen sie lieber. Unsere Zahl aber wächst stetig weiter. Ebenso wie die Verzweiflung in unseren Herzen – und ich befürchte, dass dies mit Nagrash zusammenhängt."

– Shivalahala Henghyoke an ihre Nachfolgerin

Der Dämon Nagrash gelangte vor der Plage in den Besitz von einem der „Talismane der Wächter" (siehe S. 72f). Es handelte sich um den Talisman des Holzes, was den Vorfahren der Henghyoke allerdings nicht bekannt war. Mit seiner Hilfe übte er Macht über Shivoam aus und erpresste deren Anhänger. So kam es zum schrecklichen Pakt zwischen ihm und den damaligen Anhängern des Flussgeistes. Allerdings verlor der Dämon den Talisman später wieder und heute befindet er sich in den Händen Zan'dakaars. Shivoam jedoch erwachte nach der Plage nicht, sondern ruht immer noch. Nagrash kann ohne den Talisman dem Flussgeist nicht weiter schaden, aber dies wissen die Henghyoke nicht. Daher bekommen sie keine eigenen Kinder mehr, sondern rauben die Eier anderer T'skrang, während sie auf das baldige Erwachen Shivoams hoffen. Der Dämon labt sich in der Zwischenzeit an der zunehmenden Verzweiflung der Henghyoke – und an dem Hass und der Scham, die ihre Taten verursachen!

Das Haus Henghyoke

Die verborgene Siedlung der Henghyoke befindet sich tief im Servosdschungel. In einem Umkreis von mehreren Tagesreisen leben keine anderen Namensgeber. An diesem Ort treffen drei nur für kleinere Boote schiffbare Flussläufe aufeinander und münden in einen See. Rundherum befindet sich auf den ersten Blick nur dichter Dschungel, große Bäume ragen weit über die Ufer hinaus und tauchen den See selbst zur Mittagsstunde weitgehend in ein grünlich schimmerndes Licht. Erst auf den zweiten Blick fällt auf, dass der Himmel über der Mitte des Sees leicht zu flirren scheint. Dieser Effekt tritt auch am Boden oder über dem Wasser auf, sobald man sich ungefähr 2000 Schritte weit von der Wohnkuppel im Zentrum des Sees entfernt. Ab hier vermag jeder Namensgeber nur noch wenige Schritte weit zu schauen, danach wird alles unscharf. Etwa so, als ob man eine gigantische abgeflachte Glasschale über die Gegend gestülpt hätte, die ein wenig eingetrübt ist.

Wer innerhalb der Siedlung in den Astralraum blickt oder als Magier bzw. Illusionist eine Probe auf Halbmagie ablegt, kann erkennen (MW 16), dass ein machtvoller Zauber über dem Ort liegt. Ein weiterer Erfolg enthüllt, dass es sich um Illusionsmagie handelt. Sie scheint aber eher nach außen zu wirken, aus dem Innern ist die verschwommene Sicht nur ein Nebeneffekt. Weitere Erfolge zeigen, dass die Magie äußerst komplex ist, neben der Sicht auch andere Sinne anspricht und zudem subtil Einfluss auf den Geist des Betrachters nimmt.

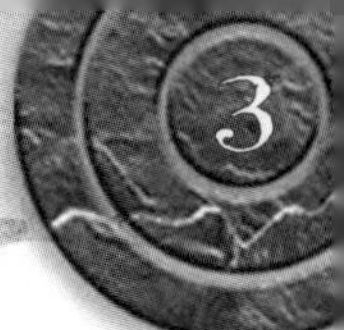

In der Mitte des Sees befindet sich eine große T'skrang -Wohnkuppel aus dunkelgrünem Stein, in welcher die Henghyoke wie in einem Kaer magisch geschützt die Plage überstanden haben. Sie ragt ungefähr acht Schritte aus dem in der Mitte mit ca. 60 Schritte überraschend tiefen Wasser. Drei kleinere, dunkelblaue Kuppeln deutlich jüngeren Datums (eine wird offenbar gerade erst fertiggestellt) sind unmittelbar an die erste Kuppel angebaut worden. Die Oberflächen der Kuppeln erscheinen wie glatt poliert, darunter sind wellenförmige Muster zu erkennen. Ganz so, als ob der Fluss hier zu festem Gestein geworden wäre. Die meisten Eingänge zu den Kuppeln liegen, wie bei T'skrang üblich, unter der Wasseroberfläche.

Auf einer Seite des Sees befinden sich eine Anlegestelle und eine kleine Werft, dort liegen meistens ein bis zwei Schiffe vor Anker. Insgesamt verfügen die Henghyoke über sechs mittelgroße, wendige Schiffe mit guter Bewaffnung. Gebaut wurden sie für Kaperfahrten und sind daher für den Handel oder den Transport großer Warenmengen eher ungeeignet. Was man am gegenüberliegenden Ufer auf den ersten Blick für den Beginn hügeligen Landes halten könnte, entpuppt sich recht schnell als die von vielen schmalen Wasserläufen umgebenen Bauten der als „Henghyoke" bekannten großen Otter. Dort liegen ihre Wohnstuben und die jüngeren Otter tollen unter Baumwurzeln und im Wasser umher. Der Dschungel an den anderen Ufern innerhalb der magisch geschützten Zone ist nicht natürlich gewachsen, sondern wurde sorgfältig angelegt. Die meisten Bäume tragen unterschiedliche Früchte, auf künstlich höher gelegten Bereichen werden Maniok und weitere essbare Wurzeln angebaut.

Dennoch liefert all dies nur den Grundstock der benötigten Nahrungsmittel. Die Flächen sind viel zu klein, um die knapp 500 Mitglieder des Hauses dauerhaft zu ernähren. Da die Henghyoke keinen Handel treiben, dienen ihre regelmäßigen Raubzüge auch zur Beschaffung von Lebensmitteln.

Geführt wird das Haus, wie bei den T'skrang üblich, von einer Shivalahala. Ihr zur Seite steht der Rat der Flusshüter, welche früher die Visionen Shivoams empfingen und den Willen des Flussgeistes gemeinsam mit der Shivalahala auslegten und verkündeten. Der Einfluss der Flusshüter ist nach wie vor beträchtlich und sie nehmen zugleich die Stelle der Questoren der Passionen ein. Zwar wird den Kapitänen der Schiffe auch bei den Henghyoke besonderer Respekt gezollt, die Reiter der henghyokianischen Otter stehen jedoch im Ansehen noch über ihnen.

Die Magie der Henghyoke

Die Henghyoke unterscheiden sich zunächst einmal nicht wesentlich von anderen Namensgebern Barsaives. Allerdings befinden sich unter den T'skrang des Aropagois erheblich mehr Adepten, als man normalerweise erwarten sollte. Bis zu zwanzig Prozent der Bevölkerung verfügen über solche außergewöhnlichen Fähigkeiten. Dies hängt offenbar mit den Eierdiebstählen zusammen, bei denen es immer wieder gelingt, gerade die „richtigen" Eier auszuwählen. Eine wirkliche Erklärung dafür haben die Henghyoke nicht, sie deuten es als eine Gunst des Flussgeistes. Besonders geschätzt werden die kämpferischen Disziplinen, daneben der Weg des Elementaristen als spirituelle Führer zu Shivoam. Hochangesehen sind auch Schamanen und natürlich die Illusionisten, welche die Siedlung verborgen halten. Jedes Kind aber träumt davon, einmal ein Henghyoke-Reiter zu werden. Wegen ihrer Otter nennt man das Aropagoi so, und seine Mitglieder tragen diesen Namen mittlerweile voller Stolz.

Was die Henghyoke einzigartig macht, ist ihre Verbindung zu Shivoam. Der Drachengeist verkörpert in den Schöpfungsmythen der T'skrang den Schlangenfluss. Shivoam als Elementargeist zu bezeichnen, wird ihr allerdings nur bedingt gerecht. Man kann sie nicht beschwören und unter normalen Umständen daher auch nicht zu Diensten zwingen. Der Geist an sich ist riesig, aber mehr eine Naturgewalt als ein einzelnes Wesen. Sie agiert nur selten bewusst, sondern ist vielmehr eine passive, ungelenkte, instinktiv handelnde Kraft – vor allem seit ihrem bereits viele Jahrhunderte andauernden Schlaf. Die Henghyoke verstehen sich wie ihre Vorfahren bis heute als die Wächter des Flussgeistes.

Manche von ihnen (nicht nur Adepten) verfügen durch diese Verbindung über Kräfte, wie man sie sonst von den Questoren der Passionen kennt. Ihre stehen allerdings immer in Verbindung mit dem Schlangenfluss und wirken auch nur auf ihm oder an seinen Ufern. Nach dem Ende der Plage ist die Macht dieser Kräfte geringer geworden, sie gleichen in der Regel denen, welche die Charaktere durch die Bindungsrituale erlangt haben (siehe S. 101). Jedes Schiff der Henghyoke ist zudem ein Fadengegenstand, zu dem eine ihrer Illusionisten einen hochrangigen Faden gewoben hat. Der Faden ermöglicht ihm, das ganze Schiff für mehrere Stunden am Tag hinter einer Illusion verschwinden zu lassen, so dass es unbemerkt über die Schlange und durch die Portale des Netzwerkes fahren kann (siehe S. 131f).

Der Illusionist eines Flussschiffs unterstützt dessen Raubzüge und sichert das Geheimnis der Henghyoke. Die Reise zwischen den Knotenpunkten benötigt zwingend eine Verbindung zu Shivoam und – neben umfangreichen Vorbereitungen – einen Teil Blutmagie um zu gelingen.

Der Tarnzauber des Hauses Henghyoke

Während der Plage beschlossen die Henghyoke, ihre Siedlung durch Illusionsmagie vor der übrigen Welt zu verbergen. Seitdem wurden nur noch Illusionistinnen zur Lahala erwählt, selbst wenn man dafür mit den Traditionen der T'skrang brechen musste, immer die Älteste zur nächsten Shivalahala zu wählen. Der benannte und an die Lebenskraft und Anwesenheit der jeweiligen Shivalahala gebundene Zauber (bei ihrem Tod wird er langsam schwächer und muss durch ein blutmagisches Ritual der nächsten Shivalahala erneuert werden) besteht aus unterschiedlichen Komponenten: Eine mächtige Illusion sorgt dafür, dass der unter der Kuppel liegende Bereich nicht wahrgenommen wird. Der Blick von intelligenten Wesen (Namensgebern, Tiere, Dämonen, Elementare, Geister usw.) oder deren Zauber gleiten darüber hinweg. Der Ort erscheint einfach als uninteressant. Nur die Otter der Henghyoke sind dagegen immun – warum, ist ihren Reitern nach wie vor ein Rätsel! Wer sich zu Fuß, über Wasser oder in der Luft dem Bereich bis auf einige hundert Schritte nähert, umgeht ihn unbewusst großräumig und vergisst dies sogleich wieder. Es scheint den Ort einfach nicht zu geben. Zudem ist die magische Struktur des Zaubers selber verborgen. Die Beeinflussung geschieht dabei sehr subtil. Wer aktiv danach sucht und versucht dem Effekt zu widerstehen, legt eine Probe mit MW 27 ab. Dies instinktiv zu bemerken, ist noch einmal deutlich schwieriger. Wer keines der Amulette der Henghyoke trägt, kann den von der magischen Kuppel überwölbten Bereich nicht verlassen oder hinausblicken. Der Effekt ähnelt dem Versuch, den Bereich von außen zu betreten – nur, dass jeder Namensgeber sich immer bereits einige Schritte weit zurück im Innern befindet, bis er es bemerkt. Um den Bereich aus eigenem Willen zu verlassen, können Namensgeber eine Probe mit MW 27 ablegen. Die Probe kann beliebig oft wiederholt werden. Allerdings steigt nach drei Versuchen der MW für jeden weiteren Versuch am selben Tag um +1, da der Charakter zunehmend daran zweifelt, den Zauber überwinden zu können.

Die Amulette der Henghyoke

Die Amulette wurden als Schutz für die Henghyoke erschaffen, denn sie hindern nicht nur die Träger daran zu sprechen, sondern ebenso daran, den Weg zu ihrer geheimen Siedlung preiszugeben. Wer es dennoch versucht, erleidet große Schmerzen, die ihn in den Wahnsinn treiben. Zugleich ermöglichen sie dem Tarnzauber der Siedlung zu widerstehen. Wer eines trägt, kann den Ort ganz normal betreten und verlassen. Und vor allem dort – und nur dort – ohne jegliche Einschränkungen sprechen. Alle erwachsenen Henghyoke erhalten eines der Amulette. Sie werden in einem komplexen blutmagischen Ritual an den Träger gebunden und können erst nach dem Tod des Trägers wieder entfernt werden. Die aus Platin gefertigten, eng um den Hals liegenden Ketten, sind so gestaltet, dass sie die Form eines unmöglich langgestreckten Flussotters haben, der seinen eigenen Schwanz verschluckt und lässt sich nur abnehmen, indem man ein Metallschmied es durchtrennt – was den schmerzhaften Tod des Trägers zur Folge hat. Die Henghyoke haben einen besonderen Gedenkraum in ihrer zentralen Kuppel eingerichtet, in dem die Amulette aller verstorbenen Träger aufbewahrt werden. Neben den beschriebenen Auswirkungen ermöglichen die Amulette den Trägern untereinander eine grundlegende Form von Telepathie, die jedoch gewöhnlich nur eine Reichweite von wenigen Schritten hat.

Bei physischem Kontakt mit dem Schlangenfluss und unter Zuhilfenahme von Blutmagie können die Henghyoke auch deutlich größere Distanzen überwinden. Dies ist eine Form von Ritualmagie. Die Amulette werden ausschließlich vor Ort in der Siedlung der Henghyoke angelegt und somit aktiviert. Allerdings ist es grundsätzlich möglich, ihre Magie zeitweise aufzuheben, der MW dafür beträgt 20. Für den Träger kann dies gefährlich werden und seinen Geist angreifen.

Das Netzwerk

Eines der Rätsel, das die Henghyoke umgibt, ist ihre Fähigkeit, an allen Stellen des Schlangenflusses unerwartet aufzutauchen.

Durch Zufall entdeckten die Henghyoke bei ihren ersten Entdeckungsfahrten nach der Plage einige besondere Stellen entlang des Schlangenflusses. Diese offenbar willkürlich verteilten Plätze sind durch eine Art magisches Netzwerk miteinander verbunden. Durch ihre starke Verbindung zum Flussgeist haben die Henghyoke erlernt, von einem der Punkte zum nächsten zu reisen. Damit können sie ihre Reisezeit stark verkürzen. Und nach wie vor entdecken sie hin und wieder weitere dieser magischen Knotenpunkte.

Wenn ein Schiff einen der Knotenpunkte passiert, verlässt es die physische Welt und tritt in die elementare Ebene des Wassers ein. In der elementaren Welt des Wassers verhalten sich Zeit und Raum anders als in der physischen Welt. Ein Schiff, dass dort eine geringe Strecke zurücklegt und dann wieder in die physische Welt zurückkehrt, kann dort eine weite Strecke zurückgelegt, dafür aber eine deutlich größere Zeitspanne benötigt haben.

Zwischen den Knotenpunkten herrscht in der elementaren Ebene des Wassers eine starke Strömung, so dass ein Schiff in der anderen Ebene von einem Knotenpunkt zum nächsten getrieben wird. Die Reisen durch die Knotenpunkte sind aus diesem Grund immer nur in einer vorgegebenen Richtung möglich.

Um eine Reise durch das Netzwerk durchzuführen, muss ein Schiff zuerst durch einen der Knotenpunkte hindurch steuern. Dazu ist es notwendig, dass das Schiff sich zum großen Teil unter Wasser befindet, um den Knotenpunkt zu passieren. Die Henghyoke haben ihre Schiffe entsprechend umgebaut. Da die Ebene des Wassers zum großen Teil mit Wasser gefüllt ist, muss die Besatzung in dieser Zeit das Atemproblem lösen. Die meisten Reisen dauern weniger als 30 Minuten. Die T'skrang der

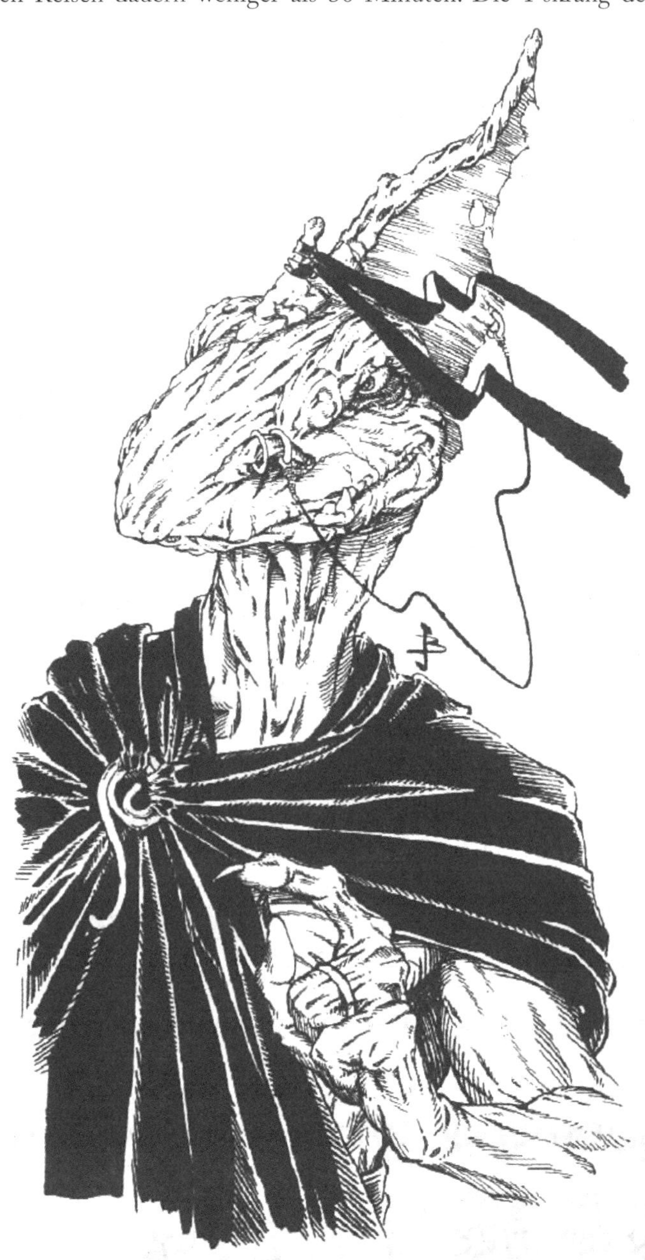

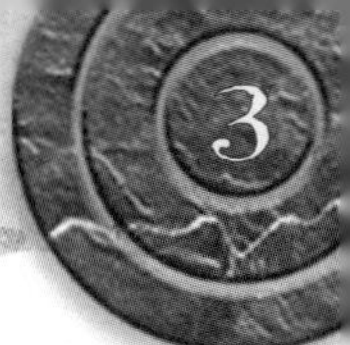

Henghyoke verfügen über die natürliche Fähigkeit der T'skrang, eine lange Zeit unter Wasser zu verbringen, und besitzen einige magische Gegenstände, die das Atmen unter Wasser vereinfachen. Zusätzlich dazu verfügt jedes Schiff über zwei Räume, die luftdicht abgeschlossen sind und durch Schleusen betreten werden können.

Die Sandburg

„Ich habe oft Landratten in die Schlange fallen sehen. Nicht jeder ist geeignet, mit ihr zu tanzen. Aber manchmal lädt die Schlange auch jene am Ufer zum Tanz ein. Wenn die Wellen über die Ufer brechen und die Leute von den Beinen heben, das ist schon ein Anblick, auch wenns nicht oft vorkommt!"

– Torgart Planke, Kapitän eines zwergischen Handelsschiffes

„Die Situation war für uns Beobachter mehr als seltsam. Nach der ganzen harten Arbeit und der Suche haben wir sie gefunden, die Sandburg. Als Teil unserer Legenden sollte sie uns die Antwort auf so viele Fragen bringen. Das Ritual scheint funktioniert zu haben, denn die Retter des Galanga und die Wächter hatten eine Vision. Die Flutwelle erwischte uns mehr als überrascht und wo sie herkam musste später geklärt werden. Erst mussten wir wieder auf die Beine kommen und das sandige Wasser ausspucken. T'skrang kamen aus dem Nichts und griffen uns an. Aber erst als die Sandburg plötzlich zusammenbrach und die Leute um mich herum in Ohnmacht vielen wusste ich, dass hier etwas ganz und gar nicht stimmte."

– Aus dem Bericht von Erntar
über die Geschehnisse an der Sandburg

Was bisher geschah

Die Charaktere haben am Ende von *Das große Spiel* das Ritual der Sandburg durchgeführt und eine Vision von Shivoam erhalten. *Shivoams Traum* schließt direkt an dieses Ereignis an: Die Charaktere befinden sich immer noch am Ufer des Galanga, in Sichtweite der Sandburg.

Überblick

Die Charaktere haben eine Vision von Shivoam erhalten. Aber offensichtlich stimmt etwas nicht. Die Vision enthält verstörende Elemente, die auf jemanden hinweisen, der Shivoams Schlaf stört und Probleme bereitet. Kurz darauf tritt der Fluss über die Ufer und überflutet die Gegend, in der sich die Charaktere befinden. Ein Schiff der Henghyoke taucht durch eine fehlgeschlagene Reise durch einen Knotenpunkt (siehe S. 126) wie aus dem Nichts auf. Die Sandburg stürzt ein und eine Vision wird ausgelöst, in der man Zan'dakaar (siehe Seite 180) dabei beobachten kann, wie er den Flussgeist nutzt, um ein Schiff zu beschleunigen. Zarissa, eine Illusionistin der Henghyoke (siehe S. 179) erkennt in den Charakteren die Verbindung zu Shivoam. Sie besteht darauf, dass die Charaktere mit der Shivalahala Henghyoke sprechen und setzt gegen den Willen der Kapitänin Jarla (siehe S. 179) durch, dass die Charaktere mit den Henghyoke zu einem ihrer Unterschlüpfe reisen sollen.

Atmosphäre

Die zum Teil düstere und insgesamt schwierig deutbare Vision von Shivoam gibt den Charakteren Rätsel auf. Es ist unklar, woher die Vision von Zan'dakaar kommt und was sie bedeuten soll. Die als extrem gefährlich bekannten Henghyoke bedrohen die Charaktere und es ist unklar, ob die Gruppe ihnen trauen sollte.

Schlüsselinformationen

Durch das magische Treiben von Zan'dakaar gerät der Galanga ins Ungleichgewicht. Überschwemmungen sind die Folge, die alle am Ufer lebenden Namensgeber bedrohen können. Shivoam wird vom Haus Henghyoke verehrt. Weil Zarissa in den Charakteren eine Verbindung zu Shivoam erkennt, werden die Charaktere verschont.

Allgemein Informationen zum Haus Henghyoke

Wenn die Charaktere nicht bereits in früheren Abenteuern Kontakt mit den berüchtigten Piraten hatten, dürfte ihnen nur wenig über die Henghyoke bekannt sein. In den ersten beiden Teilen der Kampagne „Tanz mit der Schlange" kam dieses Niall nur am Rande vor. Jeder, der den Schlangenfluss bereist, hat aber schon einmal von den berüchtigten Piraten gehört.

Der Wissensstand der Henghyoke

Die Henghyoke haben den Ereignissen am Galanga in der Vergangenheit nur wenig Aufmerksamkeit geschenkt. Wer welchen Abschnitt des Flusses kontrolliert, war für sie nur von geringem Interesse, ebenso wenig die Angriffe der Maha'krodha.

Die Auswirkungen der Forschungen Zan'dakaars, um die Kräfte des Flussgeistes nutzen zu können, und die Versuche der Charaktere eine Bindung zu Shivoam zu schaffen, sind den Henghyoke aufgrund ihrer besonderen Verbindung zu Shivoam allerdings nicht lange verborgen geblieben. Doch wissen die Henghyoke in beiden Fällen noch nicht, wer hinter den Veranderungen steckt und es ist ihnen nicht bekannt, dass es sich um zwei verschiedene Gruppen, die Charaktere und Zan'dakaar, handelt.

Insbesondere die Shivalahala Henghyoke hat bemerkt, dass verschiedene Namensgeber eine Bindung zu Shivoam aufgebaut haben (falls die Charaktere das getan haben) und seine Macht nutzen. Sie möchte dringend mehr über dies Gruppen und ihre Ziele erfahren.

INFORMATIONEN ÜBER DIE HENGHYOKE

Eine Probe auf Wahrnehmung (8) oder geeignete Wissensfertigkeiten liefert folgende Informationen: Die Henghyoke haben keine bekannten Verbündeten und überfallen Flussboote und Siedlungen überall auf der Schlange und ihren Nebenarmen. Man trifft die T'skrang dieses Hauses eher auf den Unterläufen an, was einige Namensgeber zu Spekulationen veranlasst hat, dass sie ihre Basis im Servosdschungel haben müssten, aber niemand weiß, ob das stimmt. Die Henghyoke rauben die Eier anderer T'skrang und sind deshalb unter diesen besonders verhasst.

Ein Zusatzerfolg: Versuche, mehr herauszufinden, werden durch die Tatsache verkompliziert, dass alle Henghyoke-T'skrang stumm sind und noch nicht einmal aufschreien, wenn sie verletzt werden. Dieser Zustand scheint mit dem Platinhalsband zu tun zu haben, das jedes Mitglied des Hauses trägt. Versuche, das Halsband zu entfernen, führen dazu, dass der Träger in Katatonie oder Berserkerwut verfällt und kurz darauf stirbt.

Die Henghyoke kennen weder Zan'dakaars Aufenthaltsort noch seine Absichten. Seine Versuche, die Kräfte des Flussgeistes für seine Zwecke zu nutzen, haben nun zum ersten Mal dazu geführt, dass ein Schiff der Henghyoke bei einer Reise durchs Netzwerk an einer Stelle ohne Knotenpunkt zurück in die physische Welt geschleudert wurde. Da sich die Charaktere genau an dieser Stelle befinden, verdächtigen die Henghyoke zunächst sie, dafür verantwortlich zu sein.

DAS SCHIFF DER HENGHYOKE

Die Wasser des Galanga treten schlagartig über die Ufer und überfluten alles um die Sandburg herum. Jeder Charakter, der keine Niederschlags-Probe (MW 9) besteht, wird von den Beinen gerissen und mehrere Schritt weit weggespült. Genau so plötzlich, wie die Flut gekommen ist, fließt das Wasser wieder ab und der Fluss beruhigt sich. Aus der ganzen Umgebung steigt Nebel auf, der die Sicht stark beeinträchtigt. Die Sandburg ist ebenfalls überspült worden, steht aber noch.

Der Galanga vor der Sandburg ist ungefähr 30 Schritte breit und in der Mitte befindet sich eine vier bis sechs Schritte breite Sandbank. Flussauf- und abwärts säumt dichter Dschungel das Ufer. Ein lautes Knirschen ist aus Richtung der Sandbank zu hören. Es bildet sich eine tiefe Furche, die von einem verborgenen Schiffsrumpf in die Sandbank gedrückt wird.

Danach sind keine weiteren Geräusche mehr zu hören, und nichts deutet darauf hin, wovon der Lärm erzeugt wurde.

Das Schiff der Henghyoke, die „Rache", ist durch einen Illusionszauber des 4. Kreises vor den Blicken der Außenwelt verborgen. Der Durchschauen-Mindestwurf für diesen Kreis beträgt normalerweise 19. Das Gebilde der Illusion ist aber durch den Zusammenstoß mit der Sandbank, die entstandenen Geräusche und die Furche im Sand unglaubwürdiger geworden. Der mentale Zwang durch die Illusion hat sich so weit verringert, dass jeder Charakter, der die Illusion anzweifelt oder mit ihr interagiert, einen Bonus von +5 Stufen erhält, um die Illusion zu durchschauen.

Falls ein Charakter eine erfolgreiche Durchschauen-Probe ablegt, zerreißt vor seinen Augen die Illusion, die das Schiff verborgen hat. Er erkennt ein Flussschiff der Henghyoke, das auf der Sandbank gestrandet ist. Jeder Charakter, der eine Illusion als solche erkannt hat, kann anderen dabei helfen, ihre Wirkung zu überwinden. Dies gewährt einen weiteren Bonus von +5 Stufen auf die Durchschauen-Proben der anderen Charaktere.

Eine fehlgeschlagene Reise hat dafür gesorgt, dass eine kleine Kampftruppe der Henghyoke genau an der Stelle gelandet ist, an der die Charaktere das Ritual der Sandburg durchgeführt haben. Der über die Ufer getretene Galanga spült beim Zurückfließen des Wassers das Schiff der Henghyoke auf eine Sandbank in der Nähe der Charaktere.

DIE BESATZUNG DER „RACHE"

Die Führung über die Truppe der Henghyoke liegt in den Händen der jungen Illusionistin Zarissa. Ihr wurden aber zugleich Kapitänin Jarla Silberklinge mit ihrem Schiff zur Seite gestellt. Neben der normalen 24 T'skrang zählenden Besatzung der „Rache" (Schützen, Schwertmeister, Krieger und zwei Kundschafter) und den beiden darauf stationierten Elementaristen, unterstehen Zarissa noch sechs Tiermeister mit ihren Flussottern.

KAMPF MIT DEN HENGHYOKE

Die Henghyoke gehen davon aus, dass die Illusion über der „Rache" sie vor den Augen der Anwesenden verbirgt und warten kurze Zeit ab, wie die Charaktere reagieren. Wenn sich die Charaktere dem Schiff nähern oder offensichtlich wird, dass die Illusion nicht mehr wirkt, greifen sie an, da sie annehmen müssen, dass die Charaktere für den Unfall verantwortlich sind.

Wenn sich die Charaktere überhaupt nicht mit dem Schiff beschäftigen, befiehlt Jarla Silberklinge allen Mannschaftsmitgliedern, sich für den Kampf bereit zu machen und die Charaktere gefangen zu nehmen, um herauszufinden, was passiert ist.

Die Besatzung ist mit Entermessern, Speeren und Bögen bewaffnet. Sie verhält sich völlig ruhig. Niemand spricht ein Wort, eine fast unwirkliche Stille liegt über dem Ort. Jeder Namensgeber, der eine gewisse Zeit am Schlangenfluss verbracht hat, wird die Gegner sofort als die gefürchteten Henghyoke erkennen.

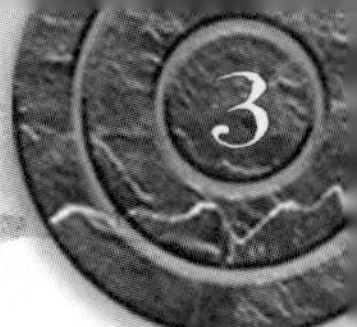

Nach einem Moment des Zögerns (und einer kurzen magischen Kommunikation zwischen Zarissa und Jarla Silberklinge) greifen die Henghyoke an. Sie versuchen, die Charaktere zu überwältigen, werden sie aber nur töten, wenn es nicht anders geht. Nach vier Runden erleben die Charaktere und Zarissa eine Vision von Zan'dakaar.

Die Vision von Zan'dakaar

Ein Geräusch wie von rauschendem Wasser geht von der Sandburg aus. Die Henghyoke unterbrechen den Kampf sofort. Jeder Charakter, der in diese Richtung sieht, erblickt wie ein Teil der Burg ganz langsam Stück für Stück einstürzt.

Nachdem die Charaktere das erste Mal eine Vision mit Zan'dakaar geteilt haben, gelten die Regeln für Visionen (siehe Seite 185).

Zarissa hat eine starke Bindung zu Shivoam, da sie für die Öffnung der Knotenpunkte zuständig ist und ist daher die einzige anwesende Henghyoke, die ebenfalls für die Visionen von Zan'dakaar anfällig ist.

Alle Charaktere, die durch das magische Binderitual mit dem Flussgeist verbunden sind und Zarissa, die ebenfalls mit dem Flussgeist verbunden ist, bekommen zum ersten Mal eine Verbindung mit Zan'dakaar, der gerade zu diesem Zeitpunkt damit beschäftigt ist, die Kräfte von Shivoam zu nutzen. Die Vision der Charaktere zeigt Zan'dakaars derzeitigen Aufenthaltsort.

„Ein bleicher T'skrang steht am Bug eines kleinen Flussschiffes. Mit triumphierendem Blick hebt er die Arme zum Wirken eines Zaubers. Zwischen seinen Händen zirkuliert Wasser, welches sich in einer Art Wasserhose aus dem Fluss erhebt. Hinter ihm stehen vier bewaffnete T'skrang. Das Schiff hebt sich leicht aus dem Wasser und wird immer schneller und schneller, was die T'skrang zu lautem Jubel veranlasst. Als die Vision langsam verblasst, ist auf den Planken hinter dem Zaubernden der Leichnam eines T'skrang in einer Rüstung des Niall Daikara zu sehen. Seine Hände sind gefesselt, man hat ihm die Kehle durchschnitten. Der bleiche T'skrang steht mit bloßen Füßen in einer großen Blutlache."

Ein Gespräch mit Zarissa

Nach dem Kampf repariert die Besatzung der „Rache" das Schiff. Die Otter-Reiter bewachen die Charaktere. Die Vertreter der Nialls und die Wächter sind nirgendwo zu sehen. Der Kundschafter Erntar ist der einzige, der ebenfalls gefangen genommen wurde. Seine Kleidung weist an mehreren Stellen große Blutflecken auf.

Spielleiterinformation

Die Vertreter der Nialls und die Wächter sind in den Dschungel geflohen, sobald die Charaktere nicht mehr kämpfen konnten. Nur Erntar ist bei den Charakteren geblieben. Die fliehenden T'skrang sind von den Henghyoke nicht verfolgt worden.

Zarissa und Jarla deuten mehrfach in Richtung der Charaktere und scheinen sich in einer Art mentalen Gesprächs zu unterhalten. Nach kurzer Zeit geht Zarissa auf die Charaktere zu und versucht mit ihnen mit Gesten zu kommunizieren. Sie hält einen gekrümmten Dolch in der rechten Hand.

Eng um den Hals trägt sie eine Platinkette in der Form eines unmöglich langgestreckten Flussotters, der seinen eigenen Schwanz verschluckt. Sie hebt in einer Geste des Friedens die Hände. Zwar kann Zarissa aufgrund des magischen Amuletts nicht sprechen, versteht aber Throalisch und ist durchaus in der Lage, per Zeichensprache oder – falls die Charaktere nicht von alleine auf diese Möglichkeit kommen – mit Hilfe von in den Sand geschriebenem Throalisch zu kommunizieren. Sie wird nicht von sich aus verraten, zu den Henghyoke zu gehören, leugnet es jedoch nicht, falls die Charaktere sie danach fragen.

Zarissa interessiert sich für folgende Themen:

- Die Verbindung der Charaktere zum Flussgeist
- Die Person aus der Vision (Zan'dakaar)
- Die Bedeutung der Sandburg
- Die Absichten der Charaktere

Über die Henghyoke, deren Geschichte oder Motive verrät sie zu diesem Zeitpunkt auch auf Nachfrage nichts.

Ein Treffen mit der Shivalahala Henghyoke

Spielleiterinformation

Zarissa erkennt, dass die Charaktere eine Verbindung zu Shivoam haben. Aus diesem Grund verhindert sie auf jeden Fall, dass die Charaktere getötet werden. Zarissa geht davon aus, dass Zan'dakaar zu einer Gefahr für die Henghyoke werden wird und dass die Verbindung der Charaktere zu Shivoam eine große Bedeutung hat. Sie möchte die Charaktere mit zu einem der verborgenen Unterschlüpfe der Henghyoke nehmen, sich mit ihrer Shivalahala beraten und mehr über die ganze Angelegenheit herausfinden. Auf keinen Fall will sie die Charaktere freilassen (oder gar töten), bevor sie nicht mehr herausgefunden hat.

Jarla ist dagegen, sich mit Fremden zu verbünden. Die ganze Lebensweise der Henghyoke basiert darauf, Kontakt mit Außenstehenden zu vermeiden und die Geheimnisse des Nialls um jeden Preis zu schützen.

Zarissa bietet den Charakteren an, gemeinsam mit Hilfe der Shivalahala Henghyoke zu ergründen, was mit dem Flussgeist passiert und mehr über Zan'dakaar herauszufinden. So oder so bleiben die Charaktere jedoch erst einmal Gefangene der Henghyoke und man nimmt sie mit, sobald das Schiff wieder fahren kann.

Erntar wird von den Henghyoke freigelassen und nicht auf das Schiff der Henghyoke gebracht.

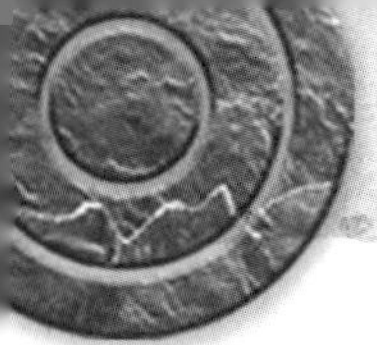

DER ÜBERFALL DER MAHA'KRODHA

ÜBERBLICK

Die Charaktere befinden sich auf dem Flussschiff der Henghyoke und können miterleben, wie der Illusionszauber das Schiff vor der Außenwelt verbirgt. Als die Henghyoke zufällig einen Überfall der Maha'krodha beobachten, können die Charaktere ihn gemeinsam mit den Henghyoke verhindern. Diese verfolgen aber weiter ihre eigenen Pläne und nutzen die Gelegenheit, um Eier aus der überfallenen Siedlung zu stehlen.

ATMOSPHÄRE

Bis auf Zarissa verhalten sich alle Besatzungsmitglieder misstrauisch bis offen feindlich gegenüber den Charakteren. Die Henghyoke nutzen den Überfall der Maha'krodha, um ihre eigenen Ziele zu erreichen und zeigen kein Mitgefühl für das überfallene Dorf.

SCHLÜSSELINFORMATION

Die Schiffe der Henghyoke sind für die Außenwelt verborgen. Selbst auf kurze Entfernung wirkt die Illusion perfekt. Die Schiffe der Henghyoke können auf irgendeine Art abtauchen und weite Strecken in kurzer Zeit zurücklegen, dazu wird vermutlich irgendein magisches Ritual benutzt.

RAUCH ÜBER DEM FLUSS

Die Mannschaft der „Rache" begegnet den Charakteren unverhohlen feindselig. Es wird nicht geduldet, dass sich die Charaktere frei bewegen. Gemeinsam mit Zarissa dürfen sich die Charaktere nur im hinteren Teil des Schiffes aufhalten. Die Charaktere haben so die Gelegenheit weitere Fragen an Zarissa zu richten. Falls sie nach dem Ziel der Reise fragen, teilt ihnen Zarissa mit, dass das Schiff zu einem verborgenen Unterschlupf der Henghyoke unterwegs ist, den man kurz vor Sonnenuntergang erreichen wird. Zu Beginn der Reise können magiebegabte Charaktere sehen, wie Zarissa einen Illusionszauber wirkt. Magier oder Illusionisten können mit Halbmagieproben (MW 9) eine Abwandlung des Illusionistenzaubers Unauffälligkeit erkennen (+1 Erfolg: Der Zauber wirkt auf das ganze Schiff und auf jeden, der sich an Board befindet.)

Das Flussschiff ist gut eine Stunde unterwegs, als Unruhe unter der Mannschaft aufkommt. Flussaufwärts ist Rauch über dem Dschungel zu sehen. Hinter der nächsten Flussbiegung hat ein Stoßtrupp der Maha'krodha eine T'skrang -Siedlung überfallen, dessen weitgehend wehrlose Einwohner gefangen genommen und gerade damit beginnen, alle Gebäude in Brand zu stecken.

Einigen Dorfbewohnern ist jedoch die Flucht gelungen. Eine junge T'skrang erreicht in dem Moment, als das Dorf für die Henghyoke in Sicht kommt, das Ufer auf Höhe des Schiffes und stürzt sich in den Fluss, verfolgt von einem Kämpfer der Maha'krodha (es handelt sich um einen leicht bewaffneten Kämpfer, Werte siehe S. 182). Keiner der beiden scheint das nur wenige Schritt entfernte Schiff der Henghyoke zu bemerken. Die Mannschaft der „Rache" verhält sich völlig still und beobachtet abwartend, was passiert. Es macht nicht den Anschein, als wollten sie in irgendeiner Form eingreifen.

DER ANGRIFF AUF DAS DORF

Je nachdem, wie das Gespräch mit Zarissa verlaufen ist, konnten die Charaktere die Illusionistin davon überzeugen, dass die Henghyoke mehr über die Maha'krodha herausfinden müssen. Sollten die Charaktere also darum bitten oder verlangen, gegen die Maha'krodha kämpfen zu dürfen, gibt Zarissa zwei Charakteren ihre Waffen zurück und erlaubt ihnen gegen die Maha'krodha vorzugehen. Sie warnt die gewählten Charaktere aber davor die Henghyoke anzugreifen oder eine Flucht zu versuchen. Als Pfand bleiben die übrigen Mitglieder der Gruppe in Gefangenschaft.

Sobald die Charaktere das Schiff verlassen, werden sie für die Außenwelt sichtbar. Zarissa und zwei Krieger der Henghyoke schließen sich den Charakteren an.

Die Maha'krodha haben mehrere kleine Trupps ausgesandt, um neue Sklaven gefangen zu nehmen. Anhand der Anzahl der Hütten kann man davon ausgehen, dass das flussaufwärts liegende Dorf von gut 70 T'skrang bewohnt wird. Am Ufer des kleinen Nebenflusses sind fünf flache, langestreckte Häuser auf Pfählen errichtet worden, die über Stege und Seile miteinander verbunden sind. Zwei große Kanus mit zwölf Mann Besatzung haben sich dem Dorf genähert, weitere Angreifer nähern sich von Land.

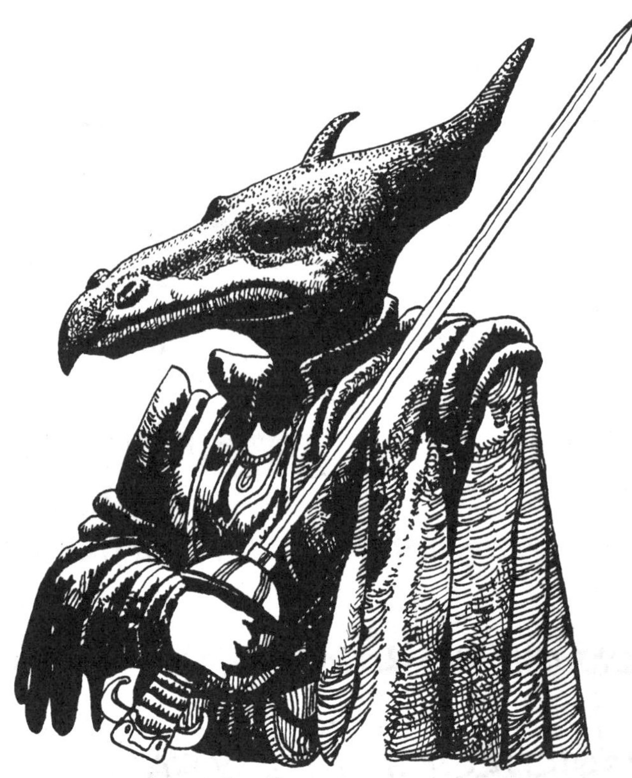

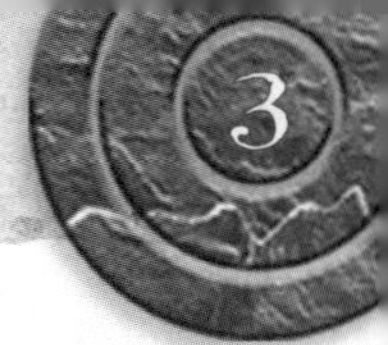

Die Maha'krodha mit ihrer Anführerin Szaltash (eine Kriegerin des 3. Kreises) brennen das Dorf systematisch nieder. Szaltash führt einen Trupp aus einem Tiermeister, der den Angriff von Land geführt hat, und noch acht mundanen Kämpfern (zu den jeweiligen Werten siehe Anhang, siehe S. 182).

Etwa ein Dutzend Dorfbewohner konnte fliehen, sieben wurden getötet. Der Rest wurde in eine Hütte gesperrt.

Falls die Charaktere ihn nicht einholen, legen die Maha'krodha einen Hinterhalt und versuchen ihre Gegner mit Distanzwaffen zu verwunden oder möglichst im Wasser zu kämpfen, wovon sie sich Vorteile versprechen. Sie zögern auch nicht die Gefangenen zu bedrohen.

Wenn die Maha'krodha zu fliehen versuchen, tauchen mehrere Besatzungsmitglieder der „Rache", wie aus dem Nichts auf und greifen die Kanus der Maha'krodha an. Der nur kurz andauernde Kampf endet mit einem Sieg der Henghyoke, die daraufhin die Kanus der Gegner ausplündern und nur zwei Maha'krodha für spätere Verhöre am Leben lassen.

Als sich die Henghyoke dem Dorf nähern, bricht unter den Dorfbewohnern Panik aus und jeder, der noch laufen kann, flieht in den Dschungel. Gegen Versuche, sie aufzuhalten, wehren sich die Dorfbewohner mit aller Kraft. Die Mannschaft der „Rache" begibt sich an Land und plündert das Dorf systematisch. Die Charaktere können beobachten, wie die Henghyoke nach den Eiern des Dorfes suchen und auch diese auf ihr Schiff bringen. Zarissa begibt sich zu den Charakteren und bittet sie, wieder an Bord zu kommen und gemeinsam die Gefangenen zu befragen.

Verhören die Charaktere überlebende Maha'krodha, wissen diese grundsätzlich über alles Bescheid, was in Teil 2 „Das große Spiel" über deren Handlungen in den letzten Wochen, beschrieben wurde. In Zan'dakaars Pläne sind sie allerdings nicht eingeweiht. Sie sollen sich in zwei Tagen an einer bestimmten Stelle oberhalb des Lungameers mit anderen Sklavenjägern treffen. Freiwillig geben sie diese Informationen allerdings nicht preis.

Der geheime Unterschlupf der Henghyoke

„Getarnte Schiffe tauchen überall auf und die Besatzungen klauen Eier und reiten auf Ottern. Ihr glaubt das nicht? Ihr glaubt, die Henghyoke sind nur ein Kinderschreck und mehr nicht? Wartet, bis sie euch erwischen, dann reden wir weiter."

– Quarzbart, V'strimon Bootsmann

„Es gibt eine Theorie zu den Henghyoke. Nun gut, es ist meine Theorie, und – OK – ich stehe damit ziemlich alleine da. Ich würde immer mit so dummen Theorien um die Ecke kommen. Wie sollte sowas gehen? Und außerdem wären sie ja ungebetene Gäste am Bankett des einen oder anderen Elementargeistes. So ein Unsinn kann nur von mir stammen und es sei kein Wunder das ich meine Initiation noch nicht abgeschlossen hab. Aber ich sag dir, sie können überall auftauchen, weil sie durchs Wasser reisen. Und ich mein nicht die Schlange, ich meine die Elementarebene. Sie wechseln einfach über und können an anderer Stelle in kürzester Zeit und weit entfernt erneut überwechseln. Scheiß auf meinen Lehrmeister, er hat einfach unrecht. Und jetzt gebt mir gefälligst noch ein Bier und einen throalischen Schnaps."

– Aus dem Gespräch von Dede, Elementarist in Ausbildung, mit dem Wirt über seine neueste Theorie

Überblick

Der Streit zwischen Zarissa und Jarla darüber, was mit den Charakteren geschehen soll, ist noch nicht beigelegt. Die Entscheidung muss von der Shivalahala Henghyoke getroffen werden. Jarla lehnt es aus Sicherheitsgründen ab, die Charaktere direkt zum Haus Henghyoke zu transportieren. Aus diesem Grund hat sie mit Zarissa vereinbart, dass die Charaktere zuerst zu einem Unterschlupf der Henghyoke gebracht werden und man dort auf die Entscheidung der Shivalahala wartet.

Atmosphäre

Die Charaktere warten auf die ungewisse Entscheidung der Shivalahala Henghyoke. Gleichzeitig haben sie die Gelegenheit, die Henghyoke näher kennenzulernen. Der Pilger Surtass bietet die Gelegenheit, über die Vision von Shivoam nachzudenken und eine Deutung zu versuchen.

Schlüsselinformation

Die gewählte Lebensweise der Henghyoke ist möglicherweise nicht freiwillig. Es gibt verschiedene Ansichten, wie die Vision von Shivoam zu deuten ist.

Die Reise zum Unterschlupf

Die Henghyoke nutzen für ihre Reisen auf dem Galanga ein Netzwerk (siehe S. 126) von Portalen, mit dem sie ihre Reisen durch die Elementarebene des Wassers (siehe S. 184) abkürzen. Dieses Geheimnis darf aus Sicht der Henghyoke auf keinen Fall an die Außenwelt dringen.

Die Charaktere werden aus diesem Grund in einen fensterlosen Raum im Schiffsinneren gebracht, der den Henghyoke als Trockenraum dient und auch während einer Reise durch die Elementarebenen mit Luft gefüllt bleibt. Da die Henghyoke üblicherweise keine Gefangen machen, ist eine Zelle auf ihrem Schiff nicht vorgesehen. Aufmerksame Charaktere (Wahrnehmung (8)) bemerken eine Luftschleuse, die aus zwei flüssigkeitsdichten Schotten besteht und diesen Raum vom Rest des Schiffes abtrennt. Im Raum finden sich 20 Fässer, die mit der Beute der letzten Raubzüge gefüllt sind. Während der Reise werden die Charaktere von zwei schweigsamen Matrosen der „Rache" bewacht, die jeden Versuch der Kontaktaufnahme stoisch ignorieren.

Kurz bevor ein Schiff der Henghyoke ein Portal passiert, senkt sich das Schiff deutlich tiefer ins Wasser, bis nur noch wenige Schritt des Schiffes aus dem Wasser ragen. Aufmerksame Charaktere (Wahrnehmung (8)) bemerken das Absinken des Schiffes und hören das Wasser des Galangas immer höher an die Schiffswand schlagen. Der Wechsel in die Elementarebene klingt von Innen so, als würde das ganze Schiff von einer Welle überspült und sich danach unter Wasser befinden (was auch tatsächlich der Fall ist). Solange die Reise andauert, sind die Geräusche von außen so stark gedämpft, dass kaum noch etwas zu hören ist. Die beiden Matrosen sind nicht bereit, die Ursache für die Geräusche zu erklären.

Nach ungefähr 20 Minuten kehrt sich der ganze Vorgang um und das Schiff steigt wieder an die Wasseroberfläche. Die Charaktere werden an Deck geholt und können von dort aus einen See sehen, der auf allen Seiten von dichtem Urwald umgeben ist – ein schiffbarer Zugang ist nicht zu erkennen. In der Mitte des Sees befindet sich eine ungefähr 100 x 100 Schritt große, stark bewaldete Insel, auf die die „Rache“ zuhält.

Der Unterschlupf der Henghyoke ist vom Wasser aus nicht zu sehen. Es besteht aus drei Hütten auf Pfählen und einem Lagerplatz mit Feuerstelle in der Mitte. Der Unterschlupf ist zurzeit nur von vier Kämpfern und Surtass (siehe Anhang S. 180) besetzt. Die „Rache“ legt in der Nähe des Ufers an, die Charaktere müssen die letzten Schritte durch das Wasser waten.

Gespräche mit Zarissa

Zarissa führt die Charaktere zu Surtass und nutzt diesen als Dolmetscher, indem sie eine einfache Zeichensprache benutzt, die Surtass versteht. Zarissa lässt Surtass noch einmal erklären, wie ihre Pläne aussehen.

Die Shivalahala Henghyoke muss die Charaktere unbedingt treffen, um von der Verbindung der Charaktere zu Shivoam zu erfahren, denn die Henghyoke dienen ebenfalls Shivoam. Aus Sicherheitsgründen müssen die Charaktere zuerst auf dieser Insel warten. Das wird nicht länger als einen Tag dauern.

Sie überlässt es Surtass (siehe S. 180), selber zu erklären, was er für einen Status unter den Henghyoke besitzt, und seine eigene Geschichte zu erzählen.

Sobald Zarissa wieder an Bord ist, verlässt die Rache den See wieder, für den Blick der Charaktere verschwindet sie dabei einfach hinter der von Zarissa erzeugten Illusion und kann nicht mehr mit den Augen verfolgt werden. Vier Otter-Reiter des Schiffes bleiben als Wachen auf der Insel.

Gespräche mit Surtass

Surtass lebt schon seit über einem Jahr bei den Henghyoke und möchte seine Pilgerreise am liebsten so schnell wie möglich fortsetzen. Bisher haben die Henghyoke ihm aber nicht erlaubt, sich wieder zu entfernen. Er hat seit gut einem Jahr kaum Informationen aus der Außenwelt erhalten und ist begierig darauf, von den Charakteren alles zu erfahren, was sie berichten können.

Obwohl die Henghyoke Surtass nur mit wenigen Informationen über ihr Aropagoi versorgt haben, konnte sich der Pilger im Laufe des Jahres viele Dinge zusammenreimen und einige Vermutungen anstellen. Surtass ist nur zu gerne bereit, mit den Charakteren über all seine Vermutungen und Erkenntnisse zu reden.

Beobachtungen, die Surtass im Laufe des letzten Jahres machen konnte:

- Surtass eigenen Geschichte (siehe S. 180)
- Einige Henghyoke können ihre Halsbänder abnehmen. Darunter fallen zum Beispiel Zarissa und Jarla. Surtass vermutet, dass nur hochrangige Mitglieder ihr Halsband abnehmen können.
- Die Shivalahala Henghyoke trägt kein Halsband.
- Surtass hat einen Bluteid geschworen, nicht über den Ort der Kuppeln der Henghyoke zu reden. Diesen kann er nicht brechen.
- Die Henghyoke verhalten sich sehr friedlich, wenn sie sich in ihrem Aropagoi aufhalten.
- Gegenüber Außenseitern sind die Henghyoke erbarmungslos.
- Es halten sich keine Außenseiter, außer Surtass, im Haus Henghyoke auf.
- Surtass wurde verschont, weil man bei ihm eine Verbindung zum Flussgeist erkannt hat.
- Die Henghyoke verehren den Flussgeist Shivoam.
- Surtass vermutet, dass irgendein Fluch auf den Henghyoke liegt, ihre Lebensweise ist nicht freiwillig.
- Es ist für die Henghyoke wichtig, dass kein Außenseiter von dem Fluch erfährt.

Da er sich selber auf einer Pilgerreise befindet, interessieren Surtass alle Begebenheiten, die sich mit dem Flussgeist beschäftigen.

Wenn die Charaktere eine starke Bindung zu Shivoam aufgebaut haben, zum Beispiel durch die Durchführung mehrerer Bindungsrituale, erkennt er die Charaktere intuitiv als Gleichgesinnte und versucht, sie so gut es geht zu unterstützen. Der Pilger macht dies deutlich, indem er sagt: „Ich spüre die Bindung zu Shivoam in euch.“ Falls die Charaktere über ihre Besuche der Anbetungsstätten berichten, wächst der Wunsch in Surtass sehr stark an, die Henghyoke wieder zu verlassen.

Shivoams Vision

Falls die Charaktere Shivoams Vision mit Surtass teilen wollen, übt diese auf ihn eine große Faszination aus. Surtass ist sehr interessiert an der Deutung der Vision durch die Charaktere. Nachdem er diese gehört hat, oder falls die Charaktere keine Deutung haben, liefert er seine eigene Deutung der Vision.

Surtass geht auf fünf Teile der Vision ein und bietet eine eigene Interpretation an.

Surtass Deutung der Vision Shivoams:

- „Alle T'skrang am Galanga sind eins.“ Die Nialls am Galanga sollen ein Aropagoi bilden.
- „Von der Flussmündung bis zu den Greifenfällen.“ Die Maha'krodha sollen ebenfalls zu dem neu entstehenden Aropagoi gehören.

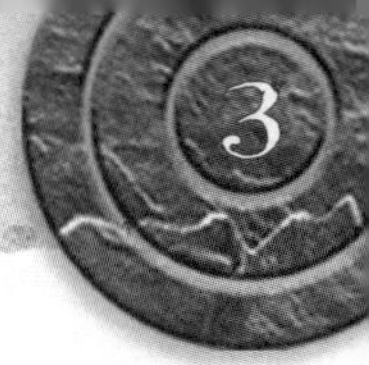

- „Ihr spürt [..] T'skrang, die versuchen, Shivoam zu stärken und zu unterstützen." Mit diesem Teil der Vision könnten die Wächter der Elemente gemeint sein.
- „Ihre Verbindung zu Shivoam ist stark, genau wie eure, aber viel älter." Mit diesem Teil der Vision sind die Henghyoke gemeint.
- „ [..] einen Bereich, in dem Shivoams Kräfte verzerrt werden und der ihm Schmerzen bereitet." Irgendjemand (Zan'dakaar/Dämonen) nutz die Kraft des Flussgeistes für seine Zwecke, schadet dem Flussgeist dabei, und handelt nicht im Sinne der T'skrang der Region.

Hierbei handelt es sich lediglich um Surtass eigene Interpretation der Vision – es beschreibt nicht, wie die Geschichte am Galanga ausgehen wird. Der tatsächliche Ausgang hängt von den Charakteren ab und entscheidet sich erst am Ende dieses Abenteuerbandes.

Das Verhalten der Henghyoke im Unterschlupf

Die Mitglieder des Nialls Henghyoke versuchen, den Charakteren so gut es geht aus dem Weg zu gehen. Fragen über den Ablauf der Bewachung oder einfache Bedürfnisse der Charaktere werden durch Nicken oder Kopfschütteln beantwortet. Weiterführende Fragen über die Henghyoke selbst oder über die Zukunft der Charaktere werden durch die Wachen nicht beantwortet.

Erkundung der Umgebung

Die Insel, auf der sich der Unterschlupf befindet, ist nicht besonders groß und kann in gut einer Stunde komplett erkundet werden. Die Wächter achten sehr genau darauf, dass sich die Charaktere nicht ins Wasser begeben. Falls ein Charakter versucht zu schwimmen, wird er von den Wachen dazu aufgefordert sofort wieder aus dem Wasser zu kommen. Das geschieht notfalls auch mit Waffengewalt.

Die Otter

Während sich die Otterreiter auf der Insel aufhalten, bleiben die Otter sich selbst überlassen. Die meiste Zeit halten sich die Tiere im Wasser auf. Zurzeit befinden sich einige Jungtiere bei den Ottern, die noch keine Reiter gefunden haben. Die jungen Tiere sind allen Charakteren gegenüber sehr zutraulich, die eine Bindung zu Shivoam besitzen, und halten sich immer wieder mal in der Nähe dieser Charaktere auf.

Im fremden Haus

„Ich hab schon viel erlebt am Galanga, aber über eine Sache muss ich heute noch lachen. Da bekommt dieser Zwerg den Fockstag vor den Schädel und fliegt in hohem Bogen ins Wasser. Erst denk ich, der kommt nie wieder nach oben, aber so'n Zwergenschädel is' auch hart. Und der rettet sich gerade eben so auf die Sandbank in der Mitte des Flusses. Und dann steht er da, wild mit den Armen wedelnd, und so eine Beule am Kopf. Ich winke ihm so zurück, wie er da so in seinen nassen Klamotten steht und auf und ab hüpft. Dieser throalischen Tunnelgräber – der hat zum ersten Mal mit der Schlange getanzt!"

– T'ritus, T'skrang Fischer am Schlangenfluss

Überblick

Die Charaktere werden zum Haus Henghyoke gebracht, damit die Shivalahala Henghyoke sie empfangen kann. Auf der Reise passiert ein Unfall in der Elementarebene des Wassers, und das Schiff muss zuerst wieder flottgemacht werden, bevor es weiterfahren kann. Die Charaktere können dabei helfen. Im Haus Henghyoke sprechen die Charaktere mit der Shivalahala Henghyoke. Sie vermutet, dass Shivoam die Charaktere für eine wichtige Aufgabe erwählt hat. Wenn das der Fall sein sollte, dann sollen die Charaktere alle Unterstützung der Henghyoke erhalten, um diese Aufgabe zu erfüllen. Um dies zu klären, müssen die Charaktere drei Prüfungen bestehen.

Atmosphäre

Der Unfall erzeugt eine gefährliche Situation, der die Charaktere aber gewachsen sein sollten. Die Stimmung der Henghyoke ist sehr feindlich: Die Henghyoke sind Fremde in ihrem Aropagoi nicht gewohnt und reagieren auf die Anwesenheit der Charaktere äußerst gereizt. Die Mehrheit glaubt nicht daran, dass Fremde, die zum Teil nicht einmal der Rasse der T'skrang angehören, im Auftrag von Shivoam handeln könnten. Falls die Charaktere die Prüfungen meistern, schlägt die Stimmung um, und die Charaktere werden von nahezu allen Henghyoke anerkannt. Die Henghyoke wären wertvolle Verbündete, aber ein Bündnis zwischen den drei Nialls des Galanga und den gefürchteten Piraten des Schlangenflusses wäre gewiss nicht leicht zu vermitteln.

Schlüsselinformationen

Die Henghyoke haben einen Pakt mit einem Dämonen geschlossen um Shivoam zu retten. Die genaue Vereinbarung ist unklar. Aufgrund der Vereinbarung haben die Henghyoke aufgehört Nachwuchs zu zeugen. Das Geheimnis hat etwas mit Shivoam zu tun und die Charaktere können den Henghyoke vielleicht helfen.

Die Reise zum Haus Henghyoke

Zarissa berichtet den Charakteren, dass die Shivalahala Henghyoke mit ihnen sprechen möchte. Die Charaktere werden wieder ins Innere der „Rache" geführt und in denselben Raum wie während der ersten Reise gebracht. Auf eine Bewachung verzichten die Henghyoke dieses Mal. Nach kurzer Zeit geht wieder ein Ruck durch das Schiff und es stürzt einige Schritt nach unten. Dann werden die Geräusche von außen wieder dumpf und das Schiff nimmt Fahrt auf.

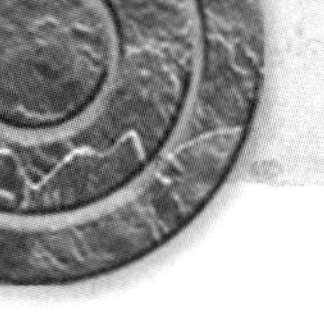

EINE BESONDERE VERBINDUNG

Nach ungefähr einer halben Stunde kommt es während der Reise wieder zu einer Verbindung mit Zan'dakaar (Siehe Anhang „Eine besondere Verbindung zu Zan'dakaar“ Seite 185). Die Charaktere erleben die Vision „Sammlung Elementaren Wassers“ (siehe Seite 186).

Kurz nach dem Ende der Vision wird das Schiff abrupt gestoppt, als wäre es mit einem großen Hindernis kollidiert, und es beginnt nach dem Zusammenstoß langsam um seine Längsachse zu trudeln.

HINDERNISSE

Durch die Manipulationen an der Elementarebene, die Zan'dakaar durchgeführt hat, haben sich in der Region, die von der „Rache“ befahren wird, zahlreiche Eisblöcke unterschiedlicher Größe gebildet, die unter Wasser kaum auszumachen sind. Auch in der Elementaren Wasserebene folgen die Eisblöcke rudimentären physikalischen Gesetzen und steigen langsam nach oben. Die „Rache“ wird während der Fahrt von unten von einem 125m^3 umfassenden Eisblock getroffen und aus der Bahn geworfen. Die Strömung erfasst das Schiff seitlich und es gerät in eine Rollbewegung. Die Feuermaschine stoppt, da sie nicht dafür vorgesehen ist auf dem Kopf stehend zu funktionieren. Damit verliert das Schiff seine Manövrierfähigkeit.

DER TROCKENRAUM

Der Raum, in dem sich die Charaktere während der Fahrt aufhalten sollen, ist ganz offensichtlich nicht als Zelle entworfen worden. Da die Henghyoke für gewöhnlich keine Gefangenen machen, haben sie für Zellen keine Verwendung. Auf dem Boden befinden sich zahlreiche Fässer, die mit verschiedenen Lebensmitteln gefüllt sind. Die Fässer rollen durch den Raum, sobald das Schiff sich um seine Längsachse dreht. Jeder Charakter muss bis zu fünf Geschicklichkeits- oder Hieb Ausweichen(6)-Proben bestehen und erhält bei jedem Misserfolg Stufe 6 Schaden durch die umherfliegenden Fässer. An die Wand ist ein Kasten geschraubt, in dem sich acht elementare Luftkugeln (s. Anhang: magische Gegenstände, S. 184) befinden.

GESTRANDET IN DER ELEMENTAREBENE DES WASSERS

Wenn die Charaktere die Türen der Schleuse öffnen, füllt sich der Raum sturzartig mit dem Wasser der Elementarebene. Falls die Charaktere die Elementaren Luftkugeln noch nicht entdeckt haben, strömen Luftblasen aus dem Kasten in der Wand, so dass jeder Charakter die Kugeln leicht entdecken und zum Atmen verwenden kann.

Wenn die Charaktere durch das Wasser nach oben schwimmen, erhaschen sie zum ersten Mal einen Blick auf die Elementarebene des Wassers (siehe S. 184).

Auf dem Schiff herrscht Chaos. Die Henghyoke schwimmen um das sich drehende Schiff herum und versuchen, es durch reine Muskelkraft wieder in die richtige Position zu bringen, damit die Feuermaschine wieder gestartet werden kann. Die Strömung verhindert das aber relativ erfolgreich.

Verbale Kommunikation ist natürlich nicht möglich; ebenso ist die Sicht unter Wasser ohne entsprechende Ausrüstung stark eingeschränkt. Falls die Charaktere den Henghyoke dabei helfen wollen, ihr Schiff wieder auf Kurs zu bringen, werden sie von den Henghyoke nicht daran gehindert eigene Ideen beizusteuern. Während die Henghyoke versuchen, das Schiff wieder flott zu machen, treiben noch einige Minuten lang immer wieder große Eisbrocken von unten nach oben an der „Rache“ vorbei, was den Vorgang zusätzlich erschwert.

DIE ROUSALKAS

Nach wenigen Minuten nähern sich fünf Rousalkas, die das Treiben einige Zeit aus der Ferne betrachten. Dann versuchen die Elementare einen oder zwei Henghyoke zu entführen und von der Gruppe zu trennen. Siehe Unterwasserkampf auf Seite 187, im Anhang.

ROUSALKA

Bei den Rousalkas handelt es sich um niedere Wasserelementare, die sich in der physischen Welt als hagere und bleiche Frauengestalten aller Namensgeberrassen manifestieren können. Rousalkas haben häufig eine lange und strähnige weiße Kopfbehaarung, die ihren ganzen Körper verdeckt. Eine Rousalka muss mindestens einen Teil ihres Körpers unter der Wasseroberfläche haben, sonst erleidet sie jede Runde Stufe 12 Schadenspunkte. Dafür reicht zum Beispiel ein Fuß, der im Wasser baumelt.

In wenigen Überlieferungen kommen die Rousalkas in Sommernächten aus dem Wasser und übertragen lebensspendenden Tau auf die Pflanzen der Felder und helfen so die Ernte zu sichern.

Die meisten Überlieferungen und Legenden sprechen davon, dass Rousalkas nur aus Frauen entstehen können, die Selbstmord begangen haben, indem sie ins Wasser gegangen sind oder ertränkt wurden.

Allen Überlieferungen ist gemein, dass es ein schlechtes Omen ist, eine Rousalka zu sehen, und ein noch übleres, ihre Stimmen zu hören. Einige Quellen gehen davon aus, dass Rousalkas ihr Aussehen ändern können, um einem Opfer besser zu gefallen und es ins Wasser zu locken.

Rousalkas greifen mit ihren Klauen und mit ihren spitzen Zähnen an.

GES:	11	Initiative:	10
STR:	8	Körperliche Verteidigung:	14
ZÄH:	8	Mystische Verteidigung:	14
WAH:	9	Soziale Verteidigung:	13
WIL:	9	Physische Rüstung:	7
CHA:	9	Mystische Rüstung:	8
Bewusstlosigkeit:	–	Erholungsproben:	4
Todesschwelle:	48	Niederschlag:	Immun
Wundschwelle:	12		
Bewegung:	14		

Aktionen: 2; Waffenlos 13 (11)

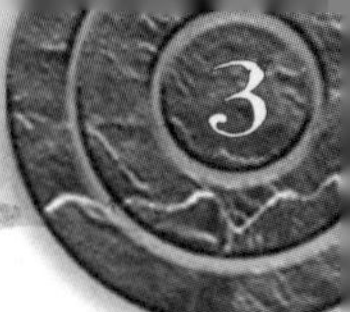

Kräfte: Anpassungsfähigkeit, Astralsicht (14), Finden (14), Manifestation, Spruchzauberei (14)

Zauber: Eisbola, Schneesturm, Vereiste Oberfläche, Wasser Reinigen, Wasserdicht

Sonderfertigkeiten: Rousalkagesang (14) der Rousalkagesang funktioniert ähnlich wie das Talent Hypnotisieren (siehe *Spielerhandbuch*, S. 88). Die Rousalka kann das Talent aber auch während es Kampfes und mehrmals gegen das selbe Ziel einsetzen, und die maximal erreichbare Haltung ist loyal. Sobald ein Adept die Haltung freundlich angenommen hat, sind alle seine Proben, die gegen die Rousalka gerichtet sind, um drei Stufen erschwert. Wenn die Haltung auf loyal gestiegen ist, kann die Rousalka dem Adepten mit weiteren erfolgreichen Rousalkagesang-Proben Befehle geben. Wenn ein Adept so einen Befehl bekommt, kann er eine Probe auf Willenskraft gegen das Ergebnis der Gesangsprobe ablegen. Gelingt die Probe, muss der Adept dem Befehl nicht gehorchen, und seine Haltung sinkt um eine Stufe.

Regeln:

Bewegung in Wasser: Wasserelementare können sich mit ihrer normalen Bewegungsrate auf oder im Wasser bewegen.

Manifestationsbeschränkung: Wasserelementare können nur aus einer Wasserquelle heraus manifestieren. Die Größe der Wasserquelle hat keine Auswirkung auf die manifeste Geisterstärke des Elementars.

Verwundbarkeit gegen Luft: Angriffe mit dem Merkmal Luft ignorieren gegen Wassergeister jeglichen Schutz durch Rüstung.

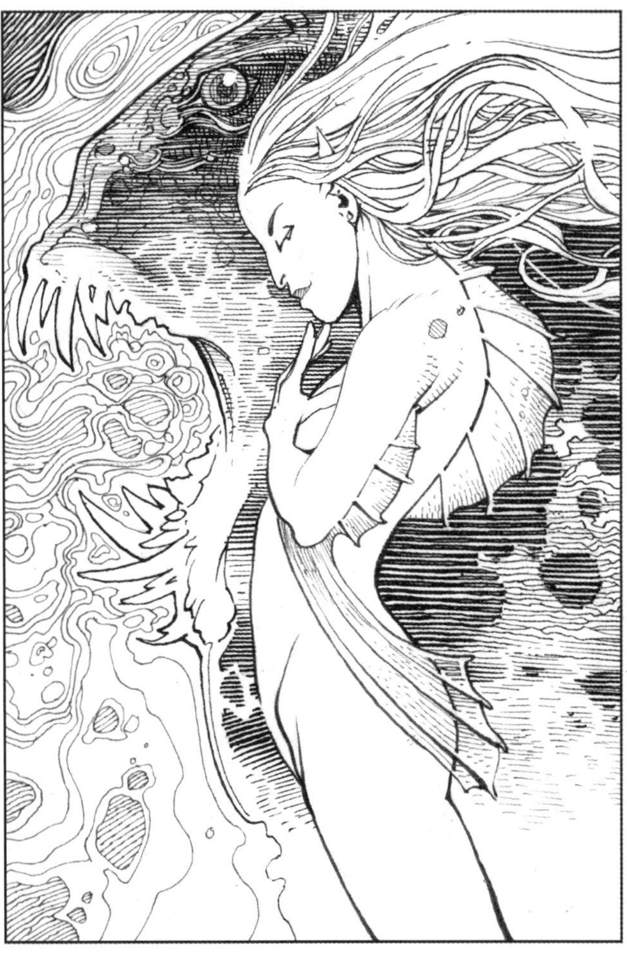

Weiterreise

Sobald die „Rache" wieder fahrtüchtig ist, werden die Charaktere von einigen Kriegern der Henghyoke zurück in den Trockenraum geführt und die Türen wieder verschlossen.

Ankunft

Wenn die „Rache" die Elementarebene verlässt, merkt man im Schiffsinneren deutlich, wie das Schiff wieder an die Oberfläche dringt. Nach kurzer Zeit werden die Charaktere an Deck geholt und sehen die vor ihnen liegende Siedlung der Henghyoke. Und noch etwas ist anders: Mit einem Mal unterhalten sich die gefürchteten Piraten untereinander.

Zarissa nutzt die Gelegenheit, um mit den Charakteren zu reden. Sie geht bereitwillig auf alle Fragen ein und erklärt die Situation. Zarissa versichert, dass sie auf der Seite der Charaktere steht und diese als Gesandte des Flussgeistes Shivoam erkannt hat. Sie wird die Charaktere so gut es geht unterstützen. Sie verschweigt aber auch nicht, dass einige wichtige Funktionsträger im Haus Henghyoke diese Meinung nicht teilen. Insbesondere von Jarla sollen sich die Charaktere fernhalten (siehe S. 179).

Die erste Audienz

Die Charaktere werden zur zentralen Kuppel und dort in einen prächtig geschmückten Saal gebracht, dessen Decke ein riesiges farbiges Mosaik mit dem Schöpfungsmythos der T'skrang ziert. Shivoam als große westliche Drachin wird am prächtigsten dargestellt.

Die Shivalahala Henghyoke begrüßt die Charaktere mit knappen Worten. Außer ihr sind im Rat der Henghyoke noch Al'tzar Flusshüter (siehe S. 179) und zwei weitere Wächter des Flussgeistes, Jarla Silberklinge (siehe S. 179) als Vertreterin der Kämpfer, sowie Tarm Orlass (siehe S. 180) für die Otter-Reiter anwesend. Acht Wachen halten sich im Hintergrund. Zarissa und Jarla berichten von den Ereignissen der vergangenen Stunden, auch die Charaktere haben die Gelegenheit zu sprechen. Falls Zarissa dies den Charakteren gegenüber noch nicht getan hat (oder die Charaktere preisgeben, was Surtass ihnen erzählt hat), enthüllt die Shivalahala die besondere Verbindung der Henghyoke zu Shivoam. Über den Dämon, die Plage sowie die jüngere Vergangenheit zu sprechen bzw. das brutale Verhalten der Henghyoke zu rechtfertigen, verweigert sie jedoch. Wenn die Charaktere von ihrer Suche nach den Ritualorten und den besonderen spirituellen Erlebnissen erzählen, äußert Al'tzar große Zweifel an dieser Darstellung. Er und Jarla verhalten sich sehr feindselig und plädieren dafür, die Charaktere entweder zu beseitigen oder für immer hier zu behalten. Nur Zarissa steht offen auf der Seite der Charaktere, immerhin hat sie ihnen freies Geleit zugesichert. Tam Orlass dagegen schweigt und beobachtet die Charaktere während der gesamten Audienz, es ist nicht zu erkennen, welche Meinung er hat (tragen die Charaktere die Bedrohung durch Zan'dakaar und ihre Anliegen glaubhaft vor, schlägt er sich jedoch insgeheim auf ihre Seite). Die Shivalahala bleibt neutral und gibt ihre eigene Meinung nicht offen zu erkennen. Schließlich unterbricht sie die Audienz, ohne den Charakteren eine Entscheidung mitzuteilen. Gemeinsam mit Surtass werden sie in einen Raum in der Nähe gebracht. Fragen die Charaktere nach den vorhin Anwesenden, kennt er sie selbstverständlich alle. Seiner Ansicht nach ist die Shivalahala auf der Seite der Charaktere, ebenso Zarissa. Tam Orlass ließe sich gewiss überzeugen, Al'tzar Flusshüter dagegen bereitet ihm Sorgen.

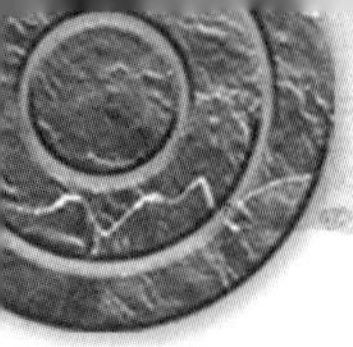

EINE BESONDERE VERBINDUNG – TEIL 1

Während sich die Charaktere im Haus Henghyoke aufhalten, nutzt Zan'dakaar die Kräfte von Shivoam, um in der Nähe von Nad'karanji einen Strudel zu erzeugen (siehe *Der große Strudel*, S. 186), der den Galanga für Schiffe unpassierbar machen wird und das lange erwartete Zollschiff der K'tenshin zerstört. Wenn sich ein Charakter auf die Vision einlässt (siehe *Eine besondere Verbindung zu Zan'dakaar*, S. 185), kann er den ganzen Vorgang beobachten. Da diese Vision sehr stark ist, kann ein Charakter, der daran teilnimmt, eventuell sogar mit Zan'dakaar in Kontakt treten. Der Elementarist versucht in diesem Fall, so viel wie möglich über die Charaktere und ihre Ziele herauszufinden, verrät aber selber so wenig wie möglich über seine eigenen Ziele.

DIE ZWEITE AUDIENZ

Nach etwas über einer Stunde ruft man die Charaktere erneut zum Rat. Diesmal sind erheblich mehr Henghyoke anwesend, viele davon in zeremonielle Roben gekleidet. Neben der Shivalahala sitzen Al'tzar Flusshüter und Jarla Silberklinge. Die Shivalahala begrüßt die Charaktere offiziell in der Siedlung der Henghyoke. Sie verkündet, dass ihre Berichte über die Taten der Maha'krodha den Rat beunruhigt haben. Es herrscht aber Uneinigkeit, ob man ihnen Vertrauen schenken oder gar mit ihnen gegen die Maha'krodha kämpfen soll. Hier will man sich nach dem Ratschlag des Flussgeistes richten. Um sich Shivoams als würdig zu erweisen, gilt es gemäß der Tradition drei Prüfungen zu bestehen: eine für den Geist, eine für den Körper und eine für den Glauben.

DIE DREI PRÜFUNGEN

Vom Ausgang der drei Aufgaben hängt die mögliche Hilfe der Henghyoke und die Freiheit der Charaktere ab.

KONSEQUENZEN DER PRÜFUNGEN

Keine Aufgabe gelingt: Die Henghyoke verweigern den Charakteren die Freiheit. Mit Hilfe von Surtass (oder wahlweise Zarissa) können sie die Siedlung dennoch verlassen, werden aber ggf. von den Henghyoke verfolgt. Außerdem sind sie weitab vom Galanga mitten im Servosdschungel.

Eine Aufgabe gelingt: Die Charaktere dürfen die Siedlung der Henghyoke wieder verlassen, die Henghyoke beteiligen sich aber nicht direkt am Kampf gegen Zan'dakaar. Auf Geheiß der Shivalahala hilft ihnen Zarissa dennoch, indem sie ihnen Informationen über die Maha'krodha zukommen lässt. Dies könnte etwa die genaue Lage des Ritualortes an den Greifenfällen sein (siehe S. 169).

Zwei Aufgaben gelingen: Die Henghyoke unterstützen die Charaktere aktiv und greifen Nachschublinien und Sklavenjäger-Trupps der Maha'krodha an. Für ein Eingreifen in die finale Schlacht gegen die Streitmacht der Maha'krodha und einen Nichtangriffspakt mit den Nialls am Galanga verlangen sie allerdings, dass ihnen die drei Nialls die benötigten Lebensmittel für ein halbes Jahr übergeben. Der Nichtangriffspakt würde dann nach einem halben Jahr enden. Die Henghyoke machen den Ritualort ausfindig. Alle Wunden der Charaktere werden geheilt.

VISION VERSTÄRKEN

Ein Charakter hat verschiedene Möglichkeiten, eine Vision von Zan'dakaar zu verstärken oder abzublocken.

Aufmerksamkeit: Mit dem Talent Aufmerksamkeit (9) kann ein Charakter eine Vision verstärken. Je nach Erfolgsgrad hält die Verbindung länger an und enthält mehr Details der Umgebung. Bei zwei oder mehr zusätzlichen Erfolgen kann ein Charakter die Umgebung nicht nur sehen, sondern auch hören. Dies verursacht einen Punkt Überanstrengungsschaden.

Empathische Wahrnehmung: Mit dem Talent Empathische Wahrnehmung kann ein Charakter zusätzlich zu den visuellen Eindrücken der Vision auch herausfinden, in welchem emotionalen Zustand sich Zan'dakaar zum Zeitpunkt der Vision befindet. Es gelten die allgemeinen Regeln für Empathische Wahrnehmung (siehe *Spielerhandbuch*, S. 80). Wenn die Probe auf Empathische Wahrnehmung gelingt, verlängert sich die Vision zusätzlich und enthält mehr Details der Umgebung. Dies verursacht zusätzlich zur Talentanwendung einen weiteren Punkt Überanstrengungsschaden.

Wahrnehmung / Halbmagie: Mit einer Probe auf Wahrnehmung oder Halbmagie (9) kann ein Charakter an einer Vision teilhaben bzw. versuchen diese zu blockieren. Dies verursacht in beiden Fällen einen Punkt Überanstrengungsschaden.

EINE VERBINDUNG ENTSTEHT

Zan'dakaar überkommt ein unbestimmtes Gefühl der Gefahr, wenn ein Charakter zwei zusätzliche Erfolge bei einer Probe erzielt. In der Vision kann man dann erkennen, dass er sich umsieht und die Gegend nach einem Feind absucht.

Zan'dakaar bemerkt einen Charakter, wenn dieser vier oder mehr zusätzliche Erfolge bei einer Probe erzielt. Wenn das zum ersten Mal passiert, beendet der Elementarist seine Manipulation des Flussgeistes sofort, und die Vision bricht ab. Wenn so eine Verbindung ein weiteres Mal zustande kommt, versucht Zan'dakaar mit dem Charakter zu reden, um dessen Ziele zu erfahren.

Alle Aufgaben gelingen: Die Henghyoke unterstützen die Charaktere wie bei zwei gelungenen Aufgaben, tun dies allerdings, ohne Bedingungen daran zu knüpfen. Die Wunden der Charaktere werden geheilt. Im Kampf am Ritualort steht ihnen Zarissa mit vier Kämpfern zur Seite.

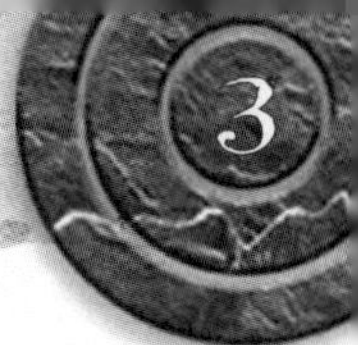

Die Aufgaben

Jeder Charakter darf nur bei einer einzigen Aufgabe antreten.

1. AUFGABE (SHIVALAHALA): GEIST

Ein Charakter muss den Bau der Flussotter aufsuchen, Kontakt herstellen und auf einem von ihnen zurück zu den T'skrang-Kuppeln reiten (siehe *Die Otter der Henghyoke*, S. 183). Die Aufgabe ist gefährlicher als sie klingt, denn normalerweise dulden die Tiere außer ihren Reitern niemanden in ihrer Nähe, viele sind zum Kampf ausgebildet und aggressiv.

Der Bau der Otter ist ungefähr 15 Minuten von den Kuppeln des Aropagois Henghyoke entfernt. Da die Wirkung von Tiere Bändigen nur relativ kurz anhält (Rang Minuten), muss ein Charakter einen Otter erst nah genug an die Kuppeln heran locken, damit er mit diesem Talent auf dem Otter zurück zu den Kuppeln reiten kann, oder er muss das Talent mehrfach erfolgreich hintereinander anwenden. Jede misslungene Probe sorgt dafür, dass der entsprechende Otter den Charakter sofort angreift. Nach 3 Kampfrunden kommen 1-3 weitere Otter dazu und greifen den Charakter ebenfalls an. Falls ein Otter durch einen der Charaktere getötet wird, gilt die Aufgabe sofort als gescheitert.

Mit dem Talent Tierfreundschaft (8) kann ein Charakter einen Otter als Tiergefährten gewinnen. Das dauert dann aber mehrere Tage. Die Aufgaben haben prinzipiell keine Zeitbeschränkung, nach sieben Tagen aber wird Al'tzar die Charaktere bezichtigen, auf Zeit zu spielen und bei der Shivalahala durchsetzen, dass die Prüfung entweder am nächsten Tag stattfindet oder als verloren gilt.

Erleichterungen bei der Aufgabe

Durch geschickte Nutzung seiner Talente kann sich ein Adept die Aufgabe erleichtern. Die Boni, die er durch eine geschickte Tieranalyse und die Nutzung von Tiersprache erhält, zählen sowohl als Boni auf die Nutzung von Tiere Bändigen (8) als auch auf die Nutzung von Tierfreundschaft (8).

Männliche Otter sind leichter zu zähmen (+1).

Otter lassen sich leichter zähmen, wenn man keinen Blickkontakt hält (+1).

Tieranalyse (8): Die Lieblingsspeise der Otter sind Machchha-Fische (+1).

Tiersprache(8): Die Anzahl der Erfolge in Tiersprache kann zusätzlich als Bonus für einen Einsatz der Talente Tiere Bändigen oder Tierfreundschaft genutzt werden.

Falls es den Charakteren gelungen ist, den Anführer der Otter-Reiter zu überzeugen, erhält ein Charakter für all diese Proben einen Bonus von +1. Das ist möglich, wenn die Charaktere ihn aufsuchen und ihm ihre Erlebnisse wahrheitsgetreu vortragen und seine Fragen zu den Ereignissen beantworten. Er kann ihnen außerdem die Information zu den Fischen bzw. einige Exemplare verschaffen. Hier kann auch Zarissa behilflich sein. Die Otter sind sehr neugierig, daher haben seltene bzw. ihnen unbekannte Namensgeberrassen (Windlinge, Trolle, Orks und vor allem Obsidianer) gegenüber anderen ebenfalls einen Interaktionsbonus von +1. Gerade junge Tiere fühlen sich von Charakteren angezogen, die eine Bindung zu Shivoam besitzen und versuchen sich ihnen zu nähern. Dafür gibt erhalten diese Charaktere ebenfalls einen Interaktionsbonus von +1.

Falls keiner der Charaktere über passende Talente oder Fertigkeiten verfügt, kann auch eine Mischung aus vertrauenerweckenden und neugierig machenden Aktionen, sowie gelungene Charisma-Proben zum Erfolg führen. Die Otter sind überaus neugierig, verspielt, und für ihr Lieblingsessen zu vielem bereit. Kreativität sollte ruhig belohnt werden.

2. AUFGABE (JARLA): KÖRPER

Einer der Charaktere muss einen Zweikampf gegen einen Champion der Henghyoke auf einem schmalen Steg zwischen zwei Booten im See (oder im Wasser darunter) gewinnen. Der Kampf wird bis zur Bewusstlosigkeit oder bis zur zweiten Wunde geführt.

Das Verlassen des Steges (auch in die Luft) gilt als Kampfaufgabe. Der Steg schwankt stark und könnte darüber hinaus unter dem Gewicht eines Trolls oder Obsidianers durchbrechen. Jarla wählt für diese Aufgabe die Schwertmeisterin Nashtra. Wer das Schwanken des Stegs nicht durch Fähigkeiten oder Talente ausgleichen kann, erhält einen Abzug von -2 auf alle körperlichen Talente und Fertigkeiten. T'skrang sind hiervon aufgrund ihrer besonderen Kindheit (siehe Der Schlangenfluss) ausgenommen – und damit auch die Schwertmeisterin der Henghyoke.

NASHTRA (SCHWERTMEISTERIN KREIS 5)

GES:	7	Initiative:	8
STR:	6	Körperliche Verteidigung:	12
ZÄH:	6	Mystische Verteidigung:	9
WAH:	6	Soziale Verteidigung:	10
WIL:	6	Physische Rüstung:	3
CHA:	7	Mystische Rüstung:	3
Bewusstlosigkeit:	61	Erholungsproben:	3
Todesschwelle:	72	Karmapunkte:	20
Wundschwelle:	9		
Bewegung:	12		

Aktionen: 1; Säbel 12 (13, magisch), Säbel 12 (11)

Ausrüstung: Säbel (Schaden: 13) (magisch), Säbel (Schaden: 11), bunte Lederrüstung, Blitzohrring (bis Fadenrang 4).

Kampftalente: Hieb Ausweichen (5): 14, Manövrieren (4): 11, Verspotten (6): 13, Nahkampfwaffen (5): 12, Riposte (6): 13, Akrobatische Verteidigung (4): 11, Standhaftigkeit (5): 11, Gefahrensinn (5): 12, Tigersprung (5), Luftgleiten (5): 12, Zweitwaffe (5): 12, darf Karma für Schadensproben mit einer Nahkampfwaffe ausgeben.

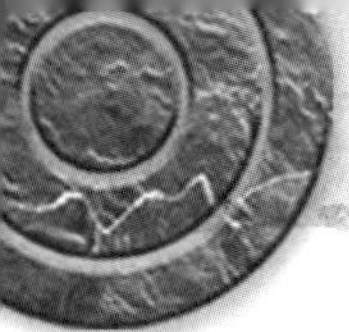

BLITZOHRRING

Maximale Fadenzahl: 2

Mystische Verteidigung: 12 **Kategorie:** Geselle

Nashtras Blitzohrringe ist ein aufwendig gearbeitetes Silberschmuckstück, das wie ein gegabelter Blitz aussieht, der mit kleinen hell- und dunkelgrünen und schwarzen Edelsteinen besetzt und durch eine kurze, feingliedrige Kette mit dem Ohr der Besitzerin verbunden ist.

Fadenrang 1
Schlüsselinformation: Der Besitzer muss den Namen des Ohrrings herausfinden.
Wirkung: +1 Rang auf Hieb Ausweichen.
Der Ohrring leuchtet kurz auf, wenn er zum Einsatz kommt.

Fadenrang 2
Wirkung: +1 auf Initiative-Proben.

Fadenrang 3
Schlüsselinformation: Der Besitzer muss den Namen des Schöpfers oder der Schöpfer des Ohrrings herausfinden.
Wirkung: +1 auf Körperliche Verteidigung.

Fadenrang 4
Wirkung: +2 Ränge auf Hieb Ausweichen.

Fadenrang 5
Schlüsselinformation: Der Besitzer muss die Zusammensetzung des Ohrrings herausfinden: Anzahl und Arten der Edelsteine sowie die relativen Mengen an Silber und Edelsteinen, die bei der Herstellung der Ohrringe verwendet wurden.
Wirkung: +2 auf Initiative-Proben.

Fadenrang 6
Wirkung: Für 2 Punkte Überanstrengung kann der Besitzer Hieb Ausweichen gegen einen Zauber mit Reichweite Berührung oder gegen einen sichtbaren Zauber (z. B. Erdpfeile, Illusionärer Blitz oder Zerschmettern) einsetzen.

Die Kämpfer des Aropagois Henghyoke sind den Charakteren nach einem Sieg durch einen Charakter deutlich besser gewogen (alle Interaktionsproben +1).

3. AUFGABE (AL'TZAR): GLAUBE

Al'tzar besteht darauf, dass entgegen der ersten Absprache nun alle Charaktere eine Geistreise absolvieren, vergleichbar mit dem Aufnahmeritual der Henghyoke. Falls sich einer der Charaktere weigert, erklärt er die Prüfung schon im Vorfeld als gescheitert. Al'tzar hofft, dass keiner der Charaktere dies überlebt – und tatsächlich kommen bei diesem Ritual immer wieder Todesfälle vor. Von den Henghyoke wird ein Versagen beim Ritual als Ablehnung eines Namensgebers durch Shivoam selbst gedeutet. Aus diesem Grund muss sich jedes Mitglied des Aropagois dem Ritual unterziehen.

UNTER DROGEN

Die Glaubensprüfung der Henghyoke, an der die Charaktere teilnehmen sollen, gehört zum Initiationsritual des Aropagois und wird nicht ausschließlich für die Charaktere durchgeführt. In dem Jahr, in dem sich das Geschlecht eines T'skrang bildet (von den T'skrang am Galanga wird diese Zeit Kaissa genannt), muss jedes jugendliche Mitglieder des Aropagois die Glaubensprüfung bestehen, um ein vollwertiges Mitglied des Aropagois zu werden. An diesem Tag warten drei jugendliche T'skrang der Henghyoke darauf, die Prüfung abzulegen. Sie werden ebenfalls auf die Prüfung vorbereitet und werden diese vor den Charakteren absolvieren. Die Henghyoke nennen diese Prüfung „die Reise zu Shivoam".

Die Charaktere und die drei jungen Henghyoke werden in einen Vorbereitungsraum geführt, in dem in einem Kessel über einem Feuer eine sirupartige braune Flüssigkeit kocht, die einen blumigen, süßlichen Duft abgibt, der gleichzeitig nach Fäulnis riecht.

Zuerst werden die drei jungen T'skrang an den Kessel geführt, an dem sie von der dickflüssigen Substanz trinken. An den Gesichtern ist abzulesen, dass der Geschmack unangenehm sein muss.

Danach wird jeder der drei T'skrang von einem älteren Mitglied des Aropagois an die Hand genommen und in den Raum der Visionen geführt. Nach ungefähr 120 Herzschlägen können die Charaktere einige Minuten lang Schreie und Gebrüll aus dem Visionenraum hören.

Falls die Charaktere nach der braunen Flüssigkeit fragen, teilt man ihnen mit, dass es sich um ein betäubendes Rauschmittel handelt, durch dessen Verwendung man Visionen bekommen kann.

Kurze Zeit später verlassen zwei der jungen T'skrang den Raum wieder. Ihre Augen sind glasig, sie haben mehrere leichte blutige Wunden auf der Haut, die nach Kratzspuren von Klauen aussehen. Sie wirken stark betäubt. Der dritte T'skrang wird von zwei Mitgliedern des Aropagois aus dem Raum getragen. Es sieht so aus, als würde er nicht mehr atmen. Auch auf seinem Körper befinden sich zahlreiche blutige Kratzspuren.

Nun werden die Charaktere an den Kessel geführt, um die Drogenmischung zu sich zu nehmen. Die dickflüssige Flüssigkeit brennt im Mund und schmeckt nach Fäulnis. Auch nachdem ein Charakter die Substanz geschluckt hat, verbleibt der üble Geschmack im Mund.

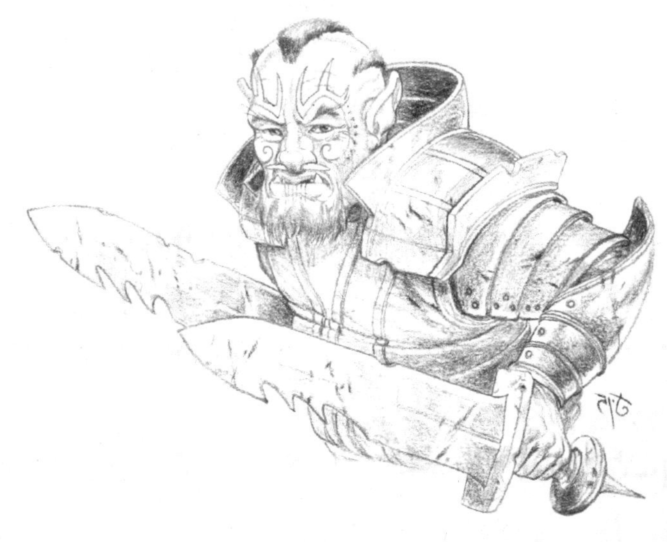

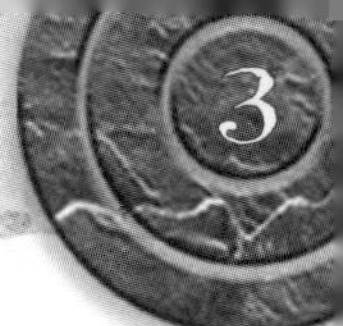

Sobald alle Charaktere von der Flüssigkeit getrunken haben, werden sie an die Hand genommen und in den Raum der Visionen geführt. In der Mitte des Raumes brennt ein Feuer, von dem ein süßlicher, leichter Rauch aufsteigt, der den Raum bis zur Decke mit Qualm gefüllt hat. Auf dem Boden des Raumes befinden sich Wolldecken, auf die sich die Charaktere legen können. Die Temperatur im Raum beträgt über 40 Grad. Die Mitglieder des Aropagois und Al'tzar stellen sich an die Wände des Raumes und beginnen mit einem melodischen Singsang, der nur aus Lauten und nicht aus Worten besteht.

Mit Astralsicht (8) kann ein Charakter erkennen, dass in dem Raum starke Geisterbeschwörer- und Illusionsmagie-Zauber gewirkt wurden. Diese Traumzeit wird aus der Erinnerung der Shivalahala Henghyoke gespeist. Die Erinnerungen werden von Shivalahala zu Shivalahala mit dem Ritual der Namensübergabe weitergegeben. Alle Dinge, die nun folgen, hat sie in ihrer Erinnerung gespeichert.

Nach kurzer Zeit wirkt das Betäubungsmittel und die Charaktere fallen in einen tiefen Schlaf. Nun betritt die Shivalahala Henghyoke den Raum der Visionen und teilt ihre Erinnerungen mit den Charakteren. Alle T'skrang in der Vision sind nur Traumbilder, die einzige Ausnahme bildet die Shivalahala selber, die mit den Charakteren zusammen die Vision durchlebt und ihre Entscheidungen beobachtet.

Die Traumzeit

Die Charaktere wechseln durch die Einnahme der Drogen in die Traumzeit der Henghyoke und erleben ihre Entstehung mit. Am Anfang der Traumzeit sind die Worte der Namensgeber in der Vision nicht zu verstehen. Nur ein verzerrter diffuser Ton ist zu hören, wenn Namensgeber in der Traumzeit reden. Die im Traum anwesenden Namensgeber reagieren nicht auf die Charaktere. Gegenstände, wie zum Beispiel Türen oder Waffen, können aber benutzt werden. Wer in einem Kampf körperliche Talente einsetzen möchte, muss für jeden Einsatz einen Karmapunkt ausgeben.

Alle magischen Gegenstände eines Charakters hat er auch im Traum bei sich. Alle Zauber und geistigen Talente der Charaktere haben einen Bonus von +2. Wer im Traum das Bewusstsein verliert oder mehr als drei Wunden erleidet, erwacht sofort mit Schaden in Höhe von einem Punkt unterhalb seiner Bewusstlosigkeitsschwelle. Die Wunden sind weiterhin vorhanden.

Die Vision von der Entstehung des Aropagois Henghyoke

Das Schiff der K'tenshin

Die Charaktere befinden sich auf einem Flussschiff voller T'skrang, das über den Galanga nach Westen fährt. Zwei weitere Schiffe fahren hinter dem ersten Schiff her, auch sie transportieren viele T'skrang. Am Himmel sieht man rote Wolken, der Sonnenuntergang steht bevor, es ist sehr heiß. Die T'skrang auf dem Schiff bewegen sich nur träge und wirken müde. An mehreren Stellen kann man das Symbol der K'tenshin, die neun Diamanten, sehen.

Eine halbe Stunde lang bewegt sich das Schiff weiter den Galanga hinunter. Am Ufer zieht der Dschungel vorbei. Ein Teil der Bäume ist verdorrt. Am Horizont brennt es und dicke Qualmwolken steigen in den Himmel auf.

Plötzlich tritt der Fluss über die Ufer und überflutet den Waldrand. Das Schiff wird an den Strand gespült und es kommt zu einem plötzlichen Halt. Die T'skrang auf dem Schiff springen an Land und beginnen damit, das Schiff wieder flott zu machen.

In dieser Phase der Traumzeit haben die Charaktere keine konkrete Aufgabe. Sie können dabei helfen das Schiff vom Ufer los zu bekommen oder durch die Gegend wandern. Die T'skrang gehen den Charakteren aus dem Weg, antworten nicht auf Fragen und reagieren auch nicht, wenn ein Charakter versucht gewaltsam auf sich aufmerksam zu machen Die Bäume am Ufer sind vermodert und die Luft riecht nach Fäulnis. Das Wasser der Überschwemmung ist wieder zurück in den Galanga gelaufen.

Nach einigen Minuten wird das Wasser in der Mitte des Flusses durch ein großes Wesen unter der Wasseroberfläche aufgewühlt. Die Wellen werden immer heftiger und das Wasser spritzt immer höher. Zu sehen ist aber nichts. Mehrere T'skrang laufen zum Wasser und blicken auf den Fluss. Aus dem Wasser dringen Schmerzensschreie wie von einem großen Tier ans Ufer. Viele T'skrang fallen auf die Knie und zeigen ihre Verehrung, indem sie sich vor dem Fluss verbeugen.

Eine alte T'skrang, vermutlich die Bootsführerin, steigt ins Wasser und bewegt sich langsam auf die Flussmitte zu. Sie schreitet weiter und taucht unter die Oberfläche. Alle T'skrang in der Nähe des Wassers bekommen glasige Augen und fallen in eine Trance. Falls die Charaktere nah am Wasser stehen, erhalten sie ebenfalls eine Vision in der Vision.

„Sie ist gerade noch bei Bewusstsein, inzwischen völlig entkräftet und muss den langen Schlaf antreten. Doch Nadelstiche in ihrem Geist verhindern, dass sie die nötige Ruhe finden kann. Immer wieder und wieder treten die Schmerzen auf. Die Quelle des Problems befindet sich am Galanga, in der Nähe, nicht weit entfernt. Sie braucht Hilfe. Ohne den Schlaf kann die Plage ihre Existenz gefährden, oder noch schlimmer, sie den Kreaturen aus den Niederwelten ausliefern. Es sind kaum noch Namensgeber am Galanga, die helfen können. Die Zeit wird knapp."

Die alte T'skrang taucht wieder aus dem Galanga auf und läuft langsam ans Ufer. Die Anwesenden sprechen eine Zeit über die Geschehnisse. Einige deuten den Fluss hinauf, einige deuten den Fluss hinunter. Eine Abstimmung findet statt. Die Mehrheit der T'skrang entscheidet sich, umzudrehen und den Weg wieder zurück zu fahren.

Die alte T'skrang tritt vor die Charaktere und wartet auf ihre Entscheidung.

Alle T'skrang schließen sich der Gemeinschaft an, auch die T'skrang, die dagegen gestimmt haben. Die drei Schiffe drehen um und fahren den Weg, den sie gekommen sind, zurück.

DER DÄMON

„Wir waren auf der Suche nach elementarem Holz, als unsere Expedition von diesen Wesen angegriffen wurde. Zuerst dachten wir an einen Angriff durch Elementare, die diesen Ort, den wir suchten, beschützen, aber es stellte sich bald heraus, dass es sich um Konstrukte eines Dämons handelten, der in der Nähe umherzog. Wir bahnten uns einen Weg durch das Unterholz im nordöstlichen Teil des Servosdschungels, als ein Knarzen im Unterholz und das Geräusch von schleifendem Holz unsere Aufmerksamkeit erregte. Als wir uns näherten, erkannten wir eine in sich wirbelnde Masse von Holzsplittern von der Größe eines Rucksacks, die an einem Baum die Rinde abschälte. Als dieses Ding unsere Anwesenheit bemerkte, nahm es eine humanoide Gestalt in Größe eines Windlings an. Wir waren natürlich fasziniert, denn wann sieht ein Forscher schon solch ein seltenes Exemplar. Aber unsere Freude wandelte sich bald in Grauen und Panik. Ein weiteres Wesen dieser Art, groß wie ein Troll, kam hinter den Bäumen hervor und griff uns ohne Vorwarnung an. Wir konnten am Ende von diesem Ort fliehen, aber die ganze Gruppe wurden bei dieser Begegnung verletzt oder schlimmer. Es war grausam, die ersten wurden schnell eingeholt und regelrecht von Splittern zerfetzt, ihre Haut und das Fleisch wurde von den Knochen gerissen und das Blut der Kameraden verteilte sich überall. Am Ende kostete es vier von uns das Leben und drei weitere wurden schwer verletzt und erholen sich heute noch von dieser Begegnung. Später erfuhr ich, dass diese Wesen meist in der Nähe ihres Erschaffers bleiben, was in diesem Fall wohl unser Glück war, und zwar in doppelter Art und Weise. Du fragst dich sicherlich, wie ich das wissen kann. Nun, eine Gruppe von Adepten, die sich dieser Sache annahm, hat sie alle erschlagen und später davon berichtet, damit ich für sie alles niederschreiben kann. Sie gaben diesen Kreaturen den Namen Splitterkonstrukte. Ihr werdet sagen, wenig einfallsreich, aber die Beschreibung ist passend."

– Hammon Holzfinder, Elementarhändler aus Throal

Die Szene verwischt. Die Charaktere finden sich in einer T'skrangmenge an einem Strand wieder, die Schiffe ankern im Galanga hinter ihnen.

Vor der Gruppe steht ein drei Schritt großer T'skrang mit aschegrauer Haut. Sein Körper ist von schwärenden Wunden übersäht. Fliegen umschwirren die Gestalt. Der T'skrang hat einen vier Fuß langen Stab in der Hand. Der graue T'skrang spricht mit der Menge und droht ihr mit einer wilden Geste. Die alte T'skrang tritt vor und droht ihrerseits dem Dämon. Sie zeigt dabei auf die Menge der T'skrang hinter ihr.

Der Dämon hebt seine Hand und ballt sie zur Faust. Diesen Vorgang wiederholt er viermal. Jedes Mal, wenn die Faust geballt wird, zersplittert einer der Bäume im Urwald hinter ihm. Aus den Überresten der vier Bäume erheben sich vier Splitterkonstrukte und bewegen sich hinter den Dämon. Auf ein Handzeichen von ihm stürzen sich die Konstrukte auf die T'skrang.

Die Gruppe der Charaktere wird von einem der Splitterkonstrukte (siehe unten) angegriffen. Für jeden Charakter, der nicht für eine Rückkehr gestimmt hat (siehe oben), sind alle Stufen der Splitterkonstrukte um zwei Stufen erhöht.

Der Kampf dauert zehn Kampfrunden oder bis zum Sieg der Charaktere. Charaktere, die das Bewusstsein verlieren oder mehr als drei Wunden bekommen, verlassen die Vision. Aufmerksame Charaktere (Wahrnehmung (12)) können bemerken, dass viele der T'skrang, die gegen die Rückkehr gestimmt haben, in dem Kampf durch die Splitterkonstrukte getötet werden.

Diffuse, undeutliche Laute des grauen T'skrang unterbrechen den Kampf, er wirkt sehr aufgebracht. Er schreitet zwischen den Kämpfenden hindurch, streichelt über die am Boden liegenden Leichen und leckt das Blut von seinen Händen. Er wirkt kräftiger und stärker als zu Beginn der Begegnung. Die T'skrang weichen vor ihm zurück.

Die alte T'skrang tritt vor und nähert sich dem Dämon. Sie schneidet sich in die Brust und lässt das Blut in den Sand tropfen. Der Dämon schaut abwechselnd auf den Stab in seiner Hand und auf das Blut im Sand. Die alte T'skrang spricht mit dem Dämon. Der Dämon antwortet und zeigt auf die Menge. Mehrere T'skrang nehmen Messer und ritzen sich über dem Herzen, die Haut, sodass das Blut ihre Körper herunterläuft.

Die alte T'skrang schaut auf die Charaktere und wartet. Falls ein Charakter sich die Haut ritzt, erhält er 3 Schadenspunkte.

Der Dämon spricht mit der alten T'skrang. Sie nimmt ein Messer und schneidet die neun schwarzen Diamanten, die auf ihren Oberarm tätowiert sind, aus ihrer Haut und wirft die Hautreste zu Boden. Sie schneidet sich in die Stirn und über das Herz. Sie dreht sich zu der Menge um und sagt: „Ich bin Shivalahala Henghyoke".

Die T'skrang in der Menge schneiden sich ebenfalls in die Stirn und verbeugen sich vor der Shivalahala Henghyoke.

Die Shivalahala wendet sich dem Dämon zu. Die Shivalahala und der Dämon schneiden sich in die Hände und reichen sie sich. Die beiden rücken nah aneinander heran und wechseln ein paar Worte.

SPLITTERKONSTRUKT

Splitterkonstrukte sind Holzelementare, die von einem Dämon korrumpiert wurden. Sie leben in der Nähe von großen Wäldern und Dschungeln und folgen gewöhnlich in einiger Entfernung dem Dämon, der sie erschaffen hat. Splitterkonstrukte reagieren äußerst aggressiv gegenüber allen Lebenden und lassen erst von ihren Opfern ab, wenn diese nicht mehr atmen. Sie erscheinen als wirbelnde Wolken aus kleinen bis zu drei Zoll langen Holzsplittern. Die Holzstücke, aus denen die Wirbel bestehen, lassen sich häufig einer einzigen Baumsorte zuordnen.

Die Exemplare variieren in ihrer Größe. Die größten nehmen ungefähr den Raum eines Trolls ein, es gibt aber auch kleinere Varianten, die kaum mehr Raum einnehmen als ein Windling. Splitterkonstrukte können verschiedene Formen annehmen und sich auch durch enge Spalten quetschen.

Herausforderung: Geselle (Fünfter Kreis)

GES:	10	Initiative:	12
STR:	7	Körperliche Verteidigung:	15
ZÄH:	12	Mystische Verteidigung:	10
WAH:	10	Soziale Verteidigung:	10
WIL:	9	Physische Rüstung:	7
CHA:	6	Mystische Rüstung:	6
Bewusstlosigkeit:	53	Erholungsproben:	3
Todesschwelle:	71	Niederschlag:	7
Wundschwelle:	15		

Bewegung: 12 (fliegend)

Aktionen: 3; Splitter 14 (13)

Kräfte:

Verwundbarkeit gegen Feuer: Angriffe mit dem Merkmal Feuer ignorieren gegen Splitterkonstrukte jeglichen Schutz durch Rüstung.

Spezialmanöver:

Fleisch Schinden (Splitterkonstrukt, Splitter): Das Splitterkonstrukt kann zusätzliche Erfolge aus seiner Angriffsprobe ausgeben, um die Wundschwelle des Ziels für diesen Angriff um 2 pro Erfolg zu senken. Jeder auf diese Weise ausgegebene Erfolg erlaubt es dem Splitterkonstrukt eine zusätzliche Wunde basierend auf der neuen Wundschwelle zu verursachen.

Weggeweht (Gegner, luftbasierter Angriff): Der Gegner kann zwei zusätzliche Erfolge aus einer Angriffs- oder Spruchzaubereiprobe mit dem Merkmal Luft (nicht Luft – Elektrizität) ausgeben, um die Splitter zu zerstreuen, aus denen das Splitterkonstrukt besteht. Das Splitterkonstrukt ist bis zum Ende der nächsten Runde Bedrängt, während sie sich wieder zusammenzieht.

Beute: Körnchen elementaren Holzes im Wert von 2W6 x 50 Silberstücken (Legendenpunkte wert)

Das Haus Henghyoke

Die Szene verwischt ein weiteres Mal. Im Hintergrund sieht man, wie eine Unterwasserkuppel in einem See errichtet wird. Auf dem Deck eines Bootes sind T'skrang-Eier zu einem Haufen aufgeschichtet worden.

Die Shivalahala Henghyoke geht zu jedem noch anwesenden Charakter und reicht ihm einen Stab. Dann deutet sie auf die Eier. Falls die Charaktere die Eier mit den Stäben zerstören, wenden sich die meisten T'skrang ab, um nicht dabei zusehen zu müssen. Der Blick der Shivalahala aber haftet die ganze Zeit auf ihnen.

Egal, ob die Charaktere die Eier zerstören oder nicht, die Traumzeit endet hier.

Jeder Charakter, der die Traumzeit bis zum Ende miterlebt hat, erhält eine weitere von Shivoam verliehene Fähigkeit (siehe *Spielleiterinformationen*, S. 111f).

Wenn die Charaktere erwachen, schmerzen alle Knochen im Körper, sie haben Kopfschmerzen und eine angeschwollene, stark schmerzende Zunge sowie einen üblen Geschmack im Mund. Die Hälfte des in der Traumzeit erhaltenen Schadens ist auch in der realen Welt vorhanden. Wunden sind keine entstanden.

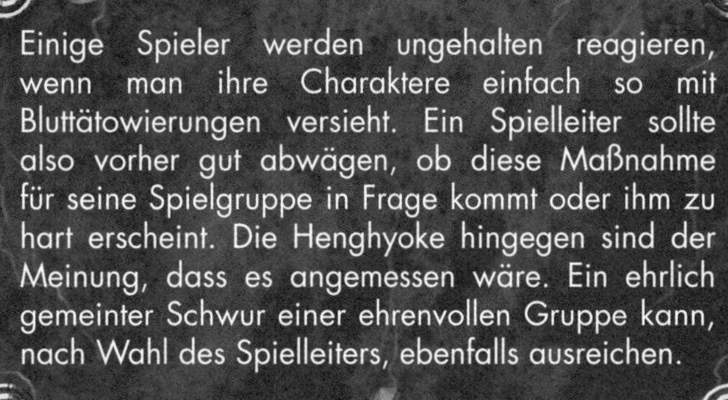
Einige Spieler werden ungehalten reagieren, wenn man ihre Charaktere einfach so mit Bluttätowierungen versieht. Ein Spielleiter sollte also vorher gut abwägen, ob diese Maßnahme für seine Spielgruppe in Frage kommt oder ihm zu hart erscheint. Die Henghyoke hingegen sind der Meinung, dass es angemessen wäre. Ein ehrlich gemeinter Schwur einer ehrenvollen Gruppe kann, nach Wahl des Spielleiters, ebenfalls ausreichen.

Die geheime Tätowierung

Die Shivalahala Henghyoke ist nicht bereit sich darauf zu verlassen, dass die Charaktere das Geheimnis der Henghyoke wahren werden, unabhängig davon, wie die drei Aufgaben erfüllt werden.

An einigen Stellen in der Traumzeit konnten die Charaktere Entscheidungen treffen: Zurückfahren? In die Brust ritzen? Die Eier zerstören?

Nur wenn ein Charakter in allen drei Fällen im Sinne der Henghyoke agiert hat, er sich also dafür entschieden hat, zurück zu fahren, sich in die Brust zu ritzen und er sich daran beteiligt hat, die Eier zu zerstören – nur dann verzichtet die Shivalahala darauf, diesen Charakter mit einer Bluttätowierung zu belegen.

Jeder der Charaktere, der diese Anforderung nicht erfüllt hat, erhält, während er noch betäubt ist, eine Bluttätowierung unter seine Zunge, die von der Shivalahala Henghyoke selbst gestochen wird und sofort verheilt. Durch die Tätowierung erleidet ein Charakter 2 Punkte Blutmagieschaden. Die Soziale Verteidigung des Charakters steigt um eine Stufe, solange er die Tätowierung besitzt. Um die Blutmagie der Tätowierung zu neutralisieren, benötigt ein Adept den Namen der Tätowiererin (Shivalahala Henghyoke) und eine erfolgreiche Probe auf Magie Neutralisieren (28). Die Tätowierung wird zu einer Blutwunde (und dadurch vernichtet), falls ein Charakter außerhalb der Kuppeln des Aropagoi Henghyoke die Geschichte der Henghyoke oder die Lage der Kuppeln des Aropagoi Henghyoke an einen Namensgeber verrät und hindert den Charakter am Sprechen, solange diese nicht geheilt wird.

Da sich die Bluttätowierung nur aktiviert, wenn ein Adept freiwillig den dazu passenden Eid schwört, versuchen die Henghyoke die Charaktere zum Schwur eines Eides zu überreden, ohne ihnen von der Tätowierung vorher zu erzählen.

Bluteid

Bevor die Charaktere die geheime Siedlung verlassen dürfen, verlangt die Shivalahala einen Bluteid von jedem Charakter (zusätzlich zur geheimen Tätowierung), die Geheimnisse der Henghyoke zu wahren. Dazu muss sich jeder Charakter in der Brust über dem Herzen einen Schnitt zufügen, der 2 weitere Punkte Blutmagieschaden erzeugt.

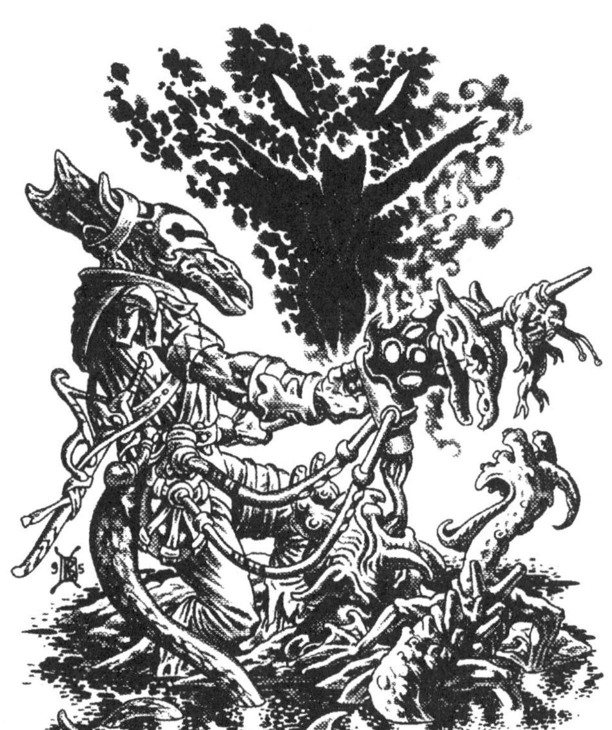

„Wie die Sonne den Schlangenfluss erhellt, so soll Licht meine Taten beleuchten. Jeder soll sehen, dass ich dem Aropagoi Henghyoke kein Übel will. Ich werde nichts unternehmen, was ihm oder denen seines Blutes Schaden zufügt, noch durch wissentliche Untätigkeit erlauben, dass Henghyoke oder denen seines Blutes Schaden widerfährt. Dies beinhaltet das Wahren ihrer Geheimnisse, sowie den Standort ihrer Kuppeln."

Wenn ein Charakter sich ein Jahr und einen Tag an seinen Eid hält, gilt der Bluteid als erfüllt, und der Blutschaden kann auf normale Weise geheilt werden (siehe Blutfrieden, *Spielerhandbuch*, S. 142f). Zusätzlich erhält die Narbe eine goldene Farbe. Jeder Charakter addiert +1 zu seiner Todesschwelle, solange er sein Gelübde hält, die Tätowierung bleibt jedoch aktiv.

Falls sich einzelne Charaktere vehement gegen Blutmagie wehren, verlangt die Shivalahala Henghyoke, dass sie bei ihrer Ehre einen ähnlichen Eid schwören, und droht ihnen die Vergeltung des gesamten Aropagois an, sollten sie sich nicht an den Schwur halten. In beiden Fällen aktivieren die Charaktere mit einem gesprochenen Eid die heimlich gestochene Bluttätowierung.

Eine besondere Verbindung Teil 2

Eine weitere Vision kündigt sich an, an der die Charaktere teilnehmen können, wenn sie wollen. Es handelt sich um *Die Fertigstellung des zweiten Schiffes*, S. 186.

Ausblick

Die Henghyoke werden ab jetzt das Vorgehen der Maha'krodha sehr genau beobachten. Die Charaktere können mit Zarissa eine Abmachung treffen, wie die beiden Parteien wieder in Kontakt treten können (zB.: das Hissen einer bestimmten Fahne über Nad'karanji). Die Shivalahala Henghyoke gibt Jarla die Anweisung, die Charaktere an einen Ort ihrer Wahl am Galanga zu befördern.

Alte Bekannte

„Unserer Kuppeln sind ein Meisterwerk, und der ein oder andere Zwerg ist neidisch auf diese Arbeiten. Aber ich kann jedem von ihnen sagen, dass der Bau und Erhalt wesentlich aufwendiger sind, als für einen in die throalischen Berge getriebenen Stollen."

– Zruwaah Eisenschmelzer,
T'skrang Elementarist über die Kuppeln seines Volkes

„Es war einfach furchtbar. Wir fühlten uns sicher, der Kampf war gewonnen und die Maha'krodha besiegt. Wir konnten in eine sichere Zukunft blicken und uns von den Überfällen erholen. Also habe ich die Reparaturen in Auftrag gegeben. Die Schäden an den Kuppeln mussten endlich behoben werden. Wir brauchen diese Festung um für die Zukunft sicher zu sein. Auch die Arbeiten an den Hütten des Dorfes und den direkten Feldern gingen voran, als es geschah: Der Fluss richtete seine Wut gegen uns. Die Wellen überfluteten das Dorf und rissen Vorräte mit sich. Die Arbeiten an den Feldern waren umsonst. Aber viel Schlimmer war es in der Kuppel. Die Strömung und die Kraft dieser Flutwellen riss die Arbeiter unter Wasser mit sich. Sie zerstörte die Außenwände und überflutete teilweise die Räumlichkeiten. Zehn Nentilor verloren ihr Leben und ich hatte sie mit meiner Entscheidung in den Tot geschickt. Das kann ich mir bis heute nicht verzeihen."

– Aus den Aufzeichnungen von Lahala Nentilor

Überblick

Nachdem die Charaktere das Haus Henghyoke verlassen haben, ist es an der Zeit, sich wieder mit den T'skrang der drei Nialls Daikara, Nentilor und Nensora zu treffen. Die Lahalas der drei Nialls versuchen jeweils eine Deutung der Vision von Shivoam. Die Auswirkungen der Manipulationen des Flussgeistes werden immer deutlicher. Das Zollschiff der K'tenshin wird zerstört, und die Überlebenden retten sich nach Nad'karanji, wo sie versuchen, Einfluss auf die Lahala Daikara zu nehmen. Teile des Nialls Nentilor werden überflutet, und die in der Reparatur befindlichen Kuppeln nehmen schweren Schaden. Es deutet sich an, dass die Maha'krodha noch einmal versuchen wollen, die Macht am Galanga an sich zu reißen. Im Niall Nensora bietet die Alte Messalah den Charakteren an, ihnen bei der Bildung einer Gruppenstruktur zu helfen.

Atmosphäre

Es besteht unter den Nialls keine Einigkeit über die Deutung der Vision von Shivoam. Die erwartete Entscheidungshilfe bezüglich der Schicksale der Nialls ist die Vision jedenfalls nicht. Die Charaktere haben keinen klaren Auftrag mehr und erleben eine relativ ruhige Phase, in der sie über die Geschehnisse nach-

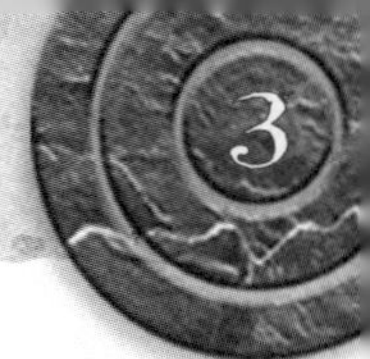

denken, alte Freunde besuchen oder die Bildung einer Gruppenstruktur vorantreiben können. Ein Angriff der Maha'krodha deutet sich an. Die Krieger des K'tenshin Zollschiffs versuchen, die Entscheidungen der Nialls in ihrem Sinne zu beeinflussen und erkennen die Charaktere nicht als Verhandlungspartner an. Die immer häufiger werdenden Visionen mit Zan'dakaar bieten den Charakteren eine Möglichkeit für den direkten Kontakt mit dem Widersacher.

Schlüsselinformationen

Die Manipulationen am Flussgeist haben Nebeneffekte und zum Teil katastrophale Folgen für die Bewohner der Region. Die Maha'krodha bauen ein zweites Schiff, das auf einer ähnlichen Technik wie die Tri'starr beruht. Die K'tenshin sind absolut gegen den Zusammenschluss der drei Nialls.

Wohin geht die Reise?

Wie auch immer der Aufenthalt im Haus Henghyoke für die Charaktere verlaufen ist, sie müssen das Aropagoi nun verlassen. Die Shivalahala Henghyoke hat Jarla, der Kapitänin der „Rache", den Auftrag erteilt, die Charaktere an jeden Punkt des Galanga zu bringen, den sie wünschen. Die Charaktere können nun selber entscheiden, welches Ziel sie als nächstes ansteuern wollen. Die Reise durch das Netzwerk verbringen die Charaktere wieder im Trockenraum der Rache.

Niall Daikara

Die drei Türme von Nad'karanji (Nika, Dai und Raha) bilden die Heimat des Nialls Daikara und den Ort, an dem sich die Lahala Daikara aufhält. Die Türme sind von hölzernen Stegen umgeben, an denen Schiffe jeder Größe anlegen können. Der Turm Dai ist durch den Angriff der Maha'krodha vor einigen Wochen stark beschädigt worden und wird im Moment wieder instand gesetzt. Direkt neben den Türmen, am Ufer des Galanga, befindet sich die Enklave, welche für Händler und Reisende vorgesehen ist. Für eine ausführliche Beschreibung zu Nad'karanji siehe Teil 1 „Galanga, der Tanz beginnt".

Hintergrund

Lahala Daikara hat sich noch nicht zur Deutung der Vision geäußert. Bevor sie das machen wird, will sie unbedingt mit den Wächtern oder den Charakteren sprechen. Da die Wächter seit mehreren Tagen unauffindbar sind, ist die Lahala inzwischen in großer Sorge und hat mehrere Suchtrupps ausgesandt. Die Ankunft der Charaktere begrüßt sie daher sehr.

Beratung mit den Daikara

Die Charaktere werden ein weiteres Mal in den prachtvoll ausgestatteten Empfangsraum im Turm Dai gebracht, um sich dort mit der Führung des Nialls Daikara zu beraten. Anwesend sind Upani Shaiden, Amba (siehe Seite 57), Katori (Gesandter des Aropagois K'tenshin, siehe S. 48) und die Lahala Daikara.

Bevor die Charaktere ihre Geschichte berichten sollen, fasst die Lahala alle wichtigen Ereignisse zusammen, die in der Abwesenheit der Charaktere passiert sind.

1. Es ist mehrfach zu spontanen Überschwemmungen am Galanga gekommen. Dabei hat es zahlreiche Todesopfer gegeben. Am schlimmsten hat es das Niall Nentilor erwischt. Eine der Überschwemmungen hat die Reparaturen der beschädigten Unterwasserkuppeln zunichte gemacht und Teile der Siedlung zerstört. Die Nentilor sind im Moment damit beschäftigt, zu retten was zu retten ist.

2. Die Maha'krodha haben ihre alten Siedlungen verlassen und verstecken sich im Dschungel. Mehrere Trupps von Sklavenjägern ziehen durch den Dschungel und versuchen, so viele Sklaven aus den Wilden Völkern des Dschungels zu fangen wie möglich.

3. Die Wächter sind verschwunden. Der letzte Kontakt bestand mit Erntar und Upani Shaiden kurz nach den Ereignissen an der Sandburg. Die Wächter haben gesagt, sie wollen sich zur Meditation an den Galanga zurückziehen und dann zu ihren jeweiligen Nialls zurückkehren. Keiner der Wächter wurde seitdem gesehen.

4. Es gibt die Vermutung, dass die Maha'krodha ein weiteres Schiff bauen – oder bereits gebaut haben – das der Tri'starr gleichen oder sogar noch gefährlicher sein könnte. Die Späher haben im Dschungel Werftanlagen und mehrere Hinweise auf das zweite Schiff entdeckt (ggf. haben die Charaktere dies bereits in *Das Große Spiel* entdeckt).

5. Das Zollschiff der K'tenshin sollte vor ein paar Tagen Nad'karanji erreichen. Kurz vor der Ankunft hat der Fluss selber sich aufgebäumt und das Schiff verschlungen. Ans Ufer schwimmende Besatzungsmitglieder wurden von den Fluten immer wieder unter Wasser gedrückt und gegen die Felsen geschleudert. Von der Besatzung konnten nur sieben T'skrang, zum Teil schwer verletzt, gerettet werden. Die Überlebenden befinden sich im Moment in den Räumen der K'tenshin und werden dort versorgt. Das Zollschiff ist komplett zerstört worden. Danach hat sich ein Strudel im Galanga gebildet, der das Durchfahren dieses Flussstückes nahezu unmöglich gemacht hat.

Die Lahala bittet die Charaktere, von ihren Erlebnissen seit der Gefangennahme und von Shivoams Vision zu berichten.

Wenn die Charaktere ihre Geschichte beendet haben, melden sich nacheinander Upani Shaiden, Amba und Katori zu Wort. Die Lahala Daikara trägt nicht mehr zum Gespräch bei. Bevor sie eine Entscheidung trifft, braucht sie einige Tage Bedenkzeit.

Upani Shaiden

Spielleiterinformation

Das einzige Mitglied der Gemeinschaft, die nach Shivoams Rat gesucht hat, das bisher nach Nad'karanji zurückgekehrt ist, ist Upani Shaiden. Upani hat der Lahala berichtet, dass die Wächter sich auf der Flucht von den Vertretern der Nialls getrennt

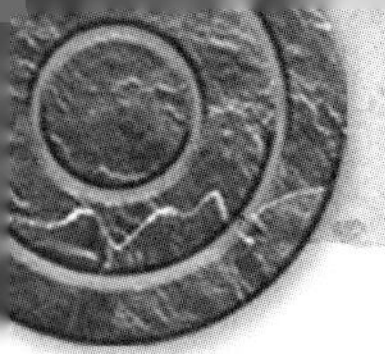

haben, um einige Tage am Fluss zu meditieren und die Vision zu deuten.

Das hat ihn aber nicht davon abgehalten, seine eigene Interpretation der Vision im Niall zu verbreiten. Upani hat die Vision an der Sandburg selber nicht miterlebt und kann sich nur auf die Erzählungen der Wächter berufen, mit denen er von der Sandburg zurück geflohen ist.

Für ihn bedeutet die Vision eindeutig, dass die drei Nialls ein gemeinsames Aropagoi bilden müssen.

Upani schlägt der Versammlung vor, den Zusammenschluss unter der Führung des Nialls Daikara so bald wie möglich durchzuführen und danach gemeinsam gegen die Maha'krodha vorzugehen. Upani schlägt den Namen „Kumarajiva", die Kinder der Schlange, als Namen für das neue Aropagoi vor. Katori versucht Upanis Rede noch während er spricht zu unterbrechen, wird aber von der Lahala Daikara zurechtgewiesen zu warten, bis seine Zeit zu reden gekommen ist.

Amba

Spielleiterinformation

Amba denkt, dass die Vision ein Hilferuf ist, dem alle T'skrang am Galanga folgen müssen. Die drei Nialls sind zu verschieden, und räumlich zu weit getrennt. Die Bildung eines Aropagois bringt nur Probleme in eine gut funktionierende Gemeinschaft, die auch so gut klarkommt. Wirklich wichtig ist die Hilfe, die die T'skrang am Galanga leisten müssen, um Shivoam zu unterstützen. Das Hauptziel muss sein herauszufinden, wer für das seltsame Verhalten des Flusses verantwortlich ist, und das zu stoppen. Außerdem muss man sich um die Überreste des Nialls Maha'krodha kümmern und herausfinden, was diese vorhaben.

Amba ist nicht mit Upani einer Meinung. Er gibt zu bedenken, dass, wenn Upani mit seiner Deutung recht habe, die Maha'krodha ebenfalls Teil des neu gebildeten Aropagoi sein müssten.

Katori

Spielleiterinformation

Die K'tenshin lehnen ein neues Aropagoi ab, da sie die Nialls einzeln effektiver kontrollieren können. Insgeheim unterstützen sie die Kräfte, die gegen eine Einigung sind. Wenn die Nialls am Galanga ein Aropagoi bilden würden, könnten sie unter einem Namen verhandeln und würden im Schnitt deutlich bessere Preise für ihre Waren im Einkauf und deutlich bessere Preise für ihre Produkte im Verkauf erzielen.

Problematisch dabei ist, dass das Aropagoi K'tenshin, das den einzigen Zugang zum Galanga faktisch kontrolliert, auch wenn das Gesetz des freien Handels auf dem Schlangenfluss gilt. Die K'tenshin werden versuchen, die Nialls am Galanga daran zu hindern, sich zusammen zu schließen, indem sie das neue Aropagoi nicht anerkennen und die Nialls am Galanga weiterhin als Teil ihres Protektorats ansehen und zusätzlich jedem Aropagoi einen Handelskrieg androhen, der die Nialls am Galanga anerkennt.

Die Zukunft der Nialls am Galanga

Die Charaktere haben die Möglichkeit den Weg der drei Nialls weiter zu bestimmen. Die Lahala Daikara verlässt sich auf ihren Rat und wird das umsetzen, was die Charaktere vorschlagen. Die mögliche Bildung eines Aropagois findet aber erst nach dem Ende dieses Abenteuers statt und ist kein Teil dieser Geschichte.

Der Sprecher des Aropagoi K'tenshin ist äußerst aufgebracht und rät strickt davon ab, auch nur über die Bildung eines Aropagoi nachzudenken. Er gibt zu bedenken, dass die Shivalahala K'tenshin so einem Ansinnen auf keinen Fall zustimmen würde. Die Lahala Daikara müsse sich darüber klar sein, dass die Bildung eines Aropagois einer Kriegserklärung dem Aropagoi K'tenshin gegenüber gleichkäme. Außerdem möchte er ganz genau geklärt haben, wer für die Vernichtung des Schiffes der K'tenshin verantwortlich ist. Falls sich herausstellte, dass die Daikara damit etwas zu tun haben, oder auch nur hätten verhindern können, dass es zu dem tragischen Unfall gekommen ist, hätten sie mit Reparationszahlungen in der vollen Höhe des Schiffspreises zu rechnen. Katori verlässt daraufhin den Versammlungsraum. Sein Zorn ist ihm deutlich anzusehen.

Abschliessende Beratung

Nachdem die drei T'skrang gesprochen haben, bittet die Lahala Daikara die Charaktere, ihr einen Vorschlag für das weitere Vorgehen zu geben. Upani und Amba werden ihre Meinung dadurch nicht ändern.

Was auch immer die Charaktere nun vorhaben, sie werden von der Lahala Daikara dabei unterstützt.

Eine Gruppenstruktur

Nachdem das Gespräch in der großen Gruppe beendet ist, entlässt die Lahala Daikara alle Anwesenden bis auf die Charaktere. Sie möchte ihnen eine letzte Botschaft mit auf den Weg geben. Die Lahala tauscht sich regelmäßig mit der Wissensträgerin Tikala'sha (siehe Teil 2 „Das große Spiel") aus, die das Bibliotheksschiff des Niall Nensora leitet. In der letzten Botschaft, die von Tikala'sha kam, hat die Wissensträgerin vorgeschlagen, für die Gruppe der Charaktere eine wahre Gruppenstruktur zu schaffen, falls die Gruppe so etwas noch nicht besitzt. Die Lahala Daikara empfiehlt den Charakteren, Tikala'sha aufzusuchen und mit ihr über diese Möglichkeit zu sprechen.

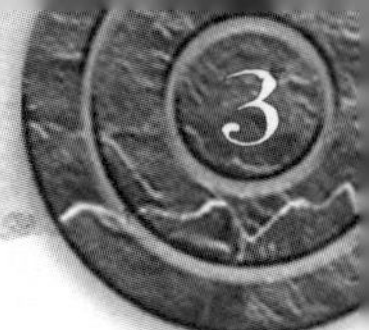

Eine Untersuchung des Strudels

Ungefähr eine halbe Meile stromabwärts von Nad'karanji hat sich ein Strudel gebildet, der die Durchfahrt dieses Flussstücks nahezu unmöglich macht. Der Strudel ist von den Spitzen jedes Turmes aus gut zu erkennen.

Um den Strudel genauer zu untersuchen, muss ein Charakter nah genug herankommen, um ein Talent wie zum Beispiel Astralsicht zu nutzen. Der Galanga ist an dieser Stelle relativ schmal, er misst nur ungefähr 50 Schritt Breite. Die Auswirkungen des Strudels reichen bis zum Rand und überspülen regelmäßig einen Bereich von weiteren 10 bis 20 Schritt des Ufers. Die Aufweichung des Ufers und der stete Wasserfluss haben bereits mehrere Bäume umstürzen lassen.

Mit einer Astralsicht(12)-Probe kann ein Charakter erkennen, dass sich viele Körnchen des wahren Elementes Wasser im Strudel befinden, von denen aber kaum welche den Strudel verlassen. Mit einem Zusatzerfolg kann ein Charakter erkennen, dass sich an dieser Stelle des Galangas ein Knotenpunkt des Netzwerks befindet, der so manipuliert wurde, dass auf der einen Seite der Öffnung permanent Wasser gegen die Laufrichtung des Galangas herausschießt und auf der anderen Seite der Öffnung wieder eingesaugt wird. Der dafür verantwortliche Zauber ähnelt Zaubern elementaristischer Art und speist sich selbst mit Magie aus der Elementarebene. Der Neutralisierungsmindestwurf, um den Zauber lang genug zu unterbrechen, sodass er zusammenfällt, beträgt 17.

Zan'dakaar bemerkt die Auflösung seiner Magie augenblicklich und erneuert den Zauber, sobald er Zeit dafür findet. Durch die besondere Verbindung erhalten die Charaktere jedes Mal die Bedeutende Vision *Der große Strudel* (siehe S. 186) und können, wenn sie das wollen, mit Zan'dakaar in Verbindung treten (siehe *Eine besondere Verbindung*, S. 185).

Besuch der Enklave

Die Enklave und die Kneipe „Shivoam“ sind kaum besucht. Die meisten Glücksritter und Händler haben während der Kampfhandlungen die Enklave verlassen und sind noch nicht wieder zurückgekehrt.

Überraschenderweise ist Hausvor Neumani, den die Charaktere schon in *Galanga, der Tanz beginnt* begegnet sind, wieder in der Enklave anzutreffen. Als die Charaktere Hausvor das letzte Mal gesehen haben, war er gerade dabei, Nad'karanji vor der sich ankündigenden Schlacht zu verlassen und den Galanga hinab zu reisen, um sich mit dem Zollschiff der K'tenshin zu treffen.

Gerne berichtet Hausvor den Charakteren was seitdem passiert ist:

Zwei Wochen nach seiner Abreise konnte Hausvor tatsächlich das Zollschiff der K'tenshin erreichen. Die K'tenshin waren sehr interessiert an seinen Berichten über die Zustände am Galanga, entschieden sich aber dann, noch einige Wochen mit der Reise nach Nad'karanji zu warten, um nicht in die Kämpfe verwickelt zu werden. Hausvor weist mehrfach darauf hin, dass die K'tenshin für sein Verständnis wenig überrascht reagierten, als er ihnen zum ersten Mal von den Taten der Maha'krodha berichtete. Hausvor konnte die Zeit nutzen, um alle an ihn gerichteten Nachrichten aus Throal zu bearbeiten und entsprechende Botschaften zurückzusenden. Als das Zollschiff dann zur Reise nach Nad'karanji aufbrach, entschied sich Hausvor dazu, wieder mitzureisen, in der Annahme, dass sich der Konflikt inzwischen entschieden haben müsste.

Kurz bevor die K'tenshin Nad'karanji erreichten, brach dann ein Unwetter aus und das Schiff wurde von den Wassern des Galanga zerschmettert, wobei ein Großteil der Besatzung von den Wellen immer wieder unter Wasser und gegen die Felsen gedrückt wurde. Zu Hausvors Erstaunen ließen ihn die Wellen in Ruhe und er konnte, an ein Stück Treibholz geklammert, gerade so mit seinem Leben davonkommen. Hausvor glaubt inzwischen, dass der Flussgeist ihn gerettet hat und er noch eine Rolle am Galanga spielen soll, die Shivoam für ihn vorgesehen hat. Diese Vermutung teilt er auch gerne jedem mit, der ihm zuhört.

Hausvor interessiert sich seit jeher für die wirtschaftliche Seite der Vorgänge am Galanga. Und er hat auch von der Vision von Shivoam und ihren verschiedenen Deutungen gehört. Hausvor hat sich keine eigene Meinung gebildet, was die Vision genau bedeuten soll. Die wirtschaftlichen Auswirkungen versteht er aber umso besser.

Hausvors Vorschlag an die Charaktere: Die Charaktere sollen der Lahala Daikara (bei der sie in hohem Ansehen stehen) vorschlagen, dem Handelshaus Neumani einen noch zu verhandelnden Preisnachlass auf alle Handelswaren der Daikara, Nentilor, Nensora und Maha'krodha gewähren. Im Gegenzug würde das Handelshaus Neumani seine Beziehungen zum Königshaus von Throal spielen lassen und die Gründung eines neuen Aropagoi durch den throalischen König unterstützen lassen.

Die Deutung der Vision

Der Inhalt der Vision hat sich in Nad'karanji verbreitet, und fast alle Mitglieder des Nialls haben sich damit beschäftigt. Die meisten T'skrang der Daikara sind aber unsicher, was die Vision genau für ihr Niall bedeuten soll. Man wartet dringend auf die Rückkehr von Udan Apa, um seine Meinung dazu zu hören.

Aus der Besprechung mit der Lahala wissen die Charaktere, dass Upani Shaiden für einen Zusammenschluss der drei Nialls ist und dass Amba die Vision gegenteilig beurteilt.

Sowohl Amba als auch Upani sind interessiert daran, wie die Charaktere die Vision deuten. Ihre Beweggründe sind aber unterschiedlich.

Upani möchte die Charaktere für seine Zwecke nutzen. Er sucht das Gespräch mit ihnen und lädt sie dazu in seine Räume ein. Upani ist sich im Klaren darüber, dass die Beziehungen zwischen den Charakteren und ihm nicht gut sind.

Er beginnt so: „Ich weiß, dass wir in der Vergangenheit nicht immer einer Meinung waren, aber die Vergangenheit ist die Vergangenheit, und wichtige neue Entscheidungen liegen vor uns. Wie deutet ihr die Vision, die Shivoam uns gesandt hat?“

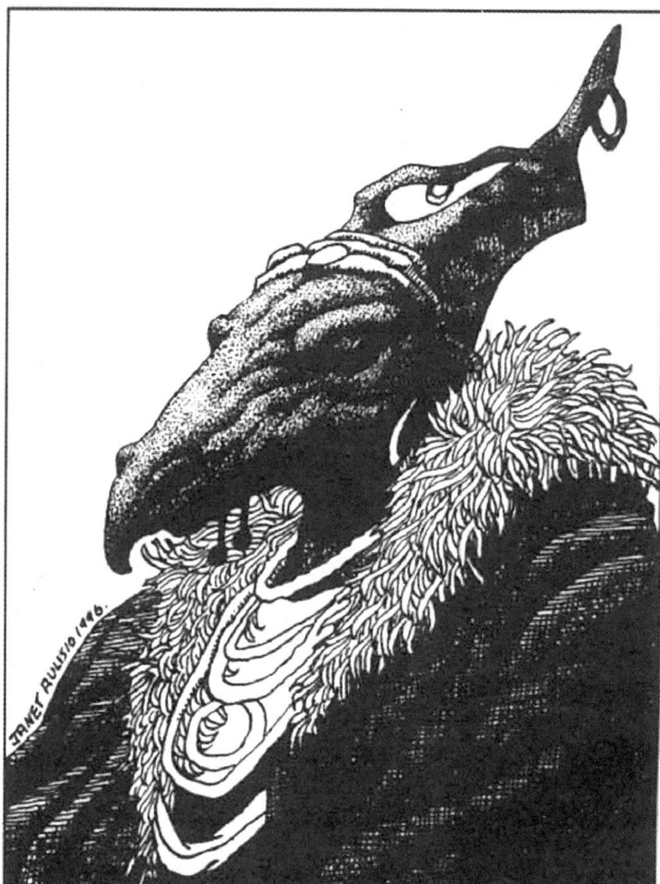

Fall die Charaktere seine Deutung der Vision teilen, ist er hocherfreut und bittet die Charaktere, ihre Stellung bei den anderen Nialls zu nutzen und diese Deutung der Vision zu verbreiten. Falls die Charaktere eine andere Deutung bevorzugen (zum Beispiel die von Amba), reagiert er erbost und sagt: „Die Vergangenheit scheint zur Zukunft zu werden. Als Fremde solltet ihr eure Meinung für euch behalten und nicht versuchen, die T'skrang am Galanga zu beeinflussen, wie ihr es schon die ganze Zeit gewagt habt."

Die Unterhändler

Die Lahala Maha'krodha hat drei T'skrang unter der Führung von Kriva'vadin ausgesandt, um über eine Kapitulation des Nialls Daikara zu verhandeln. Die anderen beiden Unterhändlerinnen sind Vidrava und Sudhira. Alle drei sind keine Adepten.

Einige Zeit nachdem die Charaktere Daikara erreicht haben, erreicht auch die Gruppe der Maha'krodha die Türme von Nad'karanji. Die drei Unterhändlerinnen nähern sich vom Galanga aus in einem Einbaum und haben eine weiße Fahne bei sich, um ihre friedlichen Absichten anzuzeigen.

Nachdem die drei Maha'krodha mit ihrem Einbaum angelegt haben, kommt es an den Holzstegen um die Türme herum zu tumultartigen Zuständen. Viele T'skrang des Nialls reagieren äußerst ungehalten auf das Auftauchen der verhassten Maha'krodha. Einige wenige Kämpfer der Daikara und zwei unbewaffnete T'skrang des Nialls Nensora versuchen, die Menge in Schach zu halten und die Unterhändlerinnen in den Turm Dai zu bringen, damit die Lahala mit ihnen reden kann.

Damit die Situation nicht aus dem Ruder läuft, können die Charaktere einspringen und die Menge davon abhalten die Maha'krodha anzugreifen, falls sie das wollen. Um die Menge zur Ruhe zu bringen, können die Charaktere eine Rede halten und die Menge überzeugen, Gewalt anwenden oder sich auf die Nutzung der entsprechenden Fähigkeiten für Interaktions(9)-Proben beschränken. Die Haltung der T'skrang in der Menge gegenüber den Charakteren reicht von freundlich bis loyal (nach Wahl des Spielleiters). Die aufgebrachten T'skrang davon abzubringen, über die Maha'krodha herzufallen, entspricht einem großen Gefallen (siehe *Spielleiterhandbuch*, S. 98).

Nachdem die Unterhändlerinnen gründlich durchsucht worden sind, werden sie der Lahala Daikara in dem Verhandlungsraum oben im Turm Dai vorgeführt. Der K'tenshin Katori , Upani Shaiden und die Spielercharaktere sind ebenfalls anwesend.

Die Forderungen der Maha'krodha

Kriva'vadin tritt vor und stellt sich und die beiden anderen Unterhändlerinnen kurz mit Namen vor. Dann kommt sie gleich zur Sache:

„Shivoam zum Gruße. Ich bin von Shivalahala Maha'krodha ausgesandt worden, um die Bedingungen eurer Kapitulation zu verhandeln. Der pflichtgetreue Zan'dakaar, seines Zeichens oberster Elementarist des Aropagois Maha'krodha, hat den Flussgeist unter seinen Bann gezwungen und beherrscht den Galanga nun uneingeschränkt. Der Strudel vor eurer Haustür ist nur ein kleiner Vorgeschmack seiner Macht. Das Schwesterschiff der Tri'starr, die Sankshaya (throalisch: "Endbringer"), ist fertig gestellt und wartet auf ihren Einsatz. Aber es muss nicht zum Krieg und zu großem Leid für euer Niall kommen. Schwört eure Treue und werdet das erste Mitglied im Aropagoi Maha'krodha. In der Struktur des Aropagois steht ihr dann über den Nensora und über den Nentilor. Gemeinsam werden wir den Galanga zu einem der größten Handelszentren in Barsaive ausbauen und die Zollschiffe der anderen Aropagois mit eingezogenen Schwänzen zu ihren schwächlichen Shivalahalas zurückjagen. Solltet ihr euch aber weigern zu folgen, dann steht eurem Niall die Vernichtung und Auflösung bevor. Die Mitglieder eures Nialls werden den Rest ihres Daseins als Sklaven fristen, eure Eier werden an fremden Stränden schlüpfen und der Namen Daikara wird nur noch in alten Schriftrollen weiterleben. Die Shivalahala Maha'krodha ist weise und mächtig und gebietet euch eine Woche Bedenkzeit."

Danach haben alle Anwesenden die Gelegenheit Kriva'vadin Fragen zu stellen. Fragen zu Truppenstärken oder Vorgehensweisen im Krieg beantwortet sie nicht. Zweifel am Sieg der Maha'krodha hat sie nicht.

Bedingungen der Kapitulation

Fall ein Charakter die Bedingungen einer Kapitulation hören möchte (die Lahala Daikara verzichtet darauf), erklärt Kriva'vadin kurz, dass die Lahalas der drei Nialls Blutschwüre für ihre Nialls leisten müssen und dem Aropagoi Maha'krodha so beitreten können. Diese Blutschwüre sind für alle Mitglieder der Nialls bindend. Jedes Niall bekommt zu Anfang einen Besatzungstrupp der Maha'krodha, der aber nach einigen Jah-

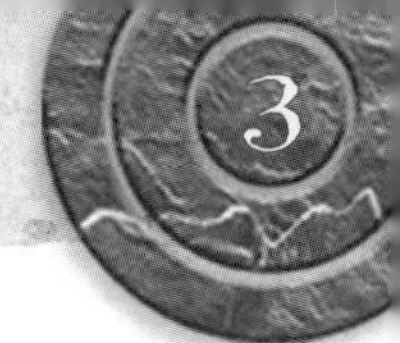

ren wieder abgezogen werden kann. Alle Schiffe des Aropagois bekommen Kapitäne der Maha'krodha und alle Schätze und magischen Gegenstände werden ebenfalls zu den Maha'krodha gebracht. Danach können alle zusammen unter der Führung der Shivalahala damit beginnen, den Galanga zu einem mächtigen Handelszentrum auszubauen.

Vidrava

Mit einer Charisma- oder Empathische Wahrnehmung(8)-Probe kann ein Charakter erkennen, dass der ganze Vorgang der jungen T'skrang Vidrava äußerst unangenehm ist. Die Haltung von Vidrava gegenüber den Charakteren ist zu Beginn der Begegnung unfreundlich. Wenn ein Charakter Vidrava direkt anspricht, fährt Kriva'vadin dazwischen und verbietet der jungen T'skrang das Wort. Falls die Charaktere es irgendwie schaffen, Vidrava von der Gruppe zu trennen oder durch Interaktionsproben (8) Vidravas Haltung auf freundlich zu ändern (siehe *Spielleiterhandbuch* S. 93), überlegt sich die junge T'skrang, die Seiten zu wechseln und das Niall Maha'krodha zu verlassen.

Katori

Mit Aufmerksamkeit (12) kann ein Charakter erkennen, dass Kriva'vadin und Katori sich bereits länger kennen müssen. Mehrfach wechseln eindeutige Blicke zwischen den beiden hin und her.

Falls ein Charakter Kriva'vadin oder Katori darauf anspricht, dass sich die beiden schon kennen, behauptet Katori, dass Kriva'vadin versucht hat, das Aropagoi K'tenshin zu überreden, gemeinsam mit den Maha'krodha die Daikara anzugreifen. Das sei aber abgelehnt worden. Kriva'vadin wird behaupten, dass die K'tenshin den Maha'krodha versprochen haben, ihr Zollschiff in diesem Jahr viel später zu schicken, um den Maha'krodha den Angriff auf die drei Nialls zu ermöglichen und sich nicht einzumischen. In diesem Fall spricht Kriva'vadin die Wahrheit.

Die Antwort der Lahala

Um eine geeignete Antwort zu finden, schickt die Lahala Daikara die drei Maha'krodha zum Warten in einen anderen Raum. Danach hört sie die Meinungen ihrer Berater.

Upani Shaiden gibt zu bedenken, dass seiner Meinung nach in der Vision von Shivoam davon die Rede ist, ein Aropagoi zu bilden. Den Vorschlag der Maha'krodha auszuschlagen, könnte bedeuten, gegen den Willen des Flussgeistes zu handeln.

Katori gibt zu bedenken, dass ein Zusammenschluss mit den Maha'krodha ebenfalls einen Krieg mit dem Aropagoi K'tenshin nach sich ziehen würde. Sobald die gesamte Aufmerksamkeit der Shivalahala K'tenshin auf diesem Abschnitt des Schlangenflusses liegen würde, hätten die T'skrang am Galanga der Macht der K'tenshin kaum etwas entgegen zu setzen.

Danach hört die Lahala die Meinung der Charaktere. Die Lahala vertraut den Charakteren und wird ihren Vorschlag favorisieren. Falls die Charaktere zu weiteren Verhandlungen zum Niall Maha'krodha reisen wollen, stimmt die Lahala Daikara diesem zu. Sie verbietet aber ausdrücklich jegliche Form von Betrug bei den Verhandlungen.

Falls die Charaktere die Lahala auf die Unsicherheit von Vidrava ansprechen, bestärkt sie die Versuche der Charaktere, Vidrava zur Flucht zu verhelfen. Diese darf aber auf keinen Fall mit Gewalt erfolgen. Es ist für die Ehre des Nialls unabdinglich, dass die T'skrang aus freien Stücken flieht.

Nachdem die Lahala Daikara ihre Entscheidung getroffen hat, werden die drei Maha'krodha wieder in den Saal geführt und die Lahala verkündet das Ergebnis der Verhandlung.

Die Flucht von Vidrava

Mit der Überbringung der Botschaft und der Festsetzung der Bedenkzeit von einer Woche hat Kriva'vadin ihre Aufgabe erfüllt. Sie hat kein Verlangen danach, länger als nötig im Niall Daikara zu verweilen, und will nach der Audienz mit der Lahala Daikara sofort wieder abreisen.

Falls die Charaktere die Gruppe auf dem Weg zu ihrem Boot begleiten, zum Beispiel, um sie vor den T'skrang des Nialls zu beschützen, haben sie ein weiteres Mal die Gelegenheit zu bemerken (Charisma (8) oder Empathische Wahrnehmung (8)), dass Vidrava sich in einem inneren Zwiespalt befindet, da sie darüber nachdenkt, die Maha'krodha zu verlassen.

Informationen über die Maha'krodha

Die Maha'krodha planen immer noch, die drei anderen Nialls zu besiegen und die Macht am Galanga zu übernehmen. Um das zu erreichen, werden große Mengen von Sklaven gefangen, die ebenfalls gegen die drei Nialls kämpfen sollen. Gut 100 Krieger der Maha'krodha haben sich in den Dschungel zurückgezogen und warten auf ihren Einsatz.

Die "Sankshaya" (Endbringer) ist noch lange nicht fertig gestellt. Die Hauptwaffe ist einsetzbar, aber alle schwenkbaren Eiskanonen an den Seiten sind befinden sich noch im Bau. Es wird noch mehrere Monate dauern, das Schiff komplett fertigzustellen, da die Maha'krodha die Werft verlassen mussten.

Zan'dakaar hat sehr viel Macht im Niall Maha'krodha erlangt. Die Lahala richtet sich immer nach seinem Wort. Die letzte Lahala Maha'krodha hat Zan'dakaar häufiger in seine Schranken verwiesen.

Die letzte Lahala Maha'krodha ist bei einem Unglück ums Leben gekommen, während sie einige Höhlen untersucht hat. Die Leiche konnte nicht geborgen werden und das Ahnenwissen der Maha'krodha ist mit ihr verloren gegangen.

Für Vidrava ist eine Flucht an vielen Stellen möglich. Sie kann mit Hilfe der Charaktere in die Menge abtauchen oder nach dem Ablegen vom Boot in den Galanga springen. In allen Fällen hat Kriva'vadin kaum die Möglichkeit, sie daran zu hindern.

Informationen über das Niall Maha'krodha

Die Charaktere müssen Vidrava ein weiteres Mal vor der Menge beschützen, die ihre Flucht vielleicht nicht richtig einschätzt (siehe oben). Sobald Vidrava in einen Bereich gebracht wurde, in dem sie sicher ist, fragt sie, ob die Lahala Daikara sie in das Niall Daikara aufnehmen kann. Sie möchte nicht mehr zu den Maha'krodha gehören. Im Gegenzug ist sie bereit einige Informationen über das Niall Maha'krodha mit der Lahala zu teilen.

Aropagoi K'tenshin

Katori ist überaus verärgert über die Entwicklungen am Galanga. Die Bestrebungen der drei Nialls sich zusammenzuschließen, will er auf jeden Fall verhindern. Katori hat Angst davor, dass Vidrava sich daran erinnern könnte, dass Katori vor einigen Monaten bei den Maha'krodha war und dabei über die Angriffspläne auf die drei Nialls gesprochen wurde. Er fürchtet um sein Leben, sollte die Lahala Daikara davon erfahren. Katori hat auf neue Anweisungen von seiner Shivalahala gewartet.

Mit dem vernichteten Zollschiff sind diese fürs erste einmal verloren. Im Moment sieht Katori Upani Shaiden als größte Gefahr an, da dieser so vehement für einen Zusammenschluss der Nialls plädiert. Katori denkt im Moment darüber nach, ob er Upani mit einem Giftattentat unbemerkt ausschalten kann. Sollte der Druck auf seine Person zu hoch werden, wird er sich auf seine offizielle Stellung als Repräsentant des Aropagoi K'tenshin berufen und zurück zu seinem Aropagoi fliehen.

Udan Apa

Von vielen Mitgliedern des Nialls können die Charaktere erfahren, dass Udan Apa bisher nicht von der Suche nach den Ritualorten zurückgekehrt ist (siehe Teil 2 „Das große Spiel").

Mahendo und Jo'ran

Mahendo und Jo'ran (siehe Mahendo, S. 28) liegen in Nad'karanji vor Anker. Jo'ran können die Charaktere zu verschiedenen Zeiten in Nad'karanji und Umgebung antreffen. Der Bootsmann streift durch die Gegend und sucht Hilfe für Mahendo. Bisher konnte ihm aber niemand helfen.

Mahendo liegt seit Tagen nur noch auf seiner Pritsche auf der Harmattan und döst vor sich hin. Der eh schon wenig gesprächige Troll/Elementar ist kaum noch ansprechbar und hat auch kein Interesse mehr, mit der Harmattan den Galanga zu bereisen. Jo'ran vermutet, dass Mahendo an einer Krankheit leidet und bittet die Charaktere um Hilfe, falls er ihnen in Nad'karanji begegnet.

Die Manipulationsversuche am Flussgeist Shivoam durch Zan'dakaar haben sich sehr negativ auf Mahendo ausgewirkt. Der permanent manifestierte Wassergeist hat nahezu seine gesamte Geisterstärke eingebüßt und steht kurz davor, nach vielen Jahren die physische Welt verlassen zu müssen. Das will Mahendo aber nicht.

Mahendo antwortet nur sehr langsam und ungenau auf Fragen.

Eine Untersuchung des Trolls mit nichtmagischen Mitteln liefert keine Erkenntnisse. Mahendo sieht weder krank aus, noch sind irgendwelche anderen Auffälligkeiten zu erkennen. Genauere Untersuchungen ergeben, dass er seit Tagen nichts gegessen hat. Das scheint aber nicht der Ursprung des Problems zu sein (tatsächlich hat Mahendo noch nie etwas gegessen).

Eine Untersuchung des „kranken" Trolls mit Astralsicht (8) offenbart, dass es sich bei Mahendo im Moment um einen Wassergeist der Geisterstärke 1 handelt (falls die Charaktere das nicht bereits wussten).

Mahendos Motivation besteht darin, Namensgeber über den Galanga zu transportieren. Seine eigene Existenz in der physischen Welt ist für ihn zweitrangig, aber notwendig, um seiner Motivation zu folgen. Um das also weiterhin tun zu können, ist der Wassergeist bereit, einem Namensgeber seinen wahren Namen zu verraten. Wenn in der Gruppe der Charaktere ein Adept mit den Fähigkeiten zur Beschwörung von Elementarwesen (siehe *Spielerhandbuch*, S 216) ist, bittet Mahendo diesen Charakter um ein Gespräch unter vier Augen.

Falls dieser Charakter schwört, Mahendos wahren Namen niemals zu verraten und Mahendo nicht dazu zu zwingen, Dienste für den Charakter zu erledigen, verrät ihm Mahendo seinen wahren Namen („Haritadara"). Er bittet den Charakter, ihn neu zu beschwören und ihm den einen Auftrag zu geben, Namensgeber über den Galanga zu transportieren.

Mittels einer erfolgreichen Beschwören(17)-Probe und dem wahren Namen von Mahendo kann ein Namensgeber Mahendo neu beschwören. Der wiederhergestellte Mahendo ist gerne bereit, die Charaktere überall hin zu transportieren.

Mahendo stellt eine der Möglichkeiten dar, die Elementarebene des Wassers zu erreichen. Er verfügt über die Fähigkeit, die Harmattan (genau wie die Schiffe der Henghyoke) durch die Knotenpunkte des Netzwerks zu steuern.

Niall Nensora

Hintergrund

Die Position des Niall Nensora kann man grob dem Lungameer zuordnen. Anders als unter den T'skrang an der Schlange üblich, gibt es keine gemeinsame Brutstätte des Nialls. Die T'skrang leben auf vielen kleinen Wohnschiffen. Jedes dieser Schiffe zieht seine Jungen selber oder im Verbund mit ein bis zwei Schiffen auf. Ihre Ausbildung erhalten die jungen T'skrang jedoch traditionell nicht auf ihrem Geburtsschiff, sondern sie wechseln dazu von einem Wohnschiff zum anderen, bis sie sich irgendwann fest einem Mannschaftsbund anschließen.

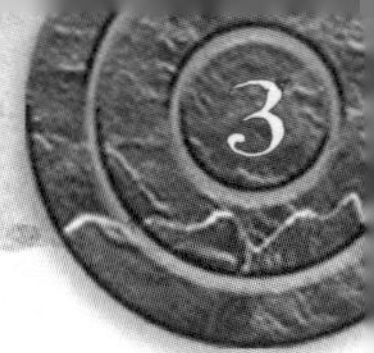

Über ein eigenes großes Flussboot verfügen die Nensora nicht. Konflikten gehen sie aus dem Weg, indem sie sich mit ihren Wohnschiffen tief in den Servosdschungels zurückziehen oder sich im Lungameer verbergen.

Auf einem Wohnschiff aufgewachsene T'skrang betrachten sich ähnlich wie andere Namensgeber aus Barsaive als eine Art Familie (der Mannschaftsbund). Das Niall wird durch eine Lahala angeführt, die sich auf einer Riesenschildkröte (Kurmapati) durch das Lungameer bewegt.

Da es keine feste Siedlung gibt, treffen sich die vielen Boote des Nialls mehrfach im Jahr und bilden eine Versammlung aus Wohnbooten, um Geschichten auszutauschen und die Bande der Gemeinschaft zu stärken und um Feste zu feiern. Für genauere Informationen zum Niall Nensora siehe Teil 1 „Galanga, der Tanz beginnt".

Auch die Wächterin der Erde, Messalah, die sich sonst immer im Niall Nensora aufgehalten hat, ist auf dem Weg von der Sandburg zurück zum Niall verloren gegangen. Niemand im Niall weiß, was mit ihr passiert ist. Erntar, der ebenfalls an der Sandburg von den Charakteren getrennt wurde, ist wieder im Niall angekommen, hat aber auf seinem Weg ebenfalls keinen Kontakt mehr mit Messalah gehabt. Da Erntar nicht an der Vision teilgenommen hat, ist der Inhalt im Niall Nensora noch nicht bekannt.

Falls die Charaktere sehr lange brauchen und viele andere Dinge unternommen haben, bevor sie wieder zu den Nensora reisen, dann ist der Inhalt der Vision in groben Zügen durch den Kontakt mit den Daikara auch bei den Nensora bekannt.

Handlungsoptionen im Niall Nensora

Die Charaktere können im Niall Nensora einige Dinge erledigen, die ihnen im Konflikt mit den Maha'krodha helfen können. Weitere Handlungsoptionen sind denkbar, werden hier aber nicht beschrieben.

1. Eine Wahre Gruppenstruktur erschaffen
2. Die Vision von Shivoam besprechen
3. Alte Bekannte aufsuchen

> Fadenmagie kann auf eine spezielle, einzigartige Weise von Gruppen eingesetzt werden. Indem Mitglieder dieser Gruppe absichtlich eine Wahre Struktur für die Gruppe erschaffen, können sie Fäden zu ihr weben, mit denen sie ihre eigenen Fähigkeiten verbessern, wenn sie mit der Gruppe interagieren, indem sie als Teil von ihr handeln. (siehe *Spielerhandbuch*, S. 138)

Eine Wahre Gruppenstruktur

Die Bildung einer Wahren Gruppenstruktur ist unter den Mitgliedern des Nialls Nensora nicht unüblich. Einige der eng zusammenarbeitenden Mannschaftsbünde der einzelnen Wohnschiffe praktizieren diese Form der Magie, um sich die täglichen Aufgaben des Lebens zu erleichtern. Viele Mannschaftsbünde verbleiben jahrelang in derselben Konstellation, und jedes Gruppenmitglied kann sich blind auf die Loyalität der anderen Mitglieder des Bundes verlassen.

Die Erschaffung einer wahren Gruppenstruktur erfordert fünf Bedingungen, die nacheinander erfüllt werden müssen:

1. Die Gruppe wählt einen Namen für sich, der ihre Vergangenheit, Gegenwart und Zukunft repräsentiert.
2. Die Mitglieder der Gruppe erschaffen ein Symbol, das die Gruppe und ihre Geschichte repräsentiert.
3. Jedes Mitglied der Gruppe erschafft einen Gegenstand, der die Gruppe und die Rolle dieses Mitglieds in der Gruppe repräsentiert; dieser Gegenstand wird zu einem unbedeutenden Strukturgegenstand für die Gruppe.
4. Die Gruppe wird in einem speziellen Benennungsritual benannt, das den Startpunkt für die Bildung der Wahren Gruppenstruktur bildet.
5. Die Gruppenmitglieder schwören einen Gruppeneid des Blutfriedens und schließen damit die Bildung der Wahren Gruppenstruktur ab.

Im Niall Nensora befinden sich zwei T'skrang, die sich sehr gut mit der Erschaffung von Gruppenstrukturen auskennen und die schon viele Mannschaftsbünde durch die notwendigen Schritte geleitet haben. Es handelt sich dabei um Tikala'sha und den Künstler Che'wan, welche die Charaktere schon von früheren Begegnungen her kennen.

Tikala'sha kann den Charakteren die fünf Bedingungen erklären, die sie erfüllen müssen, um eine Wahre Gruppenstruktur zu erschaffen (siehe *Spielerhandbuch*, S. 138). Che'wan kann die Charaktere bei dem zweiten und dritten Schritt, der Erschaffung, mit seinem Rat und seinen handwerklichen Fähigkeiten unterstützen. Che'wan ist ein Meister in der Erschaffung von Kunstwerken aus Wahren Elementen. Falls ein Charakter seinen Strukturgegenstand aus einem Wahren Element formen möchte, ist Che'wan gerne bereit, ihm dabei zu helfen.

Das Benennungsritual

Die Charaktere genießen durch ihre Handlungen der vergangenen Wochen bereits ein sehr hohes Ansehen im Niall Nensora. Viele Mitglieder des Nialls betrachten sie als Freunde und sind an ihrem weiteren Weg sehr interessiert. Falls sich die Gruppe der Charaktere dafür entscheidet, das Benennungsritual durchzuführen, stellt es eine große Ehre für die Mitglieder des Nialls dar, wenn sie bei diesem Ritual anwesend sein dürfen.

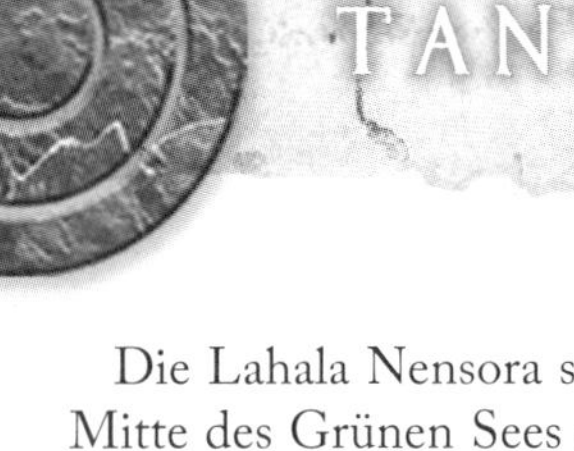

Die Lahala Nensora schlägt vor, das Benennungsritual in der Mitte des Grünen Sees auf der Kurmapati Chin'lechelys (siehe *Galanga, der Tanz beginnt*) durchzuführen. Falls die Charaktere darauf eingehen, wird die Lahala versuchen, so viele Mitglieder des Nialls wie möglich vorher zu benachrichtigen, damit sie mit ihren Wohnschiffen anreisen und dem Ereignis beiwohnen können. Sobald die Charaktere sich entschlossen haben, eine Wahre Gruppenstruktur zu erschaffen, schickt die Lahala die Botschaft (mit schnellen Booten und mit Hilfe der Windlinge (siehe *Galanga, der Tanz beginnt*) an die Mitglieder ihres Nialls heraus.

Das Benennungsritual findet in der Mitte des Grünen Sees bei untergehender Sonne statt. Die Lahala Nensora, Tikala'sha und die Charaktere befinden sich auf dem Rücken von Chin'lechelys (der Kurmapati von Erntar, auf deren Rücken kein Gebäude steht), wo sie den vierten Schritt des Rituals durchführen können. Der größte Teil der Wohnschiffe der Nensora ist zu diesem Ereignis angereist und hat einen großen Kreis um Chin'lechelys gebildet, so dass jedes Mitglied einen guten Blick auf das Benennungsritual hat.

Während der Durchführung des Rituals verhalten sich alle T'skrang des Nialls absolut still und folgen den Vorgängen konzentriert. Sobald aber der letzte Charakter seinen Schwur geleistet hat, für immer ein Teil der Gruppe zu sein, brandet tosender Applaus über das Wasser. In der Nacht feiern die T'skrang ein rauschendes Fest, bei dem viel Bambusschnapps fließt und würzige Speisen auf den Tisch kommen. Die Charaktere sind die Ehrengäste.

Deutung der Vision

Alle Mitglieder des Nialls Nensora sind daran interessiert, den Inhalt der Vision von Shivoam kennenzulernen. Trotzdem bittet die Lahala Nensora die Charaktere, zuerst nur einigen Mitgliedern des Nialls davon zu berichten, um selber abschätzen zu können, welchen Einfluss die Vision auf das ganze Niall haben wird. In jedem Fall wird die Lahala aber darauf bestehen, dass alle Mitglieder des Nialls die Möglichkeit erhalten, die Vision von den Charakteren vorgetragen zu bekommen, um sich eine eigene Meinung zu bilden.

Die Charaktere werden gebeten, zur Kurmapati Kula zu kommen und einigen Mitgliedern – Lahala Nensora, Tikala'sha, Erntar und Issar – die Vision vorzutragen.

Falls die Charaktere mit Mahendo und Jo'ran zu den Nensora gefahren sind, bittet Jo'ran darum, ebenfalls an der Unterredung teilnehmen zu dürfen, was die Lahala gerne gestattet.

Nachdem ein Charakter die Vision für die vier T'skrang des Nialls Nensora vorgetragen hat, herrscht lange Zeit Schweigen. Nur die Lahala Nensora gibt ihre Meinung zu der Vision kund. Sollte einer der Charaktere eine Deutung anbieten (zum Beispiel, weil er das Upani Shaiden versprochen hat), lassen die T'skrang den Charakter gerne zuerst reden.

Die Deutung der Lahala Nensora

Wenn Shivoam die T'skrang am Galanga als eine Einheit ansieht, dann sollte man dem Rat des Flussgeistes folgen. Dabei gibt es aber mehrere Dinge zu bedenken. Die Lebensweise der Daikara können die Nensora nicht annehmen, da sie die Sklaverei verabscheuen. Die Bildung eines Aropagois unter der Führung der Lahala Daikara kommt also nur in Frage, wenn die Sklaverei bei den Daikara abgeschafft wird. Die Nensora werden auch nicht auf ihre Lebensweise verzichten, im Lungameer auf ihren Wohnbooten zu leben. Auch das muss weiter Bestand haben. Und die Vision spricht ganz klar von der Mündung bis zu den Greifenfällen. Das muss bedeuten, dass die Maha'krodha ebenfalls in ein Aropagoi integriert werden müssen. Auch dazu ist die Lahala Nensora bereit, aber nur unter der Voraussetzung nicht alle Maha'krodha zu töten, sondern zu einer friedlichen Lösung zu kommen. Wenn das der Rat von Shivoam ist, dann muss es auch möglich sein.

Die Schmerzen, die dem Flussgeist zugefügt werden, müssen von Zan'dakaar ausgehen. Die Lahala ist bereit, mit ihrem Volk noch einmal an einem Kampf teilzunehmen, wenn es das Ziel des Kampfes ist, Zan'dakaars Machenschaften zu beenden.

Auch nachdem die Lahala ihre Deutung vorgebracht hat, verzichten die anderen Mitglieder des Nialls auf eine eigene Deutung und bestätigen die Deutung ihrer Lahala mit einem Nicken.

Danach bittet die Lahala die Charaktere den Inhalt der Vision für alle anwesenden Mitglieder des Nialls vorzutragen. Damit ein Charakter die Vision vortragen kann, bilden die Nensora einen Kreis aus Wohnschiffen um die Kurmapati Kula.

Alte Bekannte aufsuchen

Die Mannschaftsbünde werden einige Tage über die Vision sprechen, bevor die Wohnschiffe wieder einzeln durch das Lungameer ziehen. Die Deutung der Lahala Nensora wird allgemein akzeptiert.

In der Zwischenzeit haben die Charaktere die Gelegenheit, sich mit den Mitgliedern des Nialls zu treffen, die sie aus früheren Begegnungen kennen gelernt haben.

Erntar

Den Charakteren könnte aufgefallen sein, dass die Henghyoke, die sonst keine Gefangenen machen, Erntar verschont haben. Wenn die Charaktere Erntar zur Rede stellen, gibt dieser mit Gesten zu verstehen, ab und an mit den Henghyoke gehandelt zu haben. Der stumme T'skrang bittet die Charaktere inständig, der Lahala nicht davon zu berichten, da dieser Verrat einen Ausschluss aus dem Niall zur Folge hätte.

Mit Charisma oder Empathische Wahrnehmung (12) kann ein Charakter feststellen, dass das nicht die ganze Wahrheit ist. Wenn Erntar noch weiter bedrängt wird, gibt er auch noch zu, dass er für Geld auch noch Informationen mit den Henghyoke getauscht hat. Diese Informationen hätten aber niemals zu Eierdiebstählen führen können. Erntar kann die Henghyoke durch ein spezielles Signal (ein rotes Tuch in einem Baum im Lungameer) darauf aufmerksam machen, dass er handeln will.

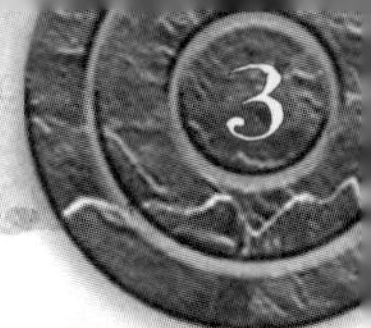

Mit gleicher Probe kann ein Charakter ebenfalls feststellen, dass Erntar wirklich nicht weiß, wo sich Messalah aufhält, falls er ihn danach fragen sollte.

Sollten die Charaktere die Lahala über den Verrat informieren, schließt sie Erntar sofort aus dem Niall aus.

TODUR / EIN ENTFLOHENER SKLAVE

Wurde Todur bereits befreit und zu den Daikara gebracht, so

wird der Zwerg die Charaktere in Nensora aufsuchen und ihnen mitteilen, dass er sich bei seiner Erholungszeit an etwas erinnern konnte, was vermutlich wichtig sein könnte (siehe unten).

Alternativ hat in der Zwischenzeit ein von der Werft entflohener Sklave Nensora erreicht und berichtet von dieser, sodass spätestens jetzt die Charaktere einen Anlass haben sollten, diese aufzusuchen.

Die Vision

Die Charaktere erhalten eine weitere Vision von Shivoam. Die Vision zeigt den Charakteren zwei Wege auf, die sie im Sinne Shivoams beschreiten sollen, um eine mögliche Verbündete zu finden und zu befreien.

Dieser Teil der Vision führt zu *Die Höhle der Irrlichter* (siehe S. 159f) östlich von Nensora, welche auf dem Weg zur Werft liegen könnte.

„Die Luft vor dir fängt an zu flimmern, und du verspürst einen Sog, der deinen Geist von diesem Ort wegzieht. Es ist ein sehr merkwürdiges Gefühl, als du dich selbst am Galanga stehen siehst. Doch der Augenblick währt nur kurz, denn dein Blick wendet sich dem Fluss zu und fliegt den Galanga entlang. Die Reise endet nach einigen Meilen vor einem runden Höhleneingang in einer Felswand nahe des Flusslaufs. Der Eingang ist zwar von Pflanzen zugewachsen, aber dennoch zu erkennen. Als ob diese Pflanzen nicht existieren, fliegt dein Blick in die dunkle Höhle, bis du eine kleine Kammer erreichst. In der Mitte der Höhle steht ein kleiner Steinsockel, auf dem ein metallisches Objekt liegt. Bevor du dir das Objekt genauer anschauen kannst, verschwimmt das Bild und du erwachst.

Die Geheimnisse der Werft

„Ware Kraft ist es, sich nicht dem Schicksal zu ergeben, sondern mit aller Macht dagegen anzugehen und dem Tod ins Gesicht zu lachen."

– Teldormir Quarzblick, Abenteurer mit viel Erfahrung

„Als die Panik unter den Maha'krodha ausbrach, bzw. dieser überstürzte Abzug begann, wusste ich sofort, dass es gefährlich wird. Ich hatte einfach ein ganz mieses Gefühl. Und ich sollte recht behalten. Diese Bastarde wollten keine Zeugen und brachten die Sklaven einfach um. Keine geordnete Exekution, sondern am Kamm oder Haar packen, aus den Käfigen ziehen und einfach die Kehle aufschneiden oder niederstechen um sie blutend im Dreck krepieren zulassen. Auch mich wollte man loswerden. Ich wusste Zuviel vom Schiff, von Zan'dakaar und den Gesprächen mit dem Kriegshaus. Aber Upandal hat über mich gewacht. Sie waren zu wenige Sklavenjäger und so konnten sich einige Sklaven befreien und es kam zu offenen Kämpfen. Als ein Sklavenwächter mich abstechen wollte, wurde er von einem anderen Sklaven überrascht und die beiden töteten sich gegenseitig. Allerdings hatte mich dieser Sohn eines Dämons bereits schwer verletzt und ich dachte ich müsse sterben. Ein schwerer Schlag auf den Kopf ließ mich taumeln und verschwommen sehen. Ich versteckte mich unter einer Leiche eines anderen Sklaven und wartete so Stunden, gefühlt Tage, bis ich mich traute, mich umzuschauen. Meine Verletzung war schwer und hatte sich bereits entzündet. Aus Angst sie würden wieder zurückkommen, suchte ich mir mit letzter Kraft ein Versteck. Dort hat man mich Tage später dem Tode nah gefunden und gerettet.

– Aus den Aufzeichnungen von Todur Steinbrecher

Überblick

Das Schicksal der Maha'krodha nach den Ereignissen aus *Galanga, der Tanz beginnt*, konnten die Charaktere in „Das Große Spiel" erfahren. Nach einer Regenerationszeit kann Todur Steinbrecher, der damals in der Werft der Maha'krodha gefunden wurde, einen wichtigen Hinweis auf ein geheimes Labor innerhalb der Werft liefern, in dem die Charaktere Hinweise und Infos auf Zan'dakaar und seine Pläne entdecken.

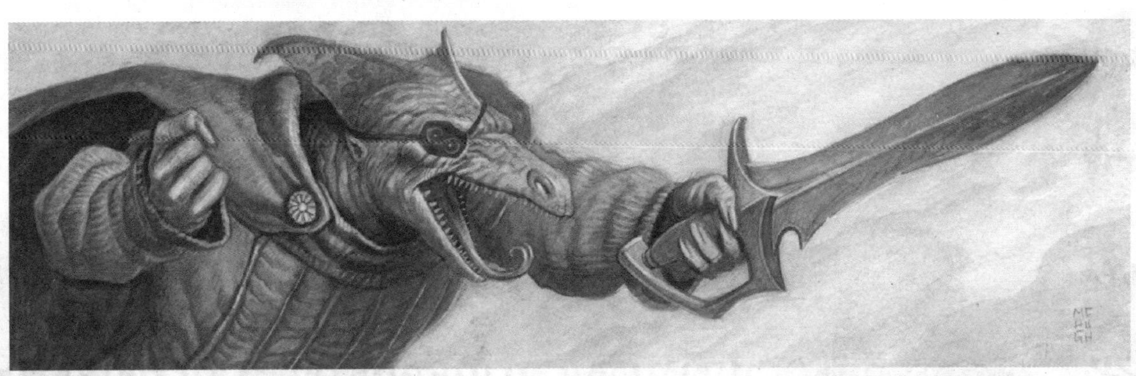

ATMOSPHÄRE

In diesem Kapitel geht es darum, dass die dunklen Machenschaften Zan'dakaars weiter ans Tageslicht kommen. Die böse Absicht wird deutlicher und die Pläne auf einen gefährlichen Zauber sollte die Aufmerksamkeit der Charaktere wecken. Ein Vorhaben, das so gefährlich ist, dass es mit Illusionen und magischen Kreaturen bewacht wird.

SCHLÜSSELINFORMATION

Die zu erreichende Schlüsselinformation sind Hinweise auf die Pläne Shivoam weiter zu versklaven. Die Charaktere können an die Info für ein magisches Ritual erlangen, das vier Elemente mit einander vereint und verstärkt. Ohne es zu wissen, erhalten sie Hinweise auf den Finalen Ort an den Greifenfälle. Dazu erlangen sie Einsicht in die Mechanik einer Barriere, die Zan'dakaar einsetzt um den Ritual Ort zu schützen.

DAS GEHEIME LABOR

Das Schicksal der Maha'krodha nach den Ereignissen in „Galanga, der Tanz beginnt" wurde im Abschnitt *Folgen für die Maha'krodha*, auf Seiten 74ff. erläutert. Hier konnten die Charaktere den Zwergen Todur Steinbrecher befreien. Falls dies bisher nicht passierte kann dies an passender Stelle nachgeholt werden oder passiert in Abwesenheit der Charaktere durch Kämpfer der verbündeten Nialls.

Es gibt an der Werft aber noch einen weiteren, wichtigen Hinweis zu finden. Auf dem Gelände der Werft hat Zan'dakaar ein geheimes Forschungslabor eingerichtet, in dem er den Bau einer Barriere verfolgte. Der Nutzen dieser Barriere wird sich erst beim Finale an den Greifenfällen offenbaren (siehe *Das Geheimnis der Greifenfälle,* S. 169ff). Es gibt zwei mögliche Wege, wie die Charaktere auf die Suche nach diesem Labor gebracht werden.

OPTION 1 – ZWERG TODUR BEI DEN DAIKARA
Wurde Todur bereits befreit und zu den Daikara gebracht, so wird der Zwerg die Charaktere aufsuchen und ihnen mitteilen, dass er sich bei seiner Erholungszeit an etwas erinnern konnte, was vermutlich wichtig sein könnte.

OPTION 2 – ZWERG TODUR IN DER WERFT
Betreten die Charaktere die Werft erst zu diesem Zeitpunkt, so wird Todur kurz bevor sie die Werft verlassen wollen an etwas erinnern und den Aufbruch unterbrechen.

Todur musste einige technischen Pläne zu Verriegelungen und dem Kombinieren von Holz mit Metall für eine Luke analysieren. Erst später, als das zu bauende Schiff Form annahm, machte es ihn stutzig, dass dort eigentlich kein Platz für eine solche Konstruktion war. Diese Arbeit muss also einem anderen Zweck dienen. Da Zan'dakaar diese Arbeit ebenso wichtig ansah wie die Arbeit am Schiff selbst, muss es mit einem ebenso gefährlichen Plan zusammenhängen. Todur hat ebenfalls ein Gespräch zwischen Zan'dakaar und seinem Schamanen Tsirill Nak Nat (siehe S. 181) aufgeschnappt, wo es um das Wirken von Zaubern und Einbetten von elementaren Körnchen in ein Portal ging. Dies kann eigentlich nur diese Luke sein kann.

Er vermutet, dass es womöglich noch ein geheimes Labor geben muss, in dem sich die Bauteile befinden und evtl. weitere Pläne und Aufzeichnungen existieren. Er glaubt sogar zu wissen, dass es sich in der Werft selbst befinden muss. Zan'dakaar hat während der Arbeiten an dem Schiff öfters die Grotte betreten, ist aber erst nach Stunden wiederaufgetaucht und das obwohl ihn niemand in der Werft bei den Arbeiten gesehen hat. Er vermutet also, dass das Labor sich im hinteren Teil der Grotte befindet. Dieser Abschnitt der Grotte ist voll mit Felsen und Geröll, aber vielleicht befindet sich dahinter noch ein weiterer Teil.

DER VERSTECKTE ZUGANG

Die Charaktere werden daraufhin erneut die Werft aufsuchen und den hinteren Teil der Grotte absuchen. Beinahe zu übersehen ist ein kleinerer Bereich versteckt hinter ein paar Felsen, die eine Art Nische ergeben, die vollständig im Dunkeln liegt. Auf den ersten Blick ist nichts zu sehen, nur eine natürliche Felswand der Grotte mit leichter Feuchte und der bekannten Struktur wie im Rest der Grotte auch.

Ein Teil dieser Felswand ist aber nicht real. Dort befindet sich ein Durchgang zu einigen kleineren Räumen. Um den Zugang zu verstecken, liegt eine perfekte Illusion der Wand auf dem Eingang. Die Illusion basiert auf einem Zauber des 5. Kreises und hat damit einen Durchschauen-Mindestwurf (siehe *Spielerhandbuch* Seite 159) von 20. Gelingt einem der Charaktere eine Wahrnehmungs- oder Aufmerksamkeitsprobe (MW 10) im Vorfeld, darf er einen Bonus von +1 pro Erfolgsgrad für das Anzweifeln nutzen, da er kleinere Ungereimtheiten der Illusion beim Agieren mit der Umwelt wahrnimmt (z.B. ein Wassertropfen, der die Wand hinabläuft und dann plötzlich verschwindet).

Durchschauen die Charaktere die Illusion, nehmen sie die Wand nicht mehr wahr und erkennen einen kleinen Gang, der nach einigen Schritten in einem Raum endet. Alle kommenden Räumlichkeiten wurden von einem Erdelementar erschaffen und ein Elementarist kann dies mit einer Halbmagie(8)-Probe.

Der Raum ist 4x4 Schritt groß. In diesem befindet sich ein Schreibtisch inkl. Stuhl, eine Truhe in der Ecke und ein Regal, in welchem Rollen von Papier liegen. Auf dem Schreibtisch liegen ebenfalls Papiere und ein Schreibset mit Tinte. An den Wänden sind an Holzrahmen große Baupläne befestigt. Der Raum hat gegenüber dem Eingang und auf der rechten Seite einen weiteren Durchgang. Der Durchgang gegenüber ist durch eine schwere, eisenbeschlagene Tür verschlossen und der Durchgang rechts durch einen Vorhang abgedeckt. Hinter dem Vorhang befindet sich eine kleine 2x3 Schritt große Kammer mit einer Schlafstätte und einem kleinen Schrank für Kleidung. Wenn die Charaktere den Arbeitsraum und die Schlafkammer durchsuchen, können einige Wertgegenstände gefunden werden.

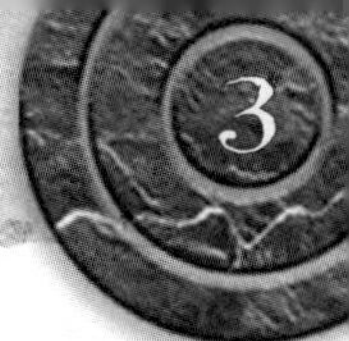

- Schreibset mit Glasfässchen, Greifenfeder und Jadespitze (Wert ca. 200 Silber)
- Heizstein (siehe *Spielerhandbuch,* S. 251)
- Lichtquarz an einem Lederband
- Reisekleidung T'skrang
- Schlafsack des Komforts (siehe *Spielerhandbuch,* S. 251)
- Mehrere Kerzen
- Eine Navigationskarte
- 50 Blatt leeres Papier

Die Pläne an den Wänden und auf dem Schreibtisch sind Pläne des Schiffes. Die Details der Pläne weichen nicht von den Plänen und Informationen, welche die Charaktere schon aus Teil 1 und 2 der Kampagne haben, ab.

Die Tür zum letzten Raum ist mit einer elementaren Falle ausgestattet und auf mechanische Weise verschlossen.

MAGISCHER WÄCHTER

Entdeckung: 12 **Entschärfung:** 14
Initiative: 20

Auslöser: Wenn ein unbefugter Charakter versucht die Tür zu öffnen oder das Schloss zu knacken, legt der Spielleiter eine Spruchzauberei-Probe mit Stufe 15 gegen die höchste Mystische Verteidigung aller Ziele im Radius von 4 Schritt ab. Gelingt die Probe, wird der Zauber des Wächters ausgelöst.

Wirkung: Der Wächter löst einen Feuerball vor der Tür aus (siehe *Spielerhandbauch* Seite 169).

Wurde die Falle entschärft, muss das Schloss der Tür noch geöffnet werden. Dazu benötigt wird eine erfolgreiche Probe auf Schloss Knacken(10)-Probe benötigt oder die Tür muss zerstört werden (Barriere: Schadenskapazität 20, Rüstungswert 10, siehe *Spielleiterhandbuch* Seite 108).

DER MAGISCHE RAUM

Sobald sich die Tür öffnet, weht den Charakteren ein abgestandener Geruch entgegen. Doch bevor sie der Sache auf den Grund gehen können, springt sie eine riesige hundeähnliche Kreatur mit einer Schulterhöhe von 5 Fuß an. Sein stumpfes rotes Fell bedeckt einen muskulösen Körper. Seine Augen leuchten in einem weißen Licht, während das Fell Licht aufzusaugen scheint. Der Körper ist mit einer Art Lederpanzer bedeckt. Die Charaktere müssen diese Kreatur erst töten, bevor sie in die Kammer hinter der Tür gelangen können.

TORHUND

Herausforderung: Geselle (Fünfter Kreis)

GES:	7	Initiative:	9
STR:	8	Körperliche Verteidigung:	10
ZÄH:	8	Mystische Verteidigung:	12
WAH:	8	Soziale Verteidigung:	7
WIL:	6	Physische Rüstung:	8
CHA:	4	Mystische Rüstung:	10
Bewusstlosigkeit:	49	Erholungsproben:	3
Todesschwelle:	57	Niederschlag:	12
Wundschwelle:	12		

Bewegung: 12
Aktionen: 2; Biss 14 (18), Krallen: 14 (14)
Kräfte:
Eigensinnig (1)
Magieentzug (15): Als Standardaktion legt der Torhund eine Magieentzug-Probe ab und vergleicht das Ergebnis mit der Mystischen Verteidigung jedes Ziels in 30 Schritt Umkreis. Jeder Erfolg senkt den Rang der magischen Fähigkeiten des Ziels (einschließlich Talenten und relevanten Kreaturenkräften) bis zum Ende der nächsten Runde um 1.
Spurenlesen (8): Wie die Fertigkeit, Spielerhandbuch, S. 99.
Verstärkter Sinn [Gehör] (2)
Verstärkter Sinn [Geruchssinn] (2). Spurenlesen
Spezialmanöver:
Greif- und Bissangriff (Torhund, Biss)
Kein Entzug (Gegner, Nahkampf): Der Gegner kann zwei zusätzliche Erfolge aus einer Angriffsprobe ausgeben, um das magieentziehende Organ des Torhundes zu treffen und ihm dadurch seine Kraft Magieentzug bis zum Ende der nächsten Runde zu nehmen. Falls der Angriff eine Wunde verursacht, kann der Torhund seine Kraft Magieentzug erst wieder einsetzen, wenn die Wunde geheilt ist.
Loseisen (Gegner, Nahkampf)
Beute: Magie entziehendes Organ im Wert von 500 Silberstücken (Legendenpunkte wert), eine angefertigte Lederrüstung geeignet für große Hunde (Wert 150 Silber)

Die Tür führt in einen Forschungsraum von Zan'dakaar. Dieser hat dort sein geplantes Ritual entwickelt und an einer Tür zum Verschluss einer Höhle gearbeitet. Wenn die Charaktere den Raum betreten, erkennen sie, dass dieser sich in der Form von den vorherigen unterscheidet. Der Raum hat eine Kuppeldecke, in der Mitte des Raums steht eine mit Runen versehene Feuerschale. Eine Astralsicht-, Struktur-Verstehen- oder Halbmagieprobe (Elementarist) (MW 8) zeigt auf, dass die Runen der Schale sie gegen die Kraft von Körnchen elementaren Feuers sichert. Die Decke wurde durch Leuchtende Kreide mit Runen beschrieben. Eine Probe auf Struktur Verstehen oder Halbmagie (Elementarist) (MW 12) offenbart eine Funktion, die etwas mit verschiedenen Elementaren zu tun und ebenfalls eine stabilisierende Wirkung hat. Mehr Details können aber nicht erkannt werden, da einige Teile weggewischt sind oder fehlen.

SPIELLEITERINFORMATION

Der Raum wurde von Zan'dakaar nach Vorbild einer magischen Höhle an den Greifenfällen nachgebaut und die Charaktere werden diese zum Ende des Abenteuers betreten.

In dem Raum ist noch ein Lager des Torhundes zu finden. Ihm wurden T'skrang als Nahrung vorgeworfen, der Kleidung zufolge Sklaven der Dschungelstämme, und dann in der Kuppel als Wächter eingesperrt.

An einer anderen Stelle liegen verschiedene Holz und Metall Konstruktionen, die einzeln gesehen keinen Sinn ergeben. Todur kann aber bei der Untersuchung berichten, dass dies seine Teile für die Luken-Konstruktion sind. Neben diesen Objekten gibt es noch einen breiten Tisch, auf dem weitere Papiere liegen. Neben dem Tisch steht eine unverschlossene Truhe. Untersuchen die Charaktere die Szenerie, kann durch eine Wahrnehmung- oder Aufmerksamkeit(10)-Probe festgestellt werden, dass die Räumlichkeiten auf die Schnelle verlassen wurden. Es wurden die Unterlagen und Gegenstände, die vermutlich hier waren, hastig

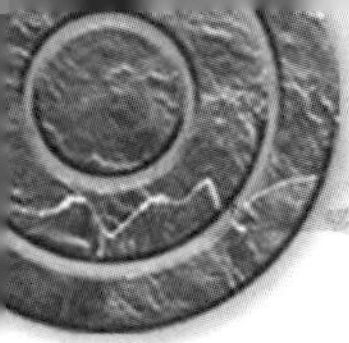

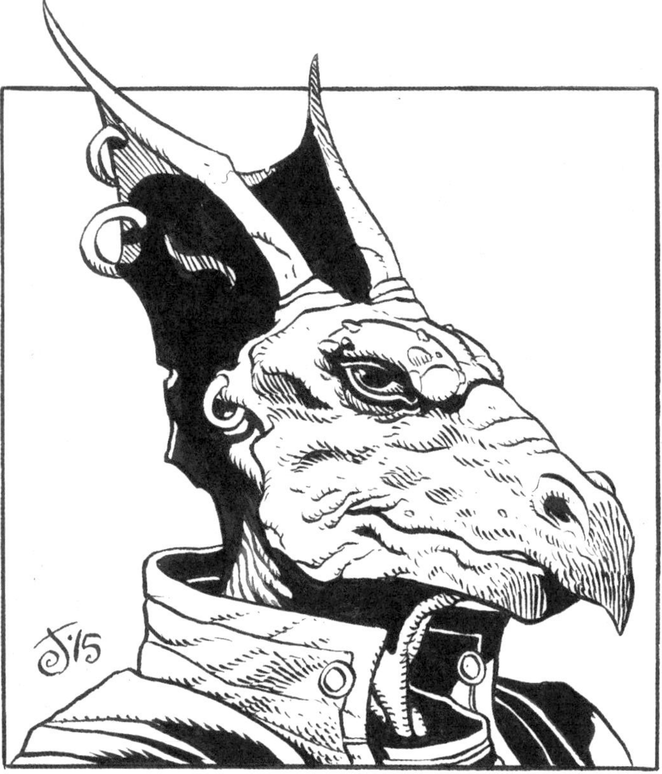

eingepackt und einige nicht so wichtige Zettel, Unterlagen, etc. sind in der Hektik liegen geblieben.

In der Truhe sind einige Bücher über elementare Magie zu finden. Die Bücher beinhalten allgemeine Theorien und Forschungen und können als Lehrbücher genutzt werden (Wissen: Elementarismus +1 Rang). Sie, sie beinhalten keine Infos zu den gefundenen Runen, sind aber einiges im Verkauf Wert (ca. 50 Goldstücke). Dazu gibt es einen Heiltrank, mehrere Bögen Papier und eine kleine Kiste mit 10 Stäben Glühwürmchenkreide.

Nehmen sich die Charaktere die Zeit die Unterlagen in Ruhe durchzugehen, können sie folgendes erfahren:

1) NACHFORSCHEN

Mit einer Probe auf Forschen oder Wahrnehmung (MW 8) können aus den Plänen Rückschlüsse auf die Luke gemacht werden. Die Luke ist nicht für ein Schiff gedacht, sondern wird als Tür genutzt werden. Ein Zusatzerfolg zeigt, dass sie höchstwahrscheinlich magisch und elementar verstärkt sein wird. Ein zweiter Zusatzerfolg zeigt, dass eine Kombination von Mechanik und Magie die Tür schützen wird.

2) MAGISCH UNTERSUCHEN

Andere Blätter zeigen Runen und Notizen zu Zaubern und elementaren Magien. Hier können die Charaktere mit Proben auf Struktur Verstehen, Runenkunde oder Halbmagie (Magier/Elementarist) (MW 10) folgende Informationen erhalten:

Ein Erfolg: Es geht um die Nutzung verschiedener, nicht spezifizierter Elemente in einem ritualartigen Zauber und Ansätze zum Abzapfen von magischen Energien.

Zwei Erfolge: Die natürliche Fähigkeit des Torhundes wurde untersucht und zu diesem Zwecke genutzt. Es handelt sich um die Elemente Wasser, Luft, Feuer und Erde.

Drei Erfolge: Es handelt sich um eine Kombination der vier Elemente und dass diese in einem Zauber durch zusätzlich einfließende Magie von außen unterstützt werden soll.

Der letzte zu untersuchende Punkt in der Höhle sind die mechanischen Teile der Luke. Wenn die Charaktere sich die Objekte zusammen mit Todur anschauen, können sie diese wie bei einem Puzzle Stück für Stück zusammensetzen. Sie ergeben zwar keine gesamte Luke oder Tür aber kleinere zusammengesetzte Objekte ergeben einen guten Eindruck von der Mechanik des gesamten Objektes. Dieses Wissen ermöglicht es der Gruppe im Abschnitt *Die Barriere* (siehe S. 172f) die dortige Situation zu entschärfen und zu passieren.

DIE DSCHUNGELGREIFEN

„Alle Tierarten des Servosdschungels zu erfassen, ist wie einen Wasserfall mit bloßen Händen zu stoppen.“

– Benjen, Tiermeister aus Travar

"Es war eine besondere Erfahrung, von der ich berichten möchte. Meine Reise durch den Servosdschungel brachte mich auch an einen Flusslauf mit dem Namen Galanga. Die dortigen Nialls sind Reisenden gegenüber aufgeschlossen und so zeigten sie mir den Weg zu den Greifenfällen. Ein Wasserfall, der seinen Namen von den dort lebenden Dschungelgreifen hat. Das Betreten des Gebiets erwies sich als kompliziert. Ich denke dass die Greifen eine Art Magie anwenden, um Eindringlinge fernzuhalten, aber da ich mich von meinem Ziel nicht abhalten lassen wollte, hab‘ ich es schlussendlich doch geschafft bis an den Wasserfall heranzukommen. Ich verbrachte beinahe einen Monat dort, um mich den Greifen nähern zu können. Ich bin ehrlich, viel habe ich nicht erfahren über diese wunderschönen und mysteriösen Kreaturen. Aber ich habe es geschafft ihr Vertrauen zu erlangen und hatte sogar die Möglichkeit einen der Greifen zu berühren, sogar auf ihm zu reiten. Eine Erfahrung, die ich nicht missen will.“

– Aus dem Reisetagebuch von Benjen, Tiermeister aus Travar

ÜBERBLICK

Bei ihrer Reise auf dem Galanga können die Charaktere in dieser optionalen Episode den von den Maha‘krodha verwundeten Dschungelgreif Garuda vor dem sicheren Tod retten und als Verbündeten gewinnen.

ATMOSPHÄRE

Die Reise entlang des Galangas, aus welchem Grund auch immer sie unternommen werden mag, birgt viele Überraschungen,

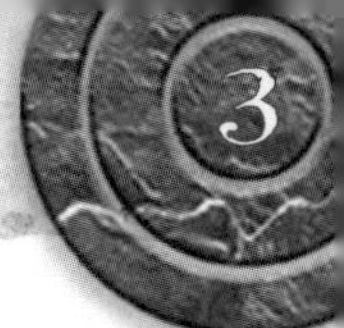

Risiken und Wunder. Die Charaktere können die vielfältige, teilweise sehr exotische Flora und Fauna des Flusses und des Dschungels hautnah erleben. Zusammen mit der Bedrohung durch die Maha'krodha dürfte die Atmosphäre zwischen Anspannung und Verzückung wechseln.

Schlüsselinformationen

Die Maha'krodha bewegen sich durch den Dschungel um den Galanga.

Der verwundete Greif

Hintergrund

Nicht weit vom Galanga entfernt befindet sich ein verletzter Dschungelgreif. Das Tier ist bereits ziemlich schwach und wird ohne Hilfe nicht überleben können. Der Greif kann Namensgeber in seiner Umgebung durch seine magischen Fähigkeiten auf weite Entfernung spüren. Er sieht in den Charakteren seine letzte Überlebenschance und versucht, sie in seine Nähe zu locken. Er nutzt dafür seine Fähigkeit Verzückung, um drei Affen und ein Krokodil in Trance zu versetzen und die Charaktere zu sich zu führen.

Die Affenhorde

Die Charaktere reisen über den Galanga. Das anhaltende und laute Gekreische einer Affenhorde am Ufer verfolgt die Charaktere schon seit einigen Minuten. Charaktere, die sich dafür interessieren, können beobachten, wie das Flussschiff am Ufer von einer Horde Lemuren begleitet wird, die parallel zum Fluss durch den Dschungel jagen und dabei einen enormen Lärm erzeugen. Kurz darauf sieht man ein Stück vor dem Schiff, wie drei Affen auf ein Krokodil steigen, welches am Ufer in der Sonne liegt. Durch Schläge und Kreischen sorgen sie dafür, dass das Krokodil ins Wasser gleitet und auf das Schiff zu schwimmt. Die drei Affen sitzen unruhig auf dem Krokodilrücken und schnattern ununterbrochen, während das Krokodil sich langsam dem Schiff nähert. Sobald das Reptil nah genug herangeschwommen ist, springen die Affen an Deck und nähern sich vorsichtig, aber friedlich den drei Charakteren mit den höchsten Charisma-Werten. Das Krokodil schwimmt davon. Die Affen versuchen sich auf die Schultern der Charaktere zu setzen oder anderweitig auf Augenhöhe zu kommen und beginnen, „ihrem" Charakter längere Zeit in die Augen zu starren. Der jeweilige Affe scheint herausfinden zu wollen, was der Charakter gerade denkt.

Die Charaktere können nun Fähigkeiten einsetzen, um mit den Affen zu kommunizieren. Tiersprache (7) macht die Verständigung sehr einfach. Charaktere, die eine erfolgreiche Probe auf Tiersprache abgelegt haben, werden von den Affen nach ihren allgemeinen Absichten gefragt und danach, ob sie Tiere mögen. Dabei sollte bedacht werden, dass Lemuren über deutlich weniger Intelligenz als Namensgeber verfügen und die Welt aus einer anderen Perspektive betrachten.

Nachdem die Charaktere ein paar Minuten Zeit hatten, sich an die neuen Begleiter zu gewöhnen, verständigen sich die Affen untereinander durch Geschnatter und beginnen damit ihren Charakteren Zeichen zu geben. Dabei versucht jeder Affe seinen Charakter dazu zu bewegen, das Schiff zu verlassen und in den Dschungel zu laufen. Jeder Charakter mit einer erfolgreichen Tiersprache-Probe hat dabei den Vorteil, genau zu verstehen, was sein Affe möchte. Die anderen Charaktere müssen das Ziehen an den Ohren und Haaren und das Deuten auf den Dschungel selber deuten. Die drei Affen sehen ihre Aufgabe, die Charaktere zu dem verletzen Greif zu bringen, als Wettbewerb – wer zuerst ankommt, gewinnt.

Jeder Affe hat seine eigene Vorstellung davon, welches der beste Weg zum Dschungelgreif sein könnte. Aus diesem Grund wird jeder der drei Charaktere schon zu Anfang in eine leicht andere Richtung gezogen. Dabei überschätzen die Affen möglicherweise die benötigten Kletterfähigkeiten ihrer Transportmittel. Nach Wahl des Spielleiters können die Charaktere ein paar Proben auf Klettern oder Weitsprung ablegen, bei denen sie von einem Baum zum anderen oder über Felsvorsprünge springen. Dabei sollte schnell klarwerden, dass der Weg über den Waldboden genauso gut geeignet gewesen wäre.

Die Revierverteidigung

Beim Dschungelgreif Garuda handelt es sich um ein junges Männchen. Er entdeckte vor zwei Tagen eine Gruppe Maha'krodha in seinem Territorium. Da Dschungelgreife keine Namensgeber in der Nähe ihrer Nester dulden, flog das Tier zu der Gruppe und versuchte sie mit seiner Fähigkeit Verzückung (siehe Beschreibung Dschungelgreif, S. 156) aus seinem Gebiet zu vertreiben. Der Elementarist, der sich unter den Maha'krodha befand, widerstand jedoch der Beeinflussung, und die Gruppe ließ sich auf diese Art nicht vertreiben. Daraufhin stürzte sich Garuda aus der Luft auf die Gruppe, um sie anzugreifen und sein Revier zu verteidigen. Die Bogenschützen und der Elementarist der Maha'krodha verletzten den Dschungelgreif so schwer, dass er seinen Angriff abbrechen musste und kurz darauf in den Dschungel stürzte. Bei dem Absturz verletzte er sich zudem am linken Flügel.

Garuda

Beim Absturz aus großer Höhe ist Garuda durch die Krone zweier hoher Dschungelbäume gestürzt und dann auf einen Felsen geprallt. Beim Aufprall auf den Felsen wurde sein linker Flügel verletzt, so dass er nicht mehr fliegen konnte. Durch die abgerissenen, herumliegenden Äste und den blutverschmierten Felsen kann sich jeder Charakter leicht zusammenreimen, was passiert ist. Obwohl das Tier die Charaktere zu sich geholt hat, lässt es zunächst keinen der Charaktere in seine Nähe. Jeder Charakter, der versucht sich unbedarft dem Tier zu nähern, wird von Garuda angegriffen. Durch seine Verletzung bedingt, sind die Stufen seiner Angriffe jedoch um drei gesenkt. Der Greif bleibt dabei stets in der Nähe des Felsens und verfolgt die Charaktere nicht, wenn sie sich wieder weiter entfernen.

Von dem Kampf mit den Maha'krodha zeugen die Reste zweier Pfeile, einer im linken Flügel und einer in der Brust des Tieres. Zusätzlich dazu ist das Gefieder des Greifen am Bauch und am linken Vorderbein verbrannt (durch einen Feuerball). Der linke Flügel ist zudem angebrochen.

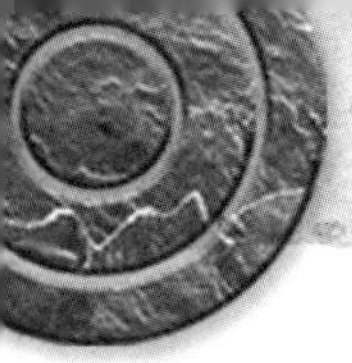

Mit Tiersprache (11) kann ein Charakter mit Garuda direkt kommunizieren. Der Greif möchte, dass die Charaktere ihm helfen. Gleichzeitig ist er aber sehr nervös und misstrauisch. Der Spielleiter sollte Garuda wie einen Nichtspielercharakter behandeln und dafür die Regeln der Sozialen Interaktion verwenden (siehe *Spielleiterhandbuch*, S. 94ff), gleichzeitig aber auch bedenken, dass Tiere nicht so intelligent wie Namensgeber sind und die Welt aus einer anderen Perspektive betrachten. Die Haltung des Greifen zu Beginn der Begegnung ist Feindselig. Mit dem Talent Tierfreundschaft (15) oder Charisma (15) kann ein Charakter nach und nach das Vertrauen des Tieres gewinnen (siehe Talentbeschreibung: Nur 1x pro Tag, als Fertigkeit sogar nur 1x pro Woche). Dabei benötigt der Charakter jeweils einen zusätzlichen Erfolg, da der Greif über die Kreaturenkraft Eigensinnig (1) verfügt. Wenn die Charaktere zu lange brauchen, um den Greif zu zähmen, und keine Möglichkeit finden, ihn z.B. gegen seinen Willen zu heilen, stirbt der Greif nach drei Tagen.

Sobald die Haltung (siehe *Spielleiterhandbuch*, S. 93) auf Freundlich gestiegen ist, lässt sich das Tier von dem Charakter, der die Tierfreundschaftsprobe bestanden hat, berühren und behandeln. Alle anderen Charaktere werden weiterhin angegriffen, sobald sie in Reichweite kommen. Nach Wahl des Spielleiters attackiert Garuda seinen Helfer gelegentlich auch noch mit Freundlicher oder Loyaler Haltung, dafür aber mit reduzierter Schadensstufe (9) und selbst mit Ehrfürchtiger Haltung attackiert der Greif seinen Helfer ab und an mit Schadenstufe (3). Solche leichten Stupser mit dem Schnabel sind dann durchaus als Zeichen der Freundschaft zu sehen.

Nach Wahl des Spielleiters kann er den Charakteren einen Bonus von mehreren Stufen auf ihre Proben geben, wenn sie ihm Wasser oder Nahrung geben. Um Garuda zu heilen, kann ein Charakter Arzt- oder Halbmagie (Tiermeister)-Proben ablegen, entsprechende Talente oder Zauber benutzen oder auf Heiltränke (siehe *Spielleiterhandbuch*, Reittiere heilen, S. 257) ausweichen. Sobald der angebrochene Flügel versorgt wurde und Garuda insgesamt 20 Schadenspunkte geheilt hat, ist er wieder flugfähig und erhebt sich in die Luft. Kurz darauf beginnt er damit, die Charaktere sanft aber nachdrücklich aus seinem Gebiet zu verscheuchen. Solange der Charakter, dem Garuda freundlich gesinnt ist, bei der Gruppe ist, sieht das Tier allerdings von direkten Angriffen ab und gibt sich damit zufrieden, wenn die Gruppe sich Richtung Schiff zurückbewegt.

Garuda, der Dschungelgreif, ist ein Verwandter des gemeinen Greifen. Dschungelgreife sind deutlich größer als ihre gemeinen Vettern. Er hat eine Schulterhöhe von sechs Fuß, ist acht Fuß lang und hat eine Flügelspannweite von vierzehn Fuß. Die Federn des Teils der Kreatur, der einem Adler ähnelt, leuchten in kräftigem Grün. Auf jeder Seite seines Kopfes trägt Garuda ein großes Horn. Er gehört zu der Gruppe der Dschungelgreife, die in der Nähe der Greifenfälle ihre Nester hat. Jedes junge Männchen der Dschungelgreife macht eine Phase von einem Jahr durch, in der es sich in einem eigenen Territorium alleine aufhält. Garuda befindet sich am Ende dieser Phase.

Dschungelgreife mögen sowohl Sonnenlicht als auch Wasser. Für Namensgeber ist Folgendes von besonderem Interesse: Kein Dschungelgreif hat es einem Namensgeber jemals erlaubt, auf seinem Rücken zu sitzen. Mehr als ein Steppenreiter oder Tiermeister wurde getötet und gefressen, weil er versucht hatte, auf einem Dschungelgreifen zu reiten.

Garuda verfügt – anders als gewöhnliche Greife – außerdem über magische Fähigkeiten, mit denen er sich unerwünschter Eindringlinge entledigen kann. Dschungelgreife betrachten das Gebiet im Umkreis von einer Wegstunde um ihr Nest herum als ihr Revier, und sie können auf magische Weise jeden Namensgeber entdecken, der dieses Gebiet betritt. Eindringlinge werden, nachdem sie gefunden wurden, aufgespürt und vertrieben.

Wenn das nicht wirkt, verwenden Dschungelgreife einen zweiten magischen Trick. Sie können Eindringlinge in eine Trance versetzen, während derer sie sie aus ihrem Revier herausführen. Die Trance hält noch für mehrere Minuten an, nachdem die Eindringlinge das Revier der Dschungelgreife verlassen haben. Wenn die Eindringlinge wieder zu sich kommen, haben sie nur eine sehr verschwommene Erinnerung daran, wo sie waren und was mit ihnen passiert ist. Da Garuda kein Nest verteidigen muss, ist er zurzeit weniger aggressiv als seine Artgenossen in einer größeren Gemeinschaft.

Bis jetzt konnte angeblich noch kein Dschungelgreif als Reittier abgerichtet oder als Tiergefährte gebunden werden, aber der Spielleiter kann dies unter hinreichend legendären Umständen erlauben. In diesem Fall sind Dschungelgreife als Tiergefährten geeignet, außerdem als Reittiere für Elfen, Menschen, Orks, T'skrang und Zwerge.

Herausforderung: Geselle (Sechster Kreis)

GES:	8	Initiative:	12
STR:	9	Körperliche Verteidigung:	15
ZÄH:	7	Mystische Verteidigung:	11
WAH:	6	Soziale Verteidigung:	15
WIL:	7	Physische Rüstung:	5
CHA:	6	Mystische Rüstung:	4
Bewusstlosigkeit:	51	Erholungsproben:	2
Todesschwelle:	58	Niederschlag:	13
Wundschwelle:	10		

Bewegung: 14 (fliegend 20)

Aktionen: 2; Biss 16 (17), 2x Krallen: 17 (15)

KRÄFTE DER DSCHUNGELGREIFEN

Verzückung (15): Der Dschungelgreif kann das Ziel in eine friedvolle Trance versetzen. Als Standardaktion legt er eine Verzückungs-Probe gegen die Soziale Verteidigung des Ziels ab. Gelingt die Probe, folgt das Ziel dem Dschungelgreif, wohin auch immer er es führt. Diese Wirkung ebbt etwa zehn Minuten, nachdem das Ziel das Revier des Dschungelgreifen verlassen hat, wieder ab. Es kann sich von der Wirkung dieser Kraft befreien, indem es eine erfolgreiche Willenskraft-Probe (MW 13) ablegt.

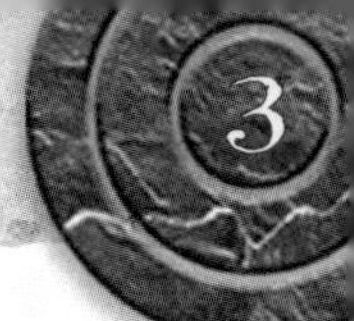

Kräfte:

Aufmerksamkeit (8): Wie die Fertigkeit, *Spielerhandbuch*, S. 77.

Eigensinnig (1), Sturzflug (10), Verängstigen (15): Wie das Talent, *Spielerhandbuch*, S. 103, aber mit zwei Unterschieden: Erstens dauert die Wirkung der Kraft so lange an, wie sich das Ziel im Revier des Dschungelgreifen befindet. Zweitens flieht das Ziel, sobald der Malus aus der Kraft mindestens so hoch ist wie seine Willenskraftstufe.

Verstärkter Sinn [Gehör] (2)

Verstärkter Sinn [Sicht] (2) Dschungelgreife erhalten keinen Malus aufgrund von Entfernung für sichtbasierte Aufmerksamkeits-Proben.

Verzückung (15): Der Dschungelgreif kann das Ziel in eine friedvolle Trance versetzen. Als Standardaktion legt er eine Verzückungs-Probe gegen die Soziale Verteidigung des Ziels ab. Gelingt die Probe, folgt das Ziel dem Dschungelgreif, wohin auch immer er es führt. Diese Wirkung verklingt etwa zehn Minuten, nachdem das Ziel das Revier des Dschungelgreifen verlassen hat. Es kann sich von der Wirkung dieser Kraft befreien, indem es eine erfolgreiche Willenskraft-Probe (13) ablegt.

Spezialmanöver:

Stutz den Flügel (Gegner)

Beute: Schnabel und Federn im Wert von 5W6 x 10 Silberstücken (Legendenpunkte wert)

DIE SCHLAFENDE VANAH

„Wie oft muss ich dir das noch eintrichtern? Feuer, Wasser, Erde, Luft sind nicht alles auf unserer Ebene. Es sind fünf Aspekte, die im Einklang stehen. Holz, du vergisst immer das Holz!“

– K‘sel, Elementarist mit einem lernfaulen Lehrling

„Ihr Herz pochte so stark, dass jeder Schlag im ganzen Körper zu spüren war. Mit weiten Schritten rannte sie durch den Dschungel, vorbei an grünen Ranken und den breiten Stämmen der Dschungelhölzer. Tiere sind im Servosdschungel nur noch selten zu erspähen. Die Plage fordert ihren Tribut, und man kann der Auswirkung nicht entkommen. Es ist vier Jahre her, dass die Pforten der Nialls sich schlossen, und damit ist es fünf Jahre her, dass Vanah ein normales Leben hatte. Sie wählte diesen Weg allein und aus freien Stücken. Ihr Wesen diente schon immer der Natur, dem Holz und der großen Schlange Shivoam. Sie entschied sich, nicht den Schutz der Kuppeln aufzusuchen, sondern hier draußen die Tiere, die Natur und den Galanga und damit Shivoam zu schützen, solange es in ihrer Macht lag. Doch der Moment, an dem ihre Kräfte nicht mehr ausreichten, schien gekommen zu sein. Als sie das Wehklagen und die Schmerzensschreie hörte, machte sie sich wie so oft sofort auf den Weg, um zu helfen. Doch diesmal verlief es anders als sonst. Der Dämon hatte ihr eine Falle gestellt, hatte ihr Verhalten beobachtet und das verwundete Tier liegen lassen, damit seine Schmerzenslaute sie anlocken würden. Er hatte seelenruhig im Unterholz gewartet. Und als sie kam und der Kreatur half, schlug er zu. Sie wehrte sich, was ihn nur noch mehr anstachelte, und es war nur eine Frage der Zeit, bis ein schwerer Schlag ihr den Arm aufschlitzte. Der Stab in ihrer Hand fiel zu Boden und war verloren. Aber mit letzter Kraft richtete sie sich auf und rannte durch den Dschungel davon. Der Dämon verfolgte sie, und je schneller sie rannte, desto schneller schlug ihr Herz. Sie spürte, wie das Leben aus ihrem Arm sickerte, und voller Panik rannte sie zum heiligen Ort des Holzes, in der Hoffnung, dort Schutz zu finden. Der Dämon war ihr dicht auf den Fersen, und kurz vor dem vermeidlichen Schutz des Wurzelwerkes des Heiligen Baumes erwischte er sie, durchbohrte ihren Körper. Sie taumelte nach hinten und ging zu Boden. Ihr Blick verschwamm, das Pochen in ihren Ohren wurde schwächer. Sie wusste, ihr Ende war gekommen. Doch der Dämon, den sie durch den Schleier erkannte, konnte sie nicht erreichen. Er tobte wie vor einer unsichtbaren Barriere, und ihr wurde klar, dass der letzte Hieb sie auf den Baum des Lebens geworfen hatte. Hier war sie sicher. Sie versuchte, sich zu beruhigen, und fand Frieden in dem Gedanken, an diesem heiligen Ort zu sterben und dabei Shivoam so nah zu sein. Das letzte, was sie durch den Schleier wahrnahm, war ein grüner Schimmer, der sich über sie legte, bevor ihr Herz ein letztes Mal schlug.“

– aus den Erzählungen über Wächterin Vanah, Bibliothek der Nentilor

ÜBERBLICK

In diesem Kapitel erhalten die Charaktere eine Vision von Shivoam, in der die fehlende fünfte Wächterin eine Rolle spielt. Sie werden ihr Schicksal ergründen. sie möglicherweise aus ihrem Schlaf erwecken und sie als Verbündete gewinnen. Dazu werden sie einen besonderen Ort aus der Geschichte Vanahs aufsuchen und einen Gegenstand finden müssen – und diesen gegen einen Angriff verteidigen, ehe sie am Baum des Lebens die Wächterin aus ihrem Schlaf erwecken können.

ATMOSPHÄRE

Diese Episode führt die Charaktere zurück an den heiligen Ort der Wächter des Element Holz, und sie werden es mit einer alten, von mächtiger Magie geschützten Wächterin Vanah zu tun bekommen. Das Kapitel hat eine Grundatmosphäre aus Mystik und Pathos und lässt die Charaktere das Schicksal Vanahs ergründen.

SCHLÜSSELINFORMATION

Das Kapitel eröffnet den Charakteren, dass es eine fünfte Wächterin gibt, deren Gegenstand es Zan'dakaar überhaupt erst ermöglicht, den Flussgeist zu bändigen. Die Charaktere befreien mit der fünften Wächterin eine mächtige Verbündete, die Zan‘dakaar zeitweise ein wenig seiner Macht über Shivoam rauben kann. Zan‘dakaar kann die Pläne der Charaktere verfolgen, und er wird sie mit Hilfe der Macht Shivoams angreifen, um die Befreiung zu verhindern.

DAS SCHICKSAL DER FÜNFTEN WÄCHTERIN

Die Wächterin des Holzes (Chreostis) Vanah hatte ihr Leben zu Beginn der Plage dem Erhalt des Dschungels, der Kreaturen am Galanga und dem Schutz Shivoams verschrieben. Daher beschloss die Elementaristin, nicht den Schutz der Kuppeln aufzusuchen und lieber den Kampf in der Natur aufzunehmen.

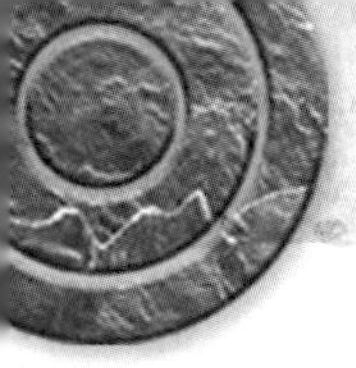

Die Nialls haben den Kontakt zu ihr verloren; ihr Schicksal ist ihnen nicht bekannt. Es gibt durchaus in den alten Legenden und Schriften der Nialls Informationen über sie. Beispielsweise berichten Legenden, dass der Zugang zu den Geistern ihr ein verlängertes Leben bescherte – was näher an der Wahrheit liegt, als die Legende erahnen lässt. Sie kämpfte gegen niedere Dämonen und Konstrukte, schützte so die Natur des Galangas und hielt die Verseuchung fern von den Nialls und dem Baum des Lebens, dem heiligen Mammutbaum. Auch die anderen Heiligen Orte der Wächter suchte sie auf. Sie war vermutlich die letzte T'skrang, die über alle Elemente mit Shivoam verbunden war. Dadurch, dass der Wächter des Holzes nach der Plage nicht mehr präsent ist, sind auch das Element Holz und die alten Flusslieder vom Holz nicht mehr am Galanga verbreitet (siehe *Das Große Spiel*, S. 67). Solange ihr Schicksal ungeklärt ist, kann kein anderer T'skrang ihr folgen und Wächterin des Holzes werden. Natürlich suchen die anderen Wächter nach ihr, bislang aber ohne Erfolg.

Fünf Jahre nach Schließung, überrollte die Plage auch die Gegend am Galanga, und mit ihrem Kampf gegen die Dämonen machte Vanah auch die Größeren der Dämonen auf sich aufmerksam. Ein Dämon stellte ihr eines Tages eine Falle und konnte sie beim Baum des Lebens (ein Baum mit direkter Verbindung zur elementaren Ebene des Holzes) schwer verletzen. Dennoch war der Dämon zu spät, denn er konnte ihren Leichnam nicht erreichen. Dieser überschritt beim Fallen die Schwelle zum Einflussbereich des Baums des Lebens, dessen Kraft so stark ist, dass sie selbst Dämonen fernzuhalten im Stande ist.

Vanah hingegen verlor mit jedem Herzschlag mehr Blut. Doch ihre Kräfte ermöglichten ihr eine Verschmelzung. Sie hätte eine besondere Verbindung zu Shivoam, und diese spürte ihren Schmerz und ihre Verzweiflung. So befahl Shivoam dem Baum des Lebens, die Wächterin aufzunehmen und sie in einen friedlichen Schlaf zu nehmen. Der Baum des Lebens zog daraufhin Vanah mit seinen Ästen und Wurzeln zu sich und umschloss sie mit Blattwerk und Moos und versetzte ihren geschundenen Körper in einen tiefen Schlaf. Ihre Verbindung zu Shivoam sorgt dafür, dass sie, wie auch der Flussgeist selbst, in einem schlafenden Zustand unversehrt weiterlebt, als wäre seit dem Tag des Angriffs keine Zeit vergangen. Dort verbrachte sie die Plage, und der Baum wuchs weiter um sie herum. Wenn man den Baum astral untersucht, kann ihre Präsenz wahrgenommen werden (siehe *Das Große Spiel*, S. 67).

Der Stab des Lebens

Als Wächterin besaß auch Vanah einen magischen Gegenstand, Danda Ayu, ein Geschenk des Baums des Lebens. Der Stab ist ca. vier Fuß lang und hat die Form eines echten, gewachsenen Astes. Dort, wo an dem Ast früher einmal weitere kleinere Äste wuchsen, wachsen heute nach wie vor grüne Blätter und Blüten unterschiedlicher Farben, die den Ast wie ein lebendes Stück eines Baumes aussehen lassen.

Der Stab ist durch seine Herkunft und die Bindung von Vanah an Shivoam ebenfalls direkt mit der Struktur von Shivoam verbunden. Während Vanahs letztem Kampf verlor sie den Stab. Dieser wurde später von einem sehr mächtigen Dämon gefunden, der das Geheimnis der Verbindung zu Shivoam lüftete und den Stab gegen sie und die Henghyoke einsetzte. Inzwischen gelangte der Stab in den Besitz von Zan'dakaar, der ihn einsetzt, um die Kräfte Shivoams zu nutzen.

Vanahs Taten im Namen des Flussgeistes verstärkten das Band zu Shivoam. Sie wirkten sich aber auch auf den Stab und seine Macht aus, was ihn zum Teil von Vanahs Legende machte.

Danda Ayu

Maximale Fadenanzahl: 1
Mystische Verteidigung: 18 **Kategorie:** Hüter

Danda Ayu ist ein ca. vier Fuß langer Stab aus dunklem Holz vom Baum des Lebens. In der Astralebene (MW 8) kann diese starke, lebende Wirkung von elementarem Holz auf den Stab erkannt werden. Er pulsiert voller Leben und kann immer noch als Teil des Baumes wahrgenommen werden. Die Oberfläche an sich ist glatt, ohne die raue Oberfläche einer Rinde. Dort, wo eventuelle kleinere Äste vom Stab abzweigten, erkennt man flache Aststümpfe, aus denen stets kleinere Blätter und bunte Blüten wachsen. Ohne einen zu ihm gewebten Faden hat er dieselben Spielwerte wie ein normaler Kampfstab.

Neben den Fähigkeiten eines Fadengegenstandes, erhält ein Namensgeber, der dem Weg als Wächter Chreostis (Holz) folgt und sich somit dem Weg am Galanga verschrieben hat, die Fähigkeit des Pflanzenwachstums und Hilfe beim Beschwören von Naturgeistern.

Fadenrang 1
Schlüsselinformation: Der Besitzer muss den Namen des Stabs herausfinden.
Wirkung: Der Besitzer erhält einen Bonus von +1 auf seine Mystische Verteidigung.

Fadenrang 2
Wirkung: Für 1 Punkt Überanstrengung kann der Besitzer mit einer Standardaktion den Zauber Schnauben (siehe *Spielerhandbuch*, S. 163) anwenden. Als Stufe für die Spruchzauberei-Probe verwendet er entweder sein Spruchzauberei-Talent oder Wahrnehmung + Fadenrang.

Fadenrang 3
Schlüsselinformation: Der Besitzer muss den Namen des letzten Besitzers herausfinden.
Wirkung: Der Besitzer bekommt einen Bonus von +1 auf seine Mystische Rüstung.

Fadenrang 4
Wirkung: Der Besitzer erhält einen Bonus von +2 Stufen bei Proben, die sich gegen einen Dämon oder dessen Konstrukte richten.

Fadenrang 5
Schlüsselinformation: Der Besitzer muss herausfinden, wer den Stab durch seine Taten mit seiner ursprünglichen Macht versehen hat.
Wirkung: Der Stab erhält eine Erweiterte Matrix mit einem Rang gleich dem Fadenrang. Der gewobene Faden der Matrix kann nur genutzt werden, wenn der Zauber insgesamt nur einen Faden hat.

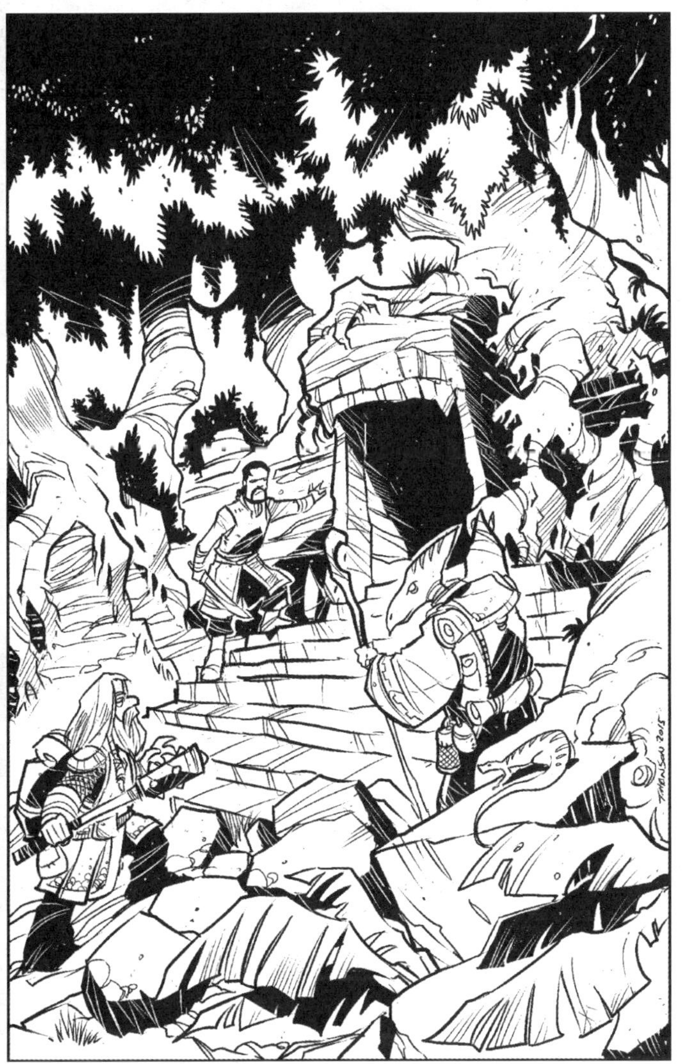

Fadenrang 6
Wirkung: Für 2 Punkte Überanstrengung kann der Besitzer mit einer Standardaktion den Zauber Erde Reinigen (siehe *Spielerhandbuch*, S. 162) anwenden. Als Stufe für die Spruchzauberei-Probe verwendet er entweder sein Spruchzauberei-Talent oder Wahrnehmung + Fadenrang.

Fadenrang 7
Schlüsselinformation: Der Besitzer muss herausfinden, von wo der Ast des Stabes kommt und dass er ein freiwilliges Geschenk war.
Wirkung: Der Besitzer erhält einen Bonus von +1 auf Tiersprache und Pflanzensprache oder das entsprechende Talent auf Rang 1.

Fadenrang 8
Tat: Der Besitzer muss zum Baum des Lebens reisen und den Stab dem Baum als Geschenk übergeben. Gelingt ihm in den darauffolgenden Tagen bei tiefer Meditation am Baum eine Probe auf Fadenweben (MW 18), kann er den letzten Fadenrang zum Stab weben. Er bekommt dadurch eine tiefe Verbindung zum Baum des Lebens, der ihm den Stab als Zeichen des Vertrauens als Geschenk wieder übergibt. die Probe drei Mal wiederholen und eine Probe pro Tag ablegen. Gelingt keiner der drei Versuche, nimmt der Baum das Geschenk an, und der Stab wird im Baum verschwinden, wo er auf einen würdigen Träger wartet.
Wirkung: Chreostis' Berührung – Der Besitzer kann die heilenden Kräfte der Natur bündeln und auf einen Namensgeber oder ein Tier überleiten und das Ziel mit Wärme und Behaglichkeit erfüllen und damit Verletzungen lindern. Für 4 Punkte Überanstrengung kann der Besitzer mit einer Standardaktion eine Willenskraftsprobe + 8 (MW 6) ablegen. Gelingt die Probe, gibt das Ziel eine Erholungsprobe aus. Adepten können nach ihrer Wahl entweder eine Erholungsprobe einsetzen oder eine Wunde heilen. Unabhängig von ihrer Wahl, erhalten sie zusätzliche Heilung von +1 pro Erfolgsgrad. Namensgeber, die keine Adepten sind, und Tiere machen eine Erholungsprobe +2 pro Erfolgsgrad und heilen eine Wunde. Diese Heilung wird nicht durch die Anzahl von Wunden reduziert. Ein Ziel kann nur einmal pro Tag von der Berührung profitieren.

Die Höhle der Irrlichter

Wenn die Charaktere die erhaltene Vision richtig deuten, sollte klarwerden, dass sie die Höhle in ihrer Vision aufsuchen sollen, um einen Gegenstand zu bergen. Wenn sie dem Fluss wie in der Vision folgen, können sie den Höhleneingang ohne Probleme erreichen. Dazu ist eine Wahrnehmung- oder Navigation(12)-Probe mit einem Intervall von einem Tag notwendig. Falls die Probe misslingt, dauert die Suche einen Tag länger, und es kann am nächsten Tag eine erneute Probe versucht werden.

Die Höhle befindet sich östlich des Niall Nensora in einem stark bewaldeten Gebiet, in dem einige kleinere Anhöhen sind. Unterhalb der Anhöhen haben sich kleinere Höhlen gebildet, die während der Plage Kreaturen aller Art Unterschlupf gewährten.

Dort angekommen stehen die Charaktere nahe des Galanga im dicht bewachsenen Dschungel, umgeben von einigen hohen Bäumen, die das Licht dämpfen. Vor ihnen ist ein größerer Felsen, den zu umrunden einige Zeit dauern würde. Der Felsen ist gute 15 Schritt hoch und kann mit einer Klettern(8)-Probe erklommen werden. Der Felsen ist ebenfalls mit Farn, Moos und Ranken überwuchert und der Eingang schwer zu erkennen. Nähert man sich dem Felsen, ist unter einigen Ranken ein ca. 2x2 Schritt großer Eingang zu erkennen. Ein dahinterliegender Tunnel führt leicht abwärts in die Erde und ist natürlichen Ursprungs. Untersucht man den Eingang des Tunnels mit Astralsicht oder Wahrnehmung bzw. Aufmerksamkeit (MW 12), kann man unter dem Moos einige elementare Schutzrunen entdecken. Mit einem Zusatzerfolg kann man feststellen, dass diese Runen rudimentär solchen Runen ähneln, die zum Schutz von Kaers während der Plage genutzt wurden. Ihre Magie hat aber keine Wirkung und Kraft mehr.

Der Tunnel windet sich ca. eine Meile abwärts und endet in einer kleineren Höhle natürlichen Ursprungs mit einer Fläche von ca.– 25x35 Schritt mit einer Deckenhöhe von 15 Schritt. Die Wände sind teilweise mit einem biolumineszierenden Moos bedeckt, wodurch der Raum in diffuses Licht getaucht ist. Mit einer Wahrnehmungs- oder Aufmerksamkeitsprobe (MW 10) können an der dunklen, kantigen Decke kleinere Bauten entdeckt werden, die von nicht leuchtendem braun grünlichem Moos bewachsen sind. Sie ähneln Bienenstöcken, sind aber in die felsige Decke gebaut und somit hervorragend getarnt. Mit einem Zusatzerfolg können je eine Öffnung mit einer Höhe von einem halben Fuß unter dem Moos erkannt werden. Ein zweiter Zusatzerfolg lässt den Charakter in einer der Öffnungen ein blassgrünes Licht pulsieren sehen. Aus einer anderen Richtung ist ein leichtes Klirren zu hören. Eine astrale Untersuchung

(MW 8) zeigt eine leichte Verunreinigung des Astralraums innerhalb der Höhle.

In der Höhle finden sich viele Stalaktiten, die an einer Stelle zerstört wurden und dort einen Trümmerhaufen bilden. Untersuchen die Charaktere die Trümmer, so finden sie Überreste eines Zeltes (Wahrnehmung MW 8) und schwarze, mit Runen versehene Kiesel. Eine Untersuchung mit Astralsicht, Runenkunde oder Struktur Verstehen (MW 12) offenbart, dass es sich dabei um ein Grimoire handelt. Ein Zusatzerfolg offenbart die Disziplin Elementarist (ein Elementarist kann dies ohne Zusatzerfolg sagen). Auf einem Sockel daneben liegt ein kleiner metallener Zylinder, der mit Runen versehen ist. Eine magische Untersuchung des Zylinders und seiner Runen zeigt im Astralraum oder mittels Struktur Verstehen (MW 12), dass es sich um einen magischen Gegenstand handelt, aber nicht um einen Fadengegenstand. Die Runen deuten auf eine elementare Wirkung hin. Ein Zusatzerfolg zeigt, dass die Magie etwas mit dem Wachstum von Pflanzen zu tun hat. Ein zweiter Zusatzerfolg offenbart, dass der Gegenstand ein Strukturgegenstand einer Person ist.

SPIELLEITERINFORMATION

Dieser Zylinder ist ein Strukturgegenstand von Vanah. Sie hat mit ihrer Magie und dem Wissen über ihren Stab daran gearbeitet, einen Gegenstand zu erschaffen, der korrumpierte Pflanzen vom Wachstum abhalten oder sie sogar zurückdrängen kann, und der auch das Wachstum gesunder Pflanzen zu steuern in der Lage ist, um sie vom Vordringen in korrumpiertes Gebiet abzuhalten. Die Arbeit an dem Zylinder ist noch nicht abgeschlossen gewesen, aber die Magie wirkt bereits im näheren Umfeld von ca. einem Fuß gegen korrumpierte Pflanzen. Eine Wirkungsprobe mit Stufe 12 gegen die Verseuchung lässt die Pflanze zurückweichen und eingehen.

ZORNIGE IRRLICHTER

Wenn die Charaktere den Gegenstand an sich nehmen wie es die Vision angedeutet hat, kommt Bewegung in die Höhle. Überall an der Decke fängt ein leichtes klirren an und ein blassgrünes Leuchten erscheint in den kleinen Bauten an der Decke. Aus den Öffnungen fliegen ca. 5 Zoll große Wesen die Ähnlichkeiten mit Windlingen haben, aber viel schmaler und hagerer sind. Ebenso haben sie keine Körperbehaarung, aber menschliche Gesichter mit Mäulern, versehen mit Reihen scharfer spitzer Zähne.

Die Charaktere werden jede Runde von vier bis fünf dieser Wesen angegriffen, während an der Decke ca. 15-20 weitere dieser Wesen umherfliegen. Der Kampf endet, sobald die Charaktere fünf der Wesen getötet haben, was die restlichen dazu führt aus der Höhle zu flüchten. Untersuchen die Charaktere die Leichen werden sie an den Wesen leicht verzehrte Gesichter erkennen und eine Astral Untersuchung (MW 10) lässt erkennen, dass die Wesen korrumpiert sind bzw. waren.

Die Wesen sind sogenannte Irrlichter (siehe *Spielleiterhandbuch* S. 187) die einst Schutz in dieser Höhle suchten aber über die Zeit der Plage verrückt und zornig wurden. Der Kampf ist eine Legendenprämie wert.

Herausforderung: Novize (Vierter Kreis)

GES:	8	Initiative:	12
STR:	1	Körperliche Verteidigung:	14
ZÄH:	3	Mystische Verteidigung:	14
WAH:	8	Soziale Verteidigung:	12
WIL:	8	Physische Rüstung:	1
CHA:	8	Mystische Rüstung:	5
Bewusstlosigkeit:	29	Erholungsproben:	1
Todesschwelle:	32	Niederschlag:	Immun
Wundschwelle:	4		

Bewegung: fliegend 16
Aktionen: 1; Zauber
Kräfte:
Fadenweben (14): Wie das Talent, *Spielerhandbuch*, S. 81. Irrlichter haben das zu ihren Zaubern passende Fadenweben-Talent.
Spruchzauberei (14): Wie das Talent, *Spielerhandbuch*, S. 98.
Zauber: Verschieden. Häufige Zauber sind Geisterhand und Mentaler Dolch. Irrlichter können Zauber jeder Zauberer-Disziplin beherrschen. Sie verwenden keine Zaubermatrizen; die Zauber gelten als angeborene Kräfte, auch wenn das Irrlicht immer noch Fäden weben muss, sofern das für den entsprechenden Zauber erforderlich ist. Der Spielleiter kann auch andere Kräfte und Fähigkeiten für den Einsatz durch Irrlichter anpassen und sogar die Regeln beugen, wenn das den Erfordernissen der Begegnung dient.

Erneut fängt die Luft um dich herum an zu flimmern, diesmal immer stärker werdend, bis du nicht mehr erkennen kannst, wo du überhaupt bist. Als der Blick sich wieder klärt, befindest du dich vor einem riesigen Baum mit gigantischem Wurzelwerk, der vor Leben schier überzuquellen scheint. Du näherst dich dem Baum, stoppst aber nicht, als du den Stamm erreichst. Du durchdringst die verworrenen Wurzeln und Stämme, die sich zu diesem Baum vereint haben. Dein Blick fällt auf das Gesicht einer friedlich schlafenden T'skrang mit weichen Zügen. Sie ist von Moos, Blättern und Ästen umgeben und wirkt wie eine Statue aus Pflanzen. Die Blüten der Pflanzen stecken in ihrem Kamm, wie Blumen im Haar eines Menschen. Du näherst dich ihrem Gesicht. Plötzlich öffnen sich ihre Augen, und du blickst in tiefe, grün und blau leuchtende Iris,, die gleichzeitig wie Wasser fließen oder wie Blätter im Dschungel im Rauschen des Windes schaukeln. Du erschrickst, und dein Blick wird schwarz, bevor du wieder zu dir kommst."

DIE SCHLAFENDE WÄCHTERIN

Im Besitz des magischen Zylinders geht es für die Charaktere nun zum Baum des Lebens, dem fünften heiligen Ort am Galanga, der dem Element Holz geweiht ist. Sollten die Charaktere den Ort das erste Mal aufsuchen, so kann eine Beschreibung auf Seite 109 gefunden werden.

Die Aufgabe der Charaktere ist es nun, die Wächterin Vanah aus ihrem Schlaf und aus dem Baum des Lebens zu befreien. Im Astralraum sieht ein Charakter eine vor Leben nur so pulsierende, leuchtende Struktur. Große Mengen elementaren Holzes sind ebenfalls zu erkennen. Im Astralraum ist deutlich zu erkennen, dass die Struktur und das Aussehen des Baumes im Fluss sind und sich ständig verändern.

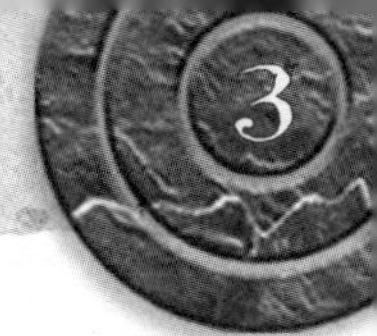

Konnte einer der Charaktere den ungefähren Standort Vanahs bestimmen oder eine Wahrnehmung(12)-Probe schaffen, um sich an die Vision im Detail zu erinnern, so können sie die Stelle direkt aufsuchen. Wenn keiner den Standort ausmachen kann, so ist des Rätsels Lösung den Zylinder zu benutzen. Der Zylinder hat auf den Baum solange keine Auswirkung, bis er die eine bestimmte Stelle erreicht. Vanahs Körper liegt verborgen unter dem Stamm und den Wurzeln des Baumes. Wenn der Zylinder die Stelle erreicht, wachsen sofort einige Wurzeln, die den Zylinder aufnehmen, und die Runen auf seiner Oberfläche beginnen zu leuchten. Von dieser Stelle aus ziehen sich Wurzelwerk, Pflanzen und Ranken, sowie Moos und Blüten langsam zurück. Mit einer Probe auf Astralsicht oder Struktur Verstehen (MW 10) kann identifiziert werden, dass die Magie des Zylinders eine elementare Wirkung auf das Wahre Holz hat. Ein zusätzlicher Erfolg zeigt, dass der Zylinder einen Faden und magische Verbindung zu einem Objekt hinter dem Wurzelwerk hat. Das Objekt liegt in der Richtung, in der die Natur Platz macht. Ein zweiter Zusatzerfolg zeigt, dass der Zylinder ein gewobener Strukturgegenstand ist und das Objekt definitiv damit verknüpft ist, also ein Namensgeber sein könnte.

Die Charaktere spüren plötzlich einen Druck auf den Schläfen und sehen Flashbacks ihrer Verbindung mit Zan'dakaar. Sie erkennen sein Gesicht und spüren seine Überraschung, die in Wut übergeht. Dann vernehmen sie einen Aufschrei, der als überraschtes „Nein!" interpretiert werden kann. Sie spüren, dass die vorhandene Verbindung vom bleichen T'skrang benutzt wird und merken sofort, dass eine Art Magie oder Kraft von ihm gewirkt wird. Daraufhin hat Zan'dakaar seine gesamte Konzentration und Kraft eingesetzt, um die Verbindung zu Shivoam weiter zu stärken und einen Elementar mit einem Teil der Kraft der Flussdrachin zu beschwören.

Es ergibt sich ein anderes Bild. Das Flussufer muss in der Nähe liegen, denn der Baum des Lebens ist klar im Dschungel zu erkennen. Und am Ufer erhebt sich ein zehn Fuß großer Elementar aus dem Wasser des Galanga und bewegt sich schnellen Schrittes auf den Baum des Lebens zu.

Während sich die Pflanzen am Baum weiterhin verändern, haben die Charaktere drei Kampfrunden Zeit, sich auf die Konfrontation mit dem Elementar vorzubereiten.

Es folgt ein Kampf gegen einen Wassergeist mit Geisterstärke 5 (Werte siehe *Spielleiterhandbuch*, S. 246).

GES:	11	Initiative:	10
STR:	8	Körperliche Verteidigung:	14
ZÄH:	8	Mystische Verteidigung:	14
WAH:	9	Soziale Verteidigung:	13
WIL:	9	Physische Rüstung:	7
CHA:	9	Mystische Rüstung:	8
Bewusstlosigkeit:	—	Erholungsproben:	4
Tod:	48	Niederschlag:	Immun
Wundschwelle:	12		
Bewegung:	14		

Aktionen: 2; Waffenlos: 13 (11)

Kräfte: Anpassungsfähigkeit, Astralsicht, Manifestation, Spruchzauberei, Kraft nach Wahl

Vorgeschlagene Kräfte: Besänftigen, Beschwörer Stärken, Beschwörer Unterstützen, Element Beeinflussen, Element Entfernen, Element Erzürnen, Finden, Karma, Speer, Temperatur, Verschlingen, Wissen Teilen, Zauber

SPIELLEITERINFORMATION

Zan'dakaar hat durch seine Verbindung zu den Charakteren (siehe S. 185) in dem Augenblick von der Befreiung erfahren, in dem die Verbindung des Baums zu Shivoam und des Stabs zu Vanah die Befreiung aktivierte.

Ist der Elementar besiegt, finden die Charaktere Vanah ohnmächtig inmitten der Wurzeln und Pflanzen liegend vor. Sobald sie die Wächterin herausgehoben haben, wird der Zylinder vom Wurzelwerk überwuchert und der Baum wächst an der Stelle, wo er gewichen war, erneut zu, wobei es insgesamt mehr Pflanzen, Wurzeln, Blüten etc. sind als vor der Befreiung. Der Zylinder ist verschwunden.

VANAH, DIE WÄCHTERIN DES HOLZES

Untersuchen die Charaktere die T'skrang, so erkennen sie, dass es ihr gesundheitlich gut geht. Sie wirkt erschöpft und wird vermutlich ein paar Stunden brauchen, um aufzuwachen. Eine Astralsicht- oder Struktur Verstehen-Probe (MW 10) zeigt, dass die Struktur der T'skrang vollkommen intakt ist. Ein Zusatzerfolg zeigt, dass es sich um eine Adeptin handelt (Elementaristin). Ein weiterer Erfolg zeigt, dass ihre Namensgeberstruktur nach all den Jahrhunderten im Baum durch die elementare Magie des Holzes erweitert wurde.

Die T'skrang ist ca. 1,70 Schritt groß, ihre Schuppen sind grün und braun. Am Kamm hat sie zusätzliche gelbe Flecken. Besonders ist, dass entlang des Kamms bis hinunter zum Schwanz überall Blüten mit kleinen grünen Blättern wachsen. Sie trägt Lendenschurz und Obergewand aus besticktem Tuch. Die Augen der Wächterin sind blaugrün, wobei die Färbung tatsächlich wie Wasser oder Blätter im Wind fließt und die Augen ein leichtes Leuchten abgeben.

Vanah wird nach einigen Stunden aufwachen. Sie hat den Schlaf nicht bewusst erlebt, kann sich aber an ein geborgenes Gefühl erinnern und hat ebenfalls Visionen über Shivoams Schicksal erhalten. Sie spürt, dass irgendetwas mit dem Flussgeist und ihrer Verbindung zu den Wächtern nicht stimmt. Vanah wird einige Zeit der Erholung brauchen. Sobald sie zu Kräften gekommen ist, steht sie den Charakteren und den Nialls als Verbündete zur Verfügung.

SPIELLEITERINFORMATION

Haben die Charaktere die Verbindung von Zan'dakaar zu Vanah bzw. ihrem Stab durchschaut und verstanden, dass er durch ihn Shivoam beeinflussen kann, können sie Vanah dazu einbinden. Andernfalls wird Vanah dieses Wissen einbringen. Sie spürt, dass ihr Stab und seine Magie gegen Shivoam eingesetzt werden. Sie bietet an, ihre noch bestehende Verbindung zum Stab zu nutzen, um die Macht und Verbindung von Zan'dakaar über Shivoam zu blocken oder zu schwächen. Da der Stab eine direkte Verbindung zum Baum des Lebens hat und sie zum Baum und zum Stab eine Verbindung hat, wird sie in einer Meditation am heiligen Ort oben im Baum Zan'dakaar indirekt attackieren und ihn ggf. in einer Schlacht schwächen.

VANAH, WÄCHTERIN DES HOLZES (CHREOSTIS), ELEMENTARISTIN (KREIS 9)

GES:	7	Initiative:	7
STR:	6	Körperliche Verteidigung:	10
ZÄH:	7	Mystische Verteidigung:	13(14)
WAH:	/	Soziale Verteidigung:	8
WIL:	7	Physische Rüstung:	6 (8)
CHA:	6	Mystische Rüstung:	8 (9)
Bewusstlosigkeit:	59(62)	Erholungsproben:	4 (5)
Todesschwelle:	75(79)	(+2 auf Erholungsproben)	
Wundschwelle:	10	Karmapunkte:	36
Bewegung:	12		

Ausrüstung: Danda Ayu (Fadenrang 8), Band der Elemente (Fadenrang 6), Zauberschwert (Fadenrang 8), Farnrüstung 6/5 (geschmiedet)

Talente: Novize: Erweiterte Matrix 9, Standardmatrix 9, Aufmerksamkeit 9 (16), Fadenweben [Elementarismus] 9 (16), Holzhaut 9 (17), Spruchzauberei 9 (16)(18), Struktur Verstehen 9 (16), Astralsicht 9 (16), Heilendes Feuer 9 (17), Hieb Ausweichen 8 (15), Elementarsprachen 9 (17)(21), Wildnis Überleben 9 (16), Elementarbann 9 (16)(20), Spurenlesen 8 (15)

Geselle: Beschwören [Elementargeister] 9 (16)(20), Erweiterte Matrix 8, Willensstärke 8 (15), Eiserner Wille 9 (16), Erdhaut 9 (17), Magie Neutralisieren 9 (16), Faden Halten 9 (16), Verbannen 8 (15)

Wächter: Donnerndes Auflösen 7 (14), Pflanzen Sprache 8 (16)

Fadengegenstand (Danda Ayu – Rang 8): Erweiterte Matrix 8, Tiersprache 1 (8)

Fadengegenstand (Band der Elemente – Rang 6): Lufttanz 1 (8), Wasserfallschlag 1 (8)

Fadengegenstand (Zauberschwert): Erweiterte Matrix 8

Fertigkeiten: Abrichten 3 (10), Arzt 5 (12), Boot Steuern 4 (11), Gefahrensinn 5 (12), Heimlicher Schritt 5 (12), Karten Zeichnen 3 (10), Klettern 4 (10), Kunsthandwerk (Ranken flechten) (6): 12, Lesen/Schreiben (4): 11, Nahkampfwaffen 6 (13)(14), Standhaftigkeit 5 (12), Starrsinn 5 (12), Tierbeherrschung 5 (12), Tierfreundschaft 6 (12), Wissen (Tierkunde)(6): 13 , Wissen (Dämonenkunde)(5): 12, Wissen (Servos Dschungel)(4): 11, Wissen (Geographie Galanga)(5): 12, Wissen (Wächter des Galanga) (5): 12

Karma: Kann Karma für Erholungsproben ausgeben. Kann Karma ausgeben, um ein zusätzliches Ziel mit einem Zauber zu belegen, den sie wirkt. Kann Karma einsetzen beim Design oder der Herstellung eines Gegenstandes. Besitzt die Fähigkeiten Feuer und Eis sowie Erde und Wind.

Zauber: Sie besitzt alle Elementaristenzauber aus dem Spielerhandbuch der Kreise 1-6 und je drei Zauber aus den Kreisen 7 und 8 (Erdwelle, Wirbelwind, Wolken beschwören, Eisenhaut, Heilquelle, Im Würgegriff der Erdhand).

Shivoams Kräfte (Ritualbindung an Shivoam an den Heiligen Orten der Wächter des Galanga)*

Elementarsprachen, Halt der Erde, Kiemen, Rüstung des Wassers

Kräfte der Natur (erhalten durch den Baum des Lebens und der Ebene des Holzes)*

Borkenhaut (wahres Holz stärkt die Haut wir eine Rüstung, +2 auf die Physikalische Rüstung), Blühendes Leben (in den Haaren wachsen echte, lebende Blüten, +1 Erholungsprobe und +2 auf alle ihre Erholungsproben), Verbündeter des Holzes (die starke Bindung zum Element Holz gibt einen Bonus von +4 auf alle Proben im Umgang mit Holzelementaren)

Zauberschwert (Fadenrang 8*)

Breitschwert Schadensstufe 7

Bonus: Erweiterte Matrix 8, Fähigkeit Zauberschlag, +1 auf Angriffsproben mit dem Schwert, +2 auf Spruchzauberei- und Wirkungsproben auf den Zauber im Schwert

Band der Elemente (Fadenrang 6*)(*Spielleiterhandbuch*, S. 136)

Bonus: +1 auf Holzhaut, Lufttanz, Wasserfallschlag, Erdhaut, Heilendes Feuer, Unempfindlichkeit

*Boni bereits in den Talenträngen integriert oder in () daneben angegeben

Beute: Danda Ayu, Band der Elemente, Zauberschwert, Farnrüstung (6/5), Grimoire (20 Elementaristenzauber Kreis 1-8 nach Wahl des Spielleiters und mit Berücksichtigung ihrer bekannten Zauber), Karten und Aufzeichnungen über den Galanga und Umgebung

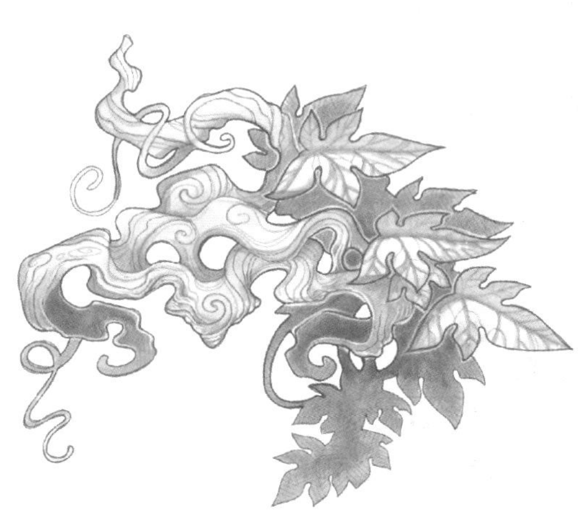

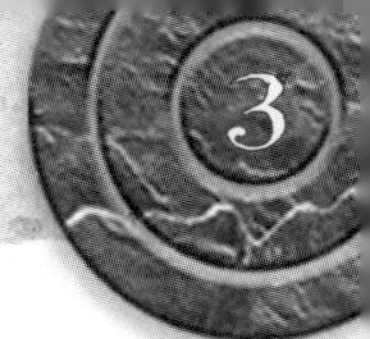

Der falsche Flussgeist

„Das gefährlichste am Glauben ist, dass man in seinem Wunsch an etwas Glauben zu wollen, auf Scharlatane und falsche Propheten hereinfällt. Gerade in den Gebieten Barsaives wo Totems, Tierwesen oder verschiedene Geister angebetet werden, wird der Glaube an eine Entität ausgenutzt und den Leuten vorgemacht für eine Sache zu kämpfen oder zu dienen, die in Wirklichkeit etwas Anderes ist."

– Aus einem Vortrag über Missbrauch von Glauben, Casen Teren von Haven, Questorin Garlens

Überblick

Der falsche Flussgeist ist als optionales Kapitel gedacht. Es erweitert den Inhalt des Abenteuers mit dem Aspekt der Stämme des Servosdschungels und ermöglicht weiter Einfluss auf die Geschicke und Zukunft am Galanga zu nehmen. Ebenso kann es die Gruppe auf mehrere Wege für den weiteren Verlauf von „Shivoams Traum" stärken. In diesem Kapitel erhalten die Charaktere einen Hinweis auf einen Versammlungsort der Dschungelstämme im Osten. Dort können sie evtl. Verbündete im Kampf gegen die Maha'krodha gewinnen und nach den Geschichten haben die Stämme Kontakt zu Shivoam. Die Charaktere entdecken einen magischen Ort und eine dort stattfindende Versammlung. Bei Gesprächen werden sie mit Chu konfrontiert, eine Drachin, die von den Stämmen als Shivoam angebetet wird. Sie legt den Charakteren mehrere Bedingungen und eine Prüfung auf, um ein mögliches Bündnis in die Wege zu leiten.

Atmosphäre

Dieser entfernte und versteckte Ort ist dem Galanga bisher nicht bekannt. Der Versammlungsplatz hat eine eigene Magie und Geschichte in sich. Der auftauchende Drache sollte die Charaktere Ehrfurcht lehren und mit ihm zu Reden und zu agieren einen gewissen Eindruck schinden. Sie haben es mit einem sehr alten und machvollen Drachen zu tun und es gibt Hinweise, dass er eine Darstellung Shivoams ist, mit der sie zu tun haben. Den Charakteren sollte diese einmalige Chance auf mächtige Freunde bewusst sein.

Schlüsselinformation

Die Stämme im Osten haben inzwischen direkt und indirekt mit den Auswirkungen Zan'dakaars Schaffen zu tun. Der Versammlungsort ist ein Treffpunkt, wo alle Stämme gemeinsam Entscheidungen und Vorgehen bereden. Eine Drachin aus Cathay hat sich ebenfalls dort niedergelassen und hat die Stämme unter ihren Schutz genommen und hilft ihnen bei ihren Entscheidungen. Sowohl die Drachin als auch die Stämme, für die sie spricht, sind einem Bündnis positiv gegenüber eingestellt.

„Es hat mein Sein erschüttert, als meine Söhne und Töchter ihr Leben verloren. Fast ein Jahrhundert habe ich mich um den Clan gekümmert. Ich habe ihnen mit Rat und bei Gefahr durch Dämonen beiseite gestanden. Aber ich habe mich aus Konflikten der Namensgeber rausgehalten. Dies war, wie ich jetzt weiß, ein Fehler. Der Angriff auf den Clan war überraschend und ich spürte seinen Untergang, als ob mein Herz aus der Brust gerissen wurde. Der Tod jeder meiner Töchter und Söhne hat mich im tiefsten erschüttert. Geschwächt, in Trauer und bar jeder Energie zu handeln, wurde ich gejagt. Ich beschloss zu gehen und mir einen Hort fernab der Heimat zu suchen. Es war ein Zufall, dass ich hierher kam. Doch wo ich erstmal da war, entscheid ich schnell zu bleiben und hier eine neue Zuflucht zu haben. Und es zeigte sich schnell, dass es auch hier Namensgeber gab, die meiner Hilfe benötigten. Gut, sie hielten mich für etwas, dass sie Shivoam nannten, aber wer bin ich sie zu korrigieren. Solange sie mich anbeten und solange ich sie im Gegenzug unterstütze, ist ja niemanden geschadet. Aber eins wusste ich, niemals mehr werde ich mich im Schutz meiner Kinder aus den Konflikten der Kurzlebigen raushalten."

– Aufzeichnungen einer Erzählung von Tien Chu Long

Eine wilde Geschichte

Im Verlauf ihrer Reise zu den Nensora stoßen die Charaktere auf die Windlinge des Nialls. Die drei Windlinge sind hocherfreut die Charaktere wieder zu sehen und haben eine Geschichte auf Lager, welche sie gerne mit den Charakteren teilen.

Bei ihren Streifzügen durch das Lungameer sind sie in letzter Zeit häufiger auf Flüchtlinge der Dschungelstämme getroffen und dabei auf eine seltsame Geschichte gestoßen. Sie sind dabei

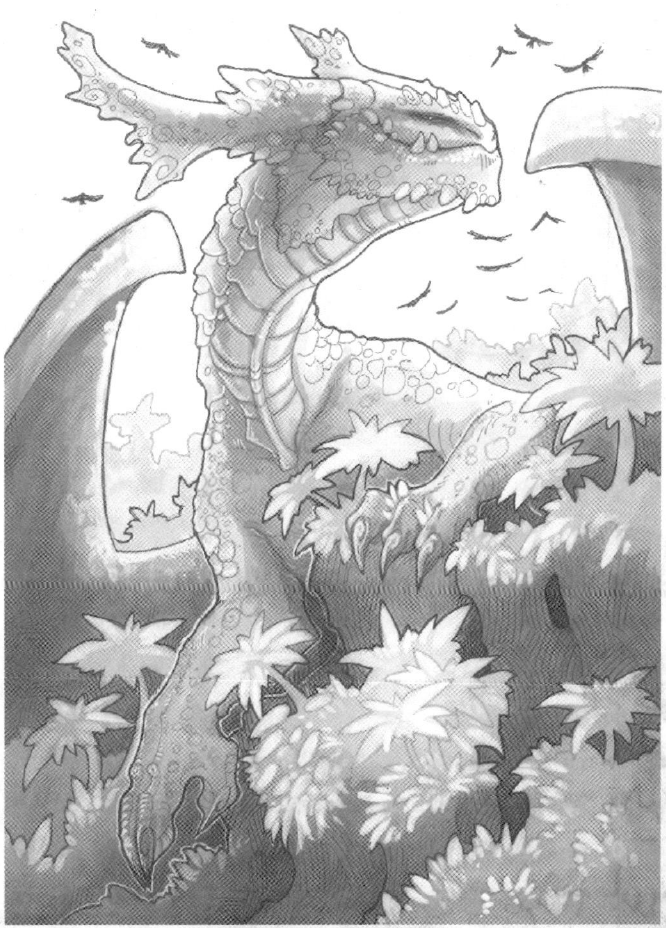

so aufgeregt, dass nicht einer der drei die Geschichte erzählt, sondern die Drei versuchen gleichzeitig zusammenzufassen, worum es geht.

Binthrel: „Also in der Geschichte geht es um einen Platz, wo die Dschungelstämme zusammen kamen oder kommen oder gekommen waren, sind, oder so ähnlich."

Ter'lispling: "Es soll da auch Windlingssippen gegeben haben. Und dort sprechen sie mit Shivoam."

Slipsplisnir: „Auch wenn das total wirr klingt, aber genau so war das."

Binthrel: "Und durch den Krieg wurden ja Sklaven befreit und die waren ja auch von den Stämmen, die haben von diesem Ort erzählt."

Ter'lispling: „Und ihr, wir, also zusammen, könnten, also wir zusammen, der Sache nachgehen."

Binthrel: „Vielleicht erfahren wir etwas über weitere Windlinge oder die alten Sippen und vielleicht gibt es dort noch welche."

Ter'lispling: „Zudem würde man eventuell, oder auch nicht, oder vielleicht doch, die Stämme als Verbündete bekommen. Das wäre doch gut oder?"

Binthrel: „Erntar hat die Geschichten auch gehört. Der machte uns bestimmt ne Karte und dann finden wir das einfach so."

Slipsplisnir: „Also was sagt ihr, seid ihr dabei?"

Sollten die Charaktere auf ihre Geschichte eingehen, können sie sich auch alles noch in Ruhe erklären lassen. Durch den Kampf am Galanga sind einige Sklaven der Maha'krodha und andere flüchtende Mitglieder der Dschungelstämme vermehrt im Bereich der Nialls Daikara, Nentilor und Nensora aufgetaucht. Es gab immer wieder Gespräche zwischen den zurückgezogenen Stämmen und den Windlingen. Dabei stellte sich heraus, dass die im Osten befindlichen Stämme wohl einen besonderen Ort aufsuchten, wenn sie spirituellen Rat suchen. Dieser Ort wurde seit vielen Jahren und sogar bereits vor der Plage aufgesucht. In den Erzählungen wird erwähnt, dass dort früher alle Stämme in einer gemeinsamen Versammlung zusammenkamen. Die Stämme erzählten den Windlingen auch, dass es dort immer wieder auch „Welche wie Sie" geben würde. Auf die Spiritualität angesprochen wird mehrfach vom „Rat Shivoams" gesprochen. Für die Windlinge ist es also klar, dass sie dort hin müssen, um nach Windlingen zu forschen und dem Gerücht über Shivoam nachzugehen. Natürlich steht das Erstere im Vordergrund, aber Shivoam und ein mögliches Bündnis mit den Dschungelstämmen ist eine zusätzliche Motivation auch die Charaktere von diesem Ausflug zu überzeugen. Sie haben anhand der Beschreibungen mit Erntar (siehe Seite 115) zusammengesessen und konnten eine Karte zeichnen, mit der vermutlichen Position dieses Versammlungsplatzes. Im Grunde warten sie nur auf das „JA!" der Charaktere und die Reise kann losgehen. Sie können am nächsten Morgen auf zwei kleinen Kanus auf Nebenarmen des Galanga ca. drei Tagen östliche der Nialls reisen.

DER VERSAMMLUNGSORT

Nach drei Tagen finden die Charaktere an einem schmalen Nebenlauf einen kleineren Pfad, der in den dort dichten Dschungel führt. Das Gebiet liegt außerhalb des Niall-Gebiets und der dichte Dschungel sorgte bisher auch für wenig Interesse der Nialls es zu erkunden.

Die Charaktere erreichen nach einem langen Marsch am Nachmittag des vierten Tages, den tief im Dschungel gelegenen Versammlungsort der Stämme – wo gerade eine eben solche stattfindet. Dort gibt es keine Siedlung im eigentlichen Sinne, der Platz dient rein rituellen Zwecken. In der Mitte eines kleinen Tals stehen drei an den Ästen miteinander verwobene ca. 50 Schritt hohe Mutterbäume, die ein großes Dreieck bilden. Zwischen den Stämmen wurde ein Zaun aus groben Ästen und Dornen errichtet. Es gibt nur eine Öffnung, der Platz dazwischen besteht aus festgestampfter Erde. Um die Bäume herum befinden sich zahlreiche Hütten völlig unterschiedlicher Bauart. Die meisten sind in guten Zustand, einige in unterschiedlichen Stadien des Verfalls. Hier treffen sich zu verschiedenen Zeiten die Stämme des Dschungels (Menschen, T'skrang, wenige Elfen, Orks und Zwerge; früher auch kleine Windlingssippen) und jeder Stamm hat eine Hütte nach eigenen Traditionen errichtet. Stirbt ein Stamm aus oder löst sich aus anderen Gründen auf, verfällt seine Hütte. Außerhalb der Treffen lebt niemand hier.

Der Ort hat schon vor der Plage existiert, wurde aber durch Dämonen schwer verwüstet. Nur die Bäume stehen noch und verfügen über mächtige erwachte Baumgeister, die so eng miteinander verbunden sind, dass sie praktisch ein Wesen darstellen (Astralsicht, Struktur Verstehen oder Halbmagie Probe (Elementarist / Geisterbeschwörer) MW 10). Ein Blick in den Astralraum (Astral Sicht Probe MW 6) zeigt darüber hinaus, dass der Ort nach wie vor befleckt ist, wenngleich nichts auf die derzeitige Anwesenheit eines Dämons hindeutet. Als Sprecher der Bäume dienen stets Namensgeber. Seit dem Ende der Plage sind drei Zwergengeschwister die Sprecher der Bäume und damit die spirituellen Führer der Stämme in diesem Teil des Servosdschungels. Ihre Auren ähneln im Astralraum denen der Bäume und sind ebenfalls miteinander verbunden (Astralsicht MW 14). Die drei Zwerge sprechen immer gleichzeitig und haben ihre Schlafstätte in einem Baumhaus hoch in den Wipfeln der drei Bäume. Mit einer Art Aufzug werden sie auf einer Plattform zu den Versammlungen heruntergelassen, schweben aber stets ein wenig über den Stämmen. Alle nennen sie nur „Die Drei".

In der Mitte des Platzes befindet sind sich ein großer, aus einer hellen Wurzel gearbeiteter Drachenkopf. Eine Probe auf Wahrnehmung oder Botanik (MW 8) ergibt ein Alter ca. 3-5 Jahren. Der Kopf hat einen seitlichen Bart und besitzt zwei nach hinten gebogene Hörner. Er wirkt so lebensecht, als würde der Drache gleich aus dem Boden emporsteigen. Der Kopf verfügt über eine eigene magische Struktur und scheint eher geformt als geschnitzt. Eine Probe auf Struktur Verstehen, Astralsicht oder Halbmagie (Elementarist) (MW 6) zeigt eine magische Struktur im Allgemeinen, während zwei Zusatzerfolge offenbaren, dass die Magie vollständig elementaren Ursprungs ist und ebenfalls eine Verknüpfung in den Astralraum besitzt, die in unbestimmte Richtung ausstrahlt.

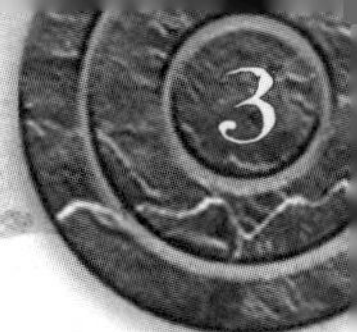

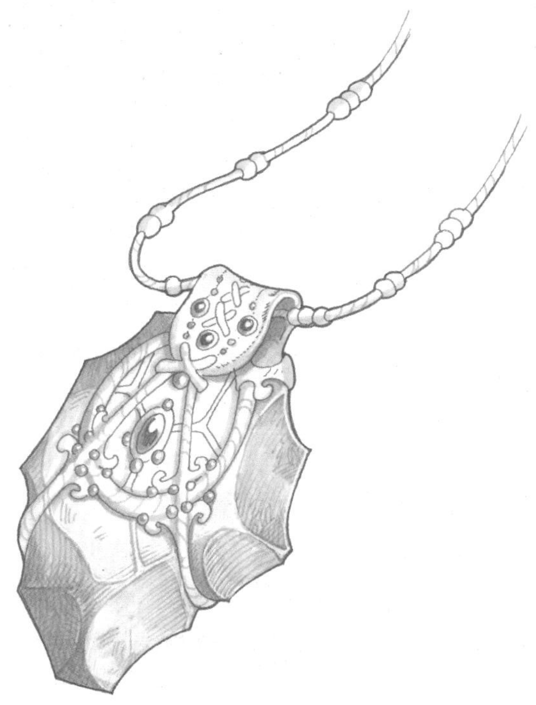

Wenn die Charaktere den Ort betreten, werden sie misstrauisch beäugt und sie können sicher sein, dass ihnen auch mit Waffengewalt begegnet würde, sollte eine Form der Aggression von ihnen ausgehen. Trotz der Abgeschiedenheit der Stämme vom Rest Barsaives, können sich viele vor Ort mit starkem Akzent auf throalisch mit den Charakteren unterhalten. Ebenso ist es möglich sich auf T'skrang, Menschlich, Sperethiel (Elfisch) oder Or'zet (Orkisch) auszutauschen. Nach einiger Zeit des Redens und nachdem die Charaktere zeigen, dass sie nicht von Dämonen geschickt wurden (die Stämme verlangen eine Kunsthandwerk(5)-Probe, werden die Stämme den Charakteren gegenüber freundlicher und sie können die Informationen über den Ort und seine Geschichte erhalten. Wenn sie auf den Grund der Versammlung zu sprechen kommen, wird auch dies offengelegt. Die Versammlung wurde wegen der Kämpfe auf dem Galanga, den andauernden Sklavenjagden und den Überfällen der Maha'krodha einberufen. Außerdem haben die Experimente Zan'dakaars auch Auswirkungen über das direkte Umfeld des Galanga hinaus. Zum Beispiel treten Flussläufe über oder sonst friedliche Elementare verhalten sich aggressiv. Wenn die Charaktere von den Zusammenhängen der Kämpfe, über ihre Visionen oder Zan'dakaar berichtet, können sie wahrnehmen, dass die Stämme durchaus interessiert sind sich bei diesem Problem einzubringen. Sollten die Charaktere oder die Windlinge ein Bündnis vorschlagen, so stimmen viele der Versammlung dieser Idee sofort zu, aber zu diesem Zeitpunkt mischen sich auch „Die Drei" ein.

In einem nicht verständlichen Dialekt bitten sie um Ruhe, zumindest können die Charaktere das annehmen, denn die Stimmen verstummen daraufhin. Die Drei richten ihre Worte an die Charaktere.

„Wie Ihr, sind auch wir betroffen. Wie Ihr, sehen auch wir die Gefahr. Wie ihr, denken auch wir, dass nur ein Gemeinsam helfen wird. Und so wie Ihr, für andere Sprecht so sprechen auch wir für Viele. Wir werden den Rat Shivoams anrufen, sie soll uns den Weg aufzeigen. Sie wird Helfen!"

Stimmen die Charaktere zu, so gehen „Die Drei" zu dem Drachenkopf in der Mitte des Platzes. Sie stellen sich um den Schädel herum auf, streichen sanft über die hölzerne Oberfläche und murmeln dabei scheinbar eine Zauberformel. Die Augen des Drachen fangen an zu leuchten und Nebel drängt aus seinen Nüstern und legt sich auf den Boden nieder, der immer schneller das gesamte Tal überzieht und hinter dem Zaun sogar bis zur Zaunspitze anwächst. Das Schauspiel dauert keine fünf Minuten und wenn sich die Charaktere umblicken, erkennen sie, dass der Eingang zum inneren Platz ebenso wie ein Gang zur Mitte freigemacht wurde. Mit einer Wahrnehmungs- oder Aufmerksamkeitsprobe (MW 8) können die Charaktere eine Bewegung außerhalb des Zauns im Nebel ausmachen, die den Platz zu umkreisen scheint.

DER AUFTRITT DER HIMMLISCHEN

Vor einigen Jahren kam eine Cathay-Drachin mit dem Namen Tien Chu Long, „Die Himmlische", nach Barsaive. In einem Clankrieg in ihrer Heimat verlor sie ihren Einflussbereich, ihr Töchter und Söhne starben in dem Konflikt und die Gewinnerseite begann sie gnadenlos zu jagen. Ausgewandert in den Servosdschungel beschloss Sie ihn langsam und unauffällig zu ihrer Machtbasis zu machen und sich dabei der Dschungelstämme zu bedienen. Der Name Shivoam ist auch unter ihnen noch bekannt, wenngleich die Einzelheiten im Laufe der Zeit verlorengegangen sind. Also beschloss die Drachin sich der Legende zu bedienen. Sie hat einen Hort in den Wipfeln großer Bäume eingerichtet und mit mächtigen Illusionen getarnt. Der Hort befindet sich einen Tagesmarsch weiter östlich des Versammlungsortes. Einst hat eine Gruppe Windlinge versucht ihr Teile des Horts zu stehlen. Allerdings haben sie sich nicht besonders geschickt angestellt und nun hält sie sich diese Sippe Windlinge als Diener, Putzhilfen (für die schlecht zu erreichenden Schuppen) und Bewunderer. Sie gleicht, wie für einen Cathay-Drachen üblich, einem Leviathan, ihr Körper erinnert an eine lange Schlange und sie besitzt keine Flügel. Ihre Schuppenpracht schillert hellgrün mit einigen goldenen Streifen. Ihr Gesicht wird von dem typischen fransigen Bart gerahmt und hat an einen Steinbock erinnernden Hörner. Mit ca. 30 Schritt Länge, wobei mehr als die Hälfte auf den Schwanz fällt, ist sie eine beeindruckende Kreatur in Größe und Form. Der Schwanz endet in einem Bund von Federn.

Der Zauber, den der Drachenkopf auslöst, ist eine große Illusion, die die Ankunft des Drachen einläutet. Die Bewegung, die die Charaktere erkennen, ist die Drachin selbst, die sich daraufhin durch den Eingang schlängelt und durch die Reihe der Stämme zur Mitte des Platzes schwebt. Sie schlängelt sich kurz an den Charakteren vorbei, sodass diese ihr grün goldenes Schuppenkleid aus nächster Nähe erkennen können. Der Drachenkörper scheint von einem steten Luftzug umkreist zu werden. Die Drachin windet sich um den großen Kopf ihrer eigenen Statue, richtet sich mit den vorderen Beinen zu beachtlicher Größe auf und schaut den Charakteren direkt ins Gesicht.

„Die Drei" sprechen erneut als eine Stimme: „Sie ist hier um Euer Anliegen zu vernehmen."

Eine tiefe machtvolle Stimme erklingt in den Köpfen der Charaktere „Sprecht!".

TIEN CHU LONG

Herausforderung: Meister (Dreizehnter Kreis)

GES:	20	Initiative:	22
STR:	19	Körperliche Verteidigung:	24
ZÄH:	19	Mystische Verteidigung:	26
WAH:	24	Soziale Verteidigung:	22
WIL:	22	Physische Rüstung:	22
CHA:	18	Mystische Rüstung:	15
Bewusstlosigkeit:	160	Erholungsproben:	6
Todesschwelle:	196	Karmapunkte:	40
Wundschwelle:	30	Karmastufe:	10

Bewegung: 16 (fliegend 26)

Aktionen: 4; Biss 23 (30), 4x Klauen 23 (26)

Kräfte: Drachenodem (22), Drachensicht (25), Drachensprache (26), Furcht (25), Gepanzerte Schuppen, Hortgespür (24), Karmablockade (26), Karmapunkte 14, Magie Neutralisieren (26), Magie Unterdrücken (26), Regeneration (26), Schicksalswandlung (25), Spruchzauberei (30), Zauber 10 (Elementar, Illusion)

Spezialmanöver:

Greif- und Bissangriff (Cathay-Drache, Klauen)

Beute: Schriftrollen, Büchern, Edelsteine, Kunstwerke und Edelmetalle im Wert von etwa 300.000 Silberstücken (Legendenpunkte wert)

Regeln:

Einschnüren (15): Umklammerte Gegner erleiden, solange sie umklammert bleiben, Stufe 15 Schaden pro Runde.

DIE VERHANDLUNGEN

Die Drachin Chu spricht während der folgenden Gespräche immer telepathisch mit den Charakteren und den Windlingen, während die Charaktere laut antworten müssen. Über ihre Herkunft spricht die Drachin nicht und wenn die Charaktere sie nach dem Namen fragen, weicht sie der Frage aus. Aber sie kann gerne Chu genannt werden, wenn dies die Sache einfacher gestaltet. Chu ist sehr höflich und spricht auf respektvolle Art und Weise mit Besuchern. Sollten diese nicht ebenfalls entsprechende Höflichkeit aufbringen, wird sie diese auch mit scharfen Worten und einem Speien eines Drachenodems, als symbolische Geste, in die Schranken weisen. Ein Angriff wird zweifelsohne zum Tod der Besucher führen, da der Drache und die Stämme den Ort bis zum letzten Mann verteidigen würden. Wenn die Charaktere die Drachin fragen, ob sie Shivoam ist, wird sie mysteriös schleierhaft antworten (z.B. „Ihr könnt glauben, dass ich es bin oder ihr könnt daran zweifeln!"). Die Drachin hat die Geschehnisse am Galanga verfolgt und die Auswirkungen wahrnehmen können. Da diese nun auch direkt die Dschungelstämme betreffen, ist sie geneigt ein Bündnis mit den Charakteren bzw. den Namensgebern am Galanga einzugehen.

Grundsätzlich wären die Dschungelstämme bereit den Charakteren im Kampf gegen die Maha'krodha zu helfen. Eine direkte Einmischung ihrerseits wird sie ablehnen. Die Drachin hält Zan'dakaar bislang nur für ein Ärgernis und natürlich möchte sie die ihr untergebenen Dschungelstämme nicht in einem überflüssigen Kampf verlieren. Sie wäre aber bereit dem Galanga zu helfen, sofern dieser die vereinigten Dschungelstämme als Gruppe und Verbündete anerkennt. Dies beinhaltet auch das Beenden der Sklaverei der Daikara und den Aufbau eines Handels zwischen dem Galanga und den Stämmen im Osten. Chu spricht zwar für die Stämme in dieser Verhandlung, nichtsdestotrotz stehen die Stämme aber auch für sich selbst ein. Dies können die Charaktere auch daran erkennen, dass sie zwischen den Gesprächen auch immer wieder Die Drei anschaut und sich ebenfalls mit dem Sprecher der Stämme auszutauschen scheint.

Wenn die Charaktere oder die Windlinge Chu auf die sie umkreisenden Windlinge ansprechen und eine Freilassung dieser vermeidlichen Sklaven fordern, lacht Chu laut auf. Sie erzählt, dass diese Diebe ihre Strafe mit Inbrunst ausüben. Aber wenn alle Forderungen erfüllt werden, verspricht sie, dass sie ihren Dienern die Wahl lassen wird sich der Sippe ihrer Besucher anzuschließen oder weiterhin aus freien Stücken zu dienen. Sollte es tatsächlich zu diesem Punkt kommen, so werden sich zwei der Windlinge Binthrel, Ter'lispling und Slipsplisnir anschließen. Die übrigen bleiben als Bewunderer und Diener bei der Drachin.

Bevor sie aber den Charakteren das Vertrauen schenken kann diese Bedingungen zu erfüllen, verlangt sie eine Prüfung von ihnen. Sie sollen ein Lager der Maha'krodha am Rande des sie umschließenden Gebiets angreifen und die dortigen Sklaven aus dem Stamm der Naruta, einem Menschenstamm, befreien. Die Maha'krodha sind vor einigen Tagen bis in das Gebiet der Stämme vorgestoßen und haben einen Trupp Kundschafter überrascht. Die Stämme haben von der Versklavung erfahren und Chu deutet es als Zeichen, dass die Charaktere gerade heute hier auftauchen, wenn die Versammlung über das Vorgehen der Stämme in dieser Angelegenheit beraten.

Stimmen die Charaktere nicht zu, werden sich die drei Windlinge der Gruppe freiwillig melden. Die Charaktere werden daraufhin erst freundlich, dann bestimmter gebeten auf schnellsten Weg zurück zum Galanga zu reisen. Die Windlinge werden die Menschen befreien und zumindest ein freundliches Verhältnis zur Drachin ermöglichen, wenn auch keine Unterstützung für den Kampf gegen Zan'dakaar. Stimmen die Charaktere zu, so geht es im Abschnitt die Prüfung weiter.

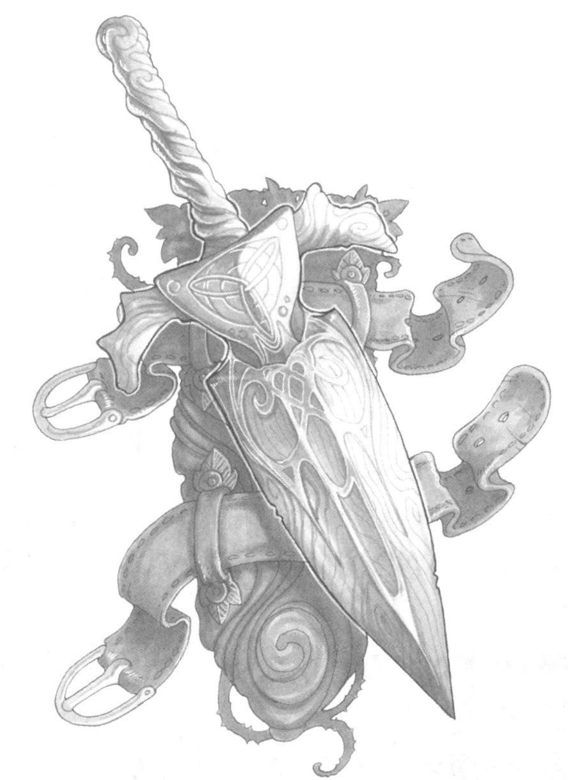

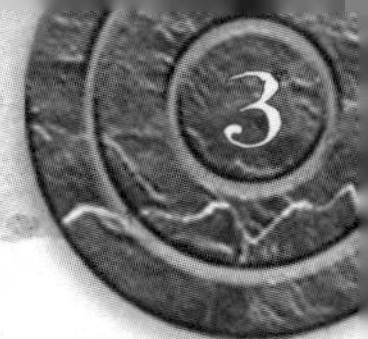

DIE PRÜFUNG

Chu stellt den Charakteren ihre Tochter Mahema vor, eine dunkelhäutige Orkin in einer wundervollen Fellrüstung einer Dschungelkatze und bewaffnet mit Speer und einem mit Fell überzogenen Schild. Ihr Haar ist fast vollständig rasiert und lediglich einen Irokesenschnitt ist nach hinten zu einem Pferdeschwanz geflochten. Sie trägt große tönerne Scheiben in ihren Ohrläppchen und die Haut ist mit dem Schlamm des Flusses als Kriegsbemalung versehen. Sie stellt sich im fließendem Throalisch vor und erklärt, dass sie eine Kriegerin ist und ihnen helfen wird die Sklaven zu befreien. Sie vertritt dabei die Interessen von Chu und wird ihr von dem Verlauf berichten.

SPIELLEITERINFORMATION

Mahema wurde von Chu ausgebildet und trägt voller Stolz den Titel „Tochter der Drachin" (siehe *Spielleiterhandbuch* Seite 271). Sie wird bei einem entstehenden Bündnis als Anführer der Truppen agieren und die Kontaktperson der Nialls am Galanga zum Gebiet der Drachin sein.

MAHEMA TOCHTER DER DRACHIN

ORKIN, KRIEGER KREIS 4

GES:	7	Initiative:	5
STR:	7	Körperliche Verteidigung:	12
ZÄH:	7	Mystische Verteidigung:	10
WAH:	6	Soziale Verteidigung:	7
WIL:	5	Physische Rüstung:	5
CHA:	5	Mystische Rüstung:	3
Bewusstlosigkeit:	59	Erholungsproben:	3
Todesschwelle:	70	Karmapunkte:	20
Wundschwelle:	11		

Aktionen: 1; Speer 12 (14)

Bewegung: 12

Karma: Kann Karma für Erholungsproben und für das Pflegen von Waffen & Rüstungen ausgeben, sowie Wissen über militärische Strategien und Taktiken.

Ausrüstung: Verbesserte Fellrüstung, Rundschild, Stoßspeer, Messer, Künstlerwerkzeug, Lichtquarz, Wasserschlauch, Heiltrank, Wundsalbe, Blutamulett: Letzte Rettung, Chu's Baohu (siehe S. 168), Fadengegenstand: Band der Elemente (siehe *Spielleiterhandbuch* Seite 136) (Fadenrang 3, Holzhaut/Lufttanz und Wasserfallschlag Rang +1)

Talente: Fadenweben [Kriegsweben] 10, Feuerblut 11, Gefahrensinn 9, Hieb Ausweichen 12, Holzhaut 13, Lufttanz 13, Nahkampfwaffen 12, Schildschlag 12, Standhaftigkeit 11, Tigersprung 4, Waffenloser Kampf 11, Wasserfallschlag 5

Fertigkeiten: Fremdsprachen 10 (Zwergisch, Orkisch, Menschlich, T'skrang), Kunsthandwerk (Runenschnitzen) 9, Konversation 6, Nachtreten 10, Schlachtruf 8, Wissen (Drachen) 10, Wissen (Servosdschungel) 10, Wissen (Wilde Tiere) 9, Zweiter Angriff 10

Wenn die Charaktere bereit sind, wird die Drachin einen elementaren Zauber sprechen. Es entsteht eine wirbelnde Wolke aus feuchtem und warmem Dampf nahe dem Drachenkopf, in deren Mitte es leicht zu blitzen scheint. Eine Astralsicht- oder Struktur Verstehen Probe (MW 16) zeigt, dass dies eine Art Durchgang oder Portal in eine Elementarebene ist. Mahema durchschreitet dieses Portal und wenn die Charaktere folgen, erhalten sie eine Art elektrischen Schlag der die Haare auf ihren Armen aufrichtet. Wenn sie die Wolke nach einigen Schritten wieder verlassen, stehen sie in einem dichten Dschungel, von dem Versammlungsplatz ist nichts mehr zu sehen. Mahema steht einige Schritte weiter an einem Baum und weist den Charakteren ihr zu folgen.

Nach einer Stunde Marsch geht Mahema in die Hocke und die Charaktere können sich neben ihr im Dschungel verstecken und durch die Bäume ein Lager der Maha'krodha beobachten. Mit einer Wahrnehmungs- oder Aufmerksamkeits-Probe (MW6) können die Charaktere einiges feststellen. Das Lager sieht improvisiert aus und fünf Zelte deuten auf vermutlich 10 Maha'krodha Kämpfer hin (siehe Werte für Maha'krodha Kämpfer und Bogenschützen Seite 182, reduziert um jeweils 2 Stufen). Vier Krieger wärmen sich zurzeit an einem großen Feuer, auf dem ein Topf mit Essen brodelt. Neben den Zelten steht ein provisorischer Käfig, in dem 8 Menschen in Leder und Stoff gekleidet hocken. Sie sehen mitgenommen aus und einige sind verletzt. Ein Zusatzerfolg zeigt, dass die Maha'krodha ziemlich mitgenommen sind und es wirkt eher als seien sie selbst auf der Flucht. Ihre Kleidung zeigt Kampfspuren und der Trupp wirkt eher wie zusammengewürfelt. Es gibt zwei weitere Kämpfer, die im Dschungel um das Lager herum patrouillieren.

Die Charaktere zusammen mit Mahema können verschiedene Optionen für die Befreiung anwenden.

DIE PATROUILLE

Die Charaktere können zuerst versuchen die Wachen im Dschungel auszuschalten. Die Maha'krodha sind sehr müde und haben nur eine Wahrnehmungsstufe 6, um die Charaktere zu bemerken. Alternativ kann ein einzelner Charakter versuchen die T'skrang vom Lager weg und in den Dschungel zu locken.

UNTERSTÜTZUNG BEFREIEN

Es wäre möglich, dass einer der Charaktere sich an den leicht abseits und im Dunkeln stehenden Käfig heranschleicht. Gelingt dem Charakter eine Heimlicher-Schritt- oder Geschicklichkeits-Probe, so kann er den Käfig öffnen, ohne dass die T'skrang im Lager alarmiert werden. Die Menschen können in Sicherheit gebracht werden, oder auch mit Waffen ausgestattet werden. Zwei der Menschen (sie sehen nach Kämpfern aus) werden auf jeden Fall den Kampf suchen.

ÜBERRASCHENDER ANGRIFF

Vier Maha'krodha schlafen in den Zelten und vier sind am Lagerfeuer abgelenkt. Wenn jedem der Charaktere eine Heimlicher-Schritt- oder Geschicklichkeits-Probe gelingt, können sie nah genug heranschleichen, um die rastenden Maha'krodha zu überraschen (siehe *Spielerhandbuch* S. 232).Die Schlafenden Maha'krodha greifen erst in Runde 3 ein. Ebenfalls werden sie von der Patrouille ab Runde 3 mit Bögen unter Beschuss genommen.

OFFENER KAMPF

Gelingt das Schleichen nicht oder die Gruppe entscheidet sich gegen Heimlichkeit, kommt es zum offenen Kampf im Lager. Die Maha'krodha im Lager greifen sofort an und es startet ein normaler Kampf. Die Schlafenden und die Patrouille sind gewarnt und können ab Runde 2 mit eingreifen.

Zusammen mit Mahema sollte es den Charakteren gelingen die Menschen zu befreien und die Maha'krodha zu besiegen. Untersuchen sie das Lager, erhalten sie Hinweise auf die Herkunft der T'skrang. Der Trupp ist eine Gruppe flüchtender aus den Kämpfen am Galanga. Sie haben sich hier eingerichtet und wollten mit den Sklaven zum Niall zurückkehren. Es können einige Wochenrationen Nahrung gefunden werden. Dazu gibt es eine kleine Truhe mit Münzen und Edelsteine im Wert von 300 Silber. Die Waffen der Maha'krodha sind nutzbar, aber haben so gut wie keinen Wert mehr. Mahema führt die Charaktere zurück zum Versammlungsplatz und die Rückkehr der Stammesmitglieder wird gefeiert und „Die Drei" danken im Namen der Stämme den Charakteren für diese Tat.

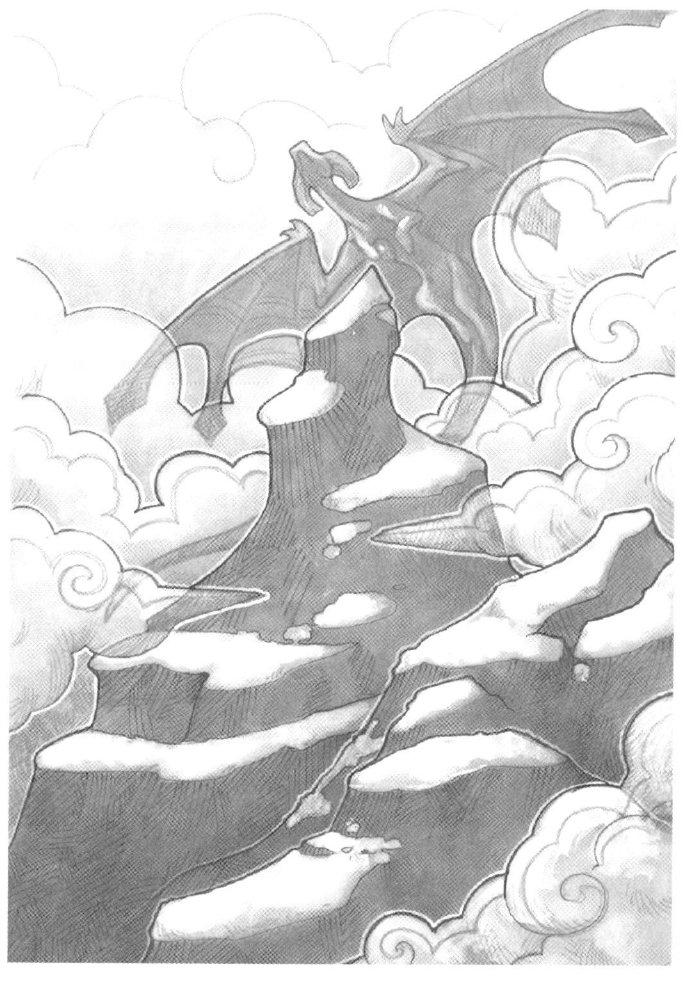

DAS GESCHENK EINES DRACHEN

Die Drachin Chu ist sehr zufrieden mit der Tat und dem Ergebnis der Prüfung. Sie stimmt nun einem Bündnis zu, sofern die Bedingungen erfüllt werden. Die Windlinge oder die Charaktere können dies mit den Nialls besprechen und somit einen wichtigen Verbündeten und Partner für die Zukunft gewinnen. Mahema wird zu diesem Zweck mit zum Galanga reisen und im Namen der Stämme sprechen. Chu tritt aber auch an die Charaktere separat heran. Sie ist von der Tat der Gruppe beeindruckt und gewillt unabhängig von dem Ergebnis der Gespräche mit den Nialls eine gewisse Hilfe anzubieten. Sollte es zu einer Konfrontation mit Zan'dakaar kommen, können die Charaktere mit der Hilfe von ihrer Tochter Mahema rechnen. Zudem hat sie ein kleines Geschenk erschaffen, welches den Charakteren beim Kampf gewisse Hilfe leisten sollte. Sie überreicht den Charakteren je einen hölzernen Anstecker namens Chu's Baohu, der als Fadengegenstand identifiziert werden kann. Die Charaktere sind nun die ersten Besitzer dieser Gegenstände.

CHU'S BAOHU

Diese zwei Zoll großen, achteckigen Holzanstecker beinhalten bzw. umrahmen eine grünlich goldene Schuppe. Die Anstecker wurden vom Drachen Tien Chu Long erschaffen und sind einfache Fadengegenstände zum Schutz vor elementaren Einfluss.

Maximale Fadenzahl: 2
Mystische Verteidigung: 10 **Kategorie:** Novize

Fadenrang 1
Schlüsselinformation: Der Besitzer muss den Namen des Gegenstandes herausfinden
Wirkung: Der Besitzer erhält einen Bonus von +1 auf seine Mystische Verteidigung.

Fadenrang 2
Wirkung: Der Besitzer erhält einen Bonus von +1 auf seine Körperliche Verteidigung.

Fadenrang 3
Schlüsselinformation: Der Besitzer muss den Namen des letzten Besitzers herausfinden.
Wirkung: Der Besitzer erhält die Fähigkeit Element Widerstehen. Für 1 Punkt Überanstrengung erhält er einen Bonus von +3 auf seine Physische und Mystische Rüstung gegen ein Element. Zum Zeitpunkt der Nutzung muss er sich für das Element Erde, Feuer, Holz, Luft, oder Wasser entscheiden. Dies ist eine Einfache Aktion und kann nur einmal pro Runde genutzt werden. Der Schutz hält bis zum Ende der nächsten Runde und ist für ein einzelnes Element nicht kumulativ.

Fadenrang 4
Wirkung: Der Besitzer erhält einen Bonus von +2 auf Angriffs- und Schadensproben, wenn er gegen Elementargeister agiert.

Die Charaktere können nun den Weg zurück zum Galanga antreten. Die Windlinge begleiten sie und übernehmen bzw. unterstützen sie in den Verhandlungen mit den Nialls. Mahema wird ebenfalls die Charaktere zu den Nentilor begleiten und dort für die Charaktere bereitstehen, sollten sie sie im Kampf gegen Zan'dakaar brauchen. Für die Charaktere gehen nun die Abenteuer und Vorbereitungen der Kämpfe gegen die Maha'krodha weiter.

SPIELLEITERINFORMATION

Wird dieses ergänzende Kapitel erfolgreich abgeschlossen, haben sich die Charaktere mit dem magischen Gegenstand bereits einen Vorteil für den weiteren Verlauf des Abenteuers erspielt. Durch das Meistern der Prüfung erhalten die Spieler aber noch eine weitere Hilfe im Kapitel *Das Geheimnis der Greifenfälle*. Der Abschnitt *Vorbereitungen* (siehe S. 171) erhält die folgende Ergänzung: „Mahema, Tochter der Drachin (siehe S. 167) wird sich der Gruppe der Charaktere anschließen und sie in der kommenden Schlacht mit Speer und Schild unterstützen. Die Gruppe erhält somit eine erfahrene Kriegerin für den Kampf gegen Zan'dakaar." Des Weiteren kann der Spielleiter auch eine Grup-

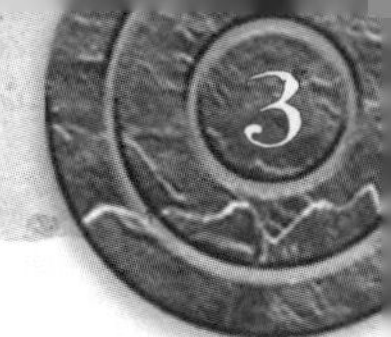

pe von Stammeskämpfern, unter Führung von Mahema oder einem anderen erfahrenen Adepten einsetzen, um den Kampf an den Wasserfällen oder um die Geschicke am Galanga zu beeinflussen (z.B. falls es keine Hilfe durch die Henghyoke gibt).

DAS GEHEIMNIS DER GREIFENFÄLLE

„Wer die Greifenfälle schon einmal aufgesucht hat, wird dieses Naturwunder nie wieder vergessen. Es ist einfach ein Anblick, der die Reise wert ist; ungeachtet der Gefahren des Dschungels und der nahegelegenen Kolonie von Dschungelgreifen. Mitten im Servosdschungel stürzen riesige Wassermassen über den Rand des Plateaus in den Galanga in der Tiefe. Das Dröhnen der Wassermassen macht eine Unterhaltung beinahe unmöglich. Hier liegt die Kraft der Natur buchstäblich in der Luft. Bei Jaspree – was für ein Wunder der Natur!"

– Aus dem Reisetagebuch von Tinso, Tiermeister und Jaspree Questor

ÜBERBLICK

In diesem Kapitel endet die Kampagne mit einem großen Finale, dem Tanz mit der Schlange. Die Charaktere durchleben eine letzte von Shivoam gesendete Vision, die ihnen den Ort der finalen Konfrontation mitteilt. Die Charaktere stellen sich Zan'dakaar und seinen Begleitern, um seinen Versuch zu vereiteln, die vollständige Kontrolle über Shivoam zu erlangen (wofür er die Wächter des Galanga gefangen nahm). Die bisherigen Aktionen der Charaktere haben direkten Einfluss auf den Ablauf der Konfrontation. Die vorherigen Kapitel ermöglichten den Charakteren indirekt Auswirkung auf dieses Kapitel zu nehmen. Je nach Ablauf der Kapitel werden ihnen Verbündete zur Hilfe kommen, Zan'dakaars Kräfte geschwächt oder das Erreichen der Höhle erleichtert sein.

ATMOSPHÄRE

Das Kapitel ist der Abschluss des Tanzes mit der Schlange. Das Schicksal des Galanga wird sich an diesem Ort und zu dieser Zeit entscheiden. Genauso, wie es die Vision an der Sandburg vorhersagte, ist es Aufgabe der Charaktere, Shivoam zu retten und Zan'dakaar zu besiegen.

SCHLÜSSELINFORMATION

Zan'dakaar hat einen Zauber entwickelt, der die Verbindung der Wächter des Galanga nutzt, um die Macht Shivoams vollständig zu erlangen. Den Zauber wirkt er an einem uralten magischen Ort direkt hinter den Greifenfällen.

DIE LETZTE VISION

Die Charaktere erleben eine letzte Vision von Shivoam, in welcher sie mit der Wahrnehmung von Zan'dakaar verschmolzen sind. Ihr Blick verschwimmt plötzlich und sie fühlen einen starken Schwindel und einen schmerzhaften Druck, der auf ihrer gesamten Person zu liegen scheint.

„Wie bereits einmal zuvor wandert dein Blick wie der Flug eines Vogels über den Galanga und du erkennst die dir bekannten Stellen am Flusslauf. Du näherst dich der Wasseroberfläche und fliegst nun keinen Schritt entfernt darüber hinweg. Eine Flussbiegung ist zu sehen und du näherst dich einigen Namensgebern, die dort am Ufer entlanglaufen. Dein Flug ist zu schnell, um Details zu erkennen, als deine Perspektive sich erneut ändert.

Dein Blick scheint nun aus den Augen eines T'skrang zu sein. Deine Haut ist blass und ein gewundener Stab ist in deiner Hand. Mehrere mit Schwertern und Bögen bewaffnete Maha'krodha geleiten vier gefesselte T'skrang. Drei der T'skrang kommen dir bekannt vor und du erkennst, dass es sich um die Wächter der Luft, des Wassers und der Erde handelt. Der vierte T'skrang ist dir nicht bekannt. Er ist für einen T'skrang von ziemlich kleiner und magerer Gestalt. Seine Schuppen sind tief dunkelblau und haben einen dunkelroten Schimmer. Er trägt einen erdfarbenen Gehrock mit elementaren Runen und eine Lederrüstung sowie Arm- und Beinschienen. Über der Rüstung trägt er einen Umhang aus bunten Federn. Als die Gruppe langsamer wird, hebst du kurz deinen Stab, woraufhin die Bewaffneten die Gefangenen mit Schlägen antreiben. Dein Blick richtet sich auf einen Punkt in einiger Entfernung vor euch. Du erkennst durch die Wipfel der Bäume einen Wasserfall, der über eine Kante hinabdonnert. Er muss riesig sein, denn auch wenn du nur die Spitze erkennst, ist die entstehende Gischt gut zu erkennen und ein dumpfes Rauschen ist bereits aus der Ferne zu hören. Doch irgendwas stimmt nicht, du bleibst plötzlich stehen. Du betrachtest den Stab in deinen Händen und schaust dich suchend um. Dein Blick bleibt auf dem Galanga haften. Du gehst zum Ufer und schaust ins Wasser. Im Wasser reflektiert sich dein Gesicht. Es ist das Gesicht von Zan'dakaar. Und während du dein Gesicht siehst, schleicht sich ein böses, zufriedenes Grinsen hinein. Eine Stimme in deinem Kopf sagt lachend: „Es ist zu spät, meine Freunde!" Dann schlägst du deinen Stab ins Wasser.

Ihr kommt nach Luft schnappend zu euch.

SPIELLEITERINFORMATION

Zan'dakaar ist auf dem Weg zu den Greifenfällen mitten am Galanga. Er hat viel mit der Macht Shivoams gespielt und möchte nun seine Macht über die Flussdrachin festigen und ihre Kräfte vollständig beherrschen. Er hat einen Weg gefunden dies zu bewerkstelligen, woraufhin Shivoam ihren Geist ein letztes Mal ausstreckt, um die Hilfe der Charaktere anzurufen.

Zan'dakaar wird das nötige Ritual an einem uralten, magischen Ort an den Greifenfällen durchführen, da sich die Elemente dort im Einklang miteinander befinden. Für sein Ritual brauchte er die von ihm gefangen genommenen vier Wächter des Galanga.

Ein stark magischer, uralter Ort an den Greifenfällen ist der Ort, an dem Zan'dakaar dies möglich wird, da dort sich vier Elemente vereinen können. Die Wächter des Galanga haben eine besondere Verbindung zu Shivoam und so ist sein Plan die vier Wächter in seinem Ritual zu nutzen, derer er kurz zuvor habhaft werden konnte. Nach der Vision an der Sandburg und der Flucht in den Dschungel, haben sie die Wächter von den anderen getrennt, um in einer Meditation erneut Kontakt zu Shivoam zu erlangen und gemeinsam die Vision zu deuten. Zan'dakaar hat die Wächter gefunden und gefangen nehmen lassen, da er ihre Hilfe für seinen Plan benötigte. Der vierte Wächter ist der Wächter des Feuers (siehe *Das Große Spiel*, S. 67) aus dem eigenen Niall, den er im Geheimen ebenfalls überwältigte und gefangen nahm.

DIE GEHEIME HÖHLE

Hinter den Wassern der Greifenfälle befindet sich ein geheimer Ort. In ungefähr 100 Schritt Höhe gibt es ein natürlich entstandenes Höhlensystem im Felsgestein, über Jahrhunderte hinweg von den Wassern des Galanga ausgehöhlt. Die Haupthöhle ist nahezu kreisrund, die Decke acht bis zehn Schritt hoch und leicht gewölbt. Kleine Nebenhöhlen zweigen von ihr ab und reichen bis an die Wasserfälle heran. Das beständige Dröhnen der herabfallenden Wassermassen ist dort zwar ein wenig gedämpft, aber dennoch unablässig zu hören. Schwaches Licht dringt in einigen Bereichen durch den herabstürzenden Galanga. Nur an einer Stelle wäre es jedoch tatsächlich machbar, eine der Nebenhöhlen hinter den Wasserfällen durch einen schmalen Grat zu betreten. Es ist allerdings nahezu unmöglich, den Eingang der Höhle durch Zufall zu entdecken, da die Entfernung vom Boden zu groß ist und die gelblichen Wasser des Galanga über dem Eingang zu Boden stürzen und so die direkte Sicht versperren. Zusätzlich dazu ist der ganze Bereich beständig von einem feinen Nebel aus Gischt umgeben. Der eigentliche Eingang ist ein bei hohem Wasserstand des Galanga immer wieder überfluteter Tunnel, der sich gut verborgen nördlich des Hauptstroms auf dem Plateau in einem kahlen Bereich voller schroffer Felsen befindet. Dort hat man Stufen in einen Gang geschlagen, der hinab zur Höhle führt.

Schon andere Namensgeber haben weit vor der Plage die besondere Macht dieses Ortes entdeckt. Elementaristen veränderten das Innere der Höhle gezielt, um den Energiefluss der Elemente weiter zu verstärken und zu bündeln. In die Wände wurden elementarmagische Runen geritzt und mehrere große Megalithen sind über die Höhle verteilt, um die Kraft der Elemente zu konzentrieren. Ein steter Luftstrom zirkuliert in der Höhle. Der Höhlenboden ist leicht geneigt, beständig fließen kleine Rinnsale aus Wasser hindurch. Diese Rinnsale bilden dabei einen Beschwörungskreis und verschiedene mit dem Element Wasser verbundenen magische Symbole.

Der sowohl natürlich entstandene, als auch von kundiger Hand weiter geformte Ort eignet sich besonders gut, um dort Zauber zu wirken, die mehrere Elemente in sich vereinen. Das tosende Wasser des Galanga, die durch die Höhle zirkulierende Luft und der die Höhle umgebene Fels sorgen bereits für eine natürliche Affinität zu drei Elementen. In der Mitte der Höhle ist eine große Feuerstelle gebaut worden. Dort kann ein Zauberer Körner Wahren Feuers nutzen, um Zauber zu formen, welche die vier Elemente Feuer, Wasser, Luft und Erde beinhalten.

Die gebündelten elementaren Kräfte des Ortes machen es besonders einfach, Elementargeister mit hohen Geisterstufen an diesem Ort manifestieren zu lassen oder diese zu kontaktieren. Beschwörer erhalten dabei einen Bonus von +8 auf alle ihre Proben.

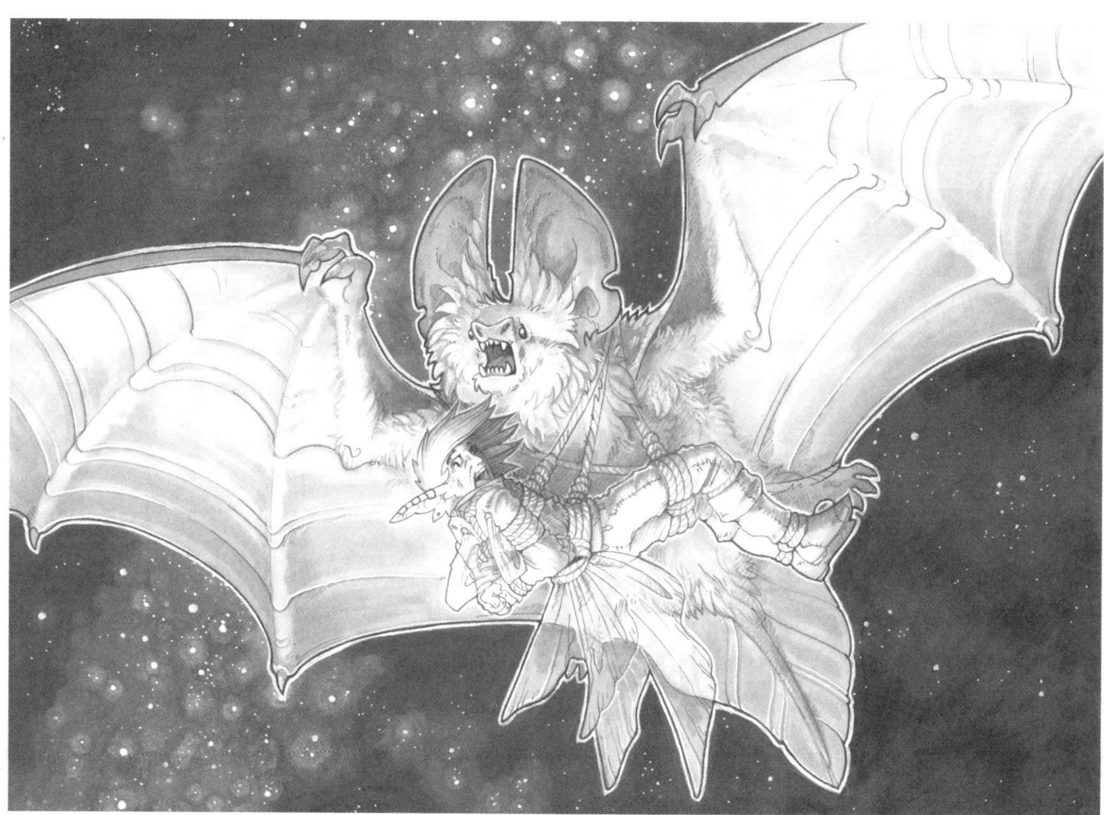

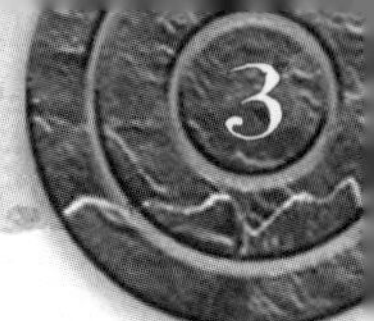

Vorbereitungen

Da die Vision die Dringlichkeit des schnellen Handelns aufzeigt, können nur notdürftige Vorbereitungen getroffen werden. Die Aufgabe der Charaktere ist klar: Sie müssen die Wächter retten. Die übrigen Verbündeten werden entsprechend der vorangegangen Kapitel und deren Ausgänge agieren (Angriff auf das Kriegsschiff, Friedensverhandlungen, etc.). Die Ereignisse rund um den Kontakt zu den Maha'krodha und den Verhandlungen mit den Nialls oder direkte Kriegsvorbereitungen haben keine direkte Auswirkung auf ihren bevorstehenden Kampf an den Greifenfällen. Allerdings gibt es mehrere Ereignisse, die einen Einfluss haben können.

Haben sie die Wächterin des Holzes befreit (siehe S. 162), so wird Vanah die Charaktere indirekt unterstützen können. Sie kann entweder am Baum des Lebens aufgesucht werden, oder sie ist zufällig gerade in dem Niall, in dem die Charaktere sich aufhalten. Wenn sie ihr von der Vision erzählen, kann sie den Helden genau sagen, wohin Zan'dakaar möchte. Sie erzählt ihnen von der magischen Höhle, was das Ziel der Vision somit bestätigt. Auch hat sie sich seit ihrer Befreiung auf ihre Verbindung mit dem Stab konzentriert. Sie ist sicher, dass ihre Verbindung noch vorhanden ist, und am Baum des Lebens kann sie mit ihrer Magie diese Verbindung nutzen. Da sie ebenfalls die Verbindung von Zan'dakaar zum Stab spüren konnte, ist sie sicher, dass sie durch diese magische Störung seine Macht und Konzentration behindern kann. Daher bietet sie den Charakteren an, genau dies zu tun. Die Auswirkung der Störung ist im kommenden Abschnitt des Kampfes in der Höhle beschrieben.

Haben die Charaktere dem Dschungelgreifen Garuda geholfen, so wird er den Charakteren ebenfalls helfen können. Siehe dazu den Abschnitt *Erreichen der Greifenfälle* (siehe rechts).

Gelang es der Gruppe, drei Prüfungen der Henghyoke zu bestehen, so erhalten sie weitere Unterstützung durch Zarissa und Otterreiter, die den Kampf am Wasserfall erleichtern und auch bei der Begegnung mit Zan'dakaar helfen (siehe dazu die Abschnitte *Erreichen der Greifenfälle* und *Der finale Kampf*). Zarissa hatte die gleiche Vision wie die Charaktere und wusste daher wo sie sie treffen würde. Erreichen die Charaktere die Greifenfälle, offenbart sie ihre Anwesenheit und schließt sich der Gruppe an. Sie bringt Kämpfer mit, die bei Beginn des Kampfes die Maha'krodha überraschen.

Die Dschungelgreifenkolonie

Wenn man dem Galanga von den Greifenfällen flussaufwärts folgt, erreicht man nach wenigen Meilen die einzige Kolonie der Dschungelgreife im Servosdschungel. Die magisch begabten Tiere (siehe *Spielleiterhandbuch*, S. 169) betrachten den Dschungel, der ihre Kolonie umgibt, als ihr Revier und dulden darin keine Namensgeber. Wer versucht, das Gebiet zu durchqueren, wird von den Tieren auf magische Weise auf große Entfernung bemerkt. Jeweils zwei bis drei Dschungelgreife kümmern sich dann darum, dass sich ein Eindringling schnell wieder entfernt. Wenn einfache Drohgebärden nicht ausreichen, nutzen die Dschungelgreife ihre zweite magische Fähigkeit und versetzen einen Eindringling in Trance, um ihn so aus ihrem Reich zu vertreiben.

Normalerweise versuchen die Dschungelgreife, Kämpfe zu vermeiden. Sollte sich ein Namensgeber aber auf direktem Weg zu den Nestern begeben, wird er erbarmungslos angegriffen.

Die Greifenfälle liegen zwar noch im Inneren des Greifenreviers, sie sind aber nicht weit von dessen Grenze entfernt. Sollte es ein Namensgeber schaffen, sich aus der Trance zu befreien, kann er bis zu den Greifenfällen vordringen, ohne dass er von den Tieren angegriffen wird. Jeweils zwei bis drei Dschungelgreife bleiben aber so lange in der Nähe, bis sich der Namensgeber wieder entfernt hat.

Der Galanga oberhalb der Greifenfälle ist für größere Schiffe nicht befahrbar und in viele kleine Nebenläufe verzweigt, die sich erst an den Wasserfällen wieder vereinen. Zudem attackieren die Dschungelgreife jedes Boot und versuchen es zu versenken.

Ein Charakter, der der durch die Verzückung ausgelösten Trance widerstehen kann, kann die anderen Charaktere zum Wasserfall führen. Dazu benötigt er eine gelungene Charisma-Probe oder Fähigkeiten/Talente wie Führung, Konversation etc. gegen die höchste Soziale Verteidigung der Gruppe, erschwert um +1 für jedes Mitglied. Alternativ kann sich die Gruppe aus einer anderen Richtung nähern und die Greifenkolonie damit weitestgehend umgehen. So werden sie zwar in Ruhe gelassen, aber ihrer Anwesenheit wird auch in diesem Fall von den Dschungelgreifen wahrgenommen und beobachtet.

Erreichen der Greifenfälle

Die Charaktere werden auf Grund der Vision Shivoams und evtl. der Wächterin Vanah auf die Spur gebracht und schlussendlich an den Greifenfällen ankommen, um sich Zan'dakaar zu stellen. Wie die Vision es voraussagte, hat er sich mit den Wächtern hinter den Wasserfall in das Höhlensystem begeben und das Wirken eines komplexen Rituals begonnen, mit dem er die Macht Shivoams vollständig kontrollieren wird. Dazu benutzt er die Wächter und ihre Verbindung zur Flussdrachin sowie ihre von Shivoam gegebenen Gegenstände als Ankerpunkt seines Zaubers. Durch die besonderen Eigenschaften der Höhle auf Zauber, bindet er alle vier Elemente zusammen und kann dadurch alle Aspekte Shivoams zu kontrollieren versuchen. Mit ihm in der Höhle befindet sich Tsirill Nak Nat, der Schamane, der für ihn schon die Jademine beschützte (siehe *Das Große Spiel*, S. 107f.). Tsirill Nak Nat hat zur Unterstützung drei elementare Menschenaffen an seiner Seite beschworen, die sie und das Ritual beschützen sollen. Am Eingang auf dem Plateau, welcher bis zu den Knöcheln mit Wasser gefüllt ist, hat Zan'dakaar eine Gruppe von 8 Kämpfern (Werte siehe S. 182) zurückgelassen. Hinter dem Eingang ist der Tunnel etwas tiefer gelegen und bildet einen kleinen Damm, so dass nur noch ein kleines Rinnsal am Bode entlang plätschert. Mit einem Eindringen auf anderem Wege rechnet er nicht. Die Maha'krodha Kämpfer haben allerdings den Zorn einiger Dschungelgreife auf sich gezogen und werden von diesen immer wieder aus der Luft attackiert. Insgesamt sind 4 der Kämpfer durch die Dschungelgreife abgelenkt und können sich nicht an einem möglichen Kampf beteiligen. Das Durcheinander hilft in dem Fall aber die Position des Eingangs genau zu bestimmen. Versteckt im Unterholz links und rechts des Wasserfalls befinden sich je 2 Bogenschützen, welche als Späher agieren und Angreifer bei einem Kletterversuch oder Kampf am Eingang unter Beschuss nehmen. Die Charaktere können sich dem Ort durch das Rauschen der Greifenfälle nähern, ohne entdeckt zu werden, und einen Kampf jederzeit starten.

Möchten die Charaktere die Höhle durch den Nebeneingang hinter den Greifenfällen betreten, benötigen sie die Hilfe von Garuda (siehe unten) oder müssen die Felswände am Wasserfall hinab oder hinauf klettern. Aufgrund der extremen Vorrausetzungen ist eine Klettern-Probe mit Mindestwurf 16 nötig. Bei Misslingen fallen sie den Wasserfall hinab und erleiden Stufe 25 (2) Fallschaden.

Garuda, der Dschungelgreif

Haben die Charaktere dem Dschungelgreif Garuda geholfen (S. 172), so befindet er sich ebenfalls unter der Gruppe an den Wasserfällen. Geben sich die Charaktere ihm zu erkennen (oder er bemerkt sie), begibt er sich zu ihnen. Garuda ist weitgehend genesen und kann an dieser Stelle ein wertvoller Verbündeter sein:

- Er kann den anderen Dschungelgreifen verständlich machen, dass die Charaktere nicht angegriffen werden dürfen.
- Er kann ein temporäres Bündnis zwischen den Charakteren und den Dschungelgreifen herstellen, um so gemeinsam gegen die Maha'krodha am Eingang zu kämpfen und sie so einfacher zu besiegen.
- Er macht die Charaktere auf die verborgenen Bogenschützen aufmerksam. Er greift sogar selbstständig die Bogenschützen auf dem Plateau an und wirft sie den Wasserfall hinab.
- Wenn die Charaktere durch Vanah von dem Nebeneingang wissen, können sie die Dschungelgreifen um Hilfe bitten. Zwar ist keiner der anderen Dschungelgreifen dazu bereit, aber die Charaktere (und nur sie) würde Garuda auf dem schmalen Sims nahe der Nebenhöhlen absetzen.

Haben sie dem Dschungelgreif geholfen, so verfügen sie nun nicht nur über weitere potentielle Verbündete, sondern können den Feind von hinten angreifen und so Zan'dakaar überraschen. Falls sie Garuda nicht geholfen haben und Vanah nicht befreit wurde, bleibt nur der direkte Angriff auf die Höhle.

Beginnt der Kampf an dem eigentlichen Eingang, so können zusammengefasst folgende Situationen eintreten:

- Vier der acht Maha'krodha Kämpfer sind in einem Kampf gegen Dschungelgreife gebunden.
- Ohne die Rettung von Garuda attackieren die Dschungelgreife möglicherweise auch die Charaktere.
- Mit der Rettung von Garuda ignorieren die Dschungelgreifen die Charaktere und Garuda wirft die Bogenschützen in die Tiefe.
- Mit zwei gelungenen Prüfungen der Henghyoke erscheint Zarissa an den Greifenfällen und unterstützt die Charaktere im Kampf gegen die verbliebenen vier Kämpfer.
- Mit drei gelungenen Prüfungen tauchen im Moment des Angriffs vier Kämpfer der Henghyoke auf Ottern auf dem Fluss auf und attackieren die übrigen vier Maha'krodha. Die Charaktere können ohne Widerstand in den Tunnel zur Höhle treten.
- Mit dem Wissen über den zusätzlichen Eingang hinter den Wasserfällen können die Charaktere den Eingang am Hang erreichen.

Unabhängig davon, wie der Kampf verläuft, wem die Charaktere sich stellen müssen oder welchen Eingang sie nehmen, müssen die Charaktere die magische Höhle erreichen, in der Zan'dakaar sein Ritual wirkt.

Die Barriere

Betreten die Charaktere den Tunnel, können sie mit Hilfe von Fackeln oder Lichtquarzen den Weg beleuchten. Nach ca. 20 Schritten befindet sich ein Durchgang zu einer in den Stein gehauenen Treppe. Diese besteht aus großen Stufen und windet sich im Zickzack sehr steil nach unten. Bereits nach einigen Schritten in die Tiefe wird das Dröhnen des Wasserfalls leiser. Die Treppe windet sich fast 100 Schritte in die Tiefe und endet an einem Durchgang, der eine kleine Höhle eröffnet. Am Ende dieser ca. 20 Schritte tiefen Höhle natürlichen Ursprungs befindet sich ein weiterer Durchgang. Hier endet allerdings der Weg für die Charaktere, denn der Durchgang ist durch eine metallene, mit Nieten verstärkte Platte, die auf einer Holzkonstruktion im Felsen verankert ist, versperrt und zusätzlich von 2 weiteren Maha'krodha verstellt. Besiegen die Charaktere die Kämpfer, können sie die Platte untersuchen.

Die Platte weist keinerlei Schloss oder Griff auf. Eine astrale Untersuchung mit Astralsicht und Struktur Verstehen (MW 9) zeigt die magische Struktur der Platte und die Anwesenheit von verwobenen elementaren Körnchen. Ein Zusatzerfolg offenbart eine sehr komplexe Struktur von mehreren Zaubern, die auf die Platten einwirken. Ein weiterer Zusatzerfolg kann die Zauber zuordnen. Es handelt sich um Zauber, die die Struktur des Metalls verstärken, sowie Alarm- (siehe *Mystische Pfade*, S. 161) und andere Schutzzauber.

Die elementare Verstärkung macht die Platte nahezu immun gegen physischen Schaden. Sie kann daher nicht auf normalen Weg zerstört werden. Die Schutzzauber lösen aus, wenn es dennoch jemand versucht oder die Tür auf magischen Weg attackiert wird. Jegliche Aktion gegen die Tür löst einen Blitzschlag mit Spruchzauberei und Wirkungsstufe 14 aus. Zan'dakaar hat seinen Plan lange vorbereitet. Um ein Eingreifen von außen zu unterbinden, ist die Versiegelung sorgfältig geplant und umgesetzt. Passieren die Charaktere den Durchgang, kann auf der anderen Seite der Platte eine Sammlung von Runen erkannt werden. Mit Runenkunde, Struktur Verstehen oder Astralsicht (MW14) kann erkannt werden, dass die Tür auch in die andere Richtung einen Schutz darstellt, um (ein Zusatzerfolg) das Entweichen magischer Energie aus der Höhle zu verhindern.

Auf folgenden Weg können die Charaktere die Barriere überwinden:

- *Zerstören der Barriere:* Die Barriere hat eine Schadenskapazität von 100 und einen Rüstungswert von 15 und muss aufgrund ihrer magischen, verwobenen Struktur vollständig vernichtet werden (siehe *Spielleiterhandbuch* S.108 „Barrieren“).

- *Auflösen der Zauber:* Auf der Barriere liegen insgesamt fünf verwobene Zauber des 5. Kreises (MW 15). Um einen der Zauber aufzulösen, benötigt es aufgrund der komplexen Form je einen Zusatzerfolg (siehe *Spielerhandbuch* S.158 „Magie Neutralisieren")
- *Die Fallen auflösen:* Wenn die Charaktere die technische Vorlage der Barriere entdeckt haben (S. 154), kann ein geschickter Charakter sich der Barriere annehmen. Er muss nicht danach suchen, da er ihre Existenz bereits kennt. Ohne die Pläne ist eine Wahrnehmungs- oder Aufmerksamkeits(10)-Probe (siehe Spielerhandbuch, Fallen Entschärfen, S. 82) nötig, um beginnen zu können. Zum Öffnen benötigt der Charakter fünf erfolgreiche Proben auf Fallen Entschärfen (MW 12), sowie eine erfolgreiche Probe auf Schloss Knacken (MW 15), um danach die mechanische, verdeckte Sperre aufzulösen und damit die Barriere zu öffnen. Mit der Vorlage in Erinnerung bekommt der Charakter einen Bonus von +4 Stufen bei diesen Proben.

Misserfolge bei den Proben können die in der Tür versteckten Schutzmaßnahmen beliebig oft auslösen (siehe Spielleiterhandbuch, Fallen, S. 117ff.) für Beispiele.

DER ALTERNATIVE WEG

Haben sich die Charaktere dazu entschlossen, dem Kampf am Eingang aus dem Weg zu gehen, können sie die Höhle auch ohne Konfrontation erreichen. Auf diese Weise würden sie auch den weiteren Wächtern aus dem Weg gehen und können die Barriere umgehen.

Der Eingang hinter dem Wasserfall ist schwer zu erreichen und von außen nicht zu erkennen. Wenn die Charaktere hinter dem Wasserfall auf dem schmalen Vorsprung entlanggehen, müssen sie einen Wurf auf Geschicklichkeit oder Klettern bestehen (MW 8). Dabei können sie sich gegenseitig absichern (+4 auf die Probe) oder entsprechendes Kletterwerkzeug benutzen. Nach einigen Schritten gibt es einen kleinen Spalt in den Felsen. Nach diesem Spalt findet sich ein System von Tunneln und kleineren Höhlen, die in den dunklen Fels führen. Es sind auf diesem Weg zwei Klettern-Proben (MW 8) erforderlich, die bei einem Misserfolg zu Stufe 6 Schaden führen können. An einer Stelle des steil nach unten führenden Tunnels hat sich Wasser gesammelt und den Tunnel vor den Charakteren überflutet. Die Charaktere müssen an dieser Stelle kurz nach unten und ca. zehn Schritt weit tauchen, um am anderen Ende wieder nach oben zu kommen. Darauf folgt ein weiterer kleiner Spalt und sie gelangen, verdeckt von einem dort liegenden Felsen, in die große Höhle, in der Zan'dakaar seinen Ritualzauber wirkt. Wenn die Charaktere sich geschickt anstellen, können sie sich, z.B. durch Zauber, eine Runde lang auf den Kampf vorbereiten, werden dann aber bemerkt.

Sollten Charaktere stattdessen versuchen anzugreifen, so müsste sie eine Probe auf Heimlicher Schritt gegen die Wahrnehmung aller Anwesenden ablegen.

Die Kräfteanhäufung durch das Ritual ist um eine Runde verzögert (siehe unten). Danach findet der Kampf statt, wie weiter unten beschrieben.

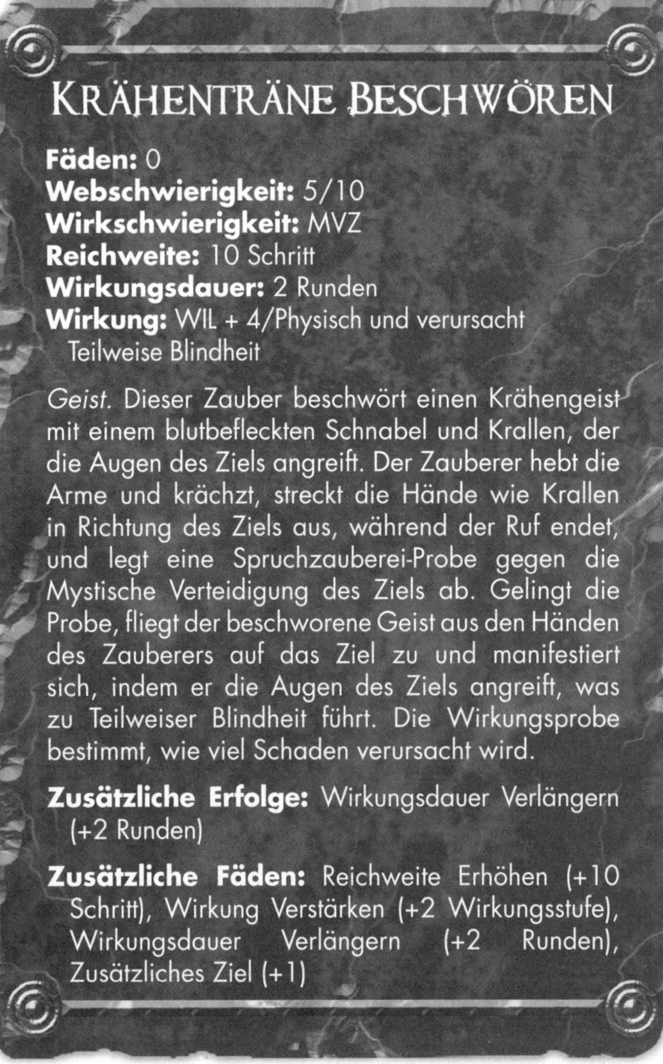

KRÄHENTRÄNE BESCHWÖREN

Fäden: 0
Webschwierigkeit: 5/10
Wirkschwierigkeit: MVZ
Reichweite: 10 Schritt
Wirkungsdauer: 2 Runden
Wirkung: WIL + 4/Physisch und verursacht Teilweise Blindheit

Geist. Dieser Zauber beschwört einen Krähengeist mit einem blutbefleckten Schnabel und Krallen, der die Augen des Ziels angreift. Der Zauberer hebt die Arme und krächzt, streckt die Hände wie Krallen in Richtung des Ziels aus, während der Ruf endet, und legt eine Spruchzauberei-Probe gegen die Mystische Verteidigung des Ziels ab. Gelingt die Probe, fliegt der beschworene Geist aus den Händen des Zauberers auf das Ziel zu und manifestiert sich, indem er die Augen des Ziels angreift, was zu Teilweiser Blindheit führt. Die Wirkungsprobe bestimmt, wie viel Schaden verursacht wird.

Zusätzliche Erfolge: Wirkungsdauer Verlängern (+2 Runden)

Zusätzliche Fäden: Reichweite Erhöhen (+10 Schritt), Wirkung Verstärken (+2 Wirkungsstufe), Wirkungsdauer Verlängern (+2 Runden), Zusätzliches Ziel (+1)

DER FINALE KAMPF

Wenn die Charaktere die Höhle erreichen, ist das Ritual von Zan'dakaar bereits vollständig gewirkt worden. In der Mitte in der Feuerstelle lodert ein von Wahrem Feuer angeheiztes, mehrere Schritte hohes Feuer. Ein starker Luftzug in der Höhle heizt das Feuer weiter an. Die Runen der Höhle leuchten in regelmäßigen Intervallen dunkelgrün auf und Wasser schwebt in großen Tropfen bis zu einem Schritt hoch in der Luft.

Um die Feuerstelle herum knien gefesselt die vier Wächter, von einem magischen Leuchten umgeben, welches ihnen offenbar Schmerzen zufügt. An der Feuerstelle steht ebenfalls Zan'dakaar, der gerade eine Zaubergeste beendet, als er die Charaktere in die Höhle treten sieht.

Er richtet Vanahs Stab auf sie und ruft: „Ihr seid zu spät! Und jetzt werdet ihr sterben!". Sein Affe sitzt auf seiner Schulter und faucht die Charaktere an.

Ebenfalls in der Höhle befindet sich Tsirill Nak Nat, der sich etwas abseits der Feuerstelle aufgestellt hat. Dieser attackiert die Helden mit dem Zauber Krähenträne Beschwören und eröffnet somit den Kampf.

Die Charaktere müssen sich folgenden Gegnern stellen:

- Tsirill Nak Nat (S. 181), der Tiergeist-Zauber wirkt und einem direkten Zweikampf ausweicht.
- Vier Vertraute (ein Wasserelementar und drei elementar erfüllte Menschenaffen vom Element Erde, Luft und Feuer (siehe Kompendium, S.179ff.)), die ihre Kräfte auf einen Charakter konzentrieren, um ihn schnell auszuschalten.
- Zan'dakaar, der vorrangig Shivoams Kräfte gegen die Charaktere einsetzt, aber auch auf seine Talente und Zauber zurückgreift.
- Vor'ka, der Bleichhöhlenaffe, greift Charaktere im Nahkampf an.

Der Wasserelementar Sravat (S. 175) entsteht zu Kampfbeginn aus einem der schwebenden Wassertropfen zwischen den Charakteren und Zan'dakaar und wird diese davon abhalten, den T'skrang direkt anzugehen. Tsirill Nak Nat und seine Vertrauten greifen sofort die Charaktere und ihre Begleiter an.

Wird Tsirill Nak Nat getötet, so werden die Menschenaffen von ihrem Bann befreit (Feuer, Luft und Erde wurden von ihm verzaubert). Von diesem Zeitpunkt an macht der Spielleiter jede Runde einen Willenskraft-Wurf (MW 12) für sie. Wenn ihnen der Wurf gelingt, können sie ihren Zorn besiegen und kehren zurück in den Servosdschungel, während sie dabei langsam ihre ursprüngliche Gestalt wieder annehmen.

MENSCHENAFFE – FEUER

Herausforderung: Novize (Vierter Kreis)

GES:	10	Initiative:	11
STR:	7	Körperliche Verteidigung:	11
ZÄH:	5	Mystische Verteidigung:	9
WAH:	5	Soziale Verteidigung:	10
WIL:	8	Physische Rüstung:	3
CHA:	4	Mystische Rüstung:	3
Bewusstlosigkeit:	35	Erholungsproben:	2
Todesschwelle:	40	Niederschlag:	9
Wundschwelle:	8		

Bewegung: 12 (kletternd 12)

Aktionen: 1; Biss: 14 (16), Waffenlos: 14 (15)

Kräfte:

Eigensinnig (1)

Feuer Widerstehen (15): Die Kreatur erhält +15 Physische Rüstung und +15 Mystische Rüstung gegen Angriffe mit dem Merkmal Feuer.

Feueratem (12): Feuer. Die von Feuer Erfüllte Kreatur kann Feuer auf ein Ziel in maximal 30 Schritt Entfernung speien. Sie legt eine Kreaturenkraft-Probe gegen die Mystische Verteidigung des Ziels ab. Gelingt die Probe, legt die Kreatur eine Feueratem-Probe als Schadensprobe ab. Mystische Rüstung schützt gegen diesen Schaden. Diese Kraft kann nicht in aufeinanderfolgenden Runden eingesetzt werden.

Hitzewelle (4): Feuer. Die Kreatur kann um sich herum eine Zone glühender Hitze erzeugen. Alle Gegner im Umkreis von 4 Schritt erleiden Schaden gleich der Stufe in Hitzewelle. Dieser Schaden wird nur durch speziellen Schutz gegen Feuer (z. B. Luftrüstung oder Feuer Widerstehen) gesenkt.

Kreaturenkraft (14, Feueratem, Standard)

Verstärkter Sinn [Geruchssinn] (2)

Verwundbarkeit gegen Wasser: Angriffe mit dem Merkmal Wasser ignorieren gegen von Feuer Erfüllte Kreaturen jeglichen Schutz durch Rüstung.

Weitsprung (6)

Spezialmanöver:

Erzürnen (Gegner)

Fühle Das Brennen (Von Feuer Erfüllte Kreatur, Feueratem): Die Kreatur kann zusätzliche Erfolge aus der Kreaturenkraft-Probe ausgeben, damit die Flammen für 1 zusätzliche Runde pro Erfolg mit einem Malus von -5 auf den Schaden weiterbrennen.

MENSCHENAFFE – LUFT

Herausforderung: Novize (Vierter Kreis)

GES:	10	Initiative:	11
STR:	7	Körperliche Verteidigung:	12
ZÄH:	5	Mystische Verteidigung:	11
WAH:	8	Soziale Verteidigung:	10
WIL:	5	Physische Rüstung:	2
CHA:	4	Mystische Rüstung:	4
Bewusstlosigkeit:	35	Erholungsproben:	2
Todesschwelle:	40	Niederschlag:	9
Wundschwelle:	8		

Bewegung: 14 (fliegend)

Aktionen: 1; Biss: 13 (13), Waffenlos: 13 (12)

Kräfte:

Eigensinnig (1)

Körperlos: Wie die Geisterkraft, Spielleiterhandbuch, S. 229.

Luft Widerstehen (15): Die Kreatur erhält +15 Physische Rüstung und +15 Mystische Rüstung gegen Angriffe mit dem Merkmal Luft.

Unsichtbarkeit (14): Wie die Geisterkraft, Spielleiterhandbuch, S. 229.

Verstärkter Sinn [Geruchssinn] (2)

Verwundbarkeit gegen Erde: Angriffe mit dem Merkmal Erde ignorieren gegen von Luft Erfüllte Kreaturen jeglichen Schutz durch Rüstung.

MENSCHENAFFE – ERDE

Herausforderung: Novize (Vierter Kreis)

GES:	5	Initiative:	5
STR:	11	Körperliche Verteidigung:	9
ZÄH:	10	Mystische Verteidigung:	10
WAH:	4	Soziale Verteidigung:	10
WIL:	6	Physische Rüstung:	6
CHA:	4	Mystische Rüstung:	5
Bewusstlosigkeit:	50	Erholungsproben:	3
Todesschwelle:	60	Niederschlag:	15
Wundschwelle:	15		

Bewegung: 10 (grabend 10)

Aktionen: 1; Biss: 11 (18), Waffenlos: 11 (16), Wurfwaffen: 8 (15)

Kräfte:

Eigensinnig (1)

Erdbewegung: Von Erde erfüllte Kreaturen können sich mit ihrer normalen Bewegungsrate frei durch Schmutz, Erde und Stein bewegen, wobei nur eine kurze Störung der Oberfläche zu sehen ist, sofern sie sich in ihrer Nähe befinden.

Erde Widerstehen (15): Die Kreatur erhält +15 Physische und +15 Mystische Rüstung gegen Angriffe mit dem Merkmal Erde.

Erzitternde Erde (15, Standard): Erde. Die von Erde Erfüllte Kreatur stampft auf den Boden, sodass er sich wölbt und erzittert. Die Kreatur legt eine Probe auf Erzitternde Erde ab, deren Ergebnis

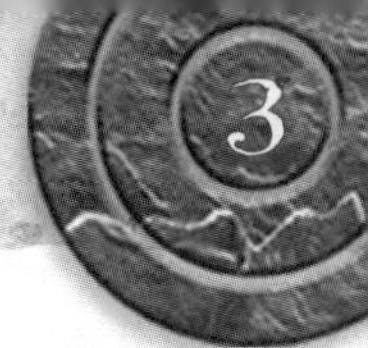

SRAVAT (WAHRER NAME „FAHLEBEKKEN")
Sturzbach Wasserelementar (Geisterstufe 8)

GES:	13	Initiative:	13
STR:	8	Körperliche Verteidigung:	17
ZÄH:	8	Mystische Verteidigung:	17
WAH:	9	Soziale Verteidigung:	16
WIL:	9	Physische Rüstung:	7
CHA:	9	Mystische Rüstung:	11
Bewusstlosigkeit:	–	Erholungsproben:	4
Todesschwelle:	54	Niederschlag:	Immun
Wundschwelle:	12		
Bewegung:	14		

Aktionen: 2; Waffenlos 16 (14)

Kräfte: Anpassungsfähigkeit, Astralsicht (17), Element Beeinflussen (17), Element Erzürnen (17), Karma (Stufe 8, 32 Karmapunkte), Manifestation, Spruchzauberei (17), Unsichtbarkeit (17), Verschlingen (16)

Regeln:

Bewegung in Wasser: Wasserelementare können sich mit ihrer normalen Bewegungsrate auf oder im Wasser bewegen.

Manifestationsbeschränkung: Wasserelementare können nur aus einer Wasserquelle heraus manifestieren. Die Größe der Wasserquelle hat keine Auswirkung auf die manifeste Geisterstärke des Elementars. Schon ein Tropfen Wasser reicht aus, um selbst den mächtigsten Wassergeist zu beschwören.

Verwundbarkeit gegen Luft: Angriffe mit dem Merkmal Luft ignorieren gegen Wassergeister jeglichen Schutz durch Rüstung.

SPIELLEITERINFORMATION

Je nach Gruppenkonstellation kann die Kampfkraft sehr stark variieren. Es kann daher nach Ermessen und Anwesenheit der Verbündeten, die Anzahl der Vertrauten von Nak Nat durch den Spielleiter angepasst werden. Ebenfalls kann zu jeder Zeit eine Truppe von Henghyoke die Höhle erreichen, welche die Charaktere ebenfalls unterstützt. Dies kann entweder durch das Bündnis geschehen oder weil sich die Henghyoke doch dazu entschlossen haben gegen Zan'dakaar vorzugehen.

ZAN'DAKAARS KRÄFTE

Zu Beginn des Kampfes hat Zan'dakaar durch das Ritual Zugang zu den Kräften von Shivoam. Pro Runde kann er mehr und mehr Kräfte nutzen.

Folgende Kräfte kann er im Verlauf einsetzen (siehe *Spielleiterhandbuch*, S.227 ff):

- Zu Beginn des Kampfes wirken: Anpassungsfähigkeit (Initiative, Körperliche Verteidigung, Mystische Verteidigung, Soziale Verteidigung, Physische Rüstung, Mystische Rüstung jeweils +3) (Anmerkung: Shivoam ist so mächtig als Wasserelementar, dass die Fähigkeit mehrfach genutzt werden kann.)
- Ab Runde 1: Element Beeinflussen (z.B. den Boden und das Wasser gefrieren lassen)
- Ab Runde 2: Gehärtete Rüstung
- Ab Runde 3: Element Erzürnen
- Ab Runde 4: Karma (die Karmastufe erhöht sich um die GS)
- Ab Runde 5: Fluch

Die Geisterstufe (GS) entspricht nur dem Teil von Shivoam, den Zan'dakaar nutzen kann. Sie erhöht sich um +1 zu Beginn der Runde und ist daher ab Runde 5 ebenfalls bei 5.

DER VERLAUF DES RITUALS

Der Zauber, den Zan'dakaar einsetzt, um Shivoams Kräfte zu nutzen, beruht auf der magischen Verbindung der Wächter zu Shivoam und auf Basis der Elemente, die ebenfalls zum Drachengeistmythos gezählt werden. Damit die Kraft sich verstärken kann, muss er in dem Ritual die Kräfte der Wächter opfern. D.h. in jeder Runde erhalten die Wächter 6 Überanstrengungsschaden. Ihre Leben sind auf S. 118f. zu finden. Der Wächter des Feuers hat ähnliche Werte wie der der Luft.

Erst wenn Zan'dakaar getötet wird, endet der Zauber und die Wächter sind sicher.

Schauen sich die Charaktere magisch in der Höhle um, können sie mit Astralsicht (MW 10) diesen Aspekt des Zaubers erkennen. Mit einem Zusatzerfolg können sie den Schaden, den jeder Wächter pro Runde erleidet, einschätzen. Ein weiterer Zusatzerfolg lässt erkennen, dass über den Kontakt zu den vier Elementen, den Wächtern und ihren vor ihnen liegenden Gegenständen, magische Energien über den gewundenen Stab in die Struktur von Zan'dakaar fließen.

DER EINFLUSS VON VANAH

Haben die Charaktere Vanah befreien können und sich mit ihr für diesen Finalen Kampf verbündet, unterstützt sie vom Baum des Lebens aus. Da der Stab, den Zan'dakaar von ihr besitzt, ein Stück lebendes Holz des Baumes repräsentiert und sie Fäden an ihn gewoben hat, kann sie über den Baum Einfluss auf die Magie nehmen. Dafür braucht sie ihre volle Konzentration und die Verbindung mit dem Baum des Lebens, aber schlussendlich kann sie so in den Kampf eingreifen.

Der Ausbau der Kräfte für Zan'dakaar ist um eine Runde verzögert (siehe oben) und kumulativ zur Verzögerung durch die Abkürzung.

Nach jeder Runde erhält Zan'dakaar einen Malus von -1 auf alle Proben mit Ausnahme der Geisterkräfte bis zu einem Maximum von -5 nach fünf Runden.

Nach der 10. Runde ertönt ein großer Knall, und der Stab springt Zan'dakaar durch eine magische Entladung aus der Hand, begleitet von seinem Schrei voller Entsetzen und Wut. Von da an kann er die Kräfte Shivoams nicht mehr nutzen, solange er den Stab nicht wieder aufhebt. Der Ritualzauber an sich wirkt aber weiter.

DAS ENDE DES KAMPFES

Wenn die Charaktere alle Gegner besiegen und damit das Ritual beenden konnten, kehrt nach einiger Zeit Ruhe in der Höhle ein. Die Runen leuchten allerdings weiter und hüllen die Höhle in ein gespenstisches Licht. Auch das Feuer in der Mitte brennt weiter, nimmt aber die Ausmaße eines Lagerfeuers an.

Als die Charaktere danach mit allen Überlebenden die Höhle verlassen wollen, kommt es zu einer magischen Verbindung aller Anwesenden zu Shivoam und einer allerletzten Vision:

„Du befindest dich plötzlich außerhalb deines Körpers. Du schaust auf die Situation in der Höhle hinab. Du siehst die leuchtenden Runen und dich zusammen mit den anderen am Feuer stehen, der Blick aller zur Decke der Höhle gerichtet, die Augen unnatürlich blau leuchtend. Die Höhle ist von Magie durchzogen, wie ein leuchtender Schleier windet sie sich im Kreis. Der Schleier bildet die Form einer gefiederten Schlange. Du verspürst Dankbarkeit und das Gefühl, frei zu sein. Dein Blick verschwimmt und du siehst den Verlauf das Galanga von weit oben. Du siehst das Niall Daikara und einen sich auflösenden Strudel. Du siehst die Boote der Nensora, wie sie friedlich am See verbunden schwimmen. Du siehst das Dorf der Nentilor, T'skrang des Nialls hocken am Ufer und beten. Und du siehst das Niall Maha'krodha, eine Gruppe verletzter und abgemagerter T'skrang, die um eine einzelne T'skrang in der Kleidung einer Lahala stehen. In deinem Geist erklingt ein Wort: „Gemeinsam". Der Blick ändert sich erneut und die Farbe in euren Augen verschwindet. Du siehst Zan'dakaar, den T'skrang, der das Übel über den Galanga brachte. Du erkennst ihn in einer Höhle, und du erkennst eine T'skrang in der gleichen Robe wie die Lahala Maha'krodha. Eine Geste Zan'dakaars und die Felswand stürzt ein und begräbt die Lahala unter sich. Du siehst ihn daraufhin vor der Lahala knien und ihr viele Male etwas ins Ohr flüstern. Der Blick verschwimmt erneut und du bist zurück in der Höhle. Erneut erklingt das Wort in deinem Geist: „Gemeinsam". Der magische Schleier löst sich auf und das Glimmern der Runen verblasst. Du wachst auf!"

Das Abenteuer, und damit der Kampf um den Galanga, endet hier.

Schicksale am Galanga

„Nun was soll ich sagen, feiern kann ich. Wenn man am Hofe eins lernt, dann Tanzen. Deswegen konnte ich mir der Lahala gegenüber ja ein Grinsen nicht verkneifen, als sie mit ihrer bestickten Robe mit Schlangenmotiven vor mir stand und ich ihr meinen Arm anbot. Jetzt könnt ihr doch sehen, dass ich sehr wohl mit der Schlange tanzen kann!"

– aus den Erzählungen von Tandil, einem geizigen Zwerg aus Throal

Überblick

Der Kampf an den Greifenfällen ist vorbei und die Charaktere haben ein langes Abenteuer um die Schicksale am Galanga bestanden. Die Zukunft der Region wurde von ihnen maßgeblich gestaltet.

Die verlorene Schlacht

Im unwahrscheinlichen Fall haben die Charaktere den Kampf an den Greifenfällen verloren. In diesem Fall haben sie evtl. nicht überlebt oder mussten sich geschlagen zurückziehen. Zan'dakaar konnte das Ritual erfolgreich vollenden und hat nun vollen Zugang zu den Kräften von Shivoam.

Dies lässt ihn zu einer festen Instanz am Galanga werden. Die Maha'krodha werden ihm von nun an als erstem Mahala, einem männlichen Lahala, folgen. Die Lahala Maha'krodha wird abgesetzt und gefangen genommen. Maha'krodha, die nicht einverstanden sind, gründen eine Guerillafraktion, die versucht, die Lahala zu befreien. Die Maha'krodha werden das führende Niall und Aropagoi am Galanga und unterjochen die Daikara, Nentilor und Nensora. Das fertiggestellte Kriegsschiff stellt sicher, dass sich Zan'dakaar auch den K'tenshin stellen kann. Sollten die Charaktere überlebt haben, werden sie vom Galanga vertrieben. Die übrigen Fraktionen um den Galanga (z.B. die Dschungelstämme, die Henghyoke) behalten die Rolle, die sie bereits haben, und vermeiden vorerstden Kontakt zu den Maha'krodha.

Das Kriegsschiff der Maha'krodha

Nach den Geschehnissen der jüngsten Vergangenheit, die in der Zerstörung der Tri'starr gipfelten, haben die Maha'krodha den Bau eines Nachfolgeschiffes begonnen. Auf einer mobilen Werft wurde im Laufe der letzten Wochen ein neues, stärkeres Kriegsschiff gebaut. Die Suche danach spielt für die Charaktere in diesem Abenteuer keine Rolle, da ihr Fokus auf dem Flussgeist und den Henghyoke liegt. Möglicherweise hören sie Gerüchte, möglicherweise befassen sich die Nialls mit der Angelegenheit – für die Charaktere sollte das aber nicht mehr als eine Randnotiz sein.

Die gewonnene Schlacht

Die Charaktere haben den Kampf an den Greifenfällen gewonnen. Zan'dakaar wurde besiegt, sein Einfluss auf Shivoam ist beendet, und Shivoam schickt ihnen eine letzte Vision. Die Maha'krodha werden keinen Einfluss mehr auf die Geschicke am Galanga nehmen. Es bleibt die Frage, ob die anderen Nialls ein gemeinsames Aropagoi bilden und sich den K'tenshin entgegenstellen können.

Die Schicksale

All die erlebten Geschichten und Abenteuer, die Verhandlungen, Gespräche und Begegnungen haben einen Einfluss auf den Galanga und seine Bewohner gehabt. Im Folgenden wird ein Eindruck der Schicksale und möglichen Konsequenzen und Ergebnisse vom Tanz mit der Schlange aufgelistet.

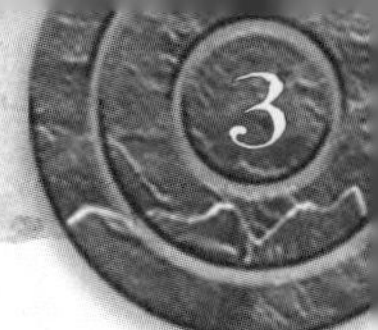

Das Schicksal der Nialls

Die Daikara, Nentilor und Nensora sind im Idealfall die Sieger des Konfliktes am Galanga. Ihre gemeinsamen Bestrebungen haben die alten Bünde und die Freundschaften neu geschmiedet, und sie gehen schlussendlich stärker aus der Geschichte hervor. Wie ein gemeinsames Agieren aussieht, hängt stark davon ab, was die Charaktere in den einzelnen Gesprächen und Episoden erreicht haben, wie die Verhandlungen ausgehen und ob es zu Kämpfen kommt oder nicht. Es gibt verschiedene denkbare Varianten, die einzeln oder zusammen eintreten könnten.

Die grosse Schlacht

Es kommt zwischen den Nialls und den Maha'krodha zu einer entscheidenden Schlacht parallel zu den Geschehnissen an den Greifenfällen. Die Maha'krodha verlieren die Schlacht, ihr neues Kriegsschiff wird zerstört. Das Niall Maha'krodha hört auf zu existieren, und die Überlebenden leben als freie Stämme im Dschungel oder verlassen den Galanga. Evtl. ist der Kampf auch nicht vernichtend, und es gibt genügend Überlebende, die sich unterwerfen und schlussendlich als Maha'krodha weiter existieren können – allerdings unter Kontrolle der anderen Nialls.

Frieden

Die Informationen und Handlungen der Charaktere haben starken Einfluss auf eine Verständigung mit den Maha'krodha. Zan'dakaars Pläne werden durch die Charaktere offengelegt und erschüttern alle T'skrang am Galanga. Die Lahala Maha'krodha stellt sich gegen Zan'dakaar, und durch den Sieg der Helden über ihn und seine Handlanger kann die Lahala den Rest ihres Niall wieder unter sich vereinen. Es gibt im Nachhinein oder bereits parallel zu den Aktionen der Charaktere Verhandlungen mit den Maha'krodha, und man einigt sich auf dauerhaften Frieden. Die Offenlegung des Schicksals der alten Lahala Maha'krodha beim Sieg der Charaktere (letzte Vision) und das potentielle Überleben des Wächters des Feuers, untermauern diesen Frieden noch mehr.

Bündnisse

Die Gemeinsamkeiten der Nialls und ihre gemeinsamen Erlebnisse bringen ein starkes Bündnis zustande. Die Nialls (mit oder ohne den Maha'krodha) besiegeln eine Vereinigung, die ihnen mehr Wohlstand und Souveränität bringt. Interne Streitigkeiten werden beiseitegelegt, gemeinsames Auftreten macht den Galanga zu einem starken Partner – oder zu einem ernstzunehmenden Konkurrenten!

Aropagoi

Die geschlossene Vorgehensweise und die Deutung durch die Wächter und die Anwesenden der letzten Vision (sinngemäß: „nur vereint ist der richtige Weg") sorgt für die Gründung eines gemeinsamen Aropagoi. Das neue Aropagoi wird eine permanente Machtbasis am Schlangenfluss.

Alles bleibt beim Alten

Die Nialls machen getrennt als kleine Grüppchen weiter. Der Galanga behält seine bisherige Stellung bei, kann aber in Frieden weiter existieren.

Die Botschaft der V'strimon

Auch die V'strimon der schwimmenden Stadt werden auf den Galanga aufmerksam. Sie bieten den Nialls ein Bündnis an. Die Nialls erlangen somit einen wichtigen Handelspartner und Verbündeten im Servosdschungel und damit Unterstützung gegen die K'tenshin. Daher gibt es in Zukunft auch eine Botschaft der V'strimon am Galanga.

Die neuen Sklavenjäger

Jene Krieger der Maha'krodha, die sich von ihrer Lahala abwanden und Zan'dakaar zu den Greifenfällen folgten, haben dort ausgeharrt, bis ihr Anführer besiegt wurde. Haben die Charaktere die Hilfe der Dschungelstämme erhalten, wurden auch diese Krieger durch die Stämme besiegt. Konnten die Maha'krodha aber flüchten, wird keiner von ihnen aus Scham und Angst vor der Strafe ihrer Lahala einen Weg zurück suchen. Sie schlagen sich in den Dschungel und werden die Gegend am Galanga und die des restlichen Dschungels im Umkreis als Sklavenjäger verunsichern.

Das Schicksal der Henghyoke

Die mysteriösen Henghyoke bleiben in der Rolle, die sie innehaben. Traditionen wie die Halsbänder, ihr Bluteid, ihre versteckte Basis etc., werden sie nicht ablegen. Allerdings haben die Ereignisse, die Informationen und die Visionen stark an ihrem Weltbild gerüttelt. Es kommen in den Reihen der Henghyoke Zweifel daran auf, ob ihr Weg noch der richtige ist. Ob der Dämon Shivoam noch beeinflusst und ob sie noch gezwungen sein sollten, dem Weg des Eierdiebstahls zu folgen. Auch für die Henghyoke gibt es verschiedene Wege, die von nun an offenstehen. Jeder von ihnen könnte eintreten, und es obliegt auch hier dem Spielleiter zu entscheiden, wie weit er die Welt der Henghyoke für Barsaive öffnet.

Kampf dem Dämon

Die Henghyoke folgen aktiv den Hinweisen und Visionen und werden versuchen das Schicksal Shivoams und den Verbleib des Dämons zu verfolgen.

Eierdiebe oder ein Ende des Diebstahls

Aus Angst das sei alles ein perfider Plan des Dämons, halten sie die Rolle der Eierdiebe ein.

Die Henghyoke stehlen keine Eier mehr und riskieren den Zorn des geflohenen Dämons. Sie brüten wieder ihre eigenen Nachkommen aus und ihre Anzahl wächst wieder.

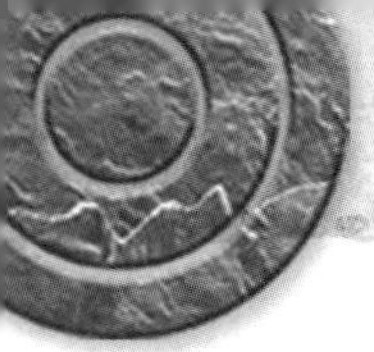

Offene Beziehungen

Auch für T'skrang, die als Piraten und Plünderer bekannt sind, sind Bündnisse und Beziehungen wichtig. Sie bauen eine Art Bündnis mit den Galanga Nialls auf. Da sie keine anderen Möglichkeiten haben, werden sie ihr Piratendasein allerdings nicht vollends ablegen. Ein möglicher Handel mit den Nialls hilft bei einer Umorientierung, aber es gibt entlang des Schlangenflusses noch genügend andere potentielle Opfer.

Verbündete

Die Verstrickung der Henghyoke in den Galanga ist, trotz der Schweigepflicht der Charaktere, von Zarissa oder Surtass nicht von der Hand zu weisen. Daher haben die Henghyoke ein Interesse daran, dass am Galanga Frieden und Normalität eintritt. Sie werden daher als Verbündeter der Nialls auftreten und diese direkt unterstützen, sollte die Entdeckung der Henghyoke oder das Schicksal Shivoams dabei in Gefahr sein.

Alles bleibt beim Alten

Die Gespräche und Prüfungen der Charaktere, sowie das Verhalten der Nialls und Stämme sorgt dafür, dass die Henghyoke bei ihrem alten Verhalten und Glauben bleiben und weiterhin als brutale Piraten umherziehen.

Das Schicksal der Wächter

Die Wächter am Galanga hatten vor dem Tanz mit der Schlange eine eher kleinere Nebenrolle an den Geschicken der Nialls. Die Verbindung der Wächter zu Shivoam, die Beweise über die Visionen der Drachin, die Entdeckung der Sandburg, das Wiederentdecken der heiligen Orte und das Auftauchen der Wächterin des Holzes zeigen den T'skrang am Galanga, dass die alten Wege, die alten Flusslieder und das Wächterdasein eine wichtige Lebensweise darstellen. In Zukunft werden die Wächter wieder mehr in den Nialls in Entscheidungen einbezogen und ihr Rat wird gerne gehört. Ebenso werden die Wächter wieder mehr Zulauf bekommen und es werden mehr T'skrang des Galanga den Weg als Wächter einschlagen. Dazu kommen die fünf heiligen Orte, die es zu erforschen, zu beschützen, zu erhalten oder zu befreien gilt. Allein für diese Aufgabe werden die Wächter Hilfe benötigen.

Das Schicksal von Vanah

Die Wächterin des Holzes wird vor den gleichen Herausforderungen stehen wie die anderen Wächter auch. Allerdings muss sie auch mit den Geschehnissen der Vergangenheit klarkommen. Was ist aus ihr geworden? Was für Kräfte kann sie nutzen? Wie steht sie zum Baum des Lebens und zu Shivoam? Dies alles sind persönliche Fragen, die sie sich selbst beantworten muss. Aber es gibt auch Fragen oder Aufgaben, die die Nialls von ihr erwarten. Sie ist, formal gesehen, die älteste T'skrang der Nialls. Somit steht ihr nach der Tradition die Rolle der Lahala zu und im Falle der Gründung eines Aropagoi die Rolle der Shivalahala. Sie selbst möchte diese Rolle nicht einnehmen. Welche Rolle sie in Zukunft einnimmt, wird sie erst in einigen Monaten der Ruhe und Sortierung der Gedanken treffen können.

Die schlafende Flussdrachin

Shivoams Schicksal bleibt weiter ungeklärt. Der Verdacht, dass sie in einem Dämmerzustand ist, wurde bestätigt, und die Ursachen, der Einfluss des Dämons und Vanahs Stab wurden evtl. erkannt. Nichtsdestotrotz schläft die Flussdrachin immer noch. Allerdings hat sich ihr Dämmerzustand geändert. Sie ist sich und ihrer Macht mehr bewusst und kann trotz ihres Schlafs etwas aktiver in die Geschehnisse eingreifen. Wie lange der Schlaf noch dauert, ist ungewiss. Er könnte noch Jahre oder gar Jahrzehnte dauern, sie könnte aber auch nächste Woche erwachen. Die wiederentdeckten Rituale und heiligen Ort können nun wieder genutzt werden und die Verknüpfung gläubiger Namensgeber mit der Flussdrachin wird ihr helfen, ihren Schlaf früher zu beenden.

Das Schicksal der Charaktere

Die Charaktere haben ein großes und intensives Abenteuer am Galanga überstanden. Sie gelten nun als Helden an diesem Teil des Flusses. Sie haben Dinge gesehen und erlebt, die so manch ein gestandener Abenteurer niemals erlebt. Sie haben eine Verbindung zu Shivoam, sie haben evtl. eine Gruppenstruktur geschaffen und Belohnungen erhalten, von den vielen neuen Verbündeten und Freunden ganz zu schweigen. Am Galanga warten auf die Helden noch viele Abenteuer, denen sie nun nachgehen können. Aber diese Abenteuer werden zu gegebener Zeit an anderer Stelle erzählt werden. Der Tanz mit der Schlange ist nun beendet.

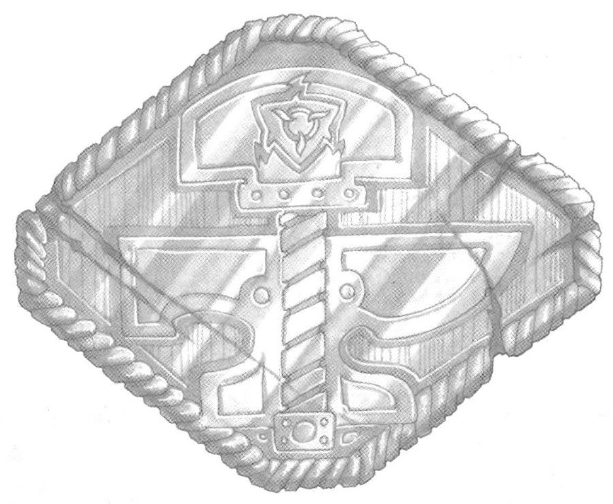

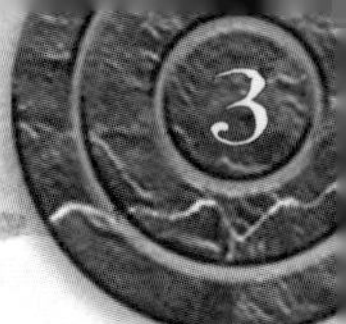

DIE MITSPIELER

Oft werden Gruppen von Namensgeber wie die Henghyoke, Flusspiraten und Eierdiebe über einen Kamm geschoren. Aber je mehr man mit ihnen zu tun hat, desto stärker treten die Unterschiede zu Tage.

– Lahala Nensora über die Henghyoke am Galanga

HAUS HENGHYOKE

SHIVALAHALA HENGHYOKE (ILLUSIONISTIN KREIS 10)

Die derzeitige Shivalahala Henghyoke ist 73 Jahre alt und übt dieses Amt seit über 20 Jahren aus. Sie ist eine mächtige Illusionistin und hält den Tarnzauber der Siedlung aufrecht. Seitdem sie die Shivalahala geworden ist, hält sie sich nur noch dort auf. Ihre Schuppen sind smaragdgrün, um den Hals trägt sie eine goldene Darstellung Shivoams in Drachengestalt. Und als einzige der Henghyoke trägt sie keines der berüchtigten Amulette. Ihr Kamm hat eine leichte Gelbfärbung. Die Shivalahala trägt bevorzugt Gewänder in Grün- und Gelbtönen, die sich manchmal wie von selbst zu bewegen scheinen. Waffen führt sie nur selten bei sich, hat aber häufig einen langen Stab dabei, der aus demselben Material wie die zentrale Kuppel zu bestehen scheint. Wer genau hinschaut, meint, Wasser unter der Oberfläche fließen zu sehen. Der Stab ist ein Fadengegenstand, der von Shivalahala zu Shivalahala weitergegeben wird und ihre illusionistischen Kräfte verstärkt.

Die Shivalahala ist eine gute Beobachterin, wer mit ihr spricht oder sich in ihrer Nähe befindet, hat das Gefühl, ihr Blick reiche bis auf den Grund der eigenen Seele. Dies wirkt aber nicht unbedingt beunruhigend, sondern meistens eher mitfühlend. An ihrem rechten Unterarm befinden sich rituelle Narben, aus denen sie das Blut für die Ritualzauber der Henghyoke spendet. Sie fürchtet die zunehmende Brutalität der Mitglieder ihres Hauses, ist aber ratlos, was sie dagegen unternehmen soll. Für das Haus Henghyoke und das Wohl Shivoams ist sie zu allem bereit. Ihre Familie sind die Henghyoke. In den vergangenen Jahren verbringt sie ihre Zeit neben ihren alltäglichen Aufgaben häufig alleine oder widmet sich der Ausbildung von Zarissa, die sie zu ihrer Nachfolgerin auserkoren hat.

Darstellung: neugierig, mitfühlend
Motivation: Die Rettung Shivoams steht über allem. Das Haus Henghyoke beschützen.
Ressourcen: Als Shivalahala kann sie die gesamte Macht der Henghyoke einsetzen, falls es ihr notwendig erscheint. Allerdings verlässt sie auf keinen Fall den Sitz des Hauses.

ZARISSA (ILLUSIONISTIN KREIS 5)

Mit Mitte zwanzig ist Zarissa noch jung, aber die Shivalahala verspricht sich viel von ihr. Und Zarissa ist intelligent und wissbegierig genug, um dies zu rechtfertigen. Bis auf die Teilnahme an einigen kurzen Raubzügen hat sie allerdings noch nicht viel von der Welt gesehen. Ihre Schuppen sind blaugrün und sie ist für eine T'skrang eher klein und zierlich gebaut. Zarissa bevorzugt blaue Kleidung und hat in der Regel einen leicht gekrümmten längeren Dolch bei sich. Ihr früherer Wunsch, von einem der Henghyoke-Otter ausgewählt zu werden, hat sich zwar nicht erfüllt, aber sie verbringt immer noch viel Zeit mit den Otter-Reitern. Möglicherweise hängt dies auch mit einem jungen T'skrang zusammen, den sie dort in den vergangenen Wochen besser kennengelernt hat.

Darstellung: unerfahren, wissbegierig, leicht aufbrausend (vor allem, wenn sie die Shivalahala verteidigt)
Motivation: das Vertrauen der Shivalahala nicht enttäuschen; mehr erfahren – über alles
Ressourcen: Die Nähe zur Shivalahala verschafft ihr Einfluss.

AL'TZAR FLUSSHÜTER (ELEMENTARIST KREIS 5)

Al'tzar steht dem Rat der Schamanen vor. Er ist einer der ältesten Henghyoke und seine Schuppen sind im Laufe der Zeit ein wenig ausgeblichen. In seinem Kamm ist eine deutliche Scharte zu sehen, das Überbleibsel eines harten Kampfs gegen einen korrumpierten Elementargeist. Er trägt üblicherweise ein langes, helles Gewand und hat bei zeremoniellen Anlässen ein aus einer großen Muschel geformtes Horn bei sich, welches das Zeichen seiner Stellung und zugleich ein Fadengegenstand ist. Wer die Muschel an sein Ohr hält, kann der Legende nach im Rauschen manchmal die Stimme Shivoams vernehmen.

Al'tzar stellt zusammen mit der Shivalahala den spirituellen Orientierungspunkt der Henghyoke dar – eine Position, die er nachdrücklich gegen jeden anderen verteidigt. Die anderen Schamanen beraten ihn zwar, stellen sich jedoch nur selten gegen seine Entscheidungen. Er gilt als konservativ und unterstützt dennoch vorbehaltlos die Art und Weise, wie die Henghyoke seit dem Ende der Plage mit dem Pakt umgehen. So scheint es zumindest, denn in Wahrheit ist Al'tzar zutiefst verzweifelt und hält all dies für sinnlos. An ein Erwachen des Flussgeistes glaubt er seit Jahren nicht mehr und betäubt seinen Kummer regelmäßig mit verschiedenen Rauschkräutern. Falls notwendig, begründet er dies mit dem Versuch, leichter Visionen zu erlangen.

Darstellung: standesbewusst, konservativ, liebt Zeremonien, ausgeprägtes Selbstbewusstsein
Motivation: das spirituelle Wohl der Henghyoke und die (vermeintliche) Rettung Shivoams, die eigene Stellung verteidigen
Ressourcen: steht dem Rat der Schamanen vor, kann verschiedenen Geister zu Diensten zwingen

JARLA SILBERKLINGE (SCHWERTMEISTERIN KREIS 6)

Jarla kommandiert eines der Schiffe der Henghyoke (die „Rache") und gilt als beste Schwertkämpferin des Hauses. Ihr Name stammt von ihrem magischen Schwert, das im Kampf silbrig zu leuchten beginnt und den Gegner einschüchtert. Sie ist eine furchtlose Kämpferin, für die ein Gefecht erst vorbei ist, wenn alle Gegner tot sind und ihre Seite gewonnen hat. Die meisten (und erfolgreichsten) Überfälle der vergangenen Jahre fanden unter ihrem Kommando statt. Mittlerweile klebt das Blut zahlreicher Feinde an ihren Händen – oder von vielen, die einfach nur das

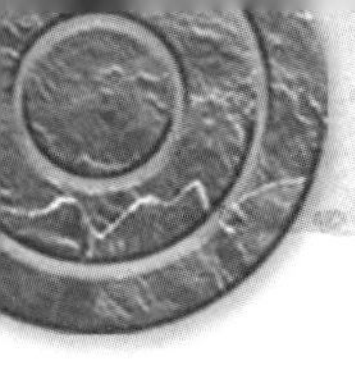

Pech hatten, sich ihr außerhalb ihrer Heimat in den Weg zu stellen. Gnade gewährt sie nur noch selten, denn sobald sie auf ihrem Schiff unterwegs ist, bricht sich ihr ungeheurer Zorn über das Los der Henghyoke Bahn und sie vermag sich im Kampf nur schwer zu kontrollieren. Im Aropagoi erscheint sie dagegen eher ruhig und ausgeglichen, häufig sieht man sie bei meditativen Übungen mit der Klinge oder dem Training mit den anderen Kämpfern. Seit einiger Zeit wirkt sie jedoch auch hier immer häufiger unruhig oder zornig. Die Zeiten, in denen sie gerne und viel flirtete und man ihr zahlreiche Affären nachsagte, scheinen vorbei zu sein.

Darstellung: furchtlos, zornig, gnadenlos; dennoch immer wieder besorgt um andere Henghyoke
Motivation: Rache üben an der Welt und allen Verantwortlichen für das schwere Los der Henghyoke
Ressourcen: ihre Mannschaft würde für sie sterben; Fadengegenstand als Waffe

TARM ORLASS (TIERMEISTER KREIS 4)

Tarm ist der inoffizielle Anführer der Otter-Reiter. Bereits als kleines Kind wurde der heute 30jährige mit der ungewöhnlichen Rottönung in den Schuppen, von einem Otter zu seinem Reiter gewählt. Und seitdem er seine Tiermeisterfähigkeiten entwickelt hat, gibt es nichts, was er sich und seinem Otter Rotflosse nicht zutrauen würde. Zudem sieht er auch noch gut aus und wird von zahlreichen weiblichen T'skrang bewundert.

Zwar nimmt er regelmäßig an den Raubzügen der Henghyoke teil, aber die zunehmende Brutalität macht ihn besorgt. Er hat versucht, mit der Shivalahala darüber zu sprechen, aber der Flusshüter hat ihn gebeten, dies vorerst zu unterlassen. Aber vielleicht wäre ja der Umweg über Zarissa eine Möglichkeit, welche häufig die Quartiere der Reiter besucht.

Darstellung: charismatisch, tollkühn, Frauenheld
Motivation: Abenteuer erleben, bewundert werden
Ressourcen: wenig Besitz, aber mit Rotflosse einer der erfahrensten Otter als Tiergefährten

SURTASS (TROUBADOUR KREIS 2)

Surtass ist ein T'skrang mittleren Alters, der aus der schwimmenden Stadt V'strimon im Bannsee stammt. Seine Schuppen sind von hellgrüner Farbe mit leichten rötlichen Sprengseln, der Kamm dagegen flammend rot. An seinen früheren Reichtum erinnern nur noch die drei mit kleinen Smaragden besetzten Ringe darin. Üblicherweise trägt er ein einfach geschnittenes Gewand von dunkelblauer Farbe und keine Waffen.

Nach großen finanziellen Erfolgen als Schmuckhändler und dem traumatischen Unfalltod seiner Frau hat er beschlossen, den traditionellen Pilgerpfad der T'skrang entlang zu wandern. Dabei wurde er von einem tiefen Glauben an die Mythen seines Volks ergriffen. Als ihm die Shivalahala Syrtis auf seine ihm als Pilger zustehende Frage: „Was ist der Sinn meines Lebens?" antwortete: „Du wirst ihn an den Ufern der Schlange finden!", beschloss er, alle Ströme des barsaivischen Flusssystems zu Fuß abzuschreiten. Einige Jahre später betrat zum völligen Erstaunen der Henghyoke ein einzelner T'skrang, aus dem Dschungel kommend, die verborgene Siedlung. Er machte einen verwirrten und etwas unterernährten Eindruck, war aber sonst bei guter Gesundheit. Sein Name: Surtass vom Bannsee. Wie er hier hergelangt war, vermag er bis heute nicht zu sagen. Ebenso wenig vermag er aus eigener Kraft die Siedlung zu verlassen. Die Henghyoke bewundern ihn für seine tiefe Spiritualität und haben ihn deswegen am Leben gelassen. Surtass dagegen sieht all dies als Erfüllung seiner Frage an die Shivalahala und versucht seitdem, die Henghyoke wieder auf den rechten Weg zu führen.

Darstellung: wirkt weltfremd und von tiefem Glauben an die Mythen der T'skrang erfüllt, mitfühlend, friedfertig
Motivation: Die Henghyoke an ihre Vergangenheit erinnern und auf den rechten Weg bringen, um sein Schicksal zu erfüllen.
Ressourcen: Gering. Von den Henghyoke geduldet, hat einige Freunde in niedriger Position gewonnen. Potentieller Schamane Shivoams.

NIALL MAHA'KRODHA

ZAN'DAKAAR, T'SKRANG (MAHA'KRODHA), GEBORENER BLEICHER (THROAL), ELEMENTARIST (7)

Zan'dakaar ist 1,72 m groß, seine Schuppen sind sehr blass mit einem leichten Grünton. Er hat einen Doppelkamm auf seinem länglichen Kopf. Sein Schwanz ist aufgrund einiger fehlgeschlagener Experimente verstümmelt, das ehemals spitz zulaufende Schwanzende fehlt. Zan'dakaars Augen sind nur leicht rötlich und damit weniger auffällig, als man es bei einem Albino vermuten würde. Er trägt die leichte und luftige Kleidung, die am Galanga üblich ist: Eine Mischung aus dunklem Stoff, mit Lederabschnitten und ein paar Fellakzenten. Sein eineinhalb Schritt langer Stab aus dem Stamm eines alten Mangrovenbaumes dient ihm zur Verteidigung gegen Nahkampfangriffe.

Darstellung: hinterlistig, machthungrig, verschlagen, ohne Skrupel, grausam
Motivation: will Macht im Niall besitzen, will den Flussgeist benutzen und magisch unterwerfen
Ressourcen: Berater der Lahala, hat inoffiziell das Sagen im Niall, eigene Gefolgschaft

GES:	6	Initiative:	6
STR:	5	Körperliche Verteidigung:	10
ZÄH:	6	Mystische Verteidigung:	14
WAH:	8	Soziale Verteidigung:	10(12)
WIL:	7	Physische Rüstung:	5
CHA:	7(8)	Mystische Rüstung:	6
Bewusstlosigkeit:	51	Erholungsproben:	4
Todesschwelle:	64	Niederschlag:	6
Wundschwelle:	10	Karmapunkte:	28
Bewegung:	12		

Aktionen: 1; Mangrovenstab 12 (14)

Ausrüstung: Mangrovenstab (Fadenrang 4, Schaden 14, +3 durch Waffe Schmieden), Blutkieselrüstung, Halsband der Redekunst (Fadenrang 6)

Talente: Artefaktgeschichte (6): 14, Astralsicht (7): 15, Aufmerksamkeit (7): 15, Beschwören [Elementargeister] (7): 15, Eiserner Wille (7): 14, Elementarbann (7): 14, Elementarsprachen (7): 15, Erdhaut (6): 12, Erweiterte Matrix (7), Erweiterte Matrix (7),

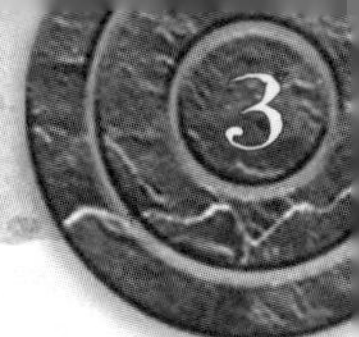

Fadenweben [Elementarismus] (8): 16, Heilendes Feuer (7): 6, Hieb Ausweichen (7) 13, Holzhaut (7): 13, Magie Neutralisieren (7): 15, Spruchzauberei (8): 16, Standardmatrix (6), Standardmatrix (7), Struktur Verstehen (7): 15, Willensstärke (7)

Fertigkeiten: Arkanes Gefasel (5): 12, Forschen (6): 14, Gefahrensinn (4): 12, Heimlicher Schritt (4): 12, Konversation (3): 10, Nahkampfwaffen (6): 12, Navigation (5): 13, Standhaftigkeit (5): 10, Wildnisüberleben (4): 12, Entwaffnen (4) 10, Starrsinn (5): 12, Taktik (4): 12, Boot Steuern (4): 10, Fremdsprachen (6): 14, Karten Zeichnen (3): 10, Kunsthandwerk (Holz Schnitzen) (5): 12, Lesen/Schreiben (4): 12, Schwimmen (4): 10, Wissen (Magietheorie) (5): 13 , Wissen (Schiffsbau) (5):13 , Wissen (Feuerkanonen) (4): 12, Wissen (Geschichte des Galanga) (4): 12 , Wissen (Wächter des Galanga) (4): 12

Zauber: Er besitzt alle Elementaristenzauber aus dem Spielerhandbuch der Kreise 1-5 und je drei Zauber aus den Kreisen 6 und 7 (Erdstoß, Metallflügel, Steinregen, Donnerschlag, Todesregen, Wirbelwind).

MANGROVENSTAB *KRUMMHOLZ* (verflucht)

Maximale Fadenzahl: 1

Mystische Verteidigung: 10 **Kategorie:** Novize

Fadenrang 1

Schlüsselinformation: Der Träger muss den Namen des Stabes herausfinden.

Wirkung: Der Stab verleiht +1 auf Spruchzauberei.

Fadenrang 2

Wirkung: Hieb Ausweichen erhält einen Bonus von +1.

Fadenrang 3

Schlüsselinformation: Der Träger muss herausfinden, dass der Stab ein Geschenk vom Dämon Nagrash war.

Wirkung: Der Stab verleiht eine Standardmatrix auf Fadenrang.

Fadenrang 4

Wirkung: Der Stab verleiht +1 auf Initiativeproben.

HALSBAND DER REDEKUNST

(siehe *Spielleiterhandbuch*, S. 143f.)

Bonus: +2 auf Interaktionsproben, Soziale Verteidigung +2, +2 auf Charisma Basiswert, Gruppen reagieren auf ihn um einen Grad besser in der Haltung

TSIRILL NAK NAT, T'SKRANG (MAHA'KRODHA), SCHAMANE (7)

Tsirill Nak Nat hält sich am liebsten im Freien auf. Er ist ungefähr 1,70m groß, und seine Schuppen sind dunkelgrün und ähneln in ihrer Färbung dem Dschungel entlang des Galanga. Er hat einen Kamm, und dieser ist so wie andere Teile seiner Schuppen mit Knochenpiercings durchzogen. Er schmiert sich gemahlene Knochen mit Wasser vermengt als Kriegsbemalung ins Gesicht und bekommt einen leicht wahnsinnigen Anblick, der durch seine leicht wirren Augen unterstützt wird. Er trägt eine Fellrüstung aus einem Greifen hergestellt und zudem noch eine Machete und einen Kurzbogen, mit dem er passabel umgehen kann. Er ist ein Vertrauter von Zan'dakaar und befolgt blind seine Befehle. Er hofft, durch ihn Möglichkeiten zu erlangen, seine Magie zu stärken und seine leicht wahnsinnige Art auszuleben.

Darstellung: wild, zurückgezogen, unterwürfig, leicht wahnsinnig

Motivation: Möchte Zan'dakaar dienen. Als Schamane seine Magie stärken.

Ressourcen: Kennt den Dschungel wie kaum ein anderer.

ANHÄNGER UND VERTRAUTER VON ZAN'DAKAAR.

GES:	6	Initiative:	6
STR:	5	Körperliche Verteidigung:	10
ZÄH:	6	Mystische Verteidigung:	12
WAH:	7	Soziale Verteidigung:	11
WIL:	6	Physische Rüstung:	6
CHA:	7	Mystische Rüstung:	6
Bewusstlosigkeit:	51	Erholungsproben:	3
Todesschwelle:	64	Niederschlag:	10
Wundschwelle:	10	Karmapunkte:	28
Bewegung:	12		

Aktionen: 1; Machete 12 (12); Kurzbogen 13 (10)

Ausrüstung: Magische Fellrüstung (Fadenrang 4, +2 physikalische Rüstung geschmiedet), Machete (Schadensstufe 12), Kurzbogen (Schadensstufe 10

Wichtige Talente: Astralsicht (6): 13, Beschwören [Elementargeister] (7): 14, Erweiterte Matrix (6), Erweiterte Matrix (7), Fadenweben [Schamanismus] (7): 14, Hieb Ausweichen (6) 12, Spruchzauberei (7): 14, Standardmatrix (6), Standardmatrix (7), Struktur Verstehen (7): 14, Tiere Bändigen (6): 13, Wildnisüberleben (6): 13, Willensstärke (7)

Wichtige Fertigkeiten: Nahkampfwaffen (5): 12, Projektilwaffen (6): 13, Standhaftigkeit (5): 10, Klettern (3): 9, Schwimmen (3): 9, Alchemie (4); 11, Wissen (Kräuterkunde)(4): 11, Wissen (Alchemie und Tränke) (4): 11, Wissen (Gifte) (4): 11

Beute: Eine magische Rüstung, Edelsteine (Wert 4W20 Goldstücke), Grimoire (10 Schamanenzauber nach Wahl des Spielleiters), Machete (Schadensstufe 12), Kurzbogen (Schadensstufe 10), eine Wiederbelebungssalbe, ein Heiltrank, Abenteuerausrüstung

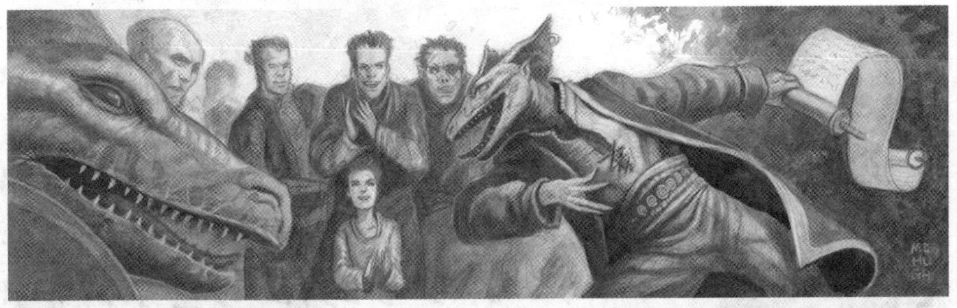

FELLRÜSTUNG „SCHNABEL“

Maximale Fadenzahl: 1

Mystische Verteidigung: 10 **Kategorie:** Novize

Schnabel ist eine Fellrüstung (5/3) aus Federn eines Dschungelgreifs vom Galanga mit dem Schnabel des Greifen als Mütze zum Überziehen.

Fadenrang 1

Schlüsselinformation: Der Träger muss den Namen des Rüstung herausfinden.

Wirkung: Physische Rüstung +1.

Fadenrang 2

Wirkung: Mystische Rüstung +1.

Fadenrang 3

Schlüsselinformation: Der Träger muss herausfinden, wer den Dschungelgreifen erlegt und die Rüstung hergestellt hat.

Wirkung: +1 auf Tiere Bändigen.

Fadenrang 4

Wirkung: Die Federn der Rüstung können ihre Farbgebung nach Wunsch ändern. Dies kann je nach Spielleiterentscheid einen Bonus von +2 auf Heimlicher Schritt gewähren.

KÄMPFER DER MAHA'KRODHA

TYPISCHE KÄMPFER DER MAHA'KRODHA

GES:	6	Initiative:	5
STR:	6	Körperliche Verteidigung:	8
ZÄH:	6	Mystische Verteidigung:	7
WAH:	5	Soziale Verteidigung:	6
WIL:	5	Physische Rüstung:	3
CHA:	5	Mystische Rüstung:	2
Bewusstlosigkeit:	26	Erholungsproben:	3
Todesschwelle:	32		
Wundschwelle:	9		
Bewegung:	12		

Aktionen: 1; Speer 8 (10); Kurzbogen: 8 (9)

Ausrüstung: Speer (Schaden 10), Buckler und feste Kleidung, Kurzbogen (Schaden: 9)

KRIEGER DER MAHA'KRODHA (KREIS 3)

GES:	7	Initiative:	7
STR:	6	Körperliche Verteidigung:	10
ZÄH:	6	Mystische Verteidigung:	7
WAH:	5	Soziale Verteidigung:	8
WIL:	5	Physische Rüstung:	4
CHA:	6	Mystische Rüstung:	2
Bewusstlosigkeit:	43	Erholungsproben:	3
Todesschwelle:	56	Karmapunkte:	12
Wundschwelle:	9	(kann Karma für Erholungsproben	
Bewegung:	12	einsetzen)	

Aktionen: 1; Speer 10 (10)

Ausrüstung: Speer (Schaden 10), gesteppte Lederrüstung

Talente: Holzhaut (3): 9, Kampfsinn (4): 9, Lufttanz (3): 10, Nahkampfwaffen (3): 10, Spektakulärer Angriff (2): 9, Tigersprung: (3), Hieb Ausweichen (2): 9, Standhaftigkeit (6): 9

Besonderheiten: Einige der Krieger benutzen eine am Schwanz befestigte Waffe (Schaden 8, siehe *Spielerhandbuch*, S.243) die mit der Fähigkeit Schwanzkampf (siehe *Spielerhandbuch* S.32 bzw. 229) benutzt wird.

SCHWERTMEISTER DER MAHA'KRODHA (KREIS 3)

GES:	7	Initiative:	7
STR:	6	Körperliche Verteidigung:	9
ZÄH:	6	Mystische Verteidigung:	7
WAH:	5	Soziale Verteidigung:	9
WIL:	5	Physische Rüstung:	2
CHA:	6	Mystische Rüstung:	2
Bewusstlosigkeit:	47	Erholungsproben:	3
Todesschwelle:	56	Karmapunkte:	12
Wundschwelle:	9	(kann Karma für Interaktionsproben	
Bewegung:	12	einsetzen)	

Aktionen: 1; Säbel 10 (11)

Ausrüstung: Säbel (Schaden 11), feste Kleidung und leichter Lederschutz

Talente: Hieb Ausweichen (3): 10, Manövrieren (3): 10, Verspotten (4): 10, Nahkampfwaffen (3): 10, Riposte (2): 9

TIERMEISTER DER MAHA'KRODHA (KREIS 3)

GES:	7	Initiative:	7
STR:	6	Körperliche Verteidigung:	10
ZÄH:	6	Mystische Verteidigung:	7
WAH:	5	Soziale Verteidigung:	8
WIL:	5	Physische Rüstung:	1
CHA:	6	Mystische Rüstung:	2
Bewusstlosigkeit:	47	Erholungsproben:	3
Todesschwelle:	56	Karmapunkte:	12
Wundschwelle:	9	(kann Karma für Erholungsproben	
Bewegung:	12	einsetzen)	

Aktionen: 1; Säbel 10 (11)

Ausrüstung: Leichter Lederschutz

Talente: Akrobatische Verteidigung (4): 11, Hieb Ausweichen (4): 11, Krallenhand (3): 12, Waffenloser Kampf (3): 10

Besonderheiten: Beide Tiermeister der Maha'krodha benutzen eine Abwandlung des Talents Krallenhand, welches nicht nur die Hände in Krallen, sondern auch den Schwanz in einen Stachel verwandelt. Das gewährt ihnen einen zweiten Angriff pro Kampfrunde mit ihrem Schwanz (Schadensstufe 12) nach den Regeln für den Schwanzangriff der T'skrang (*Spielerhandbuch*, S. 229).

BOGENSCHÜTZE DER MAHA'KRODHA (KREIS 5)

GES:	7	Initiative:	7
STR:	6	Körperliche Verteidigung:	10
ZÄH:	6	Mystische Verteidigung:	9
WAH:	5	Soziale Verteidigung:	6
WIL:	6	Physische Rüstung:	3
CHA:	5	Mystische Rüstung:	2
Bewusstlosigkeit:	51	Erholungsproben:	3
Todesschwelle:	62	Karmapunkte:	12
Wundschwelle:	9		
Bewegung:	12		

Aktionen: 1; Langbogen 12 (10)

Ausrüstung: Langbogen (Schaden 10), leichte Lederrüstung

Talente: Aufmerksamkeit (5): 11, Blattschuss (5), Hieb Ausweichen (5): 12, Kampfsinn (5): 11, Magische Markierung (5): 11, Projektil Rufen (5): 11, Projektilwaffen (5): 12, Schwachstelle Erkennen (5): 11, Weitschuss (6)

Besonderheiten: Kann Karma für Schadensproben mit Fernwaffen ausgeben, kann Karma für Wahrnehmungsproben (Sicht) ausgeben)

Kreaturen

Bleichhöhlenaffe

Die Bleichhöhlenaffen sind ca. eine Elle große Affen, die in den Höhlensystemen unter Throal leben. Ihr Fell ist trotz der Dunkelheit und des Drecks in der Regel weiß und wirkt ausgeblichen. Sie leben dort von Insekten und Moosen, die an den Wänden wachsen, gehen aber im Rudel auch auf die Jagd nach kleineren Tieren – und unter großem Hunger greifen sie auch Namensgeber an. Unter den Bleichen werden sie mit Respekt behandelt, da sie ähnlich den T'skrang in dieser unwirtlichen Umgebung überleben können. Einzeln sind sie oft keine Gefahr für Namensgeber, aber im Rudel können sie sehr gefährlich werden. Die Tiere sind eher zurückhaltend und meiden die von T'skrang besiedelten Gegenden. Dennoch werden sie ab und an als Haustiere gehalten, und Tiermeister der Bleichen haben oft einen ihrer Art als Gefährten. Das Tragen des Felles eines Bleichhöhlenaffen ist in Throal der aktuelle Trend, daher sind sie heiß begehrt.

Bleichhöhlenaffen sind als Tiergefährten geeignet

BLEICHHÖHLENAFFE

Herausforderung: Novize (Dritter Kreis)

GES:	7	Initiative:	8
STR:	4	Körperliche Verteidigung:	12
ZÄH:	5	Mystische Verteidigung:	10
WAH:	6	Soziale Verteidigung:	10
WIL:	6	Physische Rüstung:	2
CHA:	7	Mystische Rüstung:	4
Bewusstlosigkeit:	30	Niederschlag:	8
Todesschwelle:	39	Erholungsproben:	2
Wundschwelle:	9		

Bewegung: 12 (kletternd 12)

Aktionen: 1; Biss 12 (10)

Kräfte:

Aufmerksamkeit (7): Wie die Fertigkeit, Spielerhandbuch, S. 77.

Überraschungsschlag (5): Wie die Fertigkeit, Spielerhandbuch, S.103.

Verstärkter Sinn [Geruchssinn] (2)

Weitsprung (8)

Beute: Das Fell der Affen ist besonders in Throal im Adel bis zu 300 Silber wert. Unter Bleichen ist das Tragen eines solchen Felles ein Affront und führt oft zu direkten Auseinandersetzungen.

Die Otter der Henghyoke

Der Henghyoke-Otter ist eine Abart des Flussotters, der von den Henghyoke gezüchtet wird. Exemplare dieser Art werden bis zu zwei Schritte lang und erreichen eine Schulterhöhe von knapp zwei Fuß. Diese Kreaturen verfügen über eine erstaunliche Geschicklichkeit und werden von ihren Reitern systematisch für den Kampf trainiert. Es gibt Bootsleute, die behaupten, dass diese Otter gefährlichere Gegner als ihre Reiter sind. Zusätzlich zu ihren natürlichen Fähigkeiten besitzen die Otter Kräfte, deren Wirkung den Talenten Gedankenkette, Heimlicher Schritt und Mystische Verfolgung entsprechen.

Die Otter leben in Familienverbänden. Jungtiere werden bis zu drei Jahre lang von den Eltern aufgezogen und leben dann weiter bei ihnen, bis sie eine eigene Familie gründen. Ihren Reiter wählen sie selber aus und lassen sich nur schwer dazu zwingen, jemanden gegen ihren Willen zu tragen. Sie sind in der Lage, sich untereinander und mit ihren Reitern telepathisch zu verständigen und erweisen sich dabei als erstaunlich intelligent und wissbegierig. Andere Otter und ihre Reiter verteidigen sie furchtlos und geschickt, was die Henghyoke für den Kampf ausnutzen.

Henghyoke-Otter sind als Tiergefährten geeignet. Für Elfen, Menschen, Orks, T'skrang und Zwerge sind sie als Reittiere geeignet.

Herausforderung: Novize (Vierter Kreis)

GES:	10	Initiative:	12
STR:	6	Körperliche Verteidigung:	12
ZÄH:	6	Mystische Verteidigung:	8
WAH:	9	Soziale Verteidigung:	8
WIL:	7	Physische Rüstung:	2
CHA:	8	Mystische Rüstung:	2
Bewusstlosigkeit:	28	Erholungsproben:	2
Todesschwelle:	36	Niederschlag:	10
Wundschwelle:	10		

Bewegung: 6 (schwimmend 14)

Aktionen: 2; Biss: 14 (12), 2x Krallen: 15 (14)

Kräfte:

Aufmerksamkeit (8): Wie die Fertigkeit, *Spielerhandbuch*, S. 77.

Eigensinnig 2

Gedankenkette (12): Wie das Talent, *Spielerhandbuch* S. 85

Heimlicher Schritt (14): Wie die Fertigkeit, *Spielerhandbuch* S. 88

Mystische Verfolgung (12): Wie das Talent, *Spielerhandbuch* S. 94

Verstärkter Sinn (Geruch): 2

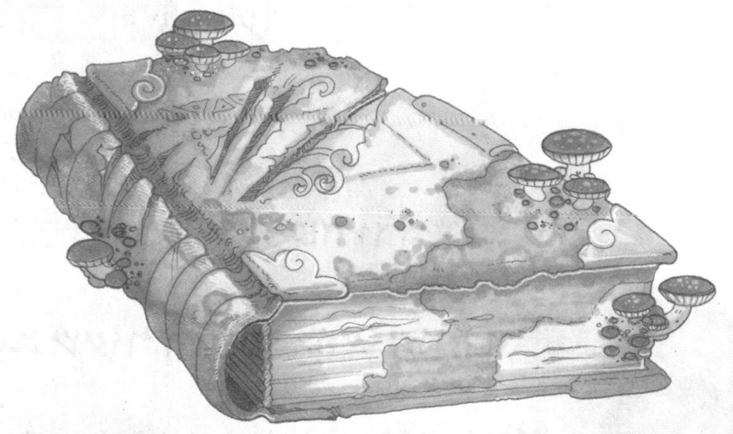

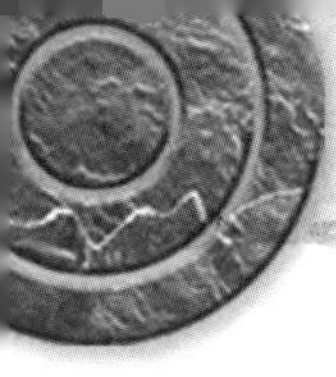

ANHANG

MAGISCHE GEGENSTÄNDE

ELEMENTARE LUFTKUGELN

Kugeln aus elementarer Luft mit einem Durchmesser von ungefähr einem Zoll. Ein ständiger Luftstrom umweht die kleinen Kugeln. Sie weisen kleinste Verzierungen auf, die mit dem bloßen Auge kaum zu erkennen sind, und keine gleicht der anderen. Oft wird eine legendäre Szene aus der T'skrangkultur dargestellt. Aufgrund ihrer geringen Größe werden sie manchmal auch als Ersatz für Zahlungsmittel benutzt. Wenn ein Charakter eine elementare Luftkugel in den Mund nimmt, erhöht sich die Zeit, die er unter Wasser verbringen kann (von Zähigkeitsstufe in Kampfrunden auf Zähigkeitsstufe in Minuten). Für jede weitere Minute unter Wasser erleidet der Charakter einen Überanstrengungspunkt. (300 Silberstücke)

REISEN IN DER ELEMENTAREBENE DES WASSERS

Alle Elementarebenen verkörpern ein Element in seiner reinsten Form. Trotz unübersehbarer Risiken, die es birgt, sich an einen Ort zu begeben, der fast nur aus einem einzigen Element besteht, können Adepten die Elementarebenen betreten. Dies geschieht üblicherweise, um wahre Elemente zu ernten oder Kontakt mit Elementargeistern aufzunehmen. Bereiche der physischen Welt, die Eigenschaften haben, die denen einer Elementarebene ähneln, erlauben oft einen Zugang zu ihr. Diese Spalten zwischen der physischen und der Elementarebene sind aber häufig zu klein, als dass ein Adept hindurchpassen würde. Nur wenige Körnchen der wahren Elemente dringen so in die physische Welt ein und können geerntet werden.

Wie jede Fortbewegung unter Wasser stellen Reisen durch die Ebene des Wassers eine große Herausforderung dar, nicht zuletzt wegen der Atemproblematik. Adepten, die einen längeren Aufenthalt planen, können dieser Herausforderung aber mit Magie oder geeigneten Artefakten entgegentreten. Gelegentlich treffen Reisende auf große Blasen wahrer Luft, die, so vermutet man, durch die Verunreinigung der Ebene mit Körnchen wahren Feuers entstanden sind. Solche Blasen können von Reisenden genutzt werden, um sich eine Atempause zu verschaffen.

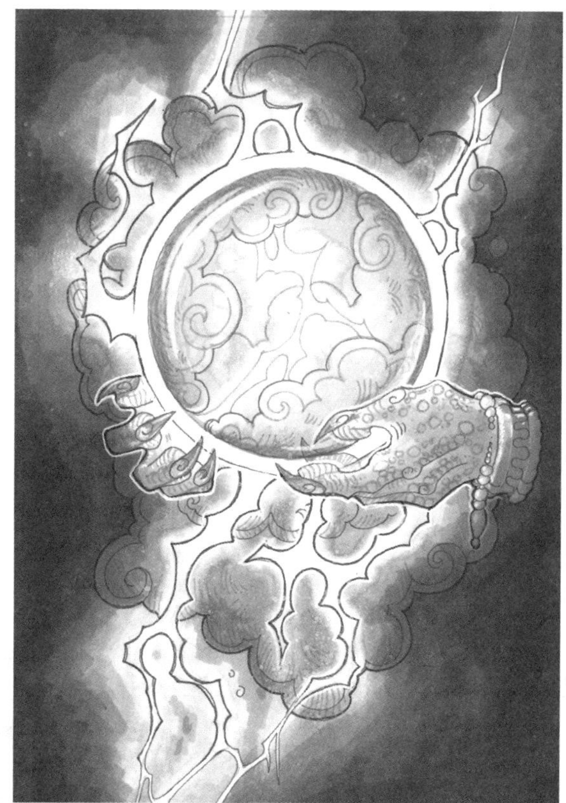

Die Elementaristen der Henghyoke haben kurz nach der Plage auf ihren Reisen auf dem Schlangenfluss und durch ihre starke Verbindung zu Shivoam, viele dieser Spalten im Schlangenfluss entdeckt. Sie haben in dieser Zeit eine Magie entwickelt, Portale zu öffnen, die groß genug sind, um sie mit ihren Schiffen zu passieren.

In der elementaren Welt des Wassers verhalten sich Zeit und Raum anders als in der physischen Welt. Ein Schiff, das dort eine geringe Strecke zurücklegt und dann wieder in die physische Welt zurückkehrt, kann dort eine weite Strecke zurückgelegt haben, dafür aber in der physischen Welt eine längere Zeitspanne benötigt haben, als in der Elementarebene.

Die vier Freibeuter der Henghyoke sind alle so umgebaut worden, dass sie die Portale nutzen können, und ihre Feuermaschinen funktionieren auch in der Elementarebene des Wassers. Das ermöglicht den Henghyoke, unerwartet an vielen Stellen des Schlangenflusses aufzutauchen und unerkannt wieder zu verschwinden.

In den letzten Jahren haben die Henghyoke bemerkt, dass zwischen einigen Spalten Strömungen entstanden sind, die ihre Schiffe in der Elementarebene vor sich her schieben. Einige der Strömungen haben sich inzwischen so verstärkt, dass es kaum noch möglich oder gar gefährlich ist, in die entgegengesetzte Richtung zu reisen. Die Henghyoke haben ihre Karten inzwischen angepasst und leben mit dieser Veränderung. Zusätzlich dazu hat das gelbe Wasser des Galangas sich mit dem wahren Wasser der Elementarebene vermischt und breite gelbliche Streifen durch die Ebene gezogen, an denen man mit bloßem Auge die Verbindungswege zwischen den Spalten erkennen kann.

Die T'skrang der Henghyoke verfügen, wie alle Namensgeber ihrer Rasse, über rudimentäre Kiemen, die es ihnen ermöglichen Rang in Zähigkeit Minuten unter Wasser zu atmen. Sollte es zu einer längeren Reisedauer kommen, hat jedes Schiff eine ausreichende Anzahl elementarer Luftkugeln an Bord und verfügt zusätzlich dazu über zwei mit Luft gefüllte Räume, die über eine Schleuse erreichbar sind. In diesen Räumen lagern die Henghyoke die Beute ihrer Raubzüge, die nicht mit Wasser in Kontakt kommen soll, in Holzfässern.

EINE BESONDERE VERBINDUNG ZU ZAN'DAKAAR

Durch das Binderitual an den Flussgeist ist nicht nur eine Verbindung zwischen den Charakteren und dem Flussgeist entstanden. Unerwartet erschuf die Magie des Rituals dabei auch einen dauerhaften Kanal zu Zan'dakaar. Es gelingt Zan'dakaar im Verlauf dieses Abenteuers (dank des erbeuteten Minderen magischen Gegenstands Shivoams), in immer stärkerem Maß Macht über den Flussgeist auszuüben. Und je stärker dieser Einfluss wird, umso leichter zugänglich wird die Verbindung zwischen ihm und den Charakteren. Diese äußert sich zunächst in Visionen, entweder für einen, mehrere oder für alle Charaktere zugleich. Solange die Charaktere nicht damit begonnen haben, selber ihre Verbindung mit dem Flussgeist zu nutzen, geschehen die Visionen normalerweise nur dann, wenn Zan'dakaar den Flussgeist durch seine Magie manipuliert. Zan'dakaar wird allerdings ebenso auf einen Charakter aufmerksam, sobald dieser selber beginnt, die Kräfte des Flussgeistes für sich zu nutzen. Die Vision wird jedoch nicht in jedem Fall von der Gegenseite bemerkt.

Der Spielleiter kann diese Visionen nutzen, um den Charakteren in geeigneten Momenten Einblicke in die Handlungen Zan'dakaars zu geben. Die Visionen reichen dabei von sehr trivialen bis hin zu gravierenden Erkenntnissen. Die erste Vision ereignet sich, wenn die Charaktere auf Zarissa treffen (siehe S. 123).

Später nutzt Zan'dakaar die Verbindung zu den Charakteren, um sie zu umwerben und auf seine Seite zu ziehen. Falls sie einen Erfolg erringen sollten, wird er sie beschimpfen und bedrohen. In Momenten seines Triumphes wird er ihnen gegenüber prahlen und vielleicht sogar seine Pläne verraten; selbst den Mord an der Lahala würde er in einem solchen Moment zugeben.

Die Verbindung der Charaktere zum Flussgeist weist eine Reihe von Gemeinsamkeiten mit einer Wahren Gruppenstruktur (siehe *Spielerhandbuch*, S. 138-140) auf. Falls es zu der aus den Charakteren gebildeten Gruppe passt, kann der Spielleiter das Binderitual als Anlass nehmen, die Schaffung einer Wahren Gruppenstruktur vorzuschlagen.

REGELN ZU VISIONEN DURCH DEN FLUSSGEIST

Wenn sich eine Vision ankündigt, kann sich ein Charakter darauf einlassen und versuchen, die Verbindung zu verstärken, um möglichst genau zu sehen, was auf der anderen Seite passiert – oder eben, um die Verbindung direkt abzubrechen. Ein Charakter kann dazu verschiedene Talente oder Attribute nutzen. Zan'dakaar stehen diese Möglichkeiten ebenfalls zur Verfügung, sobald er einmal verstanden hat, was geschieht. Im Gegensatz zu den Charakteren kann er allerdings Dank des in seinem Besitz befindlichen Gegenstands versuchen, die Vision/Verbindung zu stärken und so eine beiderseitige Kommunikation zu ermöglichen. Dies ist für ihn allerdings sehr anstrengend (4 Punkte Überanstrengungsschaden).

Zan'dakaar überkommt ein unbestimmtes Gefühl der Gefahr, wenn ein Charakter zwei zusätzliche Erfolge bei einer Probe erzielt. In der Vision kann man dann erkennen, dass er sich umsieht und die Gegend nach einem Gegner absucht.

Zan'dakaar bemerkt einen Charakter, wenn dieser mehr als drei zusätzliche Erfolge bei einer Probe erzielt. Wenn das zum ersten Mal passiert, beendet der Elementarist seine Manipulation des Flussgeistes sofort, und die Vision bricht ab. Wenn so eine Verbindung ein weiteres Mal zustande kommt, versucht Zan'dakaar, mit dem Charakter zu reden, um dessen Ziele zu erfahren.

Wahrnehmung / Halbmagie: Mit einer Probe auf Wahrnehmung oder Halbmagie (9) kann ein Charakter an einer Vision teilhaben bzw. versuchen, diese zu blockieren. Dies verursacht in beiden Fällen einen Punkt Überanstrengungsschaden.

Aufmerksamkeit: Mit dem Talent Aufmerksamkeit (9) kann ein Charakter eine Vision verstärken. Je nach Erfolgsgrad hält die Verbindung länger an und zeigt mehr Details der Umgebung. Bei zwei oder mehr zusätzlichen Erfolgen kann ein Charakter die Umgebung nicht nur sehen, sondern auch hören. Dies verursacht einen Punkt Überanstrengungsschaden.

Empathische Wahrnehmung: Mit dem Talent Empathische Wahrnehmung (12) kann ein Charakter zusätzlich zu den visuellen Eindrücken der Vision auch herausfinden, in welchem emotionalen Zustand sich Zan'dakaar zum Zeitpunkt der Vision befindet. Es gelten die allgemeinen Regeln für Empathische Wahrnehmung (siehe *Spielerhandbuch*, S. 80). Wenn die Probe auf Empathische Wahrnehmung gelingt, verlängert sich die Vision zusätzlich und enthüllt mehr Details der Umgebung. Dies verursacht zusätzlich zur Talentanwendung einen weiteren Punkt Überanstrengungsschaden

KONTAKT MIT DEM FEIND

Zan'dakaar nutzt jede Gelegenheit, etwas über seine Gegner herauszufinden. Wenn sich ein Kontakt mit einem oder mehreren Charakteren ergibt, ist er durchaus zu einem Gespräch bereit. Er verfolgt dabei folgende drei Ziele: Die Motivation der Charaktere verstehen, ihre Schwachstellen herausfinden und die Charaktere für seine Seite anzuwerben. Wenn Zan'dakaar diese Ziele erreicht hat oder nicht mehr erreichen kann, versucht er nicht mehr, Kontakt mit den Charakteren aufzunehmen, und er wird versuchen, künftige Visionen mittels Halbmagie in der Entstehung zu blockieren. Dies ist natürlich nicht immer möglich, falls seine Konzentration anderweitig benötigt wird.

Sobald er keinen weiteren Nutzen in einer Verbindung sieht, versucht er, den Zauberspruch „Reite den Blitz" (siehe *Spielerhandbuch*, S. 169) durch die Verbindung zu zaubern. Ein Charakter, der den Spruch nicht kennt, kann sehen, wie Zan'dakaar mit einer Hand in Richtung des Charakters zeigt und mit der anderen in den Himmel. Kurz danach wird Zan'dakaar von einem Blitz getroffen und die Verbindung bricht ab. Die Vision zu einem Zauber auf die Gegenseite zu nutzen, ist offenbar nicht möglich.

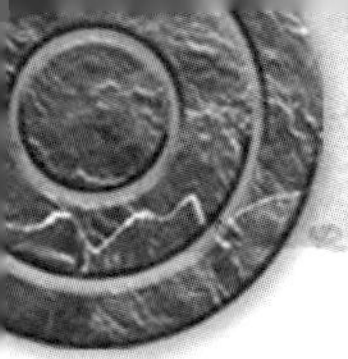
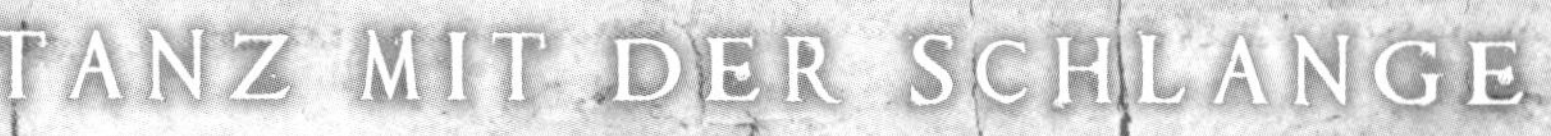

Triviale Visionen (MW 9)

RITUELLE WASCHUNG

Zan'dakaar schreitet ein flaches Ufer zum Galanga hinunter und reibt sich mit gelbem Lehm ein. Mit den Fingern zeichnet er nun elementare Symbole in den Lehm auf seiner Haut. Dann taucht Zan'dakaar in den Galanga. An der Stelle sind kurz darauf zahlreiche Luftblasen zu sehen, das Wasser beginnt regelrecht zu schäumen. Als der Elementarist wieder auftaucht, ist der Lehm abgewaschen.

SAMMLUNG ELEMENTAREN WASSERS

Zan'dakaar sitzt mit zwei weiteren T'skrang in einem kleinen Einbaum, dahinter kann man hohes Schilfgras erkennen. Er schöpft Wasser mit seinen Händen, und es bilden sich daraus zwei gelb leuchtende Kugeln. Die anderen T'skrang nehmen die leuchtenden Kugeln in den Mund und alle drei steigen ins Wasser. (Unter Wasser) Die drei T'skrang tauchen immer tiefer hinab, bis der Grund im trüben Wasser schemenhaft zu sehen ist. Gelbe Lichter zucken durch das Wasser, aber es ist nicht genau zu erkennen, was passiert.

Standard Visionen (MW 9)

DER FERTIGSTELLUNG DES ZWEITEN SCHIFFES

Zan'dakaar steht im Wasser vor einer hölzernen Wand. Das obere Ende der Wand ist aus diesem Blickwinkel nicht zu sehen. Der Elementarist benutzt Elementarmagie, um etwas mit dem Wasser und der Wand zu machen. Wasser fließt von unten die Wand empor, an einigen Stellen bilden sich Eiskristalle. Zan'dakaar tritt weiter zurück und blickt nach oben. Nun ist der untere Teil einer großen Kanone zu erkennen. Diese ähnelt der Eiskanone auf der Tri'starr (Teil 1 „Galanga, der Tanz beginnt").

BESCHLEUNIGTES REISEN

Zan'dakaar steht am Bug eines Schiffes, um seine Arme fließt Wasser. An den Ufern ist dichter Dschungel zu sehen. Vor dem Schiff entsteht eine große Welle, die nicht vom Schiff ausgeht. Es wird leicht aus dem Wasser gehoben und von der Welle immer schneller nach vorne getrieben. Zugleich beginnt die Umgebung zu verschwimmen und unscharf zu werden. Das Ufer und der Himmel sind bald kaum noch zu erkennen und verschwinden schließlich in einem weißen Nebel. Als nach einigen Minuten das Ufer wieder zu sehen ist, befindet sich das Schiff offensichtlich nicht mehr in der gleichen Gegend: Der Fluss ist erheblich breiter und die Vegetation an den Ufern erinnert mehr an eine Steppe als an den Servosdschungel. Zan'dakaar ballt triumphierend die Fäuste.

Diese Art, auf dem Schlangenfluss zu reisen, erinnert an die Henghyoke, nur, dass Zan'dakaar offenbar keine Blutmagie (mehr) dafür benötigt.

Bedeutende Visionen (MW 6)

DER GROSSE STRUDEL

Zan'dakaar schreitet über das gelbe Wasser des Galanga. Weit im Hintergrund kann man einen Wasserfall erkennen. Der Elementarist nimmt seinen Holzstab in die Hand und rührt in der Wasseroberfläche. Der Elementarist reckt die Arme in die Höhe und beginnt einen komplizierten und langwierigen Zauber. Das gelbe Wasser des Galanga beginnt, sich unter ihm im Kreis zu drehen. Als Zan'dakaar schließlich zum Ufer zurückgeht, verschwindet der kleine Strudel vor dem Wasserfall wieder. Falls einer der Charaktere bereits an den Greifenfällen war, erkennt er sie leicht wieder.

Wenn die Vision das erste Mal ausgelöst, wird sieht man zusätzlich das Folgende:

Ein großes Flussschiff nähert sich den Türmen von Nad'karanji. Das Wasser des Galanga setzt sich allmählich in Bewegung und bildet einen kleinen Strudel, der immer stärker wird und sich weit auf dem Fluss ausbreitet. Man sieht, wie das Schiff in den Strudel gerät und sich mehrfach dreht, mit Felsen unter Wasser kollidiert und kurz darauf sinkt und in den Fluten verschwindet. Im Hintergrund sieht man einige T'skrang im Wasser schwimmen, die sich ans Ufer retten. Falls ein Charakter bereits Kontakt mit den K'tenshin hatte, erkennt er die Zeichen des Nialls ohne Probleme.

Wenn die Vision weitere Male ausgelöst wird, zum Beispiel, weil die Charaktere den Strudel vor Nad'karanji neutralisieren, bietet sich dadurch eine gute Möglichkeit mit Zan'dakaar in Kontakt zu treten.

DIE HÖHLE HINTER DEN GREIFENFÄLLEN

Zan'dakaar befindet sich in einer riesigen Höhle, überall auf dem Boden sind kleine Rinnsale aus Wasser zu erkennen. (Geräusch) Ein gleichmäßiges lautes Brummen ist zu hören. Der Elementarist bereitet offenbar ein Ritual vor. Das zentrale Element scheint Wasser zu sein, in der Höhle sind aber auch metallene Körbe mit Feuer verteilt. Sie dienen offenbar nicht alleine zur Beleuchtung, und ihre Verteilung erinnert vage an die Ecken eines Beschwörungskreises. Von irgendwo her scheint gedämpft Tageslicht in die Höhle.

Shivoams Vision

„Die Luft um euch und über der Burg fängt leicht an zu flimmern. Es ist wie ein Flimmern über den Straßen von Kratas an einem zu heißen Tag. Ein heftiger Wind kommt vom Fluss auf und fährt durch eure Haare und Kleidung. Der Wind wirbelt den Sand auf und verweht die Runen. Die Burg leuchtet in gleißenden Licht, immer heller und heller, bis es euch blendet und ihr nur noch einen strahlenden Fleck, wie eine große Nebelwand, vor euren Augen seht.

Ihr spürt die Nähe des mächtigen Geistes von Shivoam. Seine Größe und Weitläufigkeit geht weit über alles hinaus, was ihr euch jemals vorstellen konntet. Shivoam ist der Schlangenfluss und der Schlangenfluss ist Shivoam. Shivoam ist Teil von jedem T'skrang, der am Fluss lebt, und jeder T'skrang am Fluss ist Teil von Shivoam. Ihr versucht, die drei Nialls des Galanga zu finden, doch für Shivoam gibt es diese Einteilung nicht. Alle T'skrang am Galanga sind eins – von der Flussmündung bis zu den Greifenfällen.

Shivoams Blick trübt sich, ein Teil seiner Kräfte schlummert. Doch selbst sein benommener Geist wacht über alle Wesen am Fluss. Die Plage hat Shivoam stark geschwächt, und seine Macht verteilt sich auf eine zu große Fläche. Ihr erkennt, dass sich der Geist in einem tiefen Dämmerzustand befindet, der noch für lange Zeit andauern kann, bevor er wieder seine ganze Macht und sein volles Bewusstsein erlangt.

Und auch in Shivoams Reich sind die Flecken zu finden, die ganz Barsaive plagen. Ihr spürt ekelerregende dämonische Kräfte, die immer noch an einigen Stellen der Schlange wirken und Shivoams Licht verdunkeln. Ihr spürt aber auch T'skrang, die versuchen, Shivoam zu stärken und zu unterstützen. Ihre Verbindung zu Shivoam ist stark, genau wie eure, aber viel älter. Und ihr spürt einen Bereich, in dem Shivoams Kräfte verzerrt werden und der ihm Schmerzen bereitet. Es ist der Galanga. Ihr müsst herausfinden, was dort passiert, und ihr müsst das verhindern."

UNTERWASSERKAMPF

Alle physischen Talente und Fertigkeiten und die Initiative erhalten unter Wasser einen Malus von -6. Vor jeder Kampfrunde (noch vor der Initiative) kann der Charakter eine Schwimmprobe ablegen (die Wasserbedingungen entsprechen der Stufe 7, leichte Strömung). Für jeden erlangten Erfolg verringert sich der Malus um zwei Stufen.

WAFFEN

Schadensstufen von Waffen sind unter Wasser reduziert: Hiebwaffen -4, Stichwaffen -2, Speere -0

ZAUBER

Alle Zauber mit einer sichtbaren physischen Komponente (wie z.B. Erdpfeil) sind unter Wasser wirkungslos. Alle anderen Zauber funktionieren (nach Ermessen des Spielleiters) normal. Eine besondere Stellung nehmen die Zauber Blitzschlag und Blitz ein. Je nach Ermessen des Spielleiters haben sie keine Auswirkung oder verletzen den Zauberwirker selber.

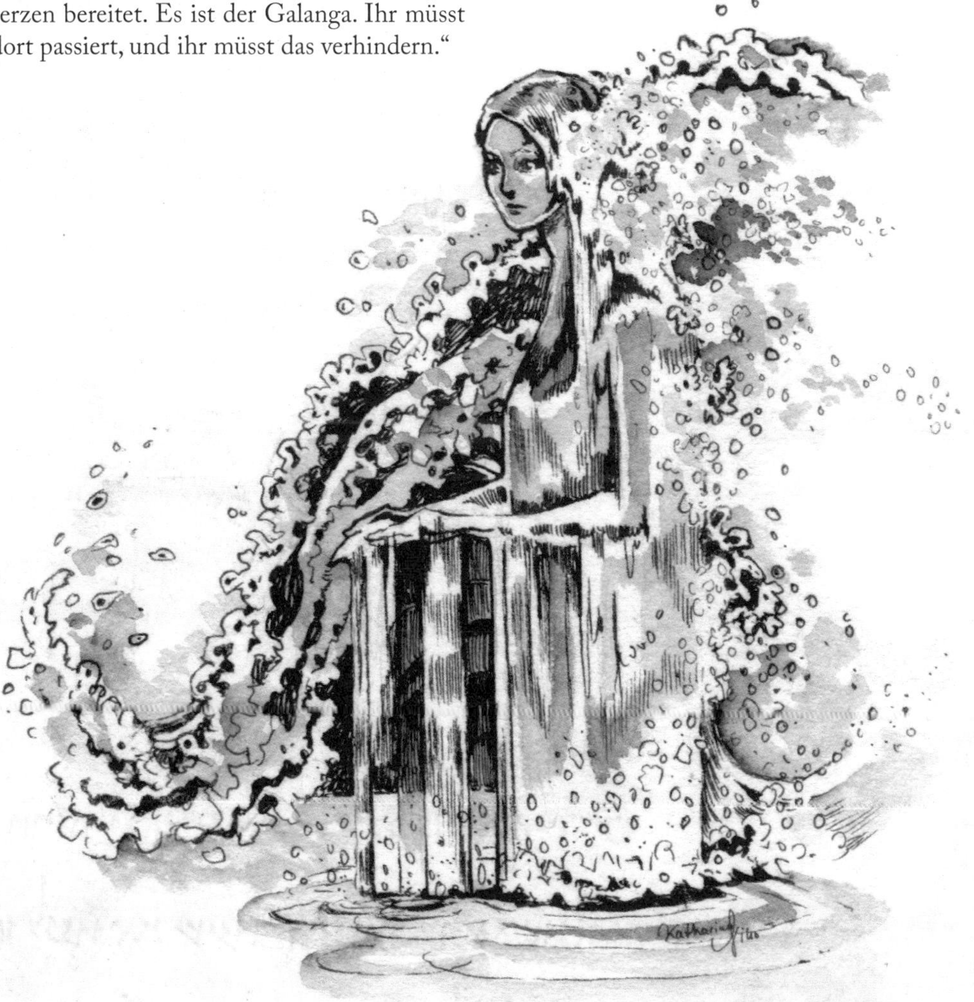

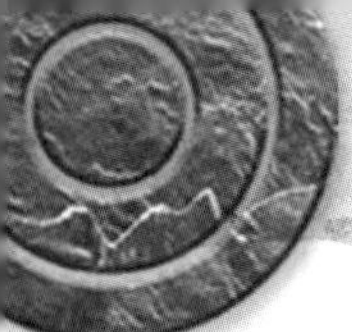

INDEX

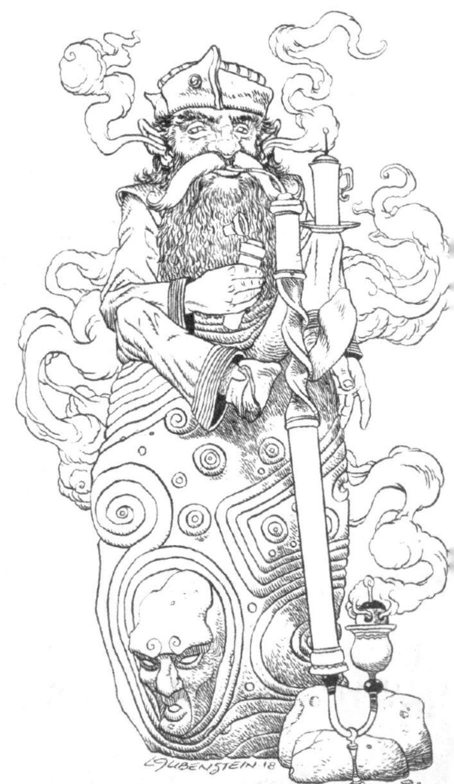

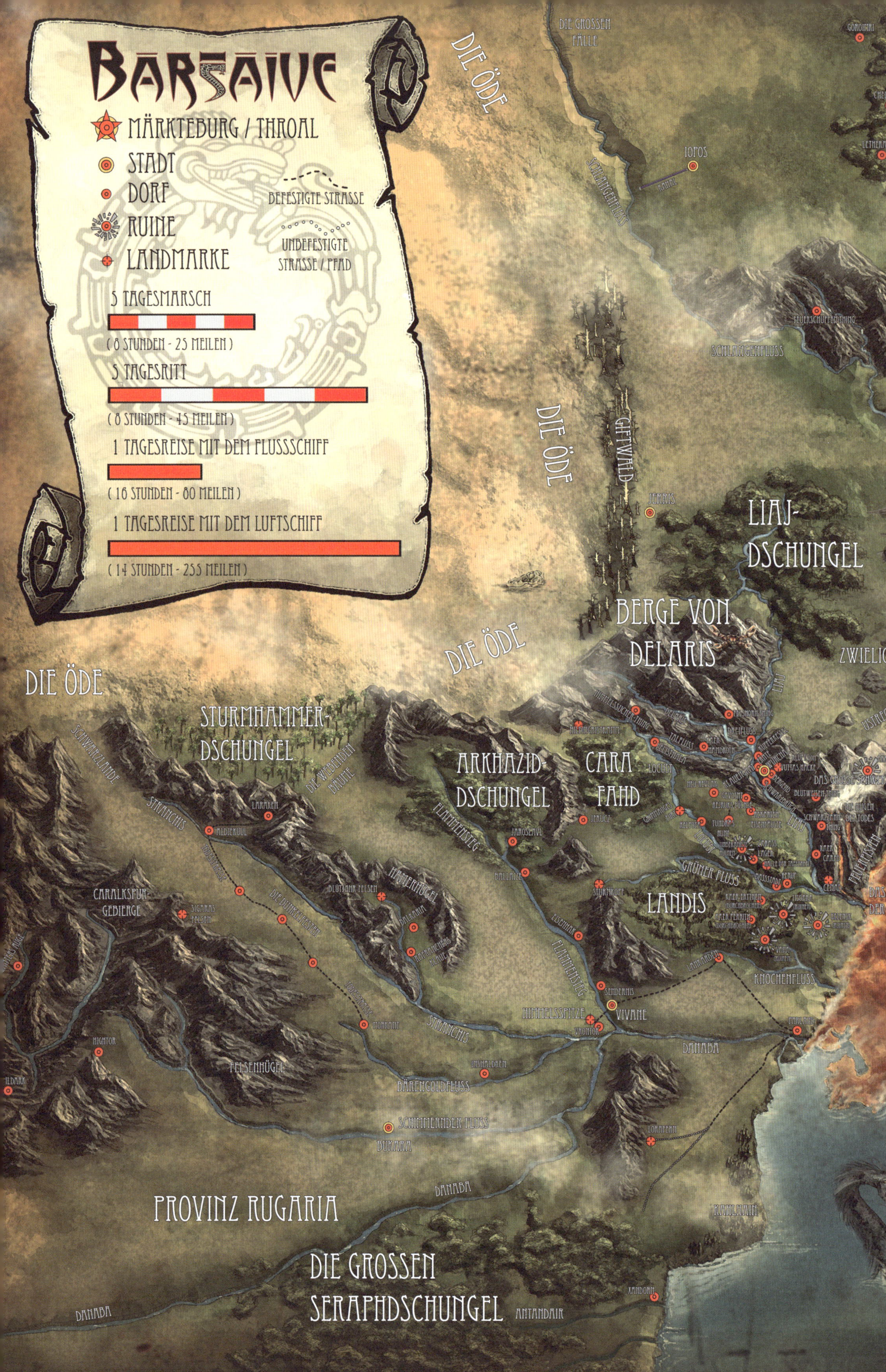

BARSAIVE
MÄRKTEBURG / THROAL
STADT
DORF
RUINE
LANDMARKE
BEFESTIGTE STRASSE
UNBEFESTIGTE STRASSE / PFAD
5 TAGESMARSCH
(8 STUNDEN - 25 MEILEN)
5 TAGESRITT
(8 STUNDEN - 45 MEILEN)
1 TAGESREISE MIT DEM FLUSSSCHIFF
(16 STUNDEN - 80 MEILEN)
1 TAGESREISE MIT DEM LUFTSCHIFF
(14 STUNDEN - 255 MEILEN)
DIE ÖDE
DIE GROSSEN FÄLLE
IOPOS
SCHLANGENFLUSS
DIE ÖDE
GIFTWALD
JERRIS
LIAJ-DSCHUNGEL
BERGE VON DELARIS
DIE ÖDE
DIE ÖDE
STURMHAMMER-DSCHUNGEL
ARKHAZID-DSCHUNGEL
CARA FAHD
LANDIS
GRÜNER FLUSS
KNOCHENFLUSS
VIVANE
DANABA
HIMMELSSPITZE
CARALKSPUR-GEBIRGE
FELSENHÜGEL
BÄRENGOLDFLUSS
SCHIMMERNDER FLUSS
PROVINZ RUGARIA
DANABA
DIE GROSSEN SERAPHDSCHUNGEL
ANTANDAIR
DANABA